화쟁사상

김영일

한양대학교 법과대학 법학과 졸업. 동국대학교 대학원 불교학과 석사·박사.
인도 뿌네대학교 연구원, 미국 뉴욕주립대 방문학자, 동국대학교 연구교수, 한국불교학회 이사.
주요논저ㅣ「원효의 화쟁논법 연구」, 「원효와 지눌의 돈점관」, 「도신과 원효의 수행관」, 「금강심매경의 존삼수일설」, 「고구려 승랑사상의 범위」, 「금강경 구조에 관한 연구」, *The Meaning of Mind of Wonhyo's Thought*, *The Ecological Meaning in Wonhyo's Thought of Buddha-Nature*

화 쟁 사 상

김영일 지음

초판 1쇄 발행 2019년 5월 30일

펴낸이 오일주
펴낸곳 도서출판 혜안

등록번호 제22-471호
등록일자 1993년 7월 30일

주소 04052 서울시 마포구 와우산로 35길 3(서교동) 102호
전화 02-3141-3711~2 / **팩스** 02-3141-3710
이메일 hyeanpub@hanmail.net

ISBN 978-89-8494-631-6 93220

값 38,000 원

화쟁사상

김 영 일 지음

혜안

머리말

　요즘 대학의 캠퍼스를 걷다보면, 하얀 피부에 푸른 눈을 한 학생, 갈색 피부에 검은 눈을 한 학생 등 적지 않은 수의 유학생을 만날 수 있습니다. 사실, 캠퍼스뿐만 아니라, 시내 어디를 다녀보아도, 아니 전국 어디를 다녀보아도 외국인 없는 거리를 찾아보기 힘듭니다. 흔히들 21세기는 '글로벌시대'라고 하지요. 눈부신 문명의 발달로 인하여, 우리는 문자 그대로 '세계화시대' 한복판에 살고 있습니다.

　이렇듯 지구적 차원에서 만남이 이루어지는 현대문명시대에, "과연 우리는 좀 더 행복해졌다고 말할 수 있을까요?" 오히려 평온하게 지냈던 지난날보다, 갈등과 분열이 더 심화된 것은 아닐까요? 한 가지 예를 들면, '서구중심의 세계화'가 있습니다. 지구공동체의 구성원이 각자 동등한 지위에서 만나는 것이 아니라, 과학물질문명을 앞세운 서구인들을 중심으로 세계화가 강요되는 경향 말입니다.

　이 경향으로 인하여 서구 이외의 지역은 '변두리 의식'을 가지게 되고, 이 의식은 정치·경제·문화적으로 연쇄반응을 일으켜 지구촌에 갈등과 분열을 가중시키고 있습니다. 이러한 현실을 목도하며, 필자는 1,300여 년 전 이와 유사한 문제에 보다 근본적으로 응답하였던 원효를 떠올려 봅니다. 그의 안목을 빌린다면, 어쩌면 근원적 해결의 실마리를 발견할 수도 있을 것이란 생각이 들기 때문입니다.

원효가 진리를 깨쳤다는 유명한 이야기가 『송고승전』에 실려 있습니다. 중국유학길에 원효는 어느 토굴에서 머무르게 되었는데, 그곳은 사실 해골이 굴러다니는 무덤이었답니다. "전날 밤에는 토굴에서 잤는데도 편안하더니, 오늘 밤에는 무덤에 의탁하매 근심이 많구나. 알겠구나, 마음이 생겨나매 갖가지 것들이 생겨나고, 마음이 사라지매 토굴과 무덤이 둘이 아님을!"(대정장50, 729상)

진리를 깨닫기 전에는, 우리처럼 원효도 온갖 번뇌망상에 시달려 하루도 편안할 날이 없었습니다. 그런데, 원효는 뜻밖에 '토굴' 속에서, 아니 '무덤' 속에서, '모든 존재는 서로 의존한다'는 연기(緣起)의 진리를 마주하게 됩니다. 그리하여, 더 이상 이것과 저것을 구별하는 분별심이 사라지면서, 툭(!) 터진 저 푸른 하늘처럼 모든 것을 감싼 마음을 얻었답니다. 원효는 그것을 일심(一心)이라고 불렀습니다.

이 '일심'의 눈으로, 부처님의 말씀이 담긴 수많은 경론들을 하나하나 음미해 보았습니다. 그러다가, 같은 주제에 대해서 언뜻 보면 서로 모순되어 보이는 주장들이 곳곳에 산재해 있다는 것을 발견하였습니다. 그리고 만약 이들을 그대로 방치해 두면, 어느 한편의 경론만을 공부한 사람들은 다른 한편의 경론을 공부한 사람들과 틀림없이 서로 다투게 될 것이라는 것을 직감하였습니다.

절실한 마음으로, 원효는 부처님의 말씀을 있는 그대로 전할 수 있는 방안을 모색하였습니다. 그리하여 드디어 '화쟁(和諍)'의 횃불을 높이 들었던 것입니다. 원효는 좁은 소견으로 이치에 어두운 사람들을 타일렀으며, 그들이 증거로 제시하는 경론에서는 모두 그럴 만한 이유가 있어서 그렇게 말한 것이란 점을 밝혔습니다. 그리하여, 마침내 부처님 가슴에 담긴 참뜻을 천명하였던 것입니다.

이처럼, 원효는 영원히 변하지 않는 '진리'를 몸소 체험한 뒤[一心], 그것을 알지 못해 아웅다웅 다투는 어리석은 우리들을 '교육'하였습니다[和諍]. 오늘날 남아있는 원효의 저술 어디를 읽어보아도 성사(聖師)의 이렇듯 간절한 마음을 느낄 수 있습니다. 본서는 성사의 말씀 하나하나를 금과옥조로 삼아서 그 뜻을 오늘날 우리들이 이해할 수 있는 언어로 전달하는 것을 사명으로 삼고 있습니다.

진리는 변하지 않는 것! 1,300여 년 전 한반도의 한 귀퉁이에서 말씀하신 한마디 한마디가 오늘날 전 세계를 아우르는 글로벌시대에도 여전히 유효하다고 봅니다. 올바른 이치를 알지 못해서, 자신만의 좁은 견해에 얽매어, 갈등과 분열로 멍든 지구촌을 바라봅니다. 그리고 이러한 갈등과 분열을 치유하고, 전체와 부분이 진정 상생할 수 있는 방안의 하나로 원효성사의 화쟁사상을 생각해 봅니다.

필자는 언제부터인가 원효의 심원한 문장에 매료되었습니다. 그 이후, 원효의 말씀에 담긴 의미를 음미하면서 오늘에 이르렀습니다. 동국대학교에서 불교학을 전공한 뒤에는 박사학위 청구논문으로 '원효의 화쟁사상'을 제출하기 위해서 여기저기에서 관련 자료를 수집하였습니다. 그리하여, 부족하나마, 『원효의 화쟁논법 연구 ─화쟁의 실례를 중심으로─』라는 학위논문을 제출할 수 있었습니다.

이후, 강단에서 학생들을 지도하는 과정에서도, '한국에서 태어나신 부처님'으로 불리는 원효성사의 사상에 대한 관심은 계속되었습니다. 대부분 학자들이 인정하는 바와 같이, 원효사상의 핵심은 화쟁사상이라고 할 수 있지요. 그런데 이 화쟁사상도 자세히 들여다보면 다양한 모습을 하고 있습니다. 필자는 지금까지 화쟁사상과 관련된 다채로운 모습에 대해서 연구를 계속 하여왔습니다.

화쟁사상에 관한 연구로 학위를 받은 지 어느덧 10여 년이 지나가고 있습니다. 이제는 지금까지의 연구성과를 돌이켜 보면서 어느 정도 중간점검을 해 보는 것도, 앞으로 연구활동을 계속하는 데 도움이 될 것이라는 생각을 하게 되었습니다. 또한, 한편으로 생각해 보면, 지금까지 필자 혼자서 누려온 이 행복을 독자들과 함께 나누는 것도, 필자의 '의무'라는 생각도 하게 되었습니다.

이제, 이 책이 세상에 나오기까지 도움을 주신 모든 분들께 감사의 말씀을 드리고자 합니다. 먼저, 가족여러분께 감사드립니다. 저를 낳아주고 길러주신 아버님(김규호)과 어머님(박재순), 지금은 이 세상에 계시지 않은 두 분의 영전에 이 책을 바칩니다. 제 인생의 진정한 친구인 아내 금강화보살님(성향순)께 감사드립니다. 항상 격려해 주신 형제자매를 비롯한 친지분들께 고개 숙여 감사드립니다.

또한, 깊은 학은을 베풀어 주신 스승님들께 감사드립니다. 지도교수이신 동국대학교 전불교대학장 계환 스님(장애순)께 두 손 모아 감사올립니다. 세계적인 원효연구가이신 미국 뉴욕주립대학교 박성배 교수님께 감사드립니다. 김영태 교수님을 비롯한, 오형근, 목정배, 이영자, 권기종, 김용표, 최종석, 김호성, 신성현, 지창규, 고영섭, 김종욱 교수님들께도 허리 숙여 감사인사를 올립니다.

끝으로, 요즘같이 어려운 출판 환경에도 불구하고 이 부족한 글을 출판하는데 흔쾌히 허락해 주신 도서출판 혜안의 관계자 여러분께도 감사인사를 드립니다. 오일주 대표님을 비롯한 김태규 기획실장님, 김현숙 편집장님 등은 이 책이 세상에 나오는 데 직접적으로 산파 역할을 해주신 분들입니다. 이 분들에게도 가슴에서 우러나오는 따뜻한 감사의 인사를 드립니다.

원효성사 후학, 김영일 삼가 씀

차 례

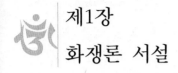

제1장
화쟁론 서설

원효가 자신의 수많은 저작을 통해서 가장 중점적으로 말하고자 하였던 '화쟁'이라는 단어의 뜻을 제대로 이해하려고 하면, 우리는 화쟁과 관련된 여러 가지 측면을 고려하지 않을 수 없다. 화쟁 자체와 관련해서는 원효가 화쟁하였던, 모습, 방법, 논거, 연원 등을 살펴보아야 하고, 화쟁의 대상과 관련해서는 원효가 주로 관심을 보였던, 공유, 불성, 불신, 정토, 종교 등을 검토해 보아야 한다.

본장에서는 이러한 내용을 본격적으로 살펴보기 이전에, 독자들이 미리 알아두면 도움이 될 만한 것들을 간략하게 정리해 보았다. 즉, 화쟁사상이 원효의 삶에서 어떠한 의미가 있는지에 대해서, 원효의 화쟁사상에 대해서 지금까지 이 분야의 학자들은 어떠한 연구를 하였는지에 대해서, 그리고 화쟁사상에 대해서 본서는 어떠한 내용을 서술하고 있는지에 대해서 간략히 정리하였다.

제1절 원효전기

본서에서 주로 다루고 있는 것은 화쟁사상인데, 이 화쟁사상은 '원효'의 중심사상이다. 그러므로 본서의 주인공은 바로 '원효'라고 말할 수 있다. 우리가 화쟁사상을 제대로 이해하려고 하는 데 있어서, 그 첫걸음으로 원효가 어떠한 삶을 살았는지 돌이켜보아야 하는 이유가 바로 여기에 있다. 본절에서 필자는 원효가 이 세상을 살다간 발자취를 따라가며 그가 남긴 화쟁사상의 그림자를 추적해 보고 있다.

1. 진리체험

원효는 신라 26대 진평왕 39년(617)에 당시 압량군(押梁郡) 불지촌(佛地村)에서 태어났다. 현재는 대구광역시 동쪽에 인접해 있는 경산군 자인면 불지촌에 해당한다. 원효의 집안은 신라의 골품제도에 의하면 6두품 귀족 집안으로 대대로 벼슬을 하였다. 설화에 의하면, 원효를 잉태할 때 유성이 품으로 들어오는 꿈을 어머니가 꾸었다고 하고, 원효를 낳을 때는 오색의 구름이 땅을 덮었다고 한다.

원효의 어린 시절에 대해서는 기록이 없어서 어떻게 유년기를 지냈는지 전혀 알 수 없다. 다만, 정황상 나이 15세에서 20세 사이에 출가한 것으로 추정되는데, 출가하여서는 불교를 주로 공부하였겠지만 유교와 도교도 함께 공부한 것으로 추정되고 있다. 기록에 의하면, 보덕, 낭지, 혜공 등의 스승에게 학문을 배웠다고 하는데, 법통을 이은 특정한 스승은 딱히 없는 것으로 보인다.

그러던 중, 나이 30대 초반에 이르러 원효는 중국에서 불교가 크게 일어났다는 소식을 들었다. 당시 중국의 불교상황을 살펴보면, 불교가 일어난 인도와 불교를 수입한 중국은 원래 언어가 많이 달라서 글자번역 자체가 쉽지 않았다. 게다가 종교문헌은 그 뜻이 심오하기 때문에 더더욱 제대로 된 번역이 쉽지 않았다. 그리하여 불교가 들어온 초기에 번역된 경전은 오역이 곳곳에서 발견되고 있다.

중국불교가 일어나는 데 크게 공헌한 인물로 쿠마라지바(kumarajiva, 344~413)가 있다. 그는 잘못된 번역을 바로잡고 중국인이 쉽게 이해할 수 있는 번역을 하였는데, 이를 구역(舊譯)이라고 한다. 그 뒤 세월이 흘러 원효시대에 이르러 현장(玄奘, 602~664)이라는 대역경가가 나타났다. 그는 20년 가까이 인도에서 유학하다가 많은 경론을 가지고 귀국하여 훌륭한 번역을 하였는데, 이를 신역(新譯)이라고 한다.

현장의 활동으로 중국에서 불교가 크게 일어났다는 소식을 접한 원효는 친구 의상(義湘, 625~702)과 함께 중국 유학을 계획하였다. 원효는 나이 33세가 되던 해(650)에 고구려를 통해서 당으로 가는 도중에, 뜻밖에 고구려 경찰의 검문에 의하여 유학의 꿈을 이루지 못했다. 당시 한반도 상황을 고려해 볼 때, 고구려와 신라의 관계가 좋지 않았기 때문에 아마도 그러한 일이 발생했을 것이다.

그 뒤 10년이 지나자 한반도에 중요한 정치적인 변화가 일어났다. 백제가 멸망한 것이다(660). 원효와 의상은 다시금 중국유학을 준비하여, 다음해 (661)에 출발하였다. 이번에는 옛 백제 땅까지 육로로 가서 서해안에서 배를 타고 해로로 중국에 도달하려는 계획이었다. 이때 원효의 나이 44세, 불혹의 나이에 접어든 지도 어언 몇 해가 지난 뒤였다. 이 두 번째 유학길에서 원효는 큰 체험을 하게 된다.

원효와 의상은 오늘날 경기도 서해안의 어느 항구에 이르러 중국행 배를 타려고 하였다. 하지만, 비가 억수같이 내리는 바람에 도저히 배가 출발할 수가 없었다. 하는 수 없이 하룻밤을 묵을 거처를 찾았으나 마땅한 곳이 없어서 어쩔 수 없이 동굴에 머물게 되었다. 피곤한 몸을 이끌고 두 사람은 깊은 잠에 골아 떨어졌다. 새벽이 되어서야 일어나 보니, 세상에, 주변에 해골이 뒹굴고 있지 않은가!

그러니까 그곳은 동굴이 아니라 무덤이었던 것이다. 서둘러 행장을 챙겨들고 두 사람은 동굴에서 나왔다. 아니 무덤에서 나왔다. 다시 항구로

가서 배를 기다렸으나, 다시금 장대비가 쏟아지는 바람에 하룻밤을 더 묵을 수밖에 없었다. 편안한 잠자리를 찾아 여기저기를 돌아다녔으나, 마땅한 곳을 도저히 찾을 수가 없었다. 하는 수없이 어젯밤의 그 동굴로, 아니 무덤으로 지친 몸을 의탁하지 않을 수 없었다.

원효는 잠을 자려고 노력하였다. 하지만, 이곳이 무덤이라는 생각에 도저히 잠을 이룰 수가 없었다. 주변에 나뒹구는 해골의 주인들이 귀신이 되어 원효에게 이야기를 거는 것만 같았다. 밤은 더욱 깊어 이제 원효의 의식은 저 깊은 어딘가로 가라앉고 있었다. 여기저기 뒤엉킨 생각의 실타래가 차츰차츰 흩어져가던 그 순간, 원효의 마음에 '번쩍' 그 무언가가 지나갔다. 원효의 오도송을 들어보자.

① 원문 : 心生故種種法生
　　직역 : (알겠구나!) 마음이 생겨나매 갖가지 것들이 생겨나고,
　　의역 : 분별하는 마음이 발생하니, 연이어 수많은 존재들이 발생하고,
② 원문 : 心滅故龕墳不二 (대정장50, 729상)
　　직역 : 마음이 사라지매 동굴과 무덤이 둘이 아님을!
　　의역 : 분별하는 마음이 소멸하니, 연이어 동굴과 무덤이 다르지 않게 되었다.

독자 여러분이나 필자나 모두 어머니 뱃속에서 태어났다. 태어날 때, 이 세상의 모습을 '편의상' 둥글고 텅 빈 원이라고 상상해 보자. 아이는 자라면서 이것과 저것을 분별하게 된다. 예컨대, 저것이 '㉮인가, 아닌가?' 하는 기준이 생기고, 만약 그 기준에 적합하면 이제 '㉮'라고 불리는 존재가 아이의 마음속에 자리를 잡게 된다. 이런 식으로 하여 무한히 많은 존재들이 그 텅 빈 원을 가득 채우게 된다.

그러다가, 어느 순간 그 사람은 원효와 같은 체험을 하게 된다. 모든 존재가 독립적이지 못하고 서로 '의존'하여 존재한다는 사실을 뚜렷하게 보게 된다. 말하자면, 큰 것과 작은 것이 서로 의존하고 긴 것과 짧은

것이 서로 의존하며, 낮과 밤이 서로 의지하고 행복과 불행이 서로 의지하며, 삶과 죽음이 서로 의지하고 있음과 없음이 서로 의지하는 것을 분명하게 알게 된다.

동시에, 그 사람은 이러한 표면적인 현상 너머에 있는 영원히 변치 않는 진실한 모습도 보게 된다. 그 진실한 모습은 '있음[有]과 없음[無]'처럼 서로 상대방을 의지하여야만 비로소 성립하는 그러한 모습을 초월한 모습이다. 그 진실한 모습이 있는 곳에서는 '해골이 없는 동굴인가, 해골이 있는 무덤인가?'하는 기준이 따로 없기 때문에, 그 순간에 동굴과 무덤이 구분되는 상태에 있지 않다.

그 진실한 세계에서는 '㉮인가, 아닌가?'하는 기준이 성립할 수 없기 때문에, 그 순간에 '㉮'라고 불리는 존재는 의미를 잃고 소멸한다. 이런 식으로 그 텅 빈 원을 가득 채웠던 무수한 존재들이 일순간에 사라진다. 그리하여 처음 이 세상에 태어날 때 보았던 둥글고 텅 빈 원이 다시 나타난다. 이것은 비유하면 마치 저 하늘에 툭(!) 터진 허공과도 같다. 모든 것을 감싼 저 푸르른 창공과도 같다.

원효는 저 허공과도 같은 둥글고 텅 빈 원을 '일심(一心)'이라고 불렀다. 여기 일심에서 말하는 '일(一)'이란, 일, 이, 삼, 사, …… 중에서의 일과 같이, 여러 개 중에서 하나를 말하는 것이 아니다. 모두를 감싼 '전체'라는 뜻이다. 또한, 여기 일심에서 말하는 '심(心)'이란, 몸에 대해서 상대적으로 말하는 마음과 같이, 상식적인 차원에서 말하는 마음이 아니다. 이 세상을 구성하는 '존재'라는 뜻이다.

2. 화쟁활동

중국 유학길에 원효는 뜻밖에 '일심의 세계'를 만나게 되었다. 이 세계에는 나와 남을 구별하고 내 것과 네 것을 구별하며 전전긍긍 살아가는 범인(凡人)도 있고, 모두가 한 몸이고 내 것 네 것 구별 없이 유유자적 살아가는 성인(聖人)도 있다. 이미 뜻한 바를 성취한 원효는 스스로 중국에 유학하려던 뜻을 거두고 고국으로 돌아왔다. 신라로 돌아온 원효는 중생들을 위하여 여러 활동을 하였다.

원효의 활동은 3가지 방면으로 나누어 말할 수 있다. 첫째, 원효는 대학자로서 100여 부 240여 권이라는 엄청난 양의 저술을 한 것으로 추정된다. 오늘날까지 남아있는 현존본만 하여도 20부 23권에 이르는데, 이 중에서 14부 17권은 완전한 상태로 남아있다. 저술의 내용은 당시 중국을 통해서 들어온 중관사상, 유식사상, 여래장사상 등 거의 모든 대승불교사상을 고루 담고 있다.

둘째, 원효는 수행자로서 인연이 닿은 곳곳에서 출가 수행자들을 위한 수행의 모범을 보여주었다. 그의 대표작 중에 『금강삼매경론』이란 명저가 있는데, 이 책은 『금강삼매경』에 대한 주석서로서 그 내용은 수행관법의 정수를 담고 있다. 『금강삼매경』이 중국 선종의 초기형태와 연관이 있다는 점을 고려할 때, 우리나라에 선종이 들어오기 이전의 대표적인 수행관이라고 할 수 있다.

셋째, 원효는 하루하루 일상생활을 영위하며 생업에 종사하여야 하는 일반서민에 대한 배려를 잃지 않았다. 그들을 위해서 전국 방방곡곡의 촌락을 다니며 '나무아미타불'을 외우고 돌아다녔다. 그리하여 불교이론에 대해서 자세히 알지 못하고 본격적인 불교수행을 할 시간도 없는 대다수 재가 서민들에게 서방극락정토라고 하는 복된 말씀을 전해주었던 것이다.

이러한 다방면의 활동 중에서, 필자는 원효가 학자로서 수많은 저술을 하였다는 점에 특별한 관심을 두고 있다. 그토록 다방면에 걸친 수많은 저술을 통해서 원효가 진정으로 하고 싶은 말씀은 과연 무엇일까? 필자의 관심은 바로 이 점에 있다. 이 점에 관심을 두고 오늘날 우리들이 구할 수 있는 원효의 현존본 23권을 천천히 읽어보면 그 답은 명확하다고 말할 수 있다.

원효는 당시 중국을 통해서 들어온 거의 모든 대승불교사상에 대해서 여러 가지 유형의 저작을 하였다. 요즘으로 말하면, 해설서(주소류), 기본서(종요류), 연구서(논서류)와 같은 형태이다. 어떠한 형태의 저술을 하던

간에 거기에서 말하고자 하는 공통적인 사상은 모두 한결 같다고 할 수 있다. 바로, 여러 가지 서로 다른 주장을 하나로 회통시키려는 생각이다. 보다 엄격한 표현으로 '화쟁'이다.

어떠한 주제에 대해서 서로 다른 주장이 있는 경우에 원효는 이들에 대해서 올바른 견해를 제시하여 제설을 화회시키고 있다. 이러한 원효의 모습은 그의 저술 곳곳에서 발견할 수 있다. 필자가 조사한 것만 하여도 이러한 장면은 원효의 저술에서 총 67군데나 등장한다. 이 숫자는 제설이 논쟁을 하고 원효가 제3자의 위치에서 판단을 내린다는 엄격한 형식을 취한 경우만을 센 것이다.

그런데, 원효의 저서 중에는 오직 이러한 제설의 화쟁만을 주제로 하여 서술한 책이 있다. 바로 『십문화쟁론』이다. 이 책에서 원효는 자신의 여러 저서에서 산발적으로 논의하였던 다양한 주제들 중에서 10가지를 선별하여 체계적으로 논의하였다.[1] 그런데, 이 책이 현재 발견은 되었지만, 10문 중에서 2문만이 발견되었고 그나마 앞과 뒤가 떨어져나간 일부만이 남아있어서 아쉬움이 크다.

그렇다면, '어찌하여 원효는 이 『십문화쟁론』을 저술하였을까?' 이 책의 저술배경에 대해서는, 원효가 열반한 지 약 120년이 지난 9세기 초에 세워진 『서당화상비』에 적혀있다. 이 비석도 오늘날 온전한 상태로 남아있지 않아서 우리는 그 내용을 명확하게 알 수 없지만, 대체적인 내용은 충분히 짐작할 수 있다. 해당내용을 살펴보면, 다음과 같은 3개의 문단으로 구분할 수 있을 것 같다.

---

1) 첫째, 『십문화쟁론』이 완전한 상태로 발견되지 않았기 때문에, 이 책에서 사용한 '십(十)'이라는 숫자가 '10'을 의미하는 '다수'를 의미하는지 확실치 않다. 다만, 필자는 『십문화쟁론』에서 논의한 주제는 10가지라고 보는데, 이에 대한 자세한 내용은 본서 '제6장 공유 화쟁론'에서 밝혀놓았다. 둘째, 원효의 다른 저서에서 산발적으로 논의한 것을 『십문화쟁론』에서 체계적으로 논의하였다고 말하는 이유는, 본서 '제6장 공유 화쟁론'과 '제7장 불성 화쟁론'의 내용을 읽어보면 짐작할 수 있다.

① 십문화쟁론에 대해서 말한다. 여래께서 세상에 계실 때에는 이미 원음 (圓音)에 의거해서 중생 등이 … (十門論者 如來在世 已賴圓音 衆生等 …)

② … 이 비처럼 달리고, 공공(空空)의 논설이 구름같이 일어났다. 어떤 이는 자기의 말은 옳고 다른 이의 말은 틀리다고 하고, 어떤 이는 자기의 말은 그러하고 다른 이의 말은 그렇지 않다고 하여, 마침내 황하와 한강을 이루었다. … (… 雨驟 空空之論雲奔 或言我是言他不是 或說我 然說他不然 遂成河漢矣 …)

③ …을 회통하고 융합하여 서술하니, 십문화쟁론이라고 한다. (… 通融聊爲 序述 名曰十門和諍論)(한불전1, 838상)

①에서는, 부처님께서 이 세상에 계실 때에는 부처님의 원음(圓音)에 의거해서 중생들이 서로 다른 견해를 갖지 않았다고 한다. 물론, 글의 일부만이 남아있어서 뒷내용을 정확하게 알 수는 없지만, 다음 문단들의 내용을 유추해 보건대 충분히 그렇게 새길 수 있다. 요컨대, 석가모니부처 님께서 계실 때에는 오직 부처님의 훌륭한 진리의 말씀만이 이 세상이 머물렀다는 것이다.

②에서는, 부처님께서 돌아가신 뒤에는 그 참뜻을 아는 자가 드물게 되어 서로 다른 견해들이 발생하여 이 세상에 가득하다고 한다. 즉, 부처님 께서 이 세상에 계시지 않게 되자, 온갖 이견(異見)들이 발생하였다는 것이다. 그리고 자기 말은 '옳다'고 하고 상대방의 말은 '옳지 않다'고 하는 시비(是非)가 차츰 늘어나 이 세상에 그득하게 되었다는 것이다.

③에서는, 이제 원효는 원융무애한 부처님의 원음으로 돌아가 수많은 이견들을 회통하고 융합하여 이『십문화쟁론』을 서술하였다고 한다. 즉, 원효는 바로 앞 문단에서 말한 바와 같이, 온갖 이견들이 횡행하여 부처님의 참 뜻이 온전히 전해지지 못한 세태를 바라보면서, 더 이상 이러한 사태를 방관할 수 없었던 것이다. 그리하여 그러한 일을 바로 잡기위해서『십문화 쟁론』을 서술하였다는 것이다.

생각건대, 원효가『십문화쟁론』을 저술한 시기는 그가 '일심의 세계'를 경험한 이후일 것이다. '일심의 세계'를 체험함으로써 원효는 부처님과 같은 경지의 안목을 갖게 되었고, 이러한 안목에서 볼 때 온갖 이견이 횡행하는 사태를 바로잡을 필요를 느꼈을 것이다. 그리하여 드디어 '화쟁(和諍)'이라고 하는 횃불을 높이 들고 부처님의 참 뜻을 다시 선포하기에 이른 것이다.

제2절 선행연구

지금까지 원효의 화쟁사상에 대한 연구들이 적지 않게 쌓여있는데, 필자는 그들을 학계에 등장한 순서대로 정리해 보았다. 먼저, 원효의 화쟁론이 어떠한 '모습'을 띄고 있는가에 관한 연구가 등장하였고, 다음으로 원효가 어떠한 '방법'으로 화쟁을 하였는가에 관한 연구가 등장하였으며, 마지막으로 원효가 어떠한 사상적 '근거'를 가지고 화쟁을 하였는지에 관한 연구가 등장하였다.

1. 모습문제

화쟁의 '모습'에 관한 연구란, '원효의 화쟁사상은 구체적으로 어떠한 모습을 하고 있는가?'를 알아보는 노력이라고 할 수 있다. 이 문제에 대해서 지금까지 원효의 화쟁사상에 관심을 가진 학자들은 대부분 그의 중요한 저서 중의 하나인 『십문화쟁론』에서 그 대답을 찾아왔다. 그리하여, 『십문화쟁론』과 관련된 연구를 중요한 목표로 삼아왔던 것이다.

화쟁의 '모습'에 관한 선행연구를 그 발전과정을 기준으로 나누어 보면 총 3기로 구분할 수 있다. 제1기는, 1937년 조명기가 「원효종사의 십문화쟁론 연구」에서 여러 저술에 인용된 『십문화쟁론』의 단편적인 '인용문을 소개'하면서 시작되었다.[2] 그는 원효의 화쟁사상과 관련된 여러 자료를 정리하고, 견등(見登)과 균여(均如)의 저술에 인용된 『십문화쟁론』의 단편적인 내용을 찾아서 소개하였다.

그는 이 글에서, "화쟁백가지이쟁(和諍百家之異諍) 합이문지동귀(合二門之同歸)'라는 문구가 화쟁(和諍)이란 2글자의 출처이며, 『십문화쟁론』의 주지(主旨)이다. 십문(十門)의 십(十)은 복수의 많다는 것을 포함한 말이요 일정한 수량을 지시함이 아니다"라고 하여, 화쟁의 출처와 십문(十門)의 의미를 해석하였다. 그러나 이 글은 해인사에서 발견된 잔간(殘簡)을 보지 못하고 작성되었다는 아쉬움이 있다.

이 시기는 현대적인 의미에 있어서 원효 화쟁사상에 관한 연구가 비로소 시작된 시기라고 할 수 있다. '원효의 화쟁사상' 분야 중에서도 화쟁의 '모습'에 관한 연구가 1930년대에 가장 먼저 시작되었는데, 조명기의 연구는 이 분야의 선구로 평가할 수 있다. 다만, 연구의 내용이 『십문화쟁론』의 인용문을 소개하는 정도에 그친다는 점에서, 이 점은 후학들에 의해서 보완되어야 할 필요성을 남겨 두었다.

제2기는, 『십문화쟁론』의 '잔간을 복원'하는 연구가 최범술에 의해서 이루어진 시기이다. 『십문화쟁론』의 잔간은 1937년 해인사의 사간장경(寺刊藏經) 속에서 일부가 발견되었는데, 이것은 균여가 『석화엄교분기원통초(釋華嚴敎分記圓通抄)』에서 인용하고 있는 「화쟁론(和諍論)」의 내용이 현존하는 잔문(殘文)의 부분들을 요약하고 있는 것으로 보아 원효의 『십문화쟁론』으로 인정할 수 있다.[3]

잔간 중에, 제9·10매는 공유(空有)에 관한 화쟁이고, 제15매·16매는 불성(佛性)에 관한 화쟁이며, 제31매는 대부분 파손되어 있다. 최범술은 『십문화쟁론』의 복원을 위해서 정진하였는데, 훗날 김지견이 「십문화쟁론 복원을 위한 수집자료」라는 제목으로 소개하였다.[4] 여기에서 제31매는 『이장의

---

2) 趙明基, 「元曉宗師의 十門和諍論 硏究」, 『금강저』22(조선불교동경유학생회, 1937), p.35.

3) 鎌田茂雄, 「十門和諍論の思想史的意義」, 『佛敎學』11(昭和56), pp.3~4.

(二障義)』의 내용과 거의 같기 때문에『십문화쟁론』의 잔간이 아닐 것으로 의심받는 아쉬움이 있다.[5]

이 시기는 화쟁의 '모습'을 논하는 데 있어서, 단순히 인용문을 소개하는 단계를 벗어나서, 실제로 발견된『십문화쟁론』의 잔간을 복원하는 단계로 평가할 수 있다. 최범술은 원본을 복원하기 위한 작업에 정진하였는데, 그 연구결과를 우리들에게 남겨놓고 있다. 다만, 제31매의 복원내용에 대해서는 필자가 확인한 바로도『이장의』의 내용과 거의 일치해서, 무언가 착오가 있었던 것으로 보인다.

제3기는, 1977년 이종익이「원효의 십문화쟁론 연구」에서, 원효저술의 몇몇 작품들을 통하여『십문화쟁론』의 '십문을 복원'하는 작업을 한 것부터 시작한다.[6] 일찍이 조명기는 '십문(十門)'의 의미를 복수로 파악하였지만, 이종익은 여기에 반대하여, 이것을 원효가 화쟁의 대상으로 삼았던 10가지의 구체적인 주제로 이해하였다. 이종익이 추정한 10문의 내용은 아래와 같다.

① 삼승일승화쟁문(三乘一乘和諍門) … 『법화종요』
② 공유이집화쟁문(空有異執和諍門) … 『십문화쟁론』
③ 불성유무화쟁문(佛性有無和諍門) … 『십문화쟁론』
④ 인법이집화쟁문(人法異執和諍門) … 『십문화쟁론』
⑤ 삼성이의화쟁문(三性異義和諍門) … 『대승기신론소기회본』
⑥ 오성성불화쟁문(五性成佛和諍門) … 『교분원통초』
⑦ 이장이의화쟁문(二障異義和諍門) … 『이장의』

---

4) 崔凡述,「十門和諍論 復元을 위한 蒐集資料」,『원효연구논총』(국토통일원, 1987).
5) 李種益,「元曉의 十門和諍論 研究」,『東方思想個人論文集』1輯(東方思想研究院, 1977), p.22.
6) 李種益,「元曉의 十門和諍論 研究」,『東方思想個人論文集』1輯(東方思想研究院, 1977), p.22.

⑧ 열반이의화쟁문(涅槃異義和諍門) … 『열반종요』

⑨ 불신이의화쟁문(佛身異義和諍門) … 『열반종요』

⑩ 불성이의화쟁문(佛性異義和諍門) … 『열반종요』

　이종익에 의하여 복원된 '십문'은 이후의 연구자에게 많은 영향을 주었다. 예컨대, 1978년에 김운학은 「원효의 화쟁사상」에서,[7] 1983년에 이만용은 『원효의 사상』에서,[8] 1989년 오법안은 『원효의 화쟁사상연구』에서[9] 각각 이와 비슷한 주제를 논하였다. 이들은 『십문화쟁론』의 '십문'을 글자 그대로 '10문'으로 이해하고 자유롭게 논하였으나, 그 결과는 대체로 이종익의 연구와 비슷하였다.

　이 시기는 『십문화쟁론』의 잔간에 남아있는 3개문(2개문)의 부분들을 복원하는 단계에서 한 걸음 더 나아가, 여러 학자들에 의해서 『십문화쟁론』의 '십문'을 복원하려고 노력한 시기로 평가할 수 있다. 이종익의 획기적인 연구성과에 힘입어서 이 작업은 본 궤도에 오르게 되었는데, 많은 학자들이 이 작업에 뛰어 들어옴에 따라서 '화쟁의 모습'에 관한 연구는 바야흐로 황금기를 맞게 되었다고 할 수 있다.

2. 방법문제

　화쟁의 '방법'에 관한 연구란, '원효가 제설을 회통하는 데 있어서 어떠한 방법을 사용하는가?'를 알아보려는 노력이라고 할 수 있다. 원효가 사용한 회통방법이 무엇인가에 대해서는 오래전부터 화쟁사상을 연구하는 사람들로부터 관심을 끌어왔다. 그리하여, 이 분야에 대해서는 많은 선행연구가 있어왔는데, 필자는 발전과정을 기준으로 총 3기로 나누어 보았다.

---

7) 金雲學, 「元曉의 和諍思想」, 『불교학보』 15(1978), p.177.

8) 李晚鎔, 『元曉의 思想』(전망사, 1983), pp.105~125.

9) 吳法眼, 『元曉의 和諍思想研究』(弘法院, 1989), pp.86~108.

제1기는, 1966년 박종홍이 「원효의 철학사상」이란 글을 발표하면서 시작되었다. 그는 여기에서 원효의 화쟁방법을 모두 5가지로 간추려서 제시하였다.[10) 그는 말하기를, 화쟁논리는 개합(開合)으로써 종요(宗要)를 밝히고, 입파(立破)와 여탈(與奪)이 자유로우며, 동일(同一)·상이(相異) 있음·없음이 자재하고, 양변을 떠나고 중도에도 집착하지 않으며, 어떠한 말에도 얽매이지 않는다고 한다.

또한, 박종홍은 원효의 화쟁이 성립할 수 있는 가장 기본적인 논리적 근거에 대해서도 언급한 바 있다. 그는 그 내용으로, 원효가 『열반종요』에서, "불교경전의 부분을 통합하면 만 가지 흐름이 한 맛[一味]이며, 부처님 뜻의 지극히 공평하고 무사(無私)함을 전개하면 백가(百家)의 서로 다른 논쟁이 그대로 살려져 화회될 수 있다"고 한 말을 제시하기도 하였다.(한불전1, 524상)[11)

이 시기는 화쟁의 '방법'에 대한 연구가 비로소 태동하는 시기라고 볼수 있다. 1960년대에 박종홍에 의해서 시작된 이 분야의 연구는, 비록 초기의 모습을 담고 있지만 그 성과도 훌륭해서 오늘날까지 학계에 큰 영향을 미치고 있다. 예컨대, 본서의 경우를 보더라도, 화쟁사례를 분석하여 추출된 화쟁방법의 내용과 당시 박종홍의 연구결과가 상당부분 닮아있다는 것만 보아도 이 점을 짐작할 수 있다.

제2기는, 이 분야의 연구성과가 양적으로 급격하게 팽창하는 시기이다. 1977년 이한승은 「원효사상연구 : 화쟁사상을 중심으로」를,[12) 1978년 김운학은 「원효의 화쟁사상」을,[13) 1983년 김선근은 「원효의 화쟁논리 소고」를,[14) 최유진은 1987년 「원효에 있어서 화쟁과 언어의 문제」와[15) 1991년

---

10) 朴鐘鴻,「元曉의 哲學思想」,『韓國思想史-古代遍』(일신사, 1966).

11) "統衆典之部分 歸萬流之一味 開佛意之至公 和百家之異諍."

12) 李漢承,「元曉思想研究 : 和諍思想을 中心으로」,『論文集』6(陸軍 第3士官學校, 1977).

13) 金雲學,「元曉의 和諍思想」,『佛敎學報』15(佛敎文化研究所, 1978).

14) 金善根,「元曉의 和諍論理 小考」,『論文集』2(慶州 : 東國大學校 慶州大學, 1983).

15) 崔裕鎭,「元曉에 있어서 和諍과 言語의 問題」,『哲學論集』3(1987).

「원효의 화쟁방법」을[16] 발표하였다. 또한, 최근(2017년)에 박태원은 『원효의 화쟁철학 : 문 구분에 의한 통섭』을 발표하였다.[17]

이러한 연구들은 대체로 박종홍의 주장을 발전시킨 것인데, 이 중에서 최유진의 연구를 대표로 들어본다. 그는 화쟁방법을 '극단을 떠남', '긍정과 부정의 자재', '경전 내용에 대한 폭넓은 이해' 등으로 고찰하였는데, 대체로 박종홍의 주장을 전개한 것이다. 그리고 따로 화쟁과 언어의 문제도 고찰하였는데, 이것은 박종홍이 주장한 '일미(一味)와 절언(絶言)'이라는 화쟁방법을 심화한 것으로 볼 수 있다.

이 시기의 특징은 제1기에서 이루어진 박종홍의 선구적인 연구를 바탕으로 많은 연구자들이 이 분야의 연구에 뛰어들어서 나름대로 의견을 마음껏 쏟아낸 시기로 평가할 수 있다. 다만, 그들의 연구성과를 들여다보면, 연구자에 따라서는 나름대로 독특한 주장도 있었지만, 그 연구방법이나 연구결과에 있어서 대체로 대동소이(大同小異)하다는 것을 부인하기 힘들 것 같다.

제3기는, 연구방법에 질적인 변화가 일어나는 시기로 볼 수 있다. 오성환은 1979년 「십문화쟁의 비교고」에서 원효의 화쟁논리를 화엄사상에서 말하는 사법계(四法界)와 관련하여 논의하였다. 그는 원효 화쟁논리의 궁극적인 핵심이 화엄의 사법계 중에서도 '사사무애적(事事無礙的)인 방법론'과 흡사하다는 주장을 하였는데,[18] 그의 이러한 언급은 이후 연구자들에

---

16) 崔裕鎭,「元曉의 和諍方法」,『白蓮佛敎論集』1(합천 : 白蓮佛敎文化財團, 1991).

17) 박태원은 2004년에 발표한 「원효 화쟁사상의 보편원리」(『철학논총』38, 새한철학회)에서 화쟁의 3가지 원리에 대해서 발표한 바 있다. 첫째는 '각 주장의 부분적 타당성을 변별하여 수용한다는 것'이고, 둘째는 '모든 쟁론의 인식적 토대에서 벗어날 수 있는 마음지평(일심)을 열어야 한다는 것'이며, 셋째는 '언어 환각에서 깨어나 언어를 사용해야 한다는 것'이다. 이후, 박태원은 2017년 출판한 『원효의 화쟁철학 : 문 구분에 의한 통섭』(서울 : 세창출판사)에서 위에서 말한 '각 주장의 부분적 타당성을 변별하여 수용한다는 것'을 더욱 발전시켜서 '문 구분에 의하여 통섭하는 것'으로 논의하고 있다.

18) 吳成煥,「十門和諍의 比較考」,『第2回 國際佛敎學術會議 : 元曉思想』(1979).

게 적지 않은 영향을 주게 된다.

1987년 김형효는 「원효사상의 현재적 의미와 한국사상사에서의 위치」에서, '융이이불일(融二而不一)'을 강조하였고,[19] 1993년 사토 시게키(佐藤繁樹)는 『원효에 있어서 화쟁의 논리 : 『금강삼매경론』을 중심으로』에서 '무이이불수일(無二而不守一)'을 시종일관 주장하였으며,[20] 최근(2018년)에 김태수는 『원효의 화쟁논법 연구 : 사구(四句) 논리를 중심으로』에서 원효의 사구에 대한 이해 방식을 주로 논하고 있다.[21]

이 시기는 화쟁방법과 관련한 특징적인 모습을 하나하나 나열하는 기존의 연구풍토에서 벗어나, 화쟁방법의 일원적인 최고원리를 탐구하는 방식이 등장한 시기로 평가할 수 있다. 오성환의 연구는 이 분야에서 새로운 아이디어를 제공하기는 하였으나, 연구성과는 그다지 풍부하다고 할 수 없다. 이에 비해서, 김형효, 사토 시게키, 김태수의 연구는 화쟁방법의 최고원리를 다양하게 보여주고 있다.

3. 근거문제

일반적으로 화쟁의 '근거'라고 하면, 화쟁의 '논리적인 근거'와 화쟁의 '사상적인 근거'를 포함해서 말한다. 이 중에서 화쟁의 '논리적인 근거'에 대해서는 아직 학계에서 논의된 바가 없었다. 그것은 아마도 화쟁의 '모습'이 구체적으로 확정되지 못한 것이 가장 큰 이유일 것으로 생각된다. 그리하여, 화쟁의 '근거'에 대해서는 오직 화쟁의 '사상적인 근거'에 대해서

---

19) 金炯孝, 「元曉思想의 現在的 意味와 韓國思想史에서의 位置」, 『元曉研究論叢』(國土統一院 調査研究室, 1987).

20) 佐藤繁樹, 『元曉에 있어서 和諍의 論理 : 金剛三昧經論을 中心으로』(서울 : 東國大學校 博士學位論文, 1993).

21) 김태수는 『원효의 화쟁논법 연구 : 사구(四句) 논리를 중심으로』(서울 : 서울대학교 박사학위논문, 2018)에서, 불교에서 말하는 사구논리를 원효가 어떻게 이해하고 있는가를 '조망점에 따른 종합 방식'과 '부정을 통한 긍정 방식'으로 분류하여 정리하고 있다. 또한, 원효의 여러 저서에서 화쟁이 실제로 어떠한 방식으로 이루어지고 있는지에 대해서도 분석하고 있다.

만 몇몇 학자들에 의해서 논의되어 왔다.

즉, '원효가 어떠한 사상적 근거에서 화쟁사상을 제기하게 되었는가?'에 대해서 그 대답을 찾으려고 노력하였던 것이다. 이 분야의 연구는 화쟁의 '모습' 혹은 '방법'과 같은 분야에 비하면 상대적으로 그 성과가 매우 척박하다고 할 수 있다. 지금까지 학계에서 이루어진 연구의 발전과정을 편의상 대표학자를 기준으로 나누어 살펴보면 아래와 같다.

첫째, 최유진은 1988년 「원효의 일심 : 화쟁과의 연관을 중심으로」에서 '화쟁의 사상적 근거'와 관련하여 분명하게 입장을 밝히고 상세하게 다루었다.[22] 그는 이 논문에서 원효의 현존본에서 원효의 '일심사상(一心思想)'과 관련된 부분을 하나하나 제시하며 논하였는데, 이러한 노력을 통하여 원효의 '일심사상'이 원효 화쟁사상의 사상적 근거라는 점을 말하고자 하였다.

이 논문은 화쟁의 사상적 근거 내지 화쟁의 연원에 대한 최초의 연구라는 점에서 중요한 의미를 가지고 있다. 물론, 그 이전에 화쟁의 연원에 관한 논의가 없었던 것은 아니다. 하지만, 그들은 대부분 단편적인 사실과 주장의 나열에 그쳤다고 한다면, 최유진의 논문은 '일심사상'을 화쟁사상의 핵심적인 사상적 근거의 하나로 포착하여 이에 관한 상세한 논증을 시도하였다는 점이 돋보인다.

둘째, 이기영은 「원효의 화쟁사상과 오늘의 통일문제」에서 화쟁사상의 사상적 전제로 반야사상·유식사상·불성사상 등에 관하여 논하였다.[23] 화쟁사상은 반야사상에서 말하듯 제법실상을 통찰하여 무명을 불식하고, 유식사상에서 말하듯 모든 차별상을 넘어서서 주객의 분별이 사라지며, 불성사상에서 말하듯 중생이라면 누구나 여래의 경지에 도달할 소지가 있다는 사상을 바탕으로 한다고 말한다.

---

22) 崔裕鎭, 「元曉의 一心 : 和諍과의 연관을 중심으로」, 『철학논집』 4(경남대학교, 1988).

23) 李箕永, 「원효의 화쟁사상과 오늘의 통일문제」, 『元曉思想研究』 II (韓國佛敎研究院, 2001).

이 논문은 논자가 주장하려는 내용에 대한 상세한 논증을 시도하지는 않아서 그 구체적인 내용을 파악하기 어려운 점이 있기는 하다. 하지만, 최유진이 촉발한 화쟁사상의 사상적 근거에 대한 연구를 더욱 확장시켜서 그 범위를 확장시켰다는 데 그 의의가 있다. 그리하여, 화쟁사상의 연원이 '일심사상'에서만이 아니라, 반야사상·유식사상·불성사상 등으로 그 범위가 확장되게 되었다.

셋째, 전호련(海住)은 「원효의 화쟁과 화엄사상」에서 원효 화쟁사상의 사상적인 근거로 화엄사상을 논하였다.[24] 그는 이 논문에서 원효의 화쟁사상이 성립할 수 있는 사상적인 근거로 일단 '일심사상'을 들고, 이러한 원효의 일심관은 단순히 진망화합의 여래장심에 머물지 않고, 다시 여래성기의 화엄사상의 일심관으로까지 발전하였다고 진단하고 있다.

이 논문에서는 화쟁사상의 연원의 범위를 더욱 확대시켜서 '화엄사상'에까지 그 외연을 넓히고 있다. 이 논문의 저자인 전호련은 화엄사상에 대해서 심도 있는 연구를 하였는데, 그러한 저자의 시각으로 원효 화쟁사상의 사상적 뿌리를 탐색하였던 것이다. 바야흐로 불교사상의 각 분야에서 깊이 있는 연구를 한 연구자들에 의해서 원효 화쟁사상의 사상적 근거가 조금씩 밝혀져 가고 있는 모습이다.

제3절 본서 요약

선행연구에서 본 바와 같이, 선학들은 화쟁사상에 대해서 치열한 연구를 하였다. 이러한 선학들의 연구성과를 바탕으로 해서 본서가 비로소 이 세상에 나올 수 있었다. 본서는 총 10장으로 구성되어 있는데, 내용상 크게 2부분으로 나눌 수 있다. 앞부분(제2장~제5장)은 화쟁사상 자체를 다루는 '화쟁총론'에 해당하고, 뒷부분(제6장~제10장)은 화쟁의 구체적인

---

24) 全海住, 「元曉의 和諍과 華嚴思想」, 『韓國佛敎學』 24(韓國佛敎學會, 1998).

대상을 다루는 '화쟁각론'에 해당한다.

1. 화쟁총론

본서 제2장에서 제5장까지는 원효의 화쟁사상 자체에 관한 일반적인 내용을 다루고 있다. 그 내용은 필자의 박사학위논문에서 논의하였던 내용을 거의 대부분 담고 있다.(졸고, 『원효의 화쟁논법 연구 : 화쟁의 실례를 중심으로』, 서울 : 동국대학교 박사학위논문, 2008) 다만, 기존의 내용 중에서, 그동안 연구의 진전에 따라서 몇몇 군데는 수정·보완이 이루어진 곳도 있다.

'제2장 화쟁의 모습'에서는 원효의 현존본에 남아있는 화쟁의 사례들을 분석하여 화쟁의 모습을 제시하고 있다. '화쟁사례'는 일반적으로 [입론]-[논란]-[평결]'로 이루어져 있다. [입론]은 주어진 논점에 대해서 각설이 각자의 입장을 주장하는 부분을 말하는데, 이 부분은 다시 주장의 핵심인 '주문(主文)', 주장의 이유인 '이유(理由)', 주장의 근거인 '문증(文證)'으로 구성되어 있다.

[논란]은 상대방의 주장에 대해서 공격이나 방어를 하며 논의를 전개하는 부분을 말한다. 이 [논란]은 '공격(攻擊)'과 '방어(防禦)'로 구성되는데, '공격'은 대체로 자신의 주장을 강화할 수 있는 논리를 전개하거나 상대방의 약점을 지적하는 데 사용되고, '방어'는 대체로 상대방의 공격에 대응하거나 자신의 입장에서 상대방의 논지를 흡수할 때 사용되고 있다.

[평결]은 회통자인 원효가 주어진 논점에 대해서 나름대로 판정을 내리고 그 이유를 해명하는 부분을 말한다. 이 [평결]은 다시 판정의 핵심인 '주문(主文)', 판정의 이유인 '이유(理由)', 판정의 근거인 '문증(文證)'으로 구성되어 있다. [평결]은 논의의 당사자가 아닌 제3자의 입장에서 이루어진다는 점과, 필요하면 보충설명이 이루어진다는 점에서 [입론]과 구별된다.

'제3장 화쟁의 방법'에서는 원효가 서로 맞서는 제설을 화쟁하는 데 사용하는 방법을 제시하고 있다. 이를 위해서 본서에서는 화쟁사례에 있는 [평결]의 '이유'를 주로 분석하고 있다. 원효는 제설에 대해서 3가지 유형으로 판정을 내리고 있는데, 이 중에서 유형1 '일반상식(一般常識) 판정'은 일반적인 논쟁에서도 얼마든지 볼 수 있기 때문에 생략하고, 유형2과 유형3의 경우에 대해서 자세히 살펴보고 있다.

유형2 '제설개시(諸說皆是) 판정'은 제설이 모두 옳다는 판정을 내린 경우인데, 여기에 2가지 방법을 사용한다. 즉, 절반에 가까운 사례에서 '단일한 기준'을 제시하여, 제설은 이 기준에 적합하기에 모두 옳다고 판정한다. 또한, 나머지 절반에 가까운 사례에서는 '복수의 기준'을 제시하여, 이쪽의 주장은 이 기준에 의할 때 옳고, 저쪽의 주장은 저 기준에 의할 때 옳다고 판정하는 것을 볼 수 있다.

유형3 '개시개비(皆是皆非) 판정'은 제설이 옳기도 하고 동시에 그르기도 하다는 판정이다. 이러한 판정은 상식적으로 매우 납득하기 어려운 판정이어서 자세히 분석할 필요가 있다. 여기에, 긍부(肯否)의 자재, 유무(有無)의 자재, 동이(同異)의 자재와 같은 '자재의 논리'라는 방법과, '말만을 취하면 양설이 그르게 되지만, 뜻으로 이해하면 양설이 옳게 된다'와 같은 '언어의 초월'이란 방법이 활용되고 있다.

'제4장 화쟁의 논거'에서는 원효가 제설을 화쟁하는 데 사용하는 논리적인 근거를 제시하고 있다. 이를 위해서 본서에서는 화쟁사례에 있는 [평결]의 '문증'을 주로 분석하고 있다. [평결]의 '문증'을 자세히 살펴보면, 원효는 제설을 화쟁하는 데 있어서 논리적인 근거로서 글자로 성문화되어 있지 않은 '도리(道理)'와 글자로 성문화되어 있는 '경론(經論)'을 제시하고 있는 것을 볼 수 있다.

'도리'의 경우에는 성문화되지 않은 까닭에 그 의미를 파악하는 것이 쉽지 않다. 필자는 도리의 구체적인 의미를 파악하기 위해서, 원효의 일반저서에 쓰여 있는 '도리'의 쓰임새를 살펴보고, 특히 화쟁사례에 나와 있는 '도리'의 용례를 자세히 분석한다. 그리하여, 비록 명확하게 그 의미를 파악하는 데에는 한계가 있으나, 전후문맥으로 유추해 보아서 그 대체적인 뜻을 파악하고 있다.

'경론'의 경우에는 성문화되어 있기 때문에, 그 의미를 파악하는 것은 상대적으로 쉽다고 할 수 있다. 하지만, 치열하게 논쟁하는 당사자를 설복시키기 위해서 논리적인 근거로서 제시하는 경론은 대부분의 경우에 원효의 '해석'을 일단 거친 뒤에 제시된다는 점을 주의하여야 한다. 이런 까닭에 이 부분에서 필자는 원효의 해석이 어떻게 이루어지는지에 대해서도 세심하게 살펴보고 있다.

'제5장 화쟁의 연원'에서는 원효가 제설을 화쟁하는 데 바탕이 된 사상적인 근거를 제시하고 있다. 이를 위해서 필자는 원효의 현존본에 담긴 관련 내용들을 분석하고 있다. 원효의 화쟁사상에 영향을 줄만한 원효의 불교사상은 그 폭이 대단히 넓은데, 그 사상들을 원효 자신의 교판에 의거하여 분류해 보면, '삼승통교(三乘通敎)', '일승분교(一乘分敎)', '일승만교(一乘滿敎)'라고 할 수 있다.

이 중에서, 삼승통교는 진실(眞實)을 드러내지는 않았지만 법공(法空)을 말한 가르침인데, 여기에 '중관사상'과 '유식사상'이 있다. 또한, 일승분교는 진실을 드러냈지만 아직 보법(普法)을 말하지는 않은 가르침인데, 여기에 '일승사상'과 '불성사상'이 있다. 또한, 일승만교는 진실을 드러냈을 뿐만 아니라 보법을 말한 가르침인데, 여기에 '일심사상'과 '화엄사상'이 있다.

좀 더 자세히 말한다면, 중관사상에서는 반야의 개념, 중도의 논리, 반야경에 대한 평가가 있고, 유식사상에서는 삼분설, 자증성, 의타기성이 있다. 또한, 일승사상에는 일승의 개념, 일승의 범위, 법화경 평가가 있고, 불성사상에는 불성의 개념, 삼세의 의미, 열반경 평가가 있다. 또한, 일심사상에는 일심의 전체성, 절대성, 포괄성이 있고, 화엄사상에는 보법의 개념, 화엄경소, 기신론소가 있다.

2. 화쟁각론

본서 제6장에서 제10장까지는 원효가 실제로 화쟁한 내용들을 다루고 있다. 그 내용은 필자가 여러 학술지에 기고하였던 연구논문들 중에서, 화쟁사상과 관련된 글들을 모은 것이다. 돌이켜보면, 이 글들 중에는 화쟁사상과 밀접하게 관련되지 않은 글들도 적지 않은데, 본서에서는 이들을 모두 제외하였다. 오직 원효의 화쟁사상과 직접적으로 관련된 것들만을 모아서 본서를 구성하였다.

'제6장 공유화쟁론'은 원효가 공유논쟁(空有論爭)에 대해서 화쟁한 것을 다루고 있다. 그 내용은 필자가 2012년『한국불교학』에 기고한 논문이 중심이다.(졸고,「원효의 공유화쟁론」,『한국불교학』64, 서울 : 한국불교학회, 2012) 다만, 당시에는 원효가『십문화쟁론』에서 논의한 것과 다른 저서에서 논의한 것을 같은 비중으로 논의하였다면, 본서에서는『십문화쟁론』을 중심으로 논의하고 있다.

공유논쟁(空有論爭)은 대승불교의 양대사상이라고 할 수 있는 중관사상과 유식사상이 서로 충돌하여 이루어진 논쟁이다. 인도의 대승불교에서 발생한 이 논쟁이 중국불교에서 대서특필되었는데, 한국의 원효는 이 점에 대해서 특히 관심을 둔 것으로 보인다. 그리하여 원효는 이 공유논쟁을『십문화쟁론』의 총론에 해당한다고 할 수 있는 제1문에 배정하여 심도 있게 논의하였던 것이다.[25]

『십문화쟁론』의「공유화쟁문」은 일부만이 발견되었는데, 화쟁사례를 연구한 결과를 바탕으로 볼 때 이 부분은 [평결]에 해당하는 부분이라고 할 수 있다. 여기에서 필자는「공유화쟁문」이 전체 10문에서 차지하는 위치와 전체적인 구조를 추정하였으며, 남겨진 잔간의 내용을 원효의 다른 저서에 남겨있는 공유화쟁론의 내용과 비교하여 그 내용을 하나하나

---

25) 이에 관한 자세한 내용은 본서 '제6장 공유화쟁론', '제1절「공유화쟁문」', '1. 본문의 위치'를 참고할 수 있다.

상세히 고찰하고 있다.

　'제7장 불성화쟁론'은 원효가 불성논쟁(佛性論爭)에 대해서 화쟁한 것을 다루고 있다. 그 내용은 필자가 2013년 『한국불교학』에 기고한 논문이 중심이다.(졸고, 「원효의 『십문화쟁론』 「불성유무화쟁문」 검토」, 『한국불교학』 66, 서울 : 한국불교학회, 2013) 다만, 당시에는 지면의 제한으로 인하여 논의가 충분하지 못한 부분이 있었는데, 본서에서는 그런 부분들을 상당부분 해소하였다.

　불성논쟁(佛性論爭)은 대승불교의 3대사상이라고 할 수 있는, 중관사상, 유식사상, 여래장사상 중에서, 유식사상과 여래장사상이 서로 충돌하여 이루어진 논쟁이다. 유식사상 경론에서는 "일부 중생들은 진리를 깨달을 수 없다"고 주장한 반면, 여래장사상 경론에서는 "모든 중생들은 다 진리를 깨달을 수 있다"고 주장한 것을 원효가 『십문화쟁론』과 『열반종요』에서 화쟁한 것이다.

　『십문화쟁론』의 「불성화쟁문」은 일부만이 발견되었는데, 화쟁사례를 연구한 결과를 바탕으로 볼 때 이 부분은 [논란]에 해당하는 부분이라고 할 수 있다. 여기에서 필자는 「불성화쟁문」의 위치와 구조를 추정하고, 남겨진 잔간의 내용을 자세히 분석하였다. 그리고 『열반종요』와 균여의 『석화엄교분기원통초』에 인용된 「불성화쟁문」의 내용을 참고하여 원효의 최종판단을 추정해 보았다.

　'제8장 불신화쟁론'은 원효가 불신논쟁(佛身論爭)에 대해서 화쟁한 것을 다루고 있다. 그 내용은 필자가 2015년 『대각사상』에 기고한 논문이 중심이다.(졸고, 「원효의 불신화쟁론(佛身和諍論)」, 『대각사상』 23, 서울 : 대각사상연구원, 2015) 다만, 당시에는 불신 중에서 보신불에 관한 내용을 주로 다루었는데, 본서에는 여기에 법신불에 관한 내용을 추가하여 다루고 있다.

　불신논쟁(佛身論爭)이란, 법신불, 보신불, 응신불 등 불신에 대하여 서로 다른 의견이 충돌하여 논쟁한 것을 말한다. 총 67개의 화쟁사례 중에서 가장 많은 16개의 사례가 불신에 관한 화쟁이라는 점을 생각해 볼 때, 원효가 특히 불신에 대해서 많은 관심이 있었다는 것을 짐작할 수 있다. 여기 '제8장 불신화쟁론'에서는 위의 3가지 불신 중에서, 법신불과 보신불에 대해서 중점적으로 살펴보고 있다.

법신불(法身佛)에 대해서 원효는 '법신불은 색상(色相)이 있는가?'라는 주제를 가지고 『열반종요』에서 논의하고 있는데, 필자는 여기에 담긴 의미를 하나하나 음미하고 있다. 또한, 보신불(報身佛)에 대해서 원효는 '보신불은 상주(常住)하는가?'라는 주제를 가지고 『열반종요』와 『십문화쟁론』에서 논의하고 있는데, 필자는 여기에 담긴 의미를 『동이약집』 등을 활용하여 추정하고 있다.

'제9장 정토화쟁론'은 원효가 정토논쟁(淨土論爭)에 대해서 화쟁한 것을 다루고 있다. 그 내용은 필자가 2013년과 2014년 『정토학연구』에 기고한 논문이 중심이다.(① 졸고, 「원효의 정토사상에 담긴 화쟁의 정신」, 『정토학연구』 20, 서울 : 한국정토학회, 2013, ② 졸고, 「원효의 미륵정토사상에 담긴 화쟁의 정신 : 미륵상생경종요를 중심으로」, 『정토학연구』 21, 서울 : 한국정토학회, 2014)

여기에서 말하는, 정토논쟁(淨土論爭)이란, 미타정토 및 미륵정토와 관련된 내용 중에서 서로 다른 견해들이 부딪혀서 이루어지는 논쟁을 말한다. 그런데, 여기 미타정토 및 미륵정토에 등장하는 불신들을 위의 '제8장 불신화쟁론'에서 말하는 불신을 기준으로 하면, 보신불과 응신불에 해당한다. 따라서 '제9장 정토화쟁론'은 크게 보아서 '제8장 불신화쟁론'의 연장선상에 있다고 말할 수 있다.

미타정토와 관련된 구체적인 논쟁들은 원효의 『무량수경종요』에 체계적으로 등장하는데, 이 글을 통해서 원효가 화쟁에 임하는 자세를 생생하게 포착할 수 있다. 또한, 미륵정토와 관련된 다양한 논쟁들은 원효의 『미륵상생경종요』에 많은 화쟁사례가 등장하는데, 이 글을 통해서 원효가 화쟁을 통해서 우리에게 진정으로 말하고자 하는 바가 무엇인지를 어느 정도 짐작할 수 있다.

'제10장 종교화쟁'에서는 원효가 종교논쟁(宗敎論爭)에 대해서 화쟁한
것을 다루고 있다. 그 내용은 필자가 2013년『보조사상』에 기고한 논문이
중심이다.(졸고,「불교와 다른 종교의 관계'에 대한 원효의 입장」,『보조사
상』40, 서울 : 보조사상연구원, 2013) 다만, 당시에는 지면의 제한으로
논의가 제한되었는데, 본고에서는 필자가 이해하고 있는 종교에 관한
생각을 좀 더 추가하여 논의하고 있다.

종교논쟁(宗敎論爭)이란, 여러 종교가 만나서 자신의 가르침은 우수하고
상대의 가르침은 열등하다는 주장으로 인하여 발생하는 논쟁을 말한다.
본서 제9장까지의 논쟁은 불교 안에서 일어난 것이지만, 이 종교논쟁은
불교의 범위를 벗어나서 일어난 논쟁이라는 점에서 특별한 의미를 갖는다
고 할 수 있다. 이런 점에서 본장은 제설의 화해를 논하는 본서의 취지에
더욱 적합하다고 할 수도 있다.

원효는 자신의 저서에서 여러 종교가 '서로 다르다'는 주장도 하였고,
'서로 같다'는 주장도 하였다. 하지만,『법화종요』에서 이러한 양설을
회통하는 사례를 남김으로써 자신의 궁극적인 견해가 종교간의 화해에
있었다는 것을 보여주고 있다. 필자는 이러한 원효의 견해가 어떠한 의미를
갖고 있는지를 명확하게 파악하기 위해서 그의 언급을 여러 각도에서
분석하고 있다.

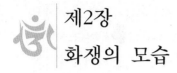

제2장
화쟁의 모습

　'원효의 화쟁사상은 구체적으로 어떠한 모습을 하고 있는가?' 본장에서
는 이 문제에 대한 대답을 찾아보고자 한다. 이 점에 대해서 지금까지
학자들은 그의 중요한 저서 중의 하나인『십문화쟁론』에서 그 대답을
찾아왔다. 하지만, 불완전한 상태로 남겨진『십문화쟁론』을 보완하기
위한 많은 노력에도 불구하고, 그러한 노력의 성과는 10문의 대체적인
내용을 추정하는 데 그치고 있다.

　이러한 상황에서, 필자는 '화쟁의 모습'을 파악하는 데 있어서, 단순히
『십문화쟁론』만을 자료로 할 뿐만 아니라, 현재 원효의 모든 저서에 담겨있
는 이와 유사한 '화쟁의 사례'들을 자료로 하여 '화쟁의 모습'을 파악하려는
시도를 하였다. 이러한 화쟁사례는 원효의 현존본에 널리 분포되어 있으며,
그 기본적인 구조는 '[입론]-[논란]-[평결]'이라는 틀을 가지고 있다.

제1절 화쟁의 사례

　우리는『십문화쟁론』뿐만 아니라 원효의 많은 현존본에서, 원효가 어떠한 논점에 대해서 당사자들이 논쟁하는 상황을 묘사한 뒤에 자신의 의견을 제시하여 화쟁하는 모습을 쉽게 볼 수 있다. 필자는 이것을 원효의 '화쟁사례'라고 부르고 있다. 본절에서는 이 화쟁사례들이 내용상 어떠한 것을 담고 있는지 하나하나 살펴보고, 이 화쟁사례들은 형식상 어떠한 구조를 취하고 있는지 따져보고 있다.

1. 사례의 모습

'제1장 화쟁론 서설'에서, '화쟁의 구체적인 모습은 어떠한 모습을 하고 있는가?'에 대한 종래의 연구를 약술한 바 있다. 처음에는 원효의『십문화쟁론』을 다른 분들이 '인용한 것들'을 수집하여 소개하였고, 다음에는 『십문화쟁론』의 '3개문'에 대한 잔간이 발견되자 그 잔간을 복원하려고 하였고, 나중에는 『십문화쟁론』의 '십문(十門)' 전체를 복원하기 위해서 노력하는 단계에까지 이르렀던 것이다.

여기에서 필자에게 한가지 의문이 생겼다. "이러한 노력들을 통해서 원효의 화쟁사상에 대한 모습이 충분하게 파악되었는가?" 혹은, "지금까지 이 분야의 연구가 모두『십문화쟁론』에 국한된 것이라는 점을 고려해 볼 때, 그 결과에 만족할 수 있을까?" 그러니까, 이러한『십문화쟁론』에 관한 연구만으로 원효가 화쟁하는 모습을 충분하게 파악할 수 있는가에 대한 의문이 필자에게 생긴 것이다.

물론, 원효의 대표적인 저서인『십문화쟁론』을 연구함으로써 '화쟁의 모습'을 대충 짐작할 수는 있을지 모르겠다. 하지만, 현재 우리에게 알려진 『십문화쟁론』은 완전한 상태로 발견된 것이 아니다. 발견된 잔간도 모두 3개문에 한정되어있고 그조차도 내용이 완전하지도 않다. 이 점을 보완하기 위해서 지금까지 학자들이 많은 노력을 하였지만, 그 성과가 그다지 만족스러울 수는 없다.

이러한 문제의식을 안고 고심하던 필자에게 한줄기 빛을 주는 것이 있었다. 그것은 바로 원효의 다른 저서에서도『십문화쟁론』에 못지않게 원효가 생생하게 화쟁하는 모습을 보여주고 있다는 점이다. 이러한 모습은 원효의 남아있는 저서 대부분에서 발견되고 있다. 예컨대, 『열반종요』를 보면, 원효가 언뜻 보면 서로 모순되어 보이는 주장들에 대해서 활발하게 회통하는 모습을 자주 볼 수 있다.

필자는 바로 이러한 점에 착안하여 원효의 '화쟁의 모습'을 파악하는 데 있어서, 단순히 『십문화쟁론』만을 자료로 할 뿐만 아니라, 현재 원효의 모든 저서에 담겨있는 이와 유사한 '화쟁의 사례'들을 자료로 하여 '화쟁의 모습'을 파악하는 것이 훨씬 좋을 것이라는 생각을 갖게 되었다. 다시 말해서, 원효의 현존본에 담긴 '화쟁사례'를 통해서 '화쟁의 모습'을 파악하는 것이 보다 합리적이라고 본 것이다.

이제, '화쟁의 모습'을 파악하고자 하는 필자에게 '화쟁사례'가 그 무엇보다도 중요한 연구대상이 되었다. 먼저, 화쟁사례의 내용을 구체적으로 파악하기 위해서는, 무엇보다도 그 '범위를 확정'할 필요가 있다. 필자는 임의로 현재 『한국불교전서』제1권 원효저작분(pp.480~843)에 있는 원효의 '현존본'을 연구대상으로 정하였다. 그 구체적인 내용을 제시하면 아래와 같다.

〈표 1〉 원효저서의 현존본

번호	저서명	출처
1	『대혜도경종요』	『한불전』1, pp.480상~487중
2	『법화종요』	『한불전』1, pp.487하~494하
3	『화엄경소』	『한불전』1, pp.495상~497하
4	『영락본업경소』	『한불전』1, pp.498상~523하
5	『열반종요』	『한불전』1, pp.524상~547상
6	『미륵상생경종요』	『한불전』1, pp.547중~552하
7	『해심밀경소』	『한불전』1, pp.553상~553중
8	『무량수경종요』	『한불전』1, pp.553하~562중
9	『아미타경소』	『한불전』1, pp.562하~566상
10	『유심안락도』[1]	『한불전』1, pp.566중~580하
11	『보살계본지범요기』	『한불전』1, pp.581상~585하
12	『범망경보살계본사기』	『한불전』1, pp.586상~604상
13	『금강삼매경론』	『한불전』1, pp.604중~677중
14	『대승기신론별기』	『한불전』1, pp.677하~697하

15	『대승기신론소』	『한불전』 1, pp.698상~732하
16	『대승기신론소기회본』	『한불전』 1, pp.733상~789중
17	『이장의』	『한불전』 1, pp.789하~814중
18	『판비량론』	『한불전』 1, pp.814하~817상
19	『중변분별론소』	『한불전』 1, pp.817중~837하
20	『십문화쟁론』	『한불전』 1, pp.838상~840하
21	『발심수행장』	『한불전』 1, pp.841상~841하
22	『대승육정참회』	『한불전』 1, pp.842상~843상
23	『미타증성게』	『한불전』 1, pp.843상~843상

물론, 원효의 '현존본'의 의미를 넓게 보면, 원효의 산일본도 포함되어야 할 것이다. 실제로 한국·중국·일본 등의 여러 학자들은 자신들의 저서에 원효저서의 내용을 인용하였는데, 이러한 것들을 수집하여 연구하는 글들도 상당수 있다.2) 본서에서는 원효의 현존본을 기본적으로 활용하고, 이러한 원효의 산일본에 대해서는 화쟁사상과 직접관련이 있는 것들을 중심으로 보충적으로 활용하고 있다.

다음, 위에서 제시한 범위 안에서 화쟁사례를 선별하였는데, 이를 위해서는 몇 가지 전제가 필요하게 된다. 첫째, '화쟁'이라는 말을 사용할 때에는 '회통'이라는 말과 구별해서 사용할 필요가 있다.3) 화쟁이란 말은 '논쟁을 화해한다'는 의미를 담고 있기에 논쟁의 형식을 갖출 필요가 있다. 하지만, '회통'은 '여러 의견들이 만나서 서로 통한다'는 의미이기에 반드시

---

1) 이 중에서, 『遊心安樂道』는 학계에서 僞作說이 제기되어 있는 상태이므로 본연구에서 제외하였다. 〈① 高翊晋, 「遊心安樂道의 成立과 그 背景－遊心安樂道는 無量壽經宗要의 增補改編이다－」, 『佛敎學報』13(東國大學校 佛敎文化硏究所, 1976), ② 申賢淑, 「新羅 元曉의 遊心安樂道 撰者考」, 『東方學志』 51(延世大學校 國學硏究院1986)〉.

2) 이 분야에는 김상현의 연구가 주목되는데, 연구성과를 제시하면 다음과 같다. ① 金相鉉, 「輯逸勝鬘經疏」, 『佛敎學報』30(東國大學校 佛敎文化硏究院, 1993), ② 金相鉉, 「輯逸金光明經疏」, 『東洋學』24(檀國大學校 東洋學硏究所, 1994), ③ 金相鉉, 「元曉師逸書輯編」, 『新羅文化』10·11合(東國大學校 新羅文化硏究所, 1994), ④ 金相鉉, 「元曉片文蒐逸」, 『佛敎史硏究』1(中央僧伽大學校 佛敎史學硏究所, 1996).

3) 和諍의 어원과 관련해서는, 趙明基는 '和諍百家之異諍 合二門之同歸'라는 문구를 들고 있고, 朴鍾鴻은 '統衆典之部分 歸萬流之一味 開佛意之至公 和百家之異諍'이라는 문구를 들고 있다.

논쟁의 형식을 갖출 필요까지는 없다고 볼 수 있다.

둘째, 본서에서 말하는 '화쟁사례'가 되려면, 반드시 그 안에 2개 이상의 서로 맞서는 의견이 있어야 한다. 왜냐하면, 서로 맞서는 의견대립이 없는 곳에서 그 의견들의 화해를 논할 수는 없기 때문이다. 이러한 전제에 의하면, 원효의 저서에 등장하는 수많은 '문답(問答)'들은 그 내용이 '회통'을 담고 있다고 하더라도, 서로 맞서는 의견들이라고 보기 어려우므로 '화쟁사례'로 보지는 않을 것이다.

셋째, 본서에서 말하는 '화쟁사례'가 되려면, 반드시 회통자는 논쟁의 당사자가 아니라 제3자의 입장이어야 한다. 왜냐하면, 논쟁의 당사자가 회통을 하는 경우에는 그 공정성이 훼손될 가능성이 있기 때문이다. 예컨대, 『판비량론』의 경우에는 원효 자신이 당사자가 되어서 논쟁하고 있는데, 비록 거기에서 원효가 참된 진리를 선언하였다고 하더라도, 그것을 화쟁이라고 보기는 어려울 것이다.

한편, 이러한 기준들에 의하더라도, 경우에 따라서는 이것이 과연 '화쟁'인지 아닌지 판별하기 어려운 경우도 있다. 예컨대, 『대승기신론소기회본』의 3번째 사례에서는 처음에는 전형적인 '화쟁'이 등장하고 이어서 '문답을 통한 회통'이 나온다. 이 경우에는 앞부분에 있는 '화쟁'만을 인정하고, 뒤에 있는 '회통'은 부득이 삭제하였지만, 이와 비슷하게 판별이 애매한 경우도 없지 않다.

〈표 2〉 화쟁사례의 분포

유형별	저서별	사례수
종요류 (宗要類)	『대혜도경종요』	4
	『법화종요』	5
	『열반종요』	20
	『미륵상생경종요』	14
	『무량수경종요』	4
주소류 (註疏類)	『아미타경소』	1
	『범망경보살계본사기』	2
	『금강삼매경론』	1
	『대승기신론소기회본』[4]	12

창작류	『이장의』	2
(創作類)	『십문화쟁론』	2

위 표는 필자가 선별한 총 67개의 화쟁사례가 원효의 현존본에서 어떻게 분포되어 있는가를 보여주고 있다. 먼저, '유형별'로 특징을 살펴보면, 종요류 47개, 주소류 16개, 창작류 4개로, 대부분 종요류에서 등장하고 있는 것을 볼 수 있다. 그리고 종요류의 경우에는 모든 저서에서 화쟁사례를 담고 있지만, 주소류와 창작류에는 전혀 사례를 담고 있지 않은 저서가 상당히 있다는 것을 알 수 있다.

또한, '저서별'로 특징을 살펴보면, 『열반종요』는 무려 20개의 사례가 등장하여 양과 질에 있어서 단연 최고의 화쟁논서로 파악되고, 『미륵상생경종요』는 비록 14개의 사례가 등장하지만 대부분 소형이어서 사실상 그렇게 큰 비중을 차지하지는 않고 있다. 또한, 『금강삼매경론』은 원효의 대표작 중의 하나라는 명성에 어울리지 않게 단지 1개의 소형사례만이 등장하고 있다.

특히, 『십문화쟁론』의 경우는. 만일, 온전한 형태로 보존되었다면 두말할 나위 없이 화쟁의 중심논서가 되었을 것이다. 하지만, 아쉽게도 불완전한 형태로 3문밖에 남아있지 않은 까닭에, 대부분의 경우에 분석의 대상으로 삼지 못하였다. 더구나 제3문의 경우에는 원본이 70% 이상 마멸되었고, 복원본도 『이장의』의 화쟁사례와 90% 이상이 같아서 독립된 사례로 인정하기조차 어려운 형편이다.

---

4) 『대승기신론소기회본』의 경우는 원본이 『대승기신론소』와 『대승기신론별기』이므로 마땅히 이 2권으로 나누어 써야 할 것이다. 그러나 비록 후대이지만 『대승기신론소기회본』이라고 하는 정리된 책이 등장하여 한불전에 들어있고, 이 책은 활용하기 편리하여 학계에서도 종종 사용하고 있으므로, 본서에서는 『대승기신론소기회본』을 사용하고자 한다. 다만, 경우에 따라서는 『대승기신론소』와 『대승기신론별기』를 구별하여야 하는 경우도 있는데, 그러한 경우에는 이들을 구별하여 사용하였다.

2. 사례의 내용

화쟁사례는 내용적인 면과 형식적인 면으로 나누어 볼 수 있는데, 이 중에서 이곳에서는 먼저 내용적인 면에 초점을 두고, 화쟁사례들이 논의하는 '논점'들에 대해서 알아보기로 한다. 본장의 본격적인 논의를 시작하기 전에 이곳에서 화쟁사례에 담긴 '논점'들을 파악하려는 이유는, 원효가 어떠한 분야에 대하여 주로 관심을 두고 화쟁에 임하고 있는가를 짐작하기 위한 것이다.

화쟁사례는 내용상 '소분류', '중분류', '대분류'로 구분해 볼 수 있다. 첫째, '소분류'에 의한 논점이란, 각각의 화쟁사례에 담긴 개개의 논점을 말하는데, 소분류에 의한 화쟁사례의 논점을 살펴봄으로써, 우리는 대충이나마 거기에 담긴 내용을 짐작할 수 있다. 아래에서는 각각의 논점을 적은 화쟁사례들을 한국불교전서에 기록된 순서에 의해서 원효의 저서별로 나열해 보았다.

* 『대혜도경종요』
사례01 : 제법실상(諸法實相)이란 무엇인가?
사례02 : 반야란 유루(有漏)인가, 무루(無漏)인가?
사례03 : 관조반야(觀照般若)에 삼분(三分)이 있는가?
사례04 : 『반야경』의 교판상 지위는 어떠한가?
* 『법화종요』
사례05 : 삼승(三乘)은 진실인가, 방편인가?
사례06 : 방편은 삼승인가, 이승인가?
사례07 : 삼승은 일승의 원인으로 돌아가는가? 결과로 돌아가는가?
사례08 : 인천승(人天乘)도 일불승(一佛乘)에 포함되는가?
사례09 : 『법화경』의 교판상 지위는 어떠한가?
* 『열반종요』
사례10 : 『열반경』을 말씀할 인연이 있는가?

사례61 : 식상(識相)은 염연(染緣)으로만 일어나는가?

사례62 : 진여는 훈습받을 수 있는가?

사례63 : 응신(應身)·보신(報身)이란 무엇인가?

* 『이장의』

사례64 : 소지장(所知障)은 어느 식에 있는가?

사례65 : 인(人)·법(法)은 공(空)인가? 유(有)인가?

* 『십문화쟁론』

사례66 : 실상(實相)은 공(空)인가, 유(有)인가?

사례67 : 불성(佛性)은 무(無)인가, 유(有)인가?

보는 바와 같이, 각 화쟁사례의 논점이 대단히 다양하다는 것을 알수 있는데, 이로써 화쟁론과 관련된 원효의 관심사가 대단히 폭이 넓다는것을 짐작할 수 있다. 또한, 각각의 논점은 해당 저서의 내용과 밀접한관련이 있다는 것을 알 수 있는데, 이로써 화쟁사상과 관련된 원효의관심사는 대체로 저서별로 구분되어 표현되고 있다는 것을 알 수 있다.

둘째, 여기에서 말하는 '중분류에 의한 논점'이란, 위에서 말한 '소분류에의한 논점'들이 내용상 서로 공통되는 경우에 그들을 하나로 묶어 놓은것을 말한다. '중분류에 의한 논점'들을 나열해 보면, 그 내용은 아래에서보는 바와 같이 모두 13개 그룹에 해당된다.

① 불신(佛身) : 총16개(사례18·19·31·32·33·34·36·37·38·40·41·42·43·
44·48·63)

② 지혜(智慧) : 총10개(사례01·02·03·57·58·59·60·61·64·65)

③ 불성(佛性) : 총10개(사례20·21·22·23·24·25·26·27·28·67)

④ 경전(經典) : 총 6개(사례04·09·10·11·29·30)

⑤ 열반(涅槃) : 총 6개(사례12·13·14·15·16·17)

⑥ 본체(本體) : 총 5개(사례51·52·54·62·66)

⑦ 일승(一乘) : 총 4개(사례05·06·07·08)

⑧ 연기(緣起) : 총 3개(사례53·55·56)

⑨ 수행(修行) : 총 2개(사례47·49)

⑩ 불토(佛土) : 총 2개(사례45·46)

⑪ 계율(戒律) : 총 1개(사례50)

⑫ 법회(法會) : 총 1개(사례39)

⑬ 성왕(聖王) : 총 1개(사례35)

보는 바와 같이, 불교의 다양한 분야가 나열되어 있는 것으로 보아서, 원효의 관심분야가 대단히 광범위하다는 것을 다시 확인할 수 있다. 그리고 이 중에서도 원효는 특히 불신·지혜·불성에 대해서 큰 관심을 보이고 있는 것을 알 수 있다. 또한, '중분류에 의한 논점'들도, '소분류에 의한 논점'에서와 같이, 각각의 논점은 그와 관련된 해당저서의 내용과 밀접한 관련이 있는 것도 확인할 수 있다.

셋째, 여기에서 말하는 '대분류에 의한 논점'이라는 것은, 삼보(三寶)에 의한 분류체계를 말한다. 일반적인 불교의 분류체계 중의 하나로 '불(佛)·법(法)·승(僧)'이라는 삼보의 체계가 있다. 이러한 불교의 분류체계에 따라서, 화쟁사례를 분류한 것이 '대분류에 의한 논점'이다.

① 불보(총19개) : 불신(16), 불토(2), 성왕(1).

② 법보(총25개) : 본체(5), 연기(3), 지혜(10), 경전(6), 법회(1).

③ 승보(총23개) : 계율(1), 수행(2), 일승(4), 불성(10), 열반(6).

보는 바와 같이, 원효는 화쟁사상과 관련하여 삼보에 대하여 골고루 관심을 가지고 있는데, 그 순서는 법보, 승보, 불보의 순서이다. 여기에서, 법보의 경우에는 특이하게 '경전' 자체에 대해서도 관심을 가지고 있음을 알 수 있으며, 승보의 경우에는 특이하게도 계율·수행과 같이 일반적인 수행체계보다는, 불성·열반과 같이 수행의 이론적인 배경에 더욱 큰 관심을 가지고 있는 것을 알 수 있다.

3. 사례의 형식

화쟁사례를 형식적인 측면에 관심을 가지고 살펴보면, 다음의 3요소로 구성되어 있는 것을 알 수 있다. 첫째, [입론]은, 어떠한 논점에 대해서 각자의 입장을 제시하는 것을 말한다. 둘째, [논란]은, 상대방의 주장에 대해서 공격이나 방어를 하며 논의를 전개하는 것을 말한다. 셋째, [평결]은, 회통자인 원효가 나름대로 판정을 내리고 그 이유를 해명하는 부분을 말한다.

⟨표 3⟩ 사례의 유형별 구조5)

	[입론]	[논란]	[평결]	사례수
유형1	O	O	O	9
유형2	O	X	O	49
유형3	X	O	O	4
유형4	혼합형			3

보는 바와 같이, 4가지 유형의 화쟁사례가 있는 것을 알 수 있다. 유형1은 3가지 요소가 모두 갖추어져 있어서 '완비형'이라고 할 수 있다. 유형2는 [입론]과 [평결]만 있는데, 총 49개 사례가 해당하는 것으로 보아서 '일반형'임을 알 수 있다. 유형3은 [논란]과 [평결]로 구성된 형태이다. 유형4는 여러 요소가 섞여 있는데, 이것은 유형1의 완전한 형태가 변형된 것으로 파악할 수 있다. 이러한 화쟁사례의 형식적인 모습을 좀 더 자세히 살펴보면, 아래와 같다.

---

5) 여기에서 사례의 총수는 67개가 아니라 65개이다. 왜냐하면,『십문화쟁론』에 등장하는 3개의 사례 중에서 제1문과 제2문은 앞부분과 뒷부분이 떨어져나간 불완전한 형태이어서 분석하기 어려워 제외하였기 때문이고, 제3문은, 그 복원본이『이장의』에 등장하는 사례와 그 내용이 대부분 같은 까닭에 처음부터 별도의 사례로 인정하지 않았기 때문이다.

1) 유형1 : 〔입론〕+〔논란〕+〔평결〕

유형1은 처음에 제설의 입장에서 각자 [입론]을 하고, 다음 제설이 상대방에 대해서 [논란]을 벌이며, 마지막으로 회통자인 원효가 제설에 대해서 [평결]을 하는 형식을 가진다. 예컨대,『대승기신론소기회본』「생멸문」에서는 '본각(本覺)이란 무엇인가?'에 관하여 논하고 있다. 이 점에 대해서, 염정설(染淨說)과 정법설(淨法說)이 등장한다.(사례55)

① 묻는다. 이 본각성(本覺性)이 통틀어 염정(染淨)을 일으키는 것이 되어야 하는가? 다만 모든 정법(淨法)의 본성이기만 해야 하는가?

② 만일 다만 정법의 원인이라고만 말한다면, 무슨 까닭으로 경(능가경)에서, '여래장은 선·불선의 원인이다'고 하고, 내지 널리 말씀하였는가? 그리고 만일 통틀어 염정(染淨)을 일으키는 것이라면, 무슨 까닭으로 성공덕(性功德)을 갖추었다고만 말하고, 성염환(性染患)을 갖추었다고는 말하지 않았는가?

③ 대답한다. 이 이치는 통틀어 염정(染淨)과 함께 성품이 되는 것이니, 그러므로 오직 성공덕을 갖추었다고 말한 것이다. 이 뜻이 무엇인가? 이치가 청정한 성품을 여의었기 때문에 인연을 따라서 모든 오염된 법을 일으킬 수 있으며, 또 오염된 성품을 여의었기 때문에 인연을 따라서 모든 청정한 법을 일으킬 수 있는 것이다. 오염되고 청정한 법을 일으킬 수 있기 때문에 통틀어 염정(染淨)의 본성이 되는 것이며, 염정성(染淨性)을 여의었기 때문에 오직 성공덕(性功德)이 되는 것이다. 어째서 염정성을 여의게 되어야만 모든 공덕을 이루게 되는가? 염정성을 집착하는 것은 모두 망상이기 때문이다.(한불전1, 749중)[6]

---

6) "問此本覺性 爲當通爲染淨因性 爲當但是諸淨法性 若言但是淨法因者 何故經云 如來之藏 是善不善因 乃至廣說 若通作染淨者 何故唯說具足性功德 不說具足性染患耶. 答此理通與 染淨作性 是故唯說具性功德 是義云何 以理離淨性 故能隨緣作諸染法 又離染性 故能隨緣 作諸淨法 以能作染淨法 故通為染淨性 由離染淨性 故唯是性功德 何以得離染淨性 乃成諸 功德 取著染淨性 皆是妄想故."

①에서, 염정설과 정법설의 [입론]이 있다. ②에서는, 양설이 한차례씩 상대방에게 [논란]을 벌이는데, 염정설은 어찌하여 능가경에서, '여래장은 선·불선의 원인이다'고 하였는지 논박하고, 정법설은 무슨 까닭으로 성공덕(性功德)을 갖추었다고만 말하느냐고 논박한다.

③에서는, 이 문제에 대해서 원효가 양설 중에서 염정설이 옳다고 [평결]을 한다. 즉, 청정한 성품을 여의었기 때문에 인연을 따라서 모든 오염된 법을 일으킬 수 있고, 오염된 성품을 여의었기 때문에 인연을 따라서 모든 청정한 법을 일으킬 수 있기 때문에, 염정설이 옳다는 것이다.

여기에서 중요한 점은, 본 화쟁사례가 [입론]·[논란]·[평결]이라는 3가지 요소를 모두 갖추고 있다는 점이다. 이러한 유형1에는 모두 9개의 사례가 해당하는데, 사례06·09·12·17·19·29·31·41·55가 여기에 해당한다.

2) 유형2 : [입론]+[평결]

유형2는 처음에 제설이 각자 [입론]을 하고, 나중에 [논란]을 생략한 채 바로 원효가 제설에 대해서 [평결]을 하는 구조이다. 이 형태가 가장 일반적인 모습이라고 할 수 있다. 예컨대,『아미타경소』「종치(宗致)」에서는 '아미타불은 어느 정도 크신가?'에 관하여 다음과 같이 논하고 있다.(사례48)

① 또 저 경(성왕경)에 말씀하시기를, "아미타불께서 성문들과 함께 하시며 여래·응공·정변지이니 그 나라 이름이 청태(淸泰)이며 성왕이 머무시는 성의 가로 길이는 십천유순(十千由旬)이니라"고 하셨다. 그런데『관경(觀經)』에서는 "저 부처님의 키가 육십만억나유타항하사유순(六十萬億那由他恒河沙由旬)이니라"고 하셨으니, '성은 작고 몸은 크다'는 부당함이 있게 된다.

② 이것은 저 부처님 세계에는 많은 여러 가지 성이 있어서 그런 것임을 알아야 한다. 대중의 크고 작음을 따라 성도 크고 작은 것이니 큰 성에 대해서는 큰 몸을 나투고 작은 성에 대해서는 작은 몸을 나타내기

때문이다. 『성왕경』에서 십천유순이라 함은 이곳은 성문과 함께 머무는 성이기 때문이니, 부처님의 몸은 그 정도에 맞추어 알맞게 머무신다는 것은 마땅히 알아야 한다. ……(한불전1, 563중~하)[7]

①에서, 양설이 자신의 입장을 천명하는 [입론]을 하고 있다. 즉, 제1설은 『성왕경』을 증거로 제시하며 주장하기를, 성왕이 머무시는 성의 가로 길이는 십천유순(十千由旬)이라고 한다. 또한, 제2설은 『관경』을 증거로 제시하며 주장하기를, 저 부처님의 키가 육십만억나유타항하사유순(六十萬億那由他恒河沙由旬)이라고 한다. 그리하여 양설에서 성의 크기와 부처님의 신장이 크게 차이가 나게 된다.

②에서는, 원효가 양설의 주장에 대해서 [평결]을 하고 있다. 즉, 저 부처님 세계에는 많은 여러 가지 성이 있는데, 대중의 크고 작음에 따라서 성의 크기도 달라지고 부처님께서 몸을 나투실 때에는 그 성의 크기에 맞추어 몸을 나타내시기 때문에, 부처님의 몸은 크기가 클 수도 있고 작을 수도 있다는 것이다.

중요한 것은, 본 사례가 [입론]과 [평결]이라는 2가지 요소를 갖추고 있다는 점인데, 이러한 유형2에는 사례01·02·04·05·07·08·10·11·14·15·20·21·22·23·24·25·26·27·28·30·32·33·34·35·36·37·38·39·40·42·43·44·45·46·47·48·49·50·51·53·54·56·57·58·59·60·62·63·64 등 49개의 사례가 해당한다.

3) 유형3 : [논란]+[평결]

유형3은 제설이 바로 상대방에 대해서 [논란]을 한 뒤에, 원효가 제설을 [평결]하는 형식을 가진다. 예컨대, 『열반종요』「명의문(名義門)」에서는

---

7) "又彼經言 阿彌陀佛與聲聞俱 如來應供正遍知 其國號曰淸泰 聖王所住 其城縱廣十千由旬 而觀經說 彼佛身高六十萬億那由他恒河沙由旬 城小身大不相當者. 當知彼佛有衆多城 隨 衆大小城亦大小 大城之中示以大身 小城之中現以小身 聲王經十千由旬者 是與聲聞俱住 之城 當知佛身相當而住 ……."

'열반은 번뇌를 없애는가?'에 대해서 긍정설과 부정설이 등장한다.(사례 13)

① 만일 번뇌를 끊어 없애는 것을 열반이 아니라고 한다면, 무슨 까닭에 이 경(열반경) 「덕왕보살품(德王菩薩品)」에서, "부처의 성품을 보지 못하고도 번뇌를 끊어 없애는 것, 이것을 열반이라 이른다. 그러나 대열반(大涅槃)은 아니다. 만일 부처의 성품을 보고 또는 능히 번뇌를 끊으면 이는 대열반이다. 그것은 부처의 성품을 보기 때문에 상락아정(常樂我淨)을 얻는다. 이러한 뜻이기 때문에 번뇌를 끊어 없애는 것을 또한 대열반이라 일컫는다"고 하였는가? ……

② 해석하여 말한다. 앞에서 인용한 경문은 열반과 대열반이 다름을 구분한 것이다. 그러기에 두 가지의 끊어 없앰을 들어서 번뇌를 끊어 없애는 처소를 나타내 보인 것이요, 번뇌를 끊어 없애는 사람을 들어서 열반이라고 이른 것은 아니다. 뒤에서 인용한 경문은 부처님과 보살이 다른 것을 가려서 구분한 것이다. 보살들이 번뇌를 끊어 없애는 곳에는 아직도 미혹이 남아있기에 열반이라고 이를 수 없다. 그러나 부처님이 번뇌를 끊어 없앤 곳에는 번뇌가 필경에는 다시 나지 아니하기에 열반이라는 명칭을 받는 것이다. ……(한불전1, 527중~하)[8]

①에서, 양설은 I논란을 벌이고 있다. 즉, 긍정설이 부정설에게 논박하기를, 만일 그대의 말이 맞다면 어찌하여 『열반경』「덕왕보살품」에서, "부처의 성품을 보지 못하고도 번뇌를 끊어 없애는 것, 이것을 열반이라 이른다"라고 하고, 또한, "번뇌를 끊어 없애는 것을 또한 대열반이라 일컫는다"라고 하였는지 따지고 있다. 그리고 여기에 이어서 부정설의 논박이 이어진다.

---

8) "若斷煩惱 非涅槃者 何故 德王菩薩品云 不見佛性 而斷煩惱 是名涅槃 非大涅槃 若見佛性 能斷煩惱 是則名爲大涅槃 以見佛性 故得名爲 常樂我淨 以是義故 斷除煩惱 亦得稱爲 大般涅槃 …… 解云 前所引文 爲簡涅槃 大涅槃異 故擧二斷 以顯斷處 非約能斷 名爲涅槃 後所引文 爲簡諸佛 與菩薩異 菩薩斷處 猶有餘惑 故不得受 涅槃之名 諸佛斷處 畢竟不生 所以得立 涅槃之稱 ……."

②에서는, 원효가 이러한 문제에 대해서 [평결]을 하고 있다. 즉, 긍정설이 인용한 경전의 문구는 그 주안점이 '열반과 대열반'이 다른 것을 구분하려고 한 것이기 때문에 그렇게 말한 것이고, 부정설이 인용한 경문은 '부처님과 보살'이 다른 것을 구분하려고 한 것이기 때문에 그렇게 말하였을 따름이라고 한다. 그래서 사실상 양설은 서로 어긋나지 아니하다고 한다.

중요한 것은, 본 화쟁사례에는 [입론]이라는 요소가 특별히 등장하지 아니하고, [논란]과 [평결]이라는 2가지 요소만을 갖추고 있다는 점이다. 이러한 유형3에는 사례03·13·52·65 등 총 4개의 사례가 해당한다.[9]

4) 유형4 : 〔입론〕·〔논란〕+〔평결〕

유형4는 일설이 [입론]을 하고 이어서 [논란]을 하면, 상대방은 [입론]을 하고 이어서 [논란]을 벌이고, 마지막에 원효가 [평결]하는 구조이다. 말하자면, 이 유형은 제설이 [입론]과 [논란]을 번갈아 가면서 하지 아니하고 한꺼번에 하는 구조인데, 이러한 유형4는 유형1이 변형된 구조로 이해할 수 있다. 예컨대, 『열반종요』「삼사문(三事門)」에서는 '법신은 모습이 있는가?'에 관하여 논하고 있는데, 유상설(有相說)과 무상설(無相說)이 논쟁을 벌이고 있다.(사례18)

① 어떤 분은 말하기를, 법신은 색상이 없지만 다만 기연(機緣)을 따라서 화현(化現)하는 모습은 있다. 왜냐하면, 색상이라는 것은 질애(質碍)가 되는 추형(麤形)의 법이어서 전도된 분별로 변하여 되는 것이다. ……

② 그런데, 이 경에서 부처님의 해탈은 이것이 모습이라고 말한 것은 이는 지혜의 눈을 대상으로 하여 모습이라고 말한 것이요, 실지로 있는 모습은 아니다. …….

③ 어떤 분은 말하기를, 법신의 실덕(實德)에는 장애가 없는 모습이 있는 것이다. 이는 비록 질애(質碍)의 뜻으로서의 모습이라고 말할 것은

---

9) 이 중에서 사례52는 [입론]이 질문의 형태로 '주문'만 제시되어 있기 때문에, [입론]이 생략된 것으로 간주하였다.

없지만 그러나 방소(方所)에 따라서 시현한다. 그러기에 모습이라고 말하는 것이다. 또는 비록 분별에서 지어지는 것의 추잡한 모습은 벗어났지만 그러나 만행(萬行)을 닦아 감득(感得)하는 것의 미묘한 모습은 있는 것이다. ……

④ 그런데 다른 곳에서 '법신은 모습이 없다'고 말한 것은 이는 자성신을 들어서 모습이 없다고 말한 것이다. 이는 '삼신의 부분'에서 말한 법신의 뜻이다. 이제 '삼사(三事)의 부문에서' 말하는 법신은 전체적으로 시유(始有)의 온갖 공덕을 취하여 본체로 삼는다. 그러기에 '법신은 모습이 있다'고 말하는 것이다.

⑤ 묻는다. 두 분의 말씀에 어떤 이득과 손실이 있는가? 대답한다. 어떤 분은 말하기를, 어느 한쪽만을 결정적으로 취하면 양설에 다 손실이 있다. 그러나 만일 진실로 집착하지 않으면 두 분의 주장에 모두 이득이 있다. ……(한불전1, 532중~533상)[10]

무상설은 ①에서 [입론]하기를, 모습이라는 것은 장애가 되는 거친 것이어서 분별함으로 인하여 되는 것이기 때문에, 법신은 색상이 없지만 다만 기연(機緣)을 따라서 화현(化現)하는 모습은 있다고 한다. 또한, ②에서 무상설이 [논란]하기를, 『열반경』에서 '부처님의 해탈은 이것이 모습이다'고 말한 것은, 지혜의 눈을 대상으로 말한 것이요, 실지로 있는 모습은 아니라고 한다.

이에 대해서, 유성설은 ③에서 [입론]하기를, 법신은 비록 분별에서 지어지는 추잡한 모습은 벗어났지만 만행(萬行)을 닦아 감득(感得)하는 미묘한 모습은 있다고 한다. 또한, ④에서 유상설은 [논란]하기를, 다른

---

10) "或有說者 法身無色 但有隨機 化現色相 所以然者 色是質礙 麤形之法 顛倒分別之所變作 …… 而此經說 如來解脫 是色等者 對慧眼根說色 非實色 …… 或有說者 法身實德 有無障礙色 雖無質礙之義說色 而以方所示現說色 雖離分別所作麤色 而有萬行所感 而得妙色 …… 而餘處說法身無色者 約自性身 說爲無色 是三身門之法義義 今三事門 所說法身 總取始有萬德爲體 是故 說爲法身有色 問 二師所說 何失何得 答 或有說者 定取一邊 二說皆失 若非實執 二義俱得 ……."

곳에서 '법신은 모습이 없다'고 말한 것은 자성신(自性身)을 들어서 말한 것이니, 법신은 온갖 공덕을 취하여 그것을 본체로 삼기 때문에 '법신은 모습이 있다'고 한다.

원효는 ⑤에서 무상설과 유상설에 대해서 [평결]을 한다. 즉, 양설은, 어느 한쪽만을 결정적으로 취하여 말하면 다 손실이 있게 되지만, 거기에 진실로 집착하지 않고 말하면 두 분의 주장에 모두 이득이 있다고 선언한다. 이후에 원효의 자세한 설명이 있지만 여기에서는 생략한다.

여기에서 중요한 점은, 본 사례가 [입론]·[논란]·[평결]이라는 3가지 요소를 모두 갖추고 있고, 제설에서 [입론]과 [논란]이 이어서 등장하고 있다는 점이다. 이러한 유형4에는 사례16·18·61 등 총 3개 사례가 해당한다.

제2절 요소1 : [입론]

이제, 화쟁사례가 어떻게 구성되어 있는지에 대해서 더욱 자세하게 살펴보도록 하자. 화쟁사례의 3요소인 [입론]·[논란]·[평결] 중에서, 본절에서는 먼저 제1요소인 [입론]에 대해서 집중적으로 살펴보고자 한다. 살펴보는 순서는, [입론]의 일반적인 모습을 유형별로 구분하여 하나하나 살펴보고, '3설 이상'이나 '2쌍 이상'과 같이 특이한 모습으로 [입론]하는 경우도 함께 살펴보고자 한다.

1. 유형별 구조

[논란과 [평결]에서도 마찬가지이지만, [입론]의 내부를 자세히 들여다보면, 원효는 각자의 의견을 개진하는 데 있어서 일정한 형식에 의거하여 진술하고 있는 것을 뚜렷하게 볼 수 있다. 예컨대, 어떤 부분에서는 주장의 핵심을 말하고 있고, 어떤 부분에서는 주장의 이유를 밝히고 있으며, 어떤 부분에서는 예시를 들고 있기도 하고, 어떤 부분에서는 경론과 같이

그 이유의 증거를 제시하기도 한다.

원효에게는『판비량론』이라는 저서가 남아 있다는 것을 생각해 보면, 그는 인도불교의 논리학에 관한 지식을 가지고 있었을 것임에 틀림없다. 그리하여 제설을 화쟁하는 데 있어서도 이러한 인도 논리학에 관한 지식을 활용하였을 가능성이 충분히 있다. 그렇다면, 우리는 먼저, 불교논리학因明學]과 거기에서 말하는 논증식에 대해서 간단하게나마 살펴보지 않을 수 없다.

원래 '넓은 의미의 인도논리학'에는 서로 다른 2가지 전통이 있다. 하나는 확실한 인식수단(pramāṇa)이란 무엇인가에 대한 '인식론'이고, 다른 하나는 논쟁상의 여러 약속을 규정하는 토론술(vāda)인 '협의의 논리학'이 그것이다.[11] 이 중에서 협의의 논리학에는 내적인 추리를 언어화·형식화하는 '논증식'이 중심이 된다. 그리고 이 논증식과 관련해서 고인명과 신인명에 상당한 차이가 있다.

먼저, 고인명(古因明)은 5지작법을 특색으로 한다. 여기에는 논리학파라고도 불리는 니아야학파의 논증식을 대표로 들 수 있다. 아래에서 보는 바와 같이, '유례'와 '적용'은 각각 '생기하지 않는 자아 등의 실체는 상주한다.' '그러나 음성은 그와 같이 생기하지 않는 것이 아니다'라는 말로 바꿀 수 있다. 즉, '유례'에는 긍정적인 것과 부정적인 것 중 어떤 것을 써도 좋다.

① 주장 : 음성은 무상하다.
② 증인 : 생기하는 것이기 때문에
③ 유례 : 생기하는 병 따위의 실체는 무상하다.
④ 적용 : 이와 같이, 음성도 생기하는 것이다.
⑤ 결론 : 따라서 생기하는 것이기 때문에 음성은 무상하다.[12]

---

11) 梶山雄一, 全致洙 譯,『인도불교의 인식과 논리』(서울 : 民族社, 1989), pp.112~152.
12) 梶山雄一, 全致洙 譯,『인도불교의 인식과 논리』(서울 : 民族社, 1989), p.142.

다음, 신인명(新因明)은 고인명과 달리 3지작법을 중요한 특색으로 한다. 이는 불교논리학의 체계를 새롭게 세운 진나(陳那, Dignāga 480~540)를 대표자로 한다. 아래에서 보는 바와 같이, 진나는 총 5지에서 '적용'과 '결론'의 2지를 삭제해 버렸는데, 그 이유는 이 '적용'과 '결론'은 논증식에서 그다지 적극적으로 공헌하지 않기 때문에 기술할 필요가 없다는 것이다.

① 주장 : 저 산에는 불이 있다.
② 증인 : 연기가 있기 때문에.
③ 유례 : 무릇 연기가 있는 곳에는 불이 있다. 예를 들면 아궁이와 같이. 무릇 불이 없는 곳에는 연기가 없다. 예를 들면 호수와 같이.[13)]

그렇다면, 원효는 화쟁사례에서, '고인명을 활용하였을까? 신인명을 활용하였을까?' 정답은, 우리의 예상과 달리, 원효는 인명과 관련해서 신인명이나 고인명의 특정한 논법에 한정되지 않고 자유롭게 논증식을 사용하고 있다는 것이다. 그러니까, 어떤 경우에는 고인명의 논증식을 사용하고 있고, 어떤 경우에는 신인명의 논증식을 사용하고 있는 것을 볼 수 있다.

더구나, 원효는 고인명과 신인명의 논증식을 원칙 그대로 사용하지 않는 경우도 비일비재하다. 예를 들어 보면, 고인명의 경우에, 고인명의 논증식인 5지를 축약한 주장·유례·적용 방식을 즐겨 사용하고 있는 것을 볼 수 있다. 또한, 신인명의 경우에는, 동품(同品)의 유례와 이품(異品)의 유례를 모두 제시하여야 하는데, 원효는 주로 한가지 유례만을 제시하곤 한다.

『판비량론』에서는 엄격하게 사용되는 논증식이 화쟁사례에서는 어찌 하여 그렇지 않는 것일까? 그것은 아마도 논쟁의 성격 때문이 아닐까? 일반적인 논쟁에서는 상대방을 논파하고 자신의 생각을 관철하여야 하기 때문에 논증식을 엄격하게 사용하여야 할 것이다. 하지만, 화쟁에서는

---

13) 梶山雄一, 全致洙 譯, 『인도불교의 인식과 논리』(서울 : 民族社, 1989), p.142.

진리의 선언을 통해서 논쟁당사자를 화해시키는 것이 목적이기 때문에 그렇게까지 엄격할 필요는 없었을 것이다.

이유야 어찌되었든, 화쟁사례에서 구체적인 요소를 확정하려는 필자에게 있어서 원효가 화쟁사례에서 자유롭게 사용하고 있는 '변형된 논증식'을 있는 그대로 선택하는 것은 바람직스럽지 않다고 판단하였다. 그보다는 본서의 목적이 보다 중요한 선택기준이 되어야 한다고 생각하였다. 즉, 필자가 본서에서 주로 밝히고자 하는 화쟁의 '방법과 근거'를 밝힐 수 있는 요소가 더욱 중요하다고 느낀 것이다.

화쟁사례에서 [입론]·[논란]·[평결]의 내부를 자세하게 들여다보면, 필자가 본서에서 주로 밝히고자 하는 '화쟁의 방법'은 [평결]의 '이유'에서 발견할 수 있다. 또한, 본서에서 주로 밝히고자 하는 '화쟁의 근거'는 [평결]의 '문증'에서 발견할 수 있다. 이처럼, '화쟁의 방법'을 알 수 있는 '이유'와 '화쟁의 근거'를 알 수 있는 '문증'에, 대부분의 화쟁사례에 등장하는 '주문'을 더하여 [입론]의 3요소를 확정하였다.

여기에서 [입론]의 3요소로 확정한 것들의 의미를 정의해 보면, '주문(主文)'이란, 각설에서 주장하고자 하는 핵심을 말하는 부분이고, '이유(理由)'란, 그러한 주장을 하게 된 까닭을 직접적으로 설명하는 부분이며, '문증(文證)'이란, 그렇게 주장하는 이유를 경론의 문구 등을 제시하며 간접적으로 설명하는 부분을 말한다. 이제, 이 3요소를 기준으로 하여, [입론]의 구조를 유형별로 구분해 보면 다음과 같다.

〈표 4〉 [입론]의 유형별 구조

	주문	이유	문증	사례수
유형1	O	O	O	6
유형2	O	O	X	2
유형3	O	X	O	8
유형4	O	X	X	9
유형5	X	X	O	19
유형6	미비형			4
유형7	혼합형			13

보는 바와 같이, 사례에 등장하는 것은 모두 7가지 유형이다. 유형1은 3가지 구성요소를 모두 갖춘 '완비형'이라고 할 수 있다. 유형5는 문증만이 등장하는데, 다른 유형에 비하여 출현빈도가 매우 높은 것으로 보아서 '일반형'이라고 볼 수 있을 것이다. 유형6은 주장하는 논지가 미약하여 '주문'을 갖추었다고도 말하기 어려운 형태이다. 유형7은 각설마다 요소가 서로 다른 혼합형이라고 할 수 있다.

1) 유형1 : 주문+이유+문증

유형1은 먼저 주장의 요지인 '주문'을 말하고, 다음 그 주장의 '이유'를 밝히고 난 뒤에, 끝으로 그 이유를 뒷받침하는 '문증'을 제시하는 완전한 구조를 갖추고 있다. 예컨대, 『열반종요』「인연」에서 '『열반경』을 말씀할 인연이 있는가?'에 관하여, 무인설과 유인설의 주장이 서로 맞서고 있다. (사례10)

① ⓐ 부처님께서 이 경을 말씀하실 때에 아무런 인연이 없으셨다. ⓑ 그렇게 된 까닭은, 설명된 뜻은 명언(名言)을 초월한 것이어서 인연에 관계되는 것이 아니기 때문이요, 이 경을 말씀하신 분도 모든 분별을 떠나서 아무런 인연도 생각하지 않으셨기 때문이다. ⓒ 아무런 인연 없이 이 경을 설하였으니, 이 경의 아래에서 말씀하시기를, "납나바이(拉羅婆夷)를 식유(食油)라고 이름하지만 실은 식유가 아닌데, 억지로 이름을 붙여 식유라고 하는 것과 같이, 이 『대열반경』도 그러하여 인연 없이 억지로 이름을 붙인 것이다"고 하였다. ……

② 어떤 분은 말하기를, ⓐ 큰 인연이 있어서 부처님이 이 경을 말씀하셨다. ⓑ 왜냐하면, 어리석은 사람은 전혀 인연 없이는 일을 짓지 않지만, 지혜 있는 사람은 그렇지 않아서 깊은 연유가 있어야 일을 짓기 때문이다. ⓒ 『지도론(智度論)』에 이른 바와 같이, "비유하면 수미산은 인연이 없거나 작은 인연으로는 스스로 움직이지 아니하는 것처럼, 모든 부처님도 또한 그러하시어, 인연이 없이는 말씀하지 아니하신다"고 하였다.

이런 글의 뜻에 의하면 인연도 있고 말씀도 있다.……(한불전1, 524 중~525중)[14]

①에서 무인설이 [입론]을 하고 있다. 즉, ⓐ에서는 '주문'이 등장하는데, "부처님께서 이 경을 말씀하실 때에 아무런 인연이 없으셨다"는 언급이 있고, ⓑ에서는 '이유'가 등장하는데, "이 경을 말씀하신 분도 모든 분별을 떠나서 아무런 인연도 생각하지 않으셨기 때문이다"라고 말하며, ⓒ에서는 '문증'이 등장하는데, 『열반경』에 나온 문구를 증거로 제시하며 말하고 있다.

②에서는 유인설이 [입론]을 하고 있다. 즉, ⓐ에서는 '주문'이 등장하는데, "큰 인연이 있어서 부처님이 이 경을 말씀하셨다"는 언급이 있고, ⓑ에서는 '이유'가 등장하는데, "지혜 있는 사람은 그렇지 않아서 깊은 연유가 있어야 일을 짓기 때문이다"라고 말하며, ⓒ에서는 '문증'이 등장하는데, 『지도론(智度論)』에 나온 문구를 증거로 제시하며 말하고 있다.

중요한 것은, ①과 ②에서 각각 ⓐ는 '주문'을 나타내고, ⓑ는 '이유'를 나타내고, ⓒ는 '문증'을 나타내고 있다는 점이다. 이와 같이 유형1은 사례09·10·18·19·45·64 등 총 5개 사례가 해당된다.

2) 유형2 : 주문+이유

유형2는 먼저 주장의 요지인 '주문'을 말하고, 다음 그 주장의 '이유'를 밝히는 구조이다. 예컨대, 『대혜도경종요』「종지」에서 '반야에는, 번뇌가 있는가? 없는가?'에 관하여, 유설(有說), 무설(無說), 역유역무설(亦有亦無說), 비유비무설(非有非無說)이 대립하고 있다.(사례02)

---

14) "佛說是經無因無緣 所以然者 所說之旨 絶於名言 不開因緣故 能說之人離諸分別 不思因緣 故 無因强說是經 如此下文言 如拉羅婆夷名爲食油 實不食油强爲立名字爲食油 是大涅槃 亦復如是 無有因緣强立名字 …… 或有說者 有大因緣佛說是經 所以然者 如愚癡人都無因 緣有無所作 智者不爾 有深所以乃有所作 如智度論云 譬如須彌山王不以無因緣及小因緣 而自動作 諸佛亦爾 不無因緣而有所說 依是文意有因有說 ……."

① 첫째 분이 말한다. ⓐ 번뇌가 없는 혜안(慧眼)이 반야바라밀의 모습이다.
ⓑ 왜냐하면 모든 지혜 중에 제일의 지혜를 반야바라밀이라고 이름하며
번뇌가 없는 혜안이 곧 제일이기 때문이다.

② 둘째 분이 말한다. ⓐ 반야바라밀은 번뇌가 있는 지혜이다. ⓑ 왜냐하면
보살이 보리수 아래서 번뇌를 끊었기 때문이며, 그 전에는 비록 큰
지혜가 있고 무량한 공덕이 있어도 번뇌를 끊지 못했기 때문이다.
그러므로 보살의 반야바라밀을 번뇌가 있는 지혜라고 한다.

③ 셋째 분이 말한다. ⓐ 보살의 번뇌가 있기도 하고 없기도 한 지혜를
모두 반야바라밀이라 한다. ⓑ 왜냐하면, 보살은 열반을 관조하면서
불도를 수행하니, 이러므로 보살의 지혜는 마땅히 번뇌가 없으며, 번뇌를
끊지 못하고 일을 성취하지 못했으므로 마땅히 번뇌가 있다고 말한다.

④ 넷째 분이 말한다. ⓐ 이 반야바라밀은 모습을 얻을 수 없어서, 혹은
있기도 하고 혹은 없기도 하며, 항상하기도 하고 무상하기도 하며,
혹은 공허이기도 하고 진실하다. ⓑ 이 반야바라밀은 음(陰)·계(界)·입
(入)에도 포함되지 않아서, 유위(有爲)도 아니고 무위(無爲)도 아니며,
법(法)도 아니고 비법(非法)도 아니며, 취할 것도 아니고 버릴 것도
아니며, 발생하는 것도 아니고 소멸하는 것도 아니며, 유무(有無)의
사구(四句)를 모두 뛰어넘어 어디에도 집착하지 않는다. 비유하면 마치
화염과 같아서 사방 어디에서도 만질 수 없으나 손을 태우기 때문이다.
반야바라밀의 모습도 또한 이와 같아서 만질 수는 없으나 사견(邪見)의
불로 태우기 때문이다.(한불전1, 481하~482상)15)

---

15) "一有人言 無漏慧眼 是般若波羅蜜相 何以故 一切慧中第一慧 是名般若波羅蜜 無漏慧眼是
第一 二有人言 般若波羅蜜 是有漏慧 何以故 菩薩至道樹下乃斷結 先雖有大智慧有無量功
德 而諸煩惱未斷 是故言菩薩般若波羅蜜 是有漏智慧 三有人言 菩薩有漏無漏智慧 總名般
若波羅蜜 何以故 菩薩觀涅槃行佛道 以是事故 菩薩智慧應是無漏 以未斷結使事未成辦故
應名有漏 四有人言 是般若波羅蜜不可得相 若有若無 若常若無常 若空若實 是般若波羅蜜
非陰界入所攝 非有爲非無爲 非法非非法 無取無捨 不生不滅 有無有無四句 適無所著 譬如火
焰 四邊不可觸 以燒手故 般若波羅蜜相亦如是 不可觸以邪見火燒故."

①에서는 유설(有說)이 [입론]을 한다. 즉, ⓐ에서는, "번뇌가 없는 혜안이 반야바라밀의 모습이다"라는 '주문'이 먼저 나오고, ⓑ에서는 "왜냐하면 모든 지혜 중에 제일의 지혜를 반야바라밀이라고 이르며 번뇌가 없는 혜안이 곧 제일이기 때문이다"라는 '이유'가 나온다.

②에서는 무설(無說)이 [입론]을 한다. 즉, ⓐ에서는, "반야바라밀은 번뇌가 있는 지혜이다"라는 '주문'이 먼저 나오고, ⓑ에서는 "왜냐하면 보살이 보리수 아래서 번뇌를 끊었기 때문이며, 그 전에는 비록 큰 지혜가 있고 무량한 공덕이 있어도 번뇌를 끊지 못했기 때문이다"라는 '이유'가 나온다.

③에서는 역유역무설(亦有亦無說)이 [입론]을 한다. 즉, ⓐ에서는, "보살의 번뇌가 있기도 하고 없기도 한 지혜를 반야바라밀이라 한다"라는 '주문'이 나오고, ⓑ에서는 "보살은 열반을 관조하면서 불도를 수행하는 까닭에, 보살의 지혜 자체에는 번뇌가 없지만, 아직 번뇌를 끊지 못하고 일을 성취하지 못하였기 때문에 번뇌가 있기도 하기 때문이다"라는 '이유'가 나온다.

④에서는 비유비무설(非有非無說)이 [입론]을 한다. 즉, ⓐ에서는, "이 반야바라밀은 모습을 얻을 수 없어서, 혹은 있기도 하고 혹은 없기도 하다"라는 '주문'이 나오고, ⓑ에서는 "반야바라밀은 유위도 아니고 무위도 아니며, 법(法)도 아니고 비법(非法)도 아니어서, 유무(有無)의 사구(四句)를 뛰어넘이 어디에도 집착하지 않기 때문이다"라는 '이유'가 나온다.

중요한 것은, 위의 총4설의 [입론] 중에서, 각각 ⓐ에서는 '주문'을 표현하고, ⓑ에서는 그 '이유'를 표현하고 있다는 것이다. 이와 같은 유형2에는 사례02·29 등 총 2개 사례가 해당한다.

3) 유형3 : 주문＋문증

유형3은 각설에서 먼저 주장의 요지인 '주문'을 말하고, 다음 주장의 근거인 '문증'을 제시하는 구조이다. 예컨대, 『무량수경종요』「인행(因行)」에서는 '성변인(成辨因)은 원래부터 있는 것인가?[本有] 나중에 얻는 것인가?[後得]'에 관하여, 본유설(本有說)과 후득설(後得說)이 다음과 같이 주장

한다.(사례46)

① 어떤 분은 말하기를, ⓐ 본래 번뇌가 없는 법의 종자를 삼무수겁(三無數劫) 동안 수행하여 널리 증장시킴으로써, 이 정토가 변현하여 생기게 되는 원인이 된다고 한다. ⓑ『유가론(瑜伽論)』에서, "나락가(那落迦)에 나서 3가지 번뇌가 없는 근본종자를 성취하느니라. 이것으로 미루어 번뇌가 없는 정토를 성취하는 종자가 있음을 알 수 있다"고 말한 것과 같다.

② 어떤 분은 말하기를, ⓐ 이지(二智)로 훈습되어 새로 생긴 종자가 저 정토의 생인(生因)을 만든다고 한다. ⓑ 저『섭론(攝論)』에서, "출출세간(出出世間)의 선법(善法)의 공능(功能)에 따라서 정토를 일으키나니, 무엇이 출출세간의 선법이 되는가? 무분별지(無分別智)와 무분별후득지(無分別後得智)로 생겨난 선근이 출출세간의 선법이 된다. 이것이 본래부터 있는 것이라면 새로 생겨진 것이 아니지만, 이미 이것은 생겨진 것이므로 새로 이루어진 것임을 마땅히 알아야 한다"고 말한 것과 같다.(한불전 1, 557중~하)[16]

①에서, 본유설이 [입론]을 하고 있다. 즉, ⓐ에서 '주문'으로서, "본래 번뇌가 없는 법의 종자를 삼무수겁(三無數劫) 동안 수행하여 널리 증장시키면 정토를 창조하는 근본원인인 성변인(成辨因)이 된다"라고 말한다. 그리고 ⓑ에서 '문증'으로서,『유가론』의 말씀을 제시하고 있다.

②에서는, 후득설이 [입론]을 하고 있다. 즉, ⓐ에서 '주문'으로서, "이지(二智)로 훈습되어 새로 생긴 종자가 저 정토를 창조하는 근본원인인 성변인이 된다"고 말한다. 그리고 ⓑ에서 '문증'으로서,『섭론』의 말씀을 제시하고

---

16) "或有說者 本來無漏法爾種子 三無數劫修令增廣 爲此淨土變現生因 如瑜伽論說 生那落迦 三無漏根種子成就 以此准知 亦有無漏淨土種子 或有說者 二智所熏新生種子 爲彼淨土而 作生因 如攝論說 從出出世善法功能 生起淨土 何者爲出出世善法 無分別智 無分別後得 所生善根 爲出出世善法 是本有卽非所生 旣是所生 當知新成."

있다.

중요한 것은, 양설이 각각 ⓐ에서는 '주문'을 제시하였고, ⓑ에서는 '문증'을 제시하고 있다는 것이다. 이와 같은 유형3에는 사례01·16·30·43·44·46·47·57 등 총 8개 사례가 해당한다.

4) 유형4 : 주문

유형4는 각설에서 주장의 요지인 '주문'만을 말하는 구조이다. 예컨대, 『대승기신론소기회본』「생멸문(生滅門)」에서는 '마음의 본체[心體]는 상주하는가, 화합하는가?'에 관하여, 상주설과 화합설이 다음과 같이 주장하고 있다.(사례54)

> ① 마음의 본체[心體]가 상주하고 마음의 모습[心相]은 생멸하지만, 본체[體]와 모습[相]이 떨어지지 아니하여 합해서 하나의 식(識)이 된다고 해야 되는가?
> ② 마음의 본체[心體]는 상주하기도 하고 또한 곧 마음의 본체[心體]는 생멸하기도 한다고 해야 되는가?(한불전1. 746하)[17]

①에서, 상주설은 [입론]을 하고 있는데, "마음의 본체[心體]는 상주만 하고 마음의 모습[心相]은 생멸한다"라고 하여 짤막하게 '주문'만을 제시하고 있다. 또한, ②에서, 화합설도 [입론]을 하고 있는데, "마음의 본체는 상주하기도 하고 생멸하기도 한다"라고 하여 역시 짧게 '주문'만을 제시하고 있다. 중요한 것은, 유형4에서는 질문의 형태로 '주문'만 제시한다는 것이다. 이러한 유형4에는 사례06·31·33·35·37·41·54·55·61 등 총 9개 사례가 해당한다.

---

17) "爲當心體常住 心相生滅 體相不離 合爲一識 爲當心體常在 亦卽心體生滅耶."

5) 유형5 : 문증

유형5는 각설에서 주장을 하는 데 있어서, 바로 주장의 논리적 근거인 '문증'만을 제시하는 구조이다. 예컨대,『대승기신론소기회본』「의장문(義章門)」에서는, '응신(應身)·보신(報身)이란 무엇인가?'에 관하여, 총4설이 다음과 같이 서로 주장하고 있다.(사례63)

① 그러나 이 이신(二身)은 경론에서 달리 말하고 있다.『동성경(同性經)』에서는, '예토(穢土)에서의 성불을 화신(化身)이라고 하고, 정토(淨土)에서의 성도를 보신(報身)이라고 한다'고 하였다.

②『금고경(金鼓經)』에서는, '32상과 80종호 등의 상을 응신(應身)이라고 하고 육도(六道)의 모습을 따라서 나타난 몸을 화신(化身)이라고 한다'고 하였다.

③『섭론(攝論)』의 주장에 의하면, 지전(地前)에서 보이는 것을 변화신(變化身)이라고 하고, 지상(地上)에서 보이는 것을 수용신(受用身)이라고 하였다.

④ 이제 이『기신론(起信論)』중에서는 범부와 이승(二乘)에게 보이는 육도의 차별된 모습을 응신(應身)이라고 하고, 십해(十解) 이상의 보살에게 보이는 분제를 여읜 모습을 보신(報身)이라고 하였다.(한불전1. 773중~하)18)

①에서 제1설이『동성경』을 '문증'으로 들며 '예토(穢土)에서의 성불을 화신(化身)이라고 하고, 정토(淨土)에서의 성도를 보신(報身)이라고 한다'며 [입론]을 하고 있고, ②에서는 제2설이『금고경』을 '문증'으로 들며 '32상과 80종호 등의 상을 응신(應身)이라고 하고 육도(六道)의 모습을 따라서 나타난 몸을 화신(化身)이라고 한다'며 [입론]을 하고 있다.

---

18) "然此二身 經論異說 同性經說 穢土成佛 名爲化身 淨土成道 名爲報身 金鼓經說 三十二相八十種好等相 名爲應身 隨六道相所現之身 名爲化身 依攝論說 地前所見 名變化身 地上所見 名受用身 今此論中 凡夫二乘所見 六道差別之相 名爲應身 十解已上菩薩 所見離分齊色 名爲報身."

③에서는 제3설이 『섭론』을 '문증'으로 들며 "지전(地前)에서 보이는 것을 변화신(變化身)이라고 하고, 지상에서 보이는 것을 수용신(受用身)이라고 한다"며 [입론]을 하고 있고, ④에서는 제4설이 『기신론』을 '문증'으로 들며 "범부와 이승에게 보이는 육도의 차별된 모습을 응신(應身)이라고 하고, 십해(十解) 이상의 보살에게 보이는 모습을 보신(報身)이라고 한다"며 [입론]을 하고 있다.

중요한 것은, 유형5에서는 '문증'을 통해서 각설의 입장을 제시하고 있다는 점이다. 이와 같은 유형5에는 가장 많은 사례가 해당하고 있어서, '일반형'이라고 부를 수 있는데, 이러한 유형5에 사례24·25·26·27·28·32·34·36·40·48·49·50·51·53·56·58·59·60·63 등 총 19개 사례가 해당한다.

6) 유형6 : 미비형

유형6은 각설에서 [입론]을 하기는 하지만 '그 논지가 미약하여' 주문을 갖추었다고도 말하기조차 어려운 구조이다. 예컨대, 『법화종요』에서는 "삼승은 하나의 원인으로 돌아가는가? 하나의 결과로 돌아가는가?"에 대해서, 양설은 다음과 같이 주장한다.(사례07)

> 만일 별교삼승(別敎三乘)의 인과(因果)가 다 방편이므로 일승(一乘)으로 돌아간다고 하면, 이 경우에 하나의 원인[一因]으로 돌아가는가? 하나의 결과[一果]로 돌아가는가?(한불전1. 491하)[19]

이 글에서, 양설은 "삼승은 하나의 원인으로 돌아가는가? 하나의 결과로 돌아가는가?"에 대해서 논한다. 즉, "만일 별교삼승(別敎三乘)의 인과(因果)가 다 방편이므로 일승(一乘)으로 돌아간다고 하면"이라는 것을 전제로 한 뒤에, 제1설은, '하나의 원인으로 돌아간다'는 '주문'의 핵심을 제시하고, 제2설은 '하나의 결과로 돌아간다'는 '주문'의 핵심을 제시한다.

---

19) "若說 別敎三乘因果 皆是方便 故歸一者 爲歸一因 歸一爲果."

중요한 것은, 본 사례에서는 양설이 논지를 뚜렷하게 표현하지 않고 있다는 점이다. 이러한 유형6에는 사례05·07·08·42 등 총 4개의 사례가 해당한다.

7) 유형7 : 혼합형

유형7은 각설에서 저마다 [입론]의 요소가 서로 달라서, '혼합형'이라고 부르기에 적당하다. 예컨대, 『열반종요』「체상문(體相門)」에서는 '열반의 본체에 시기공덕(始起功德)이 포함되는가?'에 관하여, 긍정설과 부정설의 주장이 있다.(사례14)

① 어떤 분은 말하기를, ⓐ 무구(無垢)한 진여는 열반의 체성이요, 시기의 공덕은 열반의 체성이 아니다. ⓑ 왜냐하면, 열반을 능히 증득하는 지혜는 보리이기 때문이다. ⓒ 이 경(열반경)에, "열반이라는 뜻은 곧 모든 부처님의 법성(法性)이다"고 하였고, 그 아래의 글에 다시, "열반의 체성은 본래부터 스스로 있었던 것이어서, 지금에 비로소 깨달아서 있는 것이 아니다"고 하였다. 『대품경(大品經)』에는, "모든 법의 성품이 공(空)한 것이 곧 열반이다"고 하였으며, 『점찰경(占察經)』에는, "번뇌와 생사는 마침내는 그 본체가 없는 것이어서 구하여도 얻을 수가 없다. 본래부터 발생하지 아니하였고 참으로 다시 소멸하는 것도 아니어서 스스로의 성품이 고요한 것이 곧 열반이다"고 하였다. 이와 같은 경문들은 이루 다 들 수 없다. 그러기에 '진여의 바른 지혜가 곧 열반'임을 알 것이다. 번뇌를 끊어 없애고 나타내는 뜻의 부분에서는 진여가 곧 수멸(數滅)이 됨을 말하는 것이니, 수멸이 곧 무구한 진여이기 때문이라는 것이다.

② 어떤 분은 말하기를, ⓐ 결과의 지위에서 생기는 온갖 공덕은 본각(本覺)이나 시각(始覺)을 가려서 물을 것이 없이 전부 묶어서 하나의 '큰 열반의 본체'로 삼는 것이다. ⓑ 이 경(열반경) 가운데에는, '3종의 일이 모두 열반이 된다'고 말하였다. 그 아래 글에는 '다시 8종의 자재(自在)'를

말하고서 결론을 지어, "이와 같은 대아(大我)를 큰 열반이라 이름한다"고 하였다. 『법화론(法花論)』에는, "오직 부처님만이 큰 보리를 증득하시어 구경에는 일체의 지혜를 만족하시니 이를 큰 열반이라 이름한다"고 하였고, 『섭대승론(攝大乘論)』에는, "법신·보신·화신의 삼신에서 나타나는 것의 가장 높은 보리이다"고 하였다. 여기서 이미 삼신이 다 보리라고 말하였으니, 응당 삼신이 모두 '큰 열반의 본체'임을 알아야 한다는 것이다.(한불전1, 527하~528상)[20]

①에서 부정설이 [입론]을 한다. 즉, ⓐ에서는 "무구(無垢)한 진여는 열반의 체성이요, 시기의 공덕은 열반의 체성이 아니다"라고 하여 '주문'이 등장하고, ⓑ에서는 "왜냐하면, 열반을 능히 증득하는 지혜는 보리이기 때문이다"라고 하여 '이유'가 등장하며, ⓒ에서는 『열반경』, 『대품경』, 『점찰경』을 '문증'으로 제시하고 있다.

②에서는 긍정설이 [입론]을 한다. 즉, ⓐ에서는 "결과의 지위에서 생기는 온갖 공덕은 본각(本覺)이나 시각(始覺)을 가려서 물을 것이 없이 전부 묶어서 하나의 큰 열반의 본체로 삼는 것이다"라고 하여 '주문'이 등장하고, ⓑ에서는 『열반경』, 『법화론』 『섭대승론』을 '문증'으로 나타내고 있다.

중요한 것은, 부정설에서는 '주문', '이유', '문증'을 모두 제시하였는데, 긍정설에서는 '주문'과 '문증'만을 제시하여, 각설마다 그 구조가 서로 다르다는 점이다. 이러한 유형7에는 다시 세부유형을 가지고 있는데, 살펴보면 다음 〈표 5〉와 같다.

---

20) "或有說者 無垢眞如 是涅槃體 始起功德 非是涅槃 即能證智 是菩提故 如經云 涅槃義者 即是諸佛 之法性也 又下文言 涅槃之體 本自有之 非適今也 大品經云 諸法性空 即是涅槃 占察經云 煩惱生死 畢竟無體 求不可得 本來不生 實更不滅 自性寂靜 即是涅槃 如是等文 不可具陳 故知眞如正智 其是涅槃 斷滅煩惱 所顯義門 即說眞如 名爲數滅 數滅即是無垢眞 如. 或有說者 果地萬德 不問本始 總束爲一大涅槃體 如此經中 總說三事 即爲涅槃 又下文 說 八自在已 總結而言 如是大我 名大涅槃 法花論云 唯佛如來 證大菩提 究竟滿足 一切智慧 名大涅槃 攝大乘論云 三身所顯 無上菩提 既說三身 皆是菩提 當知皆爲大涅槃體."

<표 5> 유형7의 세부구조

	제1설			제2설			사례수
	주문	이유	문증	주문	이유	문증	
유형1	O	X	X	O	X	O	3
유형2	O	O	X	O	X	O	2
유형3	O	X	O	X	X	O	4
유형4	O	O	O	X	O	O	2
유형5	주장설이 총3설 이상인 경우						2

보는 바와 같이, 빈도수가 비슷하여 어느 특정한 유형을 '일반형'으로 볼 수 없는 실정이다. 해당사례만을 나열하면, 세부유형1에는 사례04·17·62가 해당하고, 세부유형2에는 사례15·39가 해당하며, 세부유형3에는 사례21·22·23·38이 해당하고, 세부유형4에는 사례12·14가 해당하며, 세부유형5에는 사례11·20이 해당한다.

2. 특별한 경우

[입론]의 일반적인 형식을 갖추었으므로 [입론]임에는 틀림없으나, 보통의 경우와 조금 특별한 모습을 한 경우가 있다. 여기에서는 이들을 '특별한 경우'라고 하여 보았다. 일반적으로 [입론]하는 학설은 양설이고 1쌍으로 이루어지는데, 이 '특별한 경우'에 해당하는 경우에는 그렇지 않다.

1) 3설 이상

'화쟁사례'의 [입론]에서 등장하는 학설은 보통 양설이다. 하지만, 항상 그러한 것은 아니어서 '3설 이상'이 주장하는 경우도 종종 발견된다. 모든 화쟁사례에서 등장하는 학설의 수를 조사한 결과를 나타내 보면 다음 <표 6>과 같다.

보는 바와 같이, 총2설인 경우가 총 65개 사례 중에서 압도적 다수인 53개의 사례에 해당하여, 이러한 경우가 '일반적'이라는 것을 알 수 있다. 총3설 이상인 경우는 12개의 사례에서 보이는데, 이 사례들을 더욱 자세히

<表 6> 주장하는 학설의 총수

학설수	사례수	해당사례
총 2설	53	사례03·04·05·06·07·08·09·10·12·13·14·15·16·17·18·19·21·22·23·27·29·30·31·33·34·35·37·38·39·40·41·42·43·44·45·46·47·48·49·50·51·52·53·54·55·56·58·59·60·61·62·63·64
총 3설	3	사례28·32·57
총 4설	3	사례01·02·65
총 5설	1	사례36
총 6설	4	사례11·20·24·25
총 8설	1	사례26

살펴보면 모두 총3설·총4설·총5설·총6설·총8설의 5가지 종류임을 알 수 있다. 예컨대,『미륵상생경종요』「출세시절(出世時節)」에서는 '천상계 수명 4천세는 인간계 수명으로 몇 년인가?'에 관하여 논하는데, 총5설이 대립하고 있다.(사례36)

① 『현겁경(賢劫經)』에서 말하기를, "인간의 수명이 2만세인 때에 제6가섭불이 출세하고, 인간의 수명이 증감되어 1천2백세에 이른 때에 석가불이 처음으로 도솔천에 올라가 천상계 수명으로 4천세를 살았는데, 인간계 수명으로 56억 7천7만세가 되고, 인간계 수명으로 백년에 이른 때에 염부제로 하강했다"고 한다.

② 『잡심론(雜心論)』에서 이르기를, "미륵보살이 입멸하고 제4천에 태어나서 수명이 4천세에 이를 것인데, 그곳의 하루 낮과 하루 밤은 인간계의 4백년에 해당하므로, 이를 인간계에 준하여 생각하면 57억 6백만세가 된다. 그 뒤에 염부제로 하강하여 등정각(等正覺)을 이룰 것이다"고 한다.

③ 『현겁경(賢劫經)』에서는 '56억 7천만세'라고 하였고,『보살처태경(菩薩處胎經)』에서도 또한 이 설과 같이 말했다.

④ 『일체지광선인경(一切智光仙人經)』에서는 '56억만세'라고 하였고, 지금 『상생경(上生經)』에서도 이 말씀과 같다.

⑤ 그리고『정의경(定意經)』에는, "미륵보살이 5억 76만세에 부처를 이루게

될 것이다"고 하였다.(한불전1, 550상~중)21)

　①에서 제1설은 인간계 수명으로 56억 7천7만세라고 주장한다. '문증'으로『현겁경』을 들어서 말하는데, "인간의 수명이 2만세인 때에 제6가섭불이 출세하고, 인간의 수명이 증감되어 1천2백세에 이른 때에 석가불이 처음으로 도솔천에 올라가 천상계 수명으로 4천세를 살았다. 그런데, 이것이 인간계 수명으로 56억 7천7만세가 되고, 인간계 수명으로 백년에 이른 때에 염부제로 하강했다"는 것이다.

　②에서 제2설은 인간계 수명으로 57억 6백만세라고 주장한다. '문증'으로『잡심론』을 들어서 말하는데, "미륵보살이 입멸하고 제4천에 태어나서 수명이 4천세에 이를 것이다. 그런데, 그곳의 하루 낮과 하루 밤은 인간계의 4백년에 해당하므로, 만약 이에 준하여 인간계의 수명으로 생각하면 57억 6백만세에 해당된다"는 것이다.

　③에서 제3설은 인간계 수명으로 56억 7천만세라고 주장하는데, '문증'으로『현겁경』과『보살처태경』을 든다.

　④에서 제4설은 인간계 수명으로 56억만세라고 주장하는데, '문증'으로『일체지광선인경(一切智光仙人經)』과『상생경(上生經)』을 들어서 말하고 있다.

　⑤에서 제5설은 인간계 수명으로 5억 76만세라고 주장하는데, '문증'으로『정의경』을 들어서 말하고 있다.

　중요한 것은, 원효의 화쟁사례에서는 총3설 이상이 주장하는 경우도 실제로 있다는 점이다.

---

21) "賢劫經言 人壽二萬歲時 第六迦葉佛出世 人壽增減至千二百歲時 釋迦始上兜率天 於天四千歲 人間得五十六億七千七萬歲 人壽百年時 下閻浮提 雜心論云 彌勒菩薩 滅後生第四天 壽四千歲 一日一夜 當人間四百年 卽准人間 合五十七億六百萬歲 然後下閻浮提 成等正覺 賢愚經云 五十六億七千萬歲 菩薩處胎經亦同此說 一切智光仙人經云 五十六億萬歲 今上生經亦同此說 定意經云 彌勒五億七十六萬歲作佛."

2) 2쌍 이상

화쟁사례에서 [입론]은 보통 1쌍으로 이루어지는데, 2쌍 이상으로 이루어지는 경우도 더러 있다. 예컨대,『미륵상생경종요』「출세시절(出世時節)」에서 '미륵보살이 도솔천에 머문 시간은 얼마인가?'에 관하여, 양설은 무려 3쌍의 주장을 제시하고 있다.(사례37)

① 『구사론(俱舍論)』에서 말하기를, "이와 같이 이 세상 사람의 수명이 길어져 마침내 끝에 가서는 8십천세까지 되는데 이때에 모든 사람들은 편히 앉아서 즐거움을 누리고 분주하게 구하는 일이 없게 된다. 이렇게 8십천세의 수명을 누리는 세상이 아승기(阿僧祇)년 동안 계속되며 또 그때의 중생들은 십악(十惡)을 짓지 않을 것이다. 십악을 짓게 되고부터는 업도(業道)의 시작이어서 수명이 이로 인하여 십십세로 줄어서 백년을 지나서는 십세까지 내려 갈 것이다"고 하고 내지 자세히 설하였다. 그러나 저 하늘의 사천세라는 수도 인간 세상의 아승기년에 미치지 못하는데, 하물며 백세부터 점점 줄어서 십세에 이르고, 십세로부터 점점 불어나 8만세에까지 이르렀다가 다시 감해질 때까지겠는가? 여기에 준하여 말한다면 서로 들어맞을 수 없는 것이 첫째의 어려움이다.

② 또 미륵보살에 의하면 인간계 수명 백세에 상생(上生)하고, 인간계 수명 8만세에 이르렀다가 다시 줄어들 때 하생(下生)하는데, 이는 중겁(中劫)에서 겨우 반을 지나는 것이 된다. 만일 석가불을 논한다면 인간계 수명 1천2백세가 되는 때에 도솔천으로 올라가고, 점점 줄어서 10세에 이르렀다가 다시 불어나 8만세에 이른 다음, 다시 줄어서 1백세에 이르렀을 때에 바야흐로 하생하는데, 이는 일겁을 지나게 되어 전의 미륵보살보다 배나 길다. 그런데 이 두 분의 처소는 다 같이 천상계 수명 4천세이고 인간계 수명 5십여억 등에 해당한다. 이와 같이 서로 어긋나는 것이 둘째의 어려움이다.

③ 또 만일 석가모니불에 대해서 논한다면, 이 분은 많은 생사를 지나셨고, 미륵보살은 저기에서 적은 생사를 지났다고 하니, 이는 다 같이 저기에

서 4천년의 일생을 지났다는 말에도 어긋나고, 그렇기 때문에 반겁이니 일겁이니 하는 뜻에도 어긋날 뿐 아니라, 경에서 설한 일생보처라는 뜻에도 어긋나며, 또 5십여억 등의 글에도 어긋나니, 이것이 셋째의 어려움이다.(한불전1, 550중~하)22)

①에서, 제1설은 인간계 수명 백세부터 8만세까지 변화하는 동안 미륵보살이 도솔천에 머문다고 주장한다. 그리고 제2설은 미륵보살이 도솔천에서 천상계 수명 4천년을 머문다고 주장한다. 그런데 문제는『구사론』에 의하면 도솔천의 4천세는 인간계 수명 백세부터 8만세까지 변화하는 기간보다 훨씬 짧아서 양설은 양립하기 어려워 보인다고 한다.

②에서, 제1설은 석가불이 약 일겁 동안 도솔천에 머물러 계시고 미륵보살은 약 반겁동안 도솔천에 머물러 계신다고 주장한다. 그리고 제2설에서는 두 분은 다 같이 도솔천에서 천상계 수명으로 4천세를 머물러 계신다고 주장한다. 그런데 여기에서도 위에서와 마찬가지 이유로 양설은 양립하기 어려워 보인다고 한다.

③에서, 제1설은 석가불이 많은 생사를 지나셨고 미륵보살은 적은 생사를 지나셨다고 주장한다. 그리고 제2설은 두 분이 다 같이 일생보처(一生補處)로 도솔천에서 천상계 수명으로 4천년을 지내셨다고 주장한다. 그런데 여기에서도 마찬가지 이유로 양설이 양립하기 어려워 보인다고 한다.

생각건대, 이 사례의 경우에는 아마도 3쌍의 주장 모두가 한가지 오해에서 비롯되었기에, 하나의 회통으로 3가지 논란이 동시에 화해될 수 있기

---

22) "俱舍論說 如是此壽長遠 究竟極此八十千歲 是時諸人 安坐受樂 無所馳求 壽八十千歲
住阿僧祇年 乃至衆生 未造十惡 從起十惡 集道時節 壽命因此 十十歲減 度一百年 卽減十歲
乃至廣說 今於彼天 四千歲數 不滿人間 阿僧祇年 況從百歲 稍減至十 從十稍增 至於八萬
乃至減時 准此而言 不得相當 是一難也. 又依彌勒 百歲時上 至於八萬 減時下生 此於中劫
纔過其半 若論釋迦 人壽千二百歲時上 稍減至十 增至八萬 還減至百 方乃下生 此過一劫
倍長於前 而於二處 齊言於天四千歲 人間得五十餘億 如是相違 是二難也. 若言釋迦逕多
死生 彌勒於彼逕少死生 非但受彼四千一生 故不違於半劫一劫者 卽違經說一生補處 亦違
五十餘億等文 是三難也."

때문에 이러한 모습을 가진 것으로 추정된다.

　중요한 것은, 본 사례에서 3쌍의 주장이 제기되었다는 점이다. 이처럼 2쌍 이상의 주장이 제기된 경우는 사례37·43·61 등 총 3개의 사례가 해당한다. 참고로, 사례43과 사례61에서는 모두 2쌍의 주장이 제기되었는데, 사례43에서는 서로 다른 대상에 대한 2쌍의 주장이 있고, 사례61에서는 서로 같은 대상에 대한 2쌍의 주장이 있다.

제3절　요소2 : [논란]

　본절에서는 화쟁사례의 제2요소인 [논란]에 대해서 자세히 살펴본다. 이 요소는 보통 소형사례에서는 생략되는 경우가 많지만 대형사례에서는 반드시 등장하는 요소라고 할 수 있다. 살펴보는 순서는, [논란]의 일반적인 모습을 '유형별'로 구분하여 먼저 살펴본다. 그런 뒤에, 언뜻 보면 [논란]으로 보이지 아니하고 [평결]로 보이는 특별한 경우를 살펴본다.

1. 유형별 구조

　화쟁사례에서 제설이 논란하는 모습을 들여다보면, 적극적인 논란이라고 할 수 있는 '공격'과 소극적인 논란이라고 할 수 있는 '방어'로 구성되어 있다는 것을 어렵지 않게 알 수 있다. '공격'은 대체로 자신의 주장을 강화할 수 있는 논리를 전개하거나 상대방의 약점을 지적하는 데 사용되고, '방어'는 대체로 상대방의 공격에 대응하거나 자신의 입장에서 상대방의 논지를 흡수할 때 사용되고 있다.

　그렇지만, '논란'이 벌어진 모든 사례에서 이러한 공격과 방어가 항상 이루어지는 것은 아니다. 경우에 따라서는 공격만 이루어지기도 하며, 제1설에서는 공격만 하고 제2설에서는 방어만 하기도 하며, 혹은 제1설에서 공격만 하고 그냥 끝나는 경우도 있다. 이처럼 다양하게 나타나는

〈표 7〉 논란의 유형별 구조

	A 공격	A 방어	B 공격	B 방어	사례수
유형1	O	O	O	O	1
유형2	O	X	O	O	2
유형3	O	X	O	X	9
유형4	O	X	X	O	1
유형5	O	X	X	X	1

경우들을 '공격'과 '방어'라는 요소를 기준으로 분류하여 보면 〈표 7〉과
같다.

보는 바와 같이, 모두 5가지 유형이 등장하고 있다. 유형1은 각설에서
'공격'과 '방어'를 모두 하고 있어서 '완비형'이라고 할 수 있다. 또한, 유형3은
각설에서 '공격'만을 하는 경우가 9개의 사례에 해당하여 이것이 '일반형'임
을 알 수 있다.

1) 유형1 : 공격·방어＋공격·방어

유형1은 각설에서 각각 '공격'과 '방어'를 하고 있는 구조이다. 예컨대,
『열반종요』「명의문(名義門)」에서는 '열반은 번역하여야 하는가?'에 관하
여, 긍정설과 부정설이 다음과 같이 '논란'을 벌인다.(사례12)

① 질문한다. 만일 뒷분의 주장대로 한다면 이러한 문제를 어떻게 회통할
　것인가? 말하자면, 누가 질문하기를, 경에 말씀한 것에 번역한 것이
　있는데, 어찌하여 번역하지 말라고 하는가? 경에서 말한 바와 같이,
　"그 종류의 중생들이 쓰는 소리를 따라 널리 중생들에게 이르기를,
　오늘 부처님이 장차 열반에 들 것이다"고 하였으니, 어찌 벌, 개미와
　같은 육도중생들의 소리를 따라서 열반의 이름을 번역하면서 홀로
　이 나라의 말로 뜻을 번역할 수 없다고 하는가? 또한, 『열반경』의
　이 대목에 해당되는 글에는 이미 번역하여 멸도(滅度)라고 하였으니,
　어찌하여 번역하여서는 아니 된다고 할 수 있는가?
② 뒷분이 회통하여 이른다. 열반의 이름이 지니는 여러 뜻 가운데서

한가지의 뜻만을 취하여 '멸도'라고 번역한 것이다. 그러기에 이 멸도라는 뜻을 의지하여 널리 중생들에게 일러 주었다는 것이지, 열반의 이름이 오직 멸도로만 번역된다는 것은 아니다. 이러한 뜻으로 보면 저 문제가 잘 풀릴 것이다.

③ 만일 앞분의 주장대로 한다면 이러한 경문들은 어떻게 회통할 것인가? 「덕왕품(德王品)」에 보살이 묻기를, "만일 멸도의 뜻이 열반이 아니라면, 어찌하여 부처님이 스스로 3개월 뒤에 마땅히 열반에 들 것이라고 하였습니까?" 하였고, 또 같은 「사자후품(獅子吼品)」에 이르기를, "모든 번뇌의 불이 꺼졌기에 멸도라 이름하는 것이요, 각관(覺觀)을 초월하였기에 열반이라 이름한다"고 하였으니, 이러한 문증으로 보면 멸도가 바로 열반이란 이름의 뜻을 번역한 것이 아님을 알겠다는 것이다.

④ 저 분이 회통하여 이른다. 이러한 경문들은 경을 번역한 분들이 범문(梵文)과 한문(漢文)을 섞어서 문장을 꾸민 것이다. 만일 외국의 말인 범문만을 쓴다면 위의 경문들에서 이미 말씀한 것 가운데 '만일 열반이 열반이 아니라면 …'이라고 썼을 것이다. 또 '모든 번뇌의 불이 꺼졌기에 열반이라 이름한다. 각관(覺觀)을 벗어났기에 열반이라 이름한다'고 썼을 것이다. 이것을 만일 이 나라의 말로만 썼을 경우에는, 위의 경문에서 이미 말한 것처럼, '만일 멸도가 멸도가 아니라면 …'이라고 썼을 것이고, 그 아래의 경문들도 이 예에 따라서 보아야 할 것이다. 이러한 뜻으로 보면 서로 어긋나는 것이 아니다.(한불전1, 526중~하)[23]

---

[23] "問 若立後師義 是難云何通 謂有難曰 經說有翻 耶得無翻 如言隨其類音 普告衆生 今日如來 將欲涅槃 豈隨蜂蟻 六道之音 得翻涅槃之名 而獨不得 此國語翻 又當此處經文 旣翻云之滅度 豈可得云不能翻耶 彼師通曰 涅槃之名 多訓之內 且取一義 翻爲滅度 卽依此訓 普告衆生 非謂其名 只翻滅度 以是義故 彼難善通 問 若立初師義 是文云何通 如德王品 菩薩難言 若使滅度非涅槃者 何故如來自期 三月當般涅槃 師子孔品云 諸結火滅故名滅度 離覺觀故故名涅槃 以是文證明知滅度 非正翻於涅槃名也 彼師通曰 此等經文是翻譯家 梵漢互擧綺飾其文 若使令存外國語者 旣言 若使涅槃非涅槃者 又諸結火滅故名涅槃 離覺觀故故名涅槃 如其令存此土語者 旣云 若使滅度非滅度者 下文例爾 由是義故 不相違也."

①에서 긍정설은 '경전에 이미 열반의 뜻을 멸도라고 번역한 것이 실제로 있는데, 어찌하여 번역하지 말라고 하는가?'하고 '공격'한다. 이에 대해서, ②에서는 부정설이 '열반의 이름이 지니는 여러 가지의 뜻 가운데서 한가지의 뜻만을 골라서 멸도라고 번역한 것이다'라고 '방어'하고 있다.

③에서는 부정설이, 『열반경』의 「덕왕품(德王品)」과 「사자후품(獅子吼品)」에서 쓰인 '멸도'라는 단어는 바로 열반이란 이름의 뜻을 번역한 것이 아니다' 하고 '공격'한다. 이에 대해서, ④에서는 긍정설이, '이러한 경문들은 경을 번역한 분들이 문장을 꾸미기 위하여 범문과 한문을 섞어 쓴 것일 뿐'이라고 '방어'한다.

중요한 것은, 유형1은 각설에서 각각 '공격'과 '방어'를 한다는 것이다. 이와 같은 유형1에는 오직 사례12만 해당한다.

2) 유형2 : 공격＋방어·공격

유형2는 제1설에서 '공격'하면, 제2설에서 '방어'하고 다시 '공격'하는 구조이다. 예컨대, 『열반종요』「체상문(體相門)」에서는 '열반의 본체는 진실한가, 허망한가?'에 관하여, 진실설과 허망설이 다음과 같이 '논란'을 벌인다.(사례16)

① 다른 곳에서 '열반이 공(空)하다'고 말한 것은 허망한 마음으로 취하는 것으로의 열반을 부인함으로써 참 지혜로 증득하는 것으로의 열반을 나타내어 말한 것이다. ······.

② 다른 곳에서, '생과 사는 허망한 것이요, 열반만이 공하지 않은 것이다'라고 말한 것은, 이는 천박한 지식을 가진, 새로 발심한 자들이 열반이 공하였다는 말을 듣고서 놀라고 두려움을 낼까 염려하여 그들을 보호하려는 방편으로 말한 것이다. ······.

③ "열반도 다 공한 것이라 한 것은 이는 허망한 마음으로 취하는 것의 모습을 없애주기 위함이다"고 한다면, 이는 곧 다른 경에서 말씀한 "생사의 법이 공하였다는 것은 곧 변계(偏計)로써 집착하는 생각을

없애주기 위함이다."고 해야 할 것이다. 만일 생사에 대하여 그렇지 않는 것이라면 저 열반에 대하여서도 그렇게 보아서는 아니 될 것이다. ……(한불전1, 528중~529상)[24]

①에서 진실설은, 다른 곳에서 '열반이 공(空)하다'라고 말한 것은 허망한 마음으로 취하는 것으로의 열반을 부인함으로써, 참 지혜로 증득하는 것으로의 열반을 나타내어 말한 것이라고 '공격'한다.

②에서 허망설은, '다른 곳에서 열반만이 공하지 않은 것이라고 말한 것'은, 새로 발심한 자들이 열반이 공하였다는 말을 듣고서 놀라고 두려움을 낼까 염려하여 그들을 보호하려는 방편으로 말한 것이라고 '방어'한다.

③에서 허망설은, "열반도 다 공한 것이라 한 것은 이는 허망한 마음으로 취하는 것의 모습을 없애주기 위함이다"고 한다면, 다른 경에서, "생사의 법이 공하였다는 것은 곧 변계(偏計)로써 집착하는 생각을 없애주기 위함이다"고 밖에 할 말이 없을 것이라고 '공격'한다.

중요한 것은, 유형2는 어느 한 설이 '공격'하면, 그 후에 상대방이 그 공격에 대응하여 '방어'하고 다시 자신의 입장에서 '공격'하는 구조를 가지고 있다는 것이다. 이러한 유형2에는 사례16·19가 해당한다.[25]

3) 유형3 : 공격+공격

유형3은 각설에서 '공격'만 하고 따로 '방어'는 하지 않는 구조이다. 예컨대, 『열반종요』「명의문(名義門)」에서 '열반은 번뇌를 없애는가?'에 관하여, 긍정설과 부정설이 다음과 같이 '논란'을 벌인다.(사례13)

---

24) "而餘處說 皆悉空者 是遣妄心所取涅槃 說眞智所證涅槃 …… 而餘處說 生死虛妄 涅槃不空等者 爲護淺識新發意者 生驚怖故 作方便說 …… 若使諸經 所說涅槃皆空 是遣妄心所取相者 是卽諸經 所說生死法空 是遣遍計所執生死 若此不爾 彼亦不然 ……."

25) 사례19에서는 '報身은 常住하는가?'에 관하여 논하는데, 無常說과 無常說이 논란을 벌인다. 여기에서, 常住說이 無常說에 대해서 1차례에 걸쳐 '공격'을 하고, 이에 대하여 無常說이 常住說에 대하여 2차례에 걸쳐서 '방어'하고 다시 常住說에 대하여 2차례에 걸쳐 '공격'하는 모습을 볼 수 있다.(열반종요, 한불전1, 536상~537중).

① 만일 번뇌를 끊어 없애는 것을 열반이 아니라고 한다면, 무슨 까닭에 이 경(열반경)「덕왕보살품(德王菩薩品)」에서, "부처의 성품을 보지 못하고도 번뇌를 끊어 없애는 것은 이를 열반이라 이른다. 그러나 대열반은 아니다. 만일 부처의 성품을 보고 또는 능히 번뇌를 끊으면 이는 대열반이다. 그것은 부처의 성품을 보기 때문에 상락아정을 얻는다. 이러한 뜻이기 때문에 번뇌를 끊어 없애는 것을 또한 대열반이라 일컫는다"고 하였는가?

② 그리고, 만일 번뇌를 끊어 없애는 것을 열반이라고 한다면 무슨 까닭에 저 「덕왕보살품」 아래 글에서, "번뇌를 끊어 없애는 것은 열반이라 이를 수 없고, 번뇌를 내지 아니하여야 열반이라 이른다. 선남자야, 모든 부처님은 번뇌가 일어나지 아니하기에 열반이라 이른다"고 하였는가?(한불전1, 527중~하)[26]

①에서 긍정설은, "만일 번뇌를 끊어 없애는 것을 열반이 아니라고 한다면, 무슨 까닭에『열반경』「덕왕보살품」에서, '부처의 성품을 보지 못하고도 번뇌를 끊어 없애는 것은 이를 열반이라고 이른다. …… 이러한 뜻이기 때문에 번뇌를 끊어 없애는 것을 또한 대열반이라 일컫는다'고 하였는가?"라고 '공격'한다.

②에서 부정설은, "만일 번뇌를 끊어 없애는 것을 열반이라고 한다면 무슨 까닭에『열반경』「덕왕보살품」 아래 글에서, '번뇌를 끊어 없애는 것은 열반이라고 이를 수 없고, 번뇌를 내지 아니하여야 열반이라고 이른다. …… 모든 부처님은 번뇌가 일어나지 아니하기에 열반이라 이른다'고 하였는가?"라고 '공격'한다.

중요한 것은, 유형3은 각설이 '공격'만을 한다는 것이다. 이러한 유형3은

---

26) "若斷煩惱 非涅槃者 何故 德王菩薩品云 不見佛性 而斷煩惱 是名涅槃 非大涅槃 若見佛性 能斷煩惱 是則名爲大涅槃 以見佛性 故得名爲 常樂我淨 以是義故 斷除煩惱 亦得稱爲 大般涅槃 若斷煩惱 稱涅槃者 何故 彼品下文說言 斷煩惱者 不名涅槃 不生煩惱 乃名涅槃 善男子 諸佛如來 煩惱不起 是名涅槃."

해당사례가 많아서 '일반형'이라고 부를 수 있는데, 다시 3가지 세부유형으로 나눌 수 있다. 세부유형1은 각설에서 한 차례씩 '공격'만을 한 경우로, 사례03·13·18·31·41·55·61이 해당하고, 세부유형2는 각설에서 각각 두 차례씩 '공격'한 경우로, 사례52가 해당하며, 각설에서 산발적으로 '공격'만 이루어진 경우로, 사례65가 해당한다.

4) 유형4 : 공격＋방어

유형4는 제1설에서 '공격'하고, 제2설에서 '방어'하는 구조이다. 예컨대, 『열반종요』「이멸문(二滅門)」에서는 '열반은 성정(性淨)인가, 방편(方便)인가?'에 관하여, 성정설(性淨說)과 방편설(方便說)이 논란을 벌인다.(사례17)

① 질문한다. 성정열반(性淨涅槃)이 열반이라는 이름을 얻게 되는 데에는, 범부의 지위에 있을 적에도 열반이라고 이름할 수 있는가? 성인의 지위에서 열반을 증득한 뒤에야 열반이라 이름하는가? 만일, 후자에 속한다면, 이는 사실상 방편으로 증득하는 것이어서, 방편괴열반의 뜻과 같이 되어버린다. 만일, 전자에 속한다면, 수증(修證)을 아니하고서도 저절로 얻어지는 것이니, 그렇다면 모든 범부들이 이미 열반에 들어간 것이 아니겠는가? 만일 범부들이 이미 열반에 들어간 것이라면 성인이 구태여 수증을 하여 열반에 들어가지 아니하여도 될 것이다. 이와 같은 혼란[錯亂]을 어떻게 가려서 구분할 것인가?

② 대답한다. 성정열반이라고 이르는 데에는 두 가지의 이유가 있다. 첫째, 구별되는 부분에서 말한다면, 나중에 물은 뜻과 같아서 이는 오직 성인의 지위에 있어서만 증득하는 것이다. '성인의 지위에서' 증득하는 데에는 두 가지의 뜻이 있으니, 하나는 분별의 성품을 대치하는 것으로 본래청정한 열반을 증득하는 것이요, 다른 하나는 의타기성의 성품을 바라보는 것으로서 전의(轉依)의 청정한 열반을 증득하는 것이다. 이런 도리로 말미암아 다 같이 증득하는 열반이지만 두 가지의 구별되는 뜻이 서로 혼란하지 아니한다고 하리라. ……(한불전1, 530상)[27]

①에서 방편설은 '공격'한다. 즉, 만일 성인의 지위에서 열반을 증득한 뒤에야 '열반'이라고 한다면, 이 경우는 사실상 방편으로 증득하는 것이 되어 버린다는 것이다. 또한, 만일 범부의 지위에 있을 때에도 '열반'이라고 한다면, 이 경우는 모든 범부들이 이미 열반에 들어간 것이 되어 버린다고 논박한다.

②에서 성정설은 '방어'한다. 즉, '구별되는 부분'에서 말하면, 오직 성인의 지위에 있어서만 증득하는 것이다. 하지만, '성인의 지위에서' 증득하는 데에도 두 가지의 뜻이 있어서, 하나는 본래 청정한 열반을 증득하는 것이요, 다른 하나는 전의(轉依)의 청정한 열반을 증득하는 것이 있기 때문에, 서로 혼란하지 아니한다고 해명한다.

중요한 것은, 유형4는 어느 한 설이 '공격'하면, 상대방은 '방어'만을 하는 구조라는 것이다. 이러한 유형4에는 오직 사례17만이 해당한다.

5) 유형5 : 공격

유형5는 한쪽 설에서만 '공격'하고, 상대방은 아무것도 하지 않는 구조이다. 예컨대, 『열반종요』「교적(敎迹)」에서는 '열반경의 교판상 지위는 어떠한가?'에 관하여, 북방설(北方說)과 남토설(南土說)이 논란을 벌인다.(사례 29)

① 『대품경(大品經)』「왕생품(往生品)」 가운데, "모든 비구가 반야의 말씀을 듣고서 보시바라밀을 찬탄하여 드디어 삼의(三衣)를 벗어 보시하였다"고 하였다. …… 이러한 문증을 가지고 보면, 이 경을 말씀하신 시기를 부처님이 성도하신 뒤 12년 뒤로 국한할 수가 없다.

② 또는 그 논에, "수보리는 법화경의 말씀을 들었다. 곧 '손을 들거나

---

27) "問 性淨涅槃 得涅槃名 爲在凡位 亦名涅槃 爲聖所證 乃名涅槃 若如後者 方便所證 卽同方便壞涅槃義 若如前者 自然所得 諸凡夫人 已入涅槃 又若凡夫 已入涅槃 卽應聖人 不入泥洹 如是錯亂 云何簡別. 答 性淨涅槃 得名有二 別門而說 如後問意 在聖所證 所證之性 有其二義 對分別性 證本來淨 望依他性 證轉依淨 由是道理 同是所證 二種別義 不相雜亂. ……"

머리를 숙이는 것이 모두 부처의 도를 이룬다'고 하였다. 그러기에 이제 '그런 사람도 퇴전합니까 퇴전하지 않습니까?'하고 물었다"고 하였다. 이러한 문증으로 보면 반야경을 말씀하신 시기가 반드시 법화경의 앞에 국한하여 있는 것은 아니다. 이것은 오시교의 주장이 곧 잘못되었음을 말한 것이다. ……

③ 『대품경』 가운데에, "수보리가 대답하기를, '이승도 없고 삼승도 없다. 만일 이 도리를 듣고서 놀라고 두려워하지 않으면 능히 보리를 얻을 것이다'고 하였다."고 하였다. 이것은 법화경의 '삼승이 없다'는 말과 무엇이 다르기에 반야경은 얕고 법화경은 깊은 도리라고 구분하겠는가?

④ 또는, '반야경에서는 부처의 성품을 말하지 아니하였다 그러기에 얕다'고 말한다면, 열반경에 말씀하기를, "부처의 성품은 또한 반야바라밀이라 이름하고, 또한 제일의(第一義)의 공(空)한 것이라고 이른다"고 하였으니, '반야 및 제일의공(第一義空)이 부처의 성품이라 하였는데, 어찌하여 반야경에는 부처의 성품을 밝히지 않았다고 말하겠는가? …….

⑤ 그 논에 또 "나의 정토는 훼손되는 것이 아니다. 그렇지만 중생들이 이 정토가 불타서 없어짐을 본다고 한 것은 보신불의 진정한 정토는 제일의제(第一義諦)에 소속되기 때문이다"고 하였다. 법화론에서는 이와 같이 이 부처님의 한량없는 수명과 진정한 정토를 나타내었다. 그리한데도 불요의설(不了義說)이라고 말하겠는가? 이러한 주장은 도리에 맞지 않다.(한불전1, 546하~547상)[28]

이 글에서, 북방설이 남토설에 대해서 5가지 사항을 '공격'하고 있다.

---

28) "如大品經 往生品中 諸比丘 聞說般若 讚歎檀度 遂脫三衣 以用布施 …… 以是文證 非局在於十二年後 又彼論云 須菩提 聞說法花 擧手低頭 皆成佛道 是故今問退不退義 以是文證 般若之敎 未必局在於法花已前 破斷五時 即爲謬異 …… 須菩提答 無二無三 若聞不怖 能得菩提 此與法花無三言 何別而分淺深耶 又若般若不說佛性淺者 涅槃經說 佛性亦名般若波羅蜜 亦名第一義空 所謂般若及空 卽是佛性 何得說云 不明佛性 …… 又言 我淨土不毁 而衆生見燒盡者 報佛如來眞淨土 第一義諦之所攝故 旣顯常命及眞淨土 而言是不了說者 不應道理."

즉, ①에서는, 『대품경』 「왕생품」에서, '모든 비구가 반야의 말씀을 듣고서 보시바라밀을 찬탄하여 드디어 삼의(三衣)를 벗어 보시하였다'는 말씀에 의거하면, 『반야경』은 성도 후 12년 전에 부처님께서 아직 이 계율을 제정하시기 전에 말씀하였을 것이라고 한다.

②에서는, 『대지도론』에서 '수보리는 『법화경』의 말씀을 들었다'는 등의 말씀에 의거하면, 『반야경』이 반드시 『법화경』보다 먼저 설하였다고 볼 수는 없다고 한다.

③에서는, 『대품경』에서 수보리가 이승(二乘)도 없고 삼승(三乘)도 없다고 한 것에 의거하면 『반야경』은 요의설이라고 한다.

④에서는, 『열반경』에서 '부처님의 성품은 또한 반야바라밀이라고 이르고, 또한 제일의(第一義)의 공(空)한 것이라고 이른다'는 말씀에 의거하면, 『반야경』은 불성을 말했다고 한다.

⑤에서는, 『법화론』에서 부처님의 수명이 한량이 없다는 것과, 부처님의 진정한 정토에 대한 말씀에 의거하면, 『법화경』은 요의설이라고 주장하고 있다.

중요한 것은, 유형5가 어느 한 설이 '공격'만 하고, 상대방은 아무 것도 하지 않는다는 점이다. 이러한 유형5에는 오직 사례29만이 해당한다.

2. 특별한 경우

지금까지 살펴본 일반적인 경우와 달리 조금 특별한 경우도 있다. 그러니까, 실제로 따져보면 [논란]의 일반적인 요건을 충분하게 갖추고 있으므로 [논란]임에는 틀림없지만, 언뜻 보면 제설을 [평결]하는 것으로 잘못 보이는 경우도 있다.

1) 문구 '회통'

화쟁사례 중에는 '회통'이라는 문구를 사용함으로써 겉으로 보기에는 [평결] 같지만, 실제 내용상 살펴보면 [논란]에 해당하는 경우가 있다.

예컨대,『법화종요』「교판」에서는 '『법화경』의 교판상 지위는 어떠한가?'에 관하여, 요의설(了義說)과 불요설(不了說)이 다음과 같이 논란을 벌인다. (사례09)

① 만일 앞분의 뜻을 주장하는 경우에, 뒷분이 인증한 글을 어떻게 화회(和會)할 것인가? 저 법사가 회통(會通)하여 말하였다. 모든 일승교(一乘教)에서 말씀한 모든 글이 다 저 부정성(不定性)을 보호하기 위한 것이고, 다 이것은 방편이다. 그러므로 서로 어긋나지 않는다.『법화론』의 글과『보성론』의 글도 또한 뒤의 방편교(方便教)의 뜻을 논술한 것이며,『지도론(智度論)』의 글이 아라한은 정토에 난다고 하는 것도 부정성성문(不定性聲聞)에 대한 것이다. 이러한 도리로 말미암아 또한 서로 어긋나지 않는다.

② 만일 뒷분의 뜻을 주장하는 경우에, 앞분이 인증한 글을 어떻게 회통(會通)할 것인가? 저 법사가 회통(會通)하여 말하였다.『해심밀경』의 말씀은, 마침내 도량에 앉아서도 무상정등각(無上正等覺)을 증득하지 못한다는 것은, 이것은 결단코 무여(無餘)에 마땅히 들어가야 함을 밝힌 것이니, 영원히 무여에 들지 않고는 바로 무상정등각을 증득하지 못함을 밝힌 것이다. 그러므로 한결같이 적정에 나아가게 됨을 말씀한 것이다. 그러나 저 성문은 무여에 들 때에 팔만겁이나 혹은 육만·사만·이만겁을 머문 뒤에 마음을 일으켜, 곧 대승에 들어와, 정토에 나서, 불도를 구족한다. 만일 부정종성인(不定種性人)을 논한다면, 오직 유여열반에 머물면서 수행의 지위에 의하여 대승에 들어간다.『유가론』에서 분명히 말씀하였기 때문이다. 그러므로 저 경은 서로 어긋나지 않는다.『대법론(對法論)』의 글에서 일승교는 방편이 된다고 말씀하였다. 이것은 삼승권교(三乘權教)의 뜻을 서술한 것이지만 궁극적인 도리를 말씀한 것은 아니다. 저 삼승을 집착하는 이가 말하는 바와 같이, 십오유루(十五有漏)가 무기(無記)라고 하는 것은, 이것은 추상경계(麤相境界)를 가지고 말함이요, 이것은 궁극적인 진실한 도리를 말씀한 것이 아니다. 그러므로

저 『대법론』은 방편교의 글에 대하여 논술한 것임을 마땅히 알아야 한다. 이런 도리로 말미암아 서로 어긋나지 않는다."(한불전1, 494상~중)29)

①에서 불요설은 '방어'한다. 즉, 모든 일승교(一乘敎)에서 말씀한 글이 다 저 부정성(不定性)을 보호하기 위하여 말씀한 것이므로 서로 어긋나지 않는다고 한다. 그리고 이를 증명하기 위해서, 『법화론』의 글과 『보성론』의 글이 방편교의 뜻을 논술하였다고 하고, 『지도론』의 글도 부정성성문(不定性聲聞)에 대한 것이라고 한다.

②에서는 요의설이 '방어'한다. 즉, 『해심밀경』의 말씀에서, '마침내 도량에 앉아서도 무상정등각을 증득하지 못한다'고 말씀한 것은, 결단코 무여(無餘)에 마땅히 들어가야 함을 밝힌 것이다. 그러니, 영원히 무여에 들지 않고는 바로 무상정등각을 증득하지 못함을 밝힌 것이므로, 한결같이 적정에 나아가게 됨을 말씀한 것이라고 한다.

중요한 것은, '회통'이라는 문구가 등장하여서, 겉으로만 보면 [평결]에 해당되는 것처럼 보이지만, 실제로 내용을 검토해보면 각자 방어를 하고 있으므로 이것은 틀림없이 [논란]에 해당한다는 것이다.

2) 특수한 문구

[평결]에서 주로 사용하는 문구가 등장하여, 겉으로 보면 [평결]처럼 보이지만, 실제로는 [논란]에 해당하는 경우도 있다. 예컨대, 『법화종요』

---

29) "問 若立初師義者 後師所引文 云何和會 彼師通曰 諸一乘敎所說諸文 皆爲護彼不定性者 皆是方便 故不相違 法花論文 及寶性論 亦爲逐後方便敎意 智度論文 說阿羅漢 生淨土者 是約不定種性聲聞 由是道理 亦不相違. 問 若立後師義者 前所引證 云何得通 彼師通云 深密經說 終不能令當坐道場 證得無上正等菩提者 是明決定 當入無餘 永不能令不入無餘 直證無上正等菩提 是故說爲一向趣寂 然彼聲聞 入無餘時 住八萬劫 或住六萬四萬二萬 然後起心 即入大乘 生於淨土 具足佛道 若論不定種性人者 唯住有餘 依地入大 如瑜伽論 分明說故 是故彼經 亦不相違 對法論文 說一乘敎 爲方便者 是逐三乘權敎之意 而非究竟道 理之說 如彼執三乘者說云 十五有漏是無記者 是約麤相境界而說 非是究竟眞實道理 是故 當知 彼對法論 或有逐於方便敎文 由是道理 不相違也."

「묘용(妙用)」에서는 '방편은 삼승인가, 이승인가?'에 관하여, 삼승설(三乘說)과 이승설(二乘說)은 다음과 같이 '논란'을 벌이고 있다.(사례06)

① 어떤 분은 말하기를, '삼승은 다 진실이 아니다'고 하였으니, 앞 문장에서 말한 것과 같다. 그런데, '일승이 진실이요, 이승는 진실이 아니다'고 한 것은, 삼승 가운데 일과 삼이 없는 일만이 불승(佛乘)이므로 회통하여 이것이 진실이라고 말하고 나머지 이승은 쓰지 않았다. 때로는 삼승이 다 진실이 아니라고 하고, 때로는 이승만이 진실이 아니라고 하였다. 이러한 뜻으로 말미암아 두 글이 서로 어긋나지 아니한다."

② 혹자는 말하기를, '오직 이승만이 진실이 아니다'고 한 것은 뒤의 문장과 같기 때문이다. 그리고 '삼승이 다 방편이다'고 한 것은, 일의 진실 가운데 이의 비진실을 더하여, 합하여 삼이 되니, 이것이 삼의 비진실이다. 이것은 마치 사람이 손안에 실제로 하나의 과일이 있는데, 방편으로 3개의 과일이 있다고 말하는 경우에, 3개의 과일은 실제가 아니니, 3개의 과일이 없기 때문이다. 이것을 감안하여 논하면, 하나의 과일은 진실이요 2개의 과일은 방편이니, 하나의 과일만 있기 때문이다. 『지도론』에서 이른 것처럼, "일불승(一佛乘)을 열어서 삼분(三分)을 만들었으니, 마치 한 사람이 한 말의 쌀을 나누어 3무더기로 만든 것과 같다. 이때, 3무더기를 모아서 1무더기로 돌아간다고 말할 수도 있고, 또한 2무더기를 모아서 돌아간다고 말할 수도 있으니, 3무더기를 모은다고 하는 것이나 2무더기를 모은다고 하는 것이, 오히려 같은 뜻이어서 서로 어긋나지 아니한다"고 하였다.(한불전1, 491중~하)[30]

①에서 삼승설은 '방어'하고 있다. 즉, '일승이 진실이요, 이승은 진실이

---

[30] "或有說者 三皆非實 如前文說 而言一實 二非眞者 三中之一 與無三之一 俱是佛乘 通說是實 餘二不用 開別言非實 由是義故 二文不違 或有說者 唯二非實 如後文故 而說三乘皆方便者 於一實中 加二非實 合說爲三 是三非實 如人手內 實有一果 方便言三 三非是實無三果故 考而論之 一果是實 二是方便 有一果故 如智度論云 於一佛乘 開爲三分 如一人分一斗米 以爲三聚 亦得言會三聚歸一 亦得言會三聚歸 會三會二 猶是一義 不相違也."

아니다'라는 말은, 삼승 가운데 '일'과 '삼'의 구별이 없는 '일'만이 불승(佛乘)이므로 이것이 진실이라고 말하고 나머지 이승은 쓰지 않았기 때문이라는 것이다. 이처럼, 때로는 삼승이 다 진실이 아니라고 하고, 때로는 이승만이 진실이 아니라고 하였으니, 두 글이 서로 어긋나지 않는다고 한다.

②에서는 이승설이 '방어'하고 있다. 즉, '삼승이 다 방편이다'라는 말은, '일'의 진실 가운데 '이'의 비진실을 더하여 '삼'이 되는 것이기 때문에, '삼승이 다 방편이다'라고 말했을 뿐이라고 설명한다. 그리고 이것을 좀 더 생생하게 보여주기 위해서 3개와 2개의 과일로 비유해서 설명해 주고, 『지도론』의 말을 인용하여 3무더기와 2무더기의 쌀로 비유해서 설명하기도 한다.

중요한 것은, 두 문단의 끝부분에는 공통적으로 '서로 어긋나지 아니한다'와 같이 [평결]에서 주로 사용하는 문구가 등장하고 있어서, 겉으로 보면 [평결]처럼 보이고 있다는 것이다. 하지만, 실제로 내용을 검토해보면, 상대방의 논거를 정당하게 해명함으로써 결과적으로 자신의 약점을 보완하고 있으므로, 이것은 분명히 [논란]에 해당한다는 것이다.

제4절 요소3 : [평결]

본절에서는 화쟁사례의 제3요소인 [평결]에 대해서 자세히 살펴본다. 이 부분은 원효가 제기된 제설에 대해서 그 가치를 평가하고 옳고 그름을 논하는 곳인데, 내용상으로는 화쟁사례에서 가장 중요한 부분이라고 할 수 있다. 살펴보는 순서는, [평결]의 일반적인 모습을 유형별로 먼저 살펴보고, 다음 [평결]의 특별한 경우들을 살펴보고자 한다.

1. 유형별 구조

[평결]의 내부를 자세히 살펴보면, 그 속에 3가지 요소로 구성되어 있는

것을 발견할 수 있다. 즉, 제설에 대해서 회통자인 원효가 어떠한 판단을 내리는지에 대하여 그 전체적인 요지를 서술하는 '주문'과, 그러한 판단을 내리게 된 이유를 밝히는 '이유'와, 경론과 같이 그러한 판단을 내리게 된 근거를 제시한 '문증'으로 구성되어 있는 것을 볼 수 있다.

〈표 8〉 [평결]의 유형별 구조

	주문	이유	문증	사례수
유형1	O	O	O	17
유형2	O	O	X	36
유형3	O	X	O	2
유형4	X	O	O	1
유형5	O	X	X	5
유형6	X	O	X	4

보는 바와 같이, 이론상으로는 '문증'만을 갖춘 경우도 있을 수 있겠지만, 실제로는 그러한 사례가 남아있지 않다. 유형1은 모든 요소를 다 갖춘 '완비형'이고, 유형2는 '주문'과 '이유'를 갖춘 형태인데, 해당하는 사례수로 보아서 '일반형'에 가깝다. 유형3부터 유형6까지는 해당하는 사례수가 별로 없는 것으로 보아서, 별로 활용되지 못하고 있음을 알 수 있다.

1) 유형1 : 주문+이유+문증

유형1은 원효의 전체적인 판단을 보여주는 '주문'이 등장하고, 다음 그러한 판단의 이유를 밝히는 '이유'가 등장하며, 마지막으로 그러한 판단을 내리게 된 근거를 제시한 '문증'이 등장하는 구조이다.

예컨대, 『대승기신론소기회본』「생멸문(生滅門)」에서는 '시각(始覺)은 상주하는가, 생멸하는가?'에 관하여 논쟁하는 상주설과 생멸설에 대해서, 원효는 다음과 같이 회통하고 있다.(사례56)

① 두 뜻이 달라서 그런 것이지, 이치는 서로 어긋나지 아니하다.
② 왜인가? 이『기신론』논주의 뜻은, 본래 불각(不覺)에 의하여 정심을

동요시키지만, 이제 '불각을 그쳐서 다시 본래의 고요함으로 돌아가게 됨을 나타내려 했기 때문에', 상주라고 하였다. 저『섭론』의 뜻은 법신은 본래 상주하여 움직이지 않지만 저 '법신에 의하여 복덕과 지혜의 두 가지 행동을 일으켜 만덕의 과보를 감득할 수 있게 됨'을 밝히고자 한 것이니, 이미 인연에 의하여 일어났기 때문에 생멸을 여의지 않으므로 상속이라고 말한 것이다. 뜻을 갖추어서 설명하자면 비로소 만덕을 이루는 것에는 두 뜻을 갖추어야 한다. 앞의 뜻에 의하여 상주하며 뒤의 뜻에 의하므로 생멸하는 것이니, 생멸과 상주가 서로 방해되지 않는다. 왜냐하면 하나하나의 생각이 미혹하여 삼세(三世)를 두루하지만 일념(一念)에 지나지 않기 때문이다. 이는 마치 하나하나의 털구멍이 모두 시방(十方)에 두루함과 같으니, 비록 시방에 두루하지만 한 털구멍도 더하지 않는 것과 같은 것이다. 이리하여 부처와 부처가 이처럼 장애가 없는 것이니, 어찌 그 사이에 치우치게 집착하는 것을 용납하겠는가!

③ 이는『화엄경』의 게송에서, "모니께서 삼세를 초월하셨으나, 상호는 구족하시네, 무소주(無所住)에 머무르시어, 법계가 다 청정하네, 인연 때문에 법이 생기고 인연 때문에 법이 없어지네. 이와 같이 여래를 볼 줄 알면, 마침내 어리석음[癡惑]을 멀리 여의리라"고 한 것과 같다. 이제 두 논주가 각각 하나의 뜻을 서술하였으니 어찌 서로 방해됨이 있겠는가?(한불전1, 752상)[31]

①에서 원효는 전체적인 판단을 밝히는 '주문'을 적고 있다. 즉, "두 뜻이 달라서 그런 것이지, 이치는 서로 어긋나지 아니하다"라고 선언함으

---

31) "二意異故 理不相違 何者 此論主意 欲顯本由不覺動於靜心 今息不覺還歸本靜 故成常住 彼攝論意 欲明法身本來常住不動 依彼法身起福慧二行 能感萬德報果 既爲因緣所起 是故 不離生滅 故說相續 具義而說 始成萬德 要具二義 依前義故常住 依後義故生滅 生滅常住不 相妨礙 以一一念迷徧三世 不過一念故 如似一一毛孔皆徧十方 雖徧十方不增毛孔 佛佛如 是無障無礙 豈容偏執於其間哉 如華嚴經偈云 牟尼離三世 相好悉具足 住於無所住 法界悉 清淨 因緣故法生 因緣故法滅 如是觀如來 究竟離癡惑 今二論主 各述一義 有何相妨耶."

로써, 자신은 양설이 모두 옳다고 생각한다는 점을 명확하게 밝히고 있다.

②에서는, 어찌하여 그러한 판단을 하게 되었는지 '이유'가 등장한다. 즉, 원효는 『기신론』의 저자는 '불각(不覺)을 그쳐 다시 본래의 고요함으로 돌아가게 됨'을 나타내게 하려는 의도를 가졌기 때문에 시각(始覺)은 상주한다고 하였고, 『섭론』의 저자는 '법신에 의하여 만덕의 과보를 감득할 수 있게 됨'을 밝히고자 하는 의도를 가졌기 때문에 상속한다고 하였다고 설명하고 있다.

③에서는 원효가 그러한 판단을 내리게 된 논리적인 근거를 밝히는 '문증'이 등장한다. 그러니까, 『화엄경』의 게송에서, "인연 때문에 법이 생기고 인연 때문에 법이 없어지네. 이와 같이 여래를 볼 줄 알면, 마침내 어리석음을 멀리 여의리라"고 하였는데, 두 논주가 각각 하나의 뜻을 서술하였으니 양설이 성립하는 데 서로 방해되지 않는다는 것이다.

중요한 것은, ①에서는 '주문'을 나타내고 있고, ②에서는 이유'를 나타내고 있으며, ③에서는 '문증'을 나타내고 있다는 점이다. 유형1에 해당하는 사례는 사례02·03·06·07·09·13·14·16·18·20·23·29·37·54·56·63·65 등 총 17개 사례가 해당한다.[32]

2) 유형2 : 주문+이유

유형2는 원효의 전체적인 판단을 보여주는 '주문'이 등장하고, 다음 그러한 판단의 이유를 밝히는 '이유'가 등장하는 구조이다. 예컨대, 『이장의』「이장체상(二障體相)」에서는 '소지장(所知障)은 어느 식(識)에 있는가?'에 관하여 논쟁하는 이식설(二識說)과 팔식설(八識說)에 대하여, 원효는 다음과 같이 회통하고 있다.(사례64)

① 두 분이 말한 것은 모두 도리가 있다.

② 왜냐하면, 만약 구별문인 추상(麤相) 도리에 의하면 앞분이 말한 것도

---

32) 다만, 사례54에서는 문증 대신에 비유를 들었고, 사례63에서는 문증 대신에 類例를 들었다.

도리가 있고, 그 공통문인 거세(巨細) 도리에 의한다면 뒷분이 말한 것도 도리가 있기 때문이다. 이와 같은 두 가지의 리문이 있으므로 여러 상위된 것 같은 글이 모두 잘 회통된다. 설사 그 별상(別相)의 법집무명(法執無明)이 팔식(八識)과 삼성(三性)에 공통해 있다고 하면, 도리에 맞지 않으므로 과실이 있고, 이 통상(通相)의 법집(法執)이 이식 (二識)에 국한되어 있어서 잘 통하지 않는다면, 도리에 맞지 않고 성인의 말씀에 어긋난다. 그러나 두 분이 말한 것은 이미 이와 같지 않으므로 양설이 모두 도리가 있다.(한불전1, 792하~793상)[33]

①에서 원효의 '주문'이 등장한다. 즉, "양설은 모두 도리가 있다"고 하여 원효가 이식설과 팔식설에 대해서 어떻게 생각하는지는 전반적으로 보여주고 있다. 또한, ②에서는 원효의 '이유'가 등장한다. 즉, 이식설은 구별문의 입장에서, '소지장(所知障)의 체상(體相)은 제6의식과 제7말라식 에만 있다'고 하였고, 팔식설은 공통문의 입장에서 '소지장의 체상은 모든 팔식에 걸쳐있다'고 하였기 때문이라고 설명한다.

중요한 것은, ①에서는 '주문'을 나타내고, ②에서는 '이유'를 나타내고 있다는 점이다. 이와 같은 유형2에는 사례04·05·08·10·11·12·15·17·19· 21·22·24·28·30·31·32·36·38·40·41·42·43·44·47·49·51·52·53·55·57· 58·59·60·61·62·64 등 총 36개의 사례가 해당된다.

3) 유형3 : 주문+문증

유형3은 원효의 전체적인 판단을 보여주는 '주문'이 등장하고, 다음 그러한 판단의 근거를 밝히는 '문증'이 등장하는 구조이다. 예컨대, 『미륵상 생경종요』「출세시절(出世時節)」에서는 '미륵불과 전륜성왕이 출현한 때는

---

33) "二師所說皆有道理 所以然者 若依別門麤相道理 初師所說亦有道理 於其通門巨細道理 後師所說亦有道理 由有如是二種理門 諸文相違皆得善通 設使將彼別相法執無明 通置八 識及三性者 不應道理故有過失 縱令此通相法執 局在二識不通善者 不應道理亦乖聖言 二師所說旣不如是 是故二說皆有道理."

언제인가?'에 관하여 논쟁하는 이시설(異時說)과 동시설(同時說)에 대해서 원효는 다음과 같이 회통한다.(사례33)

① 전륜왕이 태어난 시기는 8만세로 줄어들기 전까지와 줄기 시작한 때부터이므로 서로 만나게 된다.
② 『현겁경(賢劫經)』에서 이른 바와 같이, "수명이 점점 증가하여 6만세에 이른 때에 전륜왕이 있게 되고, 전륜왕이 차례로 이어져 일곱째 왕을 지낼 때에 사람의 수명은 8만 4천세가 되나니, 이때에 미륵보살이 출현한다"고 한다.(한불전1, 550상)[34]

①에서 원효는 양설이 옳다는 취지로 '주문'을 말하고 있다. 또한, ②에서는 '문증'을 제시하는데, 『현겁경』에 의하면, 전륜왕이 처음 태어난 때는 수명이 6만세일 때이고, 미륵불이 처음 출현한 때는 8만4천세이므로 이때를 기준으로 하면 이시설이 옳다. 하지만, 전륜왕은 계속 이어져 일곱 번째 전륜왕이 있을 때에는 수명이 8만 4천세일 때이므로, 이때를 기준으로 하면 이시설이 옳다고 한다.

중요한 것은, ①에서는 '주문'을 나타내고 있고, ②에서는 '문증'을 나타내고 있다는 점이다. 이와 같은 유형3에는 사례01·33 등 총 2개 사례가 해당한다.

4) 유형4 : 이유+문증

유형4는 원효의 전체적인 판단을 보여주는 '주문'이 생략되고, 그러한 판단의 이유를 밝히는 '이유'가 등장하고, 이어서 그 판단의 근거를 밝히는 '문증'이 등장하는 구조이다. 이 경우에 '주문'은 사실상 '이유'에 포함되어있다고 보아야 할 것이다. 예컨대, 『아미타경소』「종치(宗致)」에서는 '아미타불은 어느 정도 크신가?'에 관하여 논쟁하는 양설에 대해서, 원효는 다음과

---

34) "輪王生時 未減八萬 末及始減 故得相値 如賢劫經 言稍增至 六萬歲時 有轉輪王 輪王相次 經第七王時 人壽八萬四千歲 彌勒出興."

같이 회통한다.(사례48)

① 이것은 저 부처님 세계에는 많은 여러 가지 성이 있어서 대중의 크고
  작음을 따라 성도 크고 작은 것이니, 큰 성에 대해서는 큰 몸을 나투고
  작은 성에 대해서는 작은 몸을 나타내기 때문임을 알아야 한다.
② 『성왕경(聲王經)』(『聲音王陀羅尼經』)에서 십천유순이라 함은 이곳은 성
  문과 함께 머무는 성이기 때문이니, 부처님의 몸은 그 정도에 맞추어
  알맞게 머무신다는 것은 마땅히 알아야 한다. 그러므로 『관무량수경(觀
  無量壽經)』에서 '몸이 크고 키가 높다'고 하신 말씀도 그 성이 크고
  넓어서 많은 대중과 함께 머무시기 위한 때문이었음을 알 수 있다.
  따라서 『양권무량수경(兩卷無量壽經)』과 이 경에서, 연못 가운데 그
  연못의 크고 작음을 각각 다르게 표현한 것도 그 연못의 크고 작음을
  따라 그 연꽃도 또한 크고 작을 수밖에 없는 것이니, 성과 부처님의
  몸이 크고 작은 것도 그와 같음을 마땅히 알아야 할 것이다. 그밖에
  서로 다른 내용도 이에 준하여 회통해야 할 것이다.(한불전1, 563중~
  하)35)

①에서 원효는 자신의 판단에 대한 '이유'를 제시한다. 즉, 부처님 세계에
는 대중의 크기에 따라서 크고 작은 여러 성이 있는데, 부처님께서 성의
크기에 맞추어 큰 성에 대해서는 큰 몸을 나투고 작은 성에 대해서는
작은 몸을 나타내기 때문에 불신의 크기가 클 수도 있고 작을 수도 있다고
설명하고 있다.

②에서 원효는 자신의 판단에 대한 근거를 '문증'으로 제시한다. 즉,
『성왕경』에 따르면, 십천유순이라 하신 것은 '성문과 함께 머무는 성이기

---

35) "當知彼佛有衆多城 隨衆大小城亦大小 大城之中示以大身 小城之中現以小身 聲王經十千
由旬者 是與聲聞俱住之城 當知佛身相當而住 觀經所說身高大者 當知其城亦隨廣大 與諸
大衆俱住處故 如兩卷經及此經中 池中蓮華大小懸殊 隨池有大小其華亦大小 當知城身大
小亦爾 其餘相違準此而通."

때문이라는 것이 되고, 『관무량수경』에서 '몸이 크고 키가 높다'고 하신 것은 '많은 대중'과 함께 머무는 성이기 때문이라는 것이다.

중요한 것은, ①에서 '이유'를 나타내고, ②에서 '문증'을 나타내고 있다는 점이다. 이와 같은 유형4에는 오직 사례48만이 해당한다.

5) 유형5 : 주문

유형5는 원효의 전체적인 판단을 보여주는 '주문'만이 등장하는 구조이다. 예컨대, 『열반종요』「회통문」에서는 '무엇이 당과불성(當果佛性)인가?'에 관하여 논쟁하는 '일체의 중생에게 불성이 있다'는 설과 '선근(善根)을 끊어 없앤 중생에게도 불성이 있다'는 설에 대해서, 원효는 매우 간략히 회통하고 있다.(사례27)

> 이와 같은 경문들은 '중생이 당래(當來)에 얻을 과위(果位)로서의 불성'을 밝힌 것이다.(한불전1, 545중)[36]

이 글에서, 「사자후품」에서 말한 '일체 중생'도 미래에는 아뇩보리를 얻을 수 있고, 「가섭품」에서 말한 '선근을 끊어 없앤 자'도 필경에는 아뇩보리를 얻을 수 있으므로, 중생이 미래에 얻을 결과로서의 불성을 가진다고 회통한다. 본 사례에서 아무런 이유나 근거를 제시하지 않는 것은, 아마도 본 사례가 '성정불성(性淨佛性)'의 경우(사례20)와 매우 유사하기 때문에, 반복을 피하려는 것으로 생각된다.

중요한 것은, 본 사례에서는 회통부분에서 '주문'만을 제시하였다는 점이다. 이와 같은 유형5에 사례25·26·27·45·46 등 총 5개의 사례가 해당한다. 참고로, 사례25·26·27의 경우는 사례24의 회통이유와 유사하므로 '이유'가 생략되었고, 사례46에서는 『능가경요간』을 참고하라고 하였기에 '이유'가 생략된 것으로 보인다.

---

36) "如是等文 明當果佛性."

6) 유형6 : 이유

유형6은 원효의 전체적인 판단을 보여주는 '주문'이 생략되고, 그러한 판단의 이유를 밝히는 '이유'가 등장하는 구조이다. 이 경우에 '주문'은 의미상 '이유'에 포함되어있다고 보아야 할 것이다. 예컨대, 『미륵상생경종요』「출세시절(出世時節)」에서는 '미륵불이 출현한 때는 언제인가?'에 관하여 논쟁하는 '8만설'과 '8만4천설'에 대해서, 원효는 다음과 같이 회통하고 있다.(사례34)

> 생각건대, 8만이라고 말한 것은 큰 수가 9만에 이르지 못한 것을 들었으므로 끝인 8로만 말한 것이요, 또 부처님이 출현하는 시기가 10세로 처음 줄기 시작한 때이어서 큰 수를 빼지 아니하여서 짐짓 8만4천이라고 말한 것이다.(한불전1, 550상)[37]

이 글에서, 원효는 '주문'을 생략하고, 판단을 내리게 된 '이유'만을 밝히고 있다. 즉, 8만설을 주장하게 된 이유는, 큰 수를 들어서 그 수가 9만에 이르지 못하였기에 '8만'이라고 하였을 뿐이라고 설명하고 있고, 8만4천설을 주장하게 된 이유는, 부처님이 출현하는 시기가 10세로 처음 줄기 시작한 때이어서 큰 수를 빼지 아니하여 '8만4천'이라고 말했다고 그 '이유'를 밝히고 있다.

중요한 것은, 이 사례에서 원효는 '회통하는 측면'에서 오직 '이유'만을 제시하였다는 점이다. 이와 같은 유형6에는 사례34·35·39·50 등 총 4개의 사례가 해당한다.

2. 특별한 경우

[평결]의 일반적인 형식을 갖추었으므로 [평결]임에는 틀림없으나, 보통

---

37) "案云 言八萬者 擧其大數 不至九萬 故言極八 又佛出時 始減數十 大數未闋 所以猶言 八萬四千."

의 경우와는 다른 모습을 한 경우가 있다. 여기서는 이처럼 [평결]의 특별한 몇 가지 모습에 대해서 알아본다.

1) 사전사항

사례에 따라서는 본격적인 회통이 이루어지기 '이전'에 관련된 사항이 등장하고, 그 이후에 회통이 이루어지는 경우가 있다. 예컨대, 『미륵상생경종요』「출세시절(出世時節)」에서는 '미륵보살이 도솔천에 머문 시간은 얼마인가?'에 관하여 논쟁하는 양설에 대해서, 원효는 다음과 같이 회통한다.(사례37)

① 진제삼장이 해석하여 말하였다. 보처보살(補處菩薩)이 저 하늘에서 태어나 비록 중간에 요절하는 일이 없다고 하더라도 많은 생사를 받을 수는 있다. 그 까닭은 이러하다. 1유순이 되는 성에 있는 개자(芥子)를 100년에 하나씩 가져가 내지 다 없어질 때에 이르면, 이것을 1병도겁(兵刀劫)이라고 한다. 이것은 곧 인간의 400년이 저 하늘의 1일 1야이니, 1일 1야 동안에 4개의 개자를 없애는 것이 되고, 1달에 120개의 개자를 덜어내게 되며, 내지 4,000년에 이르면 57억 6만개의 개자를 없애게 되어, 개자는 2, 3승(升)에 지나지 않는다. 그런데 석가보살이 하생할 때에는 1유순의 성에 개자가 이미 다 없어졌고, 미륵보살이 하생할 때에 그 성의 개자는 그 반 정도를 없앴다. 그러므로, 저 하늘에서 많은 생사를 지나고서야 염부제에 온다고 했지만, 오직 일생일 뿐이다. 이렇기 때문에 여기에서 일생보처라고 말한 것이다.
② 삼장법사가 이와 같이 회통했다. 그러므로, 만일 이 뜻에 의하여 나머지 경론을 회통한다면, 여러 설에 5십여 억 등의 글은, 바로 이치로 보아 저 하늘에서의 일생에 해당되는 수요, 보살이 상생하고 하생하는 사이에 꼭 그만한 해가 걸린다고 말한 것은 아니다. 이러한 도리로 서로 어긋나는 것이 아니다. ……(한불전1, 550하~551상)[38]

①에서 원효가 본격적으로 회통하기 이전에 관련내용이 등장한다. 즉, 진제삼장이 길게 논증한 '겨자씨에 관한 이야기'는, 도솔천에서의 일생과 미륵보살이 도솔천에 머문 시간과는 큰 차이가 있다는 것이다. 그래서 석가불과 미륵보살이 도솔천에서 4천년을 머물었지만, 석가불은 그런 식으로 거듭하여 1겁을 머물렀고, 미륵보살도 그렇게 반겁을 머물렀다는 것이다.

②에서는 위에서 밝혀진 내용을 바탕으로 해서 본격적인 회통을 하고 있다. 즉, 진제삼장에 의해서 밝혀진 겨자씨 이야기에 의하면, 나머지 경론은 서로 잘 회통된다는 것이다. 그러니까, 여러 설에서 5십여 억 등의 문구는 바로 이치로 보아 저 하늘에서의 일생에 해당되는 것이지, 보살이 상생하고 하생하는 사이를 말한 것은 아니라는 것이다.

중요한 것은, 이 사례에서 원효는 본격적인 회통을 하기 '전에' 관련사항을 서술하였다는 점이다. 이러한 모습은 총 4개의 사례에서 발견된다. 사례02에서는 '『대지도론』의 회통론'을 먼저 소개하고, 사례20에서는 '총체적인 회통'을 먼저 하며, 사례57에서는 '대체적인 회통'을 먼저 하고 있다.

2) 사후사항

사례에 따라서는 원효에 의해서 본격적인 회통이 이루어진 '이후에' 관련사항이 등장하는 경우가 있다. 예컨대, 『열반종요』「회통문」에서는 '무엇이 성정불성(性淨佛性)인가?'에 관하여 논쟁하고 있는 일승설, 인연설, 공설, 지혜설, 실의설(實義說), 아견설(我見說)에 대해서, 원효는 다음과 같이 회통한다.(사례24)

---

38) "眞諦三藏解云 補處菩薩生於彼天 雖無中天受多死生 所以然者 一由旬城所有芥子 百年去一 乃至盡時 是一兵刀劫量 是卽人間四百年 爲彼一日一夜 一日一夜中 除四芥子 一月除百二十芥子 乃至四千年中 除五十七億六萬芥子 不過二三升 然 釋迦菩薩下生之時 一由旬城芥子已盡 彌勒菩薩下生之時 彼城芥子除其半餘 故知於彼遷多死生 而於剡浮 唯有一生 故說此爲一生補處 三藏法師作如是通 若依此義通餘經論者 諸說五十餘億等文 直理當於彼天一生之數 不說上下之間唯有爾許之年 由是道理故不相違也 ……."

① 이와 같은 경문들은 명칭이 다른 것들을 들었지만, 다 같이 '자성이 청정한 진여의 불성'을 나타낸 것이다. 삼승(三乘)이 한가지로 돌아오기에 '일승(一乘)'이라고 이른 것이고, …….

② 여러 명칭은 비록 다르지만 전표(詮表)하는 본체는 동일하다. 그런데 이렇게 여러 명칭을 드는 까닭은 여러 경전이 (말씀한 뜻이) 오직 일미(一味)임을 나타내려는 것이다. 이른바 '아견(我見)'이라고 이르고, '여래장'이라고 이른 것은 『승만경(勝鬘經)』과 『능가경(楞伽經)』 등의 뜻을 회통한 것이다. ……(한불저 1, 544하~545상)[39]

①에서 원효는 본격적인 회통을 하고 있다. 즉, 경전의 문구에 등장한 명칭이 서로 다르지만 모두 '자성이 청정한 진여의 불성'을 나타낸 것이라는 점에서는 공통된다는 것이다. 이렇게 말한 이후에 원효는 일승설, 인연설, 공설, 지혜설, 실의설, 아견 등 6개설에 대해서 하나하나 해명을 해 나가고 있는데, 여기에서는 생략한다.

②에서는 위에서 원효가 회통한 내용과 관련된 사항을 추가적으로 제시하고 있다. 즉, 여기에서 사용된 명칭은 비록 서로 다르지만 결국 드러내려고 하는 본체는 동일한데, 이렇게 여러 명칭을 드는 까닭은 여러 경전이 말씀한 뜻이 결국 같다는 것을 나타내려는 것이라고 한다. 그런 뒤, 이러한 6개의 문구가 주로 등장하는 경전을 하나하나 지적해 나가고 있다.

중요한 것은, 본 사례에서는 본격적인 회통이 이루어진 '이후에' 추가적으로 관련사항이 등장한다는 점이다. 이러한 경우는 총 4개 사례에서 발견된다. 사례19에서는 각설의 부족한 점을 '보충설명'해주고, 사례24에서는 불능설(不能說)에서 인용한 경문에 관하여 '추가적인 회통'을 해주며, 사례28에서도 '추가적인 회통'을 한다.

---

39) "如是等文 擧諸異名 同顯性淨眞如佛性 三乘同歸 故名一乘 …… 諸名雖異 所詮體一 所以說是衆多名者 爲顯諸經唯一味故 謂名我見 名如來藏者 是會勝鬘楞伽等旨 ……."

3) 복수회통

사례에 따라서는 회통을 한번으로 완결하지 않고 두 단계로 나누어서 회통하는 경우도 있다. 예컨대, 『열반종요』「경종」에서는 '『열반경』의 중요한 가르침은 무엇인가?'에 관하여 논쟁하는 총6설에 대하여, 원효는 다음과 같이 회통한다.(사례11)

① ⓐ 어떤 분은 말하기를, 모든 말씀이 다 진실하다. 부처님의 뜻은 방소(方所)가 따로 없어서 해당하지 않는 데가 없기 때문이라고 한다. ⓑ 어떤 분은 말하기를, 나중에 하신 말씀이 진실하다. 여래는 방소가 따로 없다는 뜻에 잘 맞았기 때문이고, 또한 앞에 말씀한 여러 분들의 주장을 수용하였기 때문이라고 한다.
② 이 양설도 또한 서로 어긋나지 않음을 마땅히 알 것이다.(한불전1, 525하~526상)[40]

①에서 원효는 제1단계로 회통한다. 여기에서는 총6설을 총6설과 제6설의 양설로 다시 분류하여 이들에 대해서 회통한다. 즉, ⓐ에서는 총6설에 대해서 말하기를, 부처님의 뜻은 방소(方所)가 따로 없어서 해당하지 않는 데가 없어서 '총6설은 모두 옳다'고 하고, ⓑ에서는 제6설에 대해서 말하기를, 여래는 방소가 따로 없고 전5설을 모두 포용하기 때문에 '제6설이 옳다'고 한다.

②에서는, 원효가 제2단계로 회통한다. 즉, 위에서 분류한 총6설과 제6설에 대해서 다시 회통한다. 즉, 원효는 "이 양설도 또한 서로 어긋나지 않음을 마땅히 알 것이다"라고 회통하고 있다. 여기에서, 원효의 제2단계 회통이 매우 간략하여 그 의미가 파악이 쉽지 않으나, 아마도 위에서 양설의 회통이유로 제시된, '여래는 방소가 따로 없다'는 말이 공통되었기 때문이라고 생각된다.

---

40) "問 六師所說 何者爲實 答 或有說者 諸說悉實 佛意無方 無不當故 或有說者 後說爲實 能得如來 無方意故 並容前說 諸師義故 當知是二說 亦不相違也."

중요한 것은, 화쟁사례 중에는 회통이 한번만 이루어지지 않고, 두 단계로 이루어지는 경우도 있다는 점이다.

4) 추가회통

사례에 따라서는 주장된 설에 대해서만 회통하지 않고, 거기에 몇 가지 설을 더 추가하여 회통하는 경우가 있다. 예컨대,『법화종요』「묘용(妙用)」에서는 '삼승은 일승의 원인으로 돌아가는가? 결과로 돌아가는가?'에 관하여 논쟁하는 귀인설(歸因說)과 귀과설(歸果說)에 대하여, 원효는 다음과 같이 회통한다.(사례07)

① 일불승(一佛乘)에서 분별하여 삼승(三乘)을 말했기 때문에, 그 근본을 따라서 원인으로도 돌아가고, 결과로도 돌아간다. 이 뜻은 어떠한가? 성문과 연각이 원인이든 결과이든 모두 하나의 원인에서 분별하여 둘이 되었다. 경에서 말한 바와 같이, "성문과 연각의 지혜와 결단이 다 보살의 무생법인(無生法忍)이다"고 하였기 때문이다. 그러므로 이 둘이 다 하나의 원인으로 돌아가고, 하나의 원인으로 돌아가므로 마침내 하나의 결과에 이르게 됨을 마땅히 알아야 한다. 저 가르침 중에서, "불승(佛乘)의 인과는 불지화신(佛地化身)의 소분(少分)을 분별했다"고 하였으니, 경에서, "내가 실제로 성불한 지가 백천만억나유타겁이다"고 말하였기 때문이다. 그러므로, 저기에서 말한 불승의 인과는 다 같이 일승의 결과 안으로 돌아감을 마땅히 알아야 한다. 만일 어떤 보살이 저 가르침에 의하여, 보리수 아래의 부처님을 보면 그 발심하고 수행하게 되면, 이런 원행(願行)은 하나의 원인으로 돌아가나니, 저 이승(二乘)이 모두 결과에 이르지 못하기 때문이다.

② 회통하여 말하면, 마땅히 사구(四句)가 될 것이다. 첫째로는 방편의 원인으로써 진실한 원인으로 돌아가는 것이니, 보살의 원인과 이승의 원인을 말한 것이요, 둘째로는 방편의 결과로써 진실한 결과로 돌아가는 것이니, 보리수 아래서 위 없는 깨달음을 이룬 것을 말한 것이요, 셋째로

는 방편의 원인으로써 진실한 결과로 돌아가는 것이니, 보리수 아래의
부처님이 행한 그전에 보살행을 말한 것이요, 넷째로는 방편의 결과로써
진실한 원인으로 돌아가는 것이니, 이승인(二乘因)의 무학과(無學果)를
말한 것이다. 이러한 사구를 모두 포함하여 '회삼귀일(會三歸一)'을 말하
는 것이다.(한불전1, 491하~492상)[41]

①에서 원효는 귀인설과 귀과설에 대해서 회통하고 있다. 즉, 일불승(一
佛乘)에서 분별하여 삼승(三乘)을 말했기 때문에, 그 근본을 따라서 원인으
로도 돌아가고, 결과로도 돌아간다고 회통한다. 다시 말해서, 성문과 연각
이 다 보살의 원인으로 돌아가고, 보살의 원인으로 돌아가므로 마침내
보살의 결과에도 이르게 된다는 것이다.

②에서는, 위의 양설을 총4설로 확장하여 회통한다. 즉, 삼승은 일승의
원인 혹은 결과로 돌아간다고 하지만, 삼승 자체의 원인과 결과도 논하여야
한다는 것이다. 그리하여, 삼승의 원인으로써 일승의 원인으로 돌아가는
설, 삼승의 원인으로써 일승의 결과로 돌아가는 설, 삼승의 결과로써
일승의 원인으로 돌아가는 설, 삼승의 결과로써 일승의 결과로 돌아가는
설 등 총4설에 대해서 회통한다.

중요한 것은, 화쟁사례 중에는 비록 처음에 양설만이 주장되었지만,
원효가 보기에 그 양설에 대한 회통만으로는 완벽하지 않다고 판단하
경우에는, 거기에 다른 설들을 추가하여 보다 완벽하게 회통하는 경우도
있다는 것이다.

---

41) "於一佛乘 分別說三故 隨其本歸因歸果 是義如何 聲聞緣覺 若因若果 皆於一因 分別爲二
如經說言 聲聞緣覺 若智若斷 皆是菩薩 無生法忍 當知此二 皆歸一因 歸一因故 終致一果
彼敎中說佛乘因果 分別佛地化身少分 如經說言 我實成佛已來 百千萬億那由他劫故 當知
彼說佛乘因果 同歸於此一乘果內 若有菩薩 依彼敎故 望樹下佛 發心修行 如是願行 歸於一
因 同彼二乘 未至果故 通而言之 應作四句 一以方便因 歸眞實因 謂菩薩因及二乘因 二以方
便果 歸眞實果 謂於樹下 成無上覺 三以方便因 歸眞實果 謂樹下佛 前菩薩行 四以方便果
歸眞實因 謂二乘人之無學果 總攝如是四句 以說會三歸一."

제3장
화쟁의 방법

"원효는 제설을 회통하는 데 어떠한 화쟁방법을 사용하였는가?" 본장에서는 이 점에 대한 대답을 추구해 보고자 한다. 원효는 어떠한 논점에 대해서 언뜻 보면 서로 모순되어 보이는 주장을 펴는 당사자들을 여러 가지 방법으로 회통하고 있다. 이 경우에 과연 원효가 사용하고 있는 그 회통방법이 무엇인가 하는 것이 본장에서 필자가 주로 관심을 가지고 있는 것이다.

원효가 사용한 회통방법이 무엇인가에 대해서는 오래전부터 세인들의 관심을 끌어왔다. 이 분야에 대해서는 많은 선행연구가 있었는데, '제1장 화쟁론 서설'에서 서술한 바와 같이, 필자는 발전과정을 기준으로 3단계로 나누어 살펴보았다. 살펴본 결과, 종래의 연구는 많은 성과를 달성하였음에도 불구하고, 여전히 연구가 아직 완성되지 못한 느낌을 지울 수 없다.

이러한 상황에서 필자는 원효가 남겨 놓은 화쟁사례의 모습을 구체적으로 살펴본 바가 있다. '제2장 화쟁의 모습'에서 밝힌 '화쟁사례'를 도구로 삼아서 '화쟁의 방법'이라는 문제에 보다 조직적으로 접근해 보려는 생각을 가지고 있다. 그러니까 원효가 오늘날까지 우리에게 남겨놓은 화쟁사례를 철저하게 분석해 봄으로써, 그 안에서 실제로 원효가 사용한 화쟁방법을 추출해내 보자는 것이다.

화쟁사례에 있는 [평결]을 자세히 살펴보면, 원효가 제설에 대하여 여러 가지 유형의 '판정'을 한 뒤에 여러 '방법'으로 회통하고 있는 것을 볼 수 있다. 그런데, 이 경우에 원효는 유사한 '판정'에는 반드시 유사한 '방법'을 사용하고 있는 것을 볼 수 있다. 즉, 어떤 유형의 판정을 내리면 그 유형의 판정에만 사용되는 독특한 방법을 사용하여 제설을 회통하고 있는 것이다.

화쟁사례에서 [평결]은 '주문'·'이유'·'문증'이라고 하는 3가지 요소로 구성되어 있다. 이 구성요소 중에서, 우리가 지금 관심을 가지고 있는 '판정'에 해당되는 것은 바로 '주문'에서 그 내용을 찾을 수 있다. 필자는 이 '주문'에 담긴 원효의 '판정'을 내용을 고려하여 유형별로 하나하나 정리해 보았다.

<표 9> 유형별 판정의 태도

	판정의 태도	사례수
유형1	일반상식(一般常識) 판정	10
유형2	제설개시(諸說皆是) 판정	47
유형3	개시개비(皆是皆非) 판정	8

보는 바와 같이, 화쟁사례에 대한 원효의 판정태도는 모두 3가지 유형으로 정리할 수 있다. 유형1 '일반상식 판정'은 일반적인 논쟁에서 흔하게 볼 수 있는 판정과 같아서 굳이 원효의 화쟁론에서 나타나는 특징적인 모습은 아니라고 할 수 있다. 이러한 경우는 상식적으로 얼마든지 납득할 수 있으므로 거기에 사용된 방법을 굳이 살펴볼 필요는 없다고 생각된다.

유형2 '제설개시(諸說皆是) 판정'은 제기된 제설이 모두 옳다고 판정하는 경우를 말한다. 이 경우는 해당하는 사례의 수가 다른 유형에 비해서 압도적으로 많으므로 '일반형'이라고 할 수 있다. 또한, 이 경우는 언뜻 보면 서로 반대의 주장을 하는 학설에 대해서도 모두 옳다고 판정하기 때문에 상식적으로 쉽게 납득하기 어려운 판정이다. 본장에서 여기에 사용된 방법을 조사할 예정이다.

유형3 '개시개비(皆是皆非) 판정'은 제기된 제설이 모두 옳기도 하고 동시에 그르기도 하다는 판정이다. 이 경우는 해당하는 사례의 수가 다른 유형에 비해서 많은 편은 아니다. 하지만, 이 경우는 판정의 내용이 일반적인 상식을 뛰어 넘어서 매우 납득하기 어려운 판정이라고 할 수 있다. 본장에서는 특히 이 유형에 사용된 방법을 자세히 조사할 예정이다.

제1절 유형1 : 일반상식(一般常識) 판정

원효의 화쟁사례에 등장하는 3가지 유형의 판정 중에서, 유형1은 일반논쟁에서 벌어지는 것과 같이 상식적으로 쉽게 납득이 되는 판정이다. 그런데, 유형1에 해당하는 판정도 그 내용을 좀 더 들여다보면, 다시 3가지 모습으로 구분할 수 있다. 첫째는 '요건이 부족한 경우'라고 할 수 있고, 둘째는 '시비가 분명한 경우'라고 할 수 있으며, 셋째는 '시비가 상이한 경우'라고 할 수 있다.

1. 요건이 부족한 경우

'요건이 부족한 경우'란, 언뜻 보면 같은 주제에 대해서 맞서는 의견이 있는 것처럼 보이지만, 실제로는 서로 다른 내용에 대해서 논하고 있어서, 아직 논쟁을 벌일만한 요건을 갖추지 못한 것으로 판정한 경우이다. 예컨대, 『범망경보살계본사기』「정설분(正說分)」에서는 '의살인(疑殺人)은 중죄인가, 경죄인가?'에 관하여 논쟁하는 중죄설과 경죄설에 대하여, 원효는 다음과 같이 판정한다.(사례50)

『승기율』에서는 '저 것은 사람인가?'하며 절반정도 의심한 경우를 들어서 말했기 때문이고, 『사분율』에서는 '저 것은 사람이 아닌가?'하며 의심한 경우를 들어서 말했기 때문이다. 만약 둘 다에 의심한 경우라면 거듭 두 죄를 범하게 된다. 대승에서는 중죄를 범한 것으로 된다.(한불전1, 595상)[1]

이 글에서, 원효는 양설이 서로 다른 경우에 해당하므로 논쟁할 이유가 없다고 판정한다. 즉,『승기율(僧祇律)』에서는 '저 것은 사람인가?'하며 절반정도는 사람이라고 의심한 경우에 한 말이고,『사분율(四分律)』에서는 '저 것은 사람이 아닌가?'하며 사람이라고 거의 생각하지 아니한 경우에 한 말이다. 이처럼, 서로 각각 다른 경우에 한 말이기 때문에, 처음부터 논쟁을 할 이유가 전혀 없었다는 것이다.

중요한 것은, 언뜻 보면 맞서는 의견이지만, 실제로 자세히 따져보면 서로 다른 것에 대해서 논하고 있으므로, 실제적으로는 논쟁의 요건을 갖추지 못한다고 말한 점이다. 이와 같은 경우에는 사례47·50 등 총2개의 사례가 해당한다. 이러한 경우는 일반적인 논쟁에서도 얼마든지 볼 수 있는 판정이므로, 본장에서 이와 관련된 '회통의 방법'까지는 굳이 살펴볼 필요가 없을 것이다.

참고로, 이러한 판정을 내린 사례의 요지만을 제시하면,『무량수경종요』 「인행(因行)」에서는 '현료십념(顯了十念)에 오역죄(五逆罪)가 포함되는가?' 에 대해서 논쟁하는 긍정설과 부정설에 대해서,『관경(觀經)』에서는 비록 오역죄를 지었지만 대승의 가르침으로 참회한 경우를 염두에 두었기에 오역죄를 포함하였고,『무량수경』에서는 오역죄를 짓고 대승의 가르침으로 참회하지 않은 경우를 염두에 두었기에 오역죄를 제외하였다고 판정한 다.(사례47)

---

1) "僧祇律者 約半疑於人境義故 若四分者 約疑於非人境義故 若通趣二境中疑義者 重得二罪 大乘者 犯重."

2. 시비가 분명한 경우

'시비가 분명한 경우'란, 어느 설은 옳고[是] 어느 설은 그르다[非]고 명확히 판정을 내린 경우를 말한다. 이 경우에, 회통의 뒷부분에서는 그르다고 판정한 설에서 제시한 문증의 의미를 제대로 해설해 주는 것이 보통이다. 예컨대, 『미륵상생경종요』「이장시비(二藏是非)」에서는 '『미륵상생경』의 교판상 지위는 어떠한가?'에 대해서 논쟁하는 성문설과 보살설에 대하여, 원효는 다음과 같이 판정한다.(사례30)

① 이 경의 가르침은 대소의 근성에 공통으로 미치는 것이다. 말씀한 것과 같이, 위없는 깨달음을 존중하는 이와 미륵보살의 제자가 되고자 하는 이, 내지 널리 말씀하였기에, 다만 작은 것은 큰 것을 포용하지 못하지만 큰 것은 작은 것을 능히 용납할 수 있다. 그러므로 종지(宗旨)를 따라서 보살장에 포함되고, 뒷분이 말씀한 것이 옳다.

② 어떤 이가 묻기를, "만일 뒷분의 말씀과 같다면 처음에 인용한 글을 어떻게 화회시키겠는가?"라고 한다. 해석하여 이르기를, 이른바 (미륵보살이) 범부의 몸을 갖추었다는 것은 소승에 집착한 바를 들어서 묻는 것이지만, 대답한 경문에, "몸에 나타난 원광(圓光) 가운데 수능엄삼매와 반야바라밀 글자의 뜻이 뚜렷하다"고 하였다. 이는 보살의 지위가 십지에 오른 것을 나타낸 것이니, 이 삼매로써 저 경지에 머무를 수 있기 때문이다. 또 십선(十善)의 응보를 말한 것은, 보살 십선의 과보는 시방에 참으로 두루하여 바로 여기에만 있는 것이 아니요, 다만 사람의 근기에 응하여 나타나지만 저 도솔천에 국한하여 보임으로써 밝히고자 한 것이다. 이렇기 때문에 십선의 응보를 말한 것이다. 이 도리로 말미암아, 더욱 대승의 가르침에 합당하다. …… 이로 말미암아, 대승의 도리에 어긋나지 아니한다.(한불전1, 548중~하)[2]

---

2) "此敎通被大小根性 如言愛敬無上菩提心者 欲爲彌勒作弟子者 乃至廣說 故但小不容大
大能含小 故隨所宗 菩薩藏攝 所以後師所說是也 問 若如後說 初所引文 云何和會 解云

①에서 원효는 양설 중에서 성문설은 틀리고 보살설이 옳다고 한다. 왜냐하면, 이『미륵상생경』의 가르침은 대승의 근기를 가진 사람과 소승의 근기를 가진 사람들에게 공통으로 두루 미칠 수 있는 것인데, 작은 것은 큰 것을 포용하지 못하지만 큰 것은 작은 것을 능히 용납할 수 있기 때문이라는 것이다.

②에서는, 그르다고 판정한 성문설에 대해서, '문증'으로 제시한 두 가지 문장이 가진 진정한 의미를 설명해 준다. 즉, '미륵보살이 범부의 몸을 갖추었다'고 한 것은, 보살의 지위가 십지에 오른 것을 나타낸 것이고, '도솔천의 과보는 십선(十善)의 과보가 된다'고 한 것은 도솔천에 국한하여 말하였을 뿐이라는 것이다.

중요한 것은, 제기된 설에 대해서 '옳고 그름을 분명하게 가려서 판정하였다'는 점이다. 이러한 경우에는 사례30·41·55 등 총3개의 사례가 해당한다. 이처럼, 'A설은 옳고 B설은 그르다'라고 분명히 선언하는 경우는 일반적인 논쟁에서도 얼마든지 볼 수 있는 판정이므로, 본장에서 이와 관련된 '회통의 방법'에까지는 굳이 자세히 살펴볼 필요가 없을 것이다.

참고로, 이러한 판정을 내린 사례의 요지만을 제시해 보면,『미륵상생경종요』「발심구근(發心久近)」에서는 '석가불의 '초월9겁'은 대겁(大劫)인가?'에 대해 논쟁하는 대겁설(大劫說)과 소겁설(小劫說)에 대해서, 원효는 양설 중에서 대겁설이 옳다고 단정한다.(사례41) 또한,『대승기신론소기회본』「생멸문」에서는 '본각이란 무엇인가?'에 대해 논쟁하는 염정설(染淨說)과 정법설(淨法說)에 대하여, 양설 중에서 염정설이 옳다고 단정한다.(사례55)

所言具凡夫身等者 是擧小乘所執釋作問 而答文言身圓光中 有首楞嚴三昧 波若波羅蜜字 義炳然者 是表菩薩位登十地 以此三昧在彼地故 又言十善報應者 欲明菩薩十善之報 實遍十方非直在此 但應物機局示彼天 以之故言十善報應 由是道理 彌合大敎 如下文言 若我住世一小劫中 應說一生補處菩薩 報應及十善果者 不能窮盡 故知非直十善果義 說名報應 亦示以淨 報應於物機 依如是義故言報應 非直實報名十善果 由是不違大乘道理也."

3. 시비가 상이한 경우

여기에서, '시비가 상이한 경우'라는 것은, 원효가 2개의 기준에 의하여
판정을 하되 각각의 기준에 따라서 그 판정의 결과가 서로 다르게 되는
경우를 말한다. 예컨대, 『법화종요』「교판」에서는 '『법화경』의 교판상
지위는 어떠한가?'에 대해서 논쟁하는 요의설(了義說)과 불요설(不了說)에
대하여, 원효는 다음과 같이 판정한다.(사례09)

① 모두 경론에 (의거한 것인데) 진실하지 않음이 있겠는가? 그 까닭은,
   일향(一向)히 적정(寂靜)에 나아가는 자를 옹호하기 위한 뜻에서는 앞분
   이 회통하는 것과 같이 진실하고, 부정종성인(不定種性人)을 옹호하기
   위한 뜻으로는 뒷분이 말하는 것과 같이 진실하다. 모두 근기에 맞추어
   각기 화해하고 회통할 수 있기 때문이다.
② 만일 도리에 나아가 그 우세함과 부족함을 판단한다면, 앞분의 뜻은
   협소하다. 왜냐하면, 그 학설은 불도를 일체에 두루 미치지 못하게
   말씀하고, 이승은 필경 단멸하게 되기 때문이다. 뒷분의 뜻은 관대하니,
   전설의 협소함을 뒤집어 보면, 그 뜻을 잘 알 수 있을 것이다. 이러하므로,
   협소한 뜻으로써 관대한 글을 회통하려고 하면, 글이 뜻을 손상하므로
   회통하기 어렵지만, 관대한 뜻을 사용하여 협소한 글을 허용하면, 글이
   좁지만 뜻을 손상하지 않으므로 회통하기 쉽다. 이런 도리로 말미암아
   후설이 수승하다고 하리라. 그러므로 이『법화경』은 궁극적인 가르침인
   것이다.(한불전1, 494중~하)[3]

①에서 원효는, '경전'이라는 기준에 의거하면 양설이 모두 옳다고 판정

---

3) "皆是經論 有何不實 所以然者 爲護一向趣寂者意 則如初師所通爲實 爲護不定種姓人意
   則如後師所說爲實 皆當物機 各得和通故 若就道理 判其勝負者 彼師義狹而且短 彼說佛□
   (道)不遍一切故 又說二□(乘) 竟斷滅故 第二師義 寬而復長 返前短狹 其義可知 斯則以短
   狹義 會寬長文 文傷□(義)□(則)□(難)會 用寬長義 容短狹文 文狹則無傷義 則易會 由是
   道理 後說爲勝 是故當知 此法花經 乃是究竟了義之敎也."

한다. 즉, 불요설(不了說)은 의지하는 경론의 저자가 '적정(寂靜)에 나아가는 자'를 옹호하기 위하려고 하였기 때문에 진실하고, 요의설(了義說)은 저자가 '부정종성인(不定種性人)'을 옹호하기 위하려고 하였기 때문에 진실하다는 것이다. 그리하여, 양설이 모두 옳다고 판정한다.

②에서는, '도리'라는 기준에 의거하면 요의설(了義說)은 옳고 불요설(不了說)은 그르다고 판정한다. 왜냐하면, 불요설의 뜻은 협소하고 요의설의 뜻은 관대하여서, 협소한 뜻으로 관대한 글을 회통하려고 하면 회통하기 어렵지만, 관대한 뜻을 사용하여 협소한 글을 허용하면 회통하기 쉽기 때문이라는 것이다. 그리하여, 요의설만 옳다고 판정한다.

중요한 것은, '경전'과 '도리'라는 2개의 기준으로 각각 회통하되, 그 결과가 '서로 다르다'고 한 점이다. 이러한 경우에는 사례04·05·08·09·29 등 총5개의 사례가 해당한다. 이처럼 '어떤 하나의 기준으로 보면 양설이 모두 맞지만, 다른 기준으로 보면 A설은 맞고 B설은 틀리다'라고 하는 것은 일반논쟁에서도 얼마든지 볼 수 있어서, 이와 관련된 '회통의 방법'도 굳이 살펴볼 필요는 없을 것이다.

참고로, 이러한 판정을 내린 사례의 요지만을 제시해 보면, 『대혜도경종요』「교판」에서는 '『반야경』의 교판상 지위는?'에 관하여 무상교설(無相敎說)과 은밀교설(隱密敎說)에 대하여 회통한다. 이종교문(二種敎門)과 삼종법륜(三種法輪)이라는 양교판은 한편으로는 모두 도리가 있지만, 양교판에서 『반야경』이 '모두' 제2시 무상교(無相敎)와 제2륜 은밀교(隱密敎)에 속한다고 하는 것은 옳지 않다고 한다.(사례04)

또한, 『법화종요』「묘용(妙用)」에서는 '삼승은 진실인가, 방편인가?'에 대해서 논쟁하는 진실설과 방편설에 대하여 회통한다. 이 사례에서, 원효는 '공통된 뜻'으로는 양설이 옳지만, '분별된 뜻'으로는 방편설이 옳다고 한다.(사례05)

또한, 『법화종요』「묘용」에서는 '인천승(人天乘)도 일불승(一佛乘)에 포함되는가?'에 대해서 논쟁하는 긍정설과 부정설에 대하여 회통한다. 회통은 '전체적인 관점'으로는 긍정설이 옳지만, '구체적인 관점'으로는 긍정설

112

과 부정설이 일부씩 옳다고 한다.(사례08)

또한,『열반종요』「교적(教迹)」에서는 '『열반경』의 교판상 지위는?'에 대해서 논쟁하는 남토설(南土說)과 북방설(北方說)에 대하여 회통한다. 원효는 '일변(一邊)만을 고집해서 한결같이 그러하다고 하면' 양설이 모두 그르지만, '분수를 따르고 특별히 정해지지 아니한 뜻에 나아가면' 양설이 모두 옳다고 한다.(사례29)

제2절 유형2 : 제설개시(諸說皆是) 판정

유형2의 '제설개시(諸說皆是) 판정'은 제기된 학설이 모두 옳다는 판정이다. 이러한 판정은 대부분의 화쟁사례에서 볼 수 있어서 '일반형'이라고 할 수 있다. 먼저, 유형2에 사용된 회통방법을 밝히기 이전에, 이 판정이 무엇을 말하는지 확인해 볼 필요가 있다.『이장의(二障義)』「이장결택(二障決擇)」에서는 '인(人)·법(法)은 공(空)인가, 유(有)인가?'에 관하여 논쟁하는 총4설에 대해서, 다음과 같이 회통한다.(사례65)

① 회통하여 이르기를, 말하여진 모든 논란이 다 도리가 있다. 도리가 있으므로 다 허락하지 않을 수 없다. 허락하지 않을 수 없기 때문에 회통되지 않는 바가 없다. 이러한 뜻은 무엇을 말하는 것인가?

② 만일 외도에 대하여 말한다면, 이 '하나'이고 '항상'하는 '아(我)'를 집착한다는 것이니, (이를 다스리기 위하여) 곧 '오온은 있어도 일아(一我)는 없다'는 것을 허용하는 것이니, 온법(蘊法)을 떠난 밖에 신아(神我)는 없기 때문이다. ……

③ 만일 이승에 대하여 말한다면, 삼세(三世)에 있는 오온의 법을 집착한다는 것이니, (이를 다스리기 위하여) 곧 '일아(一我)는 있어도 오온은 없다'는 것을 허용하는 것이니, 진아를 떠난 밖에 오온은 없기 때문이다. ……

④ 만일 깊은 가르침에 의지해 있는 보살에 대하여 말한다면, 뜻을 취하여 말한 바와 같이 손감(損減)의 집착을 일으켰다는 것이니, (이를 다스리기 위하여) 곧 '아(我)와 법(法)에 모두 자상이 있다'는 것을 허용한다. ……

⑤ 만일 법상(法相)의 가르침에 의지해 있는 보살에 대하여 말한다면, 뜻을 취하여 말한 바와 같이 증익(增益)의 집착을 일으켰다는 것이니, (이를 다스리기 위하여) 곧 '인(人)과 법(法)에 모두 자상이 없다'는 것을 허용한다. …… 이러한 성인의 말씀에 의거하면 마땅히 인(人)과 법(法)이 있음과 없음 평등한 것이며 이것이 궁극적인 뜻이라는 것을 알아야 한다. 있음과 없음을 말한 것은 편의에 따라 말한 것이다.(한불전 1, 814상~중)[4]

①에서 원효는 총4설이 모두 회통된다고 한다. 즉, 제설은 '상대의 근기에 따라서' 상대의 집착을 제거해 주기 위하여 아공과 법공에 관한 논의를 다르게 하였기에, 모두 도리가 있어서 총4설이 모두 허용된다고 한다. 그리고 그 다음부터는 각4설이 어찌하여 옳은 것인지 그 '이유'를 하나하나 제시하면서 설명해 주고 있다.

②에서는, 제1설인 인공법유설(人空法有說)이 옳은 '이유'를 설명하고 있다. 즉, '외도(外道)'가 하나이고 항상하는 아(我)를 집착하고 있기 때문에, 이것을 상대하여 다스리기 위하여 '오온은 있어도 일아(一我)는 없다'라고 말씀한 것이어서 이 설은 옳다는 것이다.

③에서는, 제2설인 인유법공설(人有法空說)이 옳은 '이유'를 설명하고 있다. 즉, '이승'이 삼세(三世)에 존재한다는 오온의 법(法)에 집착하기 때문에, 이것을 상대하여 다스리기 위하여 '일아(一我)는 있어도 오온은

---

4) "通曰 所設諸難皆有道理 有道理故悉無不許 無不許故無所不通 是義云何 若對外道 所執是一是常是我 則許有五蘊而無一我 離蘊法外無神我故 …… 若對二乘 所執三世五蘊之法 則許有一我而無五蘊 離眞我外無五蘊故 …… 若對菩薩依甚深敎 如言取義起損減執 則許我法皆悉是有 …… 若對菩薩依法相敎 如言取義起增益執 則許人法皆無所有 …… 依此聖言 當知人法有無齊等 是究竟義乎 說有無是隨宜說."

없다'라고 말씀한 것이어서 이 설은 옳다는 것이다.

④에서는, 제3설인 인유법유설(人有法有說)이 옳은 '이유'를 설명하고 있다. 그러니까, 깊은 가르침에 의지한 '보살'이 손감(損減)의 집착을 일으켰기 때문에, 이것을 상대하여 다스리기 위하여 '아와 법에 모두 자상이 있다'라고 말씀한 것이어서 이 설은 옳다는 것이다.

⑤에서는, 제4설인 인공법공설(人空法空說)이 옳은 '이유'를 설명하고 있다. 즉, 법상(法相)의 가르침에 의지한 '보살'이 증익(增益)의 집착을 일으켰기 때문에, 이것을 상대하여 다스리기 위하여 '인과 법에 모두 자상이 없다'라고 말씀한 것이어서 이 설은 옳다는 것이다.

중요한 것은, 본 사례에서는 제기된 총4설에 대해서 모두 옳다고 판정한다는 점이다. 이와 같이 '모두 옳다'고 판정하는 경우는 사례01·02·03·06·07·10·11·12·13·14·15·21·22·23·24·25·26·27·31·32·33·34·35·36·37·38·39·40·42·43·44·45·46·47·48·49·51·53·54·56·57·58·59·60·62·63·64·65 등 총47개 사례가 해당한다.

이제, 이러한 유형2의 판정을 내린 화쟁사례에서 원효가 어떠한 화쟁방법을 사용하고 있는지 살펴보자. 여기에 해당하는 화쟁사례의 [평결]부분 중에서 '이유'에 해당하는 부분을 자세히 조사해 보면, 원효가 다음과 같은 회통방법 중에 하나를 사용하여 제설을 회통하고 있는 것을 볼 수 있다.

〈표 10〉 유형2에서의 방법

	화쟁방법	사례수
방법1	단일한 기준	23
방법2	복수의 기준	26
	중복된 경우	2

보는 바와 같이, '제설개시 판정'이 내린 경우에 실제로 2가지 방법이 사용되고 있는 것을 알 수 있다. 먼저, '단일한 기준을 설정하는 방법'과 '복수의 기준을 설정하는 방법'이 비슷한 빈도로 나타나는 것을 알 수

있다. 또한, 이 2가지 방법이 중복된 사례도 있다는 것을 알 수 있다. 아래에서는, 해당하는 사례를 통하여, 각 유형에서 말하는 화쟁방법을 보다 분명하게 알아보자.

1. 방법1 : 단일한 기준〔一門〕

'단일한 기준'을 설정하는 방법이란, 회통의 이유를 밝히는 데 있어서 '단일한 기준〔一門〕'을 제시하여 이것을 바탕으로 제설을 회통하는 방법을 말한다. 이 방법은, 위에서 밝힌 바와 같이, 총47개의 사례 중에서 거의 절반에 해당하는 사례에서 사용된 방법이어서 분명히 알아야 할 필요가 있다. 먼저, 이 방법이 무엇을 말하는 것인지 명확하게 이해하기 위해서 2개의 사례를 들어본다.

첫째, 『대혜도경종요』「종지(宗旨)」에서는 '제법실상(諸法實相)이란 무엇인가?'에 관하여 논쟁하는 총4설에 대하여, 원효는 다음과 같이 회통하고 있다.(사례01)

> 여러 분의 말씀이 모두 다 진실이다. 그 까닭은, 다 성전에 근거한 것이므로 서로 어긋나지 않기 때문이다. 모든 법의 실상은 모든 희론이 끊기어서 도무지 그렇다고 할 것도 그렇지 않다고 할 것도 없기 때문이다. 『석론(釋論)』에, "일체가 진실이고, 일체가 진실이 아니며, 또한 일체가 진실이면서 진실이 아니고, 일체가 진실이 아니면서 진실이 아닌 것도 아닌 것, 이것을 이름하여 제법의 실상이다"고 한 것과 같다. 생각건대, 여기서 말한 '4구(四句)가 실상이다'고 한 것은 그 차례대로 앞의 4가지 말씀에 배당할 수 있으니, 집착을 여의고 말하면 부당하지 않기 때문이다. ……(한불전1, 480하~481상)[5]

---

5) "諸師說皆實 所以然者 皆是聖典不相違故 諸法實相絶諸戱論 都無所然無不然故 如釋論云 一切實 一切非實 及一切實亦非實 一切非實非不實 是名諸法之實相 案云 此說四句是實相者 如其次第許前四說 離著而說無不當故 ……."

이 글에서, 원효는 제설이 성전에 근거한 것이므로 모두 옳다고 한다. 왜냐하면,『석론』에, "일체가 진실이고, 일체가 진실이 아니며, 또한 일체가 진실이면서 진실이 아니고, 일체가 진실이 아니면서 진실이 아닌 것도 아닌 것, 이것을 일러 제법의 실상이다"고 하였는데, 이 내용은 차례대로 4설에 배당할 수 있어서, 말을 그대로 취하여 집착하지 않고 말하면 모두가 부당하지 않기 때문이라는 것이다.

중요한 것은, 위의 제기된 총4설이 모두 '성전에 근거하므로'라는 '단일한 기준'에 의하여, 모두 옳다고 판정하였다는 점이다.

둘째,『열반종요』「회통문(會通門)」에서는 '무엇이 성정불성인가?'에 관하여, 제1일승설, 제2인연설, 제3공설, 제4지혜설, 제5실의설, 제6아견설 등 총6설에 대하여, 원효는 다음과 같이 회통하고 있다.(사례24)

> 이와 같은 경문들은 명칭이 다른 것들을 들었지만, 다 같이 '자성(自性)'이 청정한 진여의 불성'을 나타낸 것이다. 삼승이 한가지로 돌아오기에 '일승'이라고 이른 것이고, 12인연의 근본이기에 '인연'이라고 이른 것이며, 일체를 벗어났기에 '공(空)'이라고 이른 것이고, 성품에 본각(本覺)이 있기에 '지혜'라고 이른 것이며, 중생 가운데서 진실하기에 '실의(實義)'라고 이른 것이고, 자체를 스스로 비추기에 '아견(我見)'이라고 이른 것이다. 여러 명칭은 비록 다르지만 드러내려는 본체는 동일하다.(한불전1, 544하~545상)[6]

이 글에서, 원효는 비록 경문에 등장한 문구의 명칭이 다르지만, 모두 '자성이 청정한 진여의 불성'을 나타낸 것이어서 모두 옳다고 한다. 즉, 제1설에서는, 삼승이 한가지로 돌아오기에 그것을 '일승'이라고 불렀을 따름이고, 제2설에서는 12인연의 근본이기에 '인연'이라고 불렀을 따름이

---

[6] "如是等文 擧諸異名 同顯性淨眞如佛性 三乘同歸 故名一乘 十二之本 故名因緣 離一切故 名爲空 性有本覺 名爲智慧 衆生中實 故名爲實義 自體自照 故名我見 諸名雖異 所詮體一 所以說是衆多名者 爲顯諸經唯一味故 ……."

며, 제3설에서는 일체를 벗어났기에 '공'이라고 불렀을 따름이고, 제4설에서는 성품에 본각이 있기에 '지혜'라고 불렀을 따름이며, 제5설에서는 중생 가운데서 진실하기에 '실의(實義)'라고 불렀을 따름이고, 제6설에서는 자체를 스스로 비추기에 '아견(我見)'이라고 불렀을 따름이라고 한다.

중요한 것은, 이번 사례의 경우에 서로 논쟁하는 총6설에 대해서 원효가 '자성이 청정한 진여의 불성'이라는 하는 '단일한 기준'에 의해서, 제설이 모두 옳다고 판정하였다는 점이다.

원효의 화쟁사례에서, 이와 같이 '단일한 기준'에 의해서 회통된 경우는 사례01·02·07·10·11·24·25·26·27·28·31·32·33·37·38·40·43·46·48·49·59·62·65 등 총23개 사례가 해당한다.

그렇다면, '제설이 모두 옳다고 판정하는 데 있어서, 단일한 기준이라는 화쟁방법을 사용한 것은 무슨 의미가 있을까?' 생각건대, 우리가 어떤 논쟁에서 최종적인 판단을 내리기 이전에 이미 어떠한 판단기준을 가지고 있어야 함은 당연하다고 할 것이다. 그리고 그 판단기준은 단순하고 명료하면 할수록, 논쟁당사자들이 마음으로부터 승복할 가능성이 높다고 할 수 있다.

원효는 출가한 이후부터 중국에서 전해진 수많은 경론을 공부하여 이미 그 수준이 일류급이었을 것으로 추정된다. 그 이후에, 당나라로 유학을 가기 위해서 항구 근처에 머물던 중 아무나 체험하기 힘든 큰 경험을 하였다. 그렇기 때문에, 그 안목이 결코 부처님에 뒤지지 않았을 것으로 추정된다. 이러한 안목으로 주어진 쟁점에 대해서 명확한 기준을 제시한 것은 오히려 당연하였으리라 생각된다.

위의 첫째 인용문에서, 원효는 논쟁하는 총4설의 주장을 듣고 이들의 주장이 『석론』에서 말한 구절과 일치한 것을 생각해 내었다. 그리하여, "일체가 진실이고, 일체가 진실이 아니며, 또한 일체가 진실이면서 진실이 아니고, 일체가 진실이 아니면서 진실이 아닌 것도 아닌 것, 이것을 일러 제법의 실상이다"고 한 경론의 말씀을 판단기준으로 제시함으로써 논쟁당사자들의 승복을 이끌어내고 있다.

또한, 둘째 인용문에서, 원효는 논쟁하는 총6설의 주장을 듣고 이들의 주장이 특별히 경론에 쓰여 있지는 않지만, 모두가 '자성이 청정한 진여의 불성'에 대해서 말하고 있는 것을 간파하였다. 그리하여, 총6설이 각자 저마다의 사정이 있어서 이러저러한 주장을 하였지만, 결국 말하고자 하는 바는 한결같이 '자성이 청정한 진여의 불성'이라는 점을 제시함으로써 논쟁당사자들을 회통하고 있다.

결국, 원효가 제설이 모두 옳다고 판정하는 데 있어서, '단일한 기준'이라는 화쟁방법을 사용한 것은 논쟁당사자로부터 마음으로부터 우러나오는 승복을 받아내기 위해서 간단명료한 판단기준을 제시하려는 의도라고 생각된다. 부처님의 말씀을 담은 경론에 정통하고 부처님에 버금가는 경지에 있었던 원효가 논쟁당사자들에게 사실상 큰 가르침을 주고 있는 장면이라고 생각한다.

2. 방법2 : 복수의 기준〔二門〕

'복수의 기준'을 설정하는 방법이란, 회통의 '이유'를 밝히는 데 있어서 '2개의 기준〔二門〕'을 제시하여 제설을 회통하는 방법을 말한다. 이 방법은, 위에서 밝힌 바와 같이, 총47개의 사례 중에서 절반 이상에 해당하는 26개 사례에서 사용된 방법이다. 아래에서는 먼저, 이 방법이 무엇을 말하는 것인지 명확하게 이해하기 위해서 2개의 사례를 들어본다.

첫째, 『법화종요』「묘용(妙用)」에서는 '방편은 삼승인가, 이승인가?'에 관하여 논쟁하는 삼승설과 이승설에 대해서, 원효는 다음과 같이 회통한다.(사례06)

① 혹자는 말하기를, 전후의 두 문장이 각기 다른 뜻이어서, 하나로 회통할 수 없다. 그 까닭은, 삼승의 가르침에 2종이 있으니, 첫째는 별교(別敎)요 둘째는 통교(通敎)이다.

② ⓐ 별교삼승(別敎三乘)은 삼승이 다 진실이 아니고 모두 방편이다. 저 가르침에서 "3승지겁 동안에 오직 사도(四度)를 닦고, 100겁 중에 상호업(相好業)을 닦고, 최후의 몸을 받는 동안에는 정(定)·혜(慧)를 닦아, 보리수 아래서 최상의 정각을 이룬다"고 하였다. 이러한 인과로 불승(佛乘)을 삼으니, 이러므로 불승이 또한 방편이다. 만일 ⓑ통교에서 말한 삼승을 논한다면, 불승은 진실이요, 그 나머지 이승은 진실이 아니다. 저 가르침에서, "십지(十地) 중에 육도(六度)를 갖추어 닦아 만행(萬行)이 원만하여 살바야(薩婆若)에 이른다"고 하였다. 이 살바야과(薩婆若果)는 삼승과 더불어 부합하지 아니하다. 이러한 인과는 궁극적인 진실이니, 이것이 불승(佛乘)이다. 그런데 어찌 방편이라 하겠는가? 이러므로 두 글의 뜻이 다름을 마땅히 알아야 한다.

③ '내가 방편력이 있어서 삼승교를 열어 보인다'고 한 것은, 별교에서 말하는 삼승을 드러낸 것이다. '오직 이 한가지가 진실이고 나머지 둘은 진실이 아니다'고 한 것은, 통교에 대하여 말하는 삼승이다. 그 나머지 글은 모두 이렇게 회통하여야 할 것이다.(한불전1, 491하)[7]

①에서 원효는 양설이 모두 옳다는 판정을 내리는 데 있어서, 그 방법으로 사용할 2가지 기준을 제시하고 있다. 즉, 원효는 주어진 두 문장이 다른 뜻이어서 '하나로 회통할 수 없다'고 전제한다. 그러면서, 별교(別敎)와 통교(通敎)라는 2가지 기준을 설정하고, 이 복수의 기준을 가지고 아래에서 양설을 회통하려고 한다.

②에서는 양설이 회통되는 것을 보여준다. 즉, ⓐ에서는 "3승기겁 동안에·…… 정각을 이룬다"는 말은 '별교'의 입장에서 한 것으로, 삼승이 모두

---

7) "或有說者 前後二文 各有異意 不可一會 所以然者 三乘之教 有其二種 一者別教 二通教 別教三乘 三皆非實 皆是方便 以彼教說 三僧祇劫 唯修四度 百劫之中 修相好業 最後身中 修於定慧 菩提樹下 成無上覺 如是因果 以爲佛乘 是故佛乘 亦是方便 若論通教 所說三乘 佛乘是實 定餘二非眞 以彼教說 於十地中 具修六度 萬行圓滿 致薩婆若 此薩婆若果 不與三乘合 如是因果 究竟眞實 此爲佛乘 豈是方便 是故 當知二文意異 我有方便力 開示三乘法者 是顯別教 所說三乘也 唯是一事實 餘二則非眞者 是對通教所說三乘 其餘諸文 皆作是通."

120

방편이라는 것을 설명한다고 한다. 또한, ⓑ에서는 "십지 중에는 ……
살바야에 이른다"는 말은 '통교'의 입장에서 한 것으로, 이승만이 방편이라
는 것을 설명한다고 한다.

③에서는 이러한 2가지 입장에서 다시 경문을 해설해 주고 있다. 즉,
'내가 방편력이 있어서 삼승교를 열어 보인다'라고 한 것은, 별교의 입장에
서 말하는 삼승을 드러낸 것이라는 것이다. 그리고 '오직 이 한가지가
진실이고 나머지 둘은 진실이 아니다'라고 말한 것은, 통교의 입장에서
말하는 삼승을 드러낸 것이라는 것이다.

중요한 것은, 전후의 두 문장이 각기 다른 뜻이어서 '하나로 회통할
수 없는' 경우에, '별교삼승의 입장에서 보면'과 '통교삼승의 입장에서
보면'과 같은 '복수의 기준'을 설정하여 회통하고 있다는 점이다. 우리는
여기에서, 원효가 '단일한 기준'으로 회통이 어려운 경우를 만났을 때에는,
'복수의 기준'을 설정하여 제설을 회통하려고 한다는 것을 짐작할 수 있게
된다.

둘째, 『미륵상생경종요』「생신처소(生身處所)」에서 '미륵보살은 어디에
서 태어났는가?'에 관하여 논쟁하는 총3설에 대해서, 원효는 다음과 같이
회통한다.(사례32)

① 해석하여 말한다. 뒤의 두 경문은 글은 다르되 뜻은 같다. 왜 그런가
   하면, 『현우경(賢愚經)』의 뜻은 '아버지를 들어서 출생한 것을 나타낸
   것'이기 때문에, '정승이 한 남자 아이를 낳았다'고 한 것이어서, 이것은
   태어난 곳을 정확하게 밝힌 것이 아니다. 그러나 『상생경(上生經)』의
   글에는 '태어난 곳을 적실하게 밝히었으니', 그 나라의 법은 부인이
   회임하면 본가로 가서 출산하도록 되어있는데, 본가는 겁바리촌에
   있다고 하였다. 이것으로 이 두 경문이 서로 어긋나지 않음을 알 수
   있다.

② 『화엄경』의 뜻은 별도로 다른 곳을 나타내었으나, '대성의 분신은 기틀
   을 따라 다르게 나타나고, 곳곳에서 기이하게 나기도 한다' 그러니

괴이하게 여길 것이 없다. 이런 도리로 말미암아 서로 위배되지 않는다. (한불전1, 549하)[8]

①에서 원효는 제2설과 제3설을 먼저 회통한다. 즉, 제2설의 문증인 『현우경』은 미륵보살이 '누구로부터 태어났는가?'를 밝히려고 했기에 태어난 장소는 자세히 밝히지 않았다고 한다. 하지만, 제3설의 문증인 『미륵상생경』은 '어디에서 태어났는가?'를 밝히려고 했기에 태어난 장소를 자세히 밝혔다고 회통한다.

②에서는, 위에서 회통한 제2설과 제3설에 이어서 제1설을 회통하고 있다. 즉, 제1설의 문증인 『화엄경』의 말씀에 대해서는 '대성인의 분신(分身)은 기틀을 따라서 다르게 나타나고, 곳곳에서 기이하게 나기도 한다'는 새로운 기준을 제시하고, 이 기준에서 볼 때에 위의 3설은 모두 회통된다고 설명하고 있다.

중요한 것은, 처음에는 '누구로부터 태어났는가?'와 '어디에서 태어났는가?'라는 '복수의 기준'에 의하여 양설을 회통하고, 다음에는 '대성인의 분신은 기틀을 따라서 다르게 나타난다'라고 하는 '단일한 기준'에 의하여 다시 총3설을 회통하였다는 점이다. 그러니까 이 사례에서는 '복수의 기준'과 '단일한 기준'이 중복되어 나타나고 있는 셈이다.[9]

이와 같이 '복수의 기준'을 설정하여 회통하는 유형에는 모두 26개의 사례가 해당한다. 해당 사례를 자세히 나열하면, 사례03·06·12·13·14·15·

---

8) "解云 後二經文 文異意同 所以然者 賢愚經意 寄父表生 故言輔相 生一男兒 此非的出 其生之處 上生經文 的明生處 彼士之法 婦懷妊已 還本家産 本家在於 劫波梨村 知此二經文 不相違也 華嚴經意 別顯異處 大聖分身 隨機異見 處處異生 不足致怪 由是道理 不相違背 也."

9) 이러한 혼합형에 해당하는 사례가 하나 더 있다. 사례62에서는 '진여는 훈습받을 수 있는가?'에 관하여 논하는데, 可能說과 不能說에 대하여 회통한다. 먼저 '複數의 基準'에 의하여, 『攝大乘論』은 '생각할 수 있는 훈습'에 依據하였고 『起信論』은 '생각할 수 없는 훈습'에 依據하였기 때문이라고 회통하고, 다음 '單數의 基準'에 의하여, 『起信論』의 전체적 구조를 고려하면 可能說은 당연하기 때문이라고 회통한다. (대승기신론소기회본, 한불전1, 768상).

21·22·23·32·34·35·36·39·42·44·53·54·56·57·58·60·62·63·64가 해당
한다. 여기에는, 바로 위의 둘째 인용문과 같이, 복수의 기준과 단일한
기준이 중복되는 총2개 사례가 포함된 것이다.

그렇다면, '제설이 모두 옳다고 판정하는 데 있어서, 복수의 기준이라는
화쟁방법은 어떠한 경우에 사용하는 것일까?' 생각건대, 논쟁당사자를
설득시키기 위해서는 간단하고 명료한 단일한 기준이 훨씬 효과적일
것이다. 하지만, 이번 사례들의 경우에는 그러한 단일한 기준으로 회통할
수 없는 특별한 사정이 있어서 부득이 복수의 기준이라는 방법을 고안한
것으로 보인다.
　위의 첫째 인용문에서, 원효는 '제시된 두 개의 문장이 각각 다른 뜻이어
서 하나로 회통할 수 없다'고 전제를 한다. 그런 뒤에, '별교의 입장에서
말하는 삼승'과 '통교의 입장에서 말하는 삼승'이라는 '복수의 기준'을
제시한다. 그리고 앞 문장은 '별교'의 입장에서 한 것이어서 삼승이 방편이
되고, 뒤 문장은 '통교'의 입장에서 한 것이어서 이승이 방편이 된다고
회통해 준다.
　또한, 둘째 인용문에서, 원효는 두 경전의 설주(說主)가 가진 의도가
다르다는 점을 전제로 한다. 그런 뒤에, '누구로부터 태어났는가?'와 '어디
에서 태어났는가?'라는 '복수의 기준'을 제시한다. 그리고 앞 경전은 미륵보
살이 '누구로부터 태어났는가?'를 밝히려고 했기에 태어난 장소는 밝히지
않았고, 뒤 경전은 '어디에서 태어났는가?'를 밝히려고 했기에 태어난
장소를 밝혔다고 회통해 준다.
　이와 같이, 원효는 단일한 기준으로 회통할 수 없는 특별한 사정이
있는 경우에 한하여 '복수의 기준'이라는 회통방법을 사용하고 있다. 예컨
대, 양설에서 문증으로 제시한 문장이 각기 다른 뜻이어서 하나로 회통할
수 없는 경우이거나, 양설에서 문증으로 제시한 경전의 설주가 서로 다른
의도를 가진 경우, 등과 같은 경우에는 '복수의 기준'을 사용하고 있는
것이다.

그렇다면, '원효는 어떠한 이유 때문에 복수의 기준이라는 화쟁방법을 사용하는 것일까?' 추정컨대, 원효는 양설이 처음에 서로 다른 전제에서 출발하였기 때문에 결과적으로 서로 다른 주장을 한 것처럼 보인다는 점을 말하려는 것으로 보인다. 즉, 만약에 양설이 처음부터 같은 전제에서 출발하였다면 서로 같은 주장을 하였을 것이라는 점을 밝히고 싶었던 것으로 보인다.

위의 첫째 인용문에서, 원효는 처음부터 양설에서 제시한 두 개의 문장이 각각 다른 뜻을 가지고 있었다고 전제한다. 즉, 앞 문장은 '별교'의 입장에서 말한 것이고, 뒤 문장은 '통교'의 입장에서 말한 것이어서 결과적으로 서로 다른 주장을 하였다는 것이다. 하지만, 만약 처음부터 양설이 모두 같은 전제에서 출발하였다면, 그들의 주장은 당연히 같았을 것이라는 점을 암시하고 있다.

또한, 둘째 인용문에서 원효는 처음부터 양설에서 제시한 두 개의 경전에서 설주의 의도가 서로 달랐다고 전제한다. 즉, 앞 경전에서는 '누구로부터 태어났는가?'를 밝히려고 하였고, 뒷 경전에서는 '어디에서 태어났는가?'를 밝히려고 하였기 때문에 서로 다른 주장을 하였다는 것이다. 하지만, 만약 처음부터 양설이 같은 전제에서 출발하였다면, 그들의 주장은 당연히 같았을 것이라는 점을 암시한다.

이와 같이, 원효가 '복수의 기준'이라는 회통방법으로 양설을 회통하는 이유는, 양설이 처음부터 서로 다른 전제에서 출발하였기 때문에 결과적으로 서로 다른 주장을 한 것처럼 보인다는 점을 말하려는 것으로 생각된다. 그리하여, 만약에 양설이 처음에 같은 전제에서 출발하였더라면 틀림없이 서로 같은 주장을 하였을 것이라는 점을 밝히고 싶었던 것이다.

그렇다면, 한 걸음 더 나아가, '원효의 마음속에는 어떠한 아이디어가 있었기에 복수의 기준이라는 회통방법을 사용한 것일까?' 생각건대, 원효가 화쟁을 하는 근본이유는, '제1장 화쟁론 서설'에서 밝힌 바와 같이, 부처님의 말씀을 재천명함으로써 서로 다른 견해를 화해시키려는 것이다.

그렇다면, 원효의 심중에 있는 가장 근본적인 아이디어는 마땅히 부처님 가르침의 핵심인 '연기법(緣起法)'이 아닐까?

위에서, 필자는, "원효가 양설이 처음에 서로 다른 '전제'에서 출발하였기 때문에 결과적으로 서로 다른 주장을 한 것처럼 보인다는 점을 말하려는 것 같다"고 말하였다. 그런데, 여기에서 말하는 '전제'라는 것이 연기법에서 말하는 '조건'과 같은 역할을 하고 있다는 점은 눈여겨 보아야할 부분이다. 널리 알려진 바와 같이 연기법의 중요한 특징 중의 하나는 바로 '조건성 (conditionality)'이다.

연기법에 따르면, 세상만사가 '조건'이 갖추어지면서 성립하였다가 '조건'이 무너지면서 소멸된다. 어떤 일이 성립하려면 반드시 거기에 합당한 조건을 갖추어야 한다. 따라서 사례에 등장하는 제설의 주장들도 서로 합당한 조건을 갖추었을 때, 서로 비교하여 옳고 그름을 따지는 것이 가능하다고 할 수 있다. 서로 조건이 맞지 않은 주장을 비교하는 것은 터무니없는 일이라고 할 수 있다.

위의 첫째 인용문에서 원효는, 양설에서 제시한 두 개의 문장이 각각 다른 뜻을 가지고 있었다는 점을 밝힌다. 그리고 둘째 인용문에서 원효는, 양설에서 제시한 두 개의 경전에서 설주의 의도가 서로 달랐다고 설명한다. 요컨대, 양설은 처음부터 균형을 잃은 '조건'을 가진 채로 출발하였다는 것이다. 이렇게 서로 다른 조건을 가졌기 때문에, 결과적으로 양설은 서로 다른 주장을 하게 되었다는 것이다.

하지만, 만약 처음부터 양설이 모두 합당한 '조건'을 가지고 출발하였다면 그들의 주장은 당연히 같았을 것이라는 것은 누구나 추측할 수 있다. 첫째 인용문에서 양설에서 제시한 두 개의 문장이 모두 '통교의 입장'으로 같았다면, 그리고 둘째 인용문에서 양설에서 제시한 경전 설주의 의도가 모두 '누구로부터 태어났는가?'를 밝히려고 하였다면, 그들의 주장은 당연히 같았을 것으로 추정된다.

이와 같이, 우리가 논쟁을 할 때에 각자의 주장들도 서로 일정한 '조건'을 갖추었을 때에만 비로소 서로 비교하여 옳고 그름을 따지는 것이 합당하다고 할 수 있다. 일정한 조건을 갖추지 못하면, 엄밀히 말하면, 서로 다른 것에 대해서 논쟁하는 것이 된다. 그러한 경우는, 위에서 말한 판정의 태도에서 '유형1 : 일반상식 판정' 중에서 '논쟁 요건이 부족한 경우'와 비슷하다고 할 것이다.

하지만, 그 경우와 이 경우에는 차이가 있다. '논쟁 요건이 부족한 경우'는 논쟁의 요건이 부족한 것이 누가 보아도 명백하여서, 논쟁을 계속 유지하기 어려운 상황이라고 할 수 있다. 그에 반해서, 이 경우는 누가 보아도 논쟁의 요건이 갖추어진 것으로 보여서 논쟁이 일단 치열하게 진행되다가, 원효의 혜안에 의해서 비로소 조건이 부족하다는 사실이 밝혀지면서 논쟁이 원만하게 화해된 경우라고 할 수 있다.

요컨대, 원효가 '복수의 기준'이라는 회통방법을 사용하여 제설이 모두 옳다고 판정할 때에, 그의 심중에 있는 가장 근본적인 아이디어는 부처님 가르침의 핵심인 '연기법'으로 생각된다. 연기법의 특징 중에서 '조건성'이라는 것이 있는데, 원효는 이것을 근거로 해서 논쟁당사자의 주장이 실제로는 서로 다른 조건에서 이루어지고 있다는 사실을 밝힘으로써 제설을 원만하게 회통하고 있는 것이다.

제3절 유형3 : 개시개비(皆是皆非) 판정

유형3 '개시개비 판정'이란 원효가 제기된 제설에 대해서 모두 옳고 또한 동시에 그르다는 판정을 내린 경우이다. 이 유형은 비록 일반형이라고 할 수는 없지만, 그 독특한 판정태도로 말미암아 많은 세인의 관심을 끌어왔다. 사실, 종래 '화쟁의 방법'에 관한 연구는 주로 이 유형에 있어서의 방법만을 다루고 있었다고 하여도 과언이 아니다.

먼저, 유형3에 사용된 회통방법을 밝히기 이전에, 이 판정이 무엇을 말하는지에 대해서 명확하게 할 필요가 있다. 예컨대, 『열반종요』「출체문(出體門)」에서는 '불성의 본체는 무엇인가?'에 관해서 논쟁하는 총6설에

대해서,[10] 원효는 다음과 같이 판정을 내리고 있다.(사례20)

　　다음으로 옳고 그름을 판정한다. 위의 여러분들의 말씀은 모두 맞기도
하고 모두 맞지 않기도 하다. 그 까닭은, 불성은 그런 것도 아니요, 그렇지
아니한 것도 아니기 때문이다. 그런 것이 아니기 때문에 여러 분들의
주장이 모두 맞지 않고, 그렇지 않은 것도 아니기 때문에 모든 분들의
주장이 모두 맞다. ……(한불전1, 538중)[11]

　이 글에서, 원효는 제기된 총6설이 맞기도 하고 동시에 틀리기도 하다고
선언하고 있다. 왜냐하면, 불성은 그런 것도 아니요 그렇지 아니한 것도
아닌데, 그런 것이 아니기 때문에 모두 틀리고, 그렇지 않은 것도 아니기
때문에 모두 맞다는 것이다. 그리고 그러한 판단의 이유를 계속하여 구체적
으로 밝히고 있다.
　중요한 것은, 원효가 제기된 여러 설들에 대해서 '모두 옳기도 하고
동시에 모두 그르기도 하다'고 판정하고 있다는 점이다. 이러한 판정은
상식적으로 매우 이해하기 어려울 뿐만 아니라 원효의 매우 독특한 화쟁방
법이므로, 자세히 탐구해 볼만한 가치가 있다고 생각된다. 이러한 유형의
판정에 사례16·17·18·19·20·45·52·61 등 총8개 사례가 해당한다.
　이제, 이 판정유형에 해당하는 사례들에서 어떠한 화쟁방법이 사용되고
있는지 알아보자. 여기에 해당하는 화쟁사례들의 [평결]부분 중에서 '이유'
에 해당하는 부분을 자세히 조사해 보면, 다음과 같은 화쟁방법들이 사용되
고 있음을 알 수 있다.

---

10) 여기에서 말하는 6개설을 간략하게 말하면 다음과 같다. 제1설에서는 佛性의
　　本體에 대해서 '當來있을 佛果'라고 하고, 제2설에서는 '現在에 있는 衆生'이라고
　　하며, 제3설에서는 '衆生들의 心性'이라고 하고, 제4설에서는 '마음의 神靈함'이라고
　　하며, 제5설에서는 '阿賴耶識의 法다운 種子'라고 하고, 제6설에서는 '阿摩羅識의
　　眞如解性'이라고 한다. (열반종요, 한불전1, 538중).
11) "次判是非者 此諸師說 皆是皆非 所以然者 佛性非然非不然故 以非然故 諸說悉非 非不然
　　故 諸義悉是 ……."

<표 11> 유형3에서의 방법

	사용된 방법	해당사례
방법1	자재의 논리	사례16·17·18·19·20·52.
방법2	언어의 초월	사례45·61.

보는 바와 같이, 방법1 '자재의 논리'에 6개의 사례에 해당되는 것으로 보아서 이것을 '일반형'으로 볼 수 있다. 그런데, 이 '자재의 논리'도 자세히 살펴보면 성격이 비슷한 3가지가 있는데, 유무(有無)의 자재에는 사례16·18 이 해당하고, 긍부(肯否)의 자재에는 사례19·20·52가 해당하며, 동이(同異) 의 자재에는 사례17이 해당하고 있다. 한편, 방법2 '언어의 초월'에는 2개의 사례만이 해당되고 있다.

1. 방법1 : 자재의 논리

'개시개비 판정'에 해당하는 6개의 사례는 '자재의 논리'를 활용하여 회통하고 있다. 자재의 논리란, 있음[有]과 없음[無], 긍정(肯定)과 부정(否 定), 동일(同一)과 상이(相異) 등을 자유자재로 구사하여 회통하는 방법을 말한다. 아래에서는, 이 방법이 사용된 화쟁사례를 검토해 보고, 이 방법의 이론적 배경을 탐구해 보며, 나아가 이 방법에 대한 왜곡된 견해에 대해서도 살펴보기로 하자.

1) 사례의 검토

'자재의 논리'가 활용된 6개의 사례를 다시 자세히 살펴보면, 유무의 자재에 2개의 사례, 긍부의 자재에 3개의 사례, 동이의 자재에 1개의 사례가 활용되고 있음을 알 수 있다. 여기에서는 이 3가지 세부적인 방식에 해당하는 사례들 중에서 대표적으로 하나씩만을 검토해 봄으로써, 원효가 어떻게 자재의 논리를 화쟁사례에서 활용하고 있는지 음미해 보고자 한다.

첫째, '유무의 자재'란 있음[有]과 없음[無]을 자유자재로 구사하여 회통하는 방법을 말하는데, 여기에 2개의 화쟁사례에서 사용되고 있다.(사례16·18) 이 중에서 대표적으로 사례18을 살펴본다.『열반종요』「삼사문(三事門)」에서는 '법신(法身)은 형상[色相]이 있는가?'에 대해서 논쟁하는 유색설(有色說)과 무색설(無色說)에 대해서, 원효는 다음과 같이 회통하고 있다.(사례18)

① 어떤 분은 말하기를, 한쪽[一邊]만을 결정적으로 취하면 양설이 모두 그르다. 그러나 만일 진실로 집착하지 않으면 두 분의 주장이 모두 옳다.

② 그 이유가 무엇인가? 부처님의 지위에 있는 온갖 공덕은 대략 두 가지의 부문이 있다. 만일 '형상[相]을 버리고 일심(一心)으로 돌아오는 부문'으로 나아가면 모든 공덕의 모양은 동일한 법계이기에, 오직 '제일의(第一義)의 몸이어서 형상[色相]의 차별된 경계가 없다'고 말한다. 그러나 만일 '본성[性]을 좇아 온갖 공덕을 이루는 부문'으로 나아가면 형상[色相]과 심법(心法)의 공덕을 갖추지 아니함이 없기에 '한량없이 상호(相互)를 장엄한다'고 말한다.

③ 이와 같이 비록 두 부문이 있지만 서로 다른 모양이 없으므로, 모든 말씀이 다 장애됨이 없다. …… 그러므로 여래가 비밀히 간직한 법문은 유(有)를 말하고 무(無)를 말하더라도 모두 도리가 있음을 마땅히 알아야 한다.(한불전1, 532하~533상)12)

①에서 원효는 양설이 모두 그르기도 하고, 동시에 옳기도 하다고 선언한다. 왜냐하면, 한쪽의 의견만을 결정적으로 취하게 되면 양설이 모두 틀리게 되지만, 집착하지 않으면 양설이 모두 옳게 되기 때문이라고 한다.

---

12) "或有說者 定取一邊 二說皆失 若非實執 二義俱得 是義云何 佛地萬德 略有二門 若就捨相
歸一心門 一切德相 同法界故 說唯是第一義身 無有色相差別境界 若依從性成萬德門 色心
功德 無所不備 故說無量相好莊嚴 雖有二門 而無異相 是故 諸說皆無障礙 爲顯如是無礙法
門 金剛身品 廣說之言 如來之身 非身是身 無識是識 離心亦不離心 無處亦處 無宅亦宅
非像非相 諸相莊嚴 乃至廣說 當知如來祕藏法門 說有說無 皆有道理."

②에서 원효는 양설이 모두 옳게 되는 경우를 각각 보여준다. 즉, '형상[相]을 버리고 일심(一心)으로 돌아오는 부문'에서 보면, 법신은 제일의(第一義)의 몸이어서 형상(色相)의 차별된 경계가 없게 되는데, 이렇게 되면 '무상설'이 옳게 된다고 한다. 그리고 '본성[性]을 좇아 온갖 공덕을 이루는 부문'에서 보면, 법신은 한량없이 상호(相互)를 장엄하게 되는데, 이렇게 보면 '유상설'이 옳게 된다고 한다.

③에서 원효는 또 다른 측면에서 양설을 회통하고 있다. 즉, 비록 이와 같이 두 부문이 있기는 하지만, '서로 다른 모양이 없는 까닭에' 모든 말씀에 장애될 것이 없다고 한다. 즉, 부처님이 말씀하신 법문은 있음[有]를 말하고 혹은 없음[無]을 말하더라도, '장애가 없어서' 모두 도리가 있다고 한다.

중요한 것은, 이 사례에서 원효는 '유무의 자재'를 자유롭게 구사하여 회통하고 있다는 것이다. 즉, ②에서는 '형상[相]을 버리고 일심(一心)으로 돌아오는 부문'과 '본성[性]을 좇아 온갖 공덕을 이루는 부문'이라는 2가지 기준을 제시하며 양설을 회통하고, ③에서는, 비록 이와 같이 두 부문이 있기는 하지만, 이러한 2개 부문이 '서로 장애될 것이 없다'고 결론짓고 있다.

둘째, '긍부(肯否)의 자재'란, 긍정(肯定)과 부정(否定)을 자유자재로 구사하여 회통하는 방법을 말하는데, 여기에 3개의 사례가 해당한다.(사례19·20·52) 이 중에서 대표적으로 사례19의 내용을 살펴본다. 『열반종요』「사덕문(四德門)」에서 '보신(報身)은 상주(常住)하는가? 무상(無常)하는가?'에 대해서 논쟁하는 상주설과 무상설에 대해서, 원효는 다음과 같은 방식으로 회통하고 있다.(사례19)

① 어떤 분은 말하기를, 모두 이득과 손실이 있다. 그 까닭은, 만일 결단코 한쪽[一邊]만을 고집하면 모두 잘못이 있고, 만일 아무런 장애 없이 말하면 모두 도리가 있기 때문이다.

② 『능가경』에서, "'여래·응공·정변지는 이를 상주라고 합니까? 이를 무상이라고 합니까?' 부처님께서 대답하시기를, '상주도 아니요 무상도 아니다. 양쪽[二邊]에 잘못이 있기 때문이다'"고 하여 자세히 말씀하셨다. 이제 여기서 비록 상주가 아니라 말하였어도, 생각생각에 마멸(磨滅)하는 것은 아니라고 하였다. 이와 같은 경문들은 그 치우친 고집을 깨뜨리고 있으니, 결단코 한쪽[一邊]만을 취하는 것은 도리에 맞지 않는다.

③ '장애 없이 말하면 위의 두 주장이 모두 맞다'는 것은 무슨 말인가. 보신불(報身佛)의 공덕은 형상[相]을 떠나고 본성[性]도 떠나있다. 형상을 떠났기 때문에, 생멸(生滅)하는 모양을 벗어나고, 마침내는 적정(寂靜)하여 작위(作爲)가 없다. 그러기에 상주라고 말한다. 본성을 떠났기 때문에 상주의 성품을 벗어나 가장 활발히 움직이고 작위(作爲)하지 못하는 것이 없다. 그러기에 무상이라고 말한다.(한불전1, 537중)[13]

①에서 원효는 양설이 모두 그르기도 하고, 동시에 옳기도 하다고 선언한다. 왜냐하면, 만약 양설 중에서 어느 한쪽의 의견만을 고집하게 되면 모두 그르게 되고, 만약 아무런 장애 없이 말하면 양설이 모두 옳게 되기 때문이라는 것이다.

②에서 원효는 양설을 '부정'하고 있다. 즉, 원효는 부처님께서 어느 한쪽에 치우친 견해는 모두 그르다는 것을 알고 계신다고 한다. 그러기에, 『능가경』에서 '상주인가? 무상인가?'와 같은 양자택일의 질문을 받으신 부처님께서는, '이것은 상주도 아니요 무상도 아니다'고 부정하셨다는 것이다.

③에서 원효는 양설을 '긍정'하고 있다. 즉, 만약 우리가 아무런 장애 없이 허심탄회하게 말한다면, 보신불(報身佛)의 공덕은 형상[相]과 본성[性]

---

13) "或有說者 皆得皆失 所以然者 若決定執一邊 皆有過失 如其無障礙說 俱有道理 如楞伽經云 如來應供正遍知 爲是常耶 爲無常耶 佛言 非常非無常 二邊有過故 乃至廣說 今此言雖不常住 非念念滅 如是等文 破其偏執 定取一邊 不當道理 無障礙說二義皆得者 報佛功德 離相離性 以離相故 離生滅相 究竟寂靜 無作無爲 故說常住 以離性故 離常住性 最極喧動 無所不爲 故說無常."

을 동시에 초월하였다고 한다. 형상을 초월하였기에 생멸(生滅)하는 모양을 벗어나고 적정(寂靜)하기에 상주라고 한다는 것이다. 또한, 본성[性]을 초월하였기에 상주(常住)의 성품을 벗어나고 가장 활발히 움직이기에 무상이라고 말한다는 것이다.

중요한 것은, 이 사례에서 원효는 긍정과 부정의 논리를 자유자재로 구사하며 회통하고 있다는 점이다. 즉, ②에서는, '어느 한쪽의 의견에 집착하여 말하면 양설에 잘못이 있기 때문이다'는 이유를 제시하며, 양설을 '부정'하고 있고, ③에서는, '장애 없이 말하면 양설이 모두 맞다'는 이유를 제시하며, 양설을 '긍정'하고 있다.

셋째, '동이의 자재'란, 동일(同一)과 상이(相異)를 자유자재로 구사하여 회통하는 방법을 말하는데, 여기에 1개의 사례만이 남아 있다. 『열반종요』「이멸문(二滅門)」에서는 '열반은 성정열반(性淨涅槃)인가, 방편괴열반(方便壞涅槃)인가?'에 관해서 논쟁하고 있는 성정설과 방편설에 대해서, 원효는 다음과 같이 회통하고 있다.(사례17)

① 보살이 열반에 들어가지 아니한 것은 범부가 이미 열반에 들어간 것보다 훌륭하기 때문이니, 그것은 본래 열반임을 잘 알기 때문이다. 그리고 범부(凡夫)들이 이미 열반에 들어간 것은 성인(聖人)이 열반에 들어가지 아니한 것보다 못하니, 그것은 자기가 열반에 들어가 있음을 알지 못하기 때문이다. 이러한 도리로 말미암아 조금도 착란이 없다.

② 그런데, 비록 착란이 없지만 가리고 구별하면 아니 된다. 그 까닭은, 보살이 열반에 들어가지 아니한 것은 도리어 범부가 이미 열반에 들어간 것과 같고, 범부가 이미 열반에 들어간 것은 보살이 열반에 들어가지 아니한 것과 다르지 아니하기 때문이다. 그것은 밝음[明]과 어둠[不明]을 어리석은 자는 다른 것으로 보지만, 지혜 있는 사람은 그 성품이 다르지 아니함을 분명히 통달하기 때문이다.

③ 다시, 비록 그렇게 범부와 성인은 그 성품의 차이가 없지만, 범부와

성인이 동일한 것도 아니다. 다만 어리석은 자는 다른 것으로 보지만, 지혜 있는 사람은 다르지 아니함을 통달하기 때문이다.(한불전1, 530상~중)14)

위 인용문을 읽기 위해서는, 이 화쟁사례에서 말하는 성정열반과 방편괴열반에 대해서 알 필요가 있다. 성정설에서 말하는 성정열반이란, '범부와 성인이 평등하다'는 것을 전제로 하기 때문에, 다른 말로 '동상열반(同相涅槃)'이라고도 한다. 그리고 방편설에서 말하는 방편괴열반이란, '범부와 성인이 불평등하다'는 것을 전제로 하기 때문에, 다른 말로 '부동상열반(不同相涅槃)'이라고도 한다.

①에서, 원효는 양설이 '상이(相異)'하다고 한다. 즉, 보살[聖]은 이곳이 본래 열반임을 잘 알기 때문에 열반에 들어가지 아니하고, 범부(凡夫)는 자기가 열반에 들어가 있음을 알지 못하기 때문에 열반에 들어간다고 한다. 이처럼, 범부와 성인, 생사와 열반은 '상이한 것'이기 때문에, 성인은 범부보다 훌륭하다고 하고, 범부는 성인보다 못하다고 한다는 것이다.

②에서, 원효는 양설이 '동일(同一)'하다고 한다. 즉, 예컨대, 밝음[明]과 어둠[不明]을 어리석은 자는 다른 것으로 보지만, 지혜 있는 사람은 그 성품이 다르지 아니함을 안다. 이처럼, 범부와 성인, 생사와 열반은 '동일한 것'이기 때문에, 보살[聖]이 열반에 들어가지 아니한 것은 범부가 이미 열반에 들어간 것과 같고, 범부가 이미 열반에 들어간 것은 보살이 열반에 들어가지 아니한 것과 다르지 않다고 한다.

③에서, 원효는 양설이 동일한 것도 아니라고 한다. 즉, 어리석은 자는 다른 것으로 보지만, 지혜 있는 사람은 그 성품이 다르지 아니함을 '통달하여 알기 때문에, 그 성품이 동일하다는 생각에도 머물지 않는다고 한다.

---

14) "菩薩不入 勝於凡夫已入 以其善知 本來涅槃故 凡夫已入 不如聖人不入 未能知自 入涅槃 故 由是道理 無雜亂也 雖無雜亂 而非簡別 所以然者 菩薩不入 還同凡夫已入 凡夫已入 不異菩薩不入 以明與無明 愚者謂二 智者了達其性無二故 雖復凡聖 其性無二 而是凡聖 不爲一性 以愚者謂二 智者了達故."

이처럼, 범부와 성인, 생사와 열반은 '동일한 것도 아닌 것'이기 때문에, 비록 그렇게 범부와 성인은 그 성품의 차이가 없지만, 범부와 성인이 동일한 것도 아니라고 말한다.

중요한 것은, 이 사례에서 원효는 동이의 자재를 자유롭게 구사하며, 범부와 성인의 지위를 논하고 있다는 점이다. 즉, ①에서는, 범부와 성인, 생사와 열반을 서로 다른 것[相異]으로 논하였으며, ②에서는, 이들을 서로 같은 것[同一]으로 논하였으며, ③에서는, 다시 서로 같지도 않은 것[非同]으로 논하고 있는 것을 볼 수 있다.

2) 왜곡된 견해

이처럼, 원효는 여러 화쟁사례에서 '자재의 논리'를 종횡으로 화려하게 사용하였다. 그런데, 지금까지 많은 사람들은 '자재의 논리'를 매우 이해하기 어려운 논리라고 생각하였다. 사실, 원효의 저서에서도, '유무의 자재'를 왜곡해서 잘못 이해한다는 표현으로 '악취공견(惡取空見)'이 등장하고 있는데, 여기에서는 '자재의 논리'를 보다 정확하게 이해하자는 의미에서, '악취공견'에 관하여 알아보기로 하자.

원효의 저서에 보면, '유무의 자재'를 제대로 이해하지 못한 사람들에 관한 이야기가 몇 군데 등장한다. 첫째, 『보살계본지범요기』「경중문(輕重門)」에 보면, '악취공(惡取空)'에 빠져서 스스로 자만심에 빠진 자를 일깨우는 내용이 있다.

① 있음에 집착하면 증익(增益)이 된다고 이르고, 없음을 취하면 손감(損減)이 된다고 이르는데, 내가 근본적으로 나아가고자 하는 바는 있음과 없음을 함께 버리고 엄연히 어디에든 의지할 것이 없는 것이다. 이런 식으로 관찰하니, 그 관찰하는 것이 이와 같은데 무엇을 근심하겠는가?

② 비록 그러하지만, 자기만 거기에 타당하게 맞다고 하고 다른 사람들은 틀렸다고 여기면, 도리어 치우친 집착에 떨어져서 청정한 지혜가 아니게 된다. …… 만일 그대의 견해가 악취공(惡取空)에 떨어져, 인연으로

있는 것을 비방하고 배척하며 없는 것도 또한 배척하여, 가장 극심한 손감(損減)이 되는 것을 스스로 알지 못하게 된다면, 그대는 불도와 가장 멀리 떨어지게 되어 도리어 그 거지아이에 가깝게 된다. 그 거지아이가 말하기를, "재보가 많은 자는 부자이고, 재보가 없는 적은 자는 가난한 자인데, 나는 이제 많은 재보가 없을 뿐만 아니라 적은 재보도 없으므로, 엄연히 의지할 바가 없으니 나야말로 가난하지 않는 것이다"고 말하는 것처럼, 이제 당신이 말하는 것이 꼭 저 거지아이와 같다. 그러므로 재보가 전혀 없다는 것은 가장 극심한 빈궁이 되는 것처럼, 있음과 없음의 전체를 배척하는 것은 가장 극심한 손감(損減)에 빠져 있다는 것을 알아야 한다.(한불전1, 583중~하)[15]

①에서는, 악취공견에 빠진 어리석은 사람이 자만심에 빠져서 말하고 있다. 있음에 집착하면 증익(增益)이 된다고 하고, 없음을 취하면 손감(損減)이 된다고 하는데, 자신은 있음과 없음을 모두 버리어 증익과 손익을 모두 부정함으로써, 이제 어디에도 의거하지 않으면서 수행하기 때문에, 아무런 근심이 없다고 자랑하듯 말한다.

②에서는, 이 어리석은 사람에게 충고한다. 즉, 자기만 맞고 다른 사람들은 틀렸다고 하면, 청정한 지혜를 잃게 된다고 한다. 또한, 유와 무를 함께 배척하면 가장 극심한 손감이 되어 '악취공견'이 되는데, 이것은 마치 거지가 '재보가 많지도 않고 적지도 않으니 가난하지 않다'고 말하는 것과 같다고 한다.

중요한 것은, 악취공견이란 '유와 무를 모두 버리고' 자기만 옳다고 하며 갖가지 희론만 내세우는 것이라는 점이다. 유와 무를 모두 버림으로써 증익과 손감을 모두 버렸다는 것은, 사실상 가장 극심한 손감에 빠져

---

15) "執有曰增 取無曰損 失所趣宗 有無俱遣 簫然無據 以爲所觀 觀狀如是 何得爲患 雖然 自是於中 而非於他者 還墮邊執 猶非淨智 …… 設使 子之見解墮惡取空 誹撥緣有亦撥其無 最極損減而不自覺者 唯子最遠於道 乃還近於乞兒 如乞兒云 多寶者富少財者貧 我無多寶 亦無少財 簫然無據故我非貧 今子所言與彼同焉 是知 無多無少者 最極貧窮也 撥有撥無者 最極損減也 誹撥諸法三種性相."

있다는 것을 일깨워 주고 있다. 결국, 단순히 '유와 무를 버리는 것'만으로는 아직 '유무의 자재'에 도달한 것이 아니라는 것을 보여주는 장면이라고 할 수 있다.

둘째, 『보살계본지범요기』「경중문(輕重門)」에 보면, 위에서 제시한 내용보다는 좀 더 다양한 내용의 '악취공견'이 등장하고 있다.

① 『해심밀경』에 이르기를, …… 말하자면, '일체법은 결단코 모두 자성이 없고, 결단코 생멸하지 아니하여서 본래 적정하고 자성이 열반이다'고 여기니, 이런 인연으로 말미암아 저 일체법에 대해서 무견(無見)과 무상견(無相見)을 획득한다. 이런 소견으로 말미암아 일체의 형상을 모두 부정해서 모두가 무상(無相)이라고 한다. 그리하여 제법이 가진 3종류의 성품에 대한 상(相)을 비방하고 부정한다. 그 까닭은 무엇인가? 의타기성(依他起性)의 상과 원성실성(圓成實性)의 상이 있으므로 말미암아 변계소집성(遍計所執性)의 상을 바야흐로 말할 수가 있는데, 만약 이 두 가지 상의 소견을 없애버리면, 또한 변계소집성의 상도 비방하고 배척하게 된다. 이러한 까닭으로 저 3가지 상을 비방하고 배척한다는 말은, 저들이 비록 법에 대해서는 믿음과 이해를 일으켜 복덕은 증장되지만, 그릇된 뜻에서는 집착을 일으켜 지혜를 잃게 한다. 지혜를 잃게 하기에 광대하고 무량한 선법을 잃게 한다.

② 『유가론』에서 이르기를, "어떤 한 부류의 무리는, …… '일체는 오직 거짓이니, 이것이 진실이다. 만약 이와 같이 관찰하면, 이것은 정관이 된다'고 주장한다." 저들은 허망하고 거짓된 것에 의지처를 삼아서, 실제로 있는 것을 오직 배척하여 있지 않는 것으로 삼는다. 이것은 곧 일체가 허망하고 거짓된 것이어서 모두 없으니, 어떻게 마땅히 있을 수 있으리오? '일체가 오직 거짓이니, 이것이 진실이다'는 이 도리로 말미암아, 저들은 진실과 거짓의 두 가지를 모두 다 비방하여 도무지 있는 것이 없다. 이런 자들은 이름하여 최극무자(最極無者)라 하며, 이런 자는 일체의 지혜 있는 자와 청정하게 수행하는 자와 함께 살

수 없다는 것을 마땅히 알아야 한다.

③ 세존께서 비밀스런 뜻에 의지하여 말씀하기를, …… 이를테면 어떤
사문이나 바라문이 있을 경우, 저들로 말미암아 그 공(空)의 주장을
받아들이지 않고, 이들로 말미암아 그 공(空)의 주장을 받아들이지
않기 때문에 그 이름이 악취공(惡取空)이라고 하는 것이다. 왜냐하면,
저들이 말하는 공(空)은 실제로는 없음이고, 이들이 말하는 공(空)은
실제로는 있음인데, 이와 같은 도리로 가히 공(空)이라는 것을 말씀하였
기 때문이다. 만약 일체에 도무지 있는 것이 없다면, 어느 곳에 무엇
때문에 어찌하여 공(空)이라고 이름하는가? 또한 이러한 이유로 마땅히
공(空)이라고 말할 수도 없지만, 여기에서 공(空)이라고 말했을 따름이
니, 이러한 까닭에 '악취공(惡取空)'이라고 이름한다고 하며, 널리 설하였
다.(한불전1, 583하~584중)16)

①에서는 『해심밀경』을 인용하며 악취공견에 대해서 말하고 있다. 즉,
'일체법은 자성이 없고 생멸하지 아니하며, 본래가 적정하고 자성이 열반이
다'는 말을 듣고서, 일체법에 대해서 무견(無見)과 무상견(無相見)을 갖게
된다. 그리하여, 마침내 모든 존재가 가지고 있는 의타기성의 상, 원성실성
의 상, 변계소집성의 상, 등 3가지 종류의 성품에 대한 상(相)까지도 부정하
게 된다고 한다.

②에서는 『유가론』을 인용하며 악취공견에 대해서 말하고 있다. 즉,

---

16) "如深密經言 …… 謂一切法 決定皆無自性 決定不生不滅 本來寂靜自性涅槃 由此因緣於一
切法 獲得無見及無相見 由是見故 撥一切相皆爲無相 誹撥諸法三種性相 何以故 由有依他
起相及圓成實相故 故遍計所執相方可施設 若於二相見爲無相 彼亦誹撥遍計所執相 是故
說彼誹撥三相 彼雖於法 起信解故福德增長 然於非義 起執著故退失智慧 智慧退故 退失廣
大無量善法 瑜伽論云 如有一類 …… 一切唯假是爲眞實 若作是觀名爲正觀 彼於虛假所依
所處 實有唯事撥爲非有 是則一切虛假皆無 何當得有 一切唯假是爲眞實 由此道理 彼於眞
實及與虛假 二種俱誹都無所有 當知是名最極無者 如是無者 一切有智同梵行者 不應共住
世尊依此密意說言 …… 謂有沙門或婆羅門 由彼故空亦不信受 於此而空亦不信受 如是名
爲惡取空者 何以故 由彼故空彼實是無 於此而空此實是有 由此道理可說爲空 若說一切都
無所有 何處何者何故名空 亦不應言由此 於此卽說爲空 是故名爲惡取空者 乃至廣說."

'일체는 오직 거짓이니, 이것이 진실이다. 만약 이와 같이 관찰하면, 이것은 정관이 된다'고 말하는 어리석은 자들이 있다고 한다. 그런데, 이들은 진실과 거짓의 두 가지를 모두 다 비방하여 도무지 있는 것이 없게 되는데, 이런 자들을 최극무자(最極無者)라고 부른다고 한다.

③에서, 어찌하여 악취공이라고 부르는지 그 이유를 설명하고 있다. 즉, 사문이 말하는 공(空)은 실제로는 '없음'인데 그들이 말하는 공을 받아들이지 아니하고, 또한 바라문이 말하는 공(空)은 실제로는 '있음'인데 그들이 말하는 공도 받아들이지 않는다. 그렇기 때문에, 그 이름이 악취공(惡取空)이라고 한다는 것이다.

이 글에서 우리는 악취공견에 대해서 여러 가지 다양한 설명을 들을 수 있었다. 즉, 악취공견을 가진 자들은 모든 존재가 가진 3상(相)까지도 부정하게 된다는 것을 알 수 있고, 진실과 거짓의 두 가지를 모두 다 비방하여 도무지 있는 것이 없게 된다는 것도 알 수 있고, 나아가 '공(空)'에 있는 유의 뜻과 무의 뜻을 모두 거부한다는 것도 알 수 있었다.

이상에서, '유무의 자재'를 제대로 이해하지 못한 악취공견에 대한 글들을 검토해 보았다. 이러한 악취공견의 뜻을 정리해 보면, ⓐ '유와 무를 모두 버리는 것', ⓑ '모든 존재가 가진 3성(性)의 상(相)을 모두 부정하는 것', ⓒ '진실과 거짓을 모두 부정하여 도무지 있는 것이 없게 되는 것', ⓓ '유와 무의 뜻을 가진 공(空)을 모두 거부하는 것'이라고 할 수 있을 것이다.

이러한 4가지 뜻 중에서, ⓐ와 ⓓ는, 공(空)이라는 문구가 들어갔느냐 생략되었느냐의 차이일 뿐이어서, 사실상 같은 내용이라고 보아도 좋을 것이다. 또한, ⓑ와 ⓒ는, 『해심밀경』과 『유가론』이라는 특수한 상황에서만 해당하는 표현이므로, 이것을 일반적인 뜻이라고 보기 어려울 것이다. 그렇다면, 결국, '악취공견'의 간명한 의미는 '유와 무를 모두 버리는 것'이라고 하여야 할 것이다.

생각건대, '악취공견'은 유와 무를 일방적으로 '오직 버리기만' 함으로써, 사실상 다시 유와 무로 돌아가게 된다. 그리하여, 여전히 '유무'에 얽매이게 된다고 할 수 있을 것이다. 반면에, '유무의 자재'는 유와 무를 '자유롭게 버리기도 하고 취하기도' 함으로써, 사실상 어디에도 멈추지 않게 된다. 그리하여 마침내 '유무'에 얽매이지 않게 되는 차이가 있다고 생각된다.

3) 이론적 배경

이와 같이, '자재의 논리'는 일반적인 사고를 가지고 쉽게 이해할 수 있는 것이 결코 아니다. 그렇다면, 어찌하여 이 '자재의 논리'는 이해하기가 쉽지 않은 것일까? 다시 말해서, 이러한 '자재의 논리'라는 회통방법은 '어떠한 이론적 배경을 가지고 등장하였기에 그러한가?' 여기에서는 바로 이 점에 대해서 생각해 보자. 원효의 저서를 읽다보면, 이러한 의문에 빛을 던져주는 몇 가지 글을 발견할 수 있다.

첫째, 『열반종요』「경종(經宗)」에서는 『열반경』의 종지에 대해서 논하고 있는데, 원효는 여기에 등장하는 총6설 중에서 제6설을 높게 평가하고 있다.

① 어떤 분은 말하기를, 이 경은 '모든 부처님이 비밀히 간직하신 무이평등 (無二平等)의 참 성품'으로써 종지로 삼는다. 이러한 참 성품은 현상을 초월하고, 본성을 초월한 것이어서 모든 부분에 있어서 조금도 장애됨이 없다. 그것은 현상을 초월하였기 때문에, 오염되지도 아니하고 청정하 지도 아니하며, 원인도 아니고 결과도 아니며, 동일한 것도 아니고 상이한 것도 아니며, 있음도 아니고 없음도 아니다. 본성을 초월하였기 때문에, 오염되기도 하고 청정하기도 하며, 원인도 되고 결과도 되며, 동일하기도 하고 상이하기도 하며, 있음도 되고 없음도 된다.

② ⓐ 오염되기도 하고 청정하기도 하기 때문에, 어떤 데에는 중생이라고 이르고 어떤 데에는 생사라고 이르며, 또는 여래라고 이르고 또는 법신이라고 이른다. ⓑ 원인도 되고 결과도 되기 때문에, 어떤 데에는 불성이라고 이르고 어떤 데에는 여래장이라고 이르며, 어떤 데에는 보리라고 이르고 어떤 데에는 큰 열반이라고 이른다. ⓒ 내지 있음도

되고 없음도 되기 때문에 진제와 속제의 이제가 된다고 하며, ⓓ 있음도 아니고 없음도 아니기 때문에 중도의 제일의제(第一義諦)라고 이르기도 한다. ⓔ 동일한 것이 아니기 때문에 여러 부문에 해당하게 되지만, 상이한 것도 아니기 때문에 모든 부문이 일미(一味)인 것이다.(한불전1, 525하)[17]

①에서 원효는 『열반경』이 '무이평등(無二平等)의 참된 성품'으로 종지를 삼는데, 이 성품은 현상과 본성을 초월하여 장애가 없고, 이 장애가 없는 것을 보여주기 위해서 '부정과 긍정을 자유롭게 구사'하고 있다고 한다. 즉, 드러난 현상을 초월하였으니 유무(有無) 등이 모두 감추어져 전부 '부정'되고, 동시에 감추어진 본성을 초월하였으니 유무(有無) 등이 모두 드러나 전부 '긍정'된다고 말한다.

②에서는 실제로 ⓐ·ⓑ·ⓒ가 '긍정'적인 면을 보여주고 있고, ⓓ·ⓔ가 '부정'적인 면을 보여주고 있다. 여기에서, ①에서 오염과 청정, 원인과 결과, 동일과 상이, 있음과 없음의 4쌍에 대해서 긍정과 부정이 이루어지므로, ②에서는 모두 8쌍에 관한 내용이 나올 것으로 예상되었지만, 실제로는 다만 5쌍만을 제시하고 있다. 이것을 도표로 나타내 보면 다음과 같다.

〈표 12〉 총5쌍의 내용

	오염·정정	원인·결과	동일·상이	있음·없음
긍정	중생·여래	불성·열반	(없음)	속제·진제
부정	(없음)	(없음)	제문·일미	중도

이러한 5쌍의 내용에 의하여 우리가 지금까지 서로 다른 것이어서 도저히 같은 부류로 할 수 없는 것들이 모두 '무이평등(無二平等)의 참된

---

17) "或有說者 諸佛秘藏 無二實性 以爲經宗 如是實性 離相離性 故於諸門 無障無礙 以離相故 不垢不淨 非因非果 不一不異 非有非無 以離性故 亦染亦淨 爲因爲果 亦一亦異 爲有爲無 爲染爲淨故 或名衆生 或名生死 亦名如來 亦名法身 爲因果故 或名佛性 名如來藏 或名菩提 名大涅槃 乃至 爲有故 名爲二諦 非有無故 名爲中道 由非一故 能當諸門 由非異故 諸門一味."

성품'이라는 범주 안에 포함되는 것을 알 수 있다. 즉, '무이평등의 참된 성품' 안에서는 중생과 여래가 다르지 않고, 불성과 열반이 다르지 않으며, 진제와 속제가 다르지 않고, 제문(諸門)과 일미(一味)가 서로 다르지 않다고 설명하고 있다.

중요한 것은, '무이평등의 참된 성품[無二實性]'은 '현상과 본성을 초월한 것[離相離性]'이어서 장애가 없고, 장애가 없으니 '자유로운 부정과 긍정[肯否自在]'이 가능하게 된다는 점이다. 다시 말하면, 무이평등의 참된 성품은 현상을 초월하였으니 모든 것이 감추어져 '부정'되고, 본성을 초월하였으니 모든 것이 드러나 '긍정'된다는 것이다.

둘째, 『열반종요』「체상문(體相門)」에서, 원효는 '열반의 본체는 진실한가, 허망한가?'에 관한 주제를 가지고 다음과 같이 논의하고 있다.(사례16)

① 또한, 대열반은 현상도 본성도 초월하였다. 공(空)도 불공(不空)도 아니고, 아(我)도 무아(無我)도 아니다. 무슨 까닭에 공이 아니라고 하는가? 무성(無性)을 초월하였기 때문이다. 무슨 까닭에 불공(不空)이 아닌가? 유성(有性)을 초월하였기 때문이다. 또, 유상(有相)도 초월하였기에 아(我)가 아니라고 말하고, 무상(無相)도 초월하였기에 무아(無我)가 아니라고 말한다.

② 무아(無我)도 아니기에 대아(大我)라고 말하지만, 아(我)도 아니기에 또한 무아(無我)라고 말한다. 또, 공(空)도 아니기에 실유(實有)를 말하지만, 불공(不空)도 아니기에 허망을 말한다. 여래가 비밀히 간직한 그 뜻이 이와 같으니, 어찌 대립적인 쟁론을 그 사이에 두리오!(한불전1, 529중)[18]

---

18) "又大涅槃 離相離性 非空非不空 非我非無我 何故非空 離無性故 何非不空 離有性故 又離有相 故說非我 離無相故 說非無我 非無我故 得說大我 而非我故 亦說無我 又非空故 得言實有 非不空故 得說虛妄 如來秘藏 其義如是 何密異諍 於其間哉."

①에서 원효는 대열반이 현상과 본성을 떠났다고 선언하고, '부정적인 표현'으로 논리를 전개한다. 즉, 무성(無性)을 초월하였기에 공(空)이 아니고, 유성(有性)을 초월하였기에 불공(不空)이 아니며, 유상(有相)도 초월하였기에 아(我)가 아니고, 무상(無相)도 초월하였기에 무아(無我)가 아니라고 말하고 있다.

②에서 원효는 '긍정적인 표현'으로 논리를 전개하고 있다. 즉, 무아(無我)도 아니기에 대아(大我)라고 하고, 아(我)도 아니기에 무아(無我)라고 하며, 공(空)도 아니기에 실유(實有)라고 하고, 불공(不空)도 아니기에 허망이라고 한다. 그리고 이러한 모든 대립적인 논쟁들은 여래가 비밀히 간직한 뜻에 어긋난다고 결론짓고 있다.

중요한 것은, '대열반(大涅槃)'이라는 진리는 '현상과 본성을 떠나서[離相離性]', '긍정과 부정이 자유롭다[肯否自在]'는 점이다. 다시 말해서, 대열반은 현상과 본성을 떠났기에, 공도, 불공도, 아도, 무아도 '부정'되기도 하지만, 동시에 대아도, 무아도, 실유도, 허망도 '긍정'되기도 한다는 것이다.

셋째, 원효는 『열반종요』「출체문(出體門)」에서 '불성(佛性)의 본체는 무엇인가?'에 대해서 논쟁하는 총6설에 대해서, 원효는 다음과 같은 방식으로 회통하고 있다.(사례20) 여기에서는, 원효가 『열반종요』에서 나름대로 정리한 총6설의 내용을 도표로 간략하게 정리한 뒤에, 본 인용문의 내용을 보자.

<표 13> 총6설의 내용[19]

결과					제1설
원인	진제				제6설
	속제	인(人)			제2설
		법(法)	종자(種子)		제5설
			상심(上心)	염고심(厭苦心)	제3설
				신령심(神靈心)	제4설

19) "여섯 분들의 말이 2종의 길에 벗어나지 않으니, 처음의 한 분은 미래에 있을 결과[果位]를 가리켜 주장한 것이요, 뒤의 다섯 분은 모두 지금에 있는 원인[因]을

142

① 불성의 실체는 바로 일심(一心)이니, 일심의 성품은 모든 치우친 견해[邊見]를 멀리 떠났다. 모든 치우친 견해들을 멀리 떠났기 때문에 도무지 해당되는 것이 없다. 해당되는 것이 없기 때문에 해당되지 않는 것도 없다.

② 그러므로 마음[心]에 나아가 논하면, 마음은 원인도 결과도 아니고, 진제도 속제도 아니며, 인(人)도 법(法)도 아니고, 기(起)도 복(伏)도 아니다.

③ 그렇지만 그 인연[緣]을 들어 논하면, 마음은 기(起)도 복(伏)도 되고 법(法)도 인(人)도 되며, 속제도 진제도 되고 원인도 결과도 된다.(한불전 1, 538중~하)[20]

①에서, 원효는 불성의 실체는 일심(一心)이라고 단정하고, 이러한 이해를 바탕으로 제설은 옳기도 하고 그르기도 하다고 한다. 즉, 이 일심의 성품은 치우친 견해들을 떠났기 때문에[遠離諸邊] 제설은 모두 해당되는 것이 없고[그르고], 해당되는 것이 없기에 해당되지 않는 것도 없다고[옳다] 선언한다.

②에서, 원효는 제설을 '부정'하고 있다. 즉, 만약 우리가 마음[心]에 나아가, '불성의 본체는 무엇인가?'라는 주제에 대해서 논의하게 된다면,

근거로 주장한 것이다. 뒤의 다섯 분의 주장 가운데에도 또한 2종의 대립이 있으니, 뒤의 한 분은 진제(眞諦)를 기준으로 주장한 것이요, 앞의 네 분은 속제(俗諦)를 기준으로 하여 말한 것이다. 속제를 기준으로 하여 말한 네 분의 말씀은 인(人)과 법(法)을 벗어나지 않는다. 앞의 한 분은 인(人)을 근거로 주장하였으며, 뒤의 세 분은 법(法)을 근거로 주장하였다. 법을 근거로 주장한 세 분의 뜻은 기(起)와 복(伏)의 표현에 지나지 않는다. 뒤의 한 분은 종자를 주장하였고, 앞의 두 분은 상심(上心)을 주장하였으니, 상심(上心) 안에서 뜻을 따라 말을 달리했을 뿐이다. 六師所說 不出二途 初一指於當有之果 後五同據今有之因 此後五中 亦爲二對 後一在於眞諦 前四隨於俗諦 俗諦四說 不出人法 前一擧人 後三據法 據法三義 不過起伏 後一種子 前二上心 上心之內 隨義異說耳"(『열반종요』, 『한불전』 1, 538중~하)

20) "佛性之體 正是一心 一心之性 遠離諸邊 遠離諸邊故 都無所當 無所當故 無所不當 所以就心論 心非因非果 非眞非俗 非人非法 非起非伏 如其約緣論 心爲起爲伏 作法作人 爲俗爲眞 作因作果."

총6설은 모두 인정될 수 없다고 한다. 즉, 마음은 원인도 결과도 아니고, 진제도 속제도 아니며, 인(人)도 법(法)도 아니고, 기(起)도 복(伏)도 아니라는 것이다.

③에서, 원효는 제설을 '긍정'하고 있다. 즉, 만약 우리가 인연[緣]을 들어서 똑같은 주제에 대해서 논의하게 된다면, 오히려 총6설은 모두 인정되기도 한다는 것이다. 즉, 마음은 기(起)도 복(伏)도 되고 법(法)도 인(人)도 되며, 속제도 진제도 되고 원인도 결과도 된다는 것이다.

중요한 것은, 불성의 실체는 '일심(一心)'인데, 이 일심은 '모든 치우친 견해를 멀리 떠나보내는 성질[遠離諸邊]'을 가지고 있어서, 해당되는 것도 없어서 '부정'되고 해당되지 않는 것도 없어서 '긍정'된다는 것이다. 다시 말해서, 일심은 모든 치우친 견해를 떠났기에, 원인과 결과, 진제와 속제 등이 모두 '부정'되고, 동시에 원인과 결과, 진제와 속제 등이 모두 '긍정'된다는 것이다.

이상, 원효가 사용하는 '긍부의 자재'라는 회통방법이 어떠한 이론적 배경에서 등장하였는지 추정해 보기 위해서 원효의 저서에서 3가지 글을 살펴보았다. 이 글들에서 추출한 결론들 중에서 어떠한 공통원리가 들어 있는지를 알아보기 위해서, 거기에서 담긴 핵심 사항들을 도표로 간략하게 정리해 보면 아래와 같다.

〈표 14〉 3개 인용문의 비교

	최고원리	고유성질	표현방법
제1문	무이실성(無二實性)	이상이성(離相離性)	긍부자재(肯否自在)
제2문	대열반(大涅槃)	이상이성(離相離性)	긍부자재(肯否自在)
제3문	일심(一心)	원리제변(遠離諸邊)	긍부자재(肯否自在)

먼저, '최고원리'에 해당하는 것들을 살펴보면, 각각 '무이실성(無二實性)', '대열반(大涅槃)', '일심(一心)' 등이 등장하고 있다. 이들은 비록 그 표현은 서로 다르지만, 거기에서 말하고자 하는 바는 모두 우리가 소위 말하는

'진리'를 나타낸다고 해도 무방하리라고 본다.

다음, '고유성질'에 해당하는 것으로 '이상이성(離相離性)', '원리제변(遠離諸邊)'을 제시하고 있는데, 이들은 모두 의미상 '중도(中道)'를 나타내는 것으로 생각할 수 있을 것이다. 제1문에서는 비록 '무장무애(無障無礙)'라는 문구가 첨가되지만 이 문구도 중도의 의미를 강조하는 것으로 이해할 수 있을 것이다.

또한, '표현방법'에 해당하는 것으로는 모두 공통적으로 '긍부자재'를 말하고 있다. 다만, 제1문에서는 '이상(離相)'에 의해서 '부정'되고 '이성(離性)'에 의해서 '긍정'되는데, 제2문에서는 '이상이성(離相離性)'에 의해서 '부정'되고 '긍정'되고 있으며, 제3문에서는 '원리제변(遠離諸邊)'에 의해서 '부정'되고 '긍정'되는 사소한 차이가 있다.

보는 바와 같이, '긍부의 자재'는, '이상이성(離相離性)', '무장무애(無障無礙)', '원리제변(遠離諸邊)'과 같은 '진리의 성질'에서 연유한 것이라고 할 수 있다. 나아가 이 성질은 '무이실성(無二實性)', '대열반(大涅槃)', '일심(一心)' 등과 같은 '진리'에 그 뿌리를 두고 있다는 추정이 가능하다. 이처럼, '자재의 논리'는 진리에 기본적인 근거를 두고 있는 논리라는 것을 알 수 있다.

생각건대, 여기 '자재의 논리'에 해당하는 사례들은 하나같이 진리의 모습과 관련된 사례들이라고 할 수 있다. 일심이라고 하는 진리를 체험한 원효가 갖가지 서로 다른 견해를 가지고 논쟁하는 당사자들을 향해서 부처님의 진리를 재천명한 것이 '화쟁'의 참뜻이라고 한다면, 이 사례들의 경우에는 진리의 성질이 직접적으로 들어나야 하는 것은 당연해 보인다.

그렇다면, 진리의 모습은 어떠한가? 연기법의 핵심은 모든 존재는 서로 의존하여 성립하고 소멸한다는 것이다. 이 사고방식에 의하면, 이미 생겨난 것은 항상 소멸하게 되므로 '있다'고만 말할 수도 없고, 비로소 생겨나는 존재들은 이미 생겨난 것이기에 '없다'고만 말할 수는 없다. 즉, 있다와 없다는 서로 의존하기에, 있다는 궁극적으로 '있다'만이 아니고, 없다는 궁극적으로 '없다'만이 아니다.

이러한 사고방식은 긍정과 부정에 대해서도 마찬가지로 적용된다고 할 수 있다. 있다와 없다를 모두 한꺼번에 '긍정'하는 것과 있다와 없다를 모두 한꺼번에 '부정'하는 것도 역시 서로 의존해서 성립한다. 그러기에, 있다와 없다를 모두 한꺼번에 긍정하는 것은 궁극적으로 '긍정'만이 될 수 없고, 있다와 없다를 모두 한꺼번에 부정하는 것도 궁극적으로 '부정'만이 될 수 없다.

유무의 자재, 긍부의 자재, 동이의 자재와 같은 '자재의 논리'는 바로 이러한 '연기법'이라는 진리에서 비롯된 사고방식이라고 보아야 한다. 지금까지 보아온 바와 같이, 진리의 모습과 직접적으로 관련된 논점에 대해서 논쟁하는 당사자들에게 원효는 진리의 참모습을 '자재의 논리'를 통해서 여과 없이 그대로 드러내 주며 화쟁하고 있다. 필자는 이 모습이 원효화쟁론의 하이라이트라고 생각한다.

2. 방법2 : 언어의 초월

이제, 두 번째 화쟁방법으로 활용되고 있는 '언어의 초월'에 대해서 살펴보자. '여기에서 '언어의 초월'이라고 함은, '말만을 취하면 양설이 그르게 되지만, 뜻으로 이해하면 양설이 옳게 된다'고 말한 것과 같이, 언어를 초월하는 것에 중점을 두어 회통하는 방법을 말한다. 아래에서는 먼저 이 방법이 사용된 화쟁사례를 검토하고, 원효의 일반저서를 통해서 이 방법에 대하여 더욱 깊이 있게 검토해 본다.

1) 사례의 검토

원효의 현존본에서 '언어의 초월'이라는 방법으로 회통한 사례는 2가지 이다. 첫째, 『대승기신론소기회본』「생멸문(生滅門)」에서는 '식상(識相)은 염연(染緣)으로만 일어나는가?'에 관해서 논쟁하는 긍정설과 부정설에 대해서, 원효는 다음과 같이 회통하고 있다.(사례61)

① 어떤 사람은 말한다. 두 분의 말이 모두 도리가 있다. 모두 성전에서 말한 것에 의거하였기 때문이니, 앞분의 말은 유가(瑜伽)의 뜻에 맞고, 뒷분의 말은 기신(起信)의 뜻에 맞다.

② 또한 말 그대로 뜻을 취해서는 안 될 것이니, 그 까닭은 만약 처음의 주장대로 뜻을 취한다면 곧 이는 법아집(法我執)이며, 만약 뒤의 주장대로 뜻을 취한다면 이는 인아견(人我見)을 말하는 것이다. 또 만일 처음의 뜻을 고집한다면 단견(斷見)에 떨어질 것이며, 뒤의 뜻에 집착한다면 상견(常見)에 떨어질 것이니, 두 가지 뜻이 모두 옳지 않은 주장임을 알아야 할 것이다. 비록 옳지 않은 주장이지만 또한 옳은 주장이니, 비록 그러하지는 않으나 그렇지 않은 것도 아니기 때문이다.(한불전1, 767중~하)[21]

①에서 원효는 '양설이 모두 맞다'고 말하고 있다. 즉, 앞분의 말은 현료문(顯了門)에 해당하는 유가(瑜伽)의 뜻에 맞고, 뒷분의 말은 은밀문(隱密門)에 해당하는 기신(起信)의 뜻에 맞다는 것이다. 이처럼, 양설은 모두 성전에 의거하고 있기 때문에 조금도 틀리지 않고 모두 맞다는 것이다.

②에서는, '만일, 말 그대로 뜻을 취하면 양설이 모두 틀리게 된다'고 말한다. 즉, 만일 말 그대로 뜻을 취하게 되면, 앞분의 말은 법아집(法我執)과 단견(斷見)에 떨어지게 되고, 뒷분의 말은 인아견(人我見)과 상견(常見)에 떨어지게 되기 때문에, 양설은 모두 그르게 된다는 것다.

중요한 것은, '말 그대로 뜻을 취하게 되면, 제설은 모두 그르게 된다'는 점이다. 그러니까, 양설이 모두 성전에 의거하여 나름대로 개진하고 있으므로 모두 옳다. 하지만, 그 본래의 뜻을 져버리고 문자에만 집착하면 모두 틀려버리게 된다는 것이다. 우리는 여기에서 참으로 말하고자 하는

---

21) "或有說者 二師所說皆有道理 皆依聖典之所說故 初師所說得瑜伽意 別記云 依顯了門 後師義者得起信意 別記云 依隱密門 而亦不可如言取義 所以然者 若如初說而取義者 卽是 法我執 若如後說而取義者 是謂人我見 又若執初義 墮於斷見 執後義者 卽墮常見 當知二義 皆不可說 雖不可說而亦可說 以雖非然而非不然故."

이치는 '언어를 초월한 곳'에 있다는 것을 짐작할 수 있게 된다.

둘째, 원효는 『무량수경종요』「과덕(果德)」에서 '의보토(依報土)는 공과(共果)인가, 불공과(不共果)인가?'에 관해서 장황하게 논쟁하는 공유설(共有說)과 불공설(不共說)에 대해서, 다음과 같이 짤막하게 회통하고 있다.(사례 45)

> 질문한다. 이와 같은 양설에, 어떤 이득이 있고 어떤 손실이 있는가? 대답하여 말한다. 만일 ⓐ 그 말만을 취한다면 논리가 성립하지 않지만, ⓑ 뜻으로 이해하면 모두 도리가 있다.(한불전1, 556하)[22]

이 글에서, 원효는 '양설이 모두 맞기고 하고 틀리기도 한다'고 선언하고 있다. 다만, 그러한 판단에는, '그 말만을 취하면' 혹은 '뜻으로 이해하면'이라는 조건이 붙어있는 점을 주의하여야 한다. 즉, 원효는 ⓐ에서, 그 말만을 취하면, 논리가 성립하지 않기 때문에 양설은 모두 그르다고 하고, ⓑ에서는, 뜻으로 이해하면 모두 도리가 있기 때문에 양설은 모두 맞다고 하고 있다.

중요한 것은, 원효가 '말만을 취하면 양설이 그르고, 뜻으로 이해하면 양설이 옳다'라고 힘주어 말하고 있다는 점이다. 이러한 원효의 언급을 통해 볼 때, 참으로 부처님께서 말씀하고자 하는 이치는 '언어를 초월한 곳'에 있음을 다시 보여주고 있다고 생각된다.

2) 이론적 배경

'말만을 취하면 양설이 그르고, 뜻으로 이해하면 양설이 옳다'는 말은 무슨 뜻일까? 원효저서에는 이러한 의문을 갖게 하는 대목이 종종 등장한다. 예컨대, 『대승기신론별기』「서문」에서, "승강(乘降)이 차별되므로 감응의 길이 통하며, 진속(眞俗)이 평등하므로 생각하는 길이 끊어졌다"고

---

22) "問 如是二說 何得何失 答曰 如若言取 但不成立 以義會之 皆有道理."

하였다. 그런데, 여기에서 '생각하는 길이 끊어졌다'는 것은 무엇을 말하는 것일까? (대승기신론소기회본, 한불전1, 733상~중)[23]

또한, 『대승기신론별기』 「서문」에서, "스스로 두구대사(杜口大士)와 목격장부(目擊丈夫)가 아닐진대, 누가 언설을 떠난 대승을 논할 수 있겠는가?"라고 하였다. 그런데, 여기에서 '두구대사와 목격장부'와 같은 사람만이 언설을 떠난 대승을 비로소 논할 수 있는 것이라면, 그렇다면 우리 같은 보통사람은 진리를 논할 수 없다는 말인가? (대승기신론소기회본, 한불전1, 733중)[24]

또한, 『금강삼매경』 「진성공품」에서 부처님께서는, "내가 설명하는 것은 뜻[義]를 나타낸 말이요 문자가 아니지만, 중생들이 설명하는 것은 문자만 나타내는 것이요 뜻이 아니다"고 하였다. 그렇다면 문자만 나타내는 말은 쓰는 중생들은 진리를 말할 수 없고, 뜻을 나타내는 말을 쓰는 부처님만이 진리를 말할 수 있다는 것인가?(한불전1, 653상)[25]

이와 같은 인용문들과 위에서 살펴본 '언어의 초월'을 방법으로 사용한 화쟁사례의 내용을 고려해 보면, 우리는 어느덧 '과연 진리는 언어로 표현될 수 있는 것일까?'라는 의문이 자연스럽게 떠오르게 된다. 아래에서는, 오늘날 원효의 저서에 남아 있는 글을 통해서 바로 이러한 의문에 대한 대답을 추구해 보도록 하자.

원효는 『대혜도경종요』 「제명(題名)」에서 '문자반야(文字般若)'에 관하여 논하고 있다. 여기에서 그는 '반야(prajñā, 般若)'를 '지혜(智慧)'라고 번역할 때 발생하는 의미 전달의 차이를 계기로 하여, '반야의 본체가 과연 언어로 표현될 수 있는가?'와 관련된 논의를 하고 있다. 논의는 모두 4단계로 이루어져 있는데, 제1단계는, '지혜로 반야의 본체를 지칭할 수

---

23) "昇降差故 感應路通 眞俗等故 思議路絶 思議絶故 體之者乘影響而無方 感應通故 祈之者 超名相而有歸."
24) "自非杜口大士 目擊丈夫 誰能論大乘於離言."
25) "我所說者 義語非文 衆生說者 文語非義 非義語者 皆悉空無 空無之言 無言於義 不言義者 皆是妄語."

있는가?'에 관해서이다.

① 질문한다. 만약 저 반야라는 이름을 이곳의 말로 번역하여 지혜라고 한다면, 어찌하여 논에서는 이 둘은 가리키는 것이 다른가? …… 대답한다. 논에서 말하는 의미는 지혜라는 이름이 반야의 본체를 지칭하지 못한다는 것을 밝힌 것이며, 반야라는 지칭이 지혜라는 이름에 맞지 않는다고 말한 것은 아니다.

② 왜냐하면, 글에서 지혜라는 이름으로 지칭한 것은 이름을 지칭하여 지혜라고 할 수 있음을 드러낸 것이며, 반야의 의미가 매우 깊고 지극히 무겁다고 한 것은 반야의 본체가 언어를 떠나고 사유를 뛰어넘은 것임을 나타낸 것이다. 지혜가 경박하다는 것은 반야의 이름이 언어와 사유를 떠나지 못함을 밝힌 것이다. 그러므로 그 이름은 본체를 지칭하지 못한다는 것이다.

③ 또한, 반야는 의미가 많고 지혜는 적다고 한 것은 반야의 본체가 한량이 없어서 알아야 할 바와 증득해야 할 바가 한량없기 때문이다. 지혜라는 이름은 한량이 있어서 오로지 하나의 이름만을 지칭하고 알 수 있을 뿐이기 때문이다. 그러므로, 적은 의미를 가진 이름으로 많은 의미를 갖는 본체를 지칭하지 못하는 것이다.

④ 다음, 반야의 이익 되는 곳이 넓다고 말한 것은 반야의 본체가 이익 되는 곳이 넓어서 지혜라는 이름으로는 그 나타내어야 할 내용을 전부 지칭할 수 없으므로 지칭할 수 없다고 한 것이다.

⑤ 다음, 궁극적인 완전한 앎이므로 그렇게 칭한다고 한 것은, '반야의 본체'란 명칭은 완전한 앎에서 왔지만, '반야의 본체'는 전혀 알려지는 바가 없다. 이것은 항상과 무상, 진실과 허망, 있음과 없음 등과 같은 일체의 것을 얻을 수 없기 때문이니, 그래서 지칭할 수 없다고 말한 것이다. 또, 본체의 모습을 완전히 알기에 그 본체의 모습을 명칭으로 얻었지만, 반야의 모습을 알 수는 없다고 해석한 것은, 항상과 무상 등을 얻을 수 없기 때문이다. 이와 같은 도리로 말미암아 지칭할 수

없다는 것이다. 이 네 가지 뜻으로 지칭할 수 없음을 해석하였으니, 이것은 이름과 본체가 서로 일치하지 않음을 나타내는 것이다.(한불전1, 484상~중)26)

①에서 원효는 인용문 전체를 이끄는 중요한 문답을 제시한다. 즉, '반야(prajñā, 般若)'라는 이름을 이곳의 말로 번역하여 '지혜'라고 한다면, 지혜라는 단어로 반야의 본체를 지칭할 수 있는가를 묻는다. 그리고 여기에 대해서 대답하기를, 논에서 말하려고 하는 것은, 지혜라는 이름이 반야의 본체를 가리키지는 못한다는 점을 밝힌 것이라고 명확하게 대답하고 있다.

②에서는 위에서 그렇게 대답한 첫째 이유를 설명하고 있다. 즉, 글에서 '반야'의 의미가 매우 깊고 지극히 무겁다고 말한 것은, 반야의 본체가 본래 언어를 떠나고 사유를 뛰어넘은 것이라는 점을 나타내려고 한 것이고, 지혜가 경박하다는 것은 반야의 이름이 언어와 사유를 떠나지 못함을 밝힌 것이라고 한다. 그러므로 그 이름은 본체를 지칭하지 못한다고 설명한다.

③에서는 그렇게 대답한 둘째 이유를 설명하고 있다. 즉, 글에서 반야는 의미가 많고 지혜는 의미가 적다고 한 것은, 반야의 본체는 한량이 없어서 알아야 할 바가 한량이 없는데, 이에 비해서 지혜라는 이름은 한량이 있어서 오로지 하나의 이름만을 지칭하고 알 수 있다고 한다. 그러므로 적은 의미를 가진 이름으로 많은 의미를 갖는 본체를 지칭하지 못하는

---

26) "問 若彼般若之名 此土譯言慧者 何故論說 此二不稱 …… 答 此論文意 正明智慧之名 不稱般若之體 非謂般若之稱 不當智慧之名 何者 文稱名智慧者 是擧能稱名爲智慧 般若甚 深極重者 是顯般若之體 離言絶慮 智慧輕薄者 是明般若之名不離言慮 是故此名不能稱體 又般若多智慧少者 般若之體 無量無邊 所知所證 無限量故 智慧之名 有限有量 能稱能知唯 一名故 是故少名不稱多體 次言般若利益處廣者 是明般若之體 利益處廣 智慧之名 所不能 詮 是故言不可稱 次言究竟盡知故名稱者 是明智慧之體 名稱於盡知 而般若體 都無所知 謂常無常虛實有無 如是一切不可得故 是故言不可稱 又釋盡知能相故 得以名稱其體相 而般若相無能知者 常無常等不可得故 由是道理故不可稱 以是四義釋不可稱 是顯名體不 得相稱也."

것이라고 설명한다.

④에서는 그렇게 대답한 셋째 이유를 설명하고 있다. 즉, 글에서 반야는 이익 되는 곳이 넓기 때문에 그렇게 칭한다고 한 것은, 실제로 반야의 본체는 이익 되는 곳이 매우 넓다는 사실을 나타낸 것이라고 한다. 그런 까닭에, 지혜라는 이름만으로는 반야가 나타내어야 할 내용을 도저히 전부 가리킬 수는 없기 때문에, 지혜로는 반야를 가리킬 수 없다고 설명한다.

⑤에서는 그렇게 대답한 넷째 이유를 설명하고 있다. 즉, 글에서 궁극적인 완전한 앎이므로 그렇게 칭한다고 한 것은, '반야의 본체'란 명칭은 완전한 앎에서 왔지만, '반야의 본체' 자체는 전혀 알려지는 바가 없기 때문이라는 것이다. '반야의 본체' 자체는 항상과 무상, 진실과 허망, 있음과 없음 등과 같은 일체의 것을 얻을 수 없기 때문에 지칭할 수 없다고 말했다고 설명한다.

요컨대, 반야에 대응하는 번역어인 '지혜'라는 단어로는 '반야의 본체' 즉, '반야라는 표현이 지시하는 의미대상'을 표현할 수 없다는 것이다. 그리고 그 이유를 4가지로 제시하였는데, 첫째, 반야의 의미는 깊고 무겁지만 지혜는 얕고 가벼우며, 둘째, 반야는 의미가 많지만 지혜는 적으며, 셋째, 반야는 이익 되는 것이 많으며, 넷째, '반야의 본체' 자체는 전혀 알려지는 바가 없기 때문이라는 것이다.

그렇다면, 제2단계로 '무지(無知)라는 표현으로 반야의 본체를 드러낼 수는 있는가?'라는 새로운 질문을 하게 된다.

① 질문한다. 반야의 본체는 앎의 대상이 없으므로 완전한 앎의 명칭으로 지칭할 수 없다고 한 것은, 곧 앞서 해석에서 무지(無知)의 뜻이 지혜의 뜻이라고 하였기에 그 이름으로 반야의 본체를 가리킬 수 있다는 것인가?

② 대답한다. '무지'라는 이름도 또한 본체를 지칭할 수 없다. 바로 이 부정적인 표현으로 완전하게 표시할 수 없기 때문이고, 단지 앎에

대한 부정일 뿐 무(無)를 나타낸 것은 아니기 때문이다.(한불전1, 484
중)27)

①에서 새로운 방향으로 질문을 계속한다. 즉, 위에서 반야의 본체는
앎의 대상이 없으므로, 지혜라는 이름으로 반야의 본체를 가리킬 수 없다고
하였다. 그렇다면, 앞에서 지혜의 뜻이 '무지(無知)'라고 하였으므로, 이제
'무지'라는 이름으로 반야의 본체를 가리킬 수는 있는 것인가? 라고 질문한
다.

②에서는 무지라는 이름으로도 반야의 본체를 가리킬 수는 없다고
한다. 왜냐하면, '무지'라는 말은 반야의 본체를 직접적으로 가리키는
표현이 아니라 단지 '아는 것이 아니다'라는 표현이기 때문이라는 것이다.
이와 같이 '부정적인 표현'에 불과한 것만으로는 완전하게 '반야의 본체'를
표시할 수 없다고 한다.

그렇다면, 제3단계로, "'매우 깊고 지극히 무겁다'라는 긍정적인 표현으
로는 반야를 지칭할 수 있는 것인가?"라는 새로운 의문을 제기한다.

① 질문한다. 만약 그렇다면, '매우 깊고 지극히 무겁다'는 말은, 그 본체를
   들어낸 것이므로 능히 표시할 수 있으며, 능히 표시할 수 있는 까닭에
   지칭할 수 없는 것은 아니다. 만약 '매우 깊다'는 말로도 또한 지칭하지
   못한다면, 어떻게 그 말이 본체를 드러낸 것이라고 말할 수 있겠는가?
② 대답한다. '매우 깊다'는 등의 말도 또한 부정적인 표현이다. 단지 천박함
   을 막았을 뿐 깊음을 얻은 것은 아니다. 그러므로 이 말도 또한 그
   본체를 지칭하지 못한다. 그러나, 논주(論主)의 의도는, 반야의 본체를
   향하여 그 말을 한 것이며, 반야의 이름에 나아가서 경박하다고 말한
   것이다. 이러한 의도를 나타내고자 하므로 본체를 들어 말한 것이다.
   '매우 깊다'는 말로 반야의 본체를 지칭할 수 있다고 한 것은 아니다.(한불

---

27) "問 般若之體無所知故 盡知之名不得稱者 則如前釋言無知義是慧義 是名可稱般若之體
   答 無知之名亦不稱體 直是遮詮不能表示故 但遮於知非表於無故."

전1, 484중~하)28)

①에서, 새로운 방향으로 질문을 계속한다. 즉, 무지와 같이 부정적인 표현으로 반야의 본체를 가리킬 수 없다면, '매우 깊다'와 같은 긍정적인 말은 반야의 본체를 들어낸 것이므로 능히 표시할 수 있으며, 능히 표시할 수 있는 까닭에 가리킬 수 있을 것이라고 추정한다.

②에서는 위 질문에 대해서 대답한다. 즉, '매우 깊다'라는 표현도 반야의 본체를 가리킬 수 없다고 한다. 왜냐하면, '매우 깊다'라는 '긍정적인 표현'도 사실은 다만 '천박하지 않다'라는 부정적이 표현에 불과하기 때문에, 위에서와 같은 이유로 그 본체를 지칭하지 못하기 때문이라는 것이다. 그래서 '매우 깊다'라는 표현도 역시 마찬가지 이유로 반야의 본체를 가리킬 수 없다고 말한다.

그렇다면, 4단계로, '그러면 어찌하여 반야의 10가지 뜻을 지업석 (karmadhāraya 持業釋)이라고 하였는가?'라는 마지막 의문을 제기하게 된다.29) 원래, 지업석이란, 육합석(六合釋)의 일종으로서 앞 구의 글자가

---

28) "問 若爾甚深極重之言 是擧其體故能表示 能表示故非不可稱 若甚深言亦不稱者 何謂此言 是擧體耶 答 甚深等言亦遮詮 但遮淺薄不得深故 是故此言亦不稱體 然論主意 向般若體而 發此言 就般若名說輕薄言 爲顯是意故言擧體 非謂甚深之言能稱般若之體也."

29) 반야의 10가지 뜻 : 『대혜도경종요』「석제명(釋題名)」에서 반야의 구체적인 의미를 『대지도론』에 근거하여 열 가지로 설명한다. ①이해하고 깨닫는다는 의미가 智慧의 의미이다. 모든 앎의 경계를 능히 깨닫기 때문이다. ②알음알이가 없는 의미가 智慧의 의미이다. 알아야 할 것이 있다면 실상을 아는 것이 아니기 때문이다. ③파괴의 의미가 智慧의 의미이다. 일체의 性相을 파괴하기 때문이다. ④파괴되지 않는다는 의미가 智慧의 의미이다. 假名을 파괴하지 않고 실상을 증득하기 때문이다. ⑤멀리 떠난다는 의미가 智慧의 의미이다. 모든 집착하는 相을 영원히 떠나기 때문이다. ⑥떠나지 않는다는 의미가 智慧의 의미이다. 일체법상을 깨달아 알기 때문이다. ⑦떠남도 없고 떠나지 않음도 없다는 의미가 般若의 의미이다. 일체법에는 떠날 것도 없고 떠나지 않을 것도 없기 때문이다. ⑧파괴됨도 없고 파괴되지 않음도 없다는 의미가 般若의 의미이다. 일체법에는 파괴될 것도 없고 파괴되지 않을 것도 없기 때문이다. ⑨앎도 없고 알지 못함도 없다는 의미가 般若의 의미이다. 알아야 할 것이 없으므로 알지 못할 것도 없기 때문이다. ⑩의미하는 것도 없고 의미하지 않는 것도 없다는 의미가 般若의 의미이다.

뒷 구의 글자에 대해서 형용사, 부사 또는 동격의 명사인 관계를 갖는 경우의 해석을 말하는데, 특히, 하나의 본체에 하나의 기능을 가지는 경우의 해석을 말한다. 예컨대, 장식(藏識)이라고 할 경우에 장(藏)은 기능이고 식(識)은 본체를 말한다.

① 질문한다. 만약 그렇다면, 앞에서 10가지 뜻으로써 반야의 이름을 해석한 것은, 모두 진실한 반야의 본체를 지칭한 것이 아니고, 또한 반야의 업용(業用)을 지칭한 것도 아닌 것인데, 어찌하여 이것을 지업석(持業釋)이라고 하였는가?

② 대답한다. 반야는 그러한 것이 아니므로 모든 이름에 해당되지 않지만, 동시에 그렇지 않은 것도 아니므로 모든 이름에 해당될 수 있다. 또한, 지업석은 그것이 가설이요, 진실로 그렇다고 말한 것은 아니므로 서로 어긋나지 아니한다.(한불전1, 484하)[30]

①에서, 지금까지의 논의를 마무리 하는 질문을 한다. 즉, 앞에서 반야라는 이름을 10가지 뜻으로 해석한 것에 대해서, 모두 진실한 반야의 본체를 지칭한 것이 아니라고 하였다. 그렇다면 이것은 반야의 업용(業用)을 지칭한 것도 아닌 것이라는 말이 되어서, 지업석(持業釋)이라고 할 수 없게 된다. 그런데, 어찌하여 이것을 지업석이라고 하였느냐며 의문을 제기한

일체의 의미도 얻지 못하며 의미 아닌 것도 얻지 못하기 때문이다.(한불전1, 483하) 이러한 내용을 정리하여 보면, 크게 두 가지가 있는데, '의미'가 있는 첫째부터 아홉째까지와, '의미'가 없고 의미하지 않는 것도 없다는 열째의 것이 그것이다. 그리고, 다시 첫째부터 아홉째까지는 세 가지 종류가 있다. 즉, 첫째, 둘째, 아홉째의 내용은 앎이 있고, 없고, 있지도 않고 없지도 않다는 것으로 결국 '앎'에 관한 것이다. 셋째, 넷째, 여덟째는 똑같은 논리로 '파괴'에 관한 것이고, 다섯째, 여섯째, 일곱째는 역시 같은 논리로 '떠남'에 관한 것이다. 이렇게 보면, 반야의 의미에는 '앎', '파괴', '떠남' 같은 개념이 중요한 의미를 갖는 것을 알 수 있다.

30) "問 若如是者 前以十義釋般若名 皆不稱實般若之體 亦不稱於般若之業 云何而言是持業釋 答 般若非然故不當諸名 而非不然故能當諸名 又持業釋且是假說 非謂實然故不相違也."

다.

②에서 이 질문에 대한 대답을 한다. 즉, 반야의 10가지 뜻을 지업석이라고 하여도 틀린 말은 아니라고 한다. 즉, 반야의 본체는 그 이름들이 가리키는 것이 아니므로 모든 이름에 해당되지 않지만, 동시에 그 이름들이 가리키는 것이 아닌 것도 아니므로 모든 이름에 해당될 수 있다. 또한, 지업석은 그것이 가설이요, 진실로 그렇다고 말한 것은 아니므로, 지업석이라고 하여도 틀린 말은 아니라는 것이다.

여기에서, 우리는 우리의 주제와 관련해서 볼 때, 의미심장한 문구를 마주하게 된다. "반야의 본체는 그 이름들이 가리키는 것이 아니지만, 동시에 그 이름들이 가리키는 것이 아닌 것도 아니다"라는 언급이다. 원효는 '반야의 본체'와 '그 이름'과의 관계에 대해서, 가리킨다거나 가리키지 않는다거나 하는 흑백논리적인 생각을 뛰어넘어서, 그 어디에서 속하지 않는 중도적인 표현을 하고 있다.

이러한 원효의 표현을 놓고 볼 때, 우리의 주제인, '진리는 과연 언어로 표현될 수 있는가?'하는 문제에 많은 점을 시사해 준다고 생각된다. '반야의 본체'를 '진리'라고 생각하고, '그 이름'을 '언어'라고 대치해 놓고, 원효가 한 말의 의미를 다시 새겨보면, "진리는 언어로 표현될 수 없다. 하지만, 동시에 언어로 표현되지 못할 것도 아니다"라는 의미를 담고 있기 때문이다.

3) 원효의 입장

"원효는 진리와 언어와의 관계에 대해서 어떠한 입장에 있을까?" 이제, 이 질문에 대해서 생각해 보자. 그런데, 이 질문을 탐구하기 전에 잠시 살펴보아야 할 것이 있다. 그것은 바로, 원효가 '언어' 자체에 대해서 어떠한 생각을 가지고 있는지 알아보는 것이다. 그가 언어 자체에 대해서 가지고 있는 생각을 알아야 비로소 진리와 언어와의 관계에 대한 그의 생각을 이해할 수 있을 것이기 때문이다.

저서에 담긴 내용을 바탕으로 생각해 볼 때, 원효는 '언어'에 대해서 다음과 같은 3가지 생각을 하고 있는 것으로 추정된다. 첫째, 언어에 '실체성이 없다'고 보는 듯하다. 『금강삼매경론』「총지품(摠持品)」에 보면, 원효는 식(識)과 경계(境界)와 같은 능연(能緣)과 소연(所緣)은 단지 '명칭'일 뿐 그 자체에 실체가 없다고 말하고 있는 것을 볼 수 있다.(한불전1, 669하)[31]

둘째, 언어를 통하여 '사물의 성질을 얻을 수 없다'고 하는 듯하다. 『금강삼매경론』「무생행품(無生行品)」에 보면, 원효는 나무 가운데 '불의 성질'이 있어서, 이것을 나타내려고 '불의 자성'이라는 명칭을 말하였으나, 이 명칭 자체를 아무리 분석하여도 단지 이름일 뿐 '불의 자성'을 얻을 수는 없다고 말하고 있는 것을 볼 수 있다.(한불전1, 624하)[32]

셋째, 언어와 그것이 가리키는 '의미와의 관계는 상대적이다'고 보는 듯하다. 『금강삼매경론』「입실제품(入實際品)」에 보면, 원효는 '비명비상의(非名非相義)'라는 문구를 해설하고 있다.(한불전1, 643상)[33] 여기에서, 그는 언어[名]와 의미[義]의 관계를 가리키는 주체와 가리켜지는 객체라고 하는 '상대적인 관계'로 보고 있는 것을 볼 수 있다.

이상과 같은 언어관을 가지고 있는 원효가 "진리는 과연 언어로 표현할 수 있는가?"에 대해서 어떠한 생각을 가지고 있는지 생각해 보자. 이 점에 대해서 필자는 다음 3군데의 언급에서 그 자취를 살필 수 있다고 본다. 첫째, 『금강삼매경론』「여래장품(如來藏品)」에서, 원효는 부처님이 '법신의 본체에 대한 상법(常法)'을 설명하기 위해서 사용한 문구들에 대해서 다음과 같이 해설하고 있다.

---

31) "初中言 是二能所緣者 謂汝所計 識是能生 境是所生 直是妄取能緣所緣 俱是本來 但名無自."
32) "火性名下 義不可得 如是火性 雖不可得 而其木中 非無火性 欲詮此理 說火性名 推析此名 但有諸字 轉求諸字 皆無所得."
33) "非名者 離名句文能詮相故 非相義者 離名所詮相 當名之義故."

① 처음 가운데 '상법은 상주하는 법이 아니다'(常法非常法)고 말한 것은, 부처님께서 본보기로 삼은 법신의 본체는 생멸상을 떠났기 때문에 상법이라고 하였고, 상주하는 성질을 떠났기 때문에 상주하는 법이 아니라고 하였다.

② '설명할 수 있는 것도 아니고 문자로 나타낼 수 있는 것도 아니다'(非說亦非字)고 한 것은, 설명해 줄 수 있는 명칭과 언어를 끊었기 때문이다.

③ '진리가 아니고 해탈도 아니다'(非諦非解脫)고 한 것은, 설명되어지는 여실한 뜻을 초월하였기 때문이다.(한불전1, 664하)[34]

①에서 원효는 '상법비상법(常法非常法)'에 대해서 해설하고 있다. 즉, 법신의 본체가 생멸하는 모습을 떠났기 때문에 '상법'이라고 하였고, 상주하는 성질을 떠났기 때문에 '상법이 아니다'라고 하였다고 해설한다. 여기에서 우리는 상법 자체는 언뜻 보면 모순되어 보일 수도 있다는 것을 알 수 있다.

②에서 원효는 '비설역비자(非說亦非字)'에 대해서 해설하고 있다. 즉, 법신의 본체는 그것을 설명해 줄 수 있는 언어와 끊어져 있기 때문에 그렇게 말했다고 하였다. 여기에서 우리는, 법신의 본체와 그것을 '능동적'으로 설명해줄 수 있는 언어와 같은 것이 아니라는 것, 다시 말해서 법신의 본체와 그것을 가리키는 언어는 끊어져있다는 것을 알 수 있다.

③에서 원효는 '비제비해탈(非諦非解脫)'에 대해서 해설하고 있다. 즉, 법신의 본체는 그것이 설명되어지는 여실한 뜻을 초월하였기 때문에 그렇게 말했다고 하였다. 여기에서 우리는, 법신의 본체와 언어는 서로 끊어져 있다. 그래서 결과적으로, 법신의 본체는 언어에 의해서 '수동적'으로 설명될 수 있는 '진실'이니 '해탈'이니 하는 것을 초월한다는 것을 알 수 있다.

생각건대, 이상에서 살펴본 '법신의 본체와 언어'에 대한 원효의 해설은

---

34) "非說亦非字者 絶能詮名言故 非諦非解脫者 超所詮實義故."

우리의 주제와 관련하여 시사하는 점이 있다. '법신의 본체'는 어떠한 언어를 통해서 드러내고자 하는 '인식대상'이라고 가정하고, '상법'은 법신의 본체를 가리키기 위한 언어와 같은 '인식도구'라고 가정한다면, '진리는 동시에 진리가 아니다'와 같이, 언뜻 보면 모순된 표현이 가능하기도 하다는 것이다.

또한, '진리가 가리키려고 하는 대상'과 그것을 능동적으로 설명하고자 하는 '언어적 표현인 진리'는 서로 단절되어 있다는 점을 강력히 시사하고 있다. 그리하여, '진리의 대상'과 '진리라는 언어'가 서로 단절됨으로 인하여, 진리의 대상은 진리라는 언어에 의해서 수동적으로 설명되어지는 진실한 의미들을 초월하게 된다는 점을 우리에게 알려주고 있다.

둘째,『대승기신론소기회본』「법장문(法章門)」에서 '이치는 언어를 끊는가, 끊지 않는가?'에 관해서 논쟁하는 긍정설과 부정설에 대해서, 원효는 다음과 같이 자신의 견해를 드러내고 있다.(사례52)

> 해석하여 이른다. 그러므로 마땅히 알아야 하나니, ⓐ 이치는 말을 끊은 것이 아니고 끊지 않은 것도 아니다. 이런 뜻에 의하므로 ⓑ 이치는 또한 말을 끊기도 하고 말을 끊지 않기도 하는 것이니, 그렇다면 저 논란이 합당하지 않은 바가 없을 것이다.(한불전1, 743중)[35]

이 글에서, 원효는 양설이 옳기도 하고 동시에 틀리기도 하다고 말하고 있다. 즉, ⓐ에서는, '이치는 언어를 끊는 것이 아니고 끊지 않는 것도 아니다'라고 하여, 긍정설과 부정설이 모두 잘못되었음을 지적하고 있다. 동시에 ⓑ에서는 '이치는 언어를 끊는 것이면서 끊지 않는 것이다'라고 하여, 긍정설과 부정설이 모두 옳다는 것을 지적하고 있다.

여기에서 원효는 일상적인 언어로는 이치와 언어와의 관계를 표현할 수 있는 한계를 넘어섰다는 것을 보여주고 있다. 즉, 이치의 본체는 언어적

---

35) "解云 是故當知 理非絶言 非不絶言 以是義故 理亦絶言 亦不言絶 是則彼難無所不當."

표현의 한계를 넘어서 있기에, 단순히 '끊을 수 있다' 혹은 '끊을 수 없다'와 같은 일상적인 표현으로는 접근할 수 없는 것으로 이해된다는 것이다.

생각건대, 여기『대승기신론소기회본』에 나타난 원효의 입장은, 바로 위에서 살펴본『금강삼매경론』의 언급과 같은 맥락이라는 것을 미루어 짐작할 수 있다. 거기에서 원효는 법신(法身)은 그것을 능동적으로 설명해 줄 수 있는 상법(常法)과 서로 끊어져 있다고 하였고, 상법에 의해서 수동적으로 드러나는 진실(眞實)을 초월한다고 하였는데, 이 점이 여기에서 언급한 내용과 맥락이 닿아있다.

또한, 여기『대승기신론소기회본』에 나타난 원효의 입장은, 위에서 살펴본『대혜도경종요』의 언급과 같은 취지인 것을 알 수 있다. 거기에서 말하기를, "반야의 본체는 그 이름들이 가리키는 것이 아니지만, 동시에 그 이름들이 가리키는 것이 아닌 것도 아니다"라고 하였다. 그런데, 이 말은 "진리는 언어로 표현될 수 없지만, 언어로 표현되지 못한 것도 아니다"로 해석될 수도 있기 때문이다.

셋째, 원효는『십문화쟁론』「공유이집화쟁문(空有異執和諍門)」에서, 우리가 지금 논의하고 있는 주제와 관련해서 의미심장한 언급을 하고 있다. 그는 이러한 상황을 다음과 같이 '비유'로 묘사하고 있다.

① 그대가 비록 교묘한 방편으로 여러 방해와 비난을 제기하였으나, 직접 비난한 언설은 뜻에 어긋나지 않고 인용된 비유는 모두 성립하지 않는다. 왜냐하면, 소뿔은 유(有)가 아니고 토끼뿔은 무(無)가 아니기 때문이며, 그대에게 취해진 것과 같은 것은 단지 명언(名言)일 뿐이기 때문이다.
② 나는 언설에 의지하여 언설을 떠난 법을 보여주고자 한 것이니, 마치 손가락에 의지하여 손가락을 떠난 달을 보여주는 것과 같다. 그대는 이제 직접적으로 말과 같이 뜻을 취하고, 말하기 좋은 비유를 들어 언설을 떠난 법을 비난하는데, 그것은 다만 손가락 끝을 보고 달이 아니라고 문책하는 것과 같다. 그러므로 문책과 비난이 더욱 정교할수

록, 이치는 더욱 멀리 잃게 될 따름이다.(한불전1, 838상~중)[36]

①에서, '소뿔과 토끼뿔'을 비유로 들며 '공(空)과 다르지 않은 유(有)는 있을 수 없다'는 요지의 질문에 대해서, 원효가 대답하고 있는 장면이다. 즉, 언어는 실제적 대상이 아니므로 말을 그대로 취하여 거기에 매달려서 비난하는 것은 옳지 못하다는 것이다.

②에서는 '손가락'은 '언어'에 비유하고, '달'은 '법'에 비유하여 설명한다. 즉, 자신은 손가락으로 손가락을 떠난 달을 보여주려고 하는 것처럼, 언어로 언어를 떠난 법을 보여주려고 하였는데, 질문자는 손가락만 보고 달이 아니라고 문책하는 것처럼, 언어와 똑같이 뜻을 취해버리고 나서 자신을 비난하고 있다고 설명하고 있다.

중요한 것은, 원효는 우리가 사용하는 '언어'와 그것이 가리키는 '법'의 관계를 알기 쉽게 '손가락'과 '달'로 비유하였다는 점이다. 마치 '손가락'은 달을 가리키는 '도구'이고, '달'은 손가락에 의해서 알려지는 '대상'인 것과 같이, '언어'에 매달리지 말고 그 언어가 가리키려고 하는 '뜻'을 새겨야한다는 점을 어리석은 우리에게 알기 쉬운 비유로 알려주고 있는 것이다.

이상, 『금강삼매경론』, 『대승기신론소기회본』, 『십문화쟁론』의 글을 통해서, 원효가 '진리는 언어로 표현될 수 있는가?'라는 주제에 대해서 어떠한 생각을 가지고 있는지를 검토해 보았다. 생각건대, 원효는 언어를 '수단'으로 생각하여 손가락에 비유하고 진리를 '대상'으로 생각하여 달에 비유하였는데, 이러한 비유를 통해서 그는 '언어에는 일정한 한계가 있다'고 말하려는 것으로 추정된다.

즉, 전달하는 입장에서는 달을 손가락으로 가리키듯 진리를 언어로 표현할 수는 있지만, 자신이 말한 언어와 진리 자체와는 같은 것이 아니라는 점을 알아야 한다. 또한, 수용하는 입장에서는 손가락을 통해서 달을

---

36) "汝雖巧便設諸妨難 直難言說不反意旨 所引譬喩皆不得成 何以故 牛角非有兎角不無故 如汝所取但是名言故 我寄言說以 示絶言之法 如寄手指以 示離指之月 汝今直爾如言取義 引可言喩難離言法 但看指端責其非月 故責難彌精 失理彌遠矣."

보듯이 언어를 통해서 진리를 볼 수 있지만, 손가락에 얽매이지 말고 달을 보아야 하듯 언어에 얽매이지 말고 진리를 보아야 한다. 이것이 원효가 진정하고자 하고 싶은 말일 것이다.

원효가 자신의 저서에서, '말만을 취하면 양설이 그르고, 뜻으로 이해하면 양설이 옳다'로 말한 뜻을 이제 조금이나마 짐작할 수 있을 듯하다.

제4장
화쟁의 논거

일반적으로 '화쟁의 근거'라고 하면, '화쟁의 논리적인 근거'와 '화쟁의 사상적인 근거'를 포함하여 말한다. 이 중에서 '화쟁의 논리적인 근거'란, 경전과 같이 화쟁에 사용된 논리적인 증거를 말하는데, 줄여서 '화쟁의 논거'라고 말할 수 있다. 또한, '화쟁의 사상적인 근거'란 중관사상과 같이 화쟁사상이 나오게 된 사상적인 배경을 말하는데, 줄여서 '화쟁의 연원'이라고 말할 수 있다.

본장에서는 '화쟁의 논리적인 근거', 즉 '화쟁의 논거'에 대해서 관심을 집중하고 있다. 원효가 어떠한 논점에 대해서 당사자들이 여러 가지로 주장을 펴며 논쟁을 벌일 때, 마지막에 '무엇을 근거로 제시하며' 제설을 회통하는 모습을 볼 수 있다. 이 경우에 원효가 회통의 '논리적인 근거'로 삼은 것이 무엇인지에 대해서 본장은 관심의 초점을 맞추고 있는 것이다.

지금까지의 연구동향을 살펴보면, 아쉽게도 이러한 '화쟁의 논거'에 대한 연구가 따로 없었다. 왜 그랬을까? 그것은 아마도 지금까지의 연구에서는 이러한 '화쟁의 논거'를 밝히는 것이 어려웠기 때문이 아닌가 짐작한다. 종래에는 화쟁사례와 같은 구체적인 화쟁의 모습을 상정하지 않은 상태에서 연구를 진행하였기에 어떠한 구체적인 논리적인 근거를 추론하는 것이 사실상 어려웠을 것이다.

하지만, 본서에서는 구체적인 화쟁사례를 자료로 해서 원효의 화쟁사상을 탐구해 가고 있다. 즉, 제2장에서는 화쟁사례를 원효 화쟁사상의 실제적인 모습이라고 가정하여 이것을 상세하게 조사하였고, 제3장에서는 화쟁사례들의 일부를 정밀하게 분석하여 화쟁의 방법을 추론하였다. 이제, 제4장에서는 역시 화쟁사례들의 일부를 정밀하게 분석하여 화쟁의 논리적 근거를 탐구하고 있다.

'원효가 화쟁의 논거로 사용한 것들은 무엇이 있는가?' 이러한 의문을 가지고, 원효의 현존본에 남아있는 화쟁사례들을 검토해 보면, 화쟁의 논거는 [평결] 중에서 '문증'에 해당하는 부분에서 찾을 수 있다. 그리고 여기에 드러난 논거의 구체적인 내용들을 유형별로 정리해 보면, 내용이 명확하게 문자로 드러나 있지 않은 '도리(道理)'와 문자로 명확하게 드러나 있는 '경론(經論)'으로 나눌 수 있다.

먼저, 원효가 '도리'를 논리적인 근거로 해서 제설을 회통한 경우에는, 그 '도리'의 내용이 구체적으로 성문화되어있지 않은 까닭에, 도대체 원효가 어떠한 생각으로 그 '도리'라는 단어를 사용하였지 분명하지가 않다. 그리하여, 구체적인 사례에서 '도리'가 어떻게 사용되고 있는지를 여러 가지 관점에서 분석해 보고 그것들을 다시 종합해 봄으로써 그 내용을 하나씩 추정해 보고 있다.

다음, '경론'를 논리적인 근거로 해서 회통한 경우에는, 원효가 어떠한 경전, 율전, 논전 등을 사례에서 활용하였는지, 또한 자신이 인용한 경론에 대해서 어떠한 태도를 가지고 있었는지 살펴본다. 또한, 경론의 경우에는 그 의미를 구체적으로 확정하는 '해석'의 과정을 거친 뒤에 사례에 적용되는 것이 대부분이기에, '경론의 해석과정'을 필자 나름대로 유형화하여 하나하나 살펴본다.

제1절 논거1 : 도리(道理)

회통의 첫 번째 논거로서 '도리'는 그 구체적인 내용이 문자로 표현되어 있지 않아서, 그것이 구체적으로 무엇을 말하는지 알기가 쉽지 않다. 필자는 '도리'의 구체적인 내용을 알아보기 위해서, 우선 원효의 일반저서에서 도리의 내용을 설명하고 있는 문장들을 음미해 보았다. 가령, 『대승기신론별기』「대의」에 보면, 다음과 같은 구절이 있다.

참으로 공허하여, 마치 태허와 같아서 사사로움이 없고, 참으로 넓어서, 마치 큰 바다와 같아서 지극히 공평하다. 지극히 공평하므로 거동과 적정이 뒤따라 이루어지고, 사사로움이 없으므로 오염과 청정이 여기에서 융합된다. 오염과 청정이 융합되므로 진제와 속제가 평등하며, 거동과 적정이 이루어지므로 오름과 내림이 차별된다. 오름과 내림이 차별되므로 감응의 길이 통하며, 진제와 속제가 평등하므로 생각하는 길이 끊어졌다. 생각하는 길이 끊어졌기 때문에 대승을 체득한 이는 영향(影響)을 타고 방소(方所)가 없고, 감응의 길이 통하기 때문에 대승을 구하는 이는 명상(名相)을 초월하여 돌아가는 데가 있다. 태워진 영향이라고 하지만 나타낼 수도 없고 설명할 수도 없으며, 이미 초월된 명상이라고 하지만 무엇을 초월하고 어디로 돌아가겠는가? 이것을 일러 이치가 없는 지극한 이치라 하며, 그러하지 않으면서 크게 그러한 것이라고 한다. (대승기신론소기회본, 한불전1, 733상~중)[1]

이 글에서, 대승의 도(道)는 '이치가 없는 지극한 이치'이고 '그러하지 않으면서 크게 그러한 것'이라고 묘사하고 있다. 그리고 그 구체적인

---

1) "曠兮 其若大虛而無私焉 蕩兮 其若巨海而有至公焉 有至公故 動靜隨成 無其私故 染淨斯融 染融故 眞俗平等 動靜成故 昇降參差 昇降差故 感應路通 眞俗等故 思議路絶 思議絶故 體之者乘影響而無方 感應通故 祈之者超名相而有歸 所乘影響 非形非說 旣超名相 何超何歸 是謂無理之至理 不然之大然也."

내용은 쌍을 이루면서 전개되고 있다. 첫째계열에서는, 대승의 도는 태허와 같아서 사사로움이 없고, 오염과 청정이 융합되며, 진제와 속제가 평등하고, 생각하는 길이 끊어지며, 생각하는 길이 끊어졌기에 대승을 체득한 이는 영향(影響)을 타고 방소(方所)가 없다고 한다.

둘째계열에서는, 대승의 도는 큰 바다와 같이 공평하고, 거동과 적정이 뒤따라 이루어지며, 오름과 내림이 차별되고, 감응의 길이 통하며, 감응의 길이 통하기 때문에 대승을 구하는 이는 명상(名相)을 초월하여 돌아가는 데가 있다고 한다. 이처럼 원효는 대승의 도에 대해서 2가지 계열로 내용들을 엮어서 짜깁기 하듯이 문장을 화려하게 전개하고 있다.

생각건대, '이치가 없는 지극한 이치'라고 하는 문구는 그것만 가지고는 대단히 이해하기 어렵다. 다만, 그 내용으로 제시한 글들을 살펴볼 때, 그 의미의 대강을 추정할 수는 있을 것이다. 즉, '태허와 같아서 …'라고 제시한 첫째계열의 문장들에서는 '오염과 청정이 융합되며, 진제와 속제가 평등하고'라는 문구들로 보아서 '진여문' 계열이 나열되고 있음을 짐작할 수 있다.

또한, '큰 바다와 같이 …'라고 제시한 둘째계열의 문장들에서는 '거동과 적정이 뒤따라 이루어지며, 오름과 내림이 차별되고, 감응의 길이 통하며'라는 문구들로 보아서 '생멸문' 계열이 나열되고 있음을 짐작할 수 있다. 그렇다고 보면 이 글은 원효가 구체적으로 '대승의 도'를 진여문과 생멸문으로 보는 입장을 드러내고 있다고 말할 수 있을 것이다.

이와 같이, 『대승기신론별기』에 등장한 인용문에서는 '일심이문(一心二門)'이라는 『대승기신론』의 큰 틀에 맞추어 '도리'를 논하고 있는 것을 짐작할 수 있다. 그리고 여기에서 일일이 열거하지는 않지만, 해당 저서의 특색에 맞추어 원효가 '도리'의 내용을 설명한 문장들을 볼 수 있다. 이처럼, 원효의 일반저서를 통해서 도리의 내용을 추정해 보는 것도 얼마든지 가능하고 의미 있는 일일 것이다.

그런데, 본서는 원효의 화쟁사상을 탐구하려는 주제를 가지고 있고 본장은 원효의 화쟁사례를 자료로 해서 '화쟁의 논거'를 파악하려는 데 관심을 두고 있다. 그러므로 화쟁의 논거로서 '도리'가 어떠한 의미를 가지고 있는가를 파악하는 데 있어서도, 원효의 일반저서를 통해서 그 의미를 파악하는 것보다는 직접 화쟁사례에 표현된 문장들을 통해서 그 의미를 파악하는 것이 더욱 효과적일 것이라고 생각한다.

이러한 생각으로 아래에서는, 먼저, '도리'를 근거로 회통을 시도한 화쟁사례들을 하나하나 선별하여 그 사례 안에서 '도리'가 어떻게 사용되었는지 그 용례를 하나씩 하나씩 분석하고자 한다. 그런 다음, 그렇게 분석된 용례들을 전체적인 관점에서 종합해서 체계적으로 이해해 봄으로써 '도리'의 실제적인 내용이 무엇인지 추정해 보고자 한다.

1. 용례의 분석

사례 중에서 '도리'라는 논거로 화쟁한 사례는 모두 29개이다.(사례02·04·05·09·12·15·16·18·19·21·30·31·32·35·37·42·43·44·45·51·52·55·56·57·60·61·63·64·65) 이 중에서 총21개의 사례에서는, 회통이 마무리될 때 '이러한 도리로 말미암아 서로 어긋나지 아니한다(由是道理故不相違也)'라는 상투적인 문구에 삽입되어 있는데, 이때에 '도리'는 단순히 '올바른 이치' 정도의 의미로 사용되고 있어서 구태여 정밀한 분석을 필요로 하지 않는다.

그러나 그것을 제외한 8개의 사례는 자세히 검토할 필요가 있다. 그리고 여기에 직접 관련된 6개의 사례를 추가하여 총14개의 사례에 대해서는 반드시 자세히 분석할 필요가 있다고 판단된다. 이들은 모두 3가지 그룹으로 나눌 수 있는데, 제1그룹은 오직 '도리'만을 논거로 한 3개 사례이고, 제2그룹은 '도리'와 '경론'을 논거로 한 5개 사례이며, 제3그룹은 '의미상' 도리를 논거로 한 6개의 사례이다.

1) 제1그룹

여기에서는, 오직 '도리'만을 논거로 회통이 이루어진 사례의 회통부분을 검토해 본다. 첫째, 『법화종요』「묘용(妙用)」에서는 '삼승은 진실인가, 방편인가?'에 관하여 논쟁하는 진실설과 방편설에 대해서, 원효는 다음과 같이 회통하고 있다.(사례05)

공통된 뜻으로는 다 허용하겠으나, 분별된 뜻으로는 삼승교에서는 도무지 '삼'의 도리가 없지만, 일승교에서는 '일'의 도리가 없지 않다. 그러므로 삼승은 방편이요 일승은 진실이다. 비록 일이 없지 않으나 일이 있는 것도 아니므로, 또한 얻을 바가 있는 것이 아니다. 보인 바 진실은 그 모습이 이러하다.(한불전1, 491상)[2]

이 글에서, 원효는 '공통된 뜻'과 '분별된 뜻'이라는 2가지 기준으로 판단을 각각 다르게 하고 있다. 즉, '공통된 뜻'이라는 기준으로 보면, 진실성과 방편설, 양설이 모두 옳다고 한다. 하지만, '분별된 뜻'이라는 기준으로 보면, '삼승교에서는 삼(三)의 도리가 없지만, 일승교에서는 일(一)의 도리가 있기 때문에', 삼승교는 방편이어서 방편설이 옳다고 판단한다.

중요한 것은, 원효가 '삼승교에는 삼의 도리가 없다'고 말하고 있다는 점이다. 이 점으로부터 우리는, 도리의 내용은 무엇인지 구체적으로 알 수는 없다고 하더라도, 적어도 삼승교(三乘敎)라는 특수한 상황에서 삼(三)이라고 부르는 데에 있어서 '마땅히 있어야 할 그 무엇'이 없다는 상황을 말하고 있다는 것을 짐작할 수는 있다.

둘째, 『무량수경종요』「과덕(果德)」에서는 '의보토(依報土)는 공과(共果)인가, 불공과(不共果)인가?'에 관하여 논쟁하는 불공설(不共說)과 공유설(共有說)의 장황한 주장에 대해서, 원효는 다음과 같이 짤막하게 회통하고 있다.(사례45)

---

2) "通義皆許而有別義以 三乘敎下都無三理 一乘敎下不無一理 故三是權一乘是實 雖不無一 而非有一 是故亦非有所得也."

만일 그 말만을 취한다면 논리가 성립하지 않지만, 뜻으로 이해하면 모두 도리가 있다.(한불전1, 556하)3)

이 글에서, 원효는 공유설과 불공설에게 자신의 입장을 단호하게 천명하고 있다. 즉, 단순히 '말'만으로 의미를 취하면 양설은 성립하지 않지만, '뜻'으로 이해하면 모두 '도리'가 있다는 것이다.

중요한 것은, 단순하게 '말'만으로 의미를 취하려고 하면 양설이 모두 성립하지 않게 되지만, '뜻'으로 이해하려고 하면 양설에 모두 도리가 있다고 말한 점이다. 여기에서, 우리는 원효가 말하려고 하는 도리의 내용은, 적어도 '말만으로 취하지 않고 뜻으로 이해하려는 곳에 있는 그 무엇'이라는 것을 추정할 수 있다.

셋째, 『대승기신론소기회본』「법장문(法章門)」에서는 '이치는 언어를 끊는가, 끊지 않는가?'에 관하여 논쟁하는 절언설(絶言說)과 비절언설(非絶言說)에 대해서, 원효는 다음과 같이 회통한다.(사례52)

해석하여 이른다. 이러므로 마땅히 알아야 하나니, 도리는 말을 끊은 것이 아니고 끊지 않은 것도 아니다. 이런 뜻에 의하므로 도리는 또한 말을 끊기도 하고 말을 끊지 않기도 하는 것이니, 이렇다면 저 논란이 합당하지 않은 바가 없을 것이다.(한불전1, 743중)4)

이 글에서, 원효는 '모두 옳기도 하고 동시에 그르기도 하다'는 취지로 양설을 회통하고 있다. 자세히 말하면, 먼저, '도리는 언어를 끊는 것이 아니고 끊지 않는 것도 아니다'라고 하여 절언설과 비절언설이 모두 잘못되었음을 지적하였다. 그런 뒤에, '도리는 언어를 끊는 것이면서 끊지 않는 것이다'라고 하여 절언설과 비절언설이 모두 옳음을 지적하고 있다.

중요한 것은, 도리에 대해서 '언어를 끊는 것이 아니고 끊지 않는 것도

---

3) "如若言取 但不成立 以義會之 皆有道理."
4) "解云 是故當知 理非絶言 非不絶言 以是義故 理亦絶言 亦不言絶 是則彼難無所不當."

아니며, 언어를 끊는 것이면서 끊지 않는 것이다'라고 말했다는 점이다. 이 점으로부터, 적어도 우리가 분명히 파악할 수 있는 도리의 내용은, "어떤 측면에서 도리는 언어로 표현할 수도 있는 것이고, 동시에 어떤 측면에서는 언어로 표현할 수 없는 것이다"라는 점이다.

2) 제2그룹

사례에 따라서는 '도리'뿐만 아니라 '경론'도 함께 회통의 논거로 활용된 경우가 있다. 여기에서는 이러한 사례 중에서, '경론'에 대한 부분은 생략하고, '도리'에 초점을 맞추어 살펴보고자 한다. 첫째,『법화종요』「교판」에서는 '『법화경』의 교판상 지위는 어떠한가?'에 관하여 논쟁하는 요의설(了義說)과 불요설(不了說)에 대해서, 원효는 다음과 같이 회통한다.(사례09)

> …… 만일 도리에 나아가 그 승부를 판단한다면, 저 앞분의 뜻은 협소하다. 왜냐하면, 그 학설은 불도를 일체에 두루하지 못하게 하는 설이고, 이승은 필경 단멸하게 되기 때문이다. 뒷분의 뜻은 관대하니, 전설의 협소함을 뒤집어 보면, 그 뜻을 잘 알 수 있을 것이다. 이러하므로, 협소한 뜻으로써 관대한 글을 회통하려고 하면, 글이 뜻을 손상하므로 회통하기 어렵지만, 관대한 뜻을 사용하여 협소한 글을 허용하면, 글이 좁지만 뜻을 손상하지 않으므로 회통하기 쉽다. 이런 도리로 말미암아 후설이 수승하다고 하리라. 그러므로 이『법화경』은 궁극적인 가르침인 것이다. (한불전1, 794중~하)[5]

이 글에서, '도리'라는 기준에 의하면 요의설이 옳다고 한다. 즉, 불요설은 협소하고 요의설은 관대하다. 그런데, 협소한 뜻으로써 관대한 글을 회통

---

5) "…… 若就道理 判其勝負者 彼師義狹而且短 彼說佛□(道)不遍一切故 又說二□(乘) 竟斷滅故 第二師義 寬而復長 返前短狹 其義可知 斯則以短狹義 會寬長文 文傷□(義)□(則)□(難)會 用寬長義 容短狹文 文狹則無傷義 則易會 由是道理 後說爲勝 是故當知 此法花經 乃是究竟了義之敎也."

하려고 하면, 글이 뜻을 손상하므로 회통하기 어렵지만, 관대한 뜻을 사용하여 협소한 글을 허용하면, 글이 뜻을 손상하지 않고 회통이 된다. 그렇기 때문에, 『법화경』은 궁극적인 가르침을 담은 경전이라고 단정한다.

중요한 것은, '도리'라고 하는 기준에 의하면, 불요설처럼 일체에 두루하지 못한 설은 협소하고 훌륭하지 못하다고 평가하고 있다는 점이다. 여기에서, 우리는 적어도 도리는 '일체에 두루한 것'을 가리키고 있다는 것을 추정할 수 있다.

둘째, 『무량수경종요』「과덕(果德)」에서는 '자수용신(自受用身)은 형상이 있는가 형상이 없는가?'에 관해서 논쟁하는 무색설(無色說)과 유색설(有色說)에 대해서, 원효는 다음과 같이 회통한다.(사례44)

> 또 어떤 이는 말하기를, "ⓐ 두 분의 말이 모두 도리가 있으니, 한결같이 경론에 근거하여 서로 어긋나지 않기 때문이고, 여래의 법문은 장애가 없기 때문이다. ⓑ 왜냐하면, 보불신(報佛身)의 국토에 대략 이문(二門)이 있으니, 만약 정상귀원지문(正相歸源之門)에 나아가면 앞분의 설과 같고, ……(한불전1, 555중~하)[6]

이 글의 ⓐ에서, 원효는 '도리'를 논거로 하여 양설을 회통하고 있다. 2가지 점을 지적하고 있는데, 첫째, 한결같이 '경론'에 근거하여 서로 어긋나지 않기 때문에 모두 '도리'가 있다고 한다. 둘째, 여래의 법문은 장애가 없기 때문에 모두 '도리'가 있다고 한다. 또한, ⓑ에서는, '경론'을 근거로 회통하고 있기 때문에, 여기에서는 자세한 내용을 생략한다.

중요한 것은, 첫째, '한결같이 경론에 근거하여 서로 어긋나지 않기 때문에 모두 도리가 있다'고 한 점으로부터 우리가 최소한 알 수 있는 도리의 내용은, '도리는 경론에 근거하여 서로 어긋나지 않는 것'이라는 점이다. 둘째, '여래의 법문은 장애가 없기 때문에 모두 도리가 있다'고

---

6) "或有說者 二師所說 皆有道理 等有經論 不可違故 如來法門無障礙故 所以然者 報佛身土 略有二門 若就正相歸源之門 如初師說 ……."

한 점으로부터 알 수 있는 도리의 내용은, '도리는 장애가 없는 부처님의 법문'과 같은 것이라는 점이다.

셋째, 『대혜도경종요』「교판」에서는 '『반야경』의 교판상 지위는 어떠한 가?'에 관하여 논쟁하는 무상설(無相說)과 은밀설(隱密說)에 대해서, 원효는 다음과 같이 회통하고 있다.(사례04)

> 2종의 교문(敎門)과 3종의 법륜(法輪)이, 한편으로 보면 다 도리가 있다. 그러나 이 『대품경(大品經)』 등의 교판이, 모두 제2시에 속하고 제2법륜이 라고 한 것은, 도리가 반드시 그렇지 않으니, 경론에 어긋나기 때문이다. (한불전1, 486하)[7]

이 글에서, 원효는 2가지 점을 지적하고 있다. 즉, 2종의 교문(敎門)과 3종의 법륜(法輪)이란 교판은 한편으로 보면 모두 '도리'가 있다고 한다. 또한, 그 이유는, 이러한 양교판에서 『반야경』이 '모두' 제2시의 무상교(無相 敎)와 제2륜의 은밀교(隱密敎)에 속한다고 단정하고 있는데, 이렇게 단정하 고 있는 이유는 모두 '경론에 어긋나기 때문'이라고 한다.

중요한 것은, '2종의 교문(敎門)과 3종의 법륜(法輪)이라는 양교판은 한편 으로는 모두 도리가 있다'고 한 점으로부터, 우리는 적어도, 도리의 내용은 '올바른 것'이란 것을 알 수 있다는 점이다. 또한, '『반야경』 등이 모두 제2시와 제2법륜에 속한다고 한 것은, 경론에 어긋나기 때문에 도리에 맞지 않다'고 한 점으로부터는, 적어도 도리는 경론에 어긋나지 않는 것이라는 것을 추정할 수 있다.

넷째, 『열반종요』「사덕문(四德門)」에서는 '보신(報身)은 상주하는가?'에 관하여 논쟁하는 상주설(常住說)과 무상설(無常說)에 대해서, 원효는 '경론' 과 '도리'를 논거로 회통한다. 이 중에서 '도리'로 회통하는 곳만을 보면 다음과 같다.(사례19)

---

7) "二種敎門三種法輪 是就一途亦有道理 然其判此大品經等 皆屬第二時攝第二法輪者 理必 不然違經論故."

어떤 분은 말하기를, 모두 이득과 손실이 있다. 그 까닭은, 만일 결단코 한쪽만을 고집하면 모두 과실이 있고, 만일 아무런 장애 없이 말하면 모두 도리가 있기 때문이다.(한불전1, 537중)[8]

이 글에서, 양설은 옳기도 하고 그르기도 하다고 판단한다. 즉, 만일 양설이 결단코 한쪽만을 고집하여 주장하면 양설은 결과적으로 모두 그르다고 평가된다. 하지만, 만일 양설이 어떠한 선입관이나 장애 없이 말하면 결과적으로 모두 도리가 있어서 옳다고 평가를 받을 것이라는 것이다.

중요한 것은, '한쪽만을 고집하지 않고 장애 없이 말하는 데 도리가 있다'는 말인데, 여기에서 우리는 적어도, 도리는 어느 한쪽만을 결정적으로 고집하지 않고 아무란 장애 없이 말하는 것이라는 것을 알 수 있다.

다섯째, 『대승기신론소기회본』「의장문(義章門)」에서는 '응신(應身)·보신(報身)이란 무엇인가?'에 관하여 논쟁하는 총4설에 대해서, 원효는 다음과 같이 회통하고 있다.(사례63)

① 이와 같이 같지 않음이 있는 것은 법문이 한량이 없어서 오직 한 길만이 아니므로 곳에 따라 시설하였기 때문이니, 모두 도리가 있는 것이다.
② '그러므로'『섭론』중에서는 '지전(地前)의 흩어진 마음에 의해 보이는 분제가 있는 형상을 말하기 때문에' 화신에 속하는 것이지만, 이제 이 『기신론』중에서는 '이 보살의 삼매에 의해 보이는 분제를 여읜 형상을 밝힌 것이기 때문에' 보신에 속하는 것이니, 이런 도리에 의하여 서로 어긋나는 것이 아니다.(한불전1, 773하)[9]

---

8) "或有說者 皆得皆失 所以然者 若決定執一邊 皆有過失 如其無障礙說 俱有道理."
9) "所以如是有不同者 法門無量 非唯一途 故隨所施設 皆有道理 故攝論中 爲說地前 散心所見 有分齊相 故屬化身 今此論中 明此菩薩 三昧所見 離分齊相 故屬報身 由是道理 故不相違也."

①에서 원효는 '도리'를 근거로 회통하고 있다. 즉, 법문이 한량이 없어서 오직 한 길만이 아니므로 곳에 따라 시설하였기 때문에 이와 같이 같지 않는 법문들이 있게 된다는 것이다. 그리고 이러한 이유에서 볼 때, 이렇듯 한결 같지 않는 법문들에 모두 한결 같은 도리가 있다고 말하고 있다.

②는 접속사 '그러므로'를 연결고리로 해서 이어지는데, 여기에서는 '경론'을 근거로 회통하고 있다. 즉, 『섭론』에서는 지전(地前)의 지위에 있는 수행자가 가지고 있는 흩어진 마음으로 보이는 형상을 말하기 때문에 화신에 속하는 것이라고 하였다. 하지만, 『기신론』에서는 보살이 삼매에 의해서 보이는 형상을 밝힌 것이기 때문에 보신에 속하는 것이라고 회통하고 있다.

중요한 것은, '법문이 한량이 없어서 곳에 따라 시설하였기 때문에 모두 도리가 있다'고 한 점으로부터, 도리의 내용은, '부처님의 법문은 한량이 없어서 곳에 따라 시설한다'는 것을 알 수 있다는 것이다. 또한, '경론'을 논거로 회통하는 ②로 이어질 때 '그러므로'[故]라는 접속사를 쓴 점으로부터, '도리'와 '경론'이 내용상 서로 연결되는 것이라는 것을 짐작할 수 있다는 것이다.

3) 제3그룹

사례에 따라서는 '도리'라는 문구가 명확하게 있지는 않지만, '의미상' 도리로 보이는 것을 논거로 하여 회통하는 경우가 있다. 여기에서는 이러한 사례들을 검토해 보고자 한다. 첫째, 『열반종요』「체상문(體相門)」에서는 '열반의 본체는 진실한가, 허망한가?'에 관하여 논쟁하는 허망설과 진실설에 대하여, 원효는 다음과 같이 회통한다.(사례16)

만일 말을 그대로 취한다면 양설에 다 손실이 있다. 서로 다른 주장으로 다투어서 부처님의 뜻을 잃어버리기 때문이다. 만일 고정된 집착을 아니 하면 양설에 함께 이득이 있다. 법문은 걸림이 없어서 서로 방해가 되지 아니하기 때문이다.(한불전1, 529상)[10]

이 글에서, 원효는 양설은 옳기도 하고 그르기도 하다고 한다. 즉, 말을 그대로 취한다면 서로 다른 주장으로 다투게 되어서 마침내 부처님의 뜻을 잃어버리기 때문에 모두 잘못이라고 한다. 그런 다음에 고정된 집착을 버리면 법문은 걸림이 없어서 서로 방해하지 않기 때문에 모두 옳다고 한다.

중요한 것은, '부처님의 뜻은 겉으로 표현된 말 그대로가 아닐 수 있고, 부처님의 법문은 걸림이 없어서 서로 방해하지 않는다'는 것이 '의미상 도리'가 되어 회통의 논거로 사용되었다는 점이다. 이 점에서, 의미상 '도리'의 내용은, '부처님의 뜻은 표현된 말 그대로가 아닐 수 있고, 부처님의 법문은 서로 방해하지 않는다'는 것으로 짐작된다.

둘째, 『열반종요』 「이멸문(二滅門)」에서는 '열반은 성정(性淨)인가, 방편인가?'에 관해서 논쟁하는 성정설(性淨說)과 방편설(方便說)에 대해서, 원효는 다음과 같이 회통한다.(사례17)

> 모든 부처님의 법문은 한가지만이 아니어서, 그 말씀을 따르면서도 장애되거나 혼란스럽지 않게 됨을 마땅히 알아야 한다. …… 모든 부처님의 뜻은 오직 이러한 것에 있지만, 다만 아는 것이 천박한 사람의 근기를 따라 이러저러한 말씀을 드러내실 따름이다.(한불전1, 530상~중)[11]

이 글에서, 원효는 양설을 회통하는 과정에서 우리에게 2가지 메시지를 전달하고 있다. 하나는, 부처님의 법문은 다양하지만 깊이 생각해 보면 그 말씀을 따르면서 장애가 되거나 혼란스럽게 되지 않게 된다는 것이고, 다른 하나는, 부처님의 뜻은 한가지이지만 중생들의 근기에 따라서 이러저러한 말씀을 다양하게 하셨다는 것이다.

중요한 것은, '부처님의 법문은 모순된 것처럼 보이지만 그 참뜻을

---

10) "若如言取 二說皆失 互相異諍 失佛意故 若非定執 二說俱得 法門無礙 不相妨故."
11) "當知諸佛 法門非一 隨其所說 而無障礙 而不錯亂 …… 諸佛之意 唯在於此 但隨淺識 顯設彼說耳."

알면 장애가 되거나 혼란스럽게 되지 않고, 부처님의 뜻은 한가지 이지만 중생들의 근기를 따라서 말씀하신다'는 것이 '의미상 도리'가 되어 회통의 논거로 사용되었다는 점이다. 이 점에서, 의미상 '도리'의 내용은, '부처님의 법문은 장애되지 않고, 부처님의 뜻은 중생들의 근기를 따라서 말씀하신다'는 것으로 짐작된다.

셋째, 『열반종요』「삼사문(三事門)」에서는 '법신은 형상이 있는가?'에 관하여 논쟁하는 유상설(有相說)과 무상설(無相說)에 대하여, 원효는 다음과 같이 회통한다.(사례18)

> 어떤 분은 말하기를, 한쪽만을 결정적으로 취하면 양설에 다 손실이 있다. 그러나 만일 진실로 집착하지 않으면 두 분의 주장에 모두 이득이 있다.(한불전1, 532하)[12]

이 글에서, 만일 한쪽만을 결정적으로 취하면 양설이 모두 그르지만, 만일 참으로 집착하지 않으면 양설이 모두 옳다고 한다. 여기에서 중요한 것은, '한쪽만을 결정적으로 취하거나 집착하지 아니 한다'는 것이 '의미상 도리'가 되어 회통의 근거로 사용되었다는 점이다. 이 점에서, 의미상 '도리'의 내용은, '결정적으로 취하거나 집착하지 아니 한다'는 것으로 짐작된다.

넷째, 『열반종요』「경종(經宗)」에서는 '『열반경』의 종지(宗旨)는 무엇인가?'에 관하여 논쟁하는 총6설에 대해서, 원효는 다음과 같이 회통하고 있다.(사례11)

> ① ⓐ 어떤 분은 말하기를, 모든 설이 다 진실하다고 한다. 부처님의 뜻은 방소(方所)가 따로 없어서 해당하지 않는 데가 없기 때문이라고 한다.
> ⓑ 어떤 분은 말하기를, 나중에 하신 말씀이 진실하다고 한다. 여래는

---

12) "或有說者 定取一邊 二說皆失 若非實執 二義俱得."

방소가 따로 없다는 뜻에 잘 맞았기 때문이고, 또한 앞에 말씀한 여러 분들의 주장을 수용하였기 때문이라고 한다.

② 이 양설도 또한 서로 어긋나지 않음을 마땅히 알 것이다.(한불전1, 525하~526상)[13]

①에서 원효는 총6설을 양설로 정리하여 회통한다. 즉, ⓐ에서, 부처님의 뜻은 방소(方所)가 따로 없어서 해당하지 않는 데가 없어서 총6설 모두 옳다고 하고, ⓑ에서, 부처님의 뜻은 방소가 따로 없어서 해당하지 않는 데가 없고, 전5설을 모두 포용하기 때문에 제6설이 옳다고 한다. 그리고 ②에서는, 이러한 총6설과 제6설이 모두 옳다고 하여 새로운 양설을 다시 회통하고 있다.

중요한 것은, '부처님의 뜻은 방소가 따로 없어서 해당하지 않는 데가 없다'는 것이 '의미상 도리'가 되어 회통의 근거로 사용되었다는 점이다. 그리고 이 점에서, 의미상 '도리'의 내용은, '부처님의 뜻은 해당하지 않는 데가 없다'는 것으로 짐작된다.

다섯째, 『열반종요』「교적(敎迹)」에서는 '『열반경』의 교판상 지위는 어떠한가?'에 관하여 논쟁하는 남토설(南土說)과 북방설(北方說)에 대해서, 원효는 다음과 같이 회통한다.(사례29)

① 만일 한쪽만을 고집해서 한결같이 그러하다고 말하면, 양설이 모두 손실이 된다. 만일 분수를 따르고 특별히 정해지지 아니한 뜻에 나아가면, 양설이 모두 이득이 된다. 그 까닭은, 부처님이 『반야경』 등의 여러 가르침을 말씀한 뜻이 넓고 크고 매우 깊어서, '얕으니 깊으니'하는 것을 어느 한쪽에만 한정시킬 수 없기 때문이다.

② 그리고 수나라 시대에 천태지자대사가 신인(神人)에게 묻기를, "북방(北方)에서 4종을 세운 것이 경의 뜻에 맞는가?"고 하였다. 신인이 대답하기

---

13) "或有說者 諸說悉實 佛意無方 無不當故 或有說者 後說爲實 能得如來 無方意故 並容前說 諸師義故 當知是二說 亦不相違也."

를 "손실된 것이 많고 이득된 것은 적다"고 하였다. 또, 묻기를, "성실논사(成實論師)가 오시교(五時敎)를 세운 것은 부처님의 뜻에 맞는가?"고 하였다. 신인은 대답하기를, "4종을 세운 것보다는 조금 낫지만, 그래도 과실이 많다"고 하였다. 그런데, 천태지자대사는 선정과 지혜를 모두 통달하여, 온 세상이 존중하여 범부와 성인들이 그를 헤아려 알 수 없는 분이다. 그런데도, 이분은 부처님의 뜻이 심원하고 한량없음을 알면서도, 4종으로써 경의 취지를 과목(科目)하려 하고, 또한 오시의 가르침으로써 부처님의 뜻을 한정하려고 하였으니, 이것은 마치 소라로 바닷물을 재려는 격이요, 대통으로 하늘을 엿보려는 격이라고 할 따름이다.(한불전1, 547상)[14]

①에서, 원효는 한쪽만을 고집하면 모두 틀리고, 분수를 따르면 모두 옳다고 선언하고 있다. 그리고 그렇게 말하는 이유에 대해서 말하기를, '부처님이 여러 경전에서 말씀하신 뜻은 매우 넓고 깊어서 쉽사리 한정할 수 없기 때문에', 깊다거나 얕다거나 하는 어느 한쪽에만 한정할 수 없기 때문이라는 것이다.

②에서는 그 예시로 지자대사가 등장한다. 주지하는 바와 같이, 지자대사는 남토(南土)의 5시교판과 북방(北方)의 4종교판을 종합하여 대표적인 교판을 완성한 분이다. 하지만, 원효는 이러한 지자대사의 가르침도 부처님의 뜻을 한정하려는 시도에 불과하다고 하여 비판하고 있다.

중요한 것은, '부처님이 여러 경전에서 말씀하신 뜻은 매우 넓고 깊어서 쉽사리 한정할 수 없다'는 것이 '의미상 도리'가 되어 회통의 근거로 사용되었다는 점이다. 그리고 이 점에서, 의미상 '도리'의 내용은, '부처님의 뜻은 넓고 깊어서 한정할 수 없다'는 것으로 짐작된다.

---

14) "若執一邊 謂一向爾者 二說皆失 若就隨分無方義者 二說俱得 所以然者 佛說般若等諸敎意 廣大甚深 淺深復不可定限於一邊故 又如隨時 天台智者 問神人言 北立四宗 會經意不 神人答言 失多得少 又問 成實論師立五敎 稱佛意不 神人答曰 小勝四宗 猶多過失 然天台智者 禪慧俱通 擧世所重 凡聖難測 是知佛意 深遠無限 而欲以四宗 科於經旨 亦以五時 限於佛意 是猶以螺酌海 用管窺天者耳."

여섯째, 『대승기신론소기회본』「생멸문」에서는 '식상(識相)은 염연(染緣)으로만 일어나는가?'에 관하여 논쟁하는 긍정설과 부정설에 대해서, 원효는 다음과 같이 회통한다.(사례61)

① 어떤 사람은 말하기를, '두 분의 말씀이 모두 도리가 있다. 모두 성전에서 말씀한 것에 의거하였기 때문이니, 앞분의 말씀은 유가(瑜伽)의 뜻에 맞고, 뒷분의 말씀은 기신(起信)의 뜻에 맞다.
② ⓐ 또한 말 그대로 뜻을 취해서는 안 될 것이니, 그 까닭은 만약 처음의 주장대로 뜻을 취한다면 곧 이는 법아집(法我執)이며, 만약 뒤의 주장대로 뜻을 취한다면 이는 인아견(人我見)을 말하는 것이다. ⓑ 또 만일 처음의 뜻을 고집한다면 단견(斷見)에 떨어질 것이며, 뒤의 뜻에 집착한다면 상견(常見)에 떨어질 것이니, 두 가지 뜻이 모두 옳지 않은 주장임을 알아야 할 것이다. 비록 옳지 않은 주장이지만 또한 옳은 주장이니, 비록 그러하지는 않으나 그렇지 않은 것도 아니기 때문이다'라고 하였다.(한불전1, 767하)[15]

①에서 원효는 양설이 모두 옳다는 것에 대해서 말하고 있다. 즉, 양설이 모두 경론에 근거하였기 때문에 도리가 있다고 한다. 그리고 구체적으로 말하기를, 앞분의 말씀은 유가의 뜻에 맞고, 뒷분의 말씀은 기신의 뜻에 맞다고 한다.

②에서는, 양설이 모두 그르다는 것에 대해서 말하고 있다. 그 이유에 2가지를 지적하고 있는데, ⓐ에서는 말 그대로 뜻을 취하면 양설이 법아집(法我執)과 인아견(人我見)에 빠지게 되어 모두 그르게 된다고 한다. 그리고 ⓑ에서는 뜻에 집착하거나 고집하면 양설이 단견(斷見)과 상견(常見)에

---

15) "或有說者 二師所說皆有道理 皆依聖典之所說故 初師所說得瑜伽意 別記云 依顯了門 後師義者得起信意 別記云 依隱密門 而亦不可如言取義 所以然者 若如初說而取義者 卽是 法我執 若如後說而取義者 是謂人我見 又若執初義 墮於斷見 執後義者 卽墮常見 當知二義 皆不可說 雖不可說而亦可說 以雖非然而非不然故."

떨어지게 되어 모두 그르게 된다고 말해준다.

중요한 것은, '모두 성전에서 말씀한 것에 의거하였기 때문에 모두 도리가 있다'고 한 점에서 도리는 '경론에서 말한 것에 있다'는 것을 알 수 있다는 점이다. 또한, '말 그대로 뜻을 취하면 법아집·인아견에 떨어지고, 한쪽으로 고집하면 단견·상견에 떨어진다'고 한 점에서 도리는 '말 그대로 뜻을 취하지 않는 데 있고, 도리는 한쪽을 고집하지 않는 데 있다'는 것을 알 수 있다는 점이다.

2. 용례의 종합

지금까지 우리는 오늘날 실제로 접할 수 있는 화쟁사례를 자료로 삼아서, 원효가 회통의 논리적인 근거로서 '도리'를 어떠한 의미로 사용하였는지 하나하나 따져 보았다. 이제, 화쟁사례에서 회통의 근거로 활용되는 '도리'라고 하는 것은 구체적으로 무엇을 말하는 것인지, 위에서 살펴본 것들을 체계적으로 구성해 봄으로써, '도리의 내용'을 추정해 보고자 한다.

1) 도리의 개념

도리의 '개념'과 관련해서는, 화쟁사례와 일반저서에서 각각 관련부분을 찾을 수 있다. 먼저, 화쟁사례에 대해서 말해 본다. 첫째, 『법화종요』 「묘용(妙用)」에서는 도리의 개념 중에서 가장 기본적인 사항이 있다.(사례 05) 즉, '삼승교에는 삼(三)의 도리가 없다'고 하였는데, 이 말만으로는 적극적으로 도리의 개념을 파악할 수는 없지만 적어도 '마땅히 있어야 할 그 무엇'을 가리키는 것이라는 것은 알 수 있다.

둘째, 『법화종요』 「교판」에서는 도리의 개념 중에서 '존재'에 초점을 맞추어서 말하는 것을 볼 수 있다.(사례09) 즉, '불요설(不了說)처럼 일체에 두루하지 못한 설은 협소하고 훌륭하지 못하다'고 평가하였는데, 이 말을 뒤집어서 생각해 보면, 도리에 대해서 존재론적으로 해석해 볼 때 '어느 한쪽에만 국한되지 않고, 모든 곳에 두루한 것'을 가리킨다고 볼 수 있다.

셋째, 『대혜도경종요』「교판」에서는 도리의 개념 중에서 '가치'에 초점을 맞추어서 말하는 것을 볼 수 있다.(사례04) 즉, '2종의 교문(敎門)과 3종의 법륜(法輪)이라는 양교판은 한편으로는 모두 도리가 있다'고 판단하였는데, 이 말에서 도리는 가치론적인 측면에서 볼 때 막연하게나마 '어떠한 기준에서 판단해보면, 올바르다고 생각되는 것'을 가리킨다고 볼 수 있다.

한편, 원효의 일반저서에도 '도리의 개념'과 관련하여 유사한 글을 발견할 수 있다. 『보살계본지범요기』「경중문(輕重門)」에 보면, 지혜를 배우는 불도인(佛道人)이 두 가지 어리석음이 있어서 손감(損減)의 소견으로 인하여 죄를 짓게 된다고 한다. 그런데, 그 중에서 '식견이 작은데도 많다고 믿어서 식견이 많은 자를 헐뜯는 어리석음'에 관한 부분에 보면, 다음과 같이 말하는 부분이 있다.

> ⓐ 불교의 도리는, 넓고 탕탕(蕩蕩)하며 장애가 없고 정해진 방향이 없으며, ⓑ (불교의 도리는) 영원히 의거된 바가 없지만 타당하지 않은 바가 없다. 그러므로, ⓒ (불교가 아닌) 일체의 모든 다른 가르침은 이 불교의 가르침에 포함되며, ⓓ 수많은 종파의 가르침이 모두 옳지 않은 바가 없고, ⓔ 수많은 진리의 가르침이 모두 이치에 들어맞는다.(한불전1, 583상)[16]

불교의 '도리'에 대해서 논하고 있는 이 글의 구조를 필자는 다음과 같이 이해한다. 첫째, 글의 내용을 볼 때, 문구 ⓐ·ⓑ는 각각 뒤 문구 ⓒ·ⓓ의 '원인'이 되고 있고, 문구ⓒ·ⓓ는 각각 앞 문구ⓐ·ⓑ의 '결과'가 된다. 둘째, 문구 ⓐ·ⓒ는 도리의 존재론적인 측면을 말하고 있고, 문구 ⓑ·ⓓ는 도리의 가치론적인 측면을 말하고 있다. 셋째, 문구 ⓓ·ⓔ는 의미상 큰 차이가 없다고 본다.

만일 이 글의 구조를 위와 같이 이해하게 되면, 이 글은 불교의 '도리'를

---

16) "佛道廣蕩無礙無方 永無所據而無不當 故曰 一切他義咸是佛義 百家之說無所不是 八萬法門皆可入理."

2가지로 말하고 있는 셈이 된다. '존재'의 차원에서 말하면, 불도는 널리 모든 곳에 두루 미치기 때문에, '모든 가르침이 불도를 포함하게 된다'는 뜻이 되며, '가치'의 차원에서 말하면, 불도는 다른 무엇에 의거하지 않고 스스로 타당하기 때문에, '모든 교설이 옳은 이치를 담게 된다'는 뜻이 된다.

만일 이 글의 구조를 이렇게 이해하게 되면, 불교의 도리는 '모든 곳에 두루 존재하고 스스로 옳은 이치이다'라는 것으로 해석하게 된다. 그렇다고 하면, 이 말은 앞의 '화쟁사례'에서 원효가 말하고 있는 도리의 개념과 서로 상응하고 있음을 알게 된다. 다시 말해서, 우리는 원효가 자신의 여러 저서에서 '도리의 개념'에 대해서, 존재론적인 측면과 가치론적인 측면에서 논하고 있음을 알게 된다.

2) 도리의 표현

도리의 '표현'과 관련해서 화쟁사례에서는 3가지를 말하고 있다. 첫째, 『대승기신론소기회본』「생멸문」에서는, 가장 기초적인 내용을 말하고 있다.(사례61) 즉, '말 그대로 뜻을 취하면 법아집(法我執)·인아견(人我見)에 떨어진다'고 하였는데, 이 말에서 도리는 '말 그대로 뜻을 취하지 않는 데 있다'는 것을 알 수 있다.

둘째, 『무량수경종요』「과덕(果德)」에서는 더욱 구체적으로 표현하고 있다.(사례45) 즉, '말만으로 의미를 취하면 모두 성립하지 않지만, 뜻으로 이해하면 모두 도리가 있다'고 하였다. 여기에서, '도리는 말만을 취하지 않고 뜻을 이해하는 곳에 있다'는 것을 알 수 있게 된다.

셋째, 『대승기신론소기회본』「법장문(法章門)」에서는 결론적인 입장을 알 수 있게 된다.(사례52) 즉, '도리는 언어를 끊는 것이면서 끊지 않는 것이고, 언어를 끊지 않는 것이면서 끊지 않는 것도 아니다'고 하였다. 여기에서, 도리는 '언어로 표현할 수도 있고, 언어로 표현하지 못할 수도 있다'는 것을 알 수 있다.

생각건대, 여기에서 말하는 '도리'는 '진리'를 가리킨다고 할 수 있을 것이다. 그렇다면, 이는 진리의 표현 문제와 연결된다고 할 수 있어서, '제3장 화쟁의 방법'의 '언어의 초월'에서 논의한 내용과 대체로 같은 내용임을 알 수 있다. 즉, 거기에서 논의한 바와 같이 '도리'는 말만을 취하지 않고 뜻을 이해한 곳에 있으며, 언어로 표현할 수도 표현하지 못할 수도 있는 것을 알 수 있다.

3) 도리와 태도

도리와 '태도'와의 관계에 대해서 화쟁사례에서는 3가지를 말하고 있다. 첫째, 『대승기신론소기회본』「생멸문」에서는, 가장 기본적인 내용이 등장한다.(사례61) 즉, '한쪽만을 고집한다면 단견(斷見)과 상견(常見)에 떨어진다'고 하였는데, 여기에서 '한쪽만을 고집하지 않는 태도를 가져야 한다는 것'을 알 수 있다.

둘째, 『열반종요』「삼사문(三事門)」에서는 같은 취지의 말에 약간 설명을 덧붙여서 말하고 있다.(사례18) 즉, '만일 한쪽만을 결정적으로 취하면 양설이 모두 그르게 되지만, 만일 참으로 집착하지 않으면 양설이 모두 옳게 된다'고 하였는데, 여기에서 '한쪽만을 결정적으로 취하거나 집착하지 않는 태도를 가져야 한다'는 것을 알 수 있다.

셋째, 『열반종요』「사덕문(四德門)」에서는 조금 다른 각도에서 설명을 덧붙여 말하고 있는 듯하다.(사례19) 즉, '만일 결단코 한쪽만을 고집하면 모두 그르고, 만일 아무런 장애 없이 말하면 모두 옳다'고 하였는데, 여기에서 '어느 한쪽을 고집하지 않고 장애 없이 말하는 태도를 가져야 한다'는 것을 알 수 있다.

생각건대, '한쪽만을 결정적으로 취하지 않는다', '집착하지 않는다' 등의 언급을 볼 때, 원효는 '중도'적인 접근방식을 말하고 있는 것을 알 수 있다. 도리는 불교의 진리를 말하고, 불교의 진리는 어느 한쪽에도 집착하지 않는 '중도'에 있다는 점을 상기한다면, 이상과 같은 언급들은 충분히 납득할 수 있다.

4) 도리와 불의(佛意)

원효는 화쟁사례에서 부처님의 뜻, 즉 '불의(佛意)'에 대해서 4가지를 말하고 있다. 첫째, 『열반종요』「경종(經宗)」에서는 가장 포괄적으로 말하고 있다.(사례11) '부처님의 뜻은 방소(方所)가 따로 없어서 해당하지 않는 데가 없다'고 하였는데, 이 말에서 불의는 '해당하지 않는 곳이 없다'는 것을 알 수 있다.

둘째, 『열반종요』「교적(敎迹)」에서는 한 단계 업그레이드 시켜서 좀 더 구체적으로 말하고 있는 것을 볼 수 있다.(사례29) '부처님이 여러 경전에서 교설하신 뜻은 매우 넓고 깊어서 쉽사리 한정할 수 없다'고 하였는데, 여기에서 부처님의 뜻은 '매우 넓고 깊어서 어느 하나의 관점으로 쉽사리 한정할 수 없다'는 것을 알 수 있다.

셋째, 『열반종요』「이멸문(二滅門)」에서는 어찌하여 부처님의 뜻은 넓고 깊은지 그 이유를 설명하고 있다.(사례17) '모든 부처님의 뜻은 오직 이러한 것에 있지만, 다만 아는 것이 천박한 사람의 근기를 따라 이러저러한 말씀을 드러내실 따름이다'고 하였다. 이 말에서 불의는 '한가지 이지만 듣는 사람의 근기에 따라서 여러 가지로 말씀하신다'는 것을 알 수 있다.

넷째, 『열반종요』「체상문(體相門)」에서는 불의(佛意)에 대한 태도에 대해서 말한다.(사례16) '만일 말을 그대로 취한다면 양설에 다 손실이 있게 된다. 왜냐하면, 서로 다른 주장으로 다투어서 부처님의 뜻을 잃어버리기 때문이다'고 하였다. 여기에서, 불의는 '겉으로 표현된 말 그대로 취해서는 아니 된다'는 것을 알 수 있다.

생각건대, 부처님의 마음(불의)과 부처님에 의해서 체득된 '도리'는 밀접한 관계에 있다고 할 것이다. 진리를 깨달은 분이 부처님이기에, 부처님에 의해서 체득된 것과 부처님의 마음은 근본적으로 다른 것일 수가 없기 때문이다. 이런 점에서, '불의'의 내용은 곧 '도리'의 내용으로 보아도 크게 다르지 않을 것이다.

5) 도리와 법문

화쟁사례에서 '법문'에 대해서 4가지 정도를 말하고 있다. 첫째, 『무량수경종요』「과덕(果德)」에서는 가장 단순하게 언급하고 있다.(사례44) 그러니까, 원효는 여기에서 '여래의 법문은 장애가 없기 때문에 모두 도리가 있다'고 말하였는데, 우리는 이 말을 통해서 부처님의 법문은 '장애가 없다'는 것을 알 수 있다.

둘째, 『열반종요』「체상문(體相門)」에서는 좀 더 부연하여 설명하고 있다.(사례16) 즉, '부처님의 법문은 걸림이 없어서 서로 방해하지 아니한다'고 하였는데, 여기에서 부처님의 법문은 '어디에도 걸리는 바가 없어서, 여기에서 베풀어진 법문과 저기에서 베풀어진 법문이 서로를 방해하지 아니한다'는 것을 알 수 있다.

셋째, 『대승기신론소기회본』「의장문(義章門)」에서는 '도리와 법문'과의 관계에 대해서 보다 적극적으로 표현하고 있다.(사례63) 그러니까, 거기에서는 '법문이 한량이 없어서 곳에 따라 시설하였기 때문에 모두 도리가 있다'고 하였다. 그런데, 우리는 이 말을 통해서, 부처님께서 말씀하신 법문은 '한량이 없어서 곳에 따라 시설하였고, 이들은 모두 도리가 있다'는 것을 알 수 있다.

넷째, 『열반종요』「이멸문(二滅門)」에서는 특히, '장애가 없다'는 것을 적극적으로 표현하고 있다.(사례17) 즉, '모든 부처님의 법문은 한가지만이 아니어서, 그 말씀을 따르면서도 장애되거나 혼란스럽게 되지 않게 됨을 마땅히 알아야 한다'고 하였는데, 이 말에서 부처님의 법문은 '모순된 것 같지만 장애되거나 혼란스럽게 되지 아니 하다'는 것을 알 수 있다.

생각건대, 부처님의 말씀[법문]과 부처님에 의해서 체득된 '도리'도 서로 밀접한 관계에 있다고 할 것이다. 부처님에 의해서 체득된 것이 '도리'이고, 그것이 부처님의 말씀으로 표현된 것이 '법문'이기 때문이다. 이렇게 본다면, '부처님의 법문'에 관한 내용을 곧 '도리'의 내용으로 보아도 크게 잘못된 것은 없을 것이다.

6) 도리와 경론

화쟁사례에서는 '경론'에 대해서 4가지를 말하고 있다. 첫째, 『대승기신론소기회본』「의장문(義章門)」에서는 '도리'와 '경론'이 서로 무관하지 않음을 보여준다.(사례63) '도리'를 근거로 한차례 회통한 후에 '경론'을 근거로 다시 회통하려고 할 때, '그러므로[故]'라는 접속사로 연결하였는데, 여기에서 '도리'와 '경론'이 내용상 서로 연결되어 있다는 것을 알 수 있다.

둘째, 『대승기신론소기회본』「생멸문」에서는 양자가 서로 밀접한 관계라는 것을 보여준다.(사례61) 그러니까, '양설이 모두 경론에 근거하였기 때문에 도리가 있다'라고 말하였는데, 우리는 이 말을 통해서, '도리'의 구체적인 내용은 '경론'에 적혀진 것에서 발견할 수 있다는 것을 알 수 있다.

셋째, 『대혜도경종요』「교판」에서는 '도리'와 '경론'이 밀접한 관계라는 것을 조금 다른 각도에서 보여주고 있다.(사례04) 즉, '『반야경』 등이 모두 제2시와 제2법륜에 속한다고 한 것은, 경론에 어긋나기 때문에 도리에 맞지 않다'고 하였는데, 여기에서 '도리'의 내용은 '경론'에 적힌 것과 다르지 않다는 점을 알 수 있다.

넷째, 『무량수경종요』「과덕(果德)」에서는 '도리'와 '경론'이 밀접한 관계라는 것을 거의 같은 취지로 말하고 있다.(사례44) 즉, '한결같이 경론에 근거하여 서로 어긋나지 않기 때문에 모두 도리가 있다'고 하였는데, 여기에서 '도리'의 내용은 '경론'에 적혀진 것과 다르지 않다는 것이라는 것을 다시 확인할 수 있다.

생각건대, '경론'과 '법문'도 밀접한 관계에 있다고 할 것이다. 부처님께서 깨달으신 것이 '도리'라고 한다면, 이 도리가 말씀으로 표현된 것이 '법문'이라고 할 수 있고, 이 법문이 문자화된 것이 '경론'이라고 할 수 있기 때문이다. 이렇게 본다면, 원효가 '법문'에 관해서 언급한 내용과 '경론'에 대해서 언급한 내용이 서로 깊은 연관을 가지고 있는 것은 당연하다고 할 것이다.

제2절 논거2 : 경론(經論)

원효가 제설을 회통하는 데 사용한 두 번째의 논거는 '경론'이다. 이 경론은, 위에서 말한 '도리'와 달리, 이미 문자로 성문화(成文化)되어 있어서 그 내용을 명확하게 파악할 수 있다는 장점이 있다. 본 절에서는, 이 경론이 화쟁사례에 인용된 모습을 살펴본 이후에, 원효는 이 경론에 대해서 어떠한 태도를 가지고 있었는지에 대해서 살펴본다.

1. 인용된 경론

화쟁사례에 인용된 경론에는 '사례전체'에서 인용된 것과, 사례의 [평결] 부분에 인용된 것으로 구분할 수 있다. 원효의 화쟁사상을 폭넓게 알아보고자 하는 경우에는 전자에 의미가 있을 것이고, 화쟁사상과 직접적인 내용을 알아보고자 하는 경우에는 후자에 더욱 의미가 있을 것이다. 아래에서는, '사례전체'에서 인용된 경론을 먼저 살펴보고, [평결]부분에서 인용된 경론을 나중에 살펴보았다.

1) 사례전체에 인용된 경론

'화쟁사례에는 어떠한 경론이 인용되어 있을까?' 단순히 경론의 이름만을 열거한 경우는 회통에 큰 영향을 미치지 않으므로 대상에서 제외하고, 경론의 이름과 문구를 함께 인용한 경우만을 대상으로 하여 조사하였다. 그 결과 거의 모든 사례에서 경론이 인용되고 있음을 알 수 있다. 즉, 총65개의 화쟁사례 중에서, 경론이 인용된 경우는 57개 사례에 이르렀다.

먼저, 사례에 인용된 '경전'을 살펴보자. 사례전체에 인용된 경전의 이름과 인용된 횟수 그리고 해당하는 사례를 구체적으로 나열하여, 도표로 표시하면 다음과 같다. 아래에서, 동그라미 안에 있는 숫자는 해당 사례에서 해당 경전이 인용된 횟수를 보여준다. 예컨대, '사례34①'이라고 표현한 것은, 『금강반야경』이 사례34에 1회 등장하였다는 것을 보여준다.

<표 15> 사례에 인용된 경전

순서	경명	횟수	해당사례
1	『열반경』	66	사례10④·12⑦·13③·14④·15①·16③·18③·19⑩·20⑨·21②·22②·23①·24⑥·25④·26②·27②·28②·29①·64①.
2	『대반야경』	13	사례01④·02①·03①·04④·14①·16①·29①
3	『법화경』	12	사례06②·07②·08①·09③·10①·12①·29①·43①.
4	『미륵상생경』	9	사례30⑦·32①·36①.
5	『해심밀경』	8	사례09②·45②·04③·64①.
6	『화엄경』	6	사례16①·44①·04①·32①·56①·65①.
7	『능가경』	5	사례17①·19①·55①·57①·58①.
8	『승만경』	4	사례09①·16①·20②.
9	『현겁경』	4	사례33①·35①·36①·38①.
10	『관무량수경』	3	사례47①·48②.
11	『현우경』	3	사례32①·34①·36①.
12	『인왕경』	3	사례04①·49②.
13	『성왕경』	2	사례48②.
14	『무량수경』	2	사례47①·48①.
15	『살차니건자경』	2	사례18①·44①.
16	『금고경』	2	사례18①·63①.
17	『점찰경』	1	사례14①.
18	『정명경』	1	사례17①.
19	『청승복전경』	1	사례19①.
20	『본업경』	1	사례44①.
21	『금강반야경』	1	사례30①.
22	『미륵성불경』	1	사례34①.
23	『아함경』	1	사례34①.
24	『정의경』	1	사례36①.
25	『일체지광경』	1	사례36①.
26	『보살처태경』	1	사례36①.
27	『관약왕약상경』	1	사례38①.
28	『본불행경』	1	사례40①.
29	『십주단결경』	1	사례43①
30	『인과경』	1	사례43①
31	『범망경』	1	사례43①.
32	『금강삼매경』	1	사례51①.
33	『동성경』	1	사례63①.
34	무명경	5	사례65⑤.

보는 바와 같이, 첫째, '34종'이라는 많은 경전이 사례에 인용되고 있다. 이 통계는 단순히 '경전의 이름만을 나열한 경우'를 제외하였다는 점을 상기한다면, 원효의 화쟁사례에 영향을 미친 경전이 매우 광범위하였음을 알 수 있다. 둘째, 대부분의 경전이 '대승경전'인 것으로 보아, 원효의 화쟁사상에 대승불교의 영향이 지대하였다는 것을 확인할 수 있다.

셋째, '『열반경』'의 인용이 눈에 띄게 많은 것으로 보아서, 화쟁사상에 『열반경』 사상이 크게 영향을 미쳤다는 것을 알 수 있다. 넷째, 열반경 이외에도 『반야경』·『법화경』·『해심밀경』·『화엄경』 등 중요한 대승경전 이 영향을 끼쳤음을 알 수 있다.

다음, 사례에 인용된 '율전'을 살펴본다.

〈표 16〉 사례에 인용된 율전

순서	율명	횟수	해당사례
1	『승기율』	1	사례50①.
2	『사분율』	1	사례50①.

보는 바와 같이, 율전은 사례50에 『승기율(僧祇律)』과 『사분율(四分律)』 만이 사례에 인용되었다. 이것으로 보아, 율전이 원효의 화쟁사상에 영향 을 미치기는 하였으나, 그 영향이 대단히 미미하였음을 짐작할 수 있다.

다음, 사례에 인용된 '논전'을 살펴본다.

〈표 17〉 사례에 인용된 논전

순서	논명	횟수	해당사례
1	『유가론』	16	사례01①·09①·10①·37①·45②·46①·51①·49①·53①·57①·59①·60①·64③.
2	『섭대승론』	14	사례10①·14①·17①·18①·44①·45①·46①·49②·56①·62①·63①·64②.
3	『대지도론』	13	사례01②·02①·04③·06①·09·10·29①·30①·38①·40①.
4	『기신론』	10	사례16①·17①·18①·20①·44①·53①·59①·60①·62①·63①.
5	『법화론』	4	사례09①·14①·23①·29①.
6	『대법론』	3	사례09②·64①.
7	『보성론』	3	사례09①·20①·64①.

8	『중변론』	3	사례57①·64①·65①.
9	『장론』	2	사례33①·35①.
10	『구사론』	2	사례34①·37①.
11	『아비달마론』	1	사례09①.
12	『지론』	1	사례17①.
13	『광백론』	1	사례01①.
14	『잡심론』	1	사례36①.
15	『집량론』	1	사례58①.
16	무명론	1	사례65①.

보는 바와 같이, 첫째, 인용된 논전이 대부분 '대승논전'인 것으로 보아서, 화쟁사상에 대승논전의 영향이 절대적이라고 할 수 있다. 둘째, 『유가론』·『섭대승론』'이 수위를 다투고 있는 것으로 보아서, 유식사상의 영향이 큰 것을 알 수 있다. 셋째, '『기신론』'도 상당히 인용된 것으로 보아서 후기여래장사상의 영향도 상당히 있었음을 알 수 있다.

2) 〔평결〕부분에 인용된 경론

'회통의 논거'로 인용된 경론은 구체적으로 무슨 경론일까? 조사한 결과, 총65개 조사대상 중에서, 일부에서만 경론이 인용되고 있음을 알 수 있다. 즉, 사례의 회통부분에 경론이 인용된 경우는 총20개이고, 경론이 인용되지 않은 경우는 총45개이어서, 약 1/3 정도만 회통부분에서 인용되고 있는 것을 알 수 있다.

먼저, 회통부분에 인용된 '경전'을 살펴보자.

〈표 18〉 회통에 인용된 경전

순서	경명	횟수	해당사례
1	『열반경』	8	사례13①·14②·15①·18①·20②·23①.
2	『반야경』	6	사례02①·03①·04④.
3	『법화경』	5	사례06①·07①·08①·09①.
4	『화엄경』	3	사례04①·56①·65①.
5	『인왕경』	2	사례04①·50①.
6	『미륵상생경』	2	사례30②.
7	『해심밀경』	2	사례09①·04①.

8	『능가경』	1	사례19①.
9	『부인경』	1	사례20①.
10	『현겁경』	1	사례33①.
11	『성왕경』	1	사례48①.
12	『관무량수경』	1	사례48①.
13	『무량수경』	1	사례48①.
14	무명경	5	사례65⑤.

보는 바와 같이, 첫째, 총14개 경전이 인용된 것으로 보아, 적지 않은 경전들이 직접 회통부분에 인용되고 있음을 알 수 있다. 둘째, 예컨대 『열반종요』에 등장하는 사례의 회통부분에서 『열반경』이 주로 인용되는 것과 같이, 해당 경전은 그것과 직접적으로 관련된 저서에서 회통의 논거로 주로 인용되는 모습을 볼 수 있다.

셋째, 위의 사례전체에서 인용된 경전에서는 『열반경』이 다른 경전에 비하여 인용횟수가 월등하였으나, 여기 '회통부분에 인용된 경전'에서는 월등하게 인용되지는 않았다. 이것만 보아도 경전이 사례전체와 회통부분에서 거의 같은 수준으로 영향을 미쳤다고는 보기 어려울 것 같다.

다음, 회통부분에 인용된 '논전'을 살펴본다.

〈표 19〉 회통에 인용된 논전

순서	논명	횟수	해당사례
1	『대지도론』	4	사례01①·04③.
2	『기신론』	2	사례16①·20①.
3	『유가론』	2	사례37①·49①.
4	『대법론』	1	사례09①.
5	『광백론』	1	사례01①.
6	『섭대승론』	1	사례49①.
7	『중변론』	1	사례65①.
8	무명론	1	사례65①.

보는 바와 같이, 첫째, 총8개 논전이 회통부분에 인용되었다. 둘째, 위의 사례전체에서는 『유가론』·『섭대승론』과 같은 유식사상 계통의 논서가 수위를 다투었으나, 회통부분에서는 '『대지도론』'이 많이 인용된 것으로

보아서, 논전이 사례전체와 회통부분에 미친 영향이 조금은 다른 것으로 보인다. 셋째, 『기신론』의 경우는 꾸준히 비슷한 수준으로 영향을 미친 것으로 보인다.

2. 원효의 입장

위에서 본 바와 같이 회통의 논거로 '경론'이 많은 사례에서 인용되고 있는 것으로 보아서 대부분의 사례는 '경론'에 의해서 회통되는 것을 알 수 있다. 이러한 상황에서, 과연 '원효는 경론에 대해서 어떠한 입장을 가지고 있었는가?'에 대해서 궁금하지 않을 수 없다. 아래에서는, 이 점에 대해서 알아보고자 한다.

1) 사례의 분석

경론에 대한 원효의 입장을 알 수 있는 몇 개의 화쟁사례를 찾을 수 있다. 첫째, 『무량수경종요』「과덕(果德)」에서는 '자수용신(自受用身)은 형상이 있는가, 없는가?'에 관해서 논쟁하는 무색설(無色說)과 유색설(有色說)에 대해서, 원효는 다음과 같이 회통하고 있다.(사례44)

① 또 어떤 이는 말하기를, "두 분의 말이 모두 도리가 있으니, ⓐ 한결같이 경론에 근거하여 서로 어긋나지 않기 때문이고, ⓑ 여래의 법문은 장애가 없기 때문이다.

② 왜냐하면, 보불신(報佛身)의 국토에 대략 이문이 있으니, 만약 '형상을 바탕으로 하여 근원으로 돌아가는 법문'에 나아가면 앞분의 말씀과 같고, 만약 '본성을 따라서 덕을 이루는 법문'에 의거하면 뒷분의 말씀과 같으니, 경론을 인용하여 각각 그 법문을 따라 말한 것이므로 서로 어긋나는 것이 아니기 때문이다"고 하였다.(한불전1, 555중~하)[17]

---

17) "或有說者 二師所說 皆有道理 等有經論 不可違故 如來法門無障礙故 所以然者 報佛身土 略有二門 若就正相歸源之門 如初師說 若依從性成德之門 如後師說 所引經論 隨門而說

①에서 원효는 '도리'를 논거로 회통하고 있는데, 여기에 2가지를 언급하고 있다. 즉, ⓐ에서는 '한결같이 경론에 근거하여 서로 어긋나지 않기 때문이다'라고 회통하고 있고, ⓑ에서는 '여래의 법문은 장애가 없기 때문이다'라고 회통하고 있다.

②에서는 '경론'을 논거로 회통하고 있다. 즉, 만약 '형상을 바탕으로 하여 근원으로 돌아가는 법문'으로 나아가면 앞분의 말씀과 같고, 만약 '본성을 따라서 덕을 이루는 법문'에 의거하면 뒷분의 말씀과 같다. 그런데, 이들은 모두 경론을 인용하여 각각 그 법문을 따라 말한 것이므로 서로 어긋나지 않는다고 한다.

생각건대, 원효는 ①에서 도리를 논거로 회통하면서, ⓐ에서 '경론'은 옳다는 생각을 밝히고 있고, ⓑ에서 '의미상 도리'를 언급하여 그 생각을 뒷받침하고 있다. ②에서는 '경론에 대한 해석'을 함으로써 회통의 논거를 마련하고 있는 것을 볼 수 있다. 그렇다면, 여기에서 원효는 '경론은 옳은 것이다'는 정도의 생각을 가지고 있는 것은 아닌가 짐작할 수 있다.

둘째, 『대혜도경종요』「종지(宗旨)」에서는 '제법실상(諸法實相)이란 무엇인가?'에 대해서 논쟁하는 총4설에 대해서, 원효는 다음과 같이 회통하고 있다.(사례01)

① 여러 분의 말씀이 모두 다 진실하다. 그 까닭은, 다 성전에 근거한 것이므로 서로 어긋나지 않기 때문이다. 모든 법의 실상은 모든 희론이 끊기어서 도무지 그렇다고 할 것도 그렇지 않다고 할 것도 없기 때문이다.
② 『석론(釋論)』에, "일체가 진실이고, 일체가 진실이 아니며, 또한 일체가 진실이면서 진실이 아니고, 일체가 진실이 아니면서 진실이 아닌 것도 아닌 것, 이것을 일러 제법의 실상이다"고 한 것과 같다. 생각건대, 여기서 말한 '4구가 실상이다'고 한 것은 그 차례대로 앞의 4설에 배당할 수 있으니, 집착을 여의고 말하면 부당함이 없기 때문이다. ……(한불전

_____

故不相違."

1, 480하~481상)18)

①에서 원효는 의미상 '도리'를 들어서, '다 성전에 근거한 것이므로 서로 어긋나지 않기 때문이다'고 회통한다. 또한, ②에서는 구체적으로 '경론'과 그 해석을 들어서, 『석론(釋論)』에서 4구가 실상이라고 한 것을 차례대로 앞의 4설에 배당할 수 있으니, 집착을 여의고 말하면 부당함이 없기 때문이다'라고 회통한다.

생각건대, 여기에서도 원효는 '경론은 옳은 것이다'는 생각을 가지고 있었을 것으로 보인다. 왜냐하면, ①에서는 '다 성전에 근거한 것이므로 서로 어긋나지 않는다'라는 경론에 대한 분명한 견해를 밝히고 있고, ②에서는 구체적인 경론에 대한 해석을 통해서 회통의 논거를 마련함으로써 앞에서 자신이 언급한 것에 대한 뒷받침을 하고 있기 때문이다.

셋째, 『무량수경종요』「인행(因行)」에서는 '성변인(成辨因)은 본래부터 있는 것인가, 나중에 얻는 것인가?'에 관하여 논쟁하는 본유설(本有說)과 후득설(後得說)에 대해서, 원효는 다음과 같이 회통한다.(사례46)

ⓐ 모두 성전에 의거하였으니, 어찌 진실하지 않음이 있겠는가? ⓑ 그 자세한 것은 『능가경요간』에서 말한 것과 같다.(한불전1, 557하)19)

이 글의 ⓐ에서는, '경론'을 들어서 '모두 성전에 의거하였기 때문이다'라고 하고, ⓑ에서는 '『능가경요간』에서 자세히 말하였다'고 하여서, 이것을 논거로 '양설이 어찌 진실하지 않음이 있겠는가?'라고 회통한다. 여기에서, '『능가경요간』에서 자세히 말하였다'고 하였는데, 그 내용이 구체적으로 어떠한 것인지는 알 수 없으나, 아마도 ⓐ에서 말한 것을 뒷받침하는

---

18) "諸師說皆實 所以然者 皆是聖典不相違故 諸法實相絕諸戲論 都無所然無不然故 如釋論云 一切實 一切非實 及一切實亦非實 一切非實非不實 是名諸法之實相 案云 此說四句是實相 者 如其次第許前四說 離著而說無不當故 ……."

19) "皆依聖典 有何不實 於中委悉 如楞伽經料簡中說."

내용일 것이다.

생각건대, 여기에서도 원효가 '경론은 옳은 것이다'는 생각을 가졌을 것으로 보인다. 왜냐하면, 먼저 ⓐ에서 '경론'에 대해서 원효가 어떻게 생각하는지에 대한 생각을 명확하게 선언하고, 다음 ⓑ에서 『능가경요간』을 제시하며 앞에서 자신이 밝힌 선언을 뒷받침하는 근거로 삼고 있기 때문이다.

넷째, 경전을 논거로 회통하는 경우에도, 구체적인 문구를 제시하거나 경전에 대해서 해석을 한 후에 회통하는 경우가 대부분이다. 그런데 어떤 경우에는 구체적인 설명 없이 회통하는 경우도 있다. 예컨대, 『열반종요』「인연」에서는 '『열반경』을 말씀할 인연이 있는가?'에 관하여 논쟁하는 무인설(無因說)과 유인설(有因說)의 장황한 주장에 대해서 다음과 같이 간단하게 회통한다.(사례10)

> 두 분의 말씀이 다 이득이 있다. 모두 경전을 근거로 하여 서로 방해되지 않기 때문이다. 비록 그렇지 않은 것은 아니기에 (인연이) 있음과 없음을 말하였지만, 결단코 그런 것은 아니기에 서로 어긋나는 것이 아니다.(한불전1, 525중)[20]

이 글에서, 원효는 양설이 모두 옳다고 판정을 내리고 있다. 그리고 그 논리적인 근거로 '모두 경전을 근거로 하여 서로 방해되지 않기 때문이다'라는 말만을 제시하고 있다. 이러한 일반적인 언급만을 논거로 '양설이 모두 서로 어긋나지 않는다'고 회통하고 있으며, 이후에 이 일반적인 언급을 뒷받침하는 어떠한 경론도 별도로 제시하고 있지 않다.

생각건대, 이번 사례에서는 원효가 단순히 '원칙적'으로 경론은 옳은 것이라는 생각에 그치는 것이 아니라, 여기에서 한 걸음 더 나아가, 진실로 '모든 경전은 옳다'는 '일반적(一般的, general)'인 생각을 가지고 있는 것은

---

20) "二說悉得 皆依經典 不相妨故 雖非不然 故說有無 而非定然 故不相違."

아닌가 하는 생각이 든다. 왜냐하면, 여기에서는 이러한 일반적인 언급을 뒷받침하는 어떠한 논거도 추가로 별도로 제시하지 않고 있기 때문이다.

다섯째, 위의 사례들에서는 '원칙적'이든 '일반적'이든 '경론은 옳은 것이다'는 생각을 단순하게 드러내고 있는데, 어떤 사례에서는 보다 적극적으로 그 이유를 추가해서 밝히는 경우도 있다. 예컨대, 『대승기신론소기회본』「의장문(義章門)」에서는 '응신(應身)·보신(報身)이란 무엇인가?'에 관하여 논쟁하는 총4설에 대해서 다음과 같이 회통한다.(사례63)

> 이와 같이 같지 않음이 있는 것은 법문이 한량이 없어서 오직 한 길만이 아니므로 곳에 따라 시설하였기 때문이니, 모두 도리가 있는 것이다. 그러므로 『섭론』 중에서는 지전(地前)의 흩어진 마음에 의해 보이는 분제가 있는 형상을 말하기 때문에 화신에 속하는 것이지만, 이제 이 『기신론』 중에서는 이 보살의 삼매에 의해 보이는 분제를 여읜 형상을 밝힌 것이기 때문에 보신에 속하는 것이니, 이런 도리에 의하여 서로 어긋나는 것이 아니다.(한불전1, 773하)[21]

이 글에서, 원효는 '이와 같이 같지 않음이 있는 것은 법문이 한량이 없어서 오직 한 길만이 아니므로 곳에 따라 시설하였기 때문이다'는 말을 논리적인 근거로 해서 '제설은 서로 어긋나지 아니한다'라고 회통하였다. 또한, 이것을 구체적으로 부연설명하기 위해서, '『섭론』 중에서는 지전(地前)의 흩어진 마음에 의해 보이는 …… 『기신론』 중에서는 이 보살의 삼매에 의해 보이는 ……'이라고 하였다.

생각건대, '이와 같이 같지 않음이 있는 것은 법문이 한량이 없어서 오직 한 길만이 아니므로 곳에 따라 시설하였기 때문이다'라고 한 말에는 기본적으로, '경전의 내용은 모두 옳다'는 것이 전제되어 있는 것을 알

---

21) "所以如是有不同者 法門無量 非唯一途 故隨所施設 皆有道理 故攝論中 爲說地前 散心所見 有分齊相 故屬化身 今此論中 明此菩薩 三昧所見 離分齊相 故屬報身 由是道理 故不相違也."

수 있다. 그리고 한 걸음 더 나아가서, '부처님의 법문은 한량이 없어서 경우에 따라서 방편으로 시설하였을지라도 모두 옳다'는 의미도 함축되어 있다고 해석될 수 있을 것이다.

2) 사례의 종합

위에서 살펴본 바와 같이, 원효는 현존하는 모든 화쟁사례에서 비록 각설의 주장이 잘못되었다는 말은 하였을지라도, '경론 자체의 내용에 잘못이 있다'는 언급은 전혀 하지 않았다. 이러한 사실과 더불어, 지금까지 검토한 화쟁사례를 종합해 볼 때, 원효가 경론에 대해서 가지는 태도는 대체로 다음의 3가지로 요약할 수 있을 것 같다.

첫째, 원효는 경전의 내용은 모두 옳은 것이라는 생각을 가진 것으로 파악된다. 『대혜도경종요』(사례01), 『무량수경종요』(사례44), 『무량수경종요』(사례46)에서, 원효는 "경전은 옳다"는 말로 양설을 회통한 이후에 이를 뒷받침하는 경전상의 증거를 반드시 제출하고 있다. 이러한 점을 볼 때, 우리는 원효가, "경전의 말씀은 옳은 것이다"라는 생각을 가지고 있음을 알 수 있다.

둘째, 나아가 경우에 따라서는 '일반적'으로 '경전의 내용은 모두 옳은 것이다'라고 생각하는 것으로 보인다. 『열반종요』(사례10)에서, 원효는 양설에 대해서 '모두 경전을 근거로 하여 서로 방해되지 않기 때문이다'는 일반적인 언급만으로 회통을 마치고 추가적인 경전상의 증거를 제출하지 않고 있다. 이 점을 볼 때, 원효는 "경전의 말씀은 일반적으로 옳은 것이다"라는 생각을 가지고 있음을 알 수 있다.

셋째, 어떤 경우에 원효는 '경전의 내용은 모두 옳은 것이다'라는 생각에 확고한 신념을 가지고 있는 것으로 보인다. 『대승기신론소기회본』(사례63)에서, 원효는 경전의 가치와 관련하여 어찌하여 다양한 주장이 있을 수 있는지 그 이유를 명확하게 밝히고 있다. 이것을 보아서, 그는 '법문은 한량이 없어서 경우에 따라서 방편으로 시설하였을 지라도 모두 옳다'는 굳은 신념을 가지고 있는 것으로 보인다.

제3절 경론의 해석(解釋)

화쟁의 논거로서 경론을 살펴보는 데 있어서 반드시 염두에 두어야 할 것이 있다. 그것은 경론 자체만 가지고는 그 의미가 분명하지 않아서 도저히 논거로 활용하기 어려운 경우가 많다는 점이다. 특히, 의견이 치열하게 맞서고 있는 경우에는 경론의 의미를 확정할 필요가 있는 경우가 대부분이라고 할 수 있다.

그렇다면, 원효는 과연 어떻게 이 문제를 해결하였을까? 이 점에 관해서 생각할 때, 원효가 『열반종요』「회통문」에서 '표현은 다르지만 의미가 같은 경우(文異意同)'에 해당하는 3가지 화쟁사례를 논하고 있고, 이어서 '표현도 다르고 의미도 다른 경우(文異意異)'에 해당하는 5가지 화쟁사례를 논하고 있는 것을 주목할 필요가 있다.

'표현은 다르지만 의미가 같은 경우'에는 경전에 따라서 비록 문구는 다르지만 전체적인 문맥에서 의미하는 것이 서로 같은 까닭에 주장된 제설은 회통된다고 말하고 있으며, '표현도 다르고 의미도 다른 경우'의 경우에는 비록 문구와 의미는 다르지만 경론의 저자가 처한 상황이나 의도가 서로 달라서 다른 결론이 도출되었지 실제로는 다른 것이 아니기 때문에 주장된 제설은 회통된다고 말하고 있다.

이 중에서, '표현도 다르고 의미도 다른 경우'에 대해서 잠시 더 생각해 보자. 그러니까, 사례63에서 원효는 '이와 같이 같지 않음이 있는 것은, 법문이 한량이 없어서 오직 한 길만이 아니므로, 곳에 따라 시설하였기 때문이다'고 한 적이 있다. 이것은 법문이 겉으로 다르게 보이는 이유는 방편에 따라서 시설되었기 때문에 그런 것이지 실제로는 같은 의미라고 말하고 있는 것으로 해석할 수 있다.

또한, 사례38에서, 원효는 '근기를 따라 보고 듣는 것이요, 있다고 하는 것이나 없다고 하는 것이 반드시 정해진 것이 아니기 때문이다'고 한 적이 있다. 이것은 우리가 이것은 있다거나 없다거나 하는 것도 결국 근기에 따른 방편시설이라고 말하기 때문이라고 해석할 수 있다. 이렇게 보면, '부처님께서는 대기설법을 하신다는 점을 염두에 두고 모든 경전을 해석하여야 한다'는 것이 핵심임을 짐작할 수 있다.

이제, 이와 같은 원효의 언급을 염두에 두고, 필자는 원효가 화쟁사례에서 '경론'을 어떠한 방식으로 해석하고 있는지를 하나하나 조사해 보았다. 그 결과, '문리적 해석', '체계적 해석', '상황적 해석', '주관적 해석'이라고 하는 4가지 유형으로 원효의 경론에 대한 해석을 구분할 수 있게 되었다.
여기에서, '문리적 해석'이란, 경전의 문구에 담긴 1차적인 의미에 따른 해석을 말한다. 또한, '체계적 해석'이란, 경전의 문구를 전체적인 관점에서 체계적으로 해석하는 것으로, 위에서 말한 '표현은 다르지만 의미가 같은 경우'와 같다. 또한, '상황적 해석'이란, 경론의 저자가 처해있는 여러 상황을 고려한 해석으로, 위에서 말한 '표현도 다르고 의미도 다른 경우'와 대체로 같다. 그리고 '주관적 해석'이란, 경론을 해석하는 사람의 주관적인 견해를 바탕으로 이루어지는 해석을 말한다.

〈표 20〉 해석의 방식

	해석의 방식	사례수
유형1	문리적 해석	10
유형2	체계적 해석	17
유형3	상황적 해석	25
유형4	주관적 해석	9
(*)	중복된 경우	4

보는 바와 같이, 4가지 유형의 해석에서 '상황적 해석'이 가장 빈도가 높고, 그 뒤로 '체계적 해석', '문리적 해석', '주관적 해석' 순서임을 알 수 있다. 다만, 상황적 해석이 많이 활용되기는 하였으나, 일반형이라고 하기는 어려운 상황이다. 다음, (*)에서와 같이 회통에서 단순히 한가지의 해석만을 논거로 삼는 경우이외에 2가지의 해석을 논거로 삼는 경우도 몇몇 있음을 알 수 있다.[22]

1. 문리적 해석

유형1 '문리적 해석'이란, 경전·율전·논전 등에 담긴 내용을 단순히 인용하거나, 혹은 거기에 담긴 문자의 문리적 의미를 객관적으로 해석하고, 이 해석에 의하여 경전의 구체적인 의미를 확정하여 화쟁사례에서 회통의 논리적인 근거로 삼는 해석방식을 말한다. 예컨대,『범망경보살계본사기』「서문」에서는 '십신위(十信位)는 물러나는 지위인가, 물러나지 않는 지위인가?'에 대해서 논쟁하는 퇴위설(退位說)과 불퇴설(不退說)에 대하여 다음과 같이 회통한다.(사례49)

① 『유가론』에 의거하면, 이 글들은 서로 통한다. 만일 '보살의 성품을 가진 사람'이 십신에 들어가면, 처음 제1신에 들어가면서 바로 물러나지 않는 지위를 얻게 된다. 그런데, 만약 '이승의 성품을 가진 사람'이 소승을 돌아 대승에 들어오면 십신위 가운데에서는 물러나지 않는 지위에 들어가지 못하고 또한 저 삼승기의 수에도 들어가지 못하지만, 십해위에 이르게 되면 바야흐로 물러나지 않는 지위에 들어가고 또한 삼승기의 수에도 들어가게 된다.
② 이러한 까닭으로『인왕경』은 이승의 성품을 가진 사람을 들어서 말했기 때문에 물러나는 지위를 말한 것이고,『섭론』은 보살의 성품을 가진 사람을 들어서 말했기 때문에 물러나지 않는 지위를 말한 것이다.(한불전1, 592상)23)

①에서 원효는『유가론』에 의거하여 회통한다. 즉,『유가론』에서, '보살

---

22) 2가지의 해석을 겸한 경우 : 사례32에서는 상황적 해석과 주관적 해석을, 사례36에서는 상황적 해석과 체계적 해석을, 사례58에서는 체계적 해석과 상황적 해석을, 사례62에서는 상황적 해석과 체계적 해석을 각각 회통의 논거로 삼았다.

23) "若依瑜伽論 通此文者 若菩薩性人入十信者 始入第一信時卽得不退 若二乘性人迴小入大者 十信位中未入不退位 亦未入於三僧祇數 到於十解位 方得入不退位 亦得入於三僧祇數 是故仁王經者約二乘性人 故爲退位 若攝論者 約菩薩性人 故爲不退位也."

의 성품을 가진 사람'은 십신위(十信位)에 들어가면 바로 불퇴위를 얻게 되지만, '이승의 성품을 가진 사람'은 십신위에 들어가도 불퇴위에 들어가지 못하고 십해위(十解位)에 이르러서야 불퇴위에 들어가기에 삼승기의 수행기간에 들어가게 된다고 한다.

②에서는, 따라서 퇴위설이 인용한 『인왕경』에서는 '이승의 성품을 가진 사람'을 염두에 두고 말하기 때문에 '들어갈 수 없다'고 하고, 불퇴설이 인용한 『섭대승론』에서는 '보살의 성품을 가진 사람'을 염두에 두고 말하기 때문에 '들어갈 수 있다'고 한 것이라고 회통한다.

중요한 것은, 『유가론』에 대하여 '문리적 해석'을 하고, 그 결과를 바탕으로 회통을 시도하고 있다는 점이다.

생각건대, 문리적 해석의 '특징'은 다른 해석방식에 비해서 '대단히 객관적'이라고 할 수 있다. 왜냐하면, 해석자가 경전에 있는 문구를 '상식'에 입각하여 받아들이고 활용하기 때문이다. 물론, '상식'이라는 말이 있는 그대로의 '진실'을 말한다고 볼 수는 없다. 하지만, 대부분의 경우에 보통사람들이 공유할 수 있는 것을 가리키기 때문에, 이 문리적 해석은 대단히 객관적이라고 할 수 있다.

문리적 해석의 '장점'으로는 경론의 문구를 문리적 의미를 바탕으로 해석하기 때문에, 4가지 해석 중에서 가장 설득력이 높다는 점을 들 수 있다. 하지만, 이 해석방법으로는 경론에 대하여 보다 깊이 있는 문제에 대해서는 답을 할 수 없다는 '단점'이 있다. 따라서, 보다 심도 있는 문제에 대해서는 다음의 3가지 해석들을 필요로 할 것으로 본다.

한편, 위의 사례 이외에도 '문리적 해석'을 회통의 논거로 삼는 사례들을 더 들어볼 수 있다.

01. 『대혜도경종요』「종지(宗旨)」에서는 '제법실상(諸法實相)이란 무엇인가?'에 관하여 논하는데, 『대지도론』의 문구인 '사구'에 대한 '문리적 해석'을 논거로 하여, 주장된 4설을 회통한다.(사례01 : 한불전1, 480하~481상)

02. 『대혜도경종요』「교판」에서는 '『반야경』의 교판상 지위는 무엇인가?'에 관하여 논하는데, 『반야경』, 『법화경』, 『인왕경』, 『해심밀경』, 『대지도론』, 『화엄경』 등 많은 경전의 문구에 대하여 '문리적 해석'을 논거로 하여, 무상설(無相說)과 은밀설(隱密說)을 회통한다.(사례04 : 한불전1, 486하~487중)

03. 『법화종요』「묘용(妙用)」에서는 '방편은 삼승인가, 이승인가?'에 관하여 논하는데, 『법화경』의 문구에 대한 '문리적 해석'을 논거로 하여, 삼승설과 이승설을 회통한다.(사례06 : 한불전1, 491하~492상)

04. 『법화종요』「묘용(妙用)」에서는 '인천승(人天乘)도 일불승(一佛乘)에 포함되는가?'에 관하여 논하는데, 『법화경』의 「비유품」과 「약초유품(藥草喩品)」에 등장하는 '삼차(三車)'와 '삼초(三草)'의 비유에 대한 '문리적 해석'을 논거로 하여, 긍정설과 부정설을 회통한다.(사례10 : 한불전1, 492상~중)

05. 『열반종요』「사덕문(四德門)」에서는 '보신(報身)은 상주하는가?'에 관하여 논하는데, 『능가경』의 문구에 대한 '문리적 해석'을 논거로 하여, 상주설과 무상설을 회통한다.(사례19 : 한불전1, 537중)

06. 『미륵상생경종요』「출세시절(出世時節)」에서는 '미륵불과 전륜성왕이 출현한 때는?'에 관하여 논하는데, 『현겁경(賢劫經)』의 문구에 대한 '문리적 해석'을 논거로 하여, 이시설(異時說)과 동시설(同時說)을 회통한다.(사례33 : 한불전1, 550상)

07. 『미륵상생경종요』「발심구근(發心久近)」에서는 '미륵불의 발심은 40겁 앞서는가?'에 관하여 논하는데, 경론의 문구에 대한 '문리적 해석'을 논거로 하여, 동시설(同時說)과 40겁설을 회통한다.(사례40 : 한불전1, 552상~중)

08. 『미륵상생경종요』「발심구근(發心久近)」에서는 '석가불의 '초월9겁'은 대겁인가?'에 관하여 논하는데, 경론의 문구에 대한 '문리적 해석'을 논거로 하여, 대겁설(大劫說)과 소겁설(小劫說)을 회통한다.(사례41 : 한불전1, 552중)

09.『미륵상생경종요』「증과전후(證果前後)」에서는 '미륵불과 석가불이 증과한 시점은?'에 관하여 논하는데, 경론의 문구에 대한 '문리적 해석'을 논거로 하여, 현겁설(現劫說)과 구겁설(舊劫說)을 회통한다.(사례43 : 한불전1, 552하)

2. 체계적 해석

유형2 '체계적 해석'이라고 함은, 경론의 문구에 대하여 오직 그 경론만의 문리적인 의미에 따른 해석에서 벗어나, 여러 경론을 하나의 틀로 간주하고 그 전체적인 틀 속에서 해당 문구가 갖는 체계적인 의미를 파악하여 회통의 논리적인 근거로 삼는 것을 말한다.

원효는 여러 경론에 대하여 광범위하고 심도 깊은 지식을 쌓았는데, 이러한 체계적 지식을 바탕으로 하여, 여러 경론의 문구들이 겉으로 드러난 의미만 다를 뿐 체계적인 의미에서는 같은 범주에 포함된다는 것을 보여주고 있다. 예컨대,『열반종요』「회통문」에서는 '무엇이 성정불성인가?'에 관하여 논쟁하는 총6설에 대해서 다음과 같이 회통하고 있다.(사례24)

① 이와 같은 경문들은 명칭이 다른 것들을 들었지만, 다 같이 '자성이 청정한 진여의 불성'을 나타낸 것이다. 삼승이 한가지로 돌아오기에 '일승'이라고 이른 것이고, 12인연의 근본이기에 '인연'이라고 이른 것이며, 일체를 벗어났기에 '공(空)'이라고 이른 것이고, 성품에 본각(本覺)이 있기에 '지혜'라고 이른 것이며, 중생 가운데서 진실하기에 '실의(實義)'라고 이른 것이고, 자체를 스스로 비추기에 '아견(我見)'이라고 이른 것이다. 여러 명칭은 비록 다르지만 전표(詮表)하는 본체는 동일하다.
② 그런데 이렇게 여러 명칭을 드는 까닭은 여러 경전의 뜻이 오직 일미(一味)임을 나타내려는 것이다. 이른바 '아견'이라 이름하고, '여래장'이라 이른 것은『승만경』과『능가경』등의 뜻을 회통한 것이다. 또, '공'이라고 이르고 '지혜'라고 이른 것은『반야경』계통의 여러 경전의 뜻을 회통한

것이다. 또, '일승'이라고 이른 것은『법화경』등의 뜻을 회통한 것이요,
또, '진해탈(眞解脫)'이라고 이른 것은『유마경』등의 뜻을 회통한 것이다.
이러한 여러 경전에서 문구는 다르지만 같은 뜻을 나타내려는 까닭에,
하나의 불성에서 이러한 여러 가지의 이름을 내세운 것이다.(한불전1,
544하~545상)[24]

①에서 원효는, 총6설이 '문구'의 명칭은 다르지만 '자성이 청정한 진여의
불성'으로서 본체는 동일하다고 한다. 그리하여, 각각 그 이유를 설명하기
를, 삼승이 한가지로 돌아오므로 '일승'이고, 12인연의 근본이므로 '인연'이
며, 일체를 벗어났으므로 '공(空)'이고, 성품에 본각(本覺)이므로 '지혜'이며,
중생 가운데서 진실하므로 '실의(實義)'이고, 자체를 스스로 비추므로 '아견
(我見)'이라는 것이다.

②에서는, 한걸음 더 나아가 이러한 문구들이 등장하는 '경전'들을 지적
한다. 즉,『승만경』과『능가경』에서 '아견'과 '여래장'을 말하고,『반야경』에
서 '공'과 '지혜'를 말하며,『법화경』에서 '일승'을 말하고,『유마경』에서
'진해탈(眞解脫)'을 말하였다고 한다. 이처럼, 여러 경전에서 문구는 비록
다르지만 같은 뜻을 나타내려는 까닭에, 하나의 불성에 여러 이름을 내세운
것이라고 보충설명하여 준다.

중요한 것은, 비록 '아견(我見)' '여래장' 등 여러 가지 서로 다른 문구로
표현되었지만, 원효는 그것들이 표현된 경론을 각기 고립된 관점에서
보지 아니하고 전체적인 관점에서 보는 '체계적 해석'을 하였다는 것이다.
그리하여, 이들이 모두 '자성이 청정한 진여의 불성'이라는 하나의 대상을
가리킨다며 회통하였다는 점이다.

생각건대, 체계적 해석의 '특징'은 다음의 2가지 해석과 비교하면 '객관적'

---

24) "如是等文 擧諸異名 同顯性淨眞如佛性 三乘同歸 故名一乘 十二之本 故名因緣 離一切故
名爲空 性有本覺 名爲智慧 衆生中實 故名實義 自體自照 故名我見 諸名雖異 所詮體一
所以說是衆多名者 爲顯諸經唯一味故 謂名我見 名如來藏者 是會勝鬘楞伽等旨 又名爲空
名智慧者 是會諸部般若敎意 又名一乘者 是會法花經等 又名眞解脫者 是會維摩經等 爲顯
是等諸經異文同旨 故於一佛性 立是諸名也."

이라는 점을 들 수 있다. 왜냐하면, 경론의 문구를 고립된 하나의 경론에서 파악하는 데 그치지 않고 전체 경론의 틀 속에서 의미를 찾기 때문이다. 그러나 체계적인 해석은 앞의 문리적 해석과 비교하면, 주관적인 측면도 가지고 있다. 왜냐하면, 해석자가 바뀜에 따라서 그 체계적인 의미도 변화할 여지가 있기 때문이다.

체계적 해석의 '장점'은, 전체 경론의 틀 속에서 의미를 찾기 때문에, 문리적 해석보다는 좀 더 심도 있는 해석을 할 수 있는 점을 들 수 있다. 그러나 이것은 여전히 '체계적 해석'으로 해결할 수 없는 고난도의 쟁점에는 적용하는 데 한계가 있으니, 이것은 이 해석방법의 '단점'이라고 할 수 있다.

한편, 위의 사례 이외에도 '체계적 해석'을 회통의 논거로 삼는 사례들을 더 들어볼 수 있다.

01. 『대혜도경종요』「종지(宗旨)」에서는 '반야란 유루인가, 무루인가?'에 관하여 논하는데, 대립된 총4설의 내용인 '무루의 지혜', '유루의 지혜', '유루이고 무루인 지혜', '사구를 뛰어넘는 지혜'에 대하여 이들은 모두 '수행단계의 차이'에서 각각 주장된 것이라고 하여 회통한다.(사례02 : 한불전1, 482상~중)

02. 『열반종요』「회통문」에서는 '무엇이 수염불성(隨染佛性)인가?'에 관하여 논하는데, 제기된 총6설의 내용인 '대신심(大信心)', '자비희사', '사무애지', '관정삼매', '보살이 가진 불성', '선과 불선'에 대하여 이들은 모두 현수염문(顯隨染門) 안의 보불성(報佛性)을 나타낸 것이라고 하여 회통한다.(사례25 : 한불전1, 545상)

03. 『열반종요』「회통문」에서는 '무엇이 현과불성(現果佛性)인가?'에 관하여 논하는데, '형상이 있는 금강신', '형상이 없는 18불공법', '일정한 색이 없는 것', '형상이 있는 32상', '일체 중생의 상이 드러나지 않는 것', '결정된 상이 없는 것', '있음', '없음' 등 총8설에 대해서 이들이 모두 '현재 부처님의 결과의 지위로서의 불성'을 밝힌 것이라고 하여

회통한다.(사례26 : 한불전1, 545상~중)

04. 『열반종요』 「회통문」에서는 '무엇이 당과불성(當果佛性)인가?'에 관하여 논하는데, 제기된 양설의 내용인 '일체의 중생', '선근을 끊어 없앤 자'에 대해서 이들이 한결같이 '중생이 미래에 얻을 결과의 지위로서의 불성'을 밝힌 것이라고 하여 회통한다.(사례27 : 한불전1, 545중)

05. 『열반종요』 「회통문」에서는 '무엇이 일심불성(一心佛性)인가?'에 관하여 논하는데, '유루도 무루도 아닌 것', '상주도 무상도 아닌 것', '12인연과 지혜의 근본 원인이 있으며, 아뇩보리와 대반열반의 근본 결과가 있는 것' 등 총3설에 대해서 모두 '원인의 지위도 결과의 지위도 아닌 일심으로서의 불성'을 나타낸 것이라고 하여 회통한다.(사례28 : 한불전1, 545중~하)

06. 『미륵상생경종요』 「이장시비(二藏是非)」에서는 '『미륵상생경』의 교판상 지위는 무엇인가?'에 관하여 논하는데, 의미상 '체계적 해석'을 하고, 이것을 논거로 이 경의 가르침은 대소의 근성에 공통으로 미치기 때문에 보살장에 포함된다고 말한다.(사례30 : 한불전1, 548중~하)

07. 『미륵상생경종요』 「출세시절」에서는 '천상계 수명 4천세는 인간계 수명으로 몇 년인가?'에 관하여 논하는데, 먼저 여러 경전에 대하여 '체계적 해석'을 하여 이것을 논거로 '5만 7천6백만년'이라는 정답을 산출해 낸 뒤에, '상황적 해석'을 하여 이것을 논거로 총5설을 회통한다.(사례36 : 한불전1, 550중)

08. 『미륵상생경종요』 「출세시절」에서는 '미륵보살이 도솔천에 머문 시간은?'에 관하여 논하는데, 진체삼장은 여러 경론의 내용을 참고하여 '겨자씨'에 대해서 '체계적 해석'을 하고, 원효는 이것을 논거로 회통한다.(사례37 : 한불전1, 551상)

09. 『미륵상생경종요』 「삼회증감(三會增減)」에서는 '열린 법회는 3회인가, 여러 번인가?'에 관해서 논하는데, 다회설(多會說)과 3회설에 대해서 의미상 '체계적 해석'을 하고, 이것을 논거로 3법회는 소승제자를 제도하기 위한 것이고, 많은 법회는 대승제자를 제도하기 위한 것이라고

회통한다.(사례39 : 한불전1, 552상)

10. 『아미타경소』「종치(宗致)」에서는 '아미타불은 어느 정도 크신가?'에 관해서 논하는데, 『성왕경(聲王經)』과 『관무량수경』에 대해서 '체계적 해석'을 하고, 이것을 논거로 부처님께서 몸을 나투실 때에는 성의 크기에 맞추어 나투시기 때문에 불신이 클 수도 있고 작을 수도 있다고 회통한다.(사례48 : 한불전1, 563중~하)

11. 『범망경보살계본사기』「정설분(正說分)」에서는 '의살인(疑殺人)은 중죄 인가, 경죄인가?'에 관하여 논하는데, 양율전에 대하여 '체계적 해석'을 하고, 이것을 논거로 『승기율』에서는 '저 대상은 사람인가?'하고 의심한 경우이고, 『사분율』에서는 '저 대상은 사람이 아닌가?'하고 의심한 경우 라고 회통한다.(사례50 : 한불전1, 595상)

12. 『대승기신론소기회본』「생멸문」에서는 '마음은 스스로를 볼 수 있는 가?'에 관하여 논하는데, 먼저 『능가경』, 『기신론』, 『집량론』에 대해서 '체계적 해석'을 하고, 다음 같은 책들에 대해서 '상황적 해석'을 하여 자증설(自證說)과 불견설(不見說)을 회통한다.(사례58 : 한불전1, 761 중~하)

13. 『대승기신론소기회본』「생멸문」에서는 '상응이란 어떤 의미를 갖는 가?'에 관하여 논하는데, 『유가론』과 『기신론』의 문구에 대해서 '체계적 해석'을 하고, 이것을 논거로 서로 다른 행위를 서로 달리 표현하였을 뿐이라고 회통한다.(사례59 : 한불전1, 764중)

14. 『대승기신론소기회본』「생멸문」에서는 '진여는 훈습받을 수 있는가?' 에 관하여 논하는데, '상황적 해석'과 '체계적 해석'을 겸하여 회통한다. 즉, '저자의 입장'이 서로 달라서 불능설은 '생각할 수 있는 훈습'에 의거하였고 가능설은 '생각할 수 없는 훈습'에 의거하였다고 하여 회통 한다. 또한, 『기신론』의 전체적인 구조를 생각하면, 생멸문 안에서 진여를 대상으로 훈습을 논하였으므로, 무명이 진여를 훈습한다고 한 것은 당연하다고 하여 회통한다.(사례62 : 한불전1, 768상)

15. 『대승기신론소기회본』「의장문(義章門)」에서는 '응신·보신이란 무엇

인가?'에 관하여 논하는데, 『섭론』과 『기신론』의 문구에 대해서 '체계적 해석'을 하고, 이것을 논거로 『섭론』에서는 지전(地前)의 흩어진 마음이 분제가 있는 형상을 말하기 때문에 화신에 속하지만, 『기신론』에서는 삼매에 든 보살이 분제를 여읜 형상을 밝힌 것이기 때문에 보신에 속한다고 하여 회통한다.(사례63 : 한불전1, 773하)

16. 『이장의』 「이장결택(二障決擇)」에서는 '인·법은 공(空)인가, 유(有)인가?'에 관하여 논하는데, 인공법유설(人空法有說)·인유법공설(人有法空說)·인유법유설(人有法有說)·인공법공설(人空法空說)에 대하여 제설은 '상대의 근기에 따라서' 집착을 제거해 주기 위하여 논의가 달라진 것이라고 하여 회통한다.(사례65 : 한불전1, 814상~중)

3. 상황적 해석

유형3 '상황적 해석'이라고 함은, 경론의 저자가 가진 의도·견해·입장 등과 같은 '상황'이 경론에 반영된 점을 고려하여 경전의 내용을 해석하고 그것을 논리적인 근거로 해서 제설을 회통하는 것을 말한다. 이 해석은, 서로 다른 의미를 가진 각 문구가 경론에 표현되었을지라도, '상황'을 고려한다면 실제로는 각 문구가 사실상 같은 의미에서 출발하였다는 것을 보여줌으로써, 제설을 회통하는 데 활용된다.

이 해석은 4종의 해석 중에서 실제로 가장 높은 빈도로 활용되고 있는데, 이러한 경우를 원효는 『열반종요』에서 '표현도 다르고 의미도 다른 경우'라고 하였다는 것은 전술한 바 있다. 예컨대, 『열반종요』 「회통문」에서는 '불성에 보리심이 포함되는가?'에 관하여 논쟁하는 긍정설과 부정설에 대해서 다음과 같이 회통한다.(사례21)

① 회통하는 자가 풀어서 말한다. (전자는) 본성으로는 포섭되지만, 행위로 는 포섭되지 않기 때문에, 일체를 다 불성이라고 이름한다. (후자는) 행위로 본성을 바라보면, 본성으로는 있으나 행위로는 아니기에, 본성

과 행위를 나누어서 2가지 원인으로 말씀한 것이다.

② 또한 본성에는 2가지 뜻이 있으니, 하나는 '무엇의 원인'이라는 뜻이요, 또 하나는 '짓지 않음'이라는 뜻이다. '무엇의 원인'이라는 뜻에서는 다 불성이라고 이르지만, '짓지 않음'이라는 뜻에서는 행위는 곧 본성이 아니다. 이러한 도리에서 보면 서로 어긋나지 않는다.(한불전1, 543하~544상)25)

①에서 원효는, '저자의 상황'이 달랐기 때문에 양설이 논거로 하는 경문의 표현이 달라지게 됐다고 한다. 즉, 긍정설이 인용한 경문에서는 저자가 '본성'을 주안점으로 하여 말하였기 때문에 '불성에 보리심이 포함된다'고 하였고, 부정설이 인용한 경문에서는 '행위'를 주안점으로 하여 말하였기 때문에 '불성에 보리심이 포함되지 아니하다'고 하였다는 것이다.

②에서는, 역시 '저자의 상황'이 달랐기 때문에 양설이 논거로 하는 경문의 표현이 달라지게 됐다고 한다. 즉, 본성에는 '무엇의 원인'과 '짓지 않음'이라는 뜻이 있는데, 긍정설이 인용한 경문에서는 저자가 '무엇의 원인'이라는 뜻을 주안점으로 하여 말하였기 때문이고, 부정설이 인용한 경문에서는 저자가 '짓지 않음'이라는 뜻을 주안점으로 말하였기 때문이라는 것이다.

중요한 것은, 두 가지 점에서 '저자가 주안점으로 하는 것의 차이'로 말미암아 가르침의 차이가 생겼지만, 근본적으로는 다르지 않기에 회통된다고 말하고 있는 것이다.

생각건대, 상황적 해석의 '특징'은 경론의 해석자인 원효의 안목을 토대로 하고 그 위에 '저자의 상황'이 고려되는 것이므로 '주관적'인 측면이 우세한 점이라고 할 수 있다. 그러나 동시에 경론의 저자가 구체적으로 처한 입장·의도·견해를 가능한 있는 그대로 취하는 해석방법이기 때문에, '객관적'인 측면도 다소 있다고 볼 수 있다.

---

25) "通者解云 以性攝行不攝 故說一切盡名佛性 以行望性 有性非行故 分性行以說二因 又復性有二義 一是因義 二非作義 就因義故 盡名佛性 約非作義 行卽非性 由是道理 故不相違也."

상황적 해석의 '장점'은 원효와 같이 경론이해의 정도가 대단히 뛰어난 사람에게 적합한 방법이어서, 단순한 해석으로는 해결할 수 없는 고난도의 쟁점에 적용하기에 적합한 점이라고 할 수 있다. 반면에 이 방법을 활용하려는 사람은 경론에 관한 고도의 지식이 있어야 하고, 이것을 듣는 사람도 상당한 경론지식이 있어야만 한다는 '단점'이 있다.

한편, 위의 사례 이외에도 '상황적 해석'을 회통의 논거로 삼는 사례들을 더 들어볼 수 있다.

01. 『법화종요』「묘용(妙用)」에서는 '방편은 삼승인가, 이승인가?'에 관하여 논하는데, 삼승설은 저자가 별교삼승(別敎三乘)의 입장에서 말한 것이고, 이승설은 저자가 통교삼승(通敎三乘)의 입장이라는 말했다고 하여 회통한다.(사례06 : 한불전1, 491하)

02. 『법화종요』「교판」에서는 '『법화경』의 교판상 지위는 어떠한가?'에 관하여 논하는데, 요의설(了義說)은 '저자의 의도'가 부정종성인(不定種性人)을 옹호하는 입장이고, 불요설(不了說)은 '저자의 의도'가 일향취적자(一向趣寂者)를 옹호하는 입장이라고 하여 회통한다.(사례09 : 한불전1, 494중~하)

03. 『열반종요』「명의문(名義門)」에서는 '열반은 번뇌를 없애는가?'에 관하여 논하는데, 긍정설은 '저자의 의도'가 '열반과 대열반이 다름'을 나타내기 위한 것이고, 부정설은 '저자의 의도'가 '부처님과 보살이 다름'을 나타내기 위한 것이라고 회통한다.(사례13 : 한불전1, 527하)

04. 『열반종요』「체상문(體相門)」에서는 '열반에 생인(生因)도 있는가?'에 관하여 논하는데, 저자의 '강조점'이 서로 달라서 서로 다르게 표현한 것이라고 하여 긍정설과 부정설을 회통한다.(사례15 : 한불전1, 529중)

05. 『열반종요』「체상문」에서는 '열반의 본체는 진실한가, 허망한가?'에 관하여 논하는데, 진실설은 '저자의 의도'가 '공덕과 환난(患難)을 서로 대대(對待)시키는 문'에서 본 것이고, 허망설은 '상대적이어서 자상(自相)이 없는 문'에서 본 것이라고 하여 회통한다.(사례16 : 한불전1, 529상~

중)

06.『열반종요』「이멸문(二滅門)」에서는 '열반은 성정(性淨)인가, 방편인가?'에 관하여 논하는데, '저자의 의도'에 의해서 별문(別門)과 통문(通門)을 구분하여 성정설(性淨說)과 방편설(方便說)을 회통한다.(사례17 : 한불전1, 530상)

07.『열반종요』「삼사문(三事門)」에서는 '법신은 형상이 있는가?'에 관하여 논하는데, 무상설(無相說)은 '저자의 의도'가 '사상귀일심문(捨相歸一心門)'으로 포섭되고, 유상설(有相說)은 '저자의 의도'가 '종성성만덕문(從性成萬德門)'으로 포섭된다고 하여 회통한다.(사례18 : 한불전1, 532하~533상)

08.『열반종요』「인연」에서는 '불성에 무정물(無情物)도 포함되는가?'에 관하여 논하는데, 부정설이 인용한 경문에서는 저자가 '유정무정이문(有情無情異門)'의 입장에 있고 보신불을 염두에 두었는데, 긍정설이 인용한 경문에서는 '유식소변현문(唯識所變現門)'의 입장에 있고 법신불을 염두에 두었다고 하여 회통한다.(사례22 : 한불전1, 544상)

09.『열반종요』「회통문」에서는 '불성을 초지(初地)에서 볼 수 있는가?'에 관하여 논하는데, 가능설이 인용한 논문에서는 저자가 '수분증견문(隨分證見門)'의 입장에서 이 문제에 대하여 언급한 것이고, 불능설이 인용한 경문에서는 저자가 '진퇴은현문(進退隱顯門)'의 입장에서 이 문제에 대하여 언급하였다고 하여 회통한다.(사례23 : 한불전1, 544중~하)

10.『미륵상생경종요』「생신처소(生身處所)」에서는 '미륵보살은 어디에서 태어났는가?'에 관하여 논하는데, 총3설에 대해서 먼저 2개설을 회통하고 다음 1개설을 회통하는 2단계로 이루어진다. 즉, 먼저, 제2설과 제3설에 대해서 '상황적 해석'으로 회통하고, 다음, 제1설과는 '주관적 해석'으로 회통한다.(사례32 : 한불전1, 549하)

11.『미륵상생경종요』「출세시절(出世時節)」에서는 '전륜성왕이 출현한 때는 언제인가?'에 관하여 논하는데, '저자의 입장'에 의하여 경에서는 '수명이 증가되어가는 때'를 기준으로 말한 것이고, 논에서는 '수명이

감소되어 가는 때'를 기준으로 말한 것이라고 하여 회통한다.(사례35 :
한불전1, 550상)

12.『미륵상생경종요』「출세시절」에서는 '천상계 수명 4천세는 인간계 수
명으로 몇 년인가?'에 관하여 논하는데, 먼저 여러 경전에 대하여 '체계적
해석'을 하여 이것을 논거로 '5만 7천6백만년'이라는 정답을 산출해
낸 뒤에, '상황적 해석'을 하여 이것을 논거로 총5설을 회통한다.(사례36
: 한불전1, 550중)

13.『미륵상생경종요』「발심구근(發心久近)」에서는 '미륵불의 발심은 9겁
앞서는가?'에 관하여 논하는데, '저자의 의도'를 기준으로 '최초의 발심'
이란 측면에서는 동시설이 옳고, '결정적인 발심'이란 측면에서는 9겁설
이 옳다고 한다.(사례42 : 한불전1, 552중)

14.『무량수경종요』「과덕(果德)」에서는 '자수용신(自受用身)은 형상이 있
는가, 없는가?'에 관하여 논하는데, '저자의 의도'에 따라서 무색설(無色
說)은 정상귀원지문(正相歸源之門)에서 말한 것이고 유색설(有色說)은
종성성덕지문(從性成德之門)에서 말한 것이라고 하여 회통한다.(사례44
: 한불전1, 555중~하)

15.『무량수경종요』「인행(因行)」에서는 '현료십념(顯了十念)에 오역죄(五逆
罪)가 포함되는가?'에 관하여 논하는데,『관경』에서는 오역죄를 지었지
만 대승의 가르침에 의해서 참회한 경우를 염두에 두었고,『무량수경』에
서는 참회하지 않은 경우를 염두에 두었기 때문에 다르게 말한 것이라고
하여 회통한다.(사례47 : 한불전1, 559상~중)

16.『금강삼매경론』「여래장품」에서는 '법은 소멸하는가, 불멸하는가?'에
관하여 논하는데, '저자의 입장'이 달라서 소멸설은 '인연의 도리'로
말한 것이고, 불멸설은 '유식의 도리'로 말한 것이라고 하여 회통한다.(사
례51 : 한불전1, 663상)

17.『대승기신론소기회본』「생멸문」에서는 '알라야식은 생멸인가, 화합인
가?'에 관하여 논하는데,『유가론』에서는 '일(一)이거나 상(常)이라고
하는 견해들을 제거하기 위하여' 생멸식이라고 하였고,『기신론』에서는

'저자의 의도'가 달라서 '진제와 속제를 별체로 보는 집착을 다스리기 위하여' 화합식이라고 하였다고 하여 회통한다.(사례53 : 한불전1, 746 하)

18. 『대승기신론소기회본』「생멸문」에서는 '마음의 본체는 상주하는가, 화합하는가?'에 관하여 논하는데, 상주설은 '따라서 이루어지지 않는 것'을 본체라 하고 '따라서 생멸하는 것'을 형상이라 하며, 화합설은 '발생하지 아니한 것이 발생하는 것'을 발생이라 하고 '소멸하지 아니한 것이 소멸하는 것'을 소멸이라 한다고 하여 회통한다.(사례54 : 한불전1, 746하~747상)

19. 『대승기신론소기회본』「생멸문」에서는 '시각(始覺)은 상주하는가, 생멸하는가?'에 관하여 논하는데, '저자의 의도'가 서로 달라서 상주설은 '불각(不覺)을 그쳐 다시 본래의 고요함으로 돌아가게 됨'을 나타내려고 하였고, 생멸설은 '법신에 의하여 만덕의 과보를 감득할 수 있게 됨'을 밝히고자 하였다고 하여 회통한다.(사례56 : 한불전1, 752상)

20. 『대승기신론소기회본』「생멸문」에서는 '현식(現識)의 경계는 어디까지 인가?'에 관하여 논하는데, '저자의 의도'가 서로 달라서 『중변론』에서는 '식을 여읜 밖에 다시 따로 법이 없음'을 밝히고자 하였고, 『유가론』에서 는 '상(相)이 견(見)을 여의고서는 상속하지 않음'을 나타내고자 하였기 때문이라고 하여 회통한다.(사례57 : 한불전1, 760하)

21. 『대승기신론소기회본』「생멸문」에서는 '마음은 스스로를 볼 수 있는 가?'에 관하여 논하는데, 먼저 『능가경』, 『기신론』, 『집량론』에 대해서 '체계적 해석'을 하고, 다음 같은 책들에 대해서 '상황적 해석'을 하여 자증설(自證說)과 불견설(不見說)을 회통한다.(사례58 : 한불전1, 761 중~하)

22. 『대승기신론소기회본』「생멸문」에서는 '현색불상응염(現色不相應染)은 불상응(不相應)인가?'에 관하여 논하는데, '저자의 입장'이 서로 달라서 분류기준이 다르게 되었고, 그로 인해서 『기신론』에서는 '번뇌수(煩惱數)가 차별하여 전변하는 뜻'에 의하였고, 『유가론』에서는 '변행수(徧行數, 五數)'에

의하였다고 하여 회통한다.(사례60 : 한불전1, 764중~하)

23. 『대승기신론소기회본』「생멸문」에서는 '식상(識相)은 염연(染緣)으로만 일어나는가?'에 관하여 논하는데, '저자의 입장'이 서로 달라서 긍정설은 현료문(顯了門)의 뜻에 맞고 부정설은 은밀문(隱密門)의 뜻에 맞는다고 하여 회통한다.(사례61 : 한불전1, 767중~하)

24. 『대승기신론소기회본』「생멸문」에서는 '진여는 훈습받을 수 있는가?'에 관하여 논하는데, '상황적 해석'과 '체계적 해석'을 겸하여 회통한다. 즉, '저자의 입장'이 서로 달라서 불능설은 '생각할 수 있는 훈습'에 의거하였고 가능설은 '생각할 수 없는 훈습'에 의거하였다고 하여 회통한다. 또한, 『기신론』의 전체적인 구조를 생각하면, 생멸문 안에서 진여를 대상으로 훈습을 논하였으므로, 무명이 진여를 훈습한다고 한 것은 당연하다고 하여 회통한다.(사례62 : 한불전1, 768상)

4. 주관적 해석

유형4 '주관적 해석'이라고 함은, 주어진 경론의 문구에 대하여 해석자인 원효의 견해에 의하여 그 의미가 확정되는 해석을 말한다. 이 해설을 활용하는 사례들은 '체계적 해석'에서처럼 '단일한 기준[一門]'으로 회통하는 경우와 '상황적 해석'에서처럼 '복수의 기준[二門]'으로 회통하는 경우가 있는데, 여기에서는 복수의 기준으로 회통하는 경우를 예로 들어본다.

『열반종요』「체상문(體相門)」에서는 '열반의 본체에 시기공덕(始起功德)이 포함되는가?'에 관하여 논하는데, 원효는 긍정설과 부정설에 대해서 다음과 같이 회통을 한다.(사례14)

① 두 분의 주장에 모두 일리가 있다. 왜냐하면, 열반과 보리는 공통되는 점이 있고 구별되는 점이 있기 때문이다. 구별되는 부문에서 말하면, 보리는 곧 결과의 지위로서 열반을 능히 증득하는 덕이 있어서, 사성제 가운데에서 도제(道諦)에 속한다. 그런데, 열반은 결과의 지위에서 증득

한 것의 법이어서 사성제 가운데서 멸제(滅諦)에 속한다. 그러나 이를 공통되는 부문에서 말하면, 결과의 지위인 도제에 소속되는 보리도 또한 열반인 것이요, 결과의 지위에서 증득할 것의 진여인 열반도 또한 보리인 것이다.

② 예를 들면 탄생과 사망에도 공통되는 점과 구별되는 점이 있으니 구별되는 점으로 말하면 내근(內根)이 시작될 때를 탄생이라고 하고, 내근이 끝나는 때를 사망이라고 이른다. 이 경에, "탄생이라는 것은 모든 근이 새로 생기는 것이요, 사망이라는 것은 모든 근이 소멸하여 없어지는 것이다"고 하였다. 그러나 이를 공통되는 점에서 말하면 온갖 잡염의 법이 모두 탄생과 사망이다. 이 경에 말씀하시기를, "공하였다는 것은 모든 탄생과 사망을 말한 것이다"고 하였으며 내지 무아(無我)와 모든 생사(生死)를 말씀하였다. 이러한 생사에 대대(對待)하기에 열반을 말씀한 것이다. 그러기에 열반에도 공통되는 점과 구별되는 점이 있음을 알아야 한다.(한불전1, 528상~중)26)

①에서 원효는, 열반과 보리의 관계를 논함으로써, 시기공덕(始起功德)이 열반의 본체에 포함되는지 여부에 관한 문제에 접근한다. 즉, 열반과 보리는 공통문과 구별문이 있는데, '구별문'에 의하면 열반은 멸제(滅諦)에 속하고 보리는 도제(道諦)에 속하지만, '공통문'에 의하면 열반은 보리이고 보리는 열반이라고 한다. 즉, 보리는 깨닫는 덕이고 열반은 깨달아진 법이지만, 통하면 둘이 아니라는 것이다.

②에서는, 위에서 말한 '열반과 보리'의 관계를 보다 실감나게 설명하기 위해서, '탄생과 사망'의 경우를 예로 들어서 설명하고 있다. 즉, 탄생과 사망에도 공통문과 구별문이 있는데, '구별문'으로 말하면 내근(內根)이

---

26) "如是二說 皆有道理 所以然者 涅槃菩提 有通有別 別門而說 菩提是果 在能證德 道諦所攝 涅槃果之是所證法 滅諦所攝 通門而言 果地道諦 亦是涅槃 所證眞如 亦是菩提 例如生死 有通有別 別而言之 內根始終 名爲生死 如經言 生者新諸根起 死者諸根滅盡 通而論之 諸雜染法 皆是生死 如經言 空者一切生死 廣說 乃至無我 一切生死 對此生死 以說涅槃 故知涅槃 亦有通別."

시작될 때를 탄생이라고 하고, 내근이 끝나는 때를 사망이라고 이른다고 한다. 그리고 '공통문'으로 말하면 온갖 잡염의 법이 모두 탄생과 동시에 사망이라는 것이다.

중요한 것은, '구별문에 의하면 열반은 멸제에 속하고 보리는 도제에 속하지만, 공통문에 의하면 열반은 보리이고 보리는 열반이다'고 하는 원효의 고유한 '주관적 해석'을 논리적인 근거로 해서 제기된 논점에 대해서 단안을 내리고 있다는 점이다.

생각건대, 주관적 해석의 '특징'은 '대단히 주관적'인 점이라고 말할 수 있다. 왜냐하면, 비록 이 해석방법이 논쟁을 화해하기 위한 사고의 기초로서 경전에 기초적인 뼈대를 의존하고 있다고는 하지만, 이 해석방법은 책에 써진 글자와 같이 확고한 형태가 없이 대체적으로 원효의 자유롭고 일방적인 통찰력에 주로 의지하기 때문이다.

주관적 해석의 '장점'은 일반적인 해석방법으로는 도저히 해결할 수 없는 고도로 난해한 쟁점에 대해서 원효와 같이 경전의 내용에 대한 깊이 있고 탁월한 이해를 가진 사람이 활용하기에 매우 적합하다는 점이다. 반면에 이 방법은 해석자에게 권위가 확립되어 있지 않은 경우에는 듣는 자가 그냥 무시해 버릴 수도 있는 위험성이 있어 보이는 '단점'도 있다.

한편, 위의 사례 이외에도 '주관적 해석'을 회통의 논거로 삼는 사례들을 더 들어볼 수 있다.

01. 『대혜도경종요』「종지(宗旨)」에서는 '관조반야(觀照般若)에 삼분(三分)이 있는가?'에 관하여 논하는데, '다름이 있어 분석하는 견해'를 취하면 무삼설(無三說)이 옳지만, '다름이 없어 마음을 임시로 말하는 견해'를 취하면 유삼설(有三說)이 옳다고 하여 회통한다.(사례03 : 한불전1, 482하)

02. 『열반종요』「명의문(名義門)」에서는 '열반은 번역하여야 하는가?'에 관하여 논하는데, 현료어(顯了語)에 의하면 멸도로 바로 번역하게 되므로 긍정설의 주장과 같고, 밀어(密語)에 의하면 많은 뜻을 포함하게 되므로

부정설의 주장과 같다고 하여 회통한다.(사례12 : 한불전1, 526하)

03.『열반종요』「출체문(出體門)」에서는 '불성의 본체는 무엇인가?'에 관하여 논하는데, '염이불염문(染而不染門)'은 일미적정(一味寂靜)하고, '불염이염문(不染而染門)'은 유전육도(流轉六道)한다고 말하고, 이 이문(二門)을 논거로 하여 제6사(師)의 주장에서 제1사의 주장에 이르기까지 총6문이 성립되는 모습을 하나하나 설명하며 회통한다.(사례20 : 한불전1, 538하~539상)

04.『미륵상생경종요』「생신처소(生身處所)」에서는 '미륵보살은 어디에서 태어났는가?'에 관하여 논하는데, 총3설에 대해서 먼저 2개설을 회통하고 다음 1개설을 회통하는 2단계로 이루어진다. 즉, 먼저, 제2설과 제3설에 대해서 '상황적 해석'으로 회통하고, 다음, 제1설과는 '주관적 해석'으로 회통한다.(사례32 : 한불전1, 549하)

05.『미륵상생경종요』「출세시절(出世時節)」에서는 '미륵불이 출현한 때는 언제인가?'에 관하여 논하는데, '8만'이라는 숫자는 큰 수가 9만에 이르지 못하였기에 8로 말한 것이고, '8만4천'이라는 숫자는 부처님이 출현하는 시기가 10세로 처음 줄기 시작한 때이어서 큰 수를 빼지 아니하여 8만4천이라고 말한 것이라고 하여 회통한다.(사례34 : 한불전1, 550상)

06.『미륵상생경종요』「이세유무(二世有無)」에서는 '과거겁과 미래겁에 천불이 계시는가?'에 관하여 논하는데, 유불설(有佛說)과 무불설(無佛說)에 대해서, '제기한 경론의 내용은 근기를 따라서 보고 듣는 바가 다르다'라고 하여 회통한다.(사례38 : 한불전1, 551하)

07.『대승기신론소기회본』「생멸문」에서는 '본각(本覺)이란 무엇인가?'에 관하여 논하는데, 염정설(染淨說)과 정법설(淨法說)에 대하여, '청정한 성품을 여의었기 때문에 인연을 따라서 모든 염법(染法)을 일으킬 수 있고, 오염된 성품을 여의었기 때문에 인연을 따라서 모든 정법(淨法)을 일으킬 수 있다'는 해석을 근거로 양설을 회통하고 있다.(사례55 : 한불전1, 749중)

08.『이장의(二障義)』「이장체상(二障體相)」에서는 '소지장(所知障)은 어느

식에 있는가?'에 관하여 논하는데, '이식설(二識說)은 구별문인 추상도리
(麤相道理)'에 의하여 기술한 것이고 '팔식설(八識說)은 공통문인 거세도
리(巨細道理)'에 의하여 기술한 것이라고 하여 회통한다.(사례64 : 한불
전1, 792하~793상)27)

---

27) "或有說者 二師所說皆有道理 所以然者 若依別門麤相道理 初師所說亦有道理 於其通門巨
細道理 後師所說亦有道理 由有如是二種理門 諸文相違皆得善通 設使將彼別相法執無明
通置八識及三性者 不應道理故有過失 縱令此通相法執 局在二識不通善者 不應道理亦乖
聖言 二師所說既不如是 是故二說皆有道理."

제5장
화쟁의 연원

일반적으로 '화쟁의 근거'라고 하면, '화쟁의 논리적인 근거'와 '화쟁의 사상적인 근거'를 포함해서 말한다. 이 중에서 '화쟁의 논리적인 근거'에 대해서는 이미 '제4장 화쟁의 논거'에서 다룬바 있다. 본장에서는 '화쟁의 사상적인 근거'에 대해서 '화쟁의 연원'이라는 제목으로 다루어 보고자 한다. 즉, '원효가 어떠한 사상적 근거에서 화쟁사상을 제기하게 되었는가?'에 대한 대답을 찾아보고자 한다.

'화쟁의 사상적 근거' 혹은 '화쟁의 연원'에 관한 연구는, 종래에는 '화쟁의 근거'라는 이름으로 이루어져 왔다. 이 분야는, '제1장 화쟁론 서설'에서 간략히 서술한 바와 같이, 최유진, 이기영, 전호련 등 몇몇 학자들에 의해서 이루어졌는데, '화쟁의 모습', '화쟁의 방법'과 같은 분야에 비하면 상대적으로 그 연구성과가 매우 척박한 분야라고 할 수 있다.

필자는 본서에서 '화쟁사례'를 중심에 놓고 원효의 화쟁사상을 밝혀 나아가고 있다. 하지만, 본장에서 탐구하고자 하는 '화쟁의 연원'에 관한 문제에 있어서는 단순히 '화쟁사례'에 대한 연구만으로는 한계가 있다고 생각된다. 이 문제에 대해서는, 원효의 현존본에서 그의 화쟁사상과 일맥상통하게 보이는 내용들을 가능한 풍부하게 추출하여 음미해 봄으로써,

주어진 의문에 접근할 필요가 있다.

'화쟁'과 관련된 불교사상을 시대순서대로 거슬러 올라가면, 그 마지막에는 무엇이 있을까? 그것은, 두말할 필요도 없이, 석가모니 부처님의 근본교설인 '연기법'에 이르게 될 것이다. 왜냐하면, 연기법이란 '상호의존관계'를 기본바탕으로 하여 결국에는 '아집(我執)을 버린다'는 의미를 함축하게 되는 까닭에, '화쟁'의 가장 기본적인 전제가 된다고 보기 때문이다.

바로 이 연기법을 중심으로 기본적인 초기불교사상이 형성되고, 이것을 바탕으로 서력전후에 인도의 고유사상들이 결합하여 대승불교라고 하는 새로운 불교사상이 흥기하게 된다. 그리고 오래지 않아 이 대승불교사상은 중국으로 전파되어 중국의 고유사상들과 또 한 차례 융합을 거치게 되고, 그것이 마침내 한국으로 들어와 원효의 화쟁사상에 지대한 영향을 미치게 되었다고 할 수 있다.

이렇듯 원효의 화쟁사상은, 석가모니 부처님의 '연기법'을 중심으로 한 불교사상에서 시작하여 중간에 수많은 불교사상의 영향을 받아서 그 모습을 갖추게 되었다고 볼 수 있다. 본장에서는 원효의 현존본을 토대로 하여 그의 화쟁사상에 깊은 영향을 주었을 것으로 추정되는 불교사상을 서술하고자 한다. 서술방식은 원효 자신이 제창한 4교판에 의거하여 그 내용을 배열하는 방식을 취하고자 한다.

원효는 교상판석(敎相判釋)을 함에 있어서 어느 특정한 경론을 중심으로 하는 종파성을 벗어나 보다 객관적 위치에서 부처님의 교법을 평가하기 위해서 노력하였다. 『화엄경소』에 담겼다고 하는 4교판에 의하면, '진실(眞實)'을 기준으로 삼승(三乘)과 일승(一乘)을 구별하고, '법공(法空)'을 기준으로 별교(別敎)와 통교(通敎)를 구분하였으며, '보법(普法)'을 기준으로 분교(分敎)와 만교(滿敎)를 구분하였다.

이러한 원효 4교판의 특징으로는, 첫째, 다른 교판과는 달리 대승과 소승의 차별을 하지 않았고, 둘째, 반야와 유식을 모두 삼승에 넣음으로 해서 『해심밀경』을 『반야경』과 동열에 놓았으며, 셋째, 여래장계통의 경론을 반야·유식계통의 경론보다 우위에 놓고, 여기에 『영락경』과 『범망경』 등 대승윤리의 경론을 포함시켰으며, 넷째, 일승만교의 위치에 『화엄경』을 배치하여 대승보살행을 중시하였다.[1]

본장에서는 그의 교판에 따라서 삼승통교(三乘通教), 일승분교(一乘分教), 일승만교(一乘滿教)에 각각 원효의 중관사상·유식사상, 원효의 불성사상·일승사상, 원효의 일심사상·화엄사상을 배대하여 배열하고자 한다. 여기에서, 소위 '소승불교'에 해당하는 삼승별교(三乘別教)는 생략하였는데, 그 이유는 그가 주로 대승불교를 논하고 소승불교는 거의 논하지 않았기 때문이다.

제1절 삼승통교(三乘通教)

원효는 자신의 교판에서 '법(法)이 공(空)한 것'을 드러낸 교설을 기준으로 삼승통교를 구분하였는데, 여기에 중관사상과 유식사상을 같이 포함시키고 있다. 사실, 중관사상과 유식사상은 대승불교에서 가장 중요한 양대 사상으로서, 서로 간에 상이한 입장을 견지하며 논쟁하는 측면도 있었는데, 원효가 이들을 같은 교판에 편입하였다는 사실만으로도 그의 화쟁정신의 일면을 보여준다고 할 수 있다.

생각해 보면, 화쟁사상의 연원으로 지목받아온 불성사상·일심사상은 사상사적으로 중관사상·유식사상에서 깊은 영향을 받았고, 또한 원효의 저서에 담긴 중관사상과 유식사상에는 화쟁사상에 논리적 기반을 제공하였음을 엿볼 수 있는 대목이 실제로 등장하고 있다. 아래에서는 원효의 중관사상과 유식사상 중에서 그의 화쟁사상 성립에 영향을 미쳤을 것으로 추정되는 사항들에 대해서 살펴보고자 한다.

---

1) 李箕永,「教判思想에서 본 원효의 位置」,『霞城李瑄根博士古稀紀念論文集 韓國學論叢』 (霞城李瑄根博士古稀紀念會, 1974).

1. 중관사상

원효는 『본업경소(本業經疏)』에서, 부처는 '번뇌'가 없어서 단정하는 바가 없고, 단정하는 바가 없어서 쟁송하지 않는다고 말한다.(한불전1, 516상)[2] 이 말을 뒤집으면, 중생은 '지혜'가 없어서 단정하는 바가 있고, 단정하는 바가 있어서 쟁송이 있다는 것이 된다. 그렇다면, 쟁송과 화쟁의 이면에는 번뇌와 지혜가 자리 잡고 있다는 것인데, 이 점에서 화쟁과 '반야'가 밀접한 관계에 있다는 것을 짐작할 수 있다.

『반야경』은 대승불교의 시작을 열고 대승불교의 여러 사상에 가장 큰 영향을 미친 경전이다. 이것은 초기불교의 중도사상을 재해석한 반야공관(般若空觀)을 핵심으로 하고 있는데, 후에 이것을 집대성한 것이 바로 '중관사상'이다. 엄격히 말하면 반야사상과 중관사상을 별도로 보아야겠지만, 본장에서는 중관사상을 넓은 의미로 보아서 여기에 반야사상이 포함된 것으로 보기로 한다.

원효의 중관사상은 그의 여러 저서의 밑바탕에 깊이 깔려있지만, 특히 『대혜도경종요』에는 그의 중관사상의 내용이 가장 집약적으로 표현되어 있다고 할 수 있다. 아래에서는, 원효의 중관사상 중에서 화쟁사상이 등장하게 된 사상적인 근거가 되었다고 보이는 사항들 중에서, 반야의 개념, 중도의 논리, 반야경에 대한 평가, 등 3가지 점을 중심으로 검토해 본다.

1) 반야의 개념

원효는 『대혜도경종요』「종지(宗旨)」에서, '실상반야(實相般若)'를 의타기성(依他起性)과 여래장과 관련해서 다루며, '관조반야(觀照般若)'를 심분설(心分說)과 관련하여 다루고 있다. 그런 뒤, 실상반야와 관조반야가 하나는 아니므로 두 가지로 말하였으나, 이것은 어디까지나 가설에 불과하

---

2) "諸佛世尊無有煩惱 故無所斷 是故號佛爲無上士 又上士者 名爲靜訟 無上士者無有靜訟 如來無諍 是故號佛爲無上士."

기 때문에, '주관과 객관을 떠나면 양자는 필경 다르지 않다'고 말하고 있다.

① 보살이 반야를 수행할 때, 일체제법의 성상(性相)을 추구하는데, 그것이 아(我)이건 무아(無我)이건, 상(常)이건 무상(無常)이건, 발생이건 소멸이건, 있음이건 공함이건 간에, 이와 같은 모든 것이 도무지 얻을 바가 없으며, 모든 취할 만한 '상(相)'을 얻지 않으며, 모든 취할 만한 '견(見)'을 일으키지 아니한다. 이때에, 모든 상과 견을 멀리 떠나, 제법실상을 평등하게 깨달으니, 이것은 둘도 없고 다르지도 않으며, 시작도 없고 마침도 없으며, 생성도 없고 소멸도 없으며, 있음도 아니고 공함도 아니며, 모든 언어의 길을 뛰어넘고, 모든 마음작용의 거처를 영원히 끊어지게 한다.

② 그런데, 어찌 그 가운데 두 가지의 반야가 있겠는가? 다만, 일체법이 같지 않은 것이 없기 때문에 억지로 제법실상이라고 일렀을 뿐이며, 모든 분별을 떠나지 않은 바가 없으므로 또한 무분별지(無分別智)라고 일렀을 따름이다. 그러므로 지혜이면서 실상 아닌 것이 없으며, 실상이면서 지혜 아닌 것이 없다.(한불전1, 482중)3)

①에서 원효는, 보살이 반야를 수행하여 제법실상을 증득한 모습을 묘사하고 있다. 즉, 보살이 반야를 수행하여 제법실상을 평등하게 깨달으면, 그 경지에서는 둘도 없고 다르지도 않으며, 시작도 없고 마침도 없으며, 생성도 없고 소멸도 없으며, 있음도 아니고 공함도 아니며, 모든 언어의 길을 뛰어넘고, 모든 마음작용의 거처를 영원히 끊어지게 된다고 한다.

②에서는, 그 경지에서는 실상반야와 관조반야가 서로 다르지 않게

---

3) "菩薩修行般若之時 推求一切諸法性相 若我若無我 若常若無常 若生若滅 若有若空 如是一切都無所得 不得一切所取相 不起一切能取之見 是時遠離一切相見 平等證會諸法實相 無二無別無始無終 無生無滅非有非空 超過一切語言之路 永絶一切心行之處 云何於中有 二般若 但 一切諸法無不同然 是故强名諸法實相 一切分別無所不離 是故亦名無分別智 無智而非實相 無實相而非智."

된다고 한다. 즉, '어찌 견(見)·상(相)이라는 주체·객체가 있겠는가?'라고 반문한다. 그런 뒤에, 제법실상을 평등하게 깨달은 경지에서는, 실상반야인 제법실상의 '상(相)'과 관조반야인 무분별지(無分別智)의 '견(見)'이 구별되지 않는다고 한다.

중요한 것은, 반야를 수행하여 제법실상을 증득한 경지가 되면 비로소 주관인 관조반야의 '견'과 객관인 실상반야의 '상'이 따로따로 구별되지 않아서 오직 '하나의 반야'만이 존재하게 되고, 바로 이 경지에서는 시작도 마침도 없으며, 생성도 소멸도 없고, 있음도 공함과 같은 상대적 개념을 여의게 된다. 그리하여 마침내 모든 언어적 표현의 길을 초월하게 된다고 언급한 점이다.

생각건대, 반야를 수행하여 제법실상을 증득한 경지에 관한 이야기는 바로 원효의 화쟁사상에서 누누이 등장하는 이야기이다. 즉, '모든 언어적 표현의 길을 초월하게 된다'는 것과 '있음과 공함 등과 같은 상대적 개념을 여의었다'는 것은, '제3장 화쟁의 방법'에서 다룬 내용과 조금도 다르지 않다. 이 점에서, 우리는 원효가 파악하고 있는 중관사상에서 장차 화쟁사상이 자라날 싹을 발견할 수 있다.

2) 중도의 논리

원효는 자신의 여러 저서에서 '중도의 논리'와 관련하여 서술하였는데, 이 중에서 몇 개의 글을 살펴보자. 먼저, 『대승기신론소』「서문」에서, '유무(有無)'와 관련하여 '대승'의 모습을 묘사하고 있다. "유(有)에서 이끌어 내자니 하나같이 그것을 사용하여 공(空)하고, 그것을 무(無)에서 얻자니 만물이 그것을 타서 생긴다. 따라서 어떻게 부를지 몰라서 할 수 없이 대승이라고 부른다."(한불전1, 733상)[4]

이 글에서, 원효는 유(有)와 무(無)라는 개념으로 대승의 도를 말할 수 없음을 지적하고 있다. 유와 무는 원래 연기적인 존재이어서, 오직

---

4) "欲言大矣 入無內而莫遺 欲言微矣 苞無外而有餘 引之於有 一如用之而空 獲之於無 萬物乘之而生 不知何以言之 强號之謂大乘."

유로 단정하는 순간 무와의 관련성이 부각되고, 오직 무로 단정하는 순간 유와의 관련성이 부각되기에 이러한 언급을 하였을 것이다. 중요한 것은, 대승의 도는 유, 무, 무엇으로도 규정할 수 없다고 말함으로써 그가 '중도의 논리'를 말하고 있다는 점이다.

또한, 원효는 『금강삼매경론』「대의」에서, '유무(有無)'와 관련하여 '일심'의 모습을 묘사하고 있다. "무릇 일심의 근원은 유무를 떠나 홀로 청정하다. …… 홀로 청정하여 양변을 떠났으되 중간에 집착하는 것도 아니다. 중간도 아니고 양변을 떠났기에, 유가 아닌 법(法)이라 해서 곧 무에 머무르지 않고, 무가 아닌 상(相)이라 해서 곧 바로 유에 머무르지도 않는다."(한불전 1, 604중)[5]

이 글에서, 원효는 처음에는 일심의 근원은 유와 무의 양변을 떠나있다고 하여서 '대승은 유와 무로 말할 수 없다'는 『대승기신론소』「서문」의 내용과 별반 다를 것이 없었다. 그러나 이어지는 문장에서, 유무의 양변을 떠나있되 동시에 중간에도 집착하지 아니한다고 말하고 있다. 여기에서 우리는 원효가 단순히 '유무의 논리'에 머무는 것이 아니라 한 걸음 나아가 '이변비중(離邊非中)'을 말하는 것을 보게 된다.

이제, 원효가 '중도의 논리'를 더욱 명확하게 보여주는 문장을 살펴보자. 『무량수경종요』에서, 원효는 '제법'에 대해서 다음과 같이 말하고 있다.

① "제법은 유도 아니고 무도 아니다. 양변을 멀리 떠날 뿐만 아니라 중도에도 집착하지 않는다"고 하셨다. 그런데 그것을 요달하지 못하기에 의혹을 일으켜 다음과 같이 말한다. …… "만일 실로 없는 것이 아니라 하면 곧 있는 데에 떨어지고, 만일 있는 것이 아니라 하면 그것은 곧 없는 것이다. 그런데 만일 '무가 아니면서 유도 될 수 없다고 하고, 유가 아니면서 무에 떨어지지 않는다'고 하면, 그것은 곧 무거우면서 내려가지 않고 가벼우면서 올라가지 않는다는 말과 같은 말이니,

---

5) "夫一心之源 離有無而獨淨 …… 獨淨 離邊而非中 非中而離邊 故不有之法 不卽住無 不無之相 不卽住有."

그러므로 이런 말은 말만 있고 실제로는 없다고 할 것이다."

② 이와 같은 헤아림은 곧 여러 극단에 떨어진다. 이른바 혹 어떤 이는 다른 것에 의하여 실로 유이어서 불공(不空)이라고 집착하여 증익변(增益邊)에 떨어지고, 또 어떤 이는 인연으로 생긴 공(空)이어서 무라고 집착하여 손감변(損減邊)에 떨어지며, 혹 어떤 이는 속제는 유(有)이고 진제는 공(空)이라고 헤아리어 양변을 다 등에 지어 상위론(相違論)에 떨어지기도 하며, 혹 어떤 이는 유(有)도 아니요, 무(無)도 아니라고 헤아리어 오직 중도에 집착하여 우치론(愚癡論)에 떨어지기도 한다.(한불전1, 561상~중)6)

①에서 원효는, 먼저 제법의 실상은 유도 아니고 무도 아니어서 양변을 떠날 뿐만 아니라 중도에도 집착하지 않는다고 선언한다. 그런데 이 점을 이해하지 못한 어리석은 사람들은, 만일 무가 아니라면 유에 떨어지고, 유가 아니라면 무에 떨어지며, '무가 아니면서 유일 수 없고, 유가 아니면서 무에 떨어지지 않는다'고 하면, 말이 있으되 실제로는 없다고 힐난한다고 한다.

②에서는, 이러한 형식 논리적인 분별사유는 결국 여러 치우친 견해에 떨어지게 된다고 보충하여 설명하여 준다. 즉, 실유(實有)에 집착하면 증익변(增益邊)에 떨어지고, 공무(空無)에 집착하면 손감변(損減邊)에 떨어지며, 유무의 양변에 집착하면 상위론(相違論)에 떨어지고, 중변에 집착하면 우치론(愚癡論)에 떨어지게 된다고 추가적으로 설명해 준다.

중요한 것은, 원효가 제법의 속성으로 '이변비중'의 논리를 다시 명확하게 드러내고 있다는 점이다. 그리고 이와 관련하여, 유·무의 양변과 중변에 집착함으로써 발생하는 형식논리적인 문제점을 구체적으로 하나하나

---

6) "諸法非有非無 遠離二邊 而不著中 由不了故 生疑而言 …… 若實非無 便墮於有 如其非有 卽當於無 若言非無而不得有 非有而不墮無 卽同重而不低 輕而不菽 故知是說 有言無實 如是稱量 卽墮諸邊 或執依他 實有不空 墮增益邊 或執緣生 空無所有 墮損減邊 或計俗有眞空 雙負二邊 墮相違論 或計非有非無 著一中邊 墮愚癡論."

지적하면서, 그것을 '증익변'에 떨어지고, '손감변'에 떨어지며, '상위론'에 떨어지고, '우치론'에 떨어지게 된다고 명확하게 설명해준 점이라고 할 수 있다.

이상, 원효의 '중도의 논리'와 관련된 인용문들을 살펴보았다. 이 글들에서 각각 주어로 사용된 '대승(大乘)', '일심(一心)', '제법(諸法)'이라는 단어를 넓은 의미로 해석한다면, 아마도 이들은 '진리'와 비슷한 의미를 나타낼 것이다. 그러니까, 이 인용문들에서 원효가 하고자 하는 말은, 진리의 관점에서 보면 모든 존재의 속성은 '이변비중(離邊非中)'이라는 것이다.

그런데, 이러한 논리는 본서의 '제3장 화쟁의 방법'에서 언급한 '긍부의 자재, 유무의 자재, 동이의 자재'와 같은 논법이라고 할 수 있다. 왜냐하면, '긍정과 부정, 있음과 없음, 동일과 상이' 등의 개념은 사실상 중도의 논리에서 말하는 '양변'을 의미하는 것이라고 볼 수 있기 때문이다. 이처럼 원효의 중관사상에서 말하는 논리는 그의 화쟁사상의 논리에 기반이 되었다는 것은 분명해 보인다.

3) 『반야경』 평가

우리는 지금 원효의 중관사상이 그의 화쟁사상에 어떠한 영향을 끼쳤는지에 대해서 살펴보고 있다. 그런데, 이 문제를 보다 넓게 생각해 보면, '중관의 논리'를 원천적으로 담고 있는 중요 경전인 『반야경』에 대해서 원효가 어떻게 평가를 내리고 있는지에 대해서 알아보는 것도, 중관사상의 핵심논리가 원효의 화쟁사상에 얼마나 영향을 미쳤는가를 알 수 있는 표준이 될 수도 있을 것이다.

원효가 『반야경』에 대해서 어떠한 평가를 내리고 있는가? 하는 점에 대해서는, 원효의 『대혜도경종요』란 저서에 잘 나타나 있다. 여기에서, 그는 『반야경』의 가르침의 의미를 어느 한 편으로 제한시키는 교상판석에 대하여 언급하고 있다. 그는 반야공관의 의미를 불교의 총체적인 이론체계 속에서 파악한 뒤에, 이것을 바탕으로 그러한 시도에 대해서 과감한 비판을 하고 있다.

『대혜도경종요』의 「교판」 부분에 보면, 그는 '『반야경』의 교판상 지위는 어떠한가?'에 관하여 논하고 있는데, 여기에 무상설(無相說)과 은밀설(隱密說)이 등장하여 대립하고 있다. 무상설에서는,『반야경』은 2교5시교판 중에서 점교(漸敎)의 제2무상교에 해당한다고 주장하고, 은밀설에서는, 『반야경』은 3종법륜교판 중에서 제2은밀교에 해당한다고 주장한다.

여기에서, 2교5시교판이란, 먼저 돈교(頓敎), 점교(漸敎)로 구분하고, 점교 안에서 사제교(四諦敎), 무상교(無相敎), 억양교(抑揚敎), 동귀교(同歸敎), 상주교(常住敎)로 구분하는 교판이다. 그리고 3종법륜교판이란, 제1시는 성문승을 위한 사제법륜의 가르침이고, 제2시는 대승인을 위한 은밀법공(隱密法空)의 가르침이며, 제3시는 일체승을 위한 현료법공(顯了法空)의 가르침이다.(한불전1, 486중~하)

질문한다. 이 두 분의 말씀 중에서 어떤 것이 진실인가?
대답한다. 2종교문과 3종법륜이, 한편으로 보면 다 도리가 있다. 그러나 이 『대품경』 등의 교판이, 모두 제2시에 속하고 제2법륜이라고 한 것은, 이치가 반드시 그렇지 않으니, 경론에 어긋나기 때문이다. ……(한불전1, 486하~487중)[7]

이 글에서, 원효는 2종교문과 3종법륜은 '한편'으로는 모두 도리가 있지만, 『반야경』이 '모두' 제2시 무상교(無相敎)와 제2륜 은밀교(隱密敎)에 속한다고는 할 수 없으니, 그렇다고 말하면 모두 경론에 어긋나게 되기 때문이라고 한다. 그리고 이후에 『반야경』이 제2시 무상교라고 하는 주장에 대하여 3가지로 반론을 제기하고, 『반야경』이 제2륜 은밀교라고 하는 주장에 대하여 4가지로 반론을 제기한다. 여기에서는 자세한 반론의 내용은 생략한다.

중요한 것은,『반야경』에 대하여 제기한 교판에 대해서, 원효는 이와

---

7) "問 是二師說何者爲實 答 二種敎門三種法輪 是就一途亦有道理 然其判此大品經等 皆屬第二時攝第二法輪者 理必不然違經論故 ……."

같은 일방적인 기준으로 부처님의 말씀을 재단하고 있는 양설을 일부만 인정하고 전체를 모두 인정하지는 않고 있다는 점이다. 즉, 『반야경』이 '일부' 제2시 무상교와 제2륜 은밀교에 속하는 것을 인정하지만, 『반야경』 '전체'가 양교판에 속한다고 결코 인정하지는 않고 있다는 것이다.

생각건대, 원효는 『열반종요』에서 『열반경』의 교판에 대하여 논하는 자리에서, 5시교판을 세운 지자대사에 대해서, 한량없는 부처님의 뜻을 한정하려는 시도라고 하며 강하게 비판한 적이 있다.(한불전1, 547상) 그런 그가, 『반야경』에 대한 교판에 대해서도 비슷한 입장을 견지함으로써, 결국 『반야경』과 '반야'에 대하여 정당한 지위를 회복시켜주고 있다고 말할 수 있다.

이와 같이, 원효가 '반야'를 담고 있는 『반야경』이 2교5시교판이나 3종법륜교판에 의하여 일방적으로 재단되는 것을 비판하고 있는 것은, 바로 '한량없는 부처님의 뜻을 한정하려는 시도'에 제동을 건 것이라고 할 수 있다. 그리고 바로 이 점이, '제4장 화쟁의 논거'에서 본 바와 같이, '한량없는 부처님의 뜻'을 전제로 하여 제설을 화쟁하고 있는 '화쟁사상'과 맥을 같이 한다고 말할 수 있을 것이다.

2. 유식사상

원효의 '저서목록'을 보면 그가 유식사상에 대단히 큰 관심을 가지고 있다는 것을 어렵지 않게 알 수 있다. 그러나 아쉽게도 원효의 '현존본' 중에서 원효의 유식사상을 구체적으로 파악할 수 있는 것은 제한되어 있다. 아래에서는 『대승기신론소』, 『대혜도경종요』에 단편적으로 나타난 원효의 유식사상 중에서, 그의 화쟁사상과 밀접한 관련이 있다고 보이는 몇 가지를 살펴보고자 한다.

알려진 바와 같이, 유식사상에는 심식론(心識論)과 삼성론(三性論)이 중요한 부분을 차지하고 있다. 여기에서는 심식론 중에서 '심분설(心分說)'과 관련된 논의에 대한 원효의 회통설과, 마음의 '자증성(自證性)'과 관련된 논의에 대한 원효의 회통설을 살펴보고자 한다. 그리고 삼성론 중에서는 '의타기성(依他起性)'을 기준으로 제법실상을 해석하는 4가지 견해에 대한 원효의 회통설을 살펴보고자 한다.

1) 심분설 논의

원효는 『대혜도경종요』에서 당시 유식학의 쟁점 중의 하나였던 심식론의 '심분설'과 관련하여 '관조반야'를 논하고 있다. 그는 『판비량론』의 「제팔(第八)」에서, 3분설과 4분설이 상위결정적 관계에 있음을 도출해 내면서, 제4 증자증분은 언설만 있을 뿐이라는 결론을 내림으로써, 자신은 3분설의 입장에 있음을 간접적으로 내비치고 있는데, 이러한 입장에서 '관조반야'를 논하고 있다.

즉, 원효는 『대혜도경종요』「종지(宗旨)」에서 '관조반야에 삼분(三分)이 있는가?'에 관해서 논하고 있다. 먼저, 유분설(有分說)의 입장에서 무분설(無分說)에 대해서, 만약 견분(見分)이 없다면 어찌하여 '관조'라는 이름이 있는지 추궁하고, 만일 자증분(自證分)이 없다면 관조반야는 허공과 같을 것인데 어찌하여 '지혜'라는 이름이 존재할 수 있는지 추궁한다.

또한, 무분설의 입장에서 유분설에 대해서, 만약 견분이 있다면 어찌하여 '보는 것이 없다'라고 말하는지 추궁하고, 만일 자증분이 있다면 '지혜의 본체는 실상과 같지 않을 것'인데 어찌하여 둘도 없고 다름도 없다고 말할 수 있는지 추궁한다. 이러한 상호간의 치열한 논란에 대해서 원효는 다음과 같이 회통한다.

① 답한다. "이 지혜는 견분(見分)은 있으나 상분(相分)은 없다"는 의견도 있고, "이 지혜는 상분도 없고 견분도 없지만, 오직 자증분(自證分)이 있어서 자체를 증지한다"는 의견도 있다. 하지만, 만일 '다름이 있어 분석하는 관점'을 취하면 삼분(三分)이 모두 없지만, 만일 '다름이 없어 가설하는 관점'에 의하면 삼분이 모두 있다.

② 이러한 평등한 관점에서 말하자면, 상분이 없다는 것이 상분이 있다는

230

것이 되고 견분이 없다는 것이 견분이 있다는 것이 되며, 따로 자증분이 없어도 자증분이 아닌 것이 없다. 이와 같은 자증분은 증지하지 않는 바가 없으니, 제법실상에 자증분이 아닌 것이 없기 때문이다. 그러므로 이 자증분은 견분이 아닌 것이 없다. 실상을 본다는 것은 곧 보여지는 바가 없으니, 보여지는 바가 있다고 하면 실상을 제대로 보지 못한 것이기 때문이다. 그러므로 이 견분은 실상 아닌 것이 없다. 이와 같이 삼분은 모두 하나이다.

③ 만일 이렇게 유견(有見)과 불견(不見)을 말씀하면, 아무런 장애가 없으니 이것이 바로 해탈이다. 만약 견분이 있다고 하면 곧 유변(有邊)에 떨어지고, 견분이 없다고 하면 곧 무변(無邊)에 떨어지며, 이 양변을 여의지 못하면 곧 거기에 얽매이게 된다. 논(論) 게송에, "만일 사람이 반야를 보게 되면, 이것은 곧 얽매임이 된다. 만일 반야를 보지 못하면, 이것도 또한 얽매임이 된다. 만일 사람이 반야를 보면, 이것은 해탈을 얻게 된다. 만일 반야를 보지 못하면 이것도 또한 해탈을 얻게 된다"고 한 것과 같다.(한불전1, 482하)[8]

①에서 원효는, 복잡하게 제기된 제설을 간단히 정리해 놓은 다음 회통한다. 즉, '다름이 있어 마음을 분석하는 견해'를 취하게 되면 삼분(三分)이 모두 없게 되어서 무분설(無分說)이 옳게 된다. 또한, '다름이 없어 가설하는 견해'를 취하게 되면 삼분이 모두 있게 되어서 유분설(有分說)이 옳게 된다고 말한다.

②에서는, 이러한 관점을 바탕으로 상분·견분·자증분이라는 삼분이 모두 같다는 것을 밝힌다. 즉, 평등한 관점에서 말하면, 무상(無相)으로

---

8) "答 有義此智有見無相 有義此智無相無見 唯有自證證於自體 若就有別開分 三分俱無 若依無異假說 三分俱有 謂卽於此平等之中 無相爲相無見爲見 無別自證非不自證 如是自 證無所不證 諸法實相無非自故 故此自證無非是見 見實相者是無所見 有所見者不見實故 故此見分無非實相 如是三分只是一味 若如是說有見不見 無障無礙卽是解脫 若存能見卽 墮有邊 若無見分則墮無邊 不離邊故卽爲被縛 如論偈云 若人見般若 是卽爲被縛 若不見般 若 卽亦名被縛 若人見般若 是則得解脫 若不見般若 則亦得解脫."

상분을 삼고 무견(無見)으로 견분을 삼으며, 따로 자증분을 세우지 않아도 자증분 아닌 것이 없으므로, 자증분은 견분 아닌 것이 없고, 견분은 실상 아닌 것이 없어서, 삼분은 모두 일미(一味)라는 것이다.

③에서는, 만약 삼분이 일미라는 관점에 서서 유견(有見)과 불견(不見)을 논하게 되면, 그것이 바로 해탈이 된다. 하지만, 삼분이 일미라는 관점에 서지 않고 유견과 불견을 논하게 되면, 여러 견해들에 얽매이게 된다고 말한다. 그렇게 한 뒤에, 이러한 결론에 대해서 논의 게송을 인용하여 증명하고 있다.

중요한 것은, 여기에서 원효는 유식사상의 심분설에 관한 복잡한 지식내용을 단순하게 나열하는 것에 그치는 것이 아니라, 우리가 '심분설에 관한 논의를 하는 근본적인 이유'를 밝히고 있다는 점이다. 즉, 유식사상에서 상분·견분·자증분을 논하는 근본이유는, 이들이 '모두 일미(一味)이다'라는 관점을 근거로 이들의 유무에 얽매이지 않는 해탈의 자세를 취하자는 데 있다는 것이다.

생각건대, 우리가 본인용문을 처음 대할 때에는 유식사상에 관한 복잡한 이론상의 논의라는 인상을 받기 쉽다. 그러나 '심분(心分)을 논하는 근본이유'를 밝히는 방향으로 논의가 진행됨에 따라서 그러한 인상은 서서히 없어지고, 마침내 '평등한 관점에서는 마음을 상분·견분·자증분으로 나누었지만 이들은 모두 일미이다'는 해탈의 경지가 전개된다.

이 점에서 원효의 유식사상에는, 일반적인 유식사상에서 다루는 것만을 논하는 것이 아니라, '심분을 논하는 근본이유는 무엇인가?'와 같은 가상적인 의문점에 대하여 '일체(一切)가 일미(一味)이다'와 같은 '화쟁적 사고방식'이 전제되어 있음을 알 수 있다. 바로 이 점에서, 원효의 유식사상이 그의 '화쟁사상'의 성립에 논리적 기반을 제공하고 있는 것을 엿볼 수 있다.

2) 자증성 논의

유식사상에서 말하는 심식론(心識論)과 관련하여, 원효는 『대승기신론소』에서 '마음의 자증성(自證性)'에 관해서 논하고 있다. 『대승기신론소』「생멸문」에서는 '마음은 스스로를 볼 수 있는가?'에 관하여 논하는데, 자증설에서는 『집량론』을 들며 모든 마음과 심법(心法)은 자체를 증득한다고 하고, 불견설에서는 『능가경』을 들며 마음은 스스로 보지 못한다고 한다. 이 양설에 대해서 원효는 다음과 같이 회통한다.

① 여기에는 다른 뜻이 있어서 서로 어긋나지 않게 한다. 무엇인가? 이 『능가경』과 『기신론』의 뜻은 '견분 이외에 따로 상분이 없음'을 밝히고자 하였기 때문에, 상분의 나타남이 보이는 바가 없고 또한 말할 수 없는 것이다. 이것은 곧 이 견분이 도리어 견분을 보는 것이니, 두 가지 작용이 아니고 밖을 향해 일어난 것이기 때문이다. 그러므로 칼과 손가락으로써 동법(同法)의 비유를 삼은 것이다. 『집량론』의 뜻은 비록 그 견분이 스스로를 볼 수 없다고 하더라도 자증분(自證分)의 작용이 있어서 견분의 본체를 증명할 수 있으니, 그 작용은 다름이 있고 안을 향해 일어난 것이기 때문이다. 그러므로 등과 불꽃으로 동법의 비유를 삼은 것이다. 이러한 뜻에 의하므로 서로 어긋나지 않는다.

② 또한 이 『능가경』과 『기신론』 가운데에는 '실상을 나타내고자 했기 때문에' '있지 않음'의 뜻에 나아가 스스로를 볼 수 없다고 말하였으며, 『집량론』의 저자는 '가명을 세우고자 했기 때문에' '없지 않음'의 뜻에 의하여 스스로 증명함이 있다고 말하였다. 그러나 가명은 실상을 움직이지 못하고, 실상은 가명을 깨뜨리지 아니한다. 깨뜨리지 않고 움직이게 하지 않으니 어찌 서로 어긋남이 있겠는가?(대승기신론소기회본, 한불전1, 761중~하)[9]

---

9) "此有異意 欲不相違 何者 此經論意 欲明離見分外無別相分 相分現無所見 亦不可說 卽此
見分反見見分 非二用故 外向起故 故以刀指 爲同法喩 集量論意 雖其見分不能自見 而有自
證分用 能證見分之體 以用有異故 向內起故 故以燈錄 爲同法喩 由是義故 不相違背 又復此
經論中 爲顯實相故 就非有義 說無自見 集量論主 爲立假名故 依非無義 說有自證 然
假名不動實相 實相不壞假名 不壞不動 有何相違."

①에서 원효는, '경론의 해석상'이라는 기준으로 양설을 회통한다. 즉, '경론의 해석상', 『능가경』과 『기신론』에서는 '따로 상분을 인정하지 않기 때문에' 밖을 향하는 견분이 도리어 견분을 보는 것과 같아서 스스로 보지 못한다고 하였으며, 『집량론』에서는 견분이 스스로 보지 못한다고 하더라도 안을 향하는 자증분에 의해서 견분의 본체를 증득한다고 하였기 때문이라고 한다.

②에서는, '저자의 의도상'이라는 기준으로 양설을 회통한다. 즉, '저자의 의도상', 『능가경』과 『기신론』에서는 '실상을 나타내고자' 했기 때문에 '있지 않음'의 뜻에 나아가 스스로를 볼 수 없다고 하였고, 『집량론』에서는 '가명을 세우고자' 했기 때문에 '없지 않음'의 뜻에 의하여 스스로 증명함이 있다고 하였다. 그런데, 가명은 실상을 움직이지 못하고, 실상은 가명을 깨뜨리지 아니하기 때문에 회통된다고 한다.

중요한 것은, 원효는 유식사상의 심식론과 관련하여 '마음이 스스로를 볼 수 있는가?'라는 난해한 의문을 제기한 뒤에, 이 점에 대해서 나름대로 명확한 대답을 제시하였다는 점이다. 또한, 우리에게 더욱 의미 있는 것은, 원효가 이 난해한 문제에 대하여 '제3장 화쟁의 방법'과 '제4장 화쟁의 근거'에서 보는 바와 같은 논리들을 활용하여 명쾌한 해답을 주고 있다는 점이다.

생각건대, '마음의 자증성'에 관한 논의만 놓고 볼 때, 이 논의가 '나중에' 화쟁에 영향을 미쳤다고 단정하기는 어려울 것 같다. 왜냐하면, 본 논의에 화쟁사상에서 보이는 방법과 논거가 사용된 것으로 보아서, 오히려 반대로 화쟁사상이 유식사상에 영향을 미친 것은 아닌지 의심되기 때문이다. 이처럼, 어떤 경우에는 오히려 화쟁사상이 다른 사상에 영향을 주는 경우도 있을 수 있다는 것을 알 수 있다.

3) 의타기성 논의

유식사상에서 말하는 삼성론 가운데 '의타기성'에 관련된 교설이 있는데, 원효는 『대혜도경종요』에서 '실상반야'를 논함에 있어서 '의타기성'에 관한 교설을 바탕으로 자신의 견해를 드러내고 있다. 즉,『대혜도경종요』「종지」
에 보면, '제법실상이란 무엇인가?'에 관하여 논하고 있는데, 의타기성을
기준으로 삼아서 제법실상을 해석하는 4가지 견해가 주장되고 있다.

제1설은『유가론』에서, "만일 명언훈습(名言薰習)으로 건립된 식(識)이
떠나면, 그와 같이 반연될 색(色) 등의 현상도 언설의 자성을 떠난다.
이 자성은 실물이 있는 것이고, 승의(勝義)가 있는 것이다"고 하였다.
이것을 근거로 제법실상에 대하여 의타기성은 '유(有)하다'고 주장한다.

제2설은『대반야경』에서, "법성실제(法性實際)도 있는 바가 없고 얻을
것이 없다"고 하였다. 이것을 근거로 제법실상에 대하여 의타기성은 '공(空)
하다'고 주장한다.

제3설은『대반야경』에서, "세속법이기에 업도 있고 보도 있다고 말하지
만, 제일의(第一義) 가운데는 업도 없고 보도 없다"고 하였다. 이것을 근거로
제법실상에 대하여 의타기성은 '유(有)이고 공(空)이다'라고 주장한다.

제4설은『대반야경』에서, "얻을 것이 있다는 것과 얻을 것이 없다는
것은 평등하니, 이것을 일러 얻을 것이 없다고 한다"고 하였다. 이것을
근거로 제법실상에 대하여 의타기성은 '유(有)도 아니고 공(空)도 아니다'고
주장한다.

이러한 총4설에 대하여 원효는 다음과 같이 회통하고 있다.

① 여러 분의 말씀이 모두 다 진실이다. 그 까닭은, 다 성전에 근거한
  것이므로 서로 어긋나지 않기 때문이다. 모든 법의 실상은 모든 희론이
  끊기어서 도무지 그렇다고 할 것도 그렇지 않다고 할 것도 없기 때문이다.
②『석론』에, "일체가 진실이고, 일체가 진실이 아니며, 또한 일체가 진실이
  면서 진실이 아니고, 일체가 진실이 아니면서 진실이 아닌 것도 아닌
  것, 이것을 일러 제법의 실상이다"고 한 것과 같다.(대지도론, 대정장
  25, 61중)[10] 생각건대, 여기서 말한 '4구가 실상이다'고 한 것은 그

---

10) "一切實 一切非實, 及一切實亦非實, 一切非實亦非不實, 是名諸法之實相."

차례대로 앞의 4설에 배당할 수 있으니, 집착을 여의고 말하면 부당함이 없기 때문이다. 만일 집착하면, 말과 같이 취하면 서로 파괴되기 때문에 실상이 아니다. 4구를 여의고 끊어야 파괴되지 않는다. 이것을 바로 제법실상이라고 이른다. 『광백론(廣百論)』게송에 이르기를, "유(有)와 비유(非有)가 함께 아니며, 모든 종(宗)이 다 적멸하다. 그 가운데 논란을 일으키려 하면, 마침내 능히 말할 수 없나니" 하였다.(한불전1, 480 하~481상)11)

①에서 원효는, 제설이 모두 성전에 근거한 것이므로 서로 어긋나지 않아서, 모두 진실이라고 선언한다.

②에서는, 구제적인 경론의 내용을 제시하며 회통한다. 즉, 『대지도론(大智度論)』에서, "일체가 진실이고, 일체가 진실이 아니며, 또한 일체가 진실이면서 진실이 아니고, 일체가 진실이 아니면서 진실이 아닌 것도 아닌 것, 이것을 일러 제법의 실상이다"고 하였다. 그런데, 이 내용은 차례대로 앞의 4가지 주장에 배당할 수 있어서, 말을 그대로 취하여 집착하지 않고 말하면 모두 부당하지 않다고 회통한다.

본 인용문에는 3가지 점이 의미있다고 할 수 있다. 첫째, 의타기성에 관한 4구가 등장하기는 하지만, 이번 논의는 어디까지나 '제법실상의 차원'에서 의타기성이 보조적으로 등장하고 있다는 점이다. 둘째, 원효가 제법실상을 설명함에 있어서 '성교량(聖教量)에 의지하여' 그것을 기준으로 제설을 회통하고 있다는 점이다. 셋째, 이러한 제법실상의 차원에서 말하는 의타기성에 관한 4구는, '말을 그대로 취하여 집착하지 않고 설하면 모두 부당하지 않다'고 언급하였다는 점이다.

생각건대, 이번 논의는 단순히 유식사상에 관한 학구적인 논의가 아니라

---

11) "諸師說皆實 所以然者 皆是聖典不相違故 諸法實相絶諸戱論 都無所然無不然故 如釋論云 一切實 一切非實 及一切實亦非實 一切非實非不實 是名諸法之實相 案云 此說四句是實相 者 如其次第許前四說 離著而說無不當故 若有著者如言而取 無不破壞故非實相 離絶四句 不可破壞 如是乃名諸法實相 如廣百論頌曰 有非有俱非 諸宗皆寂滅 於中欲興難 畢竟不能 申."

제법실상의 차원에서 논하는 매우 고차원적인 논의임을 알 수 있다. 그리고 이러한 논의의 과정에서 본서의 앞부분에서 논의한 화쟁사상과 관련된 내용이 곳곳에서 발견되고 있다. 이러한 점을 고려한다면, 원효의 유식사상은 일반적인 유식사상에서 다루는 학구적인 차원에만 머무는 것이 아니라, '백가의 쟁설을 근본적으로 잠재우는' 화쟁의 정신과 그 맥을 같이 한다고 볼 수 있다.

제2절 일승분교(一乘分敎)

원효의 4종교판에 따르면, '진실'을 기준으로 '삼승'과 '일승'을 구별하고, '보법(普法)'을 기준으로 '분교'와 '만교'를 구분한다. 이러한 기준에 의하여, 필자는 여기 일승분교에 일승사상과 불성사상을 배당하였다. 필자가 보기에 일승사상과 불성사상은 진실을 밝히고 있지만, 아직 '보법'을 뚜렷하게 밝혔다고 보기에는 상대적으로 부족하다는 생각을 하였기 때문이다.

본절에서는 이 일승사상과 불성사상에서 원효 화쟁사상의 사상적인 근거를 찾아보고자 한다. 일승사상은 삼승의 화해를 중시한다는 점에서 원효의 화쟁사상에 크게 영향을 미쳤다고 생각된다. 또한, 불성사상은 "불교경전의 부분을 통합하면 …… 서로 다른 논쟁이 화회될 수 있다"(한불전1, 524상)[12]는 『열반경요』의 문구처럼 화쟁사상에 직접적인 영향을 주었다고 본다.

1. 일승사상

역사적으로 볼 때, 일승(一乘)은 삼승(三乘)을 전제로 성립하였다고 할 수 있다. 원시불교시대에는 '성문승'이 중심을 이루었고, 부파불교시대에

---

12) "統衆典之部分 歸萬流之一味 開佛意之至公 和百家之異諍."

들어와서는 '연각승'이 더해졌는데, 초기대승불교시대에 들어와서는 거기에 다시 '보살승'이 더해져서 비로소 삼승(三乘)이 성립되었다. 그 후 『법화경』의 등장과 함께 삼승의 화회(和會)를 주장하는 '일승(一乘)'이 성립한 것이다.

이처럼, 『법화경』을 중심으로 하는 '일승사상'은 삼승의 화회를 중시하며 등장한 사상이기 때문에, 제설을 화회하는 '원효의 화쟁사상'과는 그 시작에서부터 성격상 유사한 점이 있다고 말할 수 있다. 아래에서는 원효의 『법화종요』를 중심으로, '원효의 일승사상'이 그의 화쟁사상의 형성에 어떠한 사상적 영향을 미쳤는지에 초점을 두고, 일승의 개념, 일승의 범위, 법화경에 대한 평가 등을 살펴본다.

1) 일승의 개념

'일승사상'에서 말하는 '일승(一乘)'에 대해서 생각할 때, 가장 먼저 떠오르는 의문은 아마도 '일승은 무엇을 가리키는가?'와 같은 일승의 개념에 관한 것일 것이다. 원효는 이 점에 대해서 『법화종요』「능승인(能乘人)」에서는 '일승인(一乘人)'을 말하고 있고, 「소승법(所乘法)」에서는 '일승교(一乘敎)'를 말하였다. 다음의 인용문을 살펴보자.

① 이 경에서 말한 '일승인'이라고 함은, 3승행인(三乘行人)과 4종성문(四種聲聞)과 삼계의 4생중생(四生衆生)을 말한다. 또한 이 능승인(能乘人)은 일불승을 타는 사람이어서 모두 불자가 되고 보살이 된다. 왜냐하면, 모두 불성이 있어서 장차 부처님의 지위를 계승하기 때문이고, 불성이 없는 유정도 또한 모두 장차 부처가 되기 때문이다. ……

② '일승교'란, 시방삼세 모든 부처님들이 처음 성도로부터 열반에 이르기까지 그 중간에 말씀한 모든 가르침이 다 일체지지에 이르게 한 것이다. 그러므로 다 '일승교'라고 한다. 「방편품」에는, "이 모든 부처님이 한량없는 방편과 갖가지 인연, 비유, 언사로 중생을 위하여 모든 법을 연설한 것은 다 일불승을 위해서이다. 이 모든 중생이 부처님의 법을 듣고

마침내 다 일체종지를 얻게 된다." 이 가르침은 시방삼세에 두루 통하여
한량없고 끝이 없으므로 광대하다고 한다. 한마디 말과 한 구절이
불승이고, 한가지 모습이고 한가지 맛이기에 '깊다'고 한다. 이것을
일승교라고 한다.(한불전1, 488상~하)[13]

①에서 원효는, '일승인'에 대해서 말하고 있다. 즉, 일승이란, 성문승·연
각승·보살승과 같은 삼승인은 물론이고 습생(濕生)·난생(卵生)·태생(胎生)
·화생(化生)과 같은 4생중생(四生衆生)도 포함되어 불자가 되고 보살이
된다고 한다. 왜냐하면, 일체중생이 지금은 비록 생각이나 행동에 여러
가지 차이를 보이고 있지만, 모두 불성을 갖고 있어서 앞으로 부처님의
지위를 계승할 것이기 때문이라는 것이다.

②에서는, '일승교'에 대해서 말하고 있다. 즉, 모든 부처님이 한량없는
방편·인연·비유·언사로 중생을 위하여 모든 법을 연설한 것은 다 '일불승'
을 위해서인데, 모든 중생은 부처님의 법을 듣고 마침내 일체종지를 얻게
된다고 한다. 이처럼, '일승교'란 모든 부처님이 성도로부터 열반에 이르기
까지 그 중간에서 말씀한 모든 가르침을 말하는데, 한량없이 '광대'하고,
그 뜻이 '깊다'고 설명한다.

그런데, 여기에서 말한 '일승인' 중에서 '화생'은 마음가짐으로 새롭게
태어난 중생을 말한다. 이렇게 의식의 근본적인 전환으로 다시 태어난
삶을 사는 존재를 보살이라고 하고, 보살이 볼 수 있는 세계를 법신이라고
하므로, '일승인'의 개념을 가장 넓게 해석한다면, 모든 중생과 법신으로서
의 우주자연이라고 할 수도 있을 것이다. 이기영은 이러한 세계관을 '화쟁
의 공동체로서의 세계관'으로 설명하기도 한다.[14]

---

13) "此經所說一乘人者 三乘行人四種聲聞 三界所有四生衆生 並是能乘一佛乘人 皆爲佛子悉
是菩薩 以皆有佛性當紹佛位故 乃至無性有情亦 皆當作佛故 …… 一乘敎者 十方三世一切
諸佛 從初成道乃至涅槃 其間所說一切言敎 莫不令至一切智地 是故皆名爲一乘敎 如方便
品言 是諸佛亦以無量無數方便 種種因緣譬喩言辭 而爲衆生演說諸法 是法皆爲一佛乘故
是諸衆生從佛聞法 究竟皆得一切種智故 是敎遍通十方三世 無量無邊所以廣大 故一言一
句皆爲佛乘 一相一味是故甚深 如是名爲一乘敎也."

또한, 여기에서 말한 '일승교' 중에서 '일승'이 가리키는 내용이 시간과 공간을 초월하여 넓고 깊다는 것을 알 수 있다. 즉, 일승이란 '시방삼세 모든 부처님이 성도로부터 열반에 이르기까지의 가르침'이라고 하였으니 시간적으로 그 장구함을 알 수 있고, 또한 일승이란 '하나의 말씀, 구절, 형상, 맛이 다 불승이다'고 하였으니 공간적으로 해당하지 아니한 것이 없다는 것을 알 수 있다.

이상, 일승인과 일승교에 대한 원효의 설명을 통하여 우리는 '일승의 개념'을 짐작할 수 있다. '일승'이란, 어떤 부분적인 것에도 구속되지 않고, 시간적으로 공간적으로 모든 것을 포괄하는 광대무변한 것임을 알 수 있다. 이러한 '일승의 개념'과, 조각조각 부분적으로 분열되어 갈등을 일으키는 제설을 일미(一味)로 화해하는 '화쟁의 정신'이 서로 밀접한 관련이 있음은 어렵지 않게 추정할 수 있다.

2) 일승의 범위

보통 '일승' 하면 불교에서 말하는 성문승·연각승·보살승과 같은 삼승을 포괄하여 말하지만, 실제로 그 일승의 구체적인 범위에 대해서는 논의의 여지가 있다. 무슨 말인가 하면, 불교이외의 외도(外道)에 대해서, '외도가 일승에 포함되는가?'라는 의문이 일어날 수 있다는 것이다. 이러한 의문에 대해서 원효는『법화종요』「소승법(所乘法)」에서 다음과 같이 말하고 있다.

① 『니건자경(尼揵子經)』의 「일승품」에, "부처님이 문수에게 말씀하시되, 나는 불국 가운데 있는 승가(僧伽)와 니건자(尼乾子) 등도 다 여래의 위신력의 방편으로 이 모든 외도와 선남자 등을 나타내 보인다. 비록 갖가지 다른 모습을 나타내지만 다 같이 불법이라고 하는 하나의 다리로

---

14) 그에 의하면, 원효는 세계와 인생을 화쟁의 공동체로 보고 있다고 한다. 즉, '화쟁'이라는 말은 하나의 당위를 말하는 어휘로서 사용된 것이기는 하지만, 그것은 또한 세계와 인생의 본래의 모습을 의미하기도 한다고 한다. 李箕永, 「世界의 文化的 現實과 韓國佛敎의 理想」,『원효사상연구 I』(1994).

건너게 되나니 다른 건널목이 없기 때문이니라"고 하였다. 이런 글을 감안하여 보면 불법은 오승(五乘)의 모든 선근과 외도의 갖가지 다른 선근, 이러한 일체가 모두 일승으로 다 불법에 의함이요, 다른 바탕이 없기 때문이다.

② 『법화론(法花論)』에는 이 뜻을 드러내어, "어떤 것을 법의 본체라고 하는가? 이를테면 이치에 두 가지 본체가 없으니, 두 가지 본체가 없다고 함은 무량승(無量乘)이 다 일승이기 때문이다"고 하였다. 아래 글에, "너희들이 행한 바가 이 보살도라고 한 것은 보리심을 발심하고 물러났다가 다시 발심하는 것은 전에 닦은 선근이 없어지지 않고 뒤에 결과를 얻기 때문이다"고 하였다. 이것은 다 종자의 최상의 뜻을 드러내었기 때문이다. 또 발심한 선근을 들어 말함이요, 나머지 선이 불과를 얻지 못하다는 것은 아니다. 그러므로 전에 인용한 글과 어긋나지 않는다. 이로 말미암아 말하면 범부와 성인과 모든 중생과 내도, 외도 일체의 선근이 다 불성에서 나와서 다 같이 본원으로 돌아가나니, 이러한 본말은 오직 부처님만이 추궁하신다. 이런 뜻에서 '광대, 심심(甚深)하다'고 한 것이니, 이것을 '일승이 되는 원인'이라고 한다.(한불전1, 489상~중)15)

①에서 원효는, 『니건자경(尼揵子經)』의 말씀을 인용해서 일승의 범위를 구체적으로 밝히고 있다. 즉, 『니건자경』의 말씀에 의지하면, 오승(五乘)의 모든 선근과 외도(外道)의 갖가지 다른 선근, 이러한 모든 것이 다 일승이라고 말한다. 왜냐하면, 이러한 모든 것이 다 불법에 의한 것이고, 불법

---

15) "尼健子經一乘品言 佛語文殊 我佛國□所有僧伽尼乾子等 皆是如來住持力故 方便示現 此諸外道善男子等 雖行種種諸異學相 皆同佛法一橋梁度 更無餘度故 案云 依此等文 當知 佛法五乘諸善及與外道種種異善 如是一切皆是一乘 皆依佛性無異體故 如法花論顯此義 云何體法者 謂理無二體 無二體者 謂無量乘皆是一乘故 而下文言汝等所行是菩薩道者 謂發菩提心退已還發者 前所修行善根不滅 同後得果故者 爲顯種子無上義故 且約發心善 根而說 非謂餘善不得佛果 是故□違前所引文 由是言之 若凡若聖一切衆生內道外道一切 善根 皆出佛性同歸本原 如是本來唯佛所窮 以是義故廣大甚深 如是名爲一乘因也."

이외의 다른 바탕이 없기 때문이라는 것이다.

②에서는 『법화론』과 『법화경』의 말씀을 인용해서 그 뜻을 더욱 구체적으로 밝히고 있다. 즉, 이러한 경론의 말씀에 따르면, 범부와 성인과 모든 중생과 내도(內道), 외도(外道) 일체의 선근이 다 불성에서 나와서 다 같이 본원으로 돌아간다고 한다. 그리고 이러한 사정은 오직 부처님만이 알고 계시기 때문에, '광대하고 깊다'라고 표현하였다고 덧붙여 말하고 있다.

중요한 것은, '일승'을 단순히 불교 안에서만 말하지 않고 외도를 포함하여 '구체적'으로 언급하고 있다는 점이다. 그러니까, 『니건자경』에서는 '오승의 모든 선근과 외도의 갖가지 다른 선근'이 포함된다고 하였고, 『법화론』에서는 '무량승이 다 일승'이라고 하였으며, 『법화종요』에서는 더욱 구체적으로 '범부·성인·일체중생·내도·외도 일체의 선근'을 나열하고 있다.

생각건대, 원효가 말한 '일승의 범위'에 대한 언급을 통해서 원효가 생각하는 일승의 개념을 보다 '구체적'으로 알 수 있었다. 특히, 일승이라는 개념이 부처님의 가르침만을 말하는 것이 아니라, 부처님의 가르침을 벗어나서 외도에까지 미친다고 언급한 점은 눈에 띄는 대목이라고 할 수 있다. 오늘날과 같이 서로 다른 종교가 만나는 다종교사회에서 '일승의 범위'에 대한 언급은 의미가 크다고 본다.

제2장에서 본 바와 같이, 화쟁사례를 바탕으로 살펴볼 때, 원효의 화쟁사상은 대부분 불교이내의 여러 제설을 화해하는 데 주력하고 있다. 하지만, 그 화쟁사례 중에는 불교와 외도와의 화쟁도 있으니, "사례08 : 인천승(人天乘)도 일불승(一佛乘)에 포함되는가?"가 그 대표적인 예이다. 여기에서 원효는, "오늘날 다종교사회에서 불교는 다른 종교를 어떻게 보아야 하는가?"에 대해서 가르침을 주고 있다.

필자는 이 사례08이 오늘날 다종교사회를 살아가는 현대인에게 주는 의미가 대단히 크다고 생각해서 '제10장 종교 화쟁론'이라는 별도의 장을 마련하여 자세히 살펴보고 있다. 이 점에 관심 있는 독자는 그 부분을 참고하길 바란다. 여기에서는, 원효가 말한 '일승의 범위'에 대한 내용이 그의 화쟁사상의 성립에 적지 않은 영향을 주었을 것이라는 점만을 지적하고 넘어가고자 한다.

3) 『법화경』 평가

'일승사상'을 담고 있는 대표적인 경전은 『법화경』이라고 할 수 있는데, 『법화종요』「대의」에서 원효는 『법화경』의 의의에 대해서 대체적인 평가를 하고 있다. "『묘법연화경』이라고 하는 것은 곧 시방과 삼세의 모든 부처님께서 세상에 나오는 큰 뜻이고, 9도(九道)와 4생(四生)의 중생들이 멸도에 들어가는 하나로 열린 큰 문이다."(한불전1, 487하)16)

이 글에서, 원효는 『법화경』의 의의를 2가지로 말하고 있다. 하나는, 공간적으로 모든 장소와 시간적으로 모든 시간에서 모든 부처님들이 세상에 나오신 큰 의미를 담고 있다고 한다. 그리고 다른 하나는 9도와 4생의 모든 중생들이 멸도로 들어가는 데 필요한 '하나로 열린 큰 문'이라고 한다. 중요한 것은, 모든 부처님들이 나오고 모든 중생들이 들어가는 큰 문이 바로 『법화경』이라고 한 점이다.

이러한 대체적인 평가를 한 다음에, 원효는 『법화종요』「교판」에서 법화경의 교판상의 지위를 논하면서 법화경에 대한 구체적인 평가를 내리고 있다. 즉, '『법화경』의 교판상 지위는 무엇인가?'에 대해서 논쟁하는 요의설(了義說)과 불요설(不了說)에 대해서 원효는 다음과 같이 회통한다.

① 모두 경론에 의거하였으니 진실하지 않음이 있겠는가? 그 까닭은, 오직 적정에 나아가는 자를 옹호하기 위한 뜻에서는 앞분이 회통하는 것과 같이 진실하고, 부정종성인(不定種性人)을 옹호하기 위한 뜻으로는 뒷분이 말씀하는 것과 같이 진실하다. 모두 근기에 맞추어 각기 화해하고 회통할 수 있기 때문이다.

---

16) "妙法蓮華經者 斯乃十方三世諸佛出世之大意 九道四生 滅入一道之弘門也."

② 만일 도리에 나아가 그 승부를 판단한다면, 앞분의 뜻은 협소하다. 왜냐하면, 그 학설은 불도를 일체에 두루하지 못하게 말씀하고, 이승(二乘)은 필경 단멸하게 되기 때문이다. 뒷분의 뜻은 관대하니, 전설의 협소함을 뒤집어 보면, 그 뜻을 잘 알 수 있을 것이다. 이러하므로, 협소한 뜻으로써 관대한 글을 회통하려고 하면, 글이 뜻을 손상하므로 회통하기 어렵지만, 관대한 뜻을 사용하여 협소한 글을 허용하면, 글이 좁지만 뜻을 손상하지 않으므로 회통하기 쉽다. 이런 도리로 말미암아 후설이 수승하다고 하리라. 그러므로 이『법화경』은 궁극적인 요의설인 것이다.(한불전1, 494중~하)17)

①에서 원효는, '경전'이라는 논거에 의하면 양설이 모두 옳다고 회통하고 있다. 즉, '적정에 나아가는 자를 옹호하기 위한 뜻'에서는 불요설(不了說)이 진실하고, '부정종성인(不定種性人)을 옹호하기 위한 뜻'으로는 요의설(了義說)이 진실하기 때문에, 양설이 모두 근기에 맞추어 회통된다고 한다.

②에서는, '도리'라는 논거에 의하면 요의설이 옳다고 한다. 즉, 불요설은 협소하고 요의설은 관대하여서, 협소한 뜻으로써 관대한 글을 회통하려고 하면, 글이 뜻을 손상하므로 회통하기 어렵지만, 관대한 뜻을 사용하여 협소한 글을 허용하면, 글이 뜻을 손상하지 않고 회통되기 때문에,『법화경』은 궁극적인 요의설이라는 것이다.

중요한 것은, '경전'과 '도리'라고 하는 이원적인 논리적인 근거로 각각 양설을 회통하고 있고, 그럼으로써, 비록 '전반적'으로는『법화경』이 궁극적인 요의설이라고 단정한 것은 아니지만, '부분적'으로는『법화경』이 궁극적인 요의설임을 인정하고 있다는 것이다.

생각건대, 원효가 삼승을 일승으로 화해하려는 의도를 가진『법화경』의

---

17) "皆是經論 有何不實 所以然者 爲護一向趣寂者意 則如初師所通爲實 爲護不定種姓人意 則如後師所說爲實 皆當物機 各得和通故 若就道理 判其勝負者 彼師義狹而且短 彼說佛□ (道)不遍一切故 又說二□(乘) 竟斷滅故 第二師義 寬而復長 返前短狹 其義可知 斯則以短狹義 會寬長文 文傷□(義)□(則)□(難)會 用寬長義 容狹狹文 文狹則無傷義 則易會 由是 道理 後說爲勝 是故當知 此法花經 乃是究竟了義之教也."

교판상의 지위를 요의설에 가깝게 보았다는 것은, 그가 삼승을 일승으로
화해하는 것이 부처님의 본의에 합치한다고 보았다는 의미가 된다. 그렇다
면, 이러한 점은 '궁극적인 안목을 가지고 어느 한 부분에도 치우치지
않고 제설을 회통하려는' 그의 화쟁정신과도 그 맥락이 충분히 닿아있다고
말할 수 있을 것이다.

2. 불성사상

여래장(如來藏)이란,[18] 중생이 본래부터 갖추고 있는, '여래가 될 수
있는 가능성'을 말한다. 원래, 원시불교에서부터 마음은 청정하다는 설
과[19] 마음은 객진번뇌(客塵煩惱)로 물들어 있다는 설이 있었다.[20] 이후,
'부파불교'에 들어와서는 인간의 심성에 관하여 깊이 있는 연구가 이루어진
결과, '심성본정설(心性本淨說)'과[21] '심성정부정설(心性淨不淨說)'[22]이 등
장하였다.

'대승불교'시대에 들어와서는 초기불교의 심성본정설을 계승하였고,
이 가르침을 '모든 중생'의 성불가능성에 대한 명확한 근거로 삼았다.[23]

---

18) 如來界(Tathāgata-dhātu)란 놓여진 공간이란 의미로 무엇을 넣어 두는 장소나
    공간을 가리키고, 如來藏(Tathagata-garbha)이란, 꼭 움켜쥔다는 의미로 태아를
    성장시키는 모태를 가리키며, 佛因(Buddha-hetu)이란, 부처님이 될 원인으로
    모든 존재의 근원을 가리키고, 佛性(Buddha-dhātu)이란 부처님의 마음이 존재하
    는 장소라는 의미로 중생이 부처가 될 수 있는 가능성을 말한다.

19) "諸生結永盡 意念不錯亂 以無塵垢礙 入彼舊邦土 心性極淸淨 斷魔邪惡念功德如大海
    今入彼邦土."(증일아함경, 대정장 2, 663하)

20) "心惱故衆生惱 心淨故衆生淨."(잡아함경, 대정장 2, 69하)

21) "心性淸淨 爲客塵染 凡夫未聞故 不能如實知見 亦無修心 聖人聞故 如實知見 亦有修心
    心性淸淨 離客塵垢 凡夫未聞故 不能如實知見 亦無修心 聖人聞故 能如實知見 亦有修心."
    (사리불아비담론, 대정장 28, 697중)

22) "又淨不淨等諸受差別 故心亦異 又所作差別 故心有異 又淨不淨心性各異 若心性淨 則不爲
    垢 如日光本淨終不可汚 若性不淨不可令淨 如蠅性黑不可令白."(성실론, 대정장 32,
    278중)

23) ①"佛說三乘人則無差別." (소품반야경, 대정장 8, 563하), ②"心佛及衆生 是三無差別."

이리하여 여래장사상은 이러한 일승사상의 토대 위에서 형성되고 하나의 학설로 자리를 잡게 되었다. 이와 같은 발전을 밑거름 삼아서, 대승불교에 이르러서 비로소 '여래장'이란 명칭이 등장하였고, 여래장사상이 체계화되어갔다.

인도에서 성립한 여래장사상은 동아시아로 전파되게 되는데, 중국인들은 주체적인 입장에서 그 사상을 받아들이게 된다. 중국인들은 여래장을 표현하는 용어 중에서 '불성(佛性)'이라는 단어를 주로 사용하였는데, 이 점에서 여래장사상에 '인성(人性)'과 '본체(本體)'의 의미가 포함되었다는 설도 있다.[24] 그리고, 이와 같은 불성사상은 다시 한국으로 전파되어 원효의 사상형성에 영향을 주게 된다.[25]

1) 불성의 개념

불성사상에 대해서 생각할 때, 우리에게 가장 먼저 떠오르는 문제는, '과연 불성이란 무엇인가?'일 것이다. 원효는 놀랍게도 불성의 개념을 '일심'과 관련하여 논하고 있다. 즉, 『열반종요』「불성」에서는 '불성의 본체는 무엇인가?'에 관하여 논쟁하는 미래불과설(未來佛果說), 현재중생

(화엄경, 대정장 9, 465하), ③"如來身中 悉見一切衆生發菩提心 修菩薩行成等正覺 乃至見一切衆生寂滅涅槃 亦復如是." (화엄경, 대정장 9, 627상), ④"十方佛土中 唯有一乘法 無二亦無三 除佛方便說." (법화경, 대정장 9, 8상).

24) 첫째는 佛性에 人性의 의미가 포함되었다. 佛性의 '性'은 중국의 儒家에서 말하는 人性論에서의 '性'과 관련이 있다. 여기에서, '性'은 특징이라는 의미이고, 인간의 특징은 일반사물의 특징이나 동물의 특징과는 다르다. 그리하여, 성불의 가능성을 의미하던 佛性이 인성의 의미를 첨가하여, 중국인들에게 소개되었다. 둘째는 佛性에 本體의 의미가 포함되었다. 佛性의 '性'은 중국의 道家에서는 말하는 本體論에서의 '性'과 관련이 있다. 본체론이란, 만물이 자신의 본체를 바탕으로 조화롭게 작용하는 것을 말한다. "만물은 도가 원인이 되어 생겨난다."와 "도는 자연을 성으로 삼고, 자연은 도를 체로 삼는다."라는 글에 따르면, '성'과 '체'는 연결되어 있다는 것을 알 수 있다. 그리하여, 성불의 가능성을 의미하던 佛性이 本體라는 의미를 첨가하여 중국인들에게 소개되었다. 〈김종욱, 『불교에서 보는 철학 철학에서 보는 불교』, 불교시대사, 2002, p.79〉.

25) '불성사상'의 도입부분은 다음의 논문을 주로 참고하였다. 〈金永日, 「원효의 佛性論에 담긴 生態學的 의미」, 『韓國佛敎學』 36(서울 : 韓國佛敎學會, 2004)〉.

설, 중생심성설, 신령지심설, 법이종자설, 진여해성설(眞如解性說) 등 총6설
에 대해서, 원효는 다음과 같이 회통한다.

① 다음으로 옳고 그름을 판정한다. 위의 여러분들의 말씀은 모두 맞기도
   하고 모두 맞지 않기도 하다. 그 까닭은, 불성은 그런 것도 아니요,
   그렇지 아니한 것도 아니기 때문이다. 그런 것이 아니기 때문에 여러
   분들의 주장이 모두 맞지 않고, 그렇지 않은 것도 아니기 때문에 모든
   분들의 주장이 모두 맞다. ·······.
② 그러나 불성의 본체는 바로 일심(一心)이니, 일심의 성품은 모든 치우친
   견해를 멀리 떠났다. 모든 치우친 견해를 멀리 떠났기 때문에 도무지
   해당되는 것이 없다. 해당되는 것이 없기 때문에 해당되지 않는 것이
   없다. ······ 이것을 일러 '그런 것도 아니요, 그러하지 않은 것도 아닌
   뜻'이라고 한다. 그러므로 모든 분의 주장이 다 맞지 않기도 하고,
   다 맞기도 하다.(한불전1, 538중~하)[26]

①에서 원효는, 불성이 가지고 있는 고유한 성질 때문에, 제설이 맞기도
하고 틀리기도 하다고 말하고 있다. 즉, 불성은 '그런 것도 아니요 그렇지
아니한 것도 아니다'라는 성질이 있는데, '그런 것이 아니다'라는 성질이
있기 때문에 앞에서 제시한 총6설이 모두 틀리게 되고, '그렇지 않은
것도 아니다'라는 성질이 있기 때문에 그 총6설이 모두 맞게 된다는 것이다.
②에서는, 불성의 본체가 일심이기 때문에, 제설이 맞기도 하고 틀리기
도 하다고 말하고 있다. 즉, 불성의 실체는 바로 일심(一心)이데, 이 일심의
성품은 모든 치우친 견해를 멀리 떠났다는 것이다. 그렇기 때문에, 도무지
해당되는 것이 없고 또한 해당되지 않는 것이 없다고 한다. 해당되는
것이 없기에 제설이 틀리고, 해당되지 않는 것이 없기에 제설이 옳다는

---

26) "次判是非者 此諸師說 皆是皆非 所以然者 佛性非然非不然故 以非然故 諸說悉非 非不然
   故 諸義悉是 ······ 然 佛性之體 正是一心 一心之性 遠離諸邊 遠離諸邊故 都無所當
   無所當故 無所不當 ······ 是謂非然 非不然義 所以諸說 皆非皆是."

것이다.

중요한 것은, 원효가 불성의 실체를 '일심'이라고 선언하였다는 점이다. 그럼으로 인하여, 불성은 일심이 가지고 있는 '모든 치우친 견해를 멀리 떠난다'는 성질을 가지게 되고, 그렇기 때문에 해당되는 것도 없고 해당되지 않는 것도 없게 되며, 마침내, 제설이 옳기도 하고 동시에 틀리기도 하다는 결론을 내리고 된다.

생각건대, 많은 학자들이 화쟁사상의 사상적 근거로 일심사상을 지목하고 있는데, 원효가 불성의 본체를 '일심'으로 선언하였다는 사실에서, 불성사상은 화쟁사상과 불가분의 관계에 있다는 점이 분명하다. 더구나, '도무지 해당되는 것과 해당되지 않는 것이 없다'는 표현은 '제3장 화쟁의 방법'에 등장하는 내용인 점을 감안할 때, 불성사상이 일심사상을 매개로 화쟁사상에 영향을 미치고 있다고 할 수 있다.

2) 삼세의 의미[27]

'아뢰야식'은 불교학의 이론체계상 유식사상에서뿐만 아니라 불성사상에서도 중요한 위치를 차지하고 있다. 대승불교의 여래장사상에서 제1기 『여래장경』·『승만경』·『보성론』 등에서는 아뢰야식과 교류 없이 논하였고, 제2기 『대승장엄경론』·『십지경론』·『불성론』 등에서는 아뢰야식과 관련하여 논하였으며, 제3기 『능가경』·『대승기신론』 등에서는 아뢰야식과 여래장이 같다는 생각으로 논하였던 것이다.

한편, 유식사상에서는 아뢰야식에 대해서, 지론종은 진식(眞識), 법상종은 망식(妄識), 섭론종은 화합식(和合識)이라고 한다. 이 중에서 섭론종의 견해가 『대승기신론』의 견해와 가장 비슷하다고 할 수 있다. 물론, 섭론종에서는 진망화합식인 아뢰야식에서 오염분을 대치하면 남게 되는 순정무구한 진여식을 제9아마라식이라고 하여 별도로 성립시킨 점은 『대승기신론』과 조금 다르다고 할 수 있다.

---

27) 여기에서 기술한 내용 중에 상당부분은 다음의 논문을 참고하였다. 은정희, 『기신론소·별기에 나타난 원효의 일심사상』(서울 : 고려대학교, 1982), pp.20~51.

이러한 '아뢰야식'의 이론적 구성과 관련하여, 원효의 불성사상에서 특히 주목되는 점 중의 하나는, 그가『대승기신론소』에서 '삼세(三細)'에 대한 부분을 독창적으로 이해하고 있다는 점이다. 원래,『대승기신론』에서 는 아뢰야식이 진망화합식이라고 뚜렷하게 언급하지는 않았다. 하지만, 그 주석서에서는 삼세(三細)·육추(六麤)의 지말불각(支末不覺)과 관련하여 여러 의견을 제시하고 있다.

예컨대, 혜원(慧遠)은 심진여를 제9식, 아뢰야식을 제8식, 근본불각과 업식 등을 제7식, 6추 등 집취상 이하를 6식으로 하였다. 이에 비하여, 원효는 업식(業識)·전식(轉識)·현식(現識) 등 삼세(三細)를 제8아뢰야식에 두고, 지상(智相)을 제7식에 두었으며, 상속식(相續識) 이하 사상(四相)을 6식에 두었다. 이후, 법장(法藏)은 삼세를 제8아뢰야식, 제7식을 인정하지 않고, 지상(智相) 이하를 6식에 배정하였다.

『대승기신론』에 의하면, 각(覺)이란 마음의 본체가 망념을 떠난 자성청 정한 상태이고, (대정장 32, 576중)[28] 불각(不覺)이란 각의 상태를 여실히 알지 못함으로서 망념을 가지는 상태를 말한다. (대정장 32, 577상)[29] 그런데, 원효는 이 불각의 마음이 처음으로 일어나는 단계를 설명하는 과정에서, '3식은 제8아뢰야식에 있다'고 말함으로써 제8아뢰야식이 진망 화합식이라는 점을 구체적으로 논증하였던 것이다.

여기에서, 삼세(三細) 중의 하나인 업식(業識)에 대해서 알아보면, 무명 (無明)의 힘에 의하여 불각의 마음이 일어나기 때문에 업식이라고 한다. 이 업식은 무명업상(無明業相)에 대하여 비록 움직이려는 생각이 있으나 그 작용이 매우 미세하여 주체과 객체가 분화되지 않은 상태이다. 그런데, 이는 업상(業相)이라는 점에서 아뢰야식을 나타내는 것이라고 말하는 것이다.(한불전1. 756상)

또한, 전식(轉識)이란, 업식에 의하여 점차로 능견(能見)하기 때문에

---

28) "覺義者 謂心體離念 離念相者等虛空界無所不遍 法界一相卽是如來平等法身 依此法身說 名本覺."

29) "不覺義者 謂不如實知眞如法一故 不覺心起而有其念."

전식이라고 한다. 전식은, 움직이려는 생각에 기인하여, 대상에 대해서 비록 보려고 하는 능견(能見)의 작용은 있으나 아직 대상인 소연경상(所緣境相)은 드러나지 않고 다만 밖으로 향하고 있을 뿐 경계에 의탁하지 않고 있는 상태이다. 그런데. 이는 전상(轉相)이라는 점에서 아뢰야식을 나타낸 다고 한다.(한불전1. 756중)

또한, 현식(現識)은, 보려고 하는 능견(能見)에 의하여 경계가 허망하게 보이게 되는 경계상(境界相)에 대하여 일체의 경계를 나타내는 것인데, 마치 밝은 거울이 색상(色像)을 나타내는 것과 같다고 한다. 이 경우는 현상(現相)이라는 면에서 아뢰야식을 나타낸다고 한다.(한불전1. 756하) 결국, 원효는 삼세가 아뢰야식의 위치에 있지, 제7식이나 6식 중에는 없다는 점을 역설하고 있다.

이후에, 법장(法藏)은 이러한 원효의 학설을 거의 그대로 답습하고 있다. 즉, 법장은 원효의 말을 대체로 그대로 따르면서, 업상(業相)을 아뢰야식의 자체분(自體分), 전상(轉相)을 견분(見分), 현상(現相)을 상분(相分)에 배당하고 있다. 이에 대해서 현대 일본학자인 망월(望月)은 원효와 법장이 본말불 각(本末不覺)을 혼동한 것이라고 비판하면서, 본각(本覺)과 근본불각(根本不覺)만을 아뢰야식의 자리에 둔다.[30]

그렇지만, 원효는 이미 오래전에 이러한 현대학자의 견해에 대해서 해명하는 듯한 언급을 하였다. 즉, 식상(識相)의 차별에 따라서 본말을 구분하는 점에서 본다면, 아뢰야식 중에는 다만 본각(本覺)과 근본불각(根本不覺)이 있을 뿐이다. 하지만, 식체(識體)가 둘이 아닌 점에서 본다면, 시각(始覺)과 지말불각(支末不覺)도 아뢰야식 이내의 뜻이라고 설명하였 다.(대승기신론소기회본, 한불전1, 747하~748상)

이상, 원효의 불성사상에서, '아뢰야식'의 이론상 지위와 관련하여 '삼세 가 아뢰야식에 있다'는 주장에 대해서 간략히 살펴보았다. 이제, 원효의 소위 '삼세설'이 그의 '화쟁사상'과 어떠한 관련이 있는지 생각해 보자.

---

30) 望月信亨, 『講述大乘起信論』(東京 : 金尾文淵堂, 1922), p.152.

생각건대, 비록 이론적인 차원에서는 양자의 연관성을 도출해 내는 것은 쉽지 않지만, '실천적인 차원에서' 양자는 매우 유사한 점을 띄고 있는 점을 발견할 수 있다.

즉, 유식사상에서의 아뢰야식은 만법의 근원이자 연기의 주체이기는 하지만, 어디까지나 깨달음의 정법이 될 수 없는 '잠재심'에 불과하였다. 하지만, 원효의 불성사상에서의 아뢰야식설에 이르러서는 비록 미세하기는 하지만 구체적인 작용을 제거시킴으로써 깨달음의 상태로 변화할 수 있는 구체적인 '현상심'으로 이해되게 된다. 이처럼 원효의 삼세설에는 '실천적인 차원'에서 상당히 중요한 의미가 있다.

생각해 보면, 원효의 화쟁사상에 대해서 지금까지 이론적인 차원에서만 지나친 관심을 가져온 경향이 있다. 이제는 화쟁사상의 의미를 우리가 현실적인 분열상태를 해소시키려는 실천적인 과정으로 볼 필요성이 있다. 원효가 아뢰야식을 깨달음의 상태로 변화시킬 수 있는 현실적인 마음으로 이해하려는 적극적인 태도에서, 우리의 분열된 마음을 실제로 해소하려는 화쟁정신의 씨앗을 보게 된다.

3) 『열반경』 평가

불성사상을 중점적으로 다루고 있는 대표적인 경전인 『열반경』에 대해서 원효는 어떠한 평가를 내리고 있는가? 원효는 『열반종요』 「대의(大義)」에서 다음과 같이 『열반경』을 총괄적으로 논평하고 있다.

① 이제 이 『열반경』은 불법의 큰 바다요, 대승의 비장(秘藏)이어서, 그 가르침의 깊은 뜻은 참으로 헤아려 알기 어려우니, 그것은 너무나 넓고 넓어서 끝을 알 수 없으며, 깊고 깊어서 속을 헤아릴 수 없기 때문이다. '속을 헤아릴 수 없기' 때문에 밑바닥까지 다하지 못하는 데가 없으며, '끝을 알 수 없기' 때문에 해당하지 않는 데가 없다. 그리하여, 여러 경전들의 부분을 통괄하고 온갖 물의 흐름을 바다의 일미(一味)에로 귀납시키고, 부처님의 뜻이 지극히 공평하고 바름을 열어 보이어

백가(百家)의 서로 다른 쟁론을 화회하였다.

② 시끄럽고 시끄러운 사생(四生)들로 하여금 모두 무이평등(無二平等)한 참 성품에 돌아오게 하고, 어둡고 어두운 긴 잠에서 다 함께 큰 깨달음의 극과(極果)에 이르게 한다. '극과인 큰 깨달음'이란 참 성품을 몸소 증득하였으면서도 증득하였다는 마음이 없는 것이요, '참성품이 무이평등(無二平等)'이라고 한 것은 참다움과 허망함을 혼용하여 하나가 되는 것이다. 그런데 '참 성품이 무이평등하다'고 하였으니 무엇을 다시 하나라고 내세우겠으며, 참다움과 허망함을 혼용하였으니, 무엇을 새삼 참 성품이라고 하겠는가?(한불전1, 524상~중)31)

①에서 원효는 『열반경』이 온갖 흐름을 일미(一味)로 이끌어 준다고 말하고 있다. 즉, 열반경은 여러 경전들의 부분들을 하나로 통괄하였는데, 이것은 마치 온갖 물의 흐름들을 일미로 귀납시킨 것과 같다는 것이다. 또한, 열반경은 부처님의 뜻이 지극히 공평함을 열어보여서 백가(百家)의 서로 다른 쟁론들을 훌륭하게 화회(和會)시켰다고 평가하고 있다.

②에서는 『열반경』이 무이(無二)로 돌아오게 한다고 말하고 있다. 즉, 『열반경』은 시끄럽고 시끄러운 중생들로 하여금 모두 무이하고 평등한 참다운 성품에 돌아오게 하는 경전이라고 논평한다. 또한, 열반경은 중생들이 어둡고 어두운 긴 잠에 빠져있는데, 이들을 다 함께 큰 깨달음의 지극한 열매를 맺게 하여주는 경전이라고 평가하고 있다.

중요한 것은, 위 인용문에서 원효는 『열반경』의 2가지 특징을 지적하였다는 점이다. 첫째는, 『열반경』이 모든 경전의 가르침을 '일미(一味)'로 이르게 하여, 수많은 논쟁들을 화해의 장으로 이끌게 해준다는 점이다. 둘째는, 중생이 무이(無二)하고 모두가 평등한 참다운 성품으로 돌아와서

---

31) "今是經者 斯乃佛法之大海 方等之秘藏 其爲敎也 難可測量 良由廣蕩無崖甚深無底 以無底故無所不窮 以無 崖故無所不該 統衆典之部分 歸萬流之一味 開佛意之至公 和百家之異諍 遂使擾擾四生 僉歸無二之實性 夢夢長睡 並到大覺之極果 極果之大覺也 體實性而忘心 實性之無二也 混眞忘而爲一 旣無二也何得有一 眞忘混也孰爲其實."

어두운 긴 잠에서 큰 깨달음에 이르게 해주는 가르침을 담고 있다고 말한 점이다.

생각건대, 열반경의 '일미성(一味性)'이라고 함은, 열반경이 부처님께서 열반을 앞두고 하신 말씀이라는 데에서 그 연유를 찾을 수 있을 것 같다. 부처님께서 성도하신 이래 이러저러한 인연으로 말미암아 이러저러한 방편으로 많은 가르침을 주셨다. 그리하여 여러 가르침들이 서로 모순되어 보이는 것 같지만, 사실은 모두 인연에 따른 방편일 뿐이고 어디까지나 부처님의 가르침은 일미라는 것이다.

또한, 열반경의 '무이성(無二性)'이라는 것도 같은 차원에서 이해할 수 있다. 부처님께서 여러 인연으로 말미암아 여러 방편으로 주신 가르침의 핵심은 두말할 필요도 없이 '진리[法]'일 것이고, 그 진리의 본성은 무이일 것이다. 그런데, 방편과 진실을 구별하지 못하고 여전히 헤메고 있는 중생들에게 부처님께서 그 진리의 참모습[無二]을 재천명하고 있는 경전이 바로 열반경이라고 할 수 있다.

이러한 성격을 가진 열반경이 원효의 화쟁사상에 준 영향은 실로 크다고 할 수 있다. 서로 다른 주장들에 대해서 그 가르침들이 겉으로는 서로 모순되어 보이지만 사실은 그럴만한 인연이 있어서 부처님의 말씀을 서로 다르게 이해하였을 뿐이라고 일러주는 모습에서, 또한 그 이유를 설명하는 과정에서 진리의 본래 성품을 깨우쳐주는 모습에서, 우리는 열반경과 화쟁사상의 공통점을 볼 수 있다.

실제로, 불성사상에 관한 중심경전이라고 할 수 있는 『열반경』이 원효의 화쟁사상에 심대한 영향을 미치고 있다는 점은, 오늘날 남아있는 화쟁사례의 목록만 잠시 살펴보아도 쉽게 알 수 있다. 오늘날 남아있는 총67개의 화쟁사례 중에서, 원효가 열반경을 해설한 『열반종요』에서만 가장 많은 총20개의 사례가 등장한다. 그리고 이들은 대부분 대형사례에 해당하고 있다.

제3절 일승만교(一乘滿教)

화쟁사상을 연구한 많은 학자들은 원효의 화쟁사상에 가장 큰 영향을 미친 사상으로 원효의 '일심사상(一心思想)'을 들고 있다. 이 점은 원효가 화쟁사례에서 실제로 회통의 근거로 '일심'을 직접 활용하고 있는 것만 보아도 쉽게 인정할 수 있는 점이다.[32] 아래에서는 원효의 '일심사상'이 그의 화쟁사상의 성립에 끼친 영향에 대해서 살펴보고자 한다.

또한, 원효는 '보법(普法)'이라는 기준으로 일승을 분교(分敎)와 만교(滿敎)로 구분하고, '일승만교(一乘滿敎)'의 대표적인 사상으로 화엄사상을 들고 있다. (『화엄경문의요결문답』 4, 한불전2, 385중) 그리고 이러한 화엄사상을 기반으로 그의 화쟁사상이 등장하였다고 주장하는 학자들도 실제로 있다. 아래에서는 그의 화엄사상이 그의 화쟁사상의 성립에 끼친 영향에 대해서도 함께 살펴보고자 한다.

1. 일심사상

원효가 말하는 일심사상은, 『대승기신론』에 등장하는 '일심이문(一心二門)'이라는 구조에서 연원하고 있다. 널리 알려진 바와 같이, 일심(一心)에는 진여문(眞如門)과 생멸문(生滅門)이 있다. 우리들이 가지고 있는 일심 안에 영원히 변하지 않는 세계와 생성과 소멸이 반복되어 변화무쌍한 세계가 함께 공존한다는 것이다. 원효는 이러한 아이디어를 체득하고 관련된 많은 저술을 남겼다.

여기에서는 원효가 자신의 일반저서에서 '일심사상'으로 언급한 것들 중에서 '화쟁사상'과 관련된 것만을 선별하여 살펴보고자 한다. 원효는 『대승기신론소』, 『금강삼매경론』 등에서 자신이 이해하고 있는 일심사상에 대해서 기술하였는데, 필자는 이들을 편의상 일심의 전체성, 일심의

---

32) 직접 '一心'을 근거로 하여 회통하는 경우는 사례18·20·23·29가 해당한다.

절대성, 일심의 포괄성로 구분해서 관련된 내용을 서술하려고 한다.

1) 일심의 전체성

'일심(一心)이란 무엇을 말하는가?' 일심의 개념을 파악하기 위해서는, 일차적으로 일심이 가리키는 대상이 구체적으로 무엇을 말하는지 살펴볼 필요가 있다. 원효는 일심에 대해서 설명하고 있는데, 유형별로 구분해 보면 크게 2가지 그룹으로 나눌 수 있다. 즉, '일심은 공간적인 측면에서 제법의 근원이다'라고 말하기도 하고, '일심은 시간적인 측면에서 제법의 근원이다'라고 말하기도 한다.

먼저, 일심을 '공간적인 측면에서 제법의 근원이다'고 밝히는 몇 개의 문장을 들어 본다. 첫째, 원효는 『대승기신론소』에서, "티끌의 통상을 완전히 파악하므로 이름하여 심왕(心王)이라고 하는데, 그것은 본래의 일심이 모든 법의 기본적인 원천이기 때문이다"고 하였다.(한불전1, 750하)[33] 여기에서, 일심이 심왕으로서, 모든 존재의 기본적인 원천이라는 점을 지적하고 있다.

둘째, 『금강삼매경론』「무상법품(無相法品)」에서, "이와 같이 일심은 통틀어 일체의 염정제법(染淨諸法)이 의지하는 바가 되기 때문에 곧 제법의 근본인 것이다"고 하였다.(한불전1, 615하)[34] 여기에서, 원효는 염법이나 정법이나 할 것 없이 모든 존재는 일심에 의지하고 있다는 점과, 그러기에 일심은 모든 존재의 근본이 된다고 말하고 있는 것을 볼 수 있다.

셋째, 『대승기신론소』에서, 원효는 말하기를, "일체의 경계가 끝이 있는 것도 아니나 끝이 없는 것도 아닌 것이다. 왜냐하면, 일체의 경계가 일심에서 벗어나는 것이 아니기 때문이다"고 하였다.(한불전1, 779상)[35] 여기에서 원효는 모든 존재는 공간적으로 무한한 것도 아니고 유한한 것도 아닌데, 그 이유는 일체의 경계가 일심에서 벗어나지 않기 때문이라고

---

33) "了塵通相 說名心王 由其本一心是諸法之總源故也."
34) "如是一心 通爲一切染淨諸法之所依止故故 卽是諸法根本."
35) "謂一切境界 雖非有邊 而非無邊 不出一心故."

말하고 있다.

넷째, 『대승기신론소』에서, 원효는 말하기를, "대승(大乘)의 법에는 오직 일심만이 있으니, 일심 이외에 다른 법이 존재하는 것은 아니다"고 하였다. (한불전1, 735하)[36] 여기에서 원효는 대승불교에서 말하는 모든 존재는 바로 일심만을 말한다고 하고 있는데, 이 언급을 통해서 우리는 의미상 제법이 일심에 의지하고 있다는 것을 추리할 수 있다.

다음, '시간적인 측면에서 일심은 제법의 근원이다'는 점을 밝히는 몇 개의 문장을 들어볼 수 있다. 첫째, 『대승기신론소』에서, "사상(四相)은 함께 있는 것이고 마음이 이루어 놓은 것이어서 일심을 떠난 외에 다른 스스로의 본체가 있는 것이 아니다"고 하였다.(한불전1, 752하)[37] 이것으로 보아 시간적인 의미를 가진 사상이라는 것도 단지 일심뿐이라고 말하는 것을 볼 수 있다.

둘째, 『대승기신론소』에서, "일심이 유전하여 사상(四相)의 차별이 생긴다"고 하였다.(한불전1, 735하)[38] 이것은 바로 위 문장과 같은 내용을 조금 다른 각도에서 말한 것이라고 할 수 있다. 즉, 사상이라는 것도 일심에 따라서 갖가지 차별 변화상이 생기는 것이지, 일심을 떠나서 스스로 변화하는 것이 아니라는 것을 거듭 밝혀 놓은 것이다.

셋째, 『대승기신론별기』에서도 원효는 "이런 까닭에 사상(四相)이 오직 이 일심뿐이고 불각(不覺)은 곧 같은 것이다"고 하였다.(한불전1, 753상)[39] 위에서 일심에 따라서 사상이 차별 변화상을 보여준다고 하였는데, 여기에서는 그 구체적인 내용 중의 하나로 불각을 거명하고 있다.

이상, 원효의 언급들을 종합해 보면, 일심은 모든 존재를 인식하는 심왕(心王)이라고 할 수 있다. 그리고 이 일심에 의지하여 공간적으로 염법과 정법의 모든 존재가 비로소 제 기능을 다할 수 있게 된다고 한다.

---

36) "大乘法唯有一心 一心之外更無別法."
37) "四相俱有爲心所成 離一心外無別自體."
38) "一心動轉四相差別."
39) "由是義故 四相唯是一心 不覺卽同本覺."

또한, 이 일심에 의지하여 시간적으로 생주이멸(生住異滅)의 사상(四相)도 비로소 가능하다고 말하고 있다. 요컨대, 어느 일부가 아니라 전체적으로 모든 존재가 일심에 의지하고 있다는 것이다.

그렇다면, 이와 같은 일심의 전체성이 그의 화쟁사상과는 어떠한 관련이 있을까? 생각건대, 화쟁사상에서 논하는 대상은 대부분 불교의 '진리'와 연관을 맺고 있다고 할 수 있다. 그리고 그 '진리'는 시간적·공간적으로 모든 존재에 적용된다고 할 수 있다. 거기에는 어떠한 제한도 없다는 것을 우리는 알고 있다. 바로 이 지점에서 우리는 일심사상과 화쟁사상이 만나는 것을 알 수 있다.

2) 일심의 절대성

위에서 일심은 부분이 아니라 전체를 나타낸다는 일심의 전체성에 대해서 살펴보았다. 그런데, 원효의 저서를 읽다보면, 일심에 대해서 또 다른 방향으로 설명하고 있는 것을 보게 된다. 예컨대, 원효는 『무량수경종요』「대의(大意)」에서, 중생심 혹은 일심은 '예토와 정토', '생사와 열반'과 같은 상대적인 모습을 벗어났다고 서술하고 있다.

① 대저, 중생의 심성이 원융하게 통하여 막힘이 없어 크기는 허공과 같고 맑기는 큰 바다와 같다. 허공과 같으므로 그 본체가 평등하여 차별상을 얻을 수 없거늘, 어찌 깨끗한 세계, 더러운 곳이 있겠으며, 큰 바다와 같으므로 그 성품이 윤택하고 미끄러워 인연을 따르고 거스르지 않거늘, 어찌 때를 따라 움직이고 고요함이 없으랴.
② 혹 번뇌 망상의 흙먼지로 말미암아 오탁악세(五濁惡世)에 떨어져 끝없이 구르고, 고해의 물결에 빠져 길이 흐르며, 혹 선근을 심어 사류(四流)의 번뇌를 끊어 다시는 돌아오지 않고 열반의 저 세계에 이르러 길이 적멸하나니, 이런 거동과 적정은 다 하나의 큰 꿈이다. 그러나 깨달음의 경계로 말하면, 이 세계도 없고 저 세계도 없으며 예토와 정토가 본래 일심일 따름이니, 생사와 열반이 마침내 이제(二際)가 아니다.(한불전1,

①에서 원효는, 중생심을 허공과 큰 바다로 비유하여 그 진실한 모습을 설명하고 있다. 즉, 중생심은 크기가 허공과 같고 맑기가 큰 바다와 같다고 전제한다. 그리하여 중생심은 허공과 같아서 깨끗하고 더러운 곳이 없이 평등하고 차별상이 없으며, 또한 중생심은 큰 바다와 같아서 때를 따라 움직이고 고요함을 반복하여 인연을 따라 변화한다고 한다.

②에서는, 그러한 모습을 깨닫지 못한 범부의 시각과 깨달은 성인의 시각에서 논한다. 범부의 시각으로 보면, 오탁악세에 빠져서 생사의 고해에서 허우적거리거나, 선근을 심어서 열반의 피안에서 편안한 것과 같은 차별상이 보이는데, 이들은 모두 다 꿈이라고 한다. 또한, 성인의 시각으로 보면, 이 세계도 저 세계도 없고, 예토와 정토가 본래 일심이어서, 생사와 열반이 다르지 않다고 한다.

중요한 것은, 일심은 '예토와 정토', '생사와 열반' 이러한 상대적인 개념을 벗어나 있다는 것이다. 중생심은 허공이나 큰 바다와 같아서 평등하고 윤활한데, 평등하기 때문에 예토와 정토가 있고, 윤활하기 때문에 생사와 열반이 있다. 어리석은 범부의 눈에는 '예토와 정토', '생사와 열반' 모두 각각 다른 모습이지만, 깨달은 성인의 눈에는 이들이 모두 다르지 않으니 일심으로 보기 때문이라는 것이다.

또한, 원효는 『열반종요』 「회통문(會通門)」에서, 일심의 성품은 원인과 결과와 같은 상대적인 개념을 벗어났다고 말한다.

> 만일, 마음이 원인에 있는 것이라면, 결과에 있는 것을 지을 수 없을 것이요, 결과에 있는 것이라면 원인에 있는 것을 지을 수 없을 것이다.

---

40) "然夫 衆生心性 融通無礙 泰若虛空 湛猶巨海 若虛空故 其體平等 無別相而可得 何有淨穢
之處 猶巨海故 其性潤滑 能隨緣而不逆 豈無動靜之時 爾乃 或因塵風 淪五濁而隨轉 沈苦浪
而長流 或承善根 截四流而不還 至彼岸而永寂 若斯動寂 皆是大夢. 以覺言之 無此無彼
穢土淨國 本來一心 生死涅槃 終無二際."

그런데 일심은 원인에 있는 것도 결과에 있는 것도 아니기에, 원인에 있는 것을 짓기도 하고 결과에 있는 것이 되기도 하며, 또, 원인의 원인을 짓기도 하고 결과의 결과가 되기도 한다. 그러기에 불성이란 것에는 원인도 있고 원인의 원인도 있으며, 결과도 있고 결과의 결과도 있다.(한불전1, 545하)[41]

이 글에서, 원효는 일심은 원인에 있는 것도 결과에 있는 것도 아니라고 선언한다. 즉, 마음이 원인에 있는 것이라면 결과에 있는 것을 지을 수 없고, 결과에 있는 것이라면 원인에 있는 것을 지을 수 없다. 하지만, 일심은 원인에 있는 것도 결과에 있는 것도 아니기에, 원인에 있는 것을 짓기도 하고 결과에 있는 것을 짓기도 한다. 게다가, 원인의 원인도 있기도 하고 결과의 결과를 짓기도 한다고 말한다.

중요한 것은, 원효가 일심의 본체는 원인에 있는 것도 아니고 결과에 있는 것도 아니라고 말하였다는 것이다. 이 말을 통해서, 우리는 일심은 원인과 결과라는 상대적인 개념을 초월하고 있다는 것을 알게 된다.

이상, 일심의 절대성을 묘사하는 글들을 간단하게 살펴보았다. 『무량수경종요』에서는 일심이 '예토와 정토', '생사와 열반'과 같은 상대적인 모습을 벗어나있다고 하였으며, 『열반종요』에서는 '원인과 결과'와 같은 상대적인 모습을 벗어나있다고 하였다. 더 이상의 예문을 제시하지 않았지만, 이것만으로도 원효가 일심이 상대적인 모습을 벗어나 절대적인 모습을 가지고 있다는 것을 알 수 있다.

그렇다면, 일심의 절대성은 화쟁사상과 어떠한 연관이 있을까? 생각건대, 원효의 화쟁사상은 '제3장 화쟁의 방법'의 '자재의 논리'에서 논의한 긍정과 부정, 있음과 없음, 동일과 상이, 등과 같은 상대적이고 극단적인 견해들을 벗어나는 것이라고 할 수 있다. 상대적인 모습을 벗어나 절대적인 진리를 설명하며 화쟁하는 원효의 이면에 '일심의 절대성'에 대한 생각이

---

41) "若心是因 不能作果 如其是果 不能作因 良由一心 非因非果 故得作因 亦能爲果 亦作因因 及爲果果 故言佛性者 有因 有因因 有果 有果果."

자리하고 있음을 추정할 수 있다.

3) 일심의 포괄성

위에서 일심의 전체성과 절대성에 대해서 살펴보았다. 그런데, 원효의 저서를 읽노라면, 그가 일심에 대해서 또 다른 방향으로 일심을 설명하고 있는 것을 보게 된다. 예컨대,『금강삼매경론』「여래장품(如來藏品)」에서 원효는 일심이 생동(生動)과 적멸(寂滅)을 포괄하고 있다고 말하고 있다.

> 합해서 말하면 발생은 곧 소멸이나 소멸을 지키지는 않고, 소멸이 곧 발생이 되나 발생에 머무르지는 않는다. 발생과 소멸은 둘이 아니고 거동과 적정에는 구별이 없다. 이와 같은 것을 일러 일심의 법(法)이라고 한다. 비록 실제로는 둘이 아니나 하나를 지키지는 않고 본체를 들어 인연을 따라서 생동하고 본체를 들어 인연을 따라 적멸하게 된다. 이와 같은 도리로 생동이 적멸이고 적멸이 생동이며, 장애가 없고 하나도 아니고 다른 것도 아니다.(한불전1, 659상)[42]

이 글에서, 원효는 일심이 변화하여 생동하는 측면과 고요하여 적멸한 측면을 모두 포괄하고 있다고 말하고 있다. 그러니까, '생동'하는 측면을 발생과 거동이라고 표현하고, '적멸'하는 측면은 소멸과 적정이라고 표현하는데, 본체를 들어 인연을 따라서 생동하고 본체를 들어 인연을 따라 적멸한다. 그렇기 때문에 생동이 바로 적멸이고 적멸이 바로 생동이 되는데, 이것이 바로 일심의 법(法)이라는 것이다.

중요한 것은, 여기에서 말하는 생동과 적멸이라는 말이『대승기신론』에서 말하는 생멸문과 진여문이라는 이문과 매우 닮았다는 것이다.『대승기신론』에서는 일심에 생멸문과 진여문이 있다고 하였는데, 여기『금강삼매

---

42) "合而言之 生卽寂滅 而不守滅 滅卽爲生 而不住生 生滅不二 動寂無別 如是名爲一心之法 雖實不二 而不守一 擧體隨緣生動 擧體隨緣寂滅 由是道理 生是寂滅 寂滅是生 無障無㝵 不一不異."

경론』에서는 일심법에 생동과 적멸이 있다고 말하는 것이다. 특히, "본체를 들어 인연을 따라서 생동하고, 본체를 들어 인연을 따라 적멸하게 된다"는 말에서 서로 같은 의미임을 느끼게 된다.

또한, 원효는 『금강삼매경론』「총지품(摠持品)」에서, 일심의 성품에 대해서 말하기를, '일심은 본성[性]과 형상[相]을 포괄하고 있다'고 서술한다.

'있음도 공(空)하여 있지 않다'는 것은 거듭 형상을 떠남을 이루니, 팔식유상(八識有相)의 법(法)은 공(空)하여 있는 바가 없기 때문이다. '없음도 공(空)하여 있지 않다'는 것은 거듭 본성을 떠남을 이루니, 구식무상(九識無相)의 본성은 공(空)하여 있는 바가 없기 때문이다. 일심은 이와 같이 형상을 떠나고 본성을 떠난다.(한불전1, 670하)[43]

이 글에서, 원효는 일심이 형상과 본성을 떠난다고 말하고 있다. 즉, 원효는 『금강삼매경』의 말을 해석하기를, '있음도 공하여 있지 않다'는 말은 형상이 있는 존재가 공적하여 실제로는 존재하지 않는다고 해석하고, '없음도 공하여 있지 아니하다'는 말은 형상이 없는 본성이 공적하여 실제로는 존재하지 않는다고 해석한다. 그리하여 일심은 형상과 본성을 벗어났다는 결론을 내리고 있다.

중요한 것은, 원효가 이 글에서 일심의 중요한 성질 중의 하나로서 형상과 본성을 초월하였다는 점을 언급하였다는 점이다. 위의 「여래장품」에서는 일심이 생동과 적멸을 말한다고 하였는데, 여기 「총지품」에서는 일심이 형상과 본성을 떠난다고 말하고 있다. 아마도 이러한 표현들은 『대승기신론』에서 말하는 일심에 생멸문과 진여문이 있다는 말을 약간 다르게 표현한 것일 것이다.

한편, 위의 인용문과 관련해서 추가로 언급할 것이 하나 있다. 그것은 원효가 '(갑)의 성품이 본성과 형상을 초월하였다'는 취지의 글을 자신의

---

43) "有空無有者 重成離相 八識有相之法 空無所有故 無空無有者 重成離性 九識無相之性 空無所有故 一心如是 離相離性."

저서 도처에서 말하고 있다는 점이다. 여기에서 (갑)에 해당하는 말이 겉으로 봐서는 '일심'과는 다른 문구를 사용하고 있기는 하지만, 만약 '일심'의 의미를 '진리'라고 넓게 해석하면 모두 그 의미가 통하는 말들이다.

첫째, 『아미타경소』「대의」에서, "무릇 중생심의 마음 됨은, 형상을 여의고 본성을 여의어서 바다와 허공과 같다. 허공과 같으므로 형상이 원융하지 않음이 없으니 어찌 동서의 처소가 있으며, 바다와 같으므로 본성이 고수할 것이 없거니 어찌 동정(動靜)의 시간이 없으랴!"고 하였다. (한불전1, 562하)44) 여기에서 원효는 '중생심'이 본성과 형상을 여의었다고 묘사하고 있다.

둘째, 『열반종요』「사덕문(四德門)」에서, "보신불의 공덕은 형상과 본성을 떠나있다. 형상을 떠났기에 생멸하는 모양을 벗어나고, 마침내는 적정하여 지음이 없다. 그러기에 상주라고 말한다. 본성을 떠났기에 상주의 성품을 벗어나 가장 활발히 움직이고 짓지 못하는 것이 없다. 그러기에 무상이라고 말한다"고 하였다.(한불전1, 537중)45) 여기에서 '보신불의 공덕'은 본성과 형상을 초월하였다고 한다.

셋째, 『열반종요』「체상문(體相門)」에서, "대열반은 형상도 본성도 초월하였으니, 공도 불공도 아니고, 아도 무아도 아니다. 무슨 까닭에 공이 아니라고 하는가? 무성(無性)을 초월하였기 때문이다. 무슨 까닭에 불공이 아닌가? 유성(有性)을 초월하였기 때문이다. 또, 유상(有相)도 초월하였기에 아가 아니라고 말하고, 무상(無相)도 초월하였기에 무아가 아니라고 말한다"고 하였다.(한불전1, 529상~중)46) 여기에서 원효는 '대열반'은 본성의 유무와 형상의 유무를 초월하였다고 한다.

이상, 일심의 포괄성을 묘사하는 글들을 간단하게 살펴보았다. 『금강삼

---

44) "夫衆生心之爲心也 離相離性 如海如空 如空之故 無相不融 何有東西之處 如海之故 無性 是守 豈無動靜之時."

45) "報佛功德 離相離性 以離相故 離生滅相 究竟寂靜 無作無爲 故說常住 以離性故 離常住性 最極喧動 無所不爲 故說無常."

46) "大涅槃 離相離性 非空非不空 非我非無我 何故非空 離無性故 何非不空 離有性故 又離有 相 故說非我 離無相故 說非無我."

매경론』「여래장품」에서는 일심이 생동과 적멸을 포괄하고 있다고 하였고, 「총지품」 등에서는 일심(중생심, 보신불의 공덕, 대열반 등)이 본성과 형상을 포괄한다는 취지로 말하였다. 이처럼 '일심에 진여문과 생멸문이 있다'는 취지의 말은, 일심에 현상과 본체를 아우르는 포괄적인 성질을 가진다는 것으로 볼 수 있다.

그렇다면, 일심의 포괄성은 화쟁사상과 어떠한 연관이 있을까? 생각건대, 원효의 화쟁사상은, '제3장 화쟁의 방법'의 '언어의 초월'에서 본 바와 같이, 진리를 표현하는 언어는 '있다', '없다', '있고 없다', '있지도 않고 없지도 않다'와 같은 4구를 포괄하는 방법을 사용한다는 점을 상기할 필요가 있다. 4구를 포괄하는 언어로 제설을 화쟁하는 원효의 이면에서 우리는 '일심의 포괄성'이란 생각을 발견하게 된다.

2. 화엄사상

화쟁사상의 연원으로 화엄사상을 지목한 전호련(해주)는 화쟁의 성립근거로 일단 '일심사상'을 들고, 원효의 일심관이 진망화합의 여래장심에 머물지 않고 다시 여래성기의 화엄일심으로까지 발전하였다고 보고 있다.[47] 필자는 일심사상과 관련을 지어가며 화엄사상을 논한 선행연구에 깊이 공감한다. 다만 모든 경우에 반드시 '일심사상'을 중간 매개로 할 필요까지는 없다는 생각을 가지고 있다.

아래에서는, 이러한 생각을 가지고, 원효의 화쟁사상과 관련하여 그의 화엄사상을 검토해 보고자 한다. 먼저 원효의 화엄사상의 특징인 보법(普法)의 개념과 관련된 내용에서 그의 화쟁사상과 관련된 부분에 대해서 살펴본다. 다음 원효의 화엄사상과 관련된 저서 중에서 『화엄경소』와 『기신론소』에 드러난 원효의 사상에서 각각 화쟁사상과 연관된 부분을 찾아본다.

---

47) 全好蓮, 「원효의 화쟁과 화엄사상」, 『한국불교학』 24(한국불교학회, 1998), p.163.

1) 보법의 개념

본장의 처음에 원효는 '보법'을 기준으로 일승분교와 일승만교를 구별하였다고 하였다. 그리고 어떤 학자는 원효의 화엄사상을 '보법화엄사상(普法華嚴思想)'이라고 하여 보법을 강조하기도 한다.[48] 이러한 점들은 모두 그만큼 원효의 화엄사상에 있어서 '보법'이 중요하다는 의미일 것이다. 여기에서는 먼저, 표원이 『화엄경문의요결문답』에서 인용한 원효의 언급 중에서 보법의 개념과 관련된 부분을 본다.

> (보법이란) 일체법이 상입(相入)하고 상시(相是)하는 것을 이른다. 상입이라고 하는 것은, 효공이 이르되, 모든 세계가 한 먼지에 들어가고 한 먼지가 일체세계에 들어가며, 삼세 모든 겁이 한 찰나에 들어가고 한 찰나가 삼세 모든 겁에 들어가는 것을 말한다. 대소(大少)·촉사(促奢)와 같이 다른 일체문의 상입 또한 그러하니, 다른 일체문에서 상입을 말하는 것도 그러하며, 상시 또한 같을 말을 할 수 있다. 일체법과 일체문에 있어서 일(一)은 일체(一切)요 일체(一切)는 일(一)이니, 이렇게 광탕(廣蕩)한 것을 일러 보법(普法)이라고 한다.(한불전2, 366상)[49]

이 글에서, 원효는 보법의 의미를 시간적인 측면과 공간적인 측면으로 나누어서 정의하고 있다. 즉, 일체법이 공간적으로 큰 것과 작은 것에 어떠한 걸림이 없고, 시간적으로 빠른 것과 더딘 것에 어떠한 장애도 없어서, 그 결과 공간적으로 모든 세계가 한 먼지에 들어가고 한 먼지가 모든 세계에 들어가며, 시간적으로 삼세가 한 순간에 들어가고 한 순간이 삼세에 들어가는 것을 보법이라고 한다는 것이다.

---

48) 석길암, 『원효의 普法華嚴思想 研究』(서울 : 동국대학교 박사학위논문, 2003), pp.102~116.

49) "謂一切法相入相是 言相入者 曉云 謂一切世界 入一微塵 一微塵入一切世界 三世諸劫 入一剎那 一剎那入三世 謂劫 如譬大少促相入 餘一切門 相入亦爾 如說相是亦爾 謂一切法 及一切門 一是一切 是一如是廣蕩 名爲普法."

중요한 것은, 보법의 개념이라는 것이, 우리가 상식으로 쉽게 납득될 수 있는 그러한 것이 아니라는 점이다. '공간적으로 모든 세계가 한 먼지에 들어가고 한 먼지가 모든 세계에 들어가며, 시간적으로 삼세가 한 순간에 들어가고 한 순간이 삼세에 들어가는 것' 이것을 우리들이 과연 상상할 수 있는가? 원효가 진정으로 하고자 하는 말이 무엇인지 좀 더 지켜볼 필요가 있다.

　원효는 위 인용문에 이어서 이러한 '보법'이 어떠한 이유 때문에 나타나는 것인지 그 원인을 10가지 들고 있다.[50] 하나같이 의미심장한 것이지만, 여기에서는 자세한 내용은 생략하고 대표적으로 한가지 이유만을 살펴보자. 원효는 여섯째 원인으로, '지극히 큰 것과 지극히 작은 것은 같은 양이기 때문이다'라고 하였는데, 이 점에 대해서 다음과 같이 풀이해 주고 있다.

　　지극히 큰 것은 밖이 없는 것을 말하는 것이니, 밖이 있다면 지극히 큰 것일 수 없기 때문이다. 지극히 작은 것 또한 안이 없는 것이니, 안이 있다면 지극히 작은 것일 수 없기 때문이다. 밖이 없이 크다는 것은 큰 허공을 말하는 것이요, 안이 없이 작다는 것은 작은 먼지를 말하는 것이다. 밖이 없으므로 안도 또한 없는 것이니 안과 밖은 반드시 상대적이기 때문이다. 따라서 지극히 작은 것은 지극히 큰 것과 같게 된다. 큰 허공은 밖이 없으므로 안도 또한 없다. 따라서 지극히 큰 것은 지극히 작은 것과 같게 된다. 그러므로 '지극히 큰 것은 작은 형상을 담고 있다'라고 하는 것이다. 만일 이렇게 큰 것과 작은 것이 같은 양임을 안다면 모든 큰 것과 작은 것에 걸림이 없으리니, 이것이 불가사의한 해탈이다.(한불전2, 367상~중)[51]

<hr>

50) 『화엄경문의요결문답』(한불전2, 366중).

51) "言至大者 所謂無外 其外 非至大故 至小亦爾 所謂無內 設有內者 非至小故 無外之大 所謂大虛 無內之小 所謂鄰虛 無內故亦無外 外與內 必相待故 是卽至小 齊於至大 大虛無外 故 亦無內 是卽至大同於至小 故云至大有小相也 若能知如是大少同量 卽於一切大小 皆得 無所障礙 卽是不可思識解脫 故言因是初發心也."

이 글에서, 원효는 '지극히 큰 것과 지극히 작은 것은 같다'는 것을 매우 논리적으로 설명하고 있다. 즉, 지극히 큰 것은 밖이 없고, 지극히 작은 것은 안이 없다고 전제한다. 그런데 안과 밖은 반드시 상대적이기 때문에, 밖이 없는 것은 안도 없고, 안이 없는 것은 밖도 없다고 한다. 따라서 지극히 큰 것은 지극히 작은 것과 같고, 지극히 작은 것은 지극히 큰 것과 같다고 말하고 있다.

이러한 원효의 설명은 언뜻 들으면 궤변처럼 들리기도 하지만, 마음을 가다듬고 들으면 전혀 그렇지 않다. '안과 밖은 반드시 상대적[의존적]이다.' 이 말을 연기법과 관련하여 생각해 보면, 원효의 설명에 수긍하게 된다. 그리고 위에서 말한, '모든 세계가 한 먼지에 들어가고 한 먼지가 모든 세계에 들어간다. 또한, 삼세가 한 순간에 들어가고 한 순간이 삼세에 들어간다'는 말이 무슨 말인지 이해하게 된다.

그렇다면, 이와 같은 '보법의 개념'과 화쟁사상과는 어떠한 관계에 있을까? 생각건대, 이러한 보법의 개념은 위에서 말한 '일심의 전체성'과 매우 흡사하다고 할 수 있다. 위에서 '일심이란 제법의 근원이다'라는 의미를 '공간적인 측면'과 '시간적인 측면'에서 표현하였는데, 거기에 등장하는 문장들을 음미해 보면 여기에서 말하고자 하는 취지와 거의 같다는 것을 알 수 있다. 그렇다면, 보법의 의미와 화쟁사상과의 관계에 대해서도 거기에서 한 말과 같은 말을 할 수 있을 것이다.

2)『화엄경소』

원효는『화엄경』과 관련된 여러 저서를 지었으나, 현재『화엄경소』만이 남아있다.[52] 이『화엄경소』의 내용을 통해서, 여기에서는 그의 화쟁사상의

---

52) 원효의 화엄관계 전적으로는『화엄경소』8권·『華嚴經宗要』1권·『入法界品鈔』2권· 『華嚴綱目』1권·『普法記』1권·『一道章』1권·『大乘觀行』1권 등 7부 15권이 있다고 알려져 있는데, 이 중에서 현존하는 것은『화엄경소』의 일부인「序分」과「光明覺品」 만이 있다. 한편,『三國遺事』에 따르면,『화엄경소』는 제4「十廻向品」까지만 주석한 미완성본인데,『新編諸宗敎藏總錄』에 의하면,『화엄경소』는 원래 8원이었는데 제5권을 둘로 나누고『華嚴宗要』를 합해서 10권으로 되었다고 한다. 〈高榮燮,

뿌리를 발견해 본다. 먼저, 『화엄경소』「서문」에 원효는 화엄의 세계인 '법계법문(法界法門)의 모습'을 다음과 같이 묘사하고 있다.

　　대저, 무장무애(無障無礙)한 법계의 법문을 살피면, 법이 아니면서 법이 아님이 없고, 문이 아니면서 문이 아님이 없다. 이래서, 진리는 크지도 않고 작지도 않으며, 빠르지도 않고 느리지도 않으며, 움직이는 것도 아니고 고요한 것도 아니며, 하나인 것도 아니고 여럿인 것도 아니다. 큰 것이 아닌 까닭에 지극히 작은 것으로 만들어도 남김이 없고, 작은 것이 아닌 까닭에 커다란 허공으로 되더라도 남음이 있다. 빠르지 않은 까닭에 삼겁을 안을 수 있으며, 느리지 않은 까닭에 전체를 들어서 한 순간에 밀어 넣는다. 움직임도 고요함도 아닌 까닭에 생사가 열반이 되고 열반이 생사가 되며, 하나도 여럿도 아닌 까닭에 일법(一法)이 바로 일체법(一切法)이고 일체법이 바로 일법이다.(한불전1, 495상)[53]

이 글에서, 원효는 화엄의 세계를 '상대성을 초월'한 세계로 묘사하고 있다. 즉, 법계법문(法界法門)의 모습은 크고 작음, 빠르고 느림, 움직이고 고요함, 부분과 전체라고 하는 상대성을 모두 초월해 있다고 한다. 그리하여, 미진과 허공, 삼겁과 찰라, 생사와 열반, 일법과 일체법을 허용한다고 한다. 이처럼, 원효는 시비가 일어날 수 있는 상대적인 경계를 초월한 세계를 무장무애한 법계로 파악하고 있다.[54]
　　위의 『화엄경문의요결문답』에서의 인용문과 차이가 있다면, 거기에서

　　「원효의 화엄학 : 廣嚴과 普法의 긴장과 탄력」,『元曉學硏究』5(元曉學會 元曉學硏究院, 2000), pp.391~393.〉

53) "原夫 無障無碍法界法門者 無法而無不法 非門而無不門也 爾乃 非大非小 非促非奢 不動不靜 不一不多 由非大故 作極微而無遺 以非小故 爲大虛而有餘 非促之故 能含三世劫波 非奢之故擧體入一刹 不動不靜故 生死爲涅槃 涅槃爲生死 不一不多故 一法是一切法 一切法是一法."

54) 權坦俊,「원효의 화엄사상에 나타난 一切法 곧 一法의 理致」,『元曉學硏究』3(元曉學會 元曉學硏究院, 1998), pp.75~77.

는 크고 작음, 빠르고 느림만을 말하였으나, 여기에서는 거기에다 움직임과 고요함, 부분과 전체를 포함시키고 있다. 하지만, 크고 작음, 부분과 전체는 공간적 측면에 관한 개념이고 빠름과 느림, 움직임과 고요함은 시간적 측면에 관한 개념이므로, 양 인용문의 취지는 결코 다르지 않다고 생각된다.

생각건대, 원효가 말한 '법계법문(法界法門)'은, 크고 작음, 빠르고 느림, 움직이고 고요함, 부분과 전체 등 상대적인 개념을 초월한 절대적인 개념이어서, 위에서 말한 '일심의 절대성'과 같은 내용이라고 할 수 있다. 내가 옳으니 네가 옳으니 온갖 쟁론이 끊이지 않는 범부의 세계에 반해서, 옳고 그름을 넘어서서 '온갖 쟁론이 화해하는 성인의 세계'가 바로 화엄의 세계라는 점에서 화엄과 화쟁의 만남을 본다.

또한, 『화엄경소』 「서분」에서 원효는 『화엄경』의 교판상 지위에 대해서 다음과 같이 말하고 있다.

> 마치 봉황이 푸른 구름을 타고 올라 산악의 낮음을 바라봄과 같고, 하백이 한 바다에 이르러 시냇물이 좁았음을 겸연쩍어함과 같아서, 배우는 자가 이 경전의 너른 문에 들어서야 이때까지 배운 것이 협소하였음을 바야흐로 알게 된다. 그렇지만 짧은 날개를 가진 새는 산림에 의지해서 자라고 있고, 작은 물고기는 여울에 살면서도 본성에 안주하니, 천근한 가르침이라 하여 내버릴 수 없다. 이제 이 경은 바로 원만(圓滿)하고 무상(無上)한 돈교(頓敎)의 법륜(法輪)이라, 법계의 법문을 널리 열었고 한량없는 행덕(行德)을 보여주었다. 행덕을 거리낌 없이 보여주었어도 모두 단계가 있는 까닭에 가히 닦을 수 있고, 법문을 끝없이 펼쳐 놓았어도 모두 명확한 까닭에 가히 나아갈 수 있다.(한불전1, 495상~중)[55]

---

55) "若乃鳳皇翔于靑雲 下觀山岳之卑 河伯屆乎大海 顧羞川河之狹 學者入乎此經普門 方知會
學之醒獻也 然 短翮之鳥 庇山林而養形 微之魚 潛涓流而安性 所以淺近敎門 亦不可已之耳
今是經者 斯乃圓滿無上頓敎法輪 廣開法界法門 顯示無邊行德 行德無畏而示之 階階故
可以造修矣 法門無涯開之 的的故 可以進趣矣."

이 글에서, 원효는 화엄경이 가장 높은 경지에 있으면서도, 기존의 법문들도 널리 열어놓았다고 평가한다. 즉, 배우는 자가 이 경전의 너른 문에 들어서서야 지금까지 배운 것이 협소하였음을 알게 된다고 하여 화엄경의 높은 수준을 말한다. 또한, 짧은 날개를 가진 새는 산림에 의지해서 자라는 것처럼 천근한 가르침이라도 버릴 수는 없다고 하여 화엄경이 법계의 법문을 널리 열어 놓았다고 말한다.

생각건대, '『화엄경』의 가르침은 가장 뛰어나고, 천근한 가르침을 포함한 한량없는 법문을 널리 열었다'는 언급에서도, 화쟁의 정신을 새삼스럽게 느끼게 된다. 수많은 이설을 화해시키려면 회통자의 안목은 여러 이설의 수준보다 당연히 뛰어나야 한다. 동시에 모든 상황에 알맞게 회통시키려고 하면 회통자의 안목은 저급한 견해를 포함하여 한량없는 법문을 모두 소화하고 있어야 하기 때문이다.

3) 『기신론소』

『대승기신론』의 교판상의 지위에 대해서 종래에 많은 논의가 있어 왔다. 대표적인 견해로는 법장과 원효의 견해가 있다. 중국 화엄종을 대표하는 법장은 『대승기신론』의 사상을 여래장연기설에 중점을 두고 체(體)·상(相)·용(用)의 삼대(三大)도 생멸문에 속한 것으로 보았다. 그렇기 때문에 『대승기신론』의 교판상의 지위를 화엄사상의 하위인 대승종교(大乘終敎)로 판석하였다.

하지만, 원효는 법장과는 달리 중관사상과 유식사상과의 대립을 지양하여 대승의 진정한 이념을 밝히고자 하는 취지를 가진 것으로 『대승기신론』을 보고 있다. 그렇기 때문에, 기신론의 종체(宗體)를 진여문과 생멸문의 화합에서 이루어지는 삼대(三大)의 뜻에 있다고 보고 있다. 그러므로 원효의 기신론사상은 화엄사상과 동일한 경계를 지니고 있다고 보아야 한다.[56]

---

56) 이러한 견해는 고익진에 의해서 제시되었다. 필자는 고익진의 의견에 공감하기에, 이러한 입장에서 논의를 전개하고 있다. 〈高翊晋, 「원효의 화엄사상」, 『韓國華嚴思想硏究』(서울 : 東國大學校 佛敎文化硏究院, 1982)〉.

이러한 입장에 서서, 필자는 원효가 『대승기신론』에 관한 그의 주석서에서 그가 화엄사상과 관련하여 독특한 해석을 전개하는 부분을 음미해 보고자 한다. 먼저, 『대승기신론소』「서문」에서, '대승의 도(道)'에 대해서 서술하는 부분을 본다.

ⓐ 크다고 말하려 하여도 안이 없는 것에 들어가도 오히려 남고, 작다고 말하려 하여도 바깥이 없는 것을 감싸고도 오히려 남음이 있다. ⓑ 있음에서 이끌어 내자니 하나같이 그것을 사용하여도 공허하고, 그것을 없음에서 얻자니 만물이 그것을 타서 생긴다. 따라서 어떻게 부를지 몰라서 할 수 없이 대승이라고 부른다.(한불전1, 733상)[57]

이 글에서 원효는 '대승의 도'를 대소(大小)와 유무(有無)를 가지고 설명하고 있다. 즉, ⓐ에서, 안이 없는 것에 들어가도 남으니 '크다고 할 수 없고', 바깥이 없는 것을 감싸고도 남으니 '작다고 할 수도 없다'고 한다. 또한 ⓑ에서, 하나같이 그것을 사용하여도 공허하기에 '있다고 할 수 없고', 만물이 그것을 타서 생기기에 '없다고 할 수 없다'고 한다. 이런 까닭에, 어쩔 수 없이 '대승'이라고 부른다고 말한다.

중요한 것은, 원효가 대승의 도를 말하는 데 있어서 대소·유무라는 상대적인 개념을 초월하여 '대승의 절대성'을 말하고 있다는 점이다. 생각 건대, 원효의 화쟁사상은 '제3장 화쟁의 방법'의 '자재의 논리'에서 말한 바와 같이 상대적인 견해를 벗어나 절대적인 진리를 설명하는 것이라고 할 수 있다. 그렇다면, 굳이 일심사상을 매개하지 않더라도 원효의 화엄사 상이 화쟁사상의 근원이 되기에 충분하다고 할 것이다.

또한, 원효는 『대승기신론소』「생멸문」에서 바다와 파도의 비유를 들어서 생멸과 불생멸이 '상즉(相卽)하다'는 것을 다음과 같이 표현하고 있다.

---

57) "欲言大矣 入無內而莫遺 欲言微矣 苞無外而有餘 引之於有 一如用之而空 獲之於無 萬物 乘之而生 不知何以言之 强號之謂大乘."

① 바다의 파도가 곧 바람의 모습이요, 파도의 습기가 곧 바다의 모습이다. ⓐ 바다가 전체적으로 파도를 치기 때문에 바다는 바람의 모습을 여의지 아니하고, ⓑ 파도가 치지 않으면 습기가 있을 수 없기 때문에 파도는 바다를 여의지 않는다.

② 마음도 이와 같아서 불생멸심이 전체적으로 움직이기 때문에 불생멸심은 생멸심의 모습을 여의지 않으며, 생멸심의 모습은 신령스럽게 이해하지 못하는 것이 없기 때문에 생멸심은 불생멸심을 여의지 않는 것이다. 이와 같이 서로 떨어져 있지 않기 때문에 화합이라고 이르는 것이다.(한불전1, 746상)[58]

①에서 원효는, 불생멸심과 생멸심의 관계를 바다와 파도에 비유한다. 즉, 여기에서 바다는 불생멸심을 비유하고 파도는 생멸심을 비유하고 있는데, 바다가 전체적으로 움직여서 파도를 치기에 바다는 파도치는 모습을 간직하고 있고, 만일 파도를 치지 않으면 거기에 의존하는 바닷물도 존재할 수 없기에 파도는 바다와 떨어질 수 없다. 따라서 바다가 움직이는 것이 파도요, 파도의 근본이 바다라고 한다.

②에서는, 이제 불생멸심과 생멸심이 상즉(相卽)해 있다는 것을 묘사하는데, 이는 화엄적인 사고방식이라고 할 수 있다.[59] 즉, 마음도 바다와 파도의 관계와 같아서, 불생멸심이 전체적으로 움직이기 때문에 불생멸심은 생멸심의 모습을 간직하고 있고, 생멸심은 신령스럽게 이해하지 못하는 것이 없기 때문에 생멸심은 불생멸심과 떨어질 수 없다. 이와 같이 불생멸심과 생멸심은 서로 화합한다고 말하고 있다.

여기에서 잠시 인용문의 의미를 좀 더 새긴다면, ⓐ에서, 바다가 파도를

---

58) "水之動是風相 動之濕是水相 水擧體動 故水不離風相 無動非濕 故動不離水相 心亦如是 不生滅心擧體動 故心不離生滅相 生滅之相莫非神解 故生滅不離心相 如是不相離 故名與和合."

59) 한종만, 「대승기신론에 대한 원효의 화엄학적 이해」, 『元曉學硏究』 6(元曉學會元曉學硏究院, 2001), pp.150~153.

여의지 않는 이유는 '바다가 전체적으로 파도를 치기 때문에[水擧體動]'라고 하는데, 이 말은 앞에서 인용한 『금강삼매경론』 「여래장품」에서 일심이 생동(生動)과 적멸(寂滅)을 포괄한다고 설명하는 과정에서, '본체를 들어 인연을 따라서 생동하고 본체를 들어 인연을 따라 적멸하게 된다'는 표현과 일맥상통하고 있는 것을 볼 수 있다.

또한, ⓑ에서, 파도가 바다를 여의지 않는 이유가 '파도가 치지 않으면 습기가 있을 수 없기 때문에[無動非濕]'라고 하였는데, 이 말은 앞에서 인용한 『화엄경문의요결문답』에서 원효가 '지극히 큰 것과 지극히 작은 것은 같다'는 것을 설명하는 과정에서, '밖이 없으므로 안도 또한 없는 것이니 안과 밖은 반드시 상대적이기 때문이다'고 말한 내용과 같은 취지임을 알 수 있다.

중요한 것은, 원효는 생멸심과 불생멸심이라는 현상과 본체의 관계에 대해서 상즉(相即)하는 화합의 관계임을 역설하고 있다는 점이다. 생각건대, 원효의 화쟁은, 우리 같은 보통사람들에게는 언뜻 보면 서로 전혀 관계가 없어 보이거나 심지어는 정반대의 관계라고 생각되는 것들에서조차도 상즉하고 화합하는 관계를 우리에게 보여주곤 한다. 여기에서 우리는 그의 화쟁정신을 다시 한 번 느끼게 된다.

제6장
공유 화쟁론

"이 세상에 존재하는 사물의 참모습은 과연 어떠한 모습일까?" 영원히 변치 않는 '진리'에 관심이 있는 사람이라면 누구나 한번쯤 이런 질문으로 고민에 쌓여보았을 것이다. 그런데, 이 질문은 우리 같은 보통사람들 뿐만 아니라 동서고금의 현인들에게도 매우 중요한 문제로 생각되었다. 그들은 자신들의 생각을 역사 속에 남겨놓고 있어서 오늘날 우리들에게 소중한 마음의 양식이 되고 있다.

대승불교에서는 이 질문에 대해서 서로 상반되는 주장을 하여 소위 '공유논쟁'이 발생하였다. 중관사상 계열에서는 공론(空論)을 주장하였고, 유식사상 계열에서는 이것을 유론(有論)을 주장하였다. 과연 무엇이 진실인가? '이 세상의 모든 존재는 영구불변한 실체가 없다[諸法無我]'는 부처님의 가르침과 관련하여, 이러한 공유논쟁은 우리들로 하여금 깊은 생각에 빠지게 한다.

본장에서는 이 문제에 대한 대답을 원효에게서 들어보고자 한다. 원효는 '화쟁'을 중심으로 자신의 사상을 드러내고 있는데, 소위 '공유논쟁'에도 예외 없이 화쟁의 정신에 입각하여 논의하고 있다. 그는, 공론(空論)과 유론(有論)이 겉으로 얼핏 보면 서로 다를 수 있지만, 깊이 들어가 그 뜻을 헤아리면 서로 다를 것이 없다고 한다. 과연 그러한지, 본장에서 그의 공유화쟁론을 구체적으로 살펴보고자 한다.

공유화쟁론에 대해서, 원효는『십문화쟁론』에서 체계적으로 서술하였고, 그 외에『범망경보살계본사기』,『무량수경종요』,『대승기신론별기』등에도 공유화쟁과 관련된 내용을 서술해 놓았다. 본장에서는 원효의 공유화쟁론을 살펴보는 데 있어서,『십문화쟁론』의「공유화쟁문(空有和諍門)」을 주요한 텍스트로 삼아서 자세히 살피고, 다른 저서의 내용은 보조 텍스트로 삼아서 살펴보고자 한다.

제1절 「공유화쟁문」

원효는 공유화쟁에 관한 자신의 견해를 정리하여『십문화쟁론』에「공유화쟁문」을 서술하였다. 비록, 이 글은 일부만이 발견되었기 때문에 원효가 논술한 내용을 전체적으로 파악하기에는 한계가 있지만, 여전히 그의 공유화쟁론을 파악하는 데 가장 중요한 자료가 되고 있다. 본절에서는 「공유화쟁문」을 본격적으로 검토하기 이전에 미리 살펴보아야 할 몇 가지 사항에 대해서 점검하고자 한다.

1. 본문의 위치

「공유화쟁문」을 중심으로 한 공유화쟁론을 본격적으로 논의하기에 앞서 먼저 생각해 볼 것이 있다. 그 첫째는, "「공유화쟁문」이『십문화쟁론』에서 몇 번째로 등장하는가?"이다. 이 질문은, 언뜻 들으면, 본문이 등장하는 '순서'에 관한 단순한 질문으로 생각할 수 있다. 하지만, 이 질문은 공유화쟁론이 전체 화쟁론 중에서 어느 정도의 비중을 가지고 있는지를 짐작하게 해주는 중요한 질문이 될 수도 있다.

그런데, 이 점을 생각하기 전에 반드시 미리 짚고 넘어가야 할 문제가 하나 있다. 바로, "『십문화쟁론』의 '십문(十門)'이 무엇을 의미하는가?"에 대해서이다. 이 점에 대해서, 지금까지 대체로 3가지 설이 있는데, 조명기는 '십문'을 의미상 '여러 문[多門]'이라고 해석하였고1) 이종익은 글자 그대로 '10가지 문[十門]'이라고 해석하였으며,2) 고영섭은 15 내지 16가지 문으로 보고 있다.3)

조명기의 주장에 대해서는, 해인사에서 잔간이 발견되기 이전에 등장한 설이라는 점에서, 받아들이는 데 한계가 있다고 본다. 필자가 보기에 잔간의 내용은 많은 것을 담고 있다고 생각되기 때문이다. 즉, 아래에서 보는 바와 같이, '잔간의 내용'을 분석해 보면,『십문화쟁론』이 모두 10문으로 구성되고, 본문이 그 중에서 제1문에 해당하는 것이라고 충분히 추정할 수도 있다고 보기 때문이다.

고영섭의 주장에도 문제가 없지 않은 것 같다. 그는 잔간 처음 2매(9, 10)가 1개문을 나타내고, 다음 2매(15, 16)가 1개문을 나타내며, 제31매가 발견되었기 때문에, 총15 내지 16가지 문 이상이라고 보고 있다. 하지만, 필자로서는 처음 2매는 「공유화쟁문」의 '끝부분'이고, 다음 2매는 「불성화쟁문」의 '중간부분'이며, 제31매는『십문화쟁론』의 일부가 아니라고 보기 때문에4) 받아들이기 어렵다.

생각건대, 우리가 어떤 문맥에 있는 특정한 문자를 해석하려고 할 때에

---

1) 조명기, 「원효종사의『십문화쟁론』연구」, 『金剛杵』 22(조선불교동경유학생회, 1937), p.31.

2) 이종익, 「元曉의 十門和諍論 硏究」, 『元曉의 根本思想 : 十門和諍論硏究』(東方思想硏究院, 1977).

3) 고영섭, 「원효『십문화쟁론』연구의 지형도 : 조명기·최범술·이종익·이만용 복원문의 검토」, 『문학사학철학』 10(한국불교사연구소 발해동양학한국학연구원, 2007), pp.149~151.

4) 발견된 제31장에 대해서, 학계에서는 대체로『이장의』의 일부로 보고 있다. 특히, 이정희에 의하면, 제31장을 발견한 최범술 자신도 이것이『이장의』의 일부라는 것을 알고 있었을 것이라고 한다. 하지만, 목록집이 간행된 때가 발견된 것보다 34년 후이기 때문에, 조사를 마친 후 별 관심 없이 갈무리해 두었다가 복원 당시 그러한 사실을 잊은 것이라고 추정한다. 이정희, 「『십문화쟁론』과 관련된 몇 가지 문제점」, 『한국불교학』 별집(한국불교학회, 2008), p.332.

는, 이것을 직역할 것인가, 의역할 것인가, 하는 문제에 부딪히게 된다. 이 경우에 '십문(十門)'을 '10가지 문'이라고 보는 것은 직역에 해당하고, '여러 문'이라고 보는 것은 의역에 해당한다고 할 수 있다. 필자는 이 경우에 '십문(十門)'을 '10가지 문'이라고 보는 직역이 더욱 올바른 표현이 아닐까 생각한다.

왜냐하면, "일반적으로 직역을 우선으로 하지만, 글자 그대로 직역하기 어려운 '특별한 사정'이 있는 경우에 한하여 의역한다"는 상식에 입각하면 그렇기 때문이다. 그러니까, 『십문화쟁론』의 '십문'의 경우에 '10가지 문'이 아니라 '여러 문'이라고 의역하여야 할 '특별한 사유'를 아직 어디에서도 발견하기 어렵다. 따라서 필자는 '십문'을 일단 문자 그대로 '10가지 문'으로 해석하고자 하는 것이다.

이제, 『십문화쟁론』의 '십문(十門)'이 '10가지 문'을 의미한다고 해석하는 입장에 선다면, 비로소 제기할 수 있는 문제가 바로, "「공유화쟁문」은 『십문화쟁론』의 10가지 문에서 몇 번째로 등장하는 것인가?"이다. 이 점에 대해서 살펴보기 위해서, 『십문화쟁론』이 모두 10문으로 이루어져 있다고 하면서 그 구체적인 내용을 제시하였던 이종익의 주장을 다시 살펴볼 필요가 있다.[5]

〈표 21〉 이종익의 10문

① 삼승일승화쟁문(三乘一乘和諍門)	⑥ 오성성불화쟁문(五性成佛和諍門)
② 공유이집화쟁문(空有異執和諍門)	⑦ 이장이의화쟁문(二障異義和諍門)
③ 불성유무화쟁문(佛性有無和諍門)	⑧ 열반이의화쟁문(涅槃異義和諍門)
④ 인법이집화쟁문(人法異執和諍門)	⑨ 불신이의화쟁문(佛身異義和諍門)
⑤ 삼성이의화쟁문(三性異義和諍門)	⑩ 불성이의화쟁문(佛性異義和諍門)

여기에서, 이종익은 '공유이집화쟁문'을 제2문에 배치한 것을 볼 수

---

5) 이종익, 「元曉의 十門和諍論 硏究」, 『元曉의 根本思想 : 十門和諍論硏究』(東方思想硏究院, 1977).

있다. 그러니까, 이종익은 「공유화쟁문」이 『십문화쟁론』의 제2문에 해당된다고 주장한 셈이다. 그가 본문을 제2문에 배치한 이유는 발견된 『십문화쟁론』의 잔간 중에서 「공유화쟁문」에 해당하는 부분이 제9매와 제10매에 해당하기 때문에 아마도 그렇게 배정한 것은 아닐까 추정된다. 그런데, 과연 그러한가?

첫째, 필자는 '원효저서의 일반적인 체계'를 생각할 때, 본문을 제2문이라고 단정하는 데 동의하기 어렵다. 원효저서는 보통 1권이 30매 정도이므로, 상하권인 『십문화쟁론』은 60매 정도일 것이다. 그렇다면, 「공유화쟁문」은 대략 전체의 10분의 1일 것이므로 아마도 6매 정도일 것이다. 여기에, 만약 본문이 제1문이라면 총론으로서 중요한 부분이므로 6매에서 9매 정도는 될 수 있을 것으로 추측된다.

또한, 원효저서에는 보통 서문이 있기 때문에 이 책에도 1~2매정도의 서문이 있을 것으로 예상할 수 있다. 종합해 보면, 십문화쟁론의 「서문」이 제1매부터 제2매 정도까지 기록되어 있고, 제1문은 제2매부터 제8매 내지 제11매까지 기록될 가능성이 크다. 이렇게 본다면, 발견된 잔간은 제9매와 제10매이므로, 공유화쟁문이 십문화쟁론에서 반드시 제2문에 해당된다고 단정할 수는 없게 된다.

둘째, '공유화쟁문의 구조'를 생각해 볼 때, 「공유화쟁문」은 『십문화쟁론』의 제2문일 가능성 보다는 오히려 제1문일 가능성이 높아 보인다. 앞서 '제2장 화쟁의 모습'에서 전술한 바와 같이, 원효는 어떠한 주제들에 대해서 논쟁을 하고 그들을 회통하는 사례들을 다른 일반저서에도 많이 남겨놓았다. 그 사례들을 검토해 보면, 일반적으로 '[입론]-[논란]-[평결]'의 구조를 가지고 있는 것을 알 수 있다.

만약, 「공유화쟁문」을 원효의 일반 저서에 등장하는 화쟁사례의 일종으로 생각한다면, 본문의 경우에도 아마 같은 구조를 가지고 있을 것으로 추정할 수 있다. 그런데, 발견된 제9매와 제10매는, 후술하는 바와 같이, 그 내용을 검토해 본 결과 마지막에 위치하는 [평결]에 해당된다고 할 수 있다. 그렇기 때문에, 본문은 십문화쟁론의 제1문일 가능성이 높아

보인다는 것이다.

셋째, '원효가 화쟁에 임하는 태도'를 고려해 볼 때, 「공유화쟁문」은 『십문화쟁론』의 총론에 해당될 가능성이 있다. 원효는 많은 저서를 남겼는데, 그 중에서 『대승기신론』 관련저서가 가장 많다. 대승기신론에 대한 소(疏), 별기(別記), 종요(宗要), 요간(料簡), 대기(大記), 사기(私記), 일도장(一道章), 이장장(二障章) 등 8종을 저술한 것으로 보아서, 원효사상의 뿌리가 『대승기신론』일 것으로 볼 수 있을 것이다.

그런데, 『기신론별기』 「서문」에 보면, 『대승기신론』이 공유화쟁의 논서임을 극찬하는 내용이 등장하고 있다. '공' 위주의 중관논서와 '유' 위주의 유식논서를 평정하는 논서로서 대승기신론을 칭송하는 내용이다.(대승기신론소기회본, 한불전1, 733중)[6] 이와 같이, 원효가 『대승기신론』에 보여준 특별한 관심으로 보아서, 본문은 십문화쟁론의 제1문일 가능성이 높다는 것이다.

넷째, '공유논쟁의 중요성'을 생각해 볼 때, 「공유화쟁문」은 『십문화쟁론』의 총론에 해당될 가능성이 있다. 공유논쟁은 원효에 와서 비로소 시작된 논쟁이 아니다. 그 기원은 멀리 인도의 대승불교교학으로 거슬러 올라간다. 대승교학의 양대산맥 중의 하나인 중관학파측의 청변(Bhāvaviveka : 490~570)과 또 다른 산맥인 유식학파측의 호법(530~561)이 서로 다른 견해를 제시하면서 비롯되었다.

공유논쟁은, 후술하는 바와 같이, 의타기성과 원성실성에 대한 이해의 차이가 가장 핵심적인 요소라고 할 수 있다. 이러한 논쟁이 이후 중국불교학계로 전승되어 세인의 관심의 대상이 되었으며, 마침내 한국의 원효에게까지 영향을 미치게 되었던 것이다. 이처럼, 공유논쟁은 대승불교사상 가장 대표적인 논쟁 중의 하나이기 때문에, 그것을 다룬 본문은 십문화쟁론

---

6) "其爲論也 無所不立 無所不破 如中觀論十二門論等 徧破諸執亦破於破 而不還許能破所破 是謂往而不徧論也 其瑜伽論攝大乘等 通立深淺判於法門 而不融遣自所立法 是謂與而不奪論也 今此論者 既智旣仁亦玄亦博 無不立而自遣 無不破而還許 而還許者 顯彼往者往極而徧立 而自遣者 明此與者窮與而奪 是謂諸論之祖宗 群諍之評主也."

278

의 제1문일 가능성이 높다는 것이다.

이상, 본문의 위치에 대한 필자의 생각을 4가지로 정리해 보았다. 원효저서의 일반적인 서술체계와, 화쟁사례들과 비교한 본문의 구조를 생각해볼 때, 본문은 제2문이라고 하기 어렵다. 또한, 원효사상의 뿌리가 대승기신론인 점, 대승불교사상 공유논쟁의 비중이 지대하다는 점을 고려할 때, 본문은 총론일 가능성이 높다. 결국, 본문은 『십문화쟁론』의 제1문일 것이라는 것이 필자의 추정이다.

2. 본문의 구조

다음으로 생각해 볼 문제는, "「공유화쟁문」은 어떠한 구조로 이루어져 있을까?"이다. 본문의 일부만이 발견된 지금의 상황에서, 이러한 질문은 어쩌면 무모해 보일지도 모르겠다. 하지만, 원효의 저작 중에서 『십문화쟁론』 이외의 저서에 남겨있는 여러 가지 주제에 관한 '화쟁사례'들의 형식을 참고한다면, 어쩌면 이러한 의문에 대체적이나마 대답해 줄 수 있는 방법이 있을 수도 있다고 본다.

원효의 저서를 살펴보면, 그는 자신의 화쟁사상을 전개해 나아가는 데 있어서 일방적인 설명이나 단순한 논의를 하는 것보다는 논쟁과 화해라는 형식을 선호하고 있다는 것을 알 수 있다. 즉, 특정한 논점에 대해서 마치 당사자인 것처럼 '논쟁'을 하고 마지막에 가서는 마치 제3자가 판결하는 것처럼 자신의 탁월한 견해에 입각하여 여러 가지 방법으로 '화해'를 시키는 모습을 자주 볼 수 있다.

본서 '제2장 화쟁의 모습'에서 살펴본 바와 같이, 이러한 '화쟁사례'가 원효의 현존본에서 실제로 67개나 발견되었다. 그리고 십문화쟁론 잔간의 내용을 자세히 검토해 보면, 그 내용도 다른 저서들에서 흔히 발견되는 '화쟁사례'와 유사한 구조를 가지고 있음을 알 수 있다. 이러한 상황에서, '화쟁사례'에 관한 연구는 「공유화쟁문」의 구조를 파악하는 데 적지 않는 도움을 줄 수 있을 것으로 보인다.

원효가 실제로 화쟁을 하는 데 있어서 일정한 형식을 가지고 있었는데, 대체로 '[입론]-[논란]-[평결]'이라는 3가지 부분으로 나누어 논의를 진행하는 것을 발견할 수 있다. 물론, 이 3가지 구성요소 중에서 [논란] 부분이 반드시 등장하는 것은 아니다. 그러나 내용이 복잡한 대형사례에서는 거의 예외 없이 등장하는 것으로 보아서, 본문에서도 이 [논란] 부분이 반드시 있었을 것으로 추정된다.

이제, 이러한 생각들을 바탕으로 해서 구체적으로 「공유화쟁문」의 구조가 어떻게 이루어져 있을지 추정해 보자. 아래에서는, 먼저, [입론]·[논란]·[평결]이라고 하는 3가지 구성요소라는 것이 어떤 것인지 간략하게 다시 짚어보고, 다음, 이러한 3가지 부분이 『십문화쟁론』의 「공유화쟁문」 잔간에서도 실제로 발견되고 있는지 대조해 보고자 한다.

첫째, 화쟁사례의 첫 번째 요소는 [입론]이다. 이 부분에서는 여러 설들이 주어진 주제에 대한 자신의 입장을 하나하나 제시해 나아간다. 자신의 입장을 전개하는 일반적인 순서는, 먼저 '주장'에서 자신의 입장의 핵심을 선언하고, 다음 '이유'에서 그렇게 주장하게 된 이유를 설명하며, 마지막으로 '문증'에서 경전, 율전, 논전과 같은 불교경론에서 해당하는 문구를 주장의 근거로 제시한다.

그런데, 「공유화쟁문」의 잔간에서는 이러한 [입론]에 해당하는 내용을 발견할 수 없다. 그렇다면, 실제로 [입론]은 잔간이 아닌 그 이전 부분에 기록되어 있었을 것이다. 만약 화쟁사례에 비추어서 그 내용을 유추해 본다면, 공설(空說)과 유설(有說) 중에서 하나가 '주장' '이유' '문증'의 순서로 자신의 입장을 제시하고, 다음 다른 설도 마찬가지로 같은 순서로 자신의 입장을 제시하였을 것으로 추정할 수 있다.

둘째, 화쟁사례의 두 번째 요소는 [논란]이다. 이 부분에서 각설은 각자의 입장에서 상대방의 주장에 대해서 '공격'이나 '방어'를 하며 논의를 전개한다. 그러니까, '공격'에서 각설은 대체로 먼저 자신의 주장을 강화할 수 있는 논리를 전개하거나 상대방의 약점을 지적하기도 하며, 다음 '방어'에서 상대방의 공격에 대응하거나 자기학설의 입장에서 상대방의 논지를 흡수하기도 한다.

그런데, 「공유화쟁문」의 잔간에서는 이러한 [논란]에 해당하는 내용도 발견할 수 없다. 그렇다면, [논란]은 잔간이 아닌 그 이전 부분에 기록되어 있었을 것이다. 만약 화쟁사례에 준해서 그 내용을 유추해 보면, 먼저 공설(空說)이 유설(有說)에 대해서 공격하면 유설이 방어하고, 반대로 유설이 공설에 대해서 공격하면 공설이 방어하였을 것이다. 이런 식의 공방이 몇 차례 이루어졌을 것이다.

참고로, '제2장 화쟁의 모습'에서 본 바와 같이, 화쟁사례에 따라서는 양설에서 공격과 방어가 각각 이루어지지 않는 특별한 경우도 얼마든지 실제로 존재한다. 그러니까, 양설에서 '공격'만 하는 경우도 있고, 제1설에서는 '공격'만 하고 제2설에서는 '방어'만 하는 경우도 있다. 하지만, 「공유화쟁문」은 완벽한 대형사례라고 할 수 있으므로, 그 [논란] 부분도 모든 요소를 다 갖추었을 것으로 추정된다.

셋째, 화쟁사례의 세 번째 요소는 [평결]이다. 이 부분에서 원효는 제3자의 입장에서 제설이 가진 가치를 평가하여 결정한다. 평결하는 순서는, 먼저 '주문'에서 제설에 대한 판단을 전체적으로 서술하고, 다음 '이유'에서 그러한 판단을 내리게 된 이유를 밝히며, 마지막으로 '문증'에서 그러한 판단을 내리게 된 근거를 제시한다. 그리고 만족스럽지 않은 경우에는 추가적으로 관련된 내용을 보충하기도 한다.

그런데, 「공유화쟁문」의 잔간에서 우리는 바로 이러한 [평결]에 해당하는 내용을 발견할 수 있다. 잔간의 앞부분에서는, '공과 유는 다르지 않다'는 것을 근거로 하여 '공설, 유설, 역공역유설, 비공비유설을 말해도 전혀 문제가 없다'고 선언하며, 회통하고 있다. 그리고 잔간의 뒷부분에서는 이러한 회통에 대해서 보충하여 설명하는 내용이 문답의 형식으로 등장하고 있다.

다시 말해서, 잔간의 앞부분에서 원효는, "모두 인정하지만 서로 어긋나지 않는다", "모두 인정되지 않지만 근본종지를 잃지 않는다", "사구(四句)가

병립(並立)되어도 모든 과실을 떠난다"와 같은 문구를 사용하고 있다. 그런데, 이러한 문구들은 원효가 화쟁사례에서 제설을 회통할 때 항상 사용하는 문구들이라는 점을 감안한다면, 이 글이 「공유화쟁문」의 [평결]에 해당하는 것을 곧바로 알 수 있다.

또한, 잔간의 뒷부분에서 원효는, "공과 다르지 않은 유가 어떻게 있을 수 있는가?"라고 질문하고, 의타기성과 원성실성을 허공에 비유하며 공과 유가 다르지 않다고 설명하고 있다. 이 모습은, 잔간의 앞부분에서 회통한 것을 보충하는 내용인데, 원효가 이렇게 설명하는 모습은 다른 사례에서도 흔히 볼 수 있으므로, 이 글이 「공유화쟁문」에서 [평결]에 해당한다는 것을 쉽게 알 수 있다.

〈표 22〉 「공유화쟁문」의 구조

	공설	유설
[입론]	공설의 입장	유설의 입장
[논란]	①공격 ④방어	②방어 ③공격
[평결]	주요평결+보충설명	

위의 표는, 필자가 화쟁사례들의 구조를 바탕으로 추정한 「공유화쟁문」의 구조를 간략히 표로 나타낸 것이다. 보는 바와 같이, 원래 본문은 [입론]·[논란]·[평결]의 3부분으로 구성되어 있었을 것으로 추정된다. [입론]에서 양설은 각각 자신의 입장을 제시하고, [논란]에서 양설은 공방을 하며, [평결]에서 원효는 양설을 평결하고 부족한 부분을 보충하여 설명하였을 것이다.

이러한 「공유화쟁문」의 내용 중에서, 실제로 오늘날 잔간에 남아있는 부분은 [평결]에 해당되는 부분이다. 좀 더 자세히 말하면, [평결] 중에서도 '주요평결'의 후반부 어디에선가부터 잔간이 시작되고 있다. 그리고 이어서 '보충설명'이 시작되는데, 내용으로 미루어 보아서 '보충설명'의 대부분은 현재 잔간에 남아 있는 것으로 추정된다.

제2절 주요평결

「공유화쟁문」의 잔간이 시작하는 부분은, 일반적인 화쟁사례의 경우로 말하면, '주요평결'이 이루어지는 부분에서 볼 수 있는 장면이라고 할 수 있다. 그 내용은, 아래에서 보는 바와 같이, 공설과 유설을 확대한 총4설은, 각자 자신들이 본래부터 지니고 있는 4가지 문제점들을 모두 해결하였기 때문에, 모두 동시에 성립하는 데 전혀 지장이 없다고 선언한다. 그렇게 하여 제설을 회통한다.

여기에서, 필자는 이 잔간에 기록되어 있는 내용을 보면서 몇 가지 의문이 들었다. 그들의 문제가 해결되었다면, 어떠한 원인으로 문제가 해결되었는가? 그 문제의 내용은 무엇인가? 그 문제는 어떠한 원인으로 발생하였는가? 등이다. 이러한 몇 가지 의문에 대한 해답을 찾기 위해서, 원효가 『십문화쟁론』 이외의 다른 저서에서 저술한 내용들을 참고하여 본절의 내용을 서술하였다.

1. 문제의 해결 - 결과

오늘날 우리들이 직접 확인할 수 있는 「공유화쟁문」의 잔간 중에서 가장 중요한 내용이라고 할 수 있는 '주요평결'에 해당하는 부분은 모두 다음과 같다.

① ······ 여기에서 인정된 유(有)는 공(空)과 다르지 않다. 그러므로 비록 앞에서와 같다고 하더라도 증익(增益)이 되지 않는다.

② 가령 이것을 유(有)라고 인정한다고 하여도 사실은 유(有)에 떨어지지 않기에, 여기에서 인정된 유(有)는 유(有)에 떨어지지 않는다.[7] 그러므

---

7) '此所許有非不墮有'라는 문구를, 필자는 '此所許有不墮於有'로 교정하여, 위와 같이 해석하였다. 그 이유는 첫째, 형식상 원효의 문장은 대구를 이루는 부분이 많은데, 여기에서도 이 문구와 대구를 이루는 '此所許有不異於空'과 보다 자연스럽게 어울리

로 비록 뒤에서와 같다고 하더라도 손감(損減)이 되지 않는다.

③ 앞에서 '진실로 이것은 유(有)이다'고 설한 이것은 공(空)과 다른 유(有)가 아니고, 뒤에서 '유(有)에 떨어지지 않는다'고 설한 이것은 공(空)과 다른 유(有)에 떨어지지 않는다는 것이다. 이런 까닭에 모두 인정하지만 상위(相違)하지 않는다.

④ '그렇지 않지도 않기[非不然]' 때문에 모두 허용되지만 또한 '그렇지 않기[非然]' 때문에 모두 허용되지 않는다. 여기서 말하는 '그렇지 않다[非然]'는 말은 '그렇다[然]'는 말과 다르지 않으니, 비유하자면 저 유(有)가 공(空)이 다르지 않는 것과 같다. 이런 까닭에 모두 인정되지 않지만 또한 근본종지(根本宗旨)를 잃지 않는다.

⑤ 이런 까닭에 사구(四句)가 병립(並立)되어도 모든 과실을 떠난다.(한불전1, 838상)[8]

①에서 원효는, 유설(有說)을 인정하고 있다. 즉, 원효는 '여기에서 인정된 유는 공과 다르지 않다' 그렇기 때문에, 유설이 가지고 있는 증익(增益)이라는 폐단이 없다고 말한다. 다시 말해서, 원래 유설은 증익의 문제점을 가지고 있는데, 여기에서 인정된 유는 공과 다르지 않기 때문에, 유설이 가지고 있는 증익이라는 문제가 여기에서는 전혀 문제가 되지 않는다고 말하고 있다.

②에서는, 공설(空說)을 인정하고 있다. 즉, 원효는 '여기에서 인정된 유는 유에 떨어지지 않는다' 그렇기 때문에, 공설이 가지고 있는 손감(損減)이라는 폐단이 없다고 말한다. 다시 말해서, 원래 공설은 손감의 문제를

가 때문이다. 둘째, 내용상 이 문구는 '유는 유에 떨어지지 않는다'가 되어야 앞의 문구인 '假許是有實非墮有'와도 어울리고, 뒤의 문장인 '後說不墮有者 不墮異空之有'에도 어울리기 때문이다.

8) "…… 有 此所許有不異於空 故雖如前而非增益 假許是有實非墮有 此所許有非不墮[不墮於有 故雖如後而非損減 前說實是有者 是不異空之有 後說不墮有者 不墮異空之有 是故俱許而不相違 由非不然故得俱許 而亦非然故不許 此之非然不異於然 喩如其有不異於空 是故雖俱不許 而亦不失本宗 是故四句並立 而離諸過失也."

가지고 있는데, 여기에서 인정된 유는 유에 떨어지지 않고 공은 공에 떨어지지 않기 때문에, 공설이 가지고 있는 손감이라는 문제가 여기에서는 전혀 문제가 되지 않는다고 말하고 있다.

③에서는, 역공역유설(亦空亦有說)을 인정하고 있다. 즉, 원래 역공역유설(亦空亦有說)은 상위(相違)라고 하는 문제점을 가지고 있었다. 그런데, '유는 공과 다르지 않다'라는 점과 '유는 공과 다른 유에 떨어지지 않는다'라는 점이 동시에 성립할 수 있으므로, 그 결과 공설과 유설을 모두 긍정하는 지금의 역공역유설에서는 상위라고 하는 폐단이 없다고 말하고 있다.

④에서는, 비공비유설(非空非有說)을 인정하고 있다. 즉, 원래 비공비유설(非空非有說)은 우치(愚癡)라고 하는 문제점을 가지고 있었다. 그런데, 마치 저 유(有)는 공(空)과 다르지 않는 것과 같이, '그렇지 않다[非然]'는 말은 '그렇다[然]'는 말과 다르지 않다. 그 결과 공설과 유설을 모두 부정하는 지금의 비공비유설에서는 우치[失本宗]라고 하는 폐단이 없다고 말하고 있다.

⑤에서는, 유설(有說)과 공설(空說)을 비롯한 총4설이 회통된다고 하고 있다. 즉, 유는 공과 다르지 않고, 유는 유에 떨어지지 않으며, 이 둘은 동시에 성립하고, 그렇지 않다는 말은 그렇다는 말과 다르지 않다. 따라서 증익, 손감, 상위, 우치라는 문제점이 없어서, 유설, 공설, 역공역유설, 비공비유설 등 4설이 모두 성립한다고 하더라도 모든 전혀 문제될 것이 없다고 말한다.

이와 같은 잔간의 내용과 관련해서 눈여겨볼 점이 몇 가지 있다. 첫째, 잔간은 단순히 공설(空說)과 유설(有說)만을 회통의 대상으로 하고 있지 않고, 공설과 유설이 4구로 확장된, 유설, 공설, 역공역유설, 비공비유설 등 총4설에 대해서 회통을 하고 있다는 점이다. 여기에서, 과연 「공유화쟁문」에 공설과 유설만이 등장하였는지, 아니면 확장된 총4설이 처음부터 등장하였는지 궁금하지 않을 수 없다.

생각건대, 정보가 제한된 우리로서는 처음부터 총4설이 등장하였는지,

아니면 처음에는 양설만 있다가 나중에 총4설로 확대되어 회통이 이루어졌는지 추측하기 어렵다. 더구나, 사례07과 같이, 화쟁사례 중에는 [입론]에서는 양설이었는데, [평결]에서 총4설로 확장되어 회통된 경우가 실제로 있다는 것을 상기한다면, 「공유화쟁문」이 어느 경우에 해당하는지 판단하기 어렵다.

만약 「공유화쟁문」이 사례07과 같았다면, [입론]에서는 유설과 공설의 양설만 입장을 제시하였고, [논란]에서 양설의 공격과 방어가 이어졌으며, [평결]에 이르러서 원효가 양설을 회통한 이후에, 추가적으로 이러한 양설을 총4설로 확대하여 회통한 것으로 생각할 수 있다. 그렇게 되면, 이 부분은 '주요평결'에 해당은 되지만, 핵심내용에 해당되지는 않는 것으로 보아야 할 것 같다.

둘째, 잔간은 내용상 '주요평결'의 일부에서 시작하여 '주요평결'의 끝까지 이어진 것으로 파악이 되고 있다. 그렇다면, 잔간은 구체적으로 '주요평결'의 어느 부분에서 시작되어서 어느 부분까지 이어진 것인지 궁금하게 된다.

생각건대, '제2장 화쟁의 모습'에서 살펴본 바와 같이, 일반적인 화쟁사례에서는 [평결]이 '주문', '이유', '문증'으로 이루어져 있다. 그런데, 「공유화쟁문」의 잔간에는 '주문', '이유', '문증'에 해당하는 핵심내용이 보이지 않는다. 그렇다면, 잔간은 '주요평결'의 핵심부분인 앞부분에는 해당하지 않고, 이후 추가적으로 첨가된 뒷부분에 해당된 것은 아닌지 추정하게 된다.

그래서 만약 「공유화쟁문」이 사례07과 같았다면, [입론]과 [논란]에서는 유설과 공설만이 등장하였지만, [평결]에서는 원효가 양설에 대해서 '주문' '이유' '문증'을 제시하며 진지한 회통을 한 이후에, 추가적으로 유설, 공설, 역공역유설, 비공비유설 등 총4설에 대해서 회통한 것으로 생각할 수 있다. 이처럼 추가적으로 첨가된 내용이 잔간에 남아있는 것으로 볼 수도 있는 상황이다.

셋째, 잔간의 내용에 따르면, 원래 유설, 공설, 역공역유설, 비공비유설은 각각 증익, 손감, 상위, 우치라는 문제점이 있었다. 그런데 '여기에서 말하는 유는 공과 다르지 않다'는 등의 이유에 의해서, 증익, 손감, 상위, 우치 등의 '문제점들이 모두 해결된다'는 것이다. 그리고 이러한 문제가 해결되기 때문에 위의 총4설은 모두 성립되어 회통된다고 말하고 있다.

여기에서, 우리는 몇 가지 궁금한 점이 생겨나지 않을 수 없다. 첫째는, '지금 이러한 문제점들이 해결되었다면, 그렇게 해결된 원인은 무엇인가?' 이고, 둘째는, '지금 이러한 문제점들이 해결되었다고 하는데, 그렇다면 그 문제점들은 구체적으로 무엇을 말하는가?'이며, 셋째는, '지금 이러한 문제점들이 해결되었다면, 그 문제점들은 무엇을 원인으로 해서 생겨난 것인가?'이다.

물론, 이러한 의문들을 우리가 여기에서 명쾌하게 해결하기는 쉽지 않다. 그러나 원효의 저서들을 음미해 보면 이러한 의문들에 해답을 줄 수 있는 실마리들이 여기저기에서 발견되고 있는 것도 사실이다. 원효는 『십문화쟁론』이 아닌 자신의 일반저서에도, 해당 저서에 관한 주제를 논의하는 과정에서 공유논쟁 혹은 공유화쟁에 관한 의견을 부분적으로 혹은 산발적으로 밝혀 놓은 것이 있다.

예를 들면, 『범망경보살계본사기(梵網經菩薩戒本私記)』에서는 중생들이 공유에 집착하게 된 이유와 부처님이 공유를 말씀하시는 방식을 보여주고 있다. 또한, 『무량수경종요(無量壽經宗要)』에서는 공(空)과 유(有)에 집착하여 삿된 견해에 빠져있는 중생들의 모습을 묘사하고 있으며, 『대승기신론별기(大乘起信論別記)』에서는 공유의 진정한 관계에 대해서 논의하고 있다.

2. 올바른 인식-원인

위에서 살펴본 바와 같이, 「공유화쟁문」 잔간에 따르면, 유설 등의 총4설은 원래 각각 증익 등 4개의 문제점을 가지고 있었는데, '이러저러한 이유'에 의해서 그러한 문제가 모두 해결되었다고 한다. 그리하여 위의 총4설은 모두 성립되어 회통된다고 말하고 있다. 여기에서, 우리는 '공유관계에 관한 올바른 인식'이라고 할 수 있는 '이러저러한 이유'라고 하는 것이 구체적으로 무엇을 말하는지 궁금하게 된다.

잔간에서 제시한 '이러저러한 이유'는 모두 4가지이다. ⓐ '유는 공과 다르지 않다', ⓑ '유는 유에 떨어지지 않는다', ⓒ '이 둘은 동시에 성립한다', ⓓ '그렇지 않다는 말은 그렇다는 말과 다르지 않다'가 그것이다. 그런데, 생각해 보면, 여기에서 말하는 4가지 이유는 따지고 보면 그 근본 취지가 서로 다르지 않아서, ⓐ '유는 공과 다르지 않다'만 성립하면, 나머지는 저절로 성립하는 것을 알 수 있다.

즉, ⓐ '유는 공과 다르지 않다' 그러므로 ⓑ '유는 유에 떨어지지 않는다'는 말이 성립한다. 또한, ⓐ '유는 공과 다르지 않다' 그러므로 ⓒ '이 둘은 동시에 성립한다'는 말도 성립한다. 또한, ⓐ '유는 공과 다르지 않다' 그러므로 ⓓ '그렇지 않다는 말은 그렇다는 말과 다르지 않다'는 말도 성립한다. 따라서 우리는 위의 4가지 이유 중에서 '유는 공과 다르지 않다'는 이유만을 살펴보아도 좋을 듯하다.

이 점과 관련된 원효의 일반저서를 살펴본다. 『대승기신론』에 보면 진여문과 생멸문에 대해서 설명을 시작하는 부분이 있는데, (대정장32, 576상)[9] 이 부분에 대해서 원효는 『대승기신론별기(大乘起信論別記)』에서 자세히 해설하고 있다. 해설하는 과정에서, 원효는 "공이 어떻게 유를 짓는가?"라는 요지의 질문을 하고, 이 질문에 대해서 의미심장한 대답을 하고 있다.

① 묻는다. 만약 생멸문 안에 두 가지[空, 不空]가 다 있는 것이라면, 불공(不空)의 뜻은 인연을 따라서 생멸을 짓는다는 뜻이 있을 수 있다. (하지만), 공(空)의 뜻은 즉 없다[無]는 것인데, 어떻게 인연을 따라서 유(有)를 짓는다는 뜻이 있을 수 있겠는가?

② 답한다. 두 가지 뜻이 곧 하나이다. 다른 것을 말한 것이 아니니, 공(空)의 뜻에 의하여서 유(有)를 지을 수 있는 것이다. 왜 그런가? 만일 공(空)이

---

9) "依一心法 有二種門 云何爲二 一者 心眞如門 二者 心生滅門 是二種門 皆各總攝一切法 此義云何 以是二門 不相離故."

이러한 공(空)으로 고정되어 있다면 마땅히 유(有)를 지을 수 없지만, 이 공(空)도 또한 공(空)이므로 유(有)를 지을 수 있기 때문이다.(한불전1, 742하)10)

①에서 원효는, 공이 어떻게 해서 유를 지을 수 있는지 묻고 있다. 즉, 생멸문 안에 공(空)과 불공(不空)이라는 2가지 뜻이 있다. 이 중에서 불공이라는 뜻에 의하면, 이는 유(有)라는 의미이므로 여러 가지 인연에 의해서 발생하고 소멸하는 일이 가능하다. 하지만, 공이라는 뜻에 의하면, 이는 무(無)라는 의미이므로 여러 가지 인연에 의하더라도 발생하고 소멸하는 것이 불가능하지 않는가? 하는 의문이다.

②에서는, 위의 질문에 대해서 공이 유를 짓는 것이 가능하다고 대답하고 있다. 즉, 공(空)이 단지 공(空)으로 고정되어 있다면, 공(空)이 유(有)를 지을 수는 없다. 하지만, "공(空)이 또한 공(空)하였기 때문에, 공(空)이 유(有)를 지을 수 있다"라고 한다. 이렇게 말한 뒤에, 이러한 상황이 진여문과 생멸문에서 각각 전개되는 상황을 다음과 같이 자세하게 밝히고 있다.

① '공이 공한 것[空空]'이라는 말에도 두 가지 뜻이 있다. 첫째는, '진리의 성질이 공하다'는 데 그 이유가 있다. 이 공도 또한 공하고, 유도 공과 함께 모두 그 실체를 얻을 수 없다. 이와 같이 공이 공한 것은 진여문(眞如門)에 있다. 이는 대품경(大品經)에서, "모든 존재가 공하고 또한 이 공한 것도 공하다"고 한 것과 같다. 이것을 일러 '공이 공한 것'이라고 한다.

② 둘째는, 마치 유(有)가 유(有)의 성품이 없기에 공(空)이 될 수 있어서 이것을 일러 공이라고 하는 것과 같이, 이 공은 공의 성품이 없기에 유(有)를 지을 수 있어서 이것을 일러 '공이 공한 것[空空]'이라고 하는

10) "問 若生滅門內二義俱有者 其不空義可有隨緣作生滅義 空義是無 何有隨緣而作有義 答 二義是一 不可說異 而約空義亦得作有 何者 若空定是空 應不能作有 而是空亦空 故得作有."

것과 같다. 이러한 공공(空空)은 생멸문(生滅門)에 있다. 이는 열반경(涅槃經)에서, …… 라고 말한 것과 같다. 이와 같이 '공이 공한 것[空空]'은 십주보살(十住菩薩)이라도 오히려 조금밖에 알지 못하는 것이 마치 털끝 정도에 지나지 않을진대, 하물며 보통 사람들이겠는가!(한불전1, 742하)11)

①에서 원효는, 진여문(眞如門)에서의 공(空)과 유(有)의 진정한 관계에 대해서 말하고 있다. 즉, 진여문에서는 원래 모든 존재의 성질이 공(空)하다. 그렇기 때문에 유(有)도 공의 성품이 있기에 바로 공(空)인 것과 같이, 공(空)도 또한 공의 성품이 있기에 바로 유(有)가 된다는 것이다. 그리고 대품경(大品經)에서, "모든 존재가 공하고 또한 이 공한 것도 공하다"고 하였음을 문증으로 제시한다.

②에서는, 생멸문(生滅門)에서의 공과 유의 진정한 관계에 대해서 말하고 있다. 즉, 생멸문에서는 모든 존재는 고유한 성품이 없어서 다른 존재로 변화될 수 있다고 한다. 그렇기 때문에, 유(有)에는 유의 고유한 성품이 없어서 공(空)이 되어 가는 것처럼, 공(空)에도 공의 고유한 성품이 없어서 유(有)로 되어 간다고 말하고 있다. 그리고 문증으로 열반경(涅槃經)의 말씀을 인용한다.

생각건대, 진여문은 본래 '이치의 세계'이다. 그렇기에, '모든 존재에는 영구불변한 성품이 없다'는 이치의 눈으로 공을 보면, 공도 그 고유한 성품이 없는 까닭에 공 그대로 유가 된다고 할 수 있다. 또한, 생멸문은 본래 '변화의 세계'이다. 그렇기에, 변화의 눈으로 보면, 유(有)에는 유의 고유한 성품이 없어서 공(空)으로 변화되는 것처럼, 공(空)에도 공의 고유한 성품이 없어서 유(有)로 변화된다고 할 수 있다.

---

11) "然此空空亦有二義 一者 有法性空 是空亦空 有之與空 皆不可得 如是空空 有眞如門 如大品經云 一切法空 此空亦空 是名空空 二者 猶如有無有性 故得爲空 是名曰空 如是空無空性 故得作有 是名空空 如是空空 在生滅門 如涅槃經云 …… 如是空空 十住菩薩 尙得少分 如毫釐許 何況餘人."

이와 같이, '이치의 시각'으로 보면, 유는 동시에 공이 되고 공은 동시에 유가 되는 까닭에 서로 다르지 않으며, '변화의 시각'으로 보면, 유는 곧 공으로 변화되고 공은 곧 유로 변화되는 까닭에 서로 다르지 않다는 것이다. 원효의 설명을 듣고 있노라면, "어찌하여 불보살이 여러 경론에서 공과 다르지 않는 유를 논하고 유와 다르지 않는 공을 논하고 있는가?"에 대한 근본적인 이유를 짐작하게 된다.

3. 문제의 발생-결과

위에서 살펴본 바와 같이, 유설 등의 총4설은 원래 각각 '증익 등 4개의 문제점'을 가지고 있었는데, 유는 공과 다르지 않다는 등의 이유에 의해서 그러한 문제가 모두 해결되었다고 한다. 그리고 이러한 문제가 해결되기 때문에 위의 총4설은 모두 성립되어 회통된다고 말하고 있다. 여기에서, 우리는 '증익 등 4개의 문제점'이라는 것이 구체적으로 무엇을 말하는지 궁금하지 않을 수 없다.

이 점과 관련된 원효의 저서를 찾아본다. 『무량수경종요』「약인분별(約人分別)」에 보면, "부처님의 지혜란, 현상계의 온갖 존재에 대해서, 있다거나 없다거나 하는 극단적인 생각을 떠나고 그 중간에도 집착하지 않는 것이다"라는 말씀이 등장한다.(한불전1, 561상)[12] 그런데, 중생들은 어리석어서 이러한 부처님의 지혜를 얻지 못하여, 다음과 같은 의혹을 일으키게 된다고 한다.

① "물건을 저울에 달아 볼 때, 물건이 무거우면 내려가고, 물건이 가벼우면 반드시 올라간다. 그런데 만일, '가벼워도 올라가지 않고, 무거워도 내려가지 않는다'고 말한다면, 이런 말은 말만 있을 뿐 의미가 없는 것이니, 인연으로 생기는 법은 다 그러한 줄 알아야 한다. 만일 진실로

---

12) "第二疑者 謂疑妙觀察智 所觀之境 如同經中歎佛智云 妙觀察諸法 非有非無 遠離二邊 而不著中."

없는 것이 아니라고 말하면 곧 있다는 것에 떨어지고, 만일 있는 것이 아니라고 말하면 곧 없다는 것이 된다.

② 그런데도 만일 '없는 것이 아니면서 있는 것도 될 수 없다', 혹은, '있는 것도 아니면서 없는 것에 떨어지지 않는다'고 하면, 그것은 곧 무거우면서 내려가지 않고 가벼우면서 올라가지 않는 것과 같게 된다. 그러므로 이런 말은, 그저 말만 있을 뿐 실제로는 없는 것이다."(한불전1, 561상~중)13)

①에서 원효는, 어리석은 중생이 저울을 비유로 들어가면서 '있는 것도 아니고 없는 것도 아니다'는 중도의 논리를 공박하는 모습을 묘사하고 있다. 즉, 저울로 물건을 달 때, 물건이 무거우면 저울이 내려가고 물건이 가벼우면 저울이 올라간다. 이와 같이, 누군가 '없는 것이 아니다'라고 말하면 그 말은 곧 '있다'는 의미가 되고, '있는 것이 아니다'라고 말하면 곧 '없다'는 의미가 된다는 것이다.

②에서는, 그럼에도 불구하고, 누군가 '없는 것이 아니면서 있는 것도 될 수 없다', 혹은, '있는 것도 아니면서 없는 것에 떨어지지 않는다'고 말한다면, 이 말은 마치 저울을 달 때 '무거우면서 내려가지 않는다', 혹은, '가벼우면서 올라가지 않는다'라고 말하는 것과 같게 되어서 도저히 성립할 수 없다는 것이다. 이처럼, 이러한 말들은 그저 말로만 있을 뿐 실제로는 있을 수 없다는 것이다.

이와 같이, 원효는 부처님께서 중생들을 위해서 정성껏 말씀하신 중도의 논리에 대해서, 어리석은 중생들이 어이없게도 저울을 비유로 들어가면서 논박하려고 애쓰는 모습을 생생하게 보여주고 있다. 그렇게 묘사한 다음, 원효는 이와 같이 어리석은 생각을 가진 중생들이 마침내 다음과 같은 '4가지 잘못된 견해'에 떨어지게 된다는 점을 하나하나 설명해주고 있다.

---

13) "稱物之時 物重卽低 物輕必萩 若言輕而不萩 重而不低 如是說者 有言無義 因緣生法 當知亦爾 若實非無 便墮於有 如其非有 卽當於無 若言非無而不得有 非有而不墮無 卽同重而不低 輕而不萩 故知是說 有言無實."

① 혹 어떤 이는 다른 것들이 의지하고 있다는 생각에 집착하기에, 모든 것은 실제로는 있는 것이어서 없지 않다고 주장한다. 그리하여, '증익(增益)'이라는 극단에 떨어지게 된다.

② 또한, 어떤 이는 인연으로 생긴다는 생각에 집착하기에, 모든 것은 없는 것이어서 있는 바가 없다고 주장한다. 그리하여, '손감(損減)'이라는 극단에 떨어지게 된다.

③ 또한, 어떤 이는 세속적인 측면에서는 있는 것이지만 진실적인 측면에서는 없는 것이라고 헤아리기에, 양 극단을 모두 부담하는 주장을 한다. 그리하여, '상위(相違)'라는 극단에 빠지게 된다.

④ 또한, 어떤 이는 있는 것도 아니요 없는 것도 아니라고 헤아리기에, 다만 중간일 뿐이라는 극단에 집착한다. 그리하여, '우치(愚癡)'라는 극단에 떨어지게 된다.(한불전1, 561중)[14]

①에서 원효는, 이러한 어리석은 중생 중에는 '증익의 견해'에 빠지는 사람이 있다고 말한다. 즉, 어떤 사람들은 이 세상의 존재는, 다른 존재들이 이 존재들에 의지하고 있다는 생각을 가지고 있다. 그리하여 그들은 모든 존재가 '실제로 있다'고 주장하는데, 이것이 바로 '계속 늘어난다는 견해[增益]'가 된다고 한다.

②에서는, 어리석은 중생 중에는 '손감의 견해'에 빠지는 사람이 있다고 한다. 즉, 어떤 사람들은 이 세상의 모든 존재는 조건으로 인하여 잠시 발생할 뿐이라는 생각을 가지고 있다. 그리하여, 그들은 모든 존재가 '실제로 없다'고 주장하는데, 이것이 바로 '계속 줄어든다는 견해[損減]'가 된다고 한다.

③에서는, 어리석은 중생 중에는 '상위의 견해'에 빠지는 사람이 있다고 한다. 즉, 어떤 사람들은 이 세상의 모든 존재는 세속적으로 관찰하면 '있다'고 말할 수 있지만, 진실하게 관찰하면 '없다'는 생각을 가지고 있다.

---

14) "或執依他 實有不空 墮增益邊 或執緣生 空無所有 墮損減邊 或計俗有眞空 雙負二邊 墮相違論 或計非有非無 著一中邊 墮愚癡論."

그리하여, 이 세상의 모든 존재는 '있기도 하고 없기도 하다'고 주장하는데, 이것이 바로 '서로 어긋난다는 견해[相違]'가 된다고 말하고 있다.

④에서는, 어리석은 중생 중에는 '우치의 견해'에 빠지는 사람이 있다고 한다. 즉, 어떤 사람들은 이 세상의 모든 존재는 '있다'는 말씀도 옳지 않고 '없다'는 말씀도 옳지 않다는 생각을 가지고 있다. 그리하여, 이 세상의 모든 존재는 '있지도 않고 없지도 않다'고 주장하는데, 이것이 바로 '참으로 어리석은 견해[愚癡]'가 된다고 말하고 있다.

이와 같이, 원효는 공유에 집착하여 미혹에 빠진 어리석은 중생들이 빠진 4가지 잘못된 견해를 밝히고 있다. 이에 의하면, 증익이란 모든 존재가 실제로 있어서 계속 늘어난다는 견해이고, 손감이란 모든 존재가 실제로 없어서 계속 줄어든다는 견해이며, 상위란 유설과 공설을 모두 받아들여서 모순된 견해이고, 우치란 유설과 공설을 모두 받아들이지 않아서 극단적으로 어리석은 견해를 말하고 있다.

4. 미혹된 모습-원인

위에서 살펴본 바와 같이, 유설 등의 총4설은 원래 각각 '증익 등 4개의 문제점'을 가지고 있었는데, 유는 공과 다르지 않다는 등의 이유에 의해서 그러한 문제가 모두 해결되었다고 한다. 그리고 이러한 문제가 해결되기 때문에 위의 총4설은 모두 성립되어 회통된다고 말하고 있다. 여기에서, 우리는 "증익 등 4개의 문제점은 과연 무엇을 원인으로 해서 발생한 것인가" 에 대해서 궁금하게 된다.

물론, 증익 등의 문제는 중생들이 어리석어서 발생한 것일 것이다. 그래서 질문을 조금 수정하여, "어느 점에 대해서 중생들이 어리석기에, 증익 등의 문제가 발생한 것일까?"로 해보자. 이 점에 대해서 생각할 때, 『범망경보살계본사기』「방삼보계(謗三寶戒)」에 보면,[15] 부처님께서는

---

15) 『범망경보살계본사기』에 대해서는 원효의 진찬 여부에 대해서 논의가 진행 중에 있다. 손영산, 「『범망경보살계본사기권상』 원효 진찬여부 논쟁에 관한 재고」,

중생에게 공(空)과 유(有)를 말씀하실 때, 독특한 방식을 사용한다는 내용이 등장한다. 먼저, 다음의 인용문을 살펴보자.

① 무(無)의 개념을 얻을 수가 없기 때문에 유(有)가 된다고 설명하였지만, 유(有)의 개념도 얻을 수 없기 때문에 유(有)가 된다고 설명하신 것이다. 그러니, 실제(實際)는 변화시키지 않은 채 제법(諸法)을 세우신 것이다.

② 또한, 여래께서 제법은 공(空)하다고 말씀하신 것은, 유(有)의 개념을 얻을 수 없기 때문에 공(空)이라고 설명하셨지만, 공(空)의 개념 또한 얻을 수 없기 때문에 이름을 공(空)이라고 하신 것이다. 그러니, 가명(假名)을 무너뜨리지 않은 채 실상(實相)을 설명하신 것이다.(한불전1, 603상)16)

①에서 원효는, 부처님께서 공유를 말씀하실 때, 실제(實際)를 변화시키지 않고 제법(諸法)을 세우신다고 한다. 즉, 부처님께서, "이 세상의 모든 존재는 유(有)이다"라고 말씀하실 때, 그 '유(有)'는 단순히 무(無)가 아닐 뿐만 아니라, 유(有)도 아니라고 한다. 왜냐하면, 부처님께서는 실제를 변화시키지 않고 제법을 세우려는 의도를 가지고 계시기 때문이라고 한다.

②에서는, 부처님께서 공유를 말씀하실 때, 가명(假名)을 무너뜨리지 않은 채 실상(實相)을 설명하신다고 한다. 즉, 부처님께서, "이 세상의 모든 존재는 공(空)이다"라고 말씀하실 때, 그 '공(空)'은 단지 유(有)가 아닐 뿐만 아니라, 공(空)도 아니라고 한다. 왜냐하면, 부처님께서는 가명을 무너뜨리지 않고 실상을 설명하려는 의도를 가지고 계시기 때문이라고 한다.

중요한 것은, 말하는 방식 자체가 부처님과 중생은 다르다는 것이다.

『한국불교학』56(한국불교학회, 2008).

16) "以不得無相 故說爲有 而非得有相 故說爲有 是故不動實際 建立諸法 亦如來 說諸法空意者 不得有相 故說爲空 而非得空相 故說名爲空 是故不壞假名 而說實相."

중생들은 일단 실제를 변화시키고 나서 제법을 세우고, 가명을 일단 무너뜨리고 나서 실상을 설명하기 때문에, 공이 아닌 '유'를 말하고, 유가 아닌 '공'을 말한다. 하지만, 부처님은 실제를 변화시키지 않고 제법을 세우며, 가명을 무너뜨리지 않고 실상을 설명하기에, 공도 유도 아닌 '유'를 말하고, 유도 공도 아닌 '공'을 말씀하신다는 것이다.

또한, 『범망경보살계본사기』「방삼보계」에 보면, 위에서 제기한 "어찌하여 중생들은 이러한 미혹에 빠지게 되었을까?"에 대해서 대답하는 장면이 실제로 등장한다. 즉, 원효는 삼보를 비방하는 부류를 일천제인(一闡提人), 외도인(外道人), 이승인(二乘人), 대승인(大乘人)으로 구분하여 있는데, 이 중에서 대승인의 공유집착(空有執着)에 대해서 다음과 같이 말하고 있다.

① 대승에서는 공과 유에 관한 2가지 집착이 있다. 예를 들어서 그 뜻을 설명해 보면, 이제 말한 바와 같이, 스승과 부처가 무(無)가 아닌 관점[非無門]에 의지하여 임시로 '제법은 있는 것이다'라고 말하였는데, 이것을 놓고 말 그대로 그 뜻을 취한 까닭에 '진실로 있는 것이다'라고 헤아려 집착한다.
② 또한, 스승과 부처가 유(有)가 아닌 관점[非有門]에 의지하여 임시로 '제법은 없는 것이다'라고 말하였는데, 이것을 놓고 말 그대로 그 뜻을 취한 까닭에 '진실로 없는 것이다'라고 헤아려 집착한다.(한불전1, 602하~603상)[17]

①에서 원효는, 깊은 부처님의 말씀을 새겨서 듣지 않고 겉에 드러난 문자만을 보고 그 뜻을 취하기 때문에, 대승인들이 '유(有)'에 집착하게 되었다고 한다. 즉, 부처님께서 중도[非有非無]를 나타내는 데 있어서, 일단 비무(非無)의 관점에서 임시로 '모든 존재는 있는 것이다'라고 말씀하셨는

---

17) "大乘有空有二執 謂且擧事現其相者 今說計師人佛依非無門 而假說諸有故 如言取其義 故執計爲實有 亦依非有故 假說爲無."

데, 중생들은 부처님의 깊은 뜻을 헤아리지 못하고 문자에 얽매여 유론(有論)에 집착하게 되었다고 한다.

②에서는, 부처님의 말씀을 새겨서 듣지 않았기 때문에, 대승인들이 '공(空)'에 집착하게 되었다고 한다. 즉, 부처님께서 중도[非有非無]를 나타내는 데 있어서, 비유(非有)의 관점에서 임시로 '모든 존재는 없는 것이다'라고 말씀하셨는데, 어리석은 중생들은 부처님의 깊은 뜻을 헤아리지 못하고 겉으로 드러난 문자의 의미에만 얽매여 해석한 까닭에 공론(空論)에 집착하게 되었다고 설명하고 있다.

중요한 것은, 부처님은 어리석은 중생들에게 깊고 깊은 중도의 말씀을 하는 데 있어서 방편을 쓰셨다는 것이다. 즉, 일단 비무(非無)의 관점에서 임시로 유(有)를 말하고 비유(非有)의 관점에서 임시로 공(空)을 말씀하신 것인데, 중생들은 어리석어서 이러한 부처님의 깊은 의도를 파악하지 못하고 겉으로 드러난 문자에 얽매여 공과 유를 받아들였기에 마침내 공유에 집착하게 되었다는 것이다.

생각건대, 이 항목의 처음에 제기한 질문은, "어느 점에 대해서 중생들이 어리석기에, 증익 등의 문제가 발생한 것일까?"이었다. 그리고 그 대답은, 지금까지의 내용을 보아서, 부처님께서 방편으로 말씀하신 중도의 말씀을 어리석은 중생들이 알아듣지 못한 것이 그 원인으로 추정된다. 그런데, 『무량수경종요』「약인분별」에 보면, 이러한 추정을 더욱 확실히 해주는 문장이 있다.

석론(釋論)에서 이른 바와 같이, '있는 것도 아니요 없는 것도 아니다'라는 말은 (어리석은 중생들에게는) 곧 우치론(愚癡論)이 되어버리게 된다. 이와 같이 삿된 소견으로 헤아리는 고집을 치료하기 위하여 (부처님께서는) 무어라고 이름 짓기 어려운 지혜를 내세운 것이다. (그런데) 모든 존재는 너무 깊어서 말을 여의고 사고를 단절시키며 헤아리거나 생각할 수 없다. 이와 같이 모든 존재를 드러내기 위해서, 단지 그 뜻을 취해서 말로 표현한 것일 따름이다.(한불전1, 561중)[18]

이 글에서 원효는, 중생들이 우치론으로 알아듣는 그 말은, 중생들이 잘못된 견해에 집착하는 것을 치료하기 위해서 부처님께서 하신 말씀이라고 한다. 즉, 모든 존재의 성품에 관한 것은 오직 부처님의 지혜로나 알 수 있고 언어로 표현하기 어려운 것이다. 그럼에도 불구하고 부처님께서는 중생들을 위해서 '있는 것도 아니고 없는 것도 아니다'라고 하였으니, 중생들은 그 뜻을 새겨서 들어야 한다고 말한다.

중요한 것은, 모든 존재의 성품에 관한 내용은 우리같이 어리석은 중생에게는 너무나 파악하기 어려운 내용이고, 오직 부처님의 훌륭한 지혜만으로 그것을 알 수 있다는 것이다. 그리고 부처님은 자신이 파악한 그 내용을 중생들을 위해서 중생들이 사용하는 언어를 임시로 빌려서 '있는 것도 아니고 없는 것도 아니다'라는 표현을 하셨다는 것이다.

생각건대, 모든 존재의 성품에 관한 부처님의 말씀은 원래 '말을 여의고, 사고를 단절시킨다'고 하였으니, 언어와 사고에 얽매여 사는 중생들에게 이러한 부처님의 말씀을 받아들이는 것이 얼마나 힘든 일인지 짐작하게 해준다. 그렇다고 보면, 공(空)과 유(有)에 관한 부처님의 말씀에서 그 진실된 의도를 파악하지 못한 결과, 증익, 손감, 상위, 우치와 같은 4가지 문제가 발생한 것이라고 보아야 할 것이다.

제3절 보충설명

「공유화쟁문」 잔간에 드러난 바와 같이, 원효는 "유는 공과 다르지 않다"는 점을 근거로 하여 4가지 의견이 모두 옳다고 회통하고 있다. 그런데, 공설과 유설이 치열하게 다투고 있는 이 엄중한 상황에서 이렇듯 간단한 말 몇 마디로 과연 양설을 충분하게 납득시킬 수 있을 것인가? 아마도 쉽지 않을 것이다. 그리하여, 이 점에 대한 '보충설명'을 계속

---

18) "如釋論云 非有非無 是愚癡論故 爲治此等邪稱量執 是故安立不可稱智 欲顯諸法甚深 離言絶慮 不可尋思稱量 如言取義."

하고 있는 것을 우리는 나머지 잔간에서 볼 수 있다.

한편, 『십문화쟁론』 연구자 중에는, 일반적으로 「공유화쟁문」의 잔간으로 알려진 제9매와 제10매의 잔간에 대해서, 이들은 「공유이집화쟁문」과 「삼성이의화쟁문」이라는 2개문의 일부분들로 이루어져 있다고 주장하는 학자도 있다.[19] 그러니까, 아래에 말하고 있는 '둘째 대답부터 잔간의 마지막까지'는, 「공유이집화쟁문」의 내용이 아니라 「삼성이의화쟁문」의 내용이라는 것이다.

필자가 보기에는, 둘째 대답부터 잔간의 마지막까지에 소위 '삼성론'이 등장하고 있기 때문에 그러한 주장이 나왔을 것이라고 추측한다. 하지만, 내용을 자세히 살펴보면, 둘째 대답부터 잔간의 마지막까지는, 원효가 공유논쟁을 근본적으로 화쟁하기 위해서, 삼성론에 나오는 의타기성, 변계소집성 등을 '허공'과 '허공에 수용된 것'에 비유하면서 설명하고 있는 장면으로 보아야 한다고 생각한다.

1. 질문

「공유화쟁문」의 잔간을 살펴본다. 위에서 자세히 살펴보았던 '주요평결'의 내용 중에서, 양설을 회통하는 가장 중요한 이유는 '공(空)과 유(有)는 서로 다르지 않다'는 것이다. 이에 대해서, 이제 가상의 질문자는 원효에게 "공과 다르지 않은 유가 어떻게 있을 수 있는가?"라는 의미심장한 질문을 한다.

묻는다. 비록 증언을 하여 모든 방해와 비난을 떠나려고 하지만, 말 속에 담긴 뜻은 더욱 알 수 없다. 말한 대로 그 '유(有)가 공(空)과 다르지 않다'는 것은, 여기에 인용된 비유로는 근본이유를 아직 이해하지 못하겠다. 왜냐하면, 만일 진실로 이것이 유(有)라면 곧 무(無)와 다른 것이니,

---

19) 이정희, 「『십문화쟁론』과 관련된 몇 가지 문제점」, 『한국불교학』 별집(한국불교학회, 2008), pp.334~336.

비유하면 소뿔은 토끼뿔과 같지 않은 것과 같다. 만일 공(空)과 다르지 않다면 반드시 이것은 유(有)가 아니니, 비유하면 토끼뿔이 공(空)과 다름이 없다. 이제 이것은 유(有)이면서 공(空)과 다르지 않다고 말하는 것은, 세상에 비슷한 예가 없으니 어떻게 성립할 수가 있겠는가? 가령 그와 같은 비유가 있어서 공(空)과 다르지 않다고 내세운다면, 앞에 것에 견주어 보면 부정(不定)의 과실이 성립될 것이다.(한불전1, 838상~중)[20]

이 글에서, 가상의 질문자는, '공(空)과 다르지 않은 유(有)는 있을 수 없다'는 요지로 원효의 평결에 의문을 제기하고 있다. 즉, 만일 진실로 이것이 유(有)라면 곧 무(無)와 다른 것이니, 비유하면 소뿔은 토끼뿔과 같지 않은 것과 같다. 그런데, '유(有)와 무(無)가 다르지 않다'는 말씀은 세상에 어떤 것으로도 비유할 것이 없으니, 그 말씀이 성립할 수 없는 것 아닌가? 하며 의문을 제기한 것이다.

이러한 가상 질문자의 날카로운 문제제기에 대해서, 원효는 다소 긴 대답을 「공유화쟁문」의 잔간에 남기고 있다. 대답은 내용상 모두 4부분으로 나누어질 수 있는데, 아래에서 하나하나 살펴본다.

2. 대답

1) 대답준비

대답의 첫째 부분에서는 질문자의 질문에 문제가 있음을 지적하며, 앞으로 본격적으로 전개할 대답을 위한 준비를 하고 있다.

답한다. 네가 비록 교묘한 방편으로 여러 방해와 비난을 제기하였으나, 직접 비난한 언설은 뜻에 어긋나지 않고 인용된 비유는 모두 성립하지

---

20) "問 雖說徵言離諸妨難 言下之旨彌不可見 如言其有不異於空 此所引喩本所未解 何者 若實是有則異於無 喩如牛角不同兎角 若不異空定非是有 喩如兎角無異於空 今說是有而 不異空 世間無類如何得成 設有同喩立不異空 由前比量成不定過."

않는다. 왜냐하면, 소뿔은 유(有)가 아니고 토끼뿔은 무(無)가 아니기 때문이며, 그대에 의해서 취해진 것과 같은 것은 단지 명언(名言)일 뿐이기 때문이다. 나는 언설에 의지하여 언설을 떠난 법을 보여주고자 한 것이니, 마치 손가락에 의지하여 손가락을 떠난 달을 보여 주는 것과 같다. 너는 이제 직접적으로 말과 같이 뜻을 취하고, 말하기 좋은 비유를 들어 언설을 떠난 법을 비난하는데, 그것은 다만 손가락 끝을 보고 달이 아니라고 문책하는 것과 같다. 그러므로 문책과 비난이 더욱 정교할수록, 이치는 더욱 멀리 잃게 될 따름이다.(한불전1, 838중)[21]

이 글에서 원효는 질문의 내용이 명백히 잘못되었음을 지적해 주고 있다. 즉, 질문자는 '공(空)과 다르지 않은 유(有)는 있을 수 없다'는 취지의 의문을 제기하기 위해서 비유를 들었는데, 그 비유에 문제가 있다는 것이다. 질문자는 소뿔이 유(有)에 해당하고, 토끼뿔이 무(無)에 해당한다고 하였는데, 원효는 소뿔과 토끼뿔은 자신이 말하고자 하는 유(有)와 무(無)에 해당하지 않는다고 말하고 있다.

다시 말해서, 원효의 본래 의도는 마치 손가락에 의지하여 손가락을 떠난 달을 보여주려고 하는 것처럼, 언설에 의지하여 언설을 떠난 법을 보여주려고 한 것이었다. 그런데, 질문자는 마치 손가락 끝만 보고 달이 아니라고 문책하는 것처럼, 유(有)와 무(無)에 담긴 그 뜻을 새기지 않고 그 말을 그대로 받아들여서 소뿔과 토끼뿔과 같은 비유를 함으로써 원효의 본래 의도를 왜곡하고 있다는 것이다.

중요한 것은, 원효가 질문자를 일깨우기 위해서 비유한, '마치 손가락으로 달을 가리키는 것'이라는 표현은, 참된 이치는 겉으로 드러난 언어의 1차적인 의미에 있는 것이 아니라 깊게 감추어진 언어의 2차적인 의미에 있다는 것이다. 이러한 원효의 대답에서, 우리는 원효가 앞으로 유(有)와

---

21) "答 汝雖巧便設諸妨難 直難言說不反(合)意旨 所引譬喻皆不得成 何以故 牛角非有兔角不 無故 如汝所取但是名言故 我寄言說以 示絕言之法 如寄手指以 示離指之月 汝今直爾如言 取義 引可言喻難離言法 但看指端責其非月 故責難彌精 失理彌遠矣."

무(無)에는 보통사람들이 이해하기 어려운 깊은 의미가 있다는 것을 암시하고 있는 것을 알 수 있다.

2) 이유제시

대답의 둘째 부분에서는, 원효가 비유를 들어서 어째서 공(空)과 유(有)는 서로 다르지 않다는 것인지 그 '이유'를 제시하고 있다. 이 부분은 대답 중에서 내용상으로 가장 중요한 부분이라고 할 수 있다.

> 그러나 이제, 부처님께서 말씀하신 언설을 떠난 비유를 다시 인용하고자 한다. 비유하면, 마치 허공은 온갖 것을 수용하는데, 거기에는 길고 짧은 형태와 구부리고 늘리는 작용이 있다. 만약 어느 때에 모든 형태와 작용을 제거하면, 무색(無色)의 허공이 그대로 드러난다. 말하자면, 1장(丈)의 나무를 제거하면 1장의 허공이 드러나고, 1척(尺)의 나무를 제거하면 1척의 허공이 드러나며, 구부러진 것을 제거하면 그만한 허공이 드러나고, 펴진 것을 제거하면 그만한 허공이 드러난다. 이 드러난 허공이 길어지거나 짧아진 것처럼 보이는 것은 언설을 떠난 것이라는 것을 마땅히 알아야 한다.(한불전1, 838중)[22]

이 글에서, 원효는 앞으로의 설명을 위해서 비유를 제시하고 있다. 즉, '허공'과 '허공에 수용된 것'이라는 비유를 들고, 앞으로 이 비유에 빗대어 공과 유의 올바른 관계를 설명하려고 하고 있다. 그러니까, '허공'은 온갖 것을 수용하고, '허공에 수용된 것'은 길고 짧은 형태와 구부리고 늘리는 작용이 있다. 그런데, 만약 모든 형태와 작용을 제거하면, 아무런 형상과 작용이 없는 '허공'이 드러나게 된다고 한다.

---

22) "然今 更引聖說離言之喩 喩如虛空容受一切 長短等色屈申等業 若時除遣諸色色業 無色虛
空相似顯現 謂除丈木處卽丈空顯 除尺木處卽尺空顯 除屈屈顯除申申顯等 當知卽此顯現
之空 似長似短離言之事."

이와 같은 허공의 일은 주어진 상황에 따른 것이니, 앞에서 수용한 길고 짧은 형태가 그것이다. 그러나 수용된 형태는 허공과는 다르니, 범부가 삿된 상상과 분별로 취해진 것이기 때문이다. 비유하자면, 변계소집(遍計所執)된 제법(諸法)이 비록 있는 바가 없다고 하지만 공(空)과는 다르다고 생각하기 때문이다. 수용한 일은 허공과 다르지 않으니, 모든 범부의 분별로는 완전히 이해하지 못하기 때문이다. 비유하자면, 마치 의타기상(依他起相)의 제법(諸法)이 비록 진실로 유(有)이지만 공(空)과 다르지 않기 때문이다.(한불전1, 838중)[23]

이 글에서, 원효는 이제 비유에 기대어 참된 이치를 설명하고 있다. 즉, 허공은 '의타기상(依他起相)'을 비유한 것이고, 허공에 수용된 것은 '변계소집상(遍計所執相)'을 비유한 것이다. 그런데, '허공에 수용된 것'과도 같은 '변계소집상'은 실제로는 무(無)이지만, 범부들은 공(空)이 아닌 것처럼 착각한다고 한다. 그리고 '허공'과도 같은 '의타기상'은 '실제로는 유(有)이지만, 공(空)과 다르지 않다'고 말한다.

또 저 변계소집자성(遍計所執自性)은, 의지하는 곳 없이 스스로 성립하는 것이 아니라, 의타기상(依他起相)을 의지하여, 변계소집(遍計所執)이 바야흐로 성립하게 된다. 비유하면, 마치 허공이 말을 떠나서, 그 대응하는 곳의 인연을 따라서 제색(諸色)을 수용하는 것과 같다. 보살이 만일 망상분별(妄想分別)을 여의어서, 변계소집상(遍計所執相)을 제거할 때, 문득 말을 떠난 법을 현조(現照)하게 된다. 그 때에, 제법(諸法)의 말을 떠난 모습이 드러나게 되니, 비유하면 마치 모든 색상(色相)을 제거할 때, 그곳에 색(色)을 여읜 허공이 드러나는 것과 같다. 이와 같은 비량(比量)의 도리에 의하여, 제법(諸法)이 다 허공과 같다는 것을 마땅히 알아야 한다.(한불전1, 838중~하)[24]

---

23) "如是空事隨其所應 前時容受長短等色 然所容受色異於虛空 凡夫邪想分別所取故 喩遍計所執諸法 雖無所有而計異空故 能容受事不異虛空 非諸凡夫分別所了故 喩依他起相諸法 雖實是有而不異空故."

이 글에서, 원효는 비유를 통해서 궁극적으로 말하고자 하는 '이언(離言)의 실상(實相)'을 펼쳐 보이고 있다. 즉, 변계소집자성(遍計所執自性)은 스스로 성립하는 것이 아니라, 의타기상(依他起相)을 의지하여 바야흐로 성립하게 되는데, 보살이 망상분별을 여의어서, 변계소집상을 제거할 때, 바야흐로 '말을 떠난 참모습[離言實相, 圓成實相]'이 드러나게 된다고 한다.

중요한 것은, 원효가 의타기성과 원성실성을 허공에 비유하였고, 이 비유를 바탕으로 의타기성과 원성실성이 "진실로 유(有)이지만 공(空)한 것과 다르지 않다"고 설명하고 있다는 점이다. 원효의 이 말은, 언뜻 보면 평범해 보이지만, 대승불교의 '공유논쟁'에 관한 역사를 되돌아볼 때, 공유 양론을 화해하는 매우 의미심장한 언급이라는 것을 알게 된다.

생각해 보면, 대승불교의 공유논쟁은, 중관학파측의 청변(Bhāvaviveka : 490~570)과 유식학파측의 호법(530~561)이 서로 다른 견해를 제시하면서 비롯되었다. 의타기성과 원성실성에 대해서, 청변은 궁극적 견지에서 이들은 모두 실재하지 않는다[空]고 주장한 반면, 호법은 모두 실재한다[有]고 주장하였다. 인도에서의 이러한 논쟁이 현장과 그 제자들을 통하여, 동아시아에서는 '공유논쟁'으로 알려지게 되었다.

공유논쟁은, 불교의 근본사상에 대한 이해가 부족해서 생긴 것이어서, 이것은 소모적인 논쟁에 불과하다는 시각이 있다. 또한, 원래 인도에서의 공유논쟁은 대승불교의 사상이 완숙기에 들어간 시기에 이제설과 삼성설을 학파적인 입장에서 정리해야 할 필요성에서 발생한 긍정적인 논쟁인데, 중국으로 넘어오면서 법상종, 특히 자은종의 영향으로 부정적인 시각이 생겼다고 보는 학자도 있다.[25]

현장보다 17년 이후에 태어난 원효는, 중국으로부터 들어온 불교전적을

---

24) "又彼遍計所執自性 非無所依獨自成立 依他起相爲所依止 遍計所執方得施設 喩如虛空離言之事 隨其所應容受諸色 菩薩若離妄想分別 除遣遍計所執相時 便得現照離言之法 尒時 諸法離言相顯 喩如除遣諸色相時 隨其除處離色空顯 由如是等比量道理 應知諸法皆等虛空."

25) 이현옥, 「대승공유논쟁의 진실과 허상-논쟁의 사상적 배경을 중심으로」, 『인도철학』 12-1(인도철학회, 2002), pp.181~183.

접하는 과정에서 아마도 이러한 사정에 대해서 알게 되었으며, 그 해결방안을 위해서 나름대로 고민하였을 것이다. 그 결과, 위 인용문에서 보는 바와 같이, "의타기성과 원성실성이 진실로 유(有)이지만 공(空)한 것과 다르지 않다"는 결론에 이르렀고, 자신의 이러한 생각을 '허공'이라는 비유를 통하여 명쾌하게 설명하고 있는 것이다.

3) 문증제시

대답의 셋째 부분에서, 원효는 문증을 제시하며 본 주제와 관련된 내용을 계속해서 설명하고 있다.

> 이것은 마치 『금고경(金鼓經)』에서, "만약 그것을 '다르다'고 말한다면, 일체 모든 부처님과 보살님들께서 행하시는 모습은 바로 집착이라고 말하는 것이 되어 버린다. 왜냐하면, 일체의 성인(聖人)은 행하시거나 행하시지 않거나 모두 지혜를 바탕으로 행하시기에 다르지 않기 때문이다. 그러므로 오음(五陰)은 인연을 쫓아 생기지 않기에 유(有)가 아니고, 오음(五陰)은 성인의 경계에 불과하기에 유(有)가 아닌 것도 아니다. 이것은 언어로써 능히 미칠 바가 아니다"고 한 것과 같다.(한불전1, 838하)[26]

이 글에서 원효는, 『금고경(金鼓經)』의 말씀을 문증으로 제시하고 있다. 즉, 『금고경』에서는, 모든 성인은 분별을 여읜 지혜를 바탕으로 행위를 하거나 하지 않거나 하시기 때문에, 공(空)와 유(有)가 서로 다르지 않다고 것이다. 그렇기 때문에, '오온'이라는 것 자체도 있는 것도 아니고 있는 것이 아닌 것도 아니어서 언어로 미칠 바가 아니라고 하였다고 한다.

여기에서, 『금고경』은 『금광명경』이라고도 불리는 경전으로 중관사상이나 유식사상 경론보다는 조금 늦게 등장한 경전이다. 여기에서는 인용문

---

26) "如金鼓經言 若言其異者 一切諸佛菩薩行相 則是執着 何以故 一切聖人 於行非行法中 同智慧行 是故不異 是故五陰非有 不從因緣生 非不有 五陰不過聖境界故 非言語之所能 及."

에서 보는 바와 같이 중관사상에서 주로 주장하는 '공(空)'과 유식사상에서 주로 주장하는 '유(有)'가 서로 복합적으로 나타나고 있다. 즉, 이 세상의 모든 존재를 말하는 '오온'이라는 것도 공유를 초월하는 것이어서 언어로 미칠 수가 없다고 말하고 있다.

> 『혜도경(慧度經)』에서 이르기를, "비록 생사의 길이 길고 중생의 성품이 다양하지만, 생사의 길의 끝은 허공과 같고, 중생의 성품의 끝 또한 허공과 같다"고 하였다. 『중관론(中觀論)』에서 이르기를, "열반의 실제와 세간의 실제, 이와 같은 이제(二際)가 조금도 다름을 허용하지 않는다"고 하였다. (한불전1, 838하)[27]

이 글에서 원효는, 『혜도경(慧度經)』, 『중관론(中觀論)』과 같은 중관사상 관련 경론을 문증으로 제시하고 있다. 즉, 『혜도경』에서는 생사의 길의 끝도 허공과 같고, 중생의 성품의 끝도 허공과 같다고 하였다고 말한다. 또한, 『중관론』에서는 깨달음의 세계인 열반의 실제와 미혹함의 세계인 세간의 실제가 터럭만큼도 다름이 없다고 하였다고 말한다.

여기에서, 『혜도경』은 『대혜도경』 즉, 『반야경』을 가리키는 것이어서 중관사상의 소의경전이다. 이 『반야경』에서는 생사의 길의 끝도 중생의 성품의 길의 끝도 모두 허공과 같다고 하였는데, 이 '허공과 같다'는 것이 바로 공(空)을 말하는 것이다. 즉, 중관사상 계통 경론에서는 유식사상에 말하는 변계소집성이니 의타기성이니 하는 구별이 없이 모두 '공(空)'이라고 말하고 있는 것이다.

> 『유가론(瑜伽論)』에서 이르기를, "만일 여러 중생이 부처님께서 설한 깊은 공성(空性)에 상응하는 경전에서 밀의(密意)를 이해하지 못하면, 이 경 중에서, '일체법이 모두 자성(自性)이 없고 모두 유(有)가 없고 생멸이

---

27) "慧度經言 雖生死道長 衆生性多 而生死邊如虛空 衆生性邊亦如虛空 中觀論云 涅槃之實際 及與世間際 如是二際者 無毫釐許異."

없으며, 일체법이 모두 허공과 같고 모두 환몽(幻夢)과 같다'고 설하는 것을 듣고, 마음에 놀랍고 두려움을 느껴 이 경전을 비방하며, '부처님의 말씀이 아니다'라고 말한다. 보살은 그들을 위하여 도리에 따라 회통하고, 실상(實相)에 따라 화회(和會)하며, 그 유정(有情)을 포섭(包攝)한다. 그들을 위해서, 이 경은 일체 모든 법이 있는 바가 전혀 없다고 설하지 않고, 다만 모든 법에 이른바 자성(自性)이 있는 바가 전혀 없다'고 설한다.(한불전1, 838하)[28]

이 글에서 원효는, 또한 『유가론』과 같은 유식사상 관련 경론을 문증으로 제시한다. 즉, 『유가론』에서는, 만약 중생이 부처님께서 말씀하신 깊은 공성(空性)을 담은 경전에서, '일체법이 다 자성이 없고 허공과 같다'는 말씀을 듣고, 두려워하여, '이 경전은 불설이 아니다'라고 비방한다면, 보살은 그들을 이해시키기 위하여 이 경에서 일체법이 도무지 없다는 것이 아니라, 자성(自性)이 없다고 설한다는 것이다.

여기에서, 『유가론』은 유식사상의 중심경론에 해당한다. 이 경론은 그 이전에 있었던 중관사상 경론의 문제점을 극복하기 위해서 등장하였다고 말하고 있다. 즉, 중관사상 경론에서는 일체 모든 존재가 허공과 같다고 하여 중생들이 두려움에 떨고 있는 것을 보고, 미혹한 중생들에게 알려진 변계소집성이 없다는 것이지 미혹을 벗어난 성인들에게 알려진 의타기성(원성실성)은 있다고 말했다는 것이다.

4) 추가설명

대답의 넷째 부분에서, 원효는 바로 위에서 제시한 문증의 내용을 바탕으로 해서, 그 앞에서 설명하였던 '공(空)과 유(有)는 다르지 않다'는 말씀의

---

28) "瑜伽論云 若諸有情 於佛所說 甚深空性 相應經典 不解密意 於是經中 說一切法 皆無自性 皆無有事 無生無滅 說一切法 皆等虛空 皆如幻夢 彼聞是已 心生驚怖 誹謗此典 言非佛說 菩薩爲彼 如理會通 如實和會 攝彼有情 爲彼說言 此經不說 一切諸法 都無所有 但說諸法 所言自性 都無所有."

이유를 다시 한 번 설명해 주면서 「공유화쟁문」을 마무리 하고 있다.

　　비록 모든 말씀으로 설해진 것이 있어서 그들이 의지하는 까닭에,
모든 언사가 전전하고 있다. 하지만, 그러나 그들이 설하거나 설하여진
자성(自性)이라는 것도, 제일의(第一義)에 의거하면 자성이 아닌 것이다.
비유하면, 허공 중에 다양한 색(色)과 색업(色業)이 있고, 모든 다양한
색과 색업을 수용할 수 있는 것과 같다. 허공이라고 말하는 것 중에는
현실적으로 여러 종류가 있어서, 가고 오며, 굽히고 펴는 것 같은 등의
일이 있다. 만약, 그 때에 여러 색과 색업을 모두 다 제거해 버리면,
바로 그 때에는 색(色)의 성품이 사라지고 청정한 허공과 같은 모습이
드러난다. 이와 같이 허공과 같은 모습에서는 언설로 이루어진 일들은
떠난다. 그 여러 가지 언설에 의하여 만들어진 삿된 망상과 분별심은,
희론의 집착에 따라가는 것이고 색업(色業)에 의하여 전변(轉變)한 것과
같다.(한불전1, 839상)29)

　　이 글에서, 원효는 미혹에 빠져있는 중생들에게 알려진 자성이라는
것은 실제로는 없다는 것을 다시 비유로 설명하고 있다. 즉, 위에서 '자성'을
설할지라도 제일의(第一義)에서 보면 자성이 아닌 것이라고 한다. 그리고
이것은 마치 허공에 다양한 색(色)과 색업(色業)이 있는데, 그 색과 색업을
제거하면 청정한 허공의 모습이 드러나고 동시에 색의 성품은 사라지고
마는 것과 같다고 설명한다.
　　여기에서, 원효가 말하려고 하는 것은 소위 '변계소집성'이라는 것은
'실제로는 공(空)하다'는 것이다. 마치 허공에 다양한 형상과 그 형상이
짓는 다양한 작용이 있어서 중생들의 마음을 붙잡고 있지만, 이들은 중생들

---

29) "雖有一切 所言說事 依止彼故 諸言說轉 然彼所說可說自性 據第一義 非其自性 譬如空中
有衆多色色業 可得容受 一切諸色色業 謂虛空中現有種種 若往若來屈申等事 若於爾時
諸色色業皆悉除遣 卽於爾時唯無色性 清淨虛空相似顯現 如是卽於相似虛空 離言說事
有其種種 言說所作 邪想分別 隨戲論着似色業轉."

이 여러 가지 언설에 의하여 만들어진 삿된 망상과 분별심으로서, 그저 희론의 집착에 따라가는 것이고 색업(色業)에 의하여 전변(轉變)한 것과 같을 따름이라는 것이다.

　　또한 이와 같은 일체의 언설은, 삿된 망상과 분별심에 의하여 희론에 집착하여 따라가는데, 이것은 다양한 색업(色業)과 같고 모두 이것은 허공과 같아서, 언설을 떠남으로써 수용되는 것이다. 만약 이때에 보살이 묘성지(妙聖智)로 일체의 언설에 의하여 일어나게 되는 삿된 망상과 분별심이 희론에 집착하여 따라 가는 것을 제거하여 버린다면, 그 때, 보살은 최고로 뛰어난 성자(聖者)가 되어, 제법(諸法)이 언설을 떠나있고 오직 모든 언설의 자성은 드러난 자성이 아님을 증득하게 된다. 비유하건대, 마치 단지 허공의 청정한 모습이 나타나고, 또한 이것을 버리고 그 밖의 자성(自性)이 있지 않은 것과 같다. 마땅히 다시 생각해 보아야 하기 때문에 …… [應更尋思故 ……](한불전1, 839상)[30]

　이 글에서, 원효는 미혹을 벗어난 성인들에게 알려진 자성이라는 것은 실제로는 있다[有]는 것을 다시 비유로 설명하고 있다 즉, 만일 보살이 묘성지(妙聖智)로 일체의 언설, 망상분별로 희론에 따라서 집착하는 것을 여의면, 보살은 최승성자(最勝聖者)로서 모든 존재가 언설을 벗어나있다는 것을 증득하게 되는데, 이것은 마치 허공의 청정한 모습이 드러나는 것과 같다고 설명한다.
　여기에서, 원효가 말하고자 하는 바는 소위 '의타기성' 혹은 '원성실성'이라는 것은 '실제로는 유(有)하지만 공(空)과 다르지 않다'는 것이다. 즉, 보살이 훌륭한 지혜로 모든 망상분별을 여의면 모든 존재가 언설을 벗어나 있다는 것을 증득하게 되는데, 이것은 마치 어느 날 허공에 있는 다양한

---

30) "又卽如是一切言說 邪想分別隨戲論着 似衆色業皆是似空 離言說事之所容受 若時菩薩以 妙聖智 除遣一切言說所起 邪想分別隨戲論着 爾時菩薩最勝聖者 證得諸法離言說事 唯有 一切言說自性 非性所顯 喩如虛空淸淨相顯 亦非過此有餘自性 應更尋思故 ……"

형상과 그 형상이 짓는 다양한 작용이 사라지면 허공의 청정한 모습이 드러나는 것과 같다는 것이다.

이와 같은, 긴 설명을 마치고 원효는 독자들에게 마지막으로 당부의 말을 하고 있다. 즉, 잔간의 마지막 문장은, "마땅히 다시 생각해 보아야 하기 때문에…… [應更尋思故 ……]"라고 되어 있다. 이러한 문장을 쓴 이유는, 아마도 지금까지 설명한 이유로 유(有)는 공(空)과 다르지 않으니, 독자들은 지금까지 한 설명을 곰곰이 생각해 보라는 말로 글을 마무리하려는 것으로 생각된다.

제7장
불성 화쟁론

"누구나 노력하면 진리를 깨달아 영원한 안락을 누릴 수 있는가?" 아직 진리를 깨닫지 못한 우리들로서는 이것이 궁금하지 않을 수 없다. '우리처럼 죄 많은 사람들은 아무리 수행하여도 마침내 진리를 깨달을 수 없는 것인가?' 아니면, '사람이면 누구나 정진하여 언젠가는 영원한 안락을 누릴 수 있는 것인가?' 생각에 생각을 거듭하여도 참으로 궁금하지 않을 수 없다.

예로부터, 이 질문에 대해서 대승불교학에는 서로 상반되는 대답이 있어왔다. 유식법상종에서는 소위 '오성각별설'을 주장하며 "일부 중생들은 진리를 깨달을 수 있는 능력이 없다"고 주장하였다.[1] 반면, 여래장사상 계통의 경론에서는 "일체 모든 중생들은 다 진리를 깨달을 수 있는 능력이

---

1) 五姓各別說에서 말하는 '오성'이란, 보살정성, 연각정성, 성문정성, 삼승부정성, 무성유정의 다섯 가지 종성을 말한다. 첫째, 보살정성은 원래부터 부처가 되는 無漏種性을 갖추고 있고, 둘째, 연각종성은 본래부터 연각이 되는 결정성을 가지고 있으며, 셋째, 성문종성은 본래부터 성문밖에 되지 않는 결정성을 지니고 있고, 넷째, 삼승부종성은 보살, 연각, 성문의 삼승으로 결정되어 있지 않으며, 다섯째, 무성유정이란 삼승의 종자가 없으며 일체 선근을 끊어버렸기 때문에 삼승의 과보를 얻지 못한 중생을 말한다.

있다"고 주장하였다. 과연 누구의 주장이 옳은 것일까?

본장에서는 그 대답을 원효로부터 들어보고자 한다. 원효는 자신의 대답을 『십문화쟁론』의 「불성화쟁문」에 체계적으로 서술하고 있다. 비록, 오늘날 「불성화쟁문」이 불완전한 상태로 남겨져 있기는 하지만, 본장에서는 본문의 잔간을 중심으로 살펴보고자 한다. 그리고 누락된 부분에 대해서는 원효의 다른 저서에 서술한 것과 다른 분이 「불성화쟁문」의 내용을 인용한 것 등을 참고하여 추정해 보려고 한다.

「불성화쟁문」에 담겨있는 내용을 본격적으로 살펴보기에 앞서서, 「불성화쟁문」에 대해서 미리 간단히 점검할 것이 2가지 있다. 첫째, "불성화쟁문」은 『십문화쟁론』에서 몇 번째로 등장하는가?"에 대해서이다. 이 문제는 『십문화쟁론』의 전체적인 구조를 파악할 수 있다는 점에서, 그리고 「불성화쟁문」이 『십문화쟁론』에서 어떠한 위상을 갖는지를 파악하는 데 도움을 줄 수 있다는 점에서 중요할 수 있다.

그런데, 이 점을 생각하기 위해서는 잠시 짚고 넘어가야 할 것이 하나 있다. 바로, "『십문화쟁론』의 '십문(十門)'이 무엇을 의미하는가?"에 대해서이다. 이 점에 대해서는, 대체로 3가지 설이 있다. 조명기는 '십문'을 의미상 '여러 문[多門]'이라고 해석하였고[2] 이종익은 '십문'을 글자 그대로 '10가지 문[十門]'이라고 해석하였으며,[3] 고영섭은 '십문'의 실제 내용을 15 내지 16가지 문으로 보고 있다.[4]

이 점에 대한 필자의 견해는 앞서 '제6장 공유 화쟁론'에서 이미 밝힌 바 있다. 거기에서 서술한 바와 같이, 조명기의 주장과 고영섭의 주장에

---

2) 조명기, 「원효종사의 『십문화쟁론』 연구」, 『金剛杵』 22(조선불교동경유학생회, 1937), p.31.

3) 이종익, 「元曉의 十門和諍論 硏究」, 『元曉의 根本思想 : 十門和諍論硏究』(東方思想硏究院, 1977).

4) 고영섭, 「원효 『십문화쟁론』 연구의 지형도 : 조명기·최범술·이종익·이만용 복원문의 검토」, 『문학사학철학』 10(한국불교사연구소 발해동양학한국학연구원, 2007), pp.149~151.

대해서는 필자의 입장에서 받아들이기 어려운 몇 가지 문제점이 있었다. 그리하여 결국, 필자는『십문화쟁론』의 '십문(十門)'을 문자 그대로 '10가지 문'으로 해석하는 이종익의 설에 찬성하고 있다.

이제,『십문화쟁론』의 '십문'을 문자 그대로 '10가지 문'이라고 해석할 때, "「불성화쟁문」은『십문화쟁론』에서 과연 몇 번째로 등장하는가?"하는 문제를 생각해 보자. 이 점에 대해서, 이종익은「불성화쟁문」이『십문화쟁론』에서 제3문이 된다고 하고,[5] 이만용은「불성화쟁문」이 역시 제3문이 된다고 하며,[6] 오법안은「불성화쟁문」이 제2문이 된다고 한다.[7]

하지만, 아쉽게도 위의 주장들에서, 본문의 필연적인 순서를 추론한 것은 어디에도 없다. 이종익의 경우에는, '삼승일승화쟁문(三乘一乘和諍門)'이 총론일 것이라는 개인적인 견해를 가지고 나머지를 배열하는 과정에서 본문이 제3문으로 배정된 것이다. 이만용과 오법안의 경우에도,「불성화쟁문」이 반드시 제3문이나 혹은 제2문이 되어야 한다거나 그럴 것이라고 강하게 추정한 것도 아니다.

그렇다면, 이 문제에 대한 필자의 견해는 어떠한가? 필자는 앞서 '제6장 공유 화쟁론'에서「공유화쟁문」이『십문화쟁론』의 제1문으로서 총론에 해당한다고 밝힌 적이 있다. 즉, '원효저서의 일반적인 체계'나 '공유화쟁문의 구조'를 생각해 보거나, '공유논쟁의 중요성'이나 '원효가 공유논쟁에 임하는 태도'를 고려해 볼 때,「공유화쟁문」은 제1문일 것이라는 것이다.

위와 같은 필자의 추정이 사실과 부합한다고 가정한다면,「불성화쟁문」은『십문화쟁론』에서 몇 번째로 등장한 것이라고 보아야 하는가? 그것은 아마도『십문화쟁론』의 제2문에 해당한다고 보는 것이 합리적일 것이다. 그러한 추정은, 아래에서 보는 바와 같이, 잔간 제15매와 제16매가 '내용상'「불성화쟁문」의 중간부분에 해당한다는 점을 고려해 볼 때, 더욱 그러하다.

---

5) 이종익,「元曉의 十門和諍論 硏究」,『元曉의 根本思想 : 十門和諍論硏究』(東方思想硏究院, 1977).

6) 이만용,『원효의 사상』(전망사, 1983), pp.24~56.

7) 오법안,『원효의 화쟁사상연구』(서울 : 홍법원, 1989), pp.86~108.

둘째, "「불성화쟁문」은 어떠한 구조로 이루어져 있을까?" 본문의 일부만이 발견된 지금의 상황에서, 발견된 잔간만을 가지고 본문의 전반적인 구조를 논한다는 것은 불가능한 일이 될지도 모른다. 하지만, 본문의 구조를 추정하는 방법이 전혀 없는 것은 아니다. 원효의 다른 저서에 남겨져 있는 화쟁사례들에 담겨있는 구조를 참고한다면 이 의문에 어느 정도의 해답을 줄 수도 있다고 보기 때문이다.

원효가 남긴 저서들을 자세하게 살펴보면, 그는 화쟁을 일방적인 설명이나 단순한 논의를 하는 것 보다는, 논쟁과 화해라는 형식으로 전개한다는 것을 어렵지 않게 알 수 있다. 특정한 논점에 대해서 각설의 입장을 제시하고, 당사자인 것처럼 논쟁을 하며, 마지막에 가서는 마치 제3자가 판결하는 것처럼 원효 자신의 탁월한 견해에 입각하여 여러 방법으로 평결을 내리는 모습을 자주 볼 수 있다.

'제2장 화쟁의 모습'에서 본 바와 같이, 이러한 '화쟁사례'가 원효의 현존본에서 실제로 67개나 발견되었다. 그리고 십문화쟁론 잔간의 내용을 자세히 검토해 보면, 그 내용도 다른 저서들에서 흔히 발견되는 '화쟁사례'와 유사한 구조를 가지고 있음을 알 수 있다. 이러한 상황에서, '화쟁사례'에 관한 연구는 「불성화쟁문」의 구조를 파악하는 데 적지 않는 도움을 줄 수 있을 것으로 보인다.

원효가 실제로 화쟁을 하는 데 있어서 일정한 형식을 가지고 있었는데, 대체로 '[입론]-[논란]-[평결]'이라는 3가지 부분으로 나누어 논의를 진행하는 것을 발견할 수 있다. 물론, 이 3가지 구성요소 중에서 [논란]이 반드시 등장하는 것은 아니다. 그러나 내용이 복잡한 대형사례에서는 거의 예외 없이 등장하는 것으로 보아서, 「불성화쟁문」에서도 이 부분이 반드시 있을 것으로 예상된다.

그렇다면, 이러한 생각들을 바탕으로 해서 「불성화쟁문」의 구조가 어떻게 이루어져 있을지 추정해 보자. 먼저, 화쟁사례의 제1요소는 [입론]이다. 그런데, 「불성화쟁문」의 잔간에는 여기에 해당하는 내용을 발견할 수 없다. 이 부분은 아마도 잔간이 아닌 부분에 기록되어 있었을 것이다.

유성론과 무성론 중의 하나가 '주장' '이유' '문증'의 순서로 자신의 입장을 제시하고, 이어서 다른 설도 그렇게 하였을 것이다.

다음, 화쟁사례의 제2요소는 [논란]이다. 여기에서 각설은 각자의 입장에서 상대방의 주장에 대해서 '공격'이나 '방어'를 하며 논의를 전개한다. 그런데, 『불성화쟁문』의 잔간에서, 우리는 바로 여기에 해당하는 내용을 발견할 수 있다. 유성론이 공격을 시작한 지 얼마 되지 않은 부분부터 잔간은 시작되고 있는데, 앞부분에서는 유성론이 공격하고 뒷부분에서는 무성론이 공격하고 있는 것을 볼 수 있다.

다음, 화쟁사례의 제3요소는 [평결]이다. 여기에서 원효는 제3자의 입장에서 여러 학설을 평가하여 옳고 그름을 결정하는데, 대체로 '주문', '이유', '문증' 순서로 이루어진다. 『불성화쟁문』의 잔간에는 여기에 해당하는 내용을 발견할 수 없어서 잔간이 아닌 부분에 기록되어 있었을 것이다. 거기에는 아마도 원효가 자신의 입장을 선언하고, 그 이유와 근거를 밝혔을 것으로 예상된다.

〈표 23〉『불성화쟁문』의 구조

	무성론	유성론
[입론]	무성론의 입장	유성론의 입장
[논란]	②방어 ③공격	①공격 ④방어
[평결]	주요평결-보충설명	

제1절 [입론]

『불성화쟁문』의 잔간에서 논란을 벌이는 당사자는 무성론자와 유성론자이다. 여기에서, 무성론자는 '어떤 중생에게는 불성이 없다'고 주장하는 자이고, 유성론자는 '모든 중생들에게 불성이 있다'고 주장하는 자이다. 그러므로 양자가 구체적으로 대립하는 점은 '어떤 중생에게 불성은 없다'와 '어떤 중생에게 불성은 있다'는 것이다. 그렇다면, 여기에서 말하는 '어떤 중생'이란 무엇을 말하는가?

여기에서 말하는 '어떤 중생'이란, '일천제(一闡提)'를 말한다. 일천제의 어원을 살펴보면, 범어 'icchantika'라는 말에서 온 것인데, 'iṣ'(욕구하다)의 현재분사 'icchat'의 강어간(强語幹)인 'icchant'에 사람을 뜻하는 'ka'가 첨가된 말이다. 이것을 소리가 나는 대로 번역하여, '일천제(一闡提)', '일천제가(一闡提迦)', '일천제가(一闡堤柯)', '일천저가(一闡底迦)', '일전가(一顚柯)' 등이라고 한다. 또한, 이것을 뜻으로 번역하여, '단선근(斷善根)', 신불구족(信不具足), 극욕(極欲), 소종(燒種), 무종성(無種性), 무성유정(無性有情), 다탐(多貪), 대탐(大貪) 등이라고 한다.

『열반경』, 『불성론』, 『보성론』, 『능가경』 등에서는, 일천제란, "현세의 욕망에 집착하고 대승정법(大乘正法)에 전념하지 않는, 열반의 성품이 없는 자"라고 보며, "사회학적인 관점에서 볼 때, 당시 교단 내에서 문제를 일으키고 있었던 사이비 비구"를 가리킨다고 보는 학자도 있다.[8] 일반적으로, 일천제란, '현세의 욕구와 욕망에 집착하는 중생'을 가리킨다고 볼 수 있다.

이러한 일천제에는 여러 가지가 종류가 있다. 첫째, '단선근중생(斷善根衆生)'은 선근(善根)과 부처님이 될 성품을 끊어서 성불할 수 없는 중생을 말한다. 둘째, '대비천제(大悲闡提)'는 보살이 중생을 제도하여 열반에 들게 하지 않고는 성불하지 않겠다고 하여 자신은 성불하지 않는 자를 가리킨다. 셋째, '무성천제(無性闡提)'는 본래 해탈의 원인이 없는 천제를 말한다. 넷째, '성문정성(聲聞定性)'은 성문밖에 되지 못하는 결정성을 가지고 있는 중생을 말한다. 다섯째, '연각정성(緣覺定性)'은 본래부터 연각밖에 되지 못하는 결정성을 가지고 있는 중생을 말한다.

이러한 일천제를 중심으로 「불성화쟁문」에서는 양론이 논쟁하고 있다. 그런데, [입론]에는 어떠한 내용이 담겨져 있었을까? 잔간에는 이 부분이 없기 때문에 그 정확한 내용을 파악할 수는 없고, 아래에서는 여러 가지

---

8) 박경준, 「대승열반경에 나타난 일천제 성불론」, 『한국불교학』 17(한국불교학회, 1992), pp.220~223.

정황으로 미루어 보아 그 내용을 추정해 보고자 한다. 서술된 순서는 아마도 무성론부터 시작하였을 것으로 생각되는데, 잔간에서 유성론자를 가리켜 '뒷분[後師]'이라고 하였기 때문이다.

1. 무성론의 입장

무성론의 근본입장은, "어떤 중생에게는 불성이 없다"는 것이다. 즉, 일천제에게는 불성이 없어서, 모든 중생이 다 부처님이 될 수 있는 것은 아니라는 것이다. 이러한 생각은 주로 유식사상 관련경론에 드러나 있는데, 무착의『현양성교론』과『대승장엄경론』, 호법 등의『성유식론』, 친광 등의『불지경론』을 들 수 있다. 여기에서는 이중에 몇 가지 내용을 검토해 본다.

먼저,『현양성교론』에서 관련부분을 살펴본다. 「불성화쟁문」의 잔간에 보면, 무성론이 유성론에 대하여 논박하는 과정에서『현양성교론』의 말씀을 인용하는 장면이 있다. 이것으로 보아서, 「불성화쟁문」의 [입론] 부분에도 무성론은『현양성교론』의 말씀을 인용하여 자신의 주장을 전개하였을 가능성이 높다. 참고로, 현재 잔간에 남겨진 내용의 일부를 살펴보면 다음과 같다.

현재세에 비록 완전한 열반에 이르는 존재가 아니더라도 나머지의 생애 중에 다시 완전한 열반에 이르는 존재로 전환될 수 있다고 말해서도 아니 된다. 왜냐하면, 본래 그렇게 완전한 열반에 이르는 존재는 없기 때문이다. 또, 만약 이 생에 이미 순해탈분(順解脫分)의 선근을 쌓았다면, 무슨 까닭에 완전한 열반에 이르는 존재라고 이를 수 없는가? 만일 이 생에 전혀 선근을 쌓지 못하였다면, 어떻게 다음 생에 완전한 열반에 이른 존재로 바뀔 수 있는가? 이러므로, 반드시 '완전한 열반에 이르지 못하는 성품을 지닌 중생'이 있다.(대정장31, 581상~중)[9]

이 글에서, 일천제처럼 '현재세와 미래세에 완전한 열반에 이를 수 없는 중생'이 있다고 말하고 있다. 왜냐하면, 현재세에 열반에 이르는 성품을 갖는 존재가 아니기에 나머지 생에서도 열반에 이르는 존재로 전환될 수 없으며, 이생에서 해탈에 이를 만큼 선근을 쌓지 못하였기에 열반에 이르는 존재라고 부를 수 없으며, 이생에서 선근을 쌓지 못하였기에 다음 생에도 열반에 이를 수 없기 때문이라는 것이다.

또한, 『성유식론』에서도 일천제에 관한 논의가 등장한다. 송(頌)을 해설하는 과정 중에 여러 가지 의견이 개진되는데, 그 중에 '오직 훈습에 의한다'는 의견이 등장한다. 이러한 의견에 대해서, 비판이 제기되는데, 이 비판의 핵심은, "만약 그렇다면, 어떻게 5가지 종성의 차별이 있었겠는가?"라는 것이다. 이러한 비판에 대해서, 다음과 같은 답변이 이어진다.

> 유정이 본래 종성(種姓)의 차별이 있는 것은 무루종자가 있고 없음에 의한 것이 아니라, 다만 장애가 있고 없음에 의해서 성립한다. 『유가사지론』에서 말하기를, "만약 진여의 경지에 대해서 궁극적인 두 가지 장애의 종자가 있는 사람은, 완전한 열반에 이를 수 없는 종성이다"라고 한다. 만약 궁극적인 소지장의 종자가 있고 번뇌장의 종자가 없으면, 한 부류는 성문종성이 되고, 또 한 부류는 독각종성이 된다. 만약 궁극적인 두 장애의 종자가 없으면, 곧 여래종성이라고 한다. 그러므로 본래 종성의 차별은 장애에 의해 성립되지, 무루종자에 의한 것이 아님을 알아야 한다.(대정장 31, 8중)[10]

이 글에서, 종성의 차별은 무루종자에 의해서가 아니라, 장애에 의해서

---

9) "於現在生雖非般涅槃法 於餘生中復可轉爲般涅槃法 何以故 無般涅槃種性法故 又若於此生先已積集順解脫分善根 何故不名般涅槃法 若於此生都未積集順解脫分善根 云何後生能般涅槃 是故定有非般涅槃種性有情."

10) "有情本來種姓差別 不由無漏種子有無 但依有障無障建立 如瑜伽說於眞如境若有畢竟二障種者立爲不般涅槃法性 若有畢竟所知障種非煩惱者 一分立爲聲聞種性 一分立爲獨覺種性 若無畢竟二障種者即立彼爲如來種性 故知本來種性差別依障建立非無漏種."

성립된다고 말한다. 즉, 완전한 열반에 들 수 없는 일천제에서 '성문종성'과 '독각종성'이 있는데, 이들은 소지장의 종자가 있고 번뇌장의 종자가 없다고 한다. 이와 같은 논의가 진행하는 과정에서, 의미상 일천제를 뜻하는 '완전한 열반에 이를 수 없는 종성[不般涅槃法性]'에 대해서 언급하는 것을 볼 수 있다.

한편, 여래장사상을 많이 담고 있는 『열반경』에도 무성론의 주장과 관련된 언급이 있어 관심을 끈다. 일반적으로 『열반경』은 일천제의 성불을 주장하지만, 일천제는 성불할 수 없다는 주장도 있는 것이 사실이다. 『대반열반경(36권본)』과 『대반열반경(40권본)』 중에서도, 특히 『니원경(6권본)』과 중복되는 앞부분에서는, 무성론의 주장과 일치하는 내용이 종종 등장한다.[11]

또. 선남자야, 마치 볶은 씨앗은 아무리 단비를 맞으며 백천만겁을 지내도 싹이 나지 못함 같으니, 만일 싹이 난다면 그럴 이치가 없느니라. 일천제들도 그와 같아서 비록 대반열반의 미묘한 경전을 듣더라도 보리심의 싹을 내지 못하나니, 만일 보리심을 낸다면 그럴만한 이치가 없느니라. 왜냐하면 이 사람은 온갖 선근을 끊어 버렸으므로 저 볶은 씨앗과 같아서 다시는 보리의 싹을 내지 못하기 때문이니라.(대정장12, 659상)[12]

『대반열반경(36권본)』「보살품」에 보면, 부처님께서 가섭에게 위와 같이 말하셨다. 마치 볶은 씨앗이 아무리 단비를 맞아도 싹을 낼 수 없는 것처럼, 일천제는 선근을 끊어버렸기 때문에 훌륭한 경전을 듣는다고 하더라고 보리심을 내지 못한다고 한다. 이처럼, 유성론을 대표하는 『열반

---

11) 이러한 사실은, 『니원경(泥洹經)』(6권본)만이 중국에서 유통될 때, 축도생(竺道生)을 제외한 대부분의 사람들이 일천제의 성불을 부정하였던 점을 보더라도 알 수 있다.

12) "復次善男子 譬如焦種雖遇甘雨百千萬劫終不生芽 芽若生者無有是處 一闡提輩亦復如是 雖聞如是大般涅槃微妙經典 終不能發菩提心芽 若能發者無有是處 何以故 是人斷滅一切善根如彼焦種 不能復生菩提根芽."

경』에도 무성론의 주장이 있다는 점은 과연 『열반경』의 최종입장이 무엇인지 앞으로 눈여겨봐야 할 대목이라고 생각된다.

2. 유성론의 입장

유성론의 근본입장은, "모든 중생에게 불성이 있다"는 것이다. 다시 말해서, 일천제를 포함한 모든 중생에게 불성이 다 불성이 있는 것이고, 그렇기 때문에 마침내 모든 중생이 부처님이 될 수 있다는 것이다. 이러한 생각은 특히, 여래장계통의 『열반경』에 대표적으로 잘 드러나 있는데, 우리는 그 이외의 경론에서도 이러한 주장을 어렵지 않게 살펴볼 수 있다.

먼저, 『열반경』 「사자후보살품」에 보면, 사자후보살이 부처님께 묻기를, "세존이시여, 만일 부처님과 불성이 차별이 없다면 모든 중생들이 도를 닦는 것이 무슨 소용이 있습니까?"라고 하자, 부처님께서 대답하시기를, "선남자야, 그대가 물은 것은 옳지 않다. 부처님과 불성이 비록 차별이 없으나 모든 중생들이 (그것을) 모두 구족하지는 못하였다."라고 하신다. 그런 뒤에, 다음과 같은 말씀이 이어진다.

내가 항상 말하기를, '모든 중생이 다 불성이 있으며, 나아가 일천제들도 불성이 있다'고 하였다. 일천제들은 선한 법을 가지고 있지 아니 하고 불성은 선한 법이기는 하지만, 오는 세상에는 있을 것이기에 일천제들에게 불성이 있다고 하는 것이다. 왜냐하면, 일천제들도 반드시 완전한 깨달음을 이룰 수 있기 때문이다.(대정장12, 524하)[13]

이 글에서, 부처님 말씀의 요점은, 지금 현재 일천제들은 선한 법을 가지고 있지는 아니 하지만, 미래에는 그들도 그것을 가질 것이기 때문에,

---

13) "我常宣說一切衆生悉有佛性 乃至一闡提等亦有佛性 一闡提等無有善法 佛性亦善以未來有故 一闡提等悉有佛性 何以故 一闡提等定當得成阿耨多羅三藐三菩提故."

'일천제를 포함한 모든 중생에게는 불성이 있다'는 것이다. 사실, 이와 같은 주장은 『열반경』 곳곳에서 어렵지 않게 발견할 수 있다.

또한, 『열반경』 「고귀덕왕보살품」에는 '안다'는 의미를 설명하는 과정에서, 다음과 같은 이야기가 등장한다.

> 무엇을 일러 '안다'고 하는가? …… 모든 중생이 불성이 있다는 것을 '안다'. 또한, 불성이 있는 까닭에, 일천제들이라도 본래의 마음만 버리면 모두 완전한 깨달음을 이룰 수 있나니, 이런 것은 성문이나 연각으로는 알 수 없고 보살만이 '안다'. 이런 뜻으로 예전에 알지 못하는 것을 지금에 '안다'고 하느니라.(대정장12, 749하)[14]

이 글에서도, 위의 인용문과 마찬가지로 '일천제를 포함한 모든 중생에게는 불성이 있다'는 요지의 내용이 등장한다. 다만, 이 인용문이 위의 인용문과 다른 점이라면, 이러한 점을 성문이나 연각은 알 수 없고, 오직 보살만이 안다는 점이 추가되고 있는 것이다. 이와 같은 취지의 내용들은 주로 『열반경』의 후반부에서 쉽게 찾을 수가 있다.

한편, 『열반경』 이외에 『불성론』, 『보성론』, 『능가경』, 『기신론』 등에서도 이러한 사상을 찾아 볼 수 있다. 이 중에서 『불성론』에서 이와 관련된 내용을 살펴보고자 하는데, 거기에서는 무성론을 나타내는 경전과 유성론을 나타내는 경전을 대비시킨 뒤에, 유성론을 나타내는 경전을 요의경전이라고 선언함으로써 결과적으로 유성론을 주장하고 있다.

> 경에서 설하기를, "일천제로 사정취(邪定聚)에 떨어진 자에게 두 가지 몸이 있다. 첫째는 본성 법신이고, 두 번째는 뜻을 따르는 몸이다. 부처님의 태양과 같은 지혜 광명이 이 두 가지 몸을 비추신다"고 하였다. …… 다시 경에서 설하기를, "일천제 중생은 결코 완전한 열반의 성품이 없다"고

---

14) "云何爲知 …… 知諸衆生皆有佛性 以佛性故 一闡提等捨離本心 悉當得成阿耨多羅三藐三菩提 如此皆是聲聞緣覺所不能知 菩薩能知 以是義故 昔所不知而今得知."

하였다. 만약에 그렇다면 (앞에서 말한) 두 경이 스스로 모순된다. 이두 말씀을 풀이하건대, 하나는 요의로서 말씀한 것이고, 다른 하나는불요의로서 말씀한 것이니, 이 때문에 서로 어긋나지 않는 것이다. 유성이라고 말한 것은 분명하게 말씀한 것이고, 무성이라고 하는 것은 분명하지않게 말씀한 것이다.(대정장31, 800하)[15]

이 글에 의하면, 일천제에게 본성법신과 그 뜻을 따르는 몸이 있는데, 이 두 몸을 부처님의 태양과 같은 지혜 광명이 비추어 준다고 말하는경전은 유성론을 나타낸다. 그리고 일천제는 결코 완전한 열반의 성품이없다고 말하는 경전은 무성론을 나타낸다. 그런데, 이 글은, 이 2가지경전 중에서 유성론을 말하는 경전이 요의경전이라고 함으로써, 결과적으로 유성론을 주장하고 있는 셈이다.

제2절 [논란]

일반적인 화쟁사례에 따르면, [입론] 다음에 [논란]이 이어진다. 「불성화쟁문」의 경우에, [입론]에 해당하는 부분에서 무성론자가 먼저 자신의입장을 제시하고 유성론자가 나중에 자신의 입장을 제시한 것이 거의확실해 보이므로, [논란]은 아마도 무성론자부터 시작하였을 것이다.[16]다시 말해서, 이 부분은 무성론자의 공격으로 시작되어, 서로 간에 몇

---

15) "經中說 一闡提人墮邪定聚 有二種身 一本性法身 二隨意身 佛日慧光照此二身 ⋯⋯ 復有經說 闡提衆生決無般涅槃性 若爾二經便自相違 會此二說 一了一不了 故不相違 言有性者是名了說 言無性者 是不了說."

16) 『열반종요』「名義門」에서, "'열반'은 번역하여야 하는가?"에 관해서 논하는데, 이 사례의 '주장' 부분에서 긍정설이 먼저 주장하고 부정설이 다음으로 주장한다.그런 뒤에 '논란'이 벌어지는데, 그 순서가 ① 긍정설의 공격, ② 부정설의 방어,③ 부정설의 공격, ④ 긍정설의 방어로 이어진다.(열반종요, 한불전1, 526중~하)만일, 이 화쟁사례와 비슷하게 「불성화쟁문」의 '논란'이 전개 되었다면, 공격은무성론부터 시작하였을 것이다.

차례 공격과 방어가 오고 갔을 것이다.

잔간을 살펴보면, 무성론자의 공격으로 시작된 공방이 한차례 이상 오고 간 뒤에, 유성론이 공격을 시작하면서 잔간이 시작하는 것을 알수 있다. 잔간의 내용을 좀 더 자세히 살펴보면, 양론의 공방이 2차례 이어지고 있는 것을 볼 수 있다. 즉, 유성론이 2가지 논점으로 공격하자 무성론이 방어하고, 다시 무성론이 다른 2가지 논점으로 공격하자 유성론이 방어하고 있는 것을 볼 수 있다.

〈표 24〉[논란]의 잔간부분

	무성론[初師]	유성론[後師]
제1논점	③방어	①공격
제2논점	④방어	②공격
제3논점	⑤공격	⑦방어
제4논점	⑥공격	⑧방어

원래,「불성화쟁문」 잔간에 쓰여 있는 순서는, 유성론의 공격[①, ②], 무성론의 방어[③, ④], 무성론의 공격[⑤, ⑥], 유성론의 방어[⑦, ⑧]이다. 그러나 본장에서는 잔간에 담긴 논점을 분명하게 드러내기 위해서, 논점을 중심으로 서술의 순서를 약간 변경하고자 한다. 그러니까, 제1논점[①, ③], 제2논점[②, ④], 제3논점[⑤, ⑦], 제4논점[⑥, ⑧]의 순서대로 살펴보고 자 한다.

1. 제1논점 : 경전의 문구

제1논점에서는 '열반경의 문구들을 중심으로' 논란이 이루어지고 있다. 즉, 유성론이 무성론에 대해서『열반경』에서 등장한 문구들을 제시하며 무성론을 공박하는 것을 볼 수 있다. 다만, 잔간이 시작되는 부분이라서, 유성론의 공격은 중간 어디에선가부터 이루어지고 있다. 그리고 이러한 논박에 대해서, 무성론은『열반경』의 문구들은 그 의미를 제대로 이해하면 된다고 응수하고 있다.

1) 유성론의 공격

잔간이 시작되는 부분에서, 유성론이 무성론에 대해서 공격을 진행하고 있다. 제1논점에 대한 유성론의 공격은 잔간에 남아있는 것으로는 총2회 이루어지고 있다. 하지만, 이러한 유성론의 공격에 대해서 무성론이 방어를 하는 내용을 보았을 때, 유성론의 공격은 잔간 이전에 몇 회 더 있었던 것으로 보인다.

첫째, 유성론의 공박은 『열반경』의 글귀를 제시하며 다음과 같이 시작한다.

…… 저 경(열반경)에서 말하기를, '중생과 불성은 같지도 않고 다르지도 않으니, 여러 부처님들도 또한 같다. 마치 허공과도 같이 모든 중생이 똑같이 그것을 가지고 있다'고 하였다.(한불전1, 839상)[17]

이 글에서, 유성론은 『열반경』에 적힌 글을 근거로 내세우면서 무성론을 공박하고 있다. 유성론이 무성론에게 제시한 글귀는, "중생과 불성은 같지도 않고 다르지도 않으니, 여러 부처님들도 또한 같다. 마치 허공과도 같이 모든 중생이 똑같이 그것을 가지고 있다"이다.

둘째, 유성론은 『열반경』의 글귀를 제시하며 다음과 같이 공박을 이어가고 있다.

또, 아래 문장에서 이르기를, '모든 중생이 똑같이 불성을 가지고 있다. 모두 똑같이 하나의 탈것[一乘]이고, 하나의 원인[一因]이며, 하나의 결과[一果]이고, 하나의 감로[一甘露]이다. 모두가 마땅히 상(常), 락(樂), 아(我), 정(淨)을 얻는다. 이런 까닭에 일미(一味)이다'라고 하였다. 이러한 경문들에 의하면, 만약 조금이라도 불성이 없다고 하면, 대승이라는 평등한 법의 성품에 어긋나게 되고, 동체대비(同體大悲)라고 하는 바다와 같은

---

17) "…… 彼經言 衆生佛性不一不二諸佛平等 猶如虛空一切衆生同共有之."

일미(一味)에 어긋나게 된다.(한불전1, 839상)[18]

이 글에서, 유성론은『열반경』에 적힌 글을 계속 제시하면서 무성론을 공박한다. 즉,『열반경』에 이르기를, "모든 중생이 똑같이 불성을 가지고 있다. 모두 똑같이 하나의 탈것이고, 하나의 원인이며, 하나의 결과이고, 하나의 감로이다. 모두가 마땅히 상·락·아·정을 얻는다. 이런 까닭에 일미이다"라고 하였다. 여기에 의하면, 만약 조금이라도 불성이 없다고 하면, 대승이라는 평등한 법의 성품에 어긋나게 되고, 동체대비라고 하는 바다와 같은 일미에 어긋나게 된다고 추궁한다.

2) 무성론의 방어

위와 같이『열반경』에 적힌 글을 제시하며 공박하는 유성론의 공격에 대해서, 무성론은 방어하고 있다. 무성론의 방어는 총4회 이루어지는 것을 볼 수 있다.

첫째, 무성론의 방어가 시작된다.

> 무성론을 고집하는 사람이 회통하여 말한다[執有無性論者通曰]. 경에서 '중생은 모두 마음이 있다'고 말한 것은, 모든 불성이 있는 중생, 불성이 없는 중생, 불성이 아직 얻지 못한 중생, 불성이 이미 얻는 중생을 통틀어 말한 것이다.(한불전1, 839중)[19]

이 글에서, 무성론은 유성론이 인용한 경전의 말씀들은 그 의미를 폭넓게 이해하면 된다고 응수한다. 즉, 유성론에서 제시한『열반경』문구 중에서, "중생은 모두 마음이 있다"는 말씀이 있는데, 거기에서 말한 '중생'이라는 말의 범위에는 불성이 있는 중생, 불성이 없는 중생, 불성을 아직 얻지

---

18) "又下文云 一切衆生同有佛性 皆同一乘一因一果同一甘露 一切當得常樂我淨 是故一味 依此經文 若立一分無佛性者 則違大乘平等法性 同體大悲如海一味."

19) "執有無性論者通曰 經言衆生悉有心者 汎擧一切有性無性 未得已得諸有情也."

못한 중생, 불성을 이미 얻는 중생이 모두 포함되는 것으로 이해하면 되기 때문에, 여전히 무성론의 주장이 옳다고 한다.

인용문은 잔간이 시작하기 전에 있었던 유성론의 공박에 대한 무성론의 방어로 생각된다. 그리고 '執有無性論者通曰' 중에 '通曰'이라는 어구를 보고 이 글이 [평결]부분에 해당되는 것으로 의심할 수도 있다. 그러나 실제 화쟁사례에서 [평결]에 보통 나오는 어구가 [논란]부분에 등장하는 경우는 얼마든지 있으므로,[20] 이 부분은 내용상 [논란]에 해당하는 것으로 보아야 한다.

둘째, 무성론의 방어가 계속 된다.

> 대개, "마음이 있는 사람이 마땅히 깨달음을 얻는다"고 말한 것은, 그 중에 불성이 있고 아직 그것을 얻지 못한 중생의 마음을 취하여 말한 것이다. 설령, "모든 마음이 있는 사람은 모두 마땅히 깨달음을 얻는다"라고 말한다고 하더라도, 이미 깨달음을 얻은 사람까지도 또한 마땅히 깨달음을 다시 얻어야 할 것인가? 그러므로, (앞에서 말한 문장이) "모든 마음이 있는 사람은 모두 마땅히 깨달음을 얻는다"라고 말한 것은 아님을 알아야 한다.(한불전1, 839중)[21]

이 글에서, 무성론은 유성론이 인용한 경전의 말씀들은 그 의미를 한정해서 이해하면 된다고 응수하고 있다. 즉, 유성론에서 제시한 『열반경』 문구 중에서, "마음이 있는 사람이 마땅히 깨달음을 얻는다"는 말씀이 있는데, 이 말은 불성은 있으나 아직 보리를 얻지 못한 사람으로 한정하여

---

20) 예컨대, 『법화종요』 「교판」에서는, "법화경의 교판상 지위는?"에 관해서 논하는데, 그 '논란'부분의 처음에 나오는 문구는, "만일 初師의 뜻을 주장하는 경우에, 後師가 인증한 글을 어떻게 和할 것인가?"이다.(법화종요, 한불전1, 494상~중) 더구나, 「불성화쟁문」의 잔간에 남겨진 '내용'으로 판단하건대, 이 부분이 소위 [논란]부분에 해당하는 것은 명백하다.

21) "凡其有心當得菩提者 於中簡取有性未得之有心也 設使一切有心皆當得者 已得菩提者亦應當得耶 故知非謂一切有心皆當得也."

이해하면 된다고 변론한다. 그리고 이 문구도 잔간에 등장하기 이전에 이루어진 유성론의 공격에 대한 방어로 생각된다.

이러한 무성론의 대답에 대해서, 뒤의 '제3논점 : 논전의 문구' 유성론의 방어 3번째에서, 유성론이 해명하는 구절이 등장한다. 즉, 『열반경』에서 '무릇 마음이 있는 자는 마땅히 장래에 부처가 된다'는 문구에 대해서, 무성론자는 유성론자가, '그렇다면, 부처도 마음이 있으니 장래에 다시 깨달음을 구해야 된다'고 말하였다고 한다. 하지만, 이것은 무성론의 오해라고 해명하는 부분이 뒤에 등장한다.

셋째, 무성론의 방어가 이어진다.

> 또 말하기를, "마치 허공과 같이 모든 중생이 똑같이 그것을 가지고 있다"는 것은, 이치적인 성품에 대해서 말하는 것이지 행위적인 성품을 말하는 것은 아니다.(한불전1, 839중)[22]

이 글에서, 무성론은 유성론이 인용한 경전의 말씀들은 그 의미를 제대로 이해하면 된다고 응수하고 있다. 즉, 유성론에서 제시한 『열반경』 문구 중에서, "마치 허공과도 같이 모든 중생이 똑같이 그것[불성]을 가지고 있다"는 말씀이 있는데, 이 말은 실천적인 설명이 아니라 단지 이론적인 설명에 불과한 것으로 이해하여야 한다고 응수한다. 그런데, 여기서 인용한 경전의 말씀은 「불성화쟁문」의 잔간이 시작될 때 유성론이 첫 번째로 공격하면서 인용한 것이다.

넷째, 무성론의 방어가 한 번 더 이어진다.

> 또 말하기를, "하나의 원인, 하나의 결과, 내지는 모든 중생이 마침내 상(常), 락(樂), 아(我), 정(淨)을 얻는다"는 것은 어느 부분의 전체를 들어서 말하는 것이지, 전체의 전체를 들어서 말하는 것이 아니다. 이와 같이

---

22) "又言 猶如虛空一切同有者 是就理性非說行性也."

하면, 모든 글이 다 잘 이해가 된다.(한불전1, 839중)[23]

이 글에서도, 무성론은 유성론이 인용한 경전의 말씀들은 그 의미를 제대로 이해하면 된다고 반응하고 있다. 즉, 유성론에서 제시한 『열반경』 문구 중에서, "하나의 원인, 하나의 결과, 내지는 모든 중생이 마침내 상·락·아·정을 얻는다"는 말씀이 있는데, 이 말은 어느 부분의 전체를 들어서 말하는 것에 불과하지, 전체의 전체를 들어서 말하는 것은 아닌 것으로 이해하여야 한다고 무성론은 방어한다. 그런데, 여기서 인용한 경전의 말씀은 「불성화쟁문」의 잔간이 시작될 때 유성론이 두 번째로 공격하면서 인용한 말이다.

2. 제2논점 : 무성의 내용

이어서, 제2논점이 계속된다. 제2논점에서는 무성론이 주장한 내용 중에서 문제가 되는 점을 주로 다루고 있다.

1) 유성론의 공격

여기에서, 유성론은 무성론이 주장한 내용에 문제가 될 수 있는 부분을 총2회 논박하고 있다.

첫째, 유성론은 다음과 같이 무성론이 한 말 중에 문제가 있음을 지적하며 공박한다.

또 만약 어떤 사람이 말하기를, "반드시 불성이 없다. 모든 곳[一切界]에서 차별이 있을 수 있기 때문이니, 마치, 불[火]의 성품 중에는 물[水]의 성품이 없는 것과 같다"고 하고, 다른 사람이 말하기를, "반드시 모두 불성이 있다. 같은 맛[一味]이 있는 곳에는 평등함을 얻을 수 있기 때문이니,

---

23) "又說 一因一果乃至一切當得常樂我淨者 是約少分一切 非說一切一切 如是諸文皆得善通."

마치 여러 물체에 모두 사대종(四大種, mahābhūta)의 성품이 있는 것과 같다"고 하면, 이러한 주장에는 반드시 '서로 어긋나는 잘못[決定相違過失]' 이 있게 된다.(한불전1, 839상~중)24)

이 글에서, 유성론은 무성론의 말 중에 들어있는 문제점을 지적한다. 즉, 무성론은 주장하길, "반드시 불성이 없다. 모든 곳에서 차별이 있을 수 있기 때문이다. 이것은 마치, 불의 성품 중에는 물의 성품이 없는 것과 같다"고 주장하였다. 그런데, 이러한 무성론의 논리방식에 의하면, "반드시 모두 불성이 있다. 같은 맛이 있는 곳에는 평등함을 얻을 수 있기 때문이다. 이것은 마치, 여러 물체에 모두 4대종의 성품이 있는 것과 같다"고 주장할 수도 있어야 한다. 하지만 그렇게 되면, 양설은 모순되므로, 결과적으로 처음 무성론의 주장은 성립할 수 없다고 공박한다.

둘째, 유성론은 무성론 주장에 문제점을 하나 더 지적한다.

또, 만약 어떤 사람이 말하기를, "반드시 불성이 없는 중생이 있으니, 본래 그러하기 때문이다"고 하고, 다른 사람이 말하기를, "반드시 불성이 없는 중생은 없으니, 본래 그러하기(法爾, dharmatā) 때문이다"고 하면, 이러한 주장에도 반드시 '서로 어긋나는 잘못[決定相違過失]'이 있게 된다. (한불전1, 839중)25)

이 글에서도, 유성론은 무성론의 말에 있는 문제점을 지적한다. 즉, 무성론은, "반드시 불성이 없는 중생이 있다. 왜냐하면, 본래 그러하기 때문이다"라고 주장하였다. 그런데, 무성론의 논리에 의하면, "반드시 불성이 없는 중생은 없다. 왜냐하면, 본래 그러하기 때문이다"라고 주장할 수도 있어야 한다. 하지만 그렇게 되면, 양설은 모순이 되어버리기 때문에,

---

24) "又若立言定有無性 一切界差別可得故 如火性中無水性者 他亦立云定皆有性 一味性平等 可得故 如諸麤色聚悉有大種性 則有決定相違過失."

25) "又若立云定有無性 由法尒故者 他亦立云定無無性 由法尒故 是亦決定相違過失."

결국 처음 무성론의 주장은 성립할 수 없다고 논박한다.

2) 무성론의 방어

위와 같이 무성론의 주장에 담긴 문제점을 지적하며 공박하는 유성론의 공격에 대해서, 무성론은 방어하고 있다. 무성론의 방어는 역시 같은 주제에 대해서 총2회 이루어지고 있다.

첫째, 무성론은 내용의 순서를 바꾸어서, 먼저 유성론이 두 번째로 공박한 내용에 대해서 응수한다.

> 또 만약 주장하여 말하되, "본래 그러한 까닭에 불성이 있다"고 한다면, 바로 중생이 마침내 없어지게 되니, 이것은 큰 잘못이 된다. 전에도 주장한 바와 같이 "본래 그러한 까닭에 불성이 없다"고 한다면, 이러한 과실은 없는 것이다. 그러므로 이것이 마침내 서로 어긋나는 것 같지만, 실제로는 서로 어긋나는 잘못이 성립되지 않음을 알아야 한다.(한불전1, 839중)26)

이 글에서, 무성론은 유성론의 주장을 반박하며 자신의 주장에는 아무런 모순이 없다고 해명한다. 즉, 유성론이 공박하기 위해서 설정한 말인, "본래 그렇기 때문에, 불성이 있다"는 말은 성립할 수 없다고 반박한다. 왜냐하면, 본래 그렇기 때문에 불성이 있고, 불성이 있어서 중생이 성불하면, 중생은 마침내 다 없어지고 말 것이기 때문이다. 그렇기 때문에, "본래 그렇기 때문에 불성이 없다"라고 한 무성론의 주장이 맞고, 이러한 주장에는 아무런 모순이 없다고 해명한다.

둘째, 무성론은 유성론이 첫 번째로 공박한 내용에 대해서 다음과 같이 응수한다.

> 주장한 것과 같이, "불은 축축한 성품이 없다. 왜냐하면, 본래 그렇기

---

26) "又若立云 由法尒故無無性者 則衆生有盡 是爲大過 如前所立 由法尒故有無性者 則無是失 故 知是似決定相違 而實不成相違過失."

때문이다"라고 하고, 또 주장하여 이르되, "불은 축축한 성품이 있다. 왜냐하면, 본래 그렇기 때문이다"라고 하면, 이것은 반드시 서로 어긋나는 것처럼 보이지만, 실제로는 여기에는 잘못이 없다. 왜냐하면, 불의 본래 성품은 '뜨거운 성품'이지 '축축한 성품'이 진실로 아니기 때문이다. 불성이 없는 중생의 경우도 역시 이와 같다.(한불전1, 839중)[27]

이 글에서, 무성론은 계속해서 유성론의 주장을 반박하며 자신의 주장에는 아무런 모순이 없다고 해명하고 있다. 즉, 유성론은 무성론이 주장할 때 비유로 사용한 '불의 성품 중에는 물의 성품이 없는 것과 같다'는 문구와 관련해서, "불은 축축한 성품이 없다"라고 하고, "불은 축축한 성품이 있다"라고 하면, 서로 모순이 된다고 공박하였다.

하지만, 그 무성론이 주장할 때 비유로 사용한 말은, 불이 본래 '뜨거운 성품'을 가지고 있지, '축축한 성품'을 가지고 있지 않다는 점을 강조한 말에 불과한 것이었다. 그렇기 때문에, 단지 비유로 제시한 불의 성품에 대해서 유성론이 축축한 성품을 가지고 있다거나 않다거나 가설하여도, 무성론의 주장에는 전혀 모순되지 않다고 해명하고 있다.

3. 제3논점 : 논전의 문구

이제, 제3논점부터는 공방이 바뀌어서, 무성론이 공격을 하고 유성론이 방어를 하게 된다. 제3논점에서는 주로 『현양론』의 문구를 중심으로 논란이 이루어지고 있다.

1) 무성론의 공격

무성론의 공격은 『현양론』의 말씀을 인용하며 총2회 이루어지고 있다. 첫째, 무성론은 다음과 같이 유성론을 공박한다.

---

27) "如有立言 火非濕性由法尒故 又有立言 火是濕性由法尒故 此似決定相違 而實無此過失 以火性是熱實非濕故 無性有情道理亦尒."

묻는다. 만일 뒷분[後師]의 뜻과 같이 주장한다면 이 말씀은 어떻게 회통할 것인가?『현양론』에서 말씀한 것과 같이, "어찌하여 오직 현재세(現在世)만이 반열반법(般涅槃法)이 아닌가? 이는 이치에 부합하지 않기 때문이다. 현재세에 비록 반열반법이 아니더라도 나머지의 생애 중에 다시 반열반법으로 전환될 수 있다고 마땅히 말해서도 아니 된다. 왜냐하면, 그것은 본래 반열반종성법(般涅槃種性法)이 없기 때문이다.(한불전1, 839 중)[28]

이 글에서, 무성론은『현양론』의 문구를 인용하면서 유성론을 곤란하게 만든다. 즉,『현양론』의 말씀에 따르면, 현재세에 열반에 이르는 중생이 아닌 경우에는, 원래 열반에 이르는 종성이 없기 때문에, 나머지 생애 중에서도 열반에 이르는 중생으로 전환될 가능성은 없다고 공박한다. 둘째,『현양론』의 문구를 인용한 무성론의 공박이 이어진다.

또, 만약 이 생에 이미 순해탈분(順解脫分)의 선근(善根)을 쌓았다면, 무슨 까닭에 반열반법(般涅槃法)이라 이름 붙일 수 없는가? 만일 이 생에 전혀 선근을 쌓지 못하였다면, 어떻게 다음 생에 반열반법을 생기게 할 수 있는가? 이러므로, 반드시 반열반종성(般涅槃種性)이 아닌 중생이 있다."고 하였다.[29]『유가론(瑜伽論)』중에도 역시 이와 같은 말씀이 있다. (한불전1, 839중~하)[30]

이 글에서도, 무성론은『현양론』의 문구를 인용하면서 유성론을 곤란하게 만든다. 즉,『현양론』의 말씀에 따르면, 이 생에 이미 해탈할 정도의

---

28) "問 若立後師義 是說云何通 如顯揚論云 云何唯現在世 非般涅槃法 不應理故 謂不應言 於現在世 雖非般涅槃法 於餘生中 復可轉爲般涅槃法 何以故 無般涅槃種性法故."

29)『현양성교론』(『대정장』31, 581상27~중4).

30) "又若於此生先已積集 順解脫分善根 何故不名般涅槃法 若於此生都未積集 云何後生能般涅槃 是故定有非般涅槃種性有情 瑜伽論中亦同此說."

선근을 쌓았다면 반열반법이라고 이름을 붙일 필요가 없으며, 이생에서 선근을 쌓지 못하였다면 다음 생에도 반열반법을 생기게 할 수 없다. 따라서 반드시 열반에 이르는 성품을 가지지 아니한 중생이 있다고 유성론을 논박한다.

2) 유성론의 방어

위와 같은 무성론의 공격에 대해서, 유성론은 『현양론』의 문구를 나름대로 해석함으로써, 공격에 응수하고 있다. 방어는 총3회 이루어지고 있다. 첫째, 유성론은 다음과 같이 응수한다.

> 유성론을 고집하는 사람이 회통하여 말한다. 저 신론(新論 : 顯揚論)의 글에서는, '먼저 불성이 없던 사람이 나중에 그 성품이 바뀌어서 불성이 있게 된다'는 뜻에 집착하는 것을 논파한 것이다. 저 글에서도 말한 것처럼, "현재세(現在世)에 비록 반열반법(般涅槃法)이 아니더라도 나머지 생 중에 반열반법으로 바뀔 수 있다고 마땅히 말해서는 아니 된다"고 하였다. (그런데), 이제 주장된 것은, 원래 불성이 있는 경우를 말하고, 먼저 불성이 없던 사람이 나중에 그 성품이 바뀌어 불성이 있게 되는 경우를 이르는 것은 아니기 때문에, 저 논에서 논파하는 것에 해당되지 않는다.(한불전1, 839하)[31]

이 글에서, 유성론은 『현양론』의 취지와 유성론의 주장은 서로 모순되는 것이 아니라고 해명한다. 즉, 무성론에서 제시한 『현양론』의 문구는, "현재세에 비록 반열반법이 아니더라도 나머지 생 중에 반열반법으로 바뀔 수 있다고 마땅히 말해서는 아니 된다"이고, 원래 이 문구는 '불성이 없던 사람이 나중에 그 성품이 바뀌어서 불성이 있게 되는 경우'에 대해서

---

31) "執皆有性論者通曰 彼新論文 正破執於先來無性 而後轉成有性義者 如彼文言 謂不應言 於現在世雖非般涅槃法 於餘生中可轉爲般涅槃法 故今所立宗本來有性 非謂先無而後轉 成 故不墮於彼論所破."

이것을 논파하기 위해서 쓴 것이다. 다시 말해서, 이 문구는 '원래부터 불성이 있는 경우'에 대해서 이것을 논파하기 위해서 쓴 것이 아니기 때문에, 유성론의 주장은 여전히 유효하다고 응수한다.

둘째, 유성론은 다음과 같이 계속해서 응수한다.

> 또한, 저 가르침에서 '불성이 없다'고 말한 뜻은, 대승의 마음을 구하지 않는 사람들을 돌이키게 하기 위하여, 한량없는 시간에 의지하여 이러한 말씀을 한 것이다. 이와 같은 깊은 뜻이 있는 까닭에 서로 어긋나지 않는다.(한불전1, 839하~840상)[32]

이 글에서, 유성론은 무성론이 제시한 『현양론』의 문구 중에, '반드시 반열반종성이 아닌 중생이 있다'는 말에 대해서, 이 말은 '불성이 없다'는 취지로 말한 것은 사실이라고 인정한다. 하지만, 『현양론』에서 그렇게 말한 것은 어디까지나 대승의 마음을 구하지 않는 사람들을 대승으로 돌이키게 하기 위해서 '방편'으로 말한 것이지, 진실을 있는 그대로 말한 것은 아니라고 해명하고 있다.

셋째, 유성론은 이전에 무성론이 방어하는 와중에 은근히 유성론을 비난하였던 말 중에 오해된 부분을 바로잡고 있다.

> 저들은 논란하여 말하기를, "모든 마음이 있는 자는 모두 마땅히 깨달음을 얻는다'는 문구에 대해서, '부처도 또한 마음이 있으니 역시 마땅히 다시 깨달음을 얻어야 한다'고 말하였다"고 하였다. 하지만, 그 뜻은 그렇지 않으니, 그 경에 스스로 구별하였기 때문이다. 그 경에서 말하기를, "중생 역시 또한 그러하여 모두 마음이 있고, 무릇 마음이 있는 자는 진실로 보리를 얻는다"라고 하였다. 부처는 중생이 아닌데, 어찌하여 서로 남용(濫用)된 짓을 하겠는가!(한불전1, 840상)[33]

---

32) "又彼教意立無性者 爲欲廻轉不求大乘之心 依無量時而作是說 由是密意故不相違."

33) "彼教難云 一切有心皆當得者 佛亦有心亦應更得者 是義不然 以彼經中自簡別故 彼云

앞에서 '제1논점 : 경전의 문구' 중에서 무성론의 방어 2번째에서, 무성론이 방어하는 와중에 한 말 중에 유성론을 오해한 부분이 있었다. 여기에서는 그 말을 바로 잡고 있다. 즉, 『열반경』에는, "무릇 마음이 있는 자는 마땅히 장래에 부처가 된다"는 문구가 있는데, 이 문구에 대해서 무성론은 유성론이, "그렇다면, 부처도 마음이 있으니 장래에 다시 깨달음을 구해야 된다"고 말하였다고 하였다.

하지만, 이것은 무성론의 오해라는 점을 유성론이 해명하고 있다. 즉, 경전에서, "중생 역시 또한 그러하여 모두 마음이 있고, 무릇 마음이 있는 자는 진실로 보리를 얻는다"라고 하였다. 그런데, 여기에서 말하는 부처는 중생에 해당되지 않기 때문에 서로 혼동하여서는 아니 된다고 해명한다. 이처럼, 방어는 바로 앞에서 이루어진 공격에 대해서 대체로 이루어지지만, 이 부분과 같이 조금 앞에서 이루어진 내용에 대해서도 해명하고 있는 것을 볼 수 있다.

4. 제4논점 : 유성의 내용

이어서, 제4논점이 계속된다. 제4논점에서는 유성론이 주장한 내용 중에서 문제가 되는 점을 다루고 있다.

1) 무성론의 공격

무성론이 생각할 때, 유성론의 주장에 의하면 모든 중생이 부처가 되어서 '마침내 중생계는 다하게 된다'고 하여야 된다. 그런데, 그렇게 되면 생각하지 못한 여러 가지 심각한 문제가 발생하게 되기 때문에, 그 문제점으로 다음의 4가지를 지적하고 있다.

첫째, 무성론이 다음과 같이 유성론을 공박한다.

衆生亦尒悉皆有心 凡有心者當得菩提 佛非衆生何得相濫."

또한, 만약 모든 중생이 마침내 부처가 된다면, 중생이 비록 많다고 하더라도 마침내 다하는 때가 있는 것이니, 성불하지 않는 중생이 없기 때문이다. 그렇게 되면, 모든 부처님들의 중생을 위하는 공덕[利他功德]도 역시 다할 것이다.(한불전1, 839하)[34]

이 글에서, 무성론은 '이타공덕(利他功德)이 없어지는 점'을 문제로 삼고 있다. 즉, 유성론의 주장에 의하면, 모든 중생이 부처가 되면 모든 부처님들이 중생을 교화하는 공덕인 이타공덕도 역시 사라지게 된다. 그렇게 되면, 부처님의 공덕이 이 세상에서 영원히 없어지는 일이 발생하는데, 이는 이치에 맞지 않는다는 점을 들어서 유성론을 공박하고 있다.

둘째, 무성론의 유성론에 대한 공박이 이어진다.

또한, 만약 중생이 반드시 다하여 마친다면, 최후로 성불하게 되면 교화의 대상이 없어지게 된다. 교화의 대상이 없으므로 중생을 위한 교화행[利他行]은 없어지게 될 것이다. 그렇게 되면, 이타행이 없는 성불이 되어버리니, 이는 도리에 합당하지 않게 된다.(한불전1, 839하)[35]

이 글에서, 무성론은 '이타행이 없는 성불'을 문제로 삼고 있다. 즉, 유성론의 주장에 의하면, 모든 중생이 부처가 되면, 교화의 대상이 없어지게 된다. 그렇게 되면, 마지막 중생은 이타행(利他行)이 없이 부처가 되어버리는 일이 발생하게 되는데, 이것도 도저히 이치에 맞지 않게 된다고 말하며 논박한다.

셋째, 무성론의 공박이 계속 이어진다.

또한, 만약 모든 중생이 마침내 부처가 된다고 말하면서, '중생이 영원히 없어지지 않는다'고 하는 것은, 스스로 서로 어긋나는 잘못을 말하는

---

34) "又若一切皆當作佛 則衆生雖多必有終盡 以無不成佛者故 是則諸佛利他功德亦盡."
35) "又若衆生必有盡者 最後成佛則無所化 所化無故利他行闕 行闕成佛不應道理."

게 되는 것이다. 왜냐하면, 영원히 다함이 없다고 하면 영원히 성불하지 못하게 되기 때문이다.(한불전1, 839하)[36]

이 글에서, 무성론은 '서로 어긋나는 잘못'을 문제로 삼고 있다. 즉, 유성론의 주장에 의하면, 모든 중생이 부처가 된다고 말하면서, 동시에 중생이 영원히 없어지지 않는다고 말한다. 그런데, 영원히 다함이 없다고 하면, 마땅히 영원히 성불하지 못하게 되기 때문에, 모든 중생이 부처가 된다고 말하면서, 동시에 중생이 영원히 없어지지 않는다고 말하면, 이는 '서로 어긋나는 잘못'이 된다고 논박한다.

넷째, 무성론의 공박이 한 번 더 이루어진다.

또한, 한 부처가 한 모임에서 능히 백천만억의 중생을 멸도하여 이제 열반에 든다면, 중생계(衆生界)가 점차 줄어들게 된다. 만일 (중생계가) 점차 줄어들면 마침내 다하게 된다고 하지 않으면, (이 말은) 줄어들지만 다함은 없다는 말이어서 이치에 맞지 않는다. 만약 줄어드는 것이 없는데 소멸하는 것이 없지 않다고 하면, (이 말은) 소멸은 하지만 줄어들지는 않는다는 것이 되어서 이치에 맞지 않는다. 이와 같이, 앞으로도 뒤로도 마침내 그 주장이 성립하지 아니하니, 서로 같지가 않아서 그 뜻을 이룰 수가 없다.(한불전1, 839하)[37]

이 글에서, 무성론은 '중생계가 줄어드는 것'을 문제로 삼고 있다. 즉, 유성론의 주장에 의하면, 한 부처가 한 모임에서 능히 수많은 중생을 멸도하게 하여 이들이 열반에 드는데, 그렇게 되면 중생계가 점차 줄어들게 된다. 왜냐하면, 소멸하지만 줄어들지 않는다는 것은 이치에 맞지 않고,

---

36) "又若說一切盡當作佛 而言衆生永無盡者 則爲自語相違過失 以永無盡者永不成佛故."
37) "又如一佛一會 能度百千萬億衆生 今入涅槃 於衆生界漸損 以不若有漸損則有終盡 有損無盡不應理故 若無損者則無滅度 有滅無損不應理故 如是進退終不可立 無同類故其義不成."

줄어들면서 소멸하지 않는 것도 이치에 맞지 않기 때문이라는 것이다.

2) 유성론의 방어

위와 같은 무성론의 집요한 공격에 대해서, 유성론은 무성론이 제기한 논란들을 하나하나 변호해 나아가고 있다. 첫째, 유성론은 바로 위에서 무성론이 제기한 3번째 논란에 대해서 먼저 변호한다.

① 또, 저들이 논란하기를, "만일 모든 중생이 부처로 된다면, 중생은 반드시 다하게 된다"고 한다. 하지만 이러한 논란은 도리어 마음을 무성의 종지(宗旨)로부터 등을 돌리게 한다. 왜냐하면, 그대의 주장이 마치, "불성이 없는 중생은, 본래부터 법이종자(法爾種子)를 갖추고 있고 미래세가 다하도록 이 종자는 다함이 없다"고 하는 것과 같기 때문이다.

② 이제 내가 그대에게 묻겠으니, 그대의 뜻에 따라 대답해 보라. 이와 같은 종자는, 모두 장래에 과보를 발생하게 하기도 하고, 또한 과보를 발생하지 못하게 하기도 한다고 마땅히 말해야 할 것이다. ⓐ 만일 과보를 발생하지 못하게 하는 것이 있다면, 과보를 발생하게 하지 못하는 까닭에 곧 종자가 아니라고 할 것이다. ⓑ(a) 만일 모두가 장래에 과보를 발생하게 한다면, 곧 종자가 비록 많지만 마침내 다함이 있을 것이라고 할 것이니, 과보를 발생하게 하지 않는 것이 없기 때문이다. ⓑ(b) 만일 비록 모든 종자가 모두 장래에 과보를 발생하게 하지만, 종자가 무궁한 까닭에 마침내 다함이 없다고 말하면서, 자신의 말에 서로 어긋나는 허물이 없다고 한다면, 곧 '모든 중생이 모두 장래에 성불한다고 하더라도 중생은 끝이 없기 때문에 마침내 다함이 없다'고 마땅히 믿음으로 받아들여야 할 것이다.(한불전1, 840상)[38]

---

[38] "又彼難云 若皆作佛必有盡者 是難還心自無性宗 何者 如汝宗說無性有情 本來具有法爾種子 窮未來際種子無盡 我今問汝隨汝意答 如是種子 當言一切皆當生果 當言亦有不生果者 若言亦有不生果者 不生果故則非種子 若言一切皆當生果者 是則種子雖多必有終盡 以無 不生果者故 若言雖一切種子皆當生果 而種子無窮故無終盡 而無自語相違過者 則應信受 一切衆生皆當成佛 而衆生無邊故無終盡."

①에서 유성론은, 무성론의 주장을 논증하기 편하게 같은 의미를 다른 말로 대치하여, 본격적으로 변호하기 위한 준비를 한다. 즉, 일단 무성론의 주장을, "불성이 없는 중생이 본래부터 그러한 종자(種子)를 갖추고 있는데, 미래세가 다하도록 이 종자는 다함이 없다"는 것으로 이해한다. 그런 뒤에, 이 명제에서 파생되는 문제점들에 대해서 차근차근하게 논함으로써 논란에 응수하고 있다.

②에서는, 위 명제를 몇몇 경우로 나누어 설명한다. 즉, 이러한 무성론의 주장에서, '종자'는 장차 과보를 발생케 하든지 혹은 발생케 하지 못하든지 하는 2가지 경우가 있을 수 있다. 이 중에서, ⓐ 만약 종자가 과보를 발생시키지 못한다고 가정하면, 이것은 마침내 종자의 뜻 자체가 성립하지 못하게 되므로, 결국 무성론의 주장은 잘못이 된다. 따라서 이것은 특별히 논의할 가치가 없게 된다.

ⓑ 만약 종자가 과보를 발생시킨다고 하면, 다시 2가지 경우가 있다. (a) 종자가 많더라도 '다함이 있다면', 이 경우는 무성론의 주장과 모순이 되므로 문제가 없게 된다. 또한, (b) 종자가 많기 때문에 '다함이 없다면', 이 경우는 '모든 중생이 모두 장래에 성불하더라도 중생은 끝이 없기에 마침내 다함이 없다'는 의미가 되는데, 이것은 마땅히 믿음으로 받아들여야 할 것이라고 응답한다.

둘째, 유성론의 변호가 계속 이어지고 있다. 그런데, 아쉽게도 잔간이 여기에서 끝나고 있다. 잔간의 끝부분에 쓰여진 글귀는, "또한, 그대가 논란하기를, 소멸은 있고 줄어들지는 않는 것에 대해서 ……[又汝難云 有滅無……]"이다.(한불전1, 840상) 이 문구를 바탕으로 추측해 보면, 이 부분은 무성론의 논란 중 4번째의 내용에 대해서 유성론이 변호하고 있는 부분임을 짐작할 수 있을 따름이다.

잔간이 끝난 다음, [논란]부분에 어떠한 내용이 있었을지 짐작하기 어렵다. 다만, 제기된 논란에 대해서 빈틈없이 답변하는 글의 흐름으로 보아서, 무성론이 제기하였지만 아직 답변이 되지 않은 1번째와 2번째의 논란에 대한 변론이 있었을 것으로 추정된다. 또한, 이러한 유성론의 방어가

끝난 뒤에 계속 공방이 있었는지 추정하기 어렵지만, 있었다면 유성론의 공격과 무성론의 방어가 있었을 것이다.

제3절 [평결]

"이러한 논의에 대한 원효의 최종입장은 무엇인가?" 잔간에서는 안타깝게도 소위 [평결]에 해당하는 부분이 남아있지 않아서, 그 자세한 내용을 알 수가 없다. 이러한 상황에서, 원효가 이 문제를 어떻게 다루고 있는지를 추정하기 위해서, 불성의 문제를 가장 본격적으로 다루고 있는『열반경』과 이것을 원효가 풀이한『열반종요』의 해당내용을 우선 살펴볼 필요가 있다.

앞에서 말한 바와 같이, 불성논쟁에 관한『열반경』의 입장은 단순하지가 않다.『열반경』의 앞부분에서는 무성론과 같은 입장의 내용이 발견되고, 뒷부분에서는 유성론과 같은 입장의 내용이 발견되고 있기 때문이다. 그런데, 이 점과 관련해서,『대반열반경(40권본)』의「가섭보살품(迦葉菩薩品)」에서 유성론과 무성론의 입장을 회통하는 듯한 제3의 입장을 발견할 수 있어서 주목된다.

> 어떤 사람은 불성이란 일천제에게만 있고, 선근을 심은 사람에게는 없다고 하며, 어떤 사람은 불성이란 선근을 심은 사람에게만 있고, 일천제에게는 없다고 하며, 어떤 사람은 불성이란 위의 두 사람 모두에게 있다고 하며, 어떤 사람은 불성이란 위의 두 사람 모두에게 없다고 한다.(대정장12, 574하)[39]

이 글에서, 불성이 있는지 없는지를 논하는 데 있어서, '일천제'와 '선근을

---

39) "善男子 或有佛性 一闡提有善根人無 或有佛性 善根人有一闡提無 或有佛性 二人俱有 或有佛性 二人俱無."

심은 사람'을 대비하여 놓고, 이들에 대해서 각각 논하고 있다. 특히, 유(有), 무(無), 구유(俱有), 구무(俱無)라고 하는 '4구'의 논리를 가지고 이들의 불성을 논하고 있는 것을 볼 수 있다. 원효는 이 4구에 대한 설명을 『열반종요』에서 나름대로 여러 가지 방식으로 시도하고 있다.[40]

1. 이문의 설정

위에서 말한 4구에 대한 원효의 설명들 중의 하나는, 의지문(依持門)과 연기문(緣起門)을 나타내기 위해서, 4구를 설하였다는 것이다. 즉, 제1구와 제2구는, '의지문'의 입장에서 5종의 종성을 가진 중생들에 대해서 각각 말한 것이고, 제3구와 제4구는 '연기문'의 입장에서 '모든 중생들이 장차 부처가 될 성품이 있다'는 것과 '아직 부처가 되지는 못하였다'는 것을 나타낸 것이라고 설명한다.(한불전1, 541하~542상)

그렇다면, 원효가 여기에서 말하고 있는 의지문과 연기문이라는 것은 정확하게 무엇을 가리키는 것인가? 이 점을 명확하게 파악하기 위해서, 균여가 저술한 『석화엄교분기원통초』를 살펴볼 필요가 있다. 그런데, 『석화엄교분기원통초』의 내용을 살펴보다 보면, 원효가 바로 『십문화쟁론』에서 의지문과 연기문을 세웠다는 놀라운 사실과 함께 다음과 같은 구절들을 발견할 수 있다.

『십문화쟁론』에서는, 『유가론』, 『현양론』 등에 의거하여 의지문을 세우고, 『열반경』 등에 의거하여 연기문을 세운다. 그러나 항상 『유가론』 등의 문구를 취하는 것이 아니라, 단지 오성차별을 밝히는 문구에 의하여 의지문을 세운다. 또한, 항상 『열반경』의 문구를 취하는 것이 아니라, 단지 모두에게 불성이 있다는 것을 밝히는 문구에 의하여 연기문을 세운

---

40) 첫째, '二門을 나타내기 위해서'이고, 둘째, '因果를 구별하기 위해서'이며, 셋째, '4가지 뜻을 나타내기 위해서'이고, 넷째, '치우친 양변을 막기 위해서' 이 4구를 설했다고 말한다.(열반종요, 한불전1, 541하)

다.(한불전4, 326상)[41]

이 글에서, 원효가 저술한『십문화쟁론』에서는 의지문과 연기문에 관한 내용이 있고, 이 이문(二門)을 활용한 논의가 있다고 밝히고 있다. 그러니까, 원효가 유식사상계통의 논서인『유가론』과『현양론』의 핵심내용을 바탕으로 세운 체계가 바로 '의지문'이라는 것이고, 여래장사상계통인『열반경』에 의지하여 세운 체계가 바로 '연기문'이라는 것이다.

원효는 뇌야연기설의 입장에 있는『유가론』이나『현양론』등에 의한 해석은 '의지문'이라고 하였고, 진여연기설의 입장인『기신론』이나『열반경』등에 의한 해석은 '연기문'이라고 판단하였다. 여기에서, 의지문은 현장 등의 해석이며, 연기문은 혜원 등의 해석을 가리키는 것으로, 원효의 입장에서 본다면 다 같이 일면적일 뿐이라고 비판하였던 것이다.[42]

그렇다면, 어찌하여 원효는 의지문과 연기문과 같은 이문(二門)을 제시한 것일까? 목촌선창(木村宣彰)은, 오성각별설(五姓各別說)과 개유불성설(皆有佛性說)의 이율배반적인 문제를 해결하기 위해서 고안한 것이라고 한다.[43] 이 설에 따르면, 원효가『열반종요』에서『열반경』의 4구를 이문으로 해석한 이유는, 앞뒤 2구씩을 각각 오성각별설과 개유불성설에 배당해서, 양설을 화해시키기 위해서라는 것이 된다.

2. 원효의 평결

이제,「불성화쟁문」의 [평결] 부분에 대해서 생각해 보자. 위에서 밝혀진 바에 의하면, 원효는『열반종요』에서처럼,『십문화쟁론』의「불성화쟁문」

---

41) "答和靜論中 依瑜伽現揚等 立依持門 依涅槃等經 立緣起門 然不通取瑜伽等文句 但依五性 差別之文 立依持門 亦不通取涅槃經文 但依皆有佛性之文 立緣起門."

42) 木村宣彰,「元曉大師의涅槃思想」,『원효연구논총』(서울 : 국토통일원 조사연구실), p.835.

43) 위의 책, p.835.

에서 유성론과 무성론을 화회시키는 방법의 하나로 의지문과 연기문이라는 이문을 설정한 것이 확실하다고 할 수 있다. 왜냐하면, 오성각별설과 무성론은 밀접한 관련이 있고, 개유불성설과 유성론도 밀접한 관련이 있기 때문이다.

사실, 원효가 화쟁할 때, 의지문·연기문과 같은 '이문(二門)을 설정'하여 화쟁하는 것을 자주 볼 수 있다. '제3장 화쟁의 방법'에서 서술한 바와 같이, 원효는 총67개 사례 중에서 26개 사례에서 이러한 이문을 설정하여 회통하였다.[44] 이러한 회통방식은, 화쟁사례에서 먼저 '복수의 기준[二門]'을 제시한 뒤에, 각각의 기준에 모두 부합하기 때문에, 제기된 주장들은 모두 옳다고 회통하는 방식이었다.[45]

추정컨대, 원효는 「불성화쟁문」의 [평결] 부분에서 무성론과 유성론을 회통시키는 방법의 하나로서 의지문과 연기문이라는 2개의 기준을 제시하고 있었던 것이다. 그리고 이 2개의 기준을 활용해서 무성론과 유성론 양설이 모두 옳다고 선언하였던 것이다. 우리의 이러한 추정은 균여가 『석화엄교분기원통초』에서 인용한 아래의 글에서 구체적으로 확인할 수 있다.

『십문화쟁론』에서 말하였다. 묻기를, "모든 중생에게 불성이 있는가? 마땅히 불성이 없는 중생이 있다고 말해야 하는가?" 답하기를, "어떤 사람은 말하기를, '중생의 세계에는 반드시 불성이 없는 중생이 있으니, 모든 세계가 차별이 있기 때문이고, 무시이래 그러하기 때문이다.'고

---

44) 김영일, 『원효의 화쟁논법 연구』(서울 : 동국대학교 박사학위논문, 2008), p.137.
45) 예를 들어 본다. 원효는 『법화종요』「妙用」에서 '三乘이 방편인가, 二乘이 방편인가?'에 관하여 논하는데, 삼승설과 이승설의 주장에 대해서 회통한다.(한불전1, 491하) 여기에서, 원효는 三乘說과 二乘說이 모두 옳다고 말한다. 왜냐하면, '별교의 삼승'이라는 입장에서 보면 삼승이 모두 방편이 되므로 삼승설의 주장이 옳고, '통교의 삼승'이라는 입장에서 보면 불승은 진실이고 이승만이 방편이 되므로 이승설의 주장이 옳기 때문이다. 중요한 것은, 원효가 '별교'와 '통교'라는 '복수의 기준[二門]'을 설정하여 양설을 회통하고 있다는 점이다.

말한다. 또 어떤 사람은 말하기를, '모든 중생은 불성을 가지고 있다'는 등으로 말한다."(한불전4, 325중)46)

이 글에서, 균여는 원효의『십문화쟁론』의「불성화쟁문」을 인용하며, 원효가 불성논쟁을 다루고 있는 장면을 보여주고 있다. 무성론의 주장과 유성론의 주장 중에서 핵심만을 인용하고 있는 것을 보아서, 이 부분은 소위 [입론]에 해당하는 부분인 것을 알 수 있다. 이어지는 글에는, 소위 [논란]에 해당하는 부분은 생략되고, 소위 [평결]에 해당되는 부분을 인용하고 있다.

묻기를, "두 논사의 주장 가운데 어떤 것이 맞는가?" 어떤 이가 답하기를, "두 논사의 주장이 모두 맞다. 왜 그런가하면, 모두 성스러운 가르침에 의지하여 세워졌기 때문이고, 진리에 들어가는 문은 하나가 아니어서 서로 걸림이 없기 때문이다."(한불전4, 325중)47)

이 글에서, 균여는 원효가 "무성론과 유성론의 양론이 모두 옳다"라고 선언하였다고 말하고 있다. 원효가 남겨놓은 화쟁사례를 바탕으로 생각해 보면, 이 부분은 [평결] 중에서도 주어진 논점에 대한 원효의 전체적인 판단을 표현하는 '주문'에 해당하는 부분인 것을 알 수 있다. 또한, 화쟁사례에서, "제설이 모두 옳다"는 형식의 판단은 가장 흔하게 발견되는 판단형식이다.48) 이어지는 글을 보자.

① 이것은 무슨 의미인가? 진제와 속제의 상호관계에 따라서 이문(二門)이

---

46) "和諍論云 問 一切衆生 皆有佛性耶 當言亦有無性有情耶 答 又有說者 於有情界 定有無性 一切界差別故 無始法爾故(云云) 又有說者 一切衆生 皆有佛性(云云)."
47) "問 二師所說 何者爲實 答 又有說者 二師所說 皆是實 何以故 皆依聖教而成立故 法門非一 無障碍故."
48) 김영일,『원효의 화쟁논법 연구』(서울 : 동국대학교 박사학위논문, 2008), p.130.

있으니, 말하자면 의지문과 연기문이 그것이다. 의지문이라는 것은
마치 큰 허공이 바람 등을 의지하는 것과 같고, 연기문이라는 것은
마치 큰 바다가 파도의 물결 등을 일으키는 것과 같다.

② '의지문'에 나아가면, 진제와 속제가 같지 않아서, 중생이 본래 그렇듯이
서로 차별된다. 그러므로 무시이래로 생사에 즐겨 집착하여 구제해
낼 수가 없는 중생이 있다. 이 법문에서는 중생이 살아가는 곳에서
출세간법을 생겨나게 할 수 있는 성품을 구하지만 끝내 얻을 수가
없다. 그러므로 이 법문에 의거하여 불성이 없는 중생을 주장하는
것이다.

③ '연기문'에 의하면, 진실과 허망이 별개의 것이 아니어서, 일체의 것이
모두 일심(一心)을 바탕으로 삼는다. 그러므로 모든 중생이 무시이래로
이 진리세계의 흐름과 같지 않음이 없다. 이 문에서는 모든 중생의
마음 가운데서 자신의 근원으로 돌아가지 못하는 자를 구하려 하여도
끝내 얻을 수가 없다. 그러므로 이 문에 의거하여 '모든 중생에게 불성이
있다'고 주장하는 것이다. 이와 같은 이문(二門)은 본래 서로 방해함이
없다.(한불전4, 325중~하)[49]

이 글에서, 원효는 양설이 옳다는 판단을 내리게 된 '이유'를 밝히고
있다. 즉, ①에서 원효는 앞으로의 설명을 위한 전제로 2가지 사항을
말하고 있다. 하나는, 이문이 나오게 된 것은 '진제와 속제의 관계'라는
점을 말하고 있다. 또 하나는, 이문을 비유로 나타내고 있는데, 의지문은
마치 큰 허공이 바람 등을 의지하는 것과 같고, 연기문은 마치 큰 바다가
파도의 물결 등을 일으키는 것과 같다고 한다.

---

49) "是義云何 眞俗相望 有其二門 謂依持門及緣起門 依持門者 猶如大虛持風輪等 緣起門者
猶如巨海起波浪等 就依持門 眞俗非一 衆生本來法爾差別 故有衆生 從無始來 樂着生死
不可動拔 就此門內 於是衆生 六處之中 求出世法 可生之性 永不可得故 依此門建立無性有
情也 約緣起門 眞妄無二 一切法同一心爲體 故諸衆生 從無始來 無不卽此法界流轉 就此門
內 於諸衆生 心神之中 求不可令歸自源者 永不可得 故依此門 建立一切皆有佛性 如是二門
本無相妨."

②에서는 '의지문'에 의하면, 마침내 무성론이 주장될 수 있다는 점을 밝히고 있다. 그러니까, 의지문에 의하면, 진제와 속제가 같지 않게 되어서, 중생들이 서로 차별되게 된다. 그러므로 어떤 중생들은 생사에 집착하기 때문에 도저히 구제해 낼 수 없게 된다. 이처럼 의지문에 의하면, 중생이 아무리 깨달음을 구하지만 깨달음을 구할 수 없는 중생이 있기에, 무성론의 주장이 성립한다고 설명하고 있다.

③에서는 '연기문'에 의하면, 마침내 유성론이 주장될 수 있다는 점을 밝히고 있다. 그러니까, 연기문에 의하면, 진제와 속제가 별개의 것이 아니어서, 모두가 일심(一心)을 바탕으로 삼아서 차별이 없다. 그러므로 모든 중생의 세계가 모든 부처의 세계와 다름이 없다. 이처럼 연기문에 의하면, 모든 중생은 한결같이 자신의 근원으로 돌아갈 수 있기에, 유성론의 주장이 성립한다고 설명하고 있다.

이상, 「불성화쟁문」의 [평결] 부분에서 원효가 무성론과 유성론이 모두 옳다고 선언하였다는 것을, 균여의 『석화엄교분기원통초』를 통해서 간접적으로 확인할 수 있다. 또한, 원효는 의지문과 연기문이라는 2개의 기준을 제시하며, 의지문의 관점에서는 무성설이 옳고, 연기문의 관점에서는 유성설이 옳기에 양설은 회통된다며 그 이유를 설명하였다는 것을 확인할 수 있다.

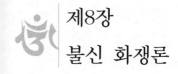

제8장
불신 화쟁론

"부처님의 참모습은 어떠한 모습일까?" 부처님의 가르침을 삶의 지표로 삼아 하루하루 정진하며 생활하는 우리 불자들에게, 부처님의 모습은 그저 지나치다 보게 되는 그런 평범한 대상이 아니다. 매일매일 부처님과 닮아가기 위해서 매사에 삼가고 정성을 다하는 우리 불자들에게, 부처님 의 모습은 어떤 의미로는 우리 자신의 모습일 수도 있는 일이다.

그런데, 위에서 제시한 이 간단한 질문은 언뜻 보면 단순할 것 같지만, 이 문장에 들어있는 '부처님'이라는 단어가 무엇을 가리키는가에 따라서, 의미심장한 질문이 될 수도 있다. 석가모니부처님만을 유일한 부처님으로 생각하는 초기불교권에서는, '부처님'하면 지금부터 약 2,500년전 인도에 서 태어나서 약 80년을 살다 열반에 드신 그 분을 떠올릴 것이다.

하지만, 한국, 중국, 일본 등 대승불교권에서 이 물음은, 그렇게 간단하게 대답할 수 없다. 대승불교에서는 진리를 깨달은 분은 모두 '부처님'이 될 뿐만 아니라, 학문적으로 분류하면, 법신불과 색신불이라는 2신설에서 시작하여 3신설, 4신설, 10신설 등 많은 유형의 부처님이 존재하기 때문이 다. 그 다양한 유형의 부처님에 대해서 한마디로 그 모습을 단언하기가 참으로 난감하지 않을 수 없다.

본장에서는, 이 문제에 대한 대답을 한국불교의 대표적인 사상가 중의 한분인 원효에게 들어보고자 한다. 원효가 얼마만큼 넓고 깊은 사상을 가졌는지는 오늘날 남겨진 저서를 읽어보면 쉽게 알 수 있는데, 그는 자신의 사상을 '화쟁'을 중심으로 드러내고 있다. 그의 화쟁사상은 대표작 중의 하나인 『십문화쟁론』을 포함하여, 여러 저서에 고루 담겨져 있다.

아래에서는, 먼저 원효가 불신에 대해서 가지고 있는 전반적인 생각을 그의 현존본을 중심으로 알아보려고 한다. 다음 그 중에서 법신불에 대한 것은 『열반종요』에 남아있는 화쟁사례를 중심으로 분석해 볼 것이다. 또한, 보신불에 대한 것은 『열반종요』에 남아있는 화쟁사례와 견등이 『대승기신론동이약집』에서 인용한 『십문화쟁론』의 「불신화쟁문」을 중심으로 분석해 보려고 한다.

제1절 원효의 불신관

"부처님의 참모습은 어떠한 모습일까?"에 대해서 본격적으로 논의하기에 앞서, 미리 대체로 밝혀두어야 할 것이 있다. 원효는 부처님의 모습 전반에 대해서 대단히 관심이 컸다는 점이다. 그는 『열반종요』를 비롯하여 『기신론소』와 『무량수경종요』 등에서 불신에 관하여 많은 논의를 하고 있다. 특히, 『열반종요』에서는 이 점에 관한 깊숙한 논의가 이루어지고 있는 것을 볼 수 있다.

또한, 원효의 대표적인 화쟁논서인 『십문화쟁론』에도 불신(보신불)에 관한 화쟁론이 있다. 즉, 『대승기신론동이약집』이라는 저서에 『십문화쟁론』에 관한 내용이 인용되었는데, 그 내용이 불신에 관한 것으로 보아서, 소위 「불신화쟁문」이 『십문화쟁론』에 있었던 것으로 추정된다. 다만, 현재 발견된 『십문화쟁론』의 잔간에는 「불신화쟁문」이 없어서, 그 내용을 자세히 알 수 없다는 아쉬움이 있다.

1. 전반적인 내용

원효의 저서를 살펴보면, 그가 부처님의 모습에 대해서 대단히 관심이 많았다는 점을 쉽게 알 수 있다. 원효는 『금광명경』, 『대승동승경』, 『대승기 신론』, 『섭대승론』 등 경론에 나타난 불신론과 종래 학설들을 참고하여, 『화엄경소』, 『금광명경소』, 『능가경종요』, 『열반종요』, 『무량수경종요』, 『범망경보살계본사기』, 『기신론소』, 『십문화쟁론』 등의 여러 저서에서 자신의 불신관(佛身觀)을 피력한 바가 있다.[1]

그리고 그는 그의 불신관과 더불어 불신에 관한 많은 논쟁을 화쟁하여 다수의 '화쟁사례'를 남겨놓았다. '제2장 화쟁의 모습'에서 살펴본 바와 같이, 원효의 현존저서에는 67개 화쟁사례가 있는데, 이들을 주제별로 분류하면 모두 13개의 그룹이 된다. 이 그룹들 중에서 가장 많은 화쟁사례 를 가진 그룹이 바로 '불신(佛身)'그룹으로 16개의 화쟁사례가 여기에 해당 된다.[2]

불신을 학문적으로 분류할 때, 대승불교에서는 2신설, 3신설, 4신설, 10신설 등 여러 가지로 구분하고 있다. 이 중에서 가장 대표적인 분류라고 하면 아마도 법신불(法身佛), 보신불(報身佛), 응신불(應身佛)의 3신설이라 고 할 수 있을 것이다. 이 기준으로 원효의 저서에 남아있는 화쟁사례를 구분해 보면, 법신불과 관련된 사례 1개, 보신불과 관련된 사례 3개, 응신불 과 관련된 사례 12개가 현재 남아있다.

첫째, 법신불과 관련된 사례는 『열반종요』에 남아있다. 원효는 『열반종

---

1) 이러한 원효의 불신관에 대해서는, 다음의 연구를 참고할 수 있다. ① 이기영, 『원효사상 I : 세계관』(서울 : 홍법원, 1967), pp.277~306. ② 이평래, 「원효의 삼신설」, 『신라불교여래장사상연구』(서울 : 민족사, 1996). ③ 김상현, 「원효의 불신에 대한 이해」, 『한국사상사학』11(한국사상사학회, 1998).
2) 총13개 그룹의 구체적인 내용은 다음과 같다. 제1그룹 佛身(총16개), 제2그룹 智慧(총10개), 제3그룹 佛性(총10개), 제4그룹 經典(총6개), 제5그룹 涅槃(총6개), 제6그룹 本體(총5개), 제7그룹 一乘(총4개), 제8그룹 緣起(총3개), 제9그룹 修行(총2 개), 제10그룹 佛土(총2개), 제11그룹 戒律(총1개), 제12그룹 法會(총1개), 제13그룹 轉輪王(총1개).

요』의 「분별(分別)」/「경종(經宗)」/「열반(涅槃)」/「삼사문(三事門)」에서,
'법신은 형상이 있는가?'라는 주제를 가지고 논하는데, 여기에 '형상이
있다'는 유색설(有色說)과 '형상이 없다'는 무색설(無色說)이 논쟁을 벌이고
있다.(한불전1, 532중~533상) 이 사례에 대해서는 본장 '제2절 법신불
화쟁'에서 자세히 살펴볼 것이다.

둘째, 보신불과 관련된 사례는 모두 3개이다. 원효는 『열반종요』의
「분별(分別)」/「경종(經宗)」/「열반(涅槃)」/「사덕문(四德門)」에서, "보신불
은 상주하는가?"에 대해서 논하는데, 여기에 상주설(常住說)과 무상설(無常
說)이 논쟁을 벌이고 있다.(한불전1, 536상~537하) 이 사례는 불신관련
논의 중에서 단연 압권이라고 할 수 있는데, 본장 '제3절 보신불 화쟁'에서
자세히 살펴볼 예정이다.

또한, 『기신론소』의 「소문(消文)」/「해석분(解釋分)」/「현시정의(顯示正
義)」/「의장문(義章門)」에서는, "무엇이 응신불과 보신불인가?"에 대해서,
『동성경(同性經)』, 『금고경(金鼓經)』, 『섭론(攝論)』, 『기신론(起信論)』에서
각각 정의하는 내용을 가지고 논의하고 있다.(한불전1, 773중~하) 이 사례
는 보신불과 응신불 등의 개념에 관한 소형사례인데, 잠시 후 본 항목에서
간략하게 살펴볼 예정이다.

또한, 『무량수경종요』의 「종지(宗旨)」/「과덕(果德)」/「색·무색문(色·無
色門)」에서는, "자수용신(自受用身)은 형상이 있는가, 없는가?"에 대해서,
정토에서 살기 때문에 '형상이 없다'는 무색설(無色說)과 미묘한 '형상이
있다'는 유색설(有色說)이 서로 대립하고 있다.(한불전1, 555상~하) 이 사례
는 내용상 정토화쟁에도 해당하므로 '제9장 정토화쟁론'에서 자세히 살펴
볼 예정이다.

셋째, 응신불과 관련된 사례는 『미륵상생경종요』에서 미륵보살과 관련
한 여러 가지 주제에 대해서 12개의 중소형사례가 등장하고 있다. 이
사례들은, 미륵보살이 태어난 장소, 미륵보살이 도솔천에 머문 시간, 미륵
불이 출현한 시간, 등 다양한 주제를 가지고 논의하고 있다.(한불전1.
548하~552하) 이들 사례에 대해서는 내용상 정토화쟁에도 해당하므로

'제9장 정토화쟁론'에서 자세히 살펴볼 예정이다.

한편, 보신불과 응신불의 개념에 대해서 경론에 따라서 그 의미를 서로 다르게 말하고 있어서, 자칫하면 개념의 혼란이 있는 경우가 있다. 그런데, 바로 이 점에 관해서 원효는 『기신론소』에서 제설을 회통하고 있어서 여기에서 간단하게 소개하고자 한다. 즉, 원효는 『기신론소』의 「소문」/ 「해석분」/ 「현시정의」/ 「의장문」에서, "무엇이 응신불과 보신불인가?"에 대해서 다음과 같이 논의하고 있다.

① 그러나 이 2신(二身)은 경론(經論)에서 서로 달리 말하고 있다. 동성경(同性經)에서 말하기를, "예토(穢土)에서 성불(成佛)한 것을 '화신(化身)'이라고 말하고, 정토(淨土)에서 성도(成道)한 것을 '보신(報身)'이라고 이른다"고 한다.

② 금고경(金鼓經)에서 말하기를, "32상(相)과 80종호(種好) 등의 상호를 '응신(應身)'이라 이르고, 육도(六道)의 모습을 따라 나타나게 된 몸을 '화신(化身)'이라고 이른다"고 한다.

③ 섭론(攝論)에 의하여 말하면, "지전(地前)에서 보여진 것을 '변화신(變化身)'이라고 이르고, 지상(地上)에서 보여진 것을 '수용신(受用身)'이라고 이른다"고 한다.

④ 이제 이 논[起信論] 중에는, "범부(凡夫)와 이승(二乘)에 의해서 보여진 육도(六道)에 따라서 차별된 모습을 '응신(應身)'이라고 하고, 십해(十解) 이상의 보살에 의해서 보여진 분제(分齊)의 모습을 여읜 것을 '보신(報身)'이라고 이른다"고 한다.(한불전1, 773중~하)3)

---

3) "然此二身 經論異說 同性經說 穢土成佛 名爲化身 淨土成道 名爲報身 金鼓經說 三十二相 八十種好等相 名爲應身 隨六道相所現之身 名爲化身 依攝論說 地前所見 名變化身 地上所見 名受用身 今此論中 凡夫二乘所見 六道差別之相 名爲應身 十解已上菩薩所見 離分齊色 名爲報身."

이 글에서, 경론에 따라서 보신불과 응신불의 개념이 다른 점을 하나하나 나열하고 있다. 즉, ①『동성경(同性經)』에서는 예토(穢土)에서 성불한 부처님을 화신(化身)이라고 하고, 정토(淨土)에서 성불한 부처님을 보신(報身)이라고 하며, ②『금고경(金鼓經)』에서는 32상·80종호의 상호를 가진 부처님을 응신(應身)이라고 하고, 육도(六道)의 모습을 따라 나타난 부처님을 화신(化身)이라고 한다는 것이다.

또한, ③『섭론(攝論)』에서는 지전(地前)에서 볼 수 있는 부처님을 변화신(變化身)이라고 하고, 지상(地上)에서 볼 수 있는 부처님을 수용신(受用身)이라고 하며, ④『기신론(起信論)』에서는 범부와 이승에게 보이고 육도의 차별된 모습에 따라서 모습을 드러낸 부처님을 응신(應身)이라고 하고, 십해(十解) 이상의 보살에게 보이고 분제를 여읜 모습을 한 부처님을 보신(報身)이라고 한다는 것이다.

① 이와 같이 서로 같지 않은 점이 있는 까닭은, 법문(法門)이 한량이 없어서 오직 한 길만이 아니기 때문이다. 따라서 곳에 따라 시설(施設)하였으니, 모두 도리가 있다.

② 그러므로, 섭론 중에서는 지전(地前)의 흩어진 마음에 의해 보이는 분제가 있는 모습을 말하려고 하였기 때문에 화신(化身)에 속하는 것이지만, 이제 이 기신론 중에서는 이 보살이 삼매에 의해서 보이는 분제를 여읜 모습을 밝히려고 하였기 때문에 보신(報身)에 속하는 것이다. 이러한 도리에 의하여 서로 어긋나는 것이 아니다.(한불전1, 773하)[4]

①에서 원효는, 제설이 모두 옳다고 선언하고 그 이유를 전체적으로 밝히고 있다. 즉, 제설은 모두 도리가 있는데, 이처럼 여러 경론에서 서로 다르게 말한 이유는 법문(法門)은 한량이 없어서 오직 한 길만이

---

[4] "所以如是有不同者 法門無量 非唯一途 故隨所施設 皆有道理 故攝論中 爲說地前散心所見 有分齊相 故屬化身 今此論中 明此菩薩三昧所見 離分齊相 故屬報身 由是道理 故不相違 也."

아니기 때문이라고 한다. 다시 말해서, 각각의 경론은 주어진 상황에
따라서 적절한 법문을 하려다보니 그렇게 서로 다르게 보이는 용어를
사용하였을 따름이라고 그 이유를 밝히고 있다.

②에서는, 설명이 조금 부족하다고 느껴져인지 예를 들어서 그 이유를
보충하여 설명하고 있다. 예컨대,『섭론』에서는 지전(地前)의 수행자가
흩어진 마음에 의해서 보이는 '분제가 있는 모습'을 말하려고 하였기 때문에
화신(化身)에 속한다고 하였지만,『기신론』에서는 보살인 수행자가 삼매에
의해서 보이는 '분제를 여읜 모습'을 말하려고 하였기 때문에 보신(報身)에
속한다고 하였다는 것이다.

이상과 같이, 원효는 보신불과 응신불이라는 용어가 경론에 따라서
다르게 사용되고 있고, 그 이유는 각자 주어진 상황에 따라서 적절한
말을 사용하다보니 그 용어가 서로 다르게 된 것이라는 점을 밝히고
있다. 여기에서, 우리는 평소에 무심코 사용하는 용어 하나에도 따지고
들면 깊은 사연이 담겨 있으며, 원효가 보여준 이 간단한 통찰 하나만으로도
그의 화쟁정신을 느낄 수 있을 듯하다.

2.「불신화쟁문」

한편, 원효는 그의 대표적인 화쟁논서인『십문화쟁론』에서 보신불(報身
佛)의 모습에 대해서 본격적으로 다룬 것으로 추정되고 있다. 즉, 원효가
소위,「불신화쟁문」을 논술하였을 것으로 추정되고 있다. 그리고 그「불신
화쟁문」의 주제는 "보신불은 상주하는가?"에 대한 것이어서, 위에서 말한
『열반종요』에서 원효가 보신불에 대해서 화쟁하였던 내용과 거의 같다고
보여진다.5)

---

5) 원효가『열반종요』를 먼저 저술하였는지,『십문화쟁론』을 먼저 저술하였는지에
   대해서는, 지금까지의 연구성과에 의하면, 무어라고 단정할 수 없다. 다만,『십문
   화쟁론』은 원효의 독특한 사상을 잘 드러낸 책이고, 성격상 '논쟁'을 다루고
   있기 때문에, 기존저서에서 이것과 관련부분을 일부 뽑아서 그것을 보다 본격적으
   로 확대하여 사용하였을 가능성이 있다고 본다. 그리하여,『십문화쟁론』보다는

그러면, 원효가 『십문화쟁론』에서 「불신화쟁문」을 논술하였을 것이라는 추정에 대해서 생각해 보자. 알려진 바와 같이, 『십문화쟁론』은 현재 불완전한 상태로 남겨져 있다. 총5매 중에서, 제9·10매는 「공유화쟁문」에 대한 것이고, 제15·16매는 「불성화쟁문」에 대한 것이며, 제31매는 학계에서 대체로 『십문화쟁론』의 일부가 아니라 『이장의』의 일부로 보고 있다.[6]

그러니까, 『십문화쟁론』의 '10문' 중에서 「공유화쟁문」과 「불성화쟁문」의 일부만이 남아있는 셈이다. 이런 상황에서, 학계에서는 『십문화쟁론』의 원래 모습을 탐구하려는 노력을 20세기와 21세기에 걸쳐서 계속하여 왔다. 여러 학자들에 의해서 줄기차게 이루어진 『십문화쟁론』 탐구에 관한 자세한 내용에 대해서는 독자들은 '제1장 화쟁론 서설'을 참고할 수 있다.

이러한 노력들 중에서, 우리는 특히 이종익의 연구에 관심을 가질 필요가 있다. 그는 다른 분의 저서에서 『십문화쟁론』을 인용한 문구들을 찾아내고 원효의 다른 저서들을 참고하여 총10문을 복원한 적이 있다.[7] 이 중에서 「불신이의화쟁문(佛身異義和諍門)」이 있는데, 이것은 그가 『대승기신론동이약집』이라는 책에 등장하는 원효저서의 인용문들 중에서 2가지 글귀를 근거로 하여 주장한 것이다.

여기에서, 『대승기신론동이약집(이하, '동이약집'으로 칭함)』이라는 저서에 대해서 잠시 알아보면, 이 책은 시기적으로 신라시대에 저술된 것으로 생각되고 있다. 그리고 이 책의 내용에 대해서는, 유식사상을 담고 있는 『성유식론』과 여래장사상을 담고 있는 『대승기신론』 사이에 서로 다른

『열반종요』가 먼저 저술되었을 가능성이 큰 것으로 보는 것이 필자의 입장이다.

6) 이정희는, 이것을 발견한 최범술도 그러한 사실을 알고 있었지만, 조사를 마친 후 별 관심 없이 두었다가 복원 당시 그러한 사실을 잊은 것이라고 추정하고 있다. 이정희, 「『십문화쟁론』과 관련된 몇 가지 문제점」, 『한국불교학』 별집(서울 : 한국불교학회, 2008), p.332.

7) 『십문화쟁론』의 '십문'이 문자 그대로 '10개의 문'을 말하는 것인지, 혹은 확대 해석해서 '많은 문'을 말하는 것인지에 대해서는 학설의 대립이 있다. 김영일, 「원효의 『십문화쟁론』 「불성유무화쟁문」 검토」, 『한국불교학』 제66집(서울 : 한국불교학회, 2013), pp.200~201.

의견들이 종종 발견되는데, 이 책에서는 서로 다른 주제를 8가지로 뽑아서 상세히 논의하고 있다.

이 책의 저자에 대해서는 논의가 분분한데, 14세기 초까지는 일본불교문헌에 홍복사 '지경(智憬)'이 저술하였다고 하고, 19세기 이후에는 신라의 '견등(見登)'이 저술하였다고 하며, 1930년대에는 '지경이 저술하고 견등이 보충'하였다고 주장하였고, 2001년 최연식은 8세기 후반에 일본 동대사의 승려 '지경'이 저술하였다고 하며,[8] 2005년 이정희는 '견등이 저술하고 지경이 보충하였다'고 주장하였다.[9]

이러한『동이약집』이라는 저서에 실린 2가지 글귀를 근거로 해서, 이종익은『십문화쟁론』에「불신이의화쟁문」이 있었다고 주장하였던 것이다. 그중에서, 첫째 글귀는『동이약집』「제2 진지동이문(眞智同異門)」에 등장한다. 여기에서, '부처님의 4가지 지혜'에 대해서『성유식론』과『기신론』의 입장을 서술한 뒤에, 8가지 점을 논하고 있는데, 이 중에서 2번째 사항을 논하는 과정에서 원효의 말을 인용하고 있다.

"丘龍和諍論云 夫 佛地萬德略有二門 若從因生起之門 ……."(『동이약집』,『한불전』3, 695상) 이 인용문은 '구룡화쟁론운(丘龍和諍論云)'이라는 말로 시작되는데, '구룡'은 원효를 가리키고, '화쟁론'은『십문화쟁론』을 가리키고 있으며, 원효가 같은 내용을『열반종요』에서도 논하고 있다는 점을 고려할 때, 이종익이 언급한 이 글귀는『십문화쟁론』의 1개문이 틀림없는

---

8) 2001년에 최연식은 8세기 후반(780년경)에 일본 동대사의 승려 '지경'이 저술하였다고 한다. 그 이유로, 첫째, 跋文에 저자의 이름이 적혀있고, 둘째, 序文과 割註는 후대에 보충한 것이 아니라 지경의 것이며, 셋째, '靑丘沙門見登之輔'라는 문구는 견등이 이 책에 무언가를 보충하였거나 후대에 착각한 것이기 때문이라고 한다. 최연식,「신라 견등의 저술과 사상경향」,『한국사연구』115(한국사연구회, 2001).

9) 2005년에 이정희는 '見登이 저술하였고 智憬이 보충하였다'고 한다. 그 이유로, 첫째, '見登之輔'는 "지경이 견등의 之[동이약집]를 보충하였다."라는 의미이고, 둘째, 서문과 발문은 지경의 것이지만, 지경이 저술을 모아서 지었다고 했으며, 셋째, 내용상 案云은 유식과 기신을 화해하려는 견등의 설이고 集者云은 화해하려는 의도가 아닌 지경의 설이기 때문이라고 한다. 이정희,「대승기신론동이약집 저자문제에 대해서」,『한국불교학』41(서울 : 한국불교학회, 2005).

것으로 판단된다.

　그런데, 둘째 글귀에 대해서는 인정하기 어려운 곤란한 문제가 있다. 이 글귀는『동이약집』의「제6 삼신동이문(三身同異門)」에 등장한다. 여기에서,『동이약집』의 저자는 '부처님의 삼신(三身)의 의미'에 대해서『성유식론』과『기신론』의 입장을 서술한 뒤에, 2가지 상항에 대해서 논의하고 있다. 이 중에서 2번째 사항을 논의하는 과정에서 원효의 말을 다음과 같이 인용하고 있다.

　"丘龍和會 報化身 經論異說 云如同性經說 穢土成佛 名爲化身 ……."(『동이약집』,『한불전』3, 712상) 이 인용문은 '구룡화회(丘龍和會)'로 시작하는데, '화회'라는 말은 회통한다는 의미여서 반드시『십문화쟁론』을 인용하였다고 단정할 수는 없다. 더구나, 이 글은 필자가 확인 결과, 원효의『기신론소』의 내용과 거의 모든 글자가 동일하다.[10) 따라서, 이 글은『십문화쟁론』과 관련짓기는 어렵다고 판단된다.

　이러한 판단을 근거로 해서, 필자는 이종익이 제시한 첫째 글귀만을「불신화쟁문」의 인용문으로 인정하고 있다. 또한, 이종익이 사용한「불신이의화쟁문」이란 제목도「불신화쟁문」으로 수정해서 부르고자 한다. 왜냐하면, 이종익이 제시한 2가지 글귀 중에서 둘째 글귀가 '부처님의 삼신(三身)의 다양한 의미'에 관한 것이기 때문에, 그가 제목을「불신이의화쟁문(佛身異義和諍門)」이라고 하였을 것이기 때문이다.

　이상, 원효의『십문화쟁론』에「불신화쟁문」이 있다는 추정에 대해서 점검해 보았다. 그리고「불신화쟁문」은 보신불의 상주와 무상에 관해서 논의하고 있어서,『열반종요』에서 보신불에 관해서 논의하는 주제와 그 '내용'이 같다. 본장에서는 이러한 점들을 고려해서, '제3절 보신불 화쟁'에서 "보신불은 상주하는가?"를 다루는 데 있어서『열반종요』의 해당 화쟁사례와「불신화쟁문」을 함께 다루고자 한다.

---

10) 이 부분과 관련해서, 원효의『기신론소』는 아래와 같이 시작한다. "經論異說 同性經說 穢土成佛 名爲化身 ……."(『한불전』1, 722중~하)

제2절 법신불 화쟁

원효는 『열반종요』에서 '법신(法身)은 색상(色相)이 있는가?'라는 주제를 가지고 논의하고 있다. 이 점에 대해서 '색상이 없다'고 하는 무색설(無色說)과 '색상이 있다'고 하는 유색설(有色說)이 서로 대립하여 논쟁하고 있다. 본절에서는 이 논쟁에 대해서 원효가 어떻게 양설을 근본적으로 화해시키는지에 초점을 두고 관련된 내용을 살펴보고자 한다.

화쟁사례는 일반적으로, "[입론]-[논란]-[평결]"의 구조로 되어 있다. 그런데, 본 사례는 일반적인 화쟁사례와 조금 달리 양설에서 [입론]과 [논란]을 한꺼번에 제시하고 있다. 아마도 [논란]의 분량이 상대적으로 많지 않아서 [입론]과 함께 간략히 제시한 것으로 생각된다. 여기에서는, 독자들의 이해를 위해서 일반적인 화쟁사례와 같이 '[입론]-[논란]-[평결]'의 순서로 서술하고자 한다.

1. 〔입론〕

『열반종요』의 「분별(分別)」/「경종(經宗)」/「열반(涅槃)」/「삼사문(三事門)」/「왕복결택(往復決擇)」에 보면 다음과 같은 질문이 등장한다.

> 질문한다. 이와 같은 부처님의 진실한 덕성이라고 할 법신(法身)은 마땅히 형상이 있다[有色]고 말해야 하는가? 형상이 없다[無色]고 말해야 하는가?(한불전1, 532중)[11]

이러한 질문에 대해서, 무색설과 유색설은 자신의 입장을 다음과 같이 전개하며 대답하고 있다.

---

11) "問 如是如來實德法身 當言有色 當言無色."

1) 무색설의 입장

먼저, 무색설(無色說)의 기본입장을 들어보자.

① 어떤 분은 말하기를, "법신은 형상이 없다. 다만, 기연(機緣)을 따라 화현(化現)하는 형상은 있다"고 한다.

② 왜냐하면, 형상이라는 것은 질애(質碍)가 되는 거친 모습을 가진 것이어서 전도(顚倒)된 분별심으로 인하여 변화되어 만들어진 것이기 때문이다. 모든 부처님들은 영원히 분별심을 벗어나서 진리의 근원에 돌아가셨기에 법계로써 몸을 삼는다. 이러한 도리로 말미암아 반드시 색신을 필요로 하지 않는다. 범부들도 무색계(無色界)에 이르면 형상의 분별을 벗어나기 때문에 색신이 없다. 그런데 어찌 부처님이 도리어 색신이 있다고 말하겠는가?(한불전1, 532중)[12]

①에서 무색설(無色說)은 자신의 입장을 분명히 선언하는 '주장'을 하고 있다. 즉, 부처님의 진실한 덕성을 간직하고 있는 존재를 말하는 법신은 '원칙적으로 형상을 가지고 있지 않다'는 것이다. 다만, 예외적으로 형상이 있을 수 있는데, 그것은 상대방의 근기에 따른 인연에 따라서 겉으로 드러나 보이는 형상은 있을 수 있다는 것이다.

②에서 무색설은 그렇게 주장하는 '이유'를 밝히고 있다. 즉, 형상이란 장애가 되는 거친 모습인데, 이것은 전도된 분별심으로 인해서 변화되어 만들어진 것이다. 그런데 부처님께서는 그러한 분별심을 이미 여의고 진리의 세계에 들어서신 분이기 때문에 굳이 형상이 필요하지 않다는 것이다. 중생들도 수행하여 무색계(無色界)에 들어가면 형상이 없어지는데 하물며 부처님은 말할 필요도 없다는 것이다.

---

12) "或有說者 法身無色 但有隨機 化現色相 所以然者 色是質碍 麤形之法 顚倒分別之所變作 諸佛如來 永離分別 歸於理原 法界爲身 由是道理 不須色身 乃至凡夫 至無色界 離色分別 故無色身 豈說如來 還有色身."

금고경(金鼓經)에서, "모든 존재에서 벗어나 진리와 같고 무분별지(無分別智)에 머물러 있는 모든 부처님은 분별하는 법이 없다. 어찌하여 그러한가? 모든 부처님은 지혜가 구족하였기 때문에 온갖 번뇌가 마침내 다 없어져 부처님의 청정한 지위를 얻었기 때문이다. 이 진리와 같은 법과 진리와 같은 지혜로써 모든 부처님의 법[佛法]을 포섭한다"고 한 말과 같다. 또한, "이 진리와 같은 존재이고 진리와 같은 무분별지를 가지고 있지만 원(願)이 자재하고 중생들이 감득하기 때문에 응신(應身)과 화신(化身)이 되니, 이것은 마치 해와 달의 그림자처럼 화합하여 생기는 것과 같다"고 한 말과 같다.(한불전1, 532중)[13]

이 글에서, 무색설은 자신의 주장을 입증할 '문증'을 제시하고 있는데, 문증은 『금고경』이라는 '경전'이다. 여기에 의하면, 부처님은 진리의 세계에 머물고 있고, 온갖 번뇌가 사라져서 무분별지에 머물기 때문에 모든 불법을 다 포섭한다고 한다. 또한, 부처님들은 진리와 같은 존재이고 무분별지를 가지고 있지만 중생들이 감득하는 바에 따라서 응신이 되기도 하고 화신이 되기도 한다는 것이다.

기신론(起信論)에서는, "모든 부처님들은 오직 법신(法身), 즉 지혜의 형상으로 된 몸만 있어서, 제일의제(第一義諦)뿐이고 세제(世諦)의 경계에는 있지 아니하여, 베풀어서 짓는 일을 벗어나 있다. 다만, 중생들로 하여금 보고 듣게 하는 바에 따라서 그들이 이익을 얻게 하기에 활용[用]이 된다고 말한다. 이 활용에는 2가지 종류가 있으니, 그 하나는 범부(凡夫)와 이승(二乘)들이 마음으로 보이는 것이니 이를 응신(應身)이라고 하고, 그 둘은 보살들이 보이는 것이니 이를 보신(報身)이라고 이른다"고 하여 내지 자세히 말씀하셨다. 이런 경론의 글을 근거로 하여 보면, 부처님의

---

13) "如金鼓經言 離法如如 離(留)無分別智 一切諸佛 無有別法 何以故 一切諸佛 智慧具足故 一切煩惱 畢竟滅盡 得佛淨地 以是法如如 如如智 攝一切佛法 又言如是法如如 如如智亦無 分別 以願自在故 衆生有感故 應化二身 如日月影 和合出生."

실덕에는 영원히 색신(色身)이 없고 오직 근기에 따라서 나타나게 되는 형상만이 있음을 알 수 있다는 것이다.(한불전1, 532중)[14]

이 글에서, 무색설은 자신의 주장을 입증할 '문증'을 하나 더 제시하고 있는데, 이번에는 『기신론』이라는 '논서'이다. 여기에 의하면, 부처님들은 지혜의 형상으로 된 몸만을 가지고 있을 뿐이어서 어떠한 일을 짓는 세속적인 경계와는 거리가 멀다고 한다. 다만, 중생들로 하여금 보고 듣게 하는 일에 따라서 활용이 되는데, 여기에 범부와 이승을 대상으로 한 응신과, 보살을 대상으로 한 색신이 있다는 것이다.

2) 유색설의 입장
다음, 유색설(有色說)의 기본입장을 들어보자.

① 어떤 분은 말하기를, "법신의 진실한 덕성에는 장애가 없는 형상이 있다. 비록 물질에 장애가 된다는 의미에서 말하는 형상은 아니지만 여러 방향과 장소에 따라서 보여진다는 의미에서 형상이라고 말할 수 있다. 비록 분별심에 의해서 지어지는 거친 형상을 벗어났지만 수많은 수행을 닦아서 얻게 되는 미묘한 형상은 있다"고 한다.

② 이는 마치 '비록 무분별식이기는 하지만 무분별식에 의해서 존재할 수는 있다'고 말하는 것과 같아서, 비록 장애가 되는 형상은 없지만 장애가 없는 형상이 있을 수는 있다는 것과 같다.(한불전1, 532하)[15]

①에서 유색설(有色說)은 자신의 입장을 분명히 선언하는 '주장'을 하고

---

14) "起信論云 諸佛如來 唯是法身 智相之身. 第一義諦 無有世諦境界 離於施作 但隨施衆生 見聞得益 故說爲用 此用有二種 一凡夫二乘 心所見者 爲應身 二菩薩所見者 名爲報身 乃至廣說 依此等文 當知實德 永無色身 唯有隨根 所現色耳."

15) "或有說者 法身實德 有無障礙色 雖無質礙之義說色 而以方所示現說色 雖離分別所作麤色 而有萬行所感 而得妙色 如說雖無分別識 而得有於無分別識 如是雖無障礙之色 而亦得有 無障礙色."

있다. 즉, 법신의 진실한 덕성에는 장애가 없는 형상이 있다. 다만, 여기에서 말하는 형상이라는 것은 장애가 된다는 의미를 갖는 형상이 아니라, 여러 장소와 방향에서 보여진다는 의미를 갖는 형상이라는 것이다. 다시 말해서, 오랜 수행을 거쳐서 이미 분별심에 의해서 지어지는 거친 형상은 벗어났지만, 수많은 수행을 닦는 과정에서 얻게 된 미묘한 형상은 여전히 있다는 것이다.

②에서는 유색설은 자신의 주장을 '비유'하여 설명하고 있다. 즉, '장애가 없는 형상이 있다'는 말의 의미는, 마치 비유하면, '비록 법신은 무분별식을 의미하기는 하지만, 법신은 무분별식에 의해서 존재할 수 있다'고 말하는 것과 같다는 것이다. 그래서, 법신은 비록 장애가 되는 형상은 없지만, 장애가 없는 형상은 있을 수는 있다고 말한다는 것이다.

① 이 경(열반경)에서, "무상(無常)한 형상[色] 버려서 항상한 형상[色]을 얻으니, 수(受)·상(想)·행(行)·식(識)도 그와 같다"고 하였다. 다만, 색음(色陰)에서 말하는 색(色)에는 보통 10가지 입(入)이 있는데, 눈[眼根]에 관한 형상[色]에는 오직 1가지 입(入)만 있을 뿐이므로 저 경의 글이 이 글을 다 회통하는 것은 아니다.

② 또는, 소니원경(小泥洹經) 가운데 순타가 부처님을 찬탄하여 말하기를, "미묘한 형상이 담연(湛然)하여 본체가 항상 안온하기에 오랜 시간이 흘러도 변화되지 아니한다. 큰 성인께서 오랜 세월 동안 자비를 행하시어 금강과 같이 무너지지 않는 몸을 얻으셨으니"라고 하였다.

③ 또, 살차니건자경(薩遮尼犍子經)에 이르기를, "고다마의 법신이 미묘하여, 형상이 항상 담연한 몸이며, 이와 같은 법성으로 된 몸은 중생들에도 평등하여 차별이 없구나"라고 하였다.(한불전1, 532하)[16]

---

16) "如此經言 捨無常色 獲得常色 受想行識 亦復如是 然色陰之色 通有十入 對眼之色 唯是一入故 彼不能會通此文 又小泥洹經中 純陀歎佛言 妙色湛然 體常安隱 不爲時節劫所遷 大聖廣劫行慈悲 獲得金剛不壞身 薩遮尼揵子經言 瞿曇法身妙 色常湛然體 如是法性身 象生等無差別."

이 글에서, 유색설은 자신의 주장을 입증할 '문증'을 제시하고 있는데, 문증으로『열반경』,『소니원경』,『살차니건자경』등 3개의 '경전'이 등장한다.

①에는『열반경』이 등장한다. 이 경전에 의하면, "무상(無常)한 색(色)을 버려서 항상한 색(色)을 얻으니, 수(受)·상(想)·행(行)·식(識)에도 그와 같다"고 하였다. 그러므로 법신이 되면 무상한 형상[色]을 버리고 항상한 형상[色]을 얻게 되는 것을 알 수 있다고 한다. 다만, 오온에서 말하는 색(色)에는 일반적으로 12처[시] 중에서 10처[지가 있고, 그 중에서도 눈에 관해서는 오직 1처[지만이 있기 때문에, 이 경의 말씀이 유색설의 주장을 모두 입증하는 것은 아니라고 한다.

②에는『소니원경』이 등장한다. 이 경전에 의하면, 부처님께서는 항상 안온하기에 오랜 시간이 흘러도 변화되지 아니한 미묘한 형상을 가지셨다고 한다. 또한, 오랜 세월 동안 중생들을 위해서 자비를 행하시어 금강과 같이 무너지지 않는 몸을 얻으셨다고 하였다. 따라서 법신이 되면 미묘한 형상을 얻게 된다는 것을 알 수 있다는 것이다.

③에는『살차니건자경』이 등장한다. 이 경전에 의하면, 석가모니 부처님의 법신은 미묘하고 그 형상이 항상 담연하며, 이러한 법신은 중생들에게 평등하여 차별이 없다고 한다. 그러므로 법신이 되면 미묘한 형상을 얻게 된다는 것을 알 수 있다는 것이다.

> 섭대승론(攝大乘論)에 이르기를, "다른 사람과 다른 공덕을 나타내기 위해서 자성신(自性身)을 내세웠다. 이 자성신을 의지하여 복덕(福德)과 지혜의 2가지 행위를 일으키는 것이니, 이 2가지 행위에서 얻어지는 결과[果德]를 정토(淨土)와 법락(法樂)이라 한다. 이 2가지 행위의 결과를 수용할 수 있기 때문에 수용신(受用身)이라고 이른다"고 하였다. 이와 같은 글들을 근거로 하면, 2가지 수행의 실제적인 과보로 감득되어지는 것에는 자수용신과 자수용정토가 있음을 마땅히 알아야 한다.(한불전1, 532하)[17]

이 글에서, 유색설은 자신의 주장을 입증할 '문증'을 하나 더 제시하고 있는데, 이번에는『섭대승론』이라는 '논서'이다. 여기에 의하면, 법신불의 공덕을 나타내기 위해서 자성신(自性身)을 내세웠다고 한다. 그리고 이 자성신을 의지하여 복덕과 지혜라는 2가지 행위를 일으키는데, 이 행위의 결과인 정토(淨土)와 법락(法樂)을 수용할 수 있기 때문에 수용신(受用身)이라고 한다. 따라서 이러한 글에 의해서, 법신이 되면 미묘한 형상을 얻게 된다는 것을 알 수 있다는 것이다.

2. 〔논란〕

이제, 무색설과 유색설은 상대방에게 공격과 방어를 하는 〔논란〕을 이어 간다. 이번 사례의 경우에는, 다른 일반적인 사례와 비교할 때 상대적으로 간단한 내용의 〔논란〕이 이어지고 있다. 즉, 양설은 상대방의 반론을 염두에 두고 각자 자신의 입장을 변호하는 내용을 한차례 제기하고 있을 따름이다.

1) 무색설의 변호

먼저, 무색설(無色說)이 자신을 변호하는 내용을 들어본다.

그런데, 이 경[열반경]에서 부처님의 해탈과 관련해서 이것을 형상이라고 말한 것 등은 '지혜의 눈'을 대상으로 하여 형상이라고 말한 것이요, 실지로 있는 형상은 아니다. 이는 마치 지혜는 눈이 아니지만 '지혜의 눈'이라 말하는 것과 같아서, 비록 눈이라 일렀지만 실제로는 색신의 감각 기관인 눈이 아니다. 이와 같이, 법신은 형상이 아니지만 미묘한 형상이라고 말한다. 비록 형상이라 말하지만 실제로 있는 색진(色塵)의 경계는 아닌 것이다. 이러한 도리로 말미암아, (법신은) 마땅히 형상이 없음을 알아야 한다. 다른 곳에서 (법신을) 형상이라 말한 것에 대해서는

---

17) "攝大乘論云 爲顯異人功德 故立自性身 依止自性身 起福德智慧二行 二行所得之果 謂淨土 及法樂 能受用二果 故名受用身 依此等文 當知二行所感實報 有自受用身 及自受用淨土."

모두 이와 같이 회통할 줄 알아야 한다.(한불전1, 532중~하)[18]

이 글에서, 무색설은 유색설의 예상된 공박에 대해서 변호하고 있다. 즉, 『열반경』에 실제로, '부처님의 법신은 형상이 있다'는 취지의 언급들이 있는데, 이것을 근거로 유색설이 무색설을 공박할 여지가 있다. 바로 이 점에 대해서 무색설은 자신의 입장을 변호하고 있다. 즉, 마치 지혜는 눈이 아니지만 '지혜의 눈'이라고 말하는 것과 같이, 법신은 형상이 아니지만 미묘한 형상이라고 말할 따름이라는 것이다.

2) 유색설의 변호

다음, 유색설(有色說)이 자신을 변호하는 내용을 들어본다.

그런데 다른 곳에서 '법신은 형상이 없다'고 말한 것은, 이는 자성신을 들어서 형상이 없다고 말한 것이다. 이는 '삼신(三身)의 부분'에서 말한 법신의 뜻으로 말한 것이다. 이제 '삼사(三事)의 부문에서' 말하여진 법신은 온갖 공덕에 의해서 비로소 몸이 된 것을 전체적으로 취해서 부른 것이다. 그러기에 '법신은 형상이 있다'고 말하여진 것이다.(한불전1, 532하)[19]

이 글에서, 유색설은 무색설의 예상된 공격에 대해 방어하고 있다. 즉, 『열반경』에, '부처님의 법신은 형상이 없다'는 언급들이 있는데, 이것을 근거로 무색설이 공격할 수 있다. 이 점을 유색설은 미리 변호하고 있다. 즉, 다른 곳에서 '법신은 형상이 없다'고 말한 것은, '삼신(三身)의 부분'에서 말한 법신의 뜻 중에서 자성신을 들어서 말한 것이다. 이제 '삼사(三事)의

---

18) "而此經說 如來解脫 是色等者 對慧眼根說色 非實色 如智慧非眼 而說慧眼 雖名爲眼 實非色根 如是法身非色 而說妙色 雖名爲色 實非色塵 由是道理 當知無色 餘處說色 皆作是通."

19) "而餘處說法身無色者 約自性身 說爲無色 是三身門之法身義 今三事門 所說法身 總取始有 萬德爲體 是故 說爲法身有色."

부문에서' 말하여진 법신은 온갖 공덕에 의해서 비로소 몸이 된 것을 부른 것이기에 '법신은 형상이 있다'고 말한다는 것이다.

3. 〔평결〕

지금까지의 무색설과 유색설의 날선 공방에 대해서, 이제 원효는 최종적인 평결을 내리고 있다. 이 과정을 통해서 우리는 그가 어떻게 양설을 근본적으로 화해시키고 있는가를 살펴볼 수 있다. 평결의 순서는 일반적인 순서에 따라서, '주문'·'이유'·'문증'으로 이루어지고 있다.

1) 주문

먼저, 원효가 양설에 대해서 어떠한 생각을 가지고 있는지 명확하게 선언하고 있는 '주문'을 들어본다.

① 질문한다. 두 분이 말씀한 바에 어떤 이득과 손실이 있는가?
② 대답한다. 어떤 분은 말하기를, 어느 한 변(邊)만을 결정적으로 취하면 양설에 모두 손실이 있다. 그러나 만일 진실로 집착하지 않으면 두 분의 주장에 모두 이득이 있다.(한불전1, 532하~533상)[20]

이 글에서, 원효는 '양설이 옳기도 하고 동시에 그르기도 하다'고 판정하고 있다. 즉, 어느 한 쪽의 주장에 결정적으로 집착하면 양설이 모두 그르게 되지만, 만약 어느 한 쪽의 주장에도 집착하지 않으면 양설이 모두 옳다고 한다. 결국, 판단하는 사람이 양설을 허심탄회하게 들으면 양설이 모두 옳다는 말이니, 이러한 유형의 판정은 '양설이 모두 옳다'는 판정과 내용상으로는 같은 판정이라고 할 수 있다.

여기에서, 양설이 '옳고 동시에 그르다'는 판정은 원효의 화쟁사례에서

---

20) "問 二師所說 何失何得 答 或有說者 定取一邊 二說皆失 若非實執 二義俱得."

드물게 등장하고 있는 판정이라고 할 수 있다. 이러한 판정을 내리는 사례는 대체로 일반인이 이해하기 어려운 매우 심오한 내용을 담고 있는 경우가 대부분이다. 이러한 판정에 관한 자세한 사항은 '제3장 화쟁의 방법'에서 자세하게 논의하였으므로, 독자는 그 부분을 참고할 수 있다.

2) 이유

다음, 원효는 자신의 판단에 대한 '이유'를 다음과 같이 밝히고 있다.

① 그 이유가 무엇인가? 부처님의 경지에 있는 온갖 공덕은 대략 2가지 부문이 있다. 만일 '모습을 버리고 일심(一心)으로 돌아가는 부문'에 나아가면, 모든 공덕의 모습은 동일한 법계이므로, 제일의(第一義)의 몸이어서 형상과 모습에 차별이 있는 경계가 아니다.

② 그러나 만일 '본성을 좇아 온갖 공덕을 이루는 부문'에 의거하면 형상과 마음의 공덕을 갖추지 아니한 바가 없으므로, 한량없는 상호(相互)를 장엄(莊嚴)하였다고 말한다. 이와 같이 비록 두 부문이 있지만 서로 다르지 않으므로, 모든 말씀이 다 장애가 없다.(한불전1, 533상)[21]

이 글에서 원효는 '복수의 기준'을 제시하여 이것을 기준으로 양설을 회통하고 있다. ①에서는, '모습을 버리고 일심(一心)으로 돌아가는 부문(捨相歸一心門)'을 제시하여 이것을 근거로 무색설을 회통하고 있다. 즉, 현상의 세계보다는 본질의 세계에 초점을 두고 보면, 모두가 평등하고 차별이 없다. 이처럼, 형상과 모습에도 차별이 있을 수 없어서 무색설(無色說)의 주장에 일리가 있다는 것이다.

②에서는, '본성을 좇아 온갖 공덕을 이루는 부문(從性成萬德門)'을 제시하여 이것을 근거로 유색설을 회통하고 있다. 즉, 본질의 세계보다는 현상의

---

21) "是義云何 佛地萬德 略有二門 若就捨相歸一心門 一切德相 同法界故 說唯是第一義身 無有色相差別境界 若依從性成萬德門 色心功德 無所不備 故說無量相好莊嚴 雖有二門 而無異相 是故 諸說皆無障礙."

세계에 초점을 두고 보면, 마땅히 형상과 마음의 공덕을 갖추었다고 보아야한다. 그러기에, 법신은 한량없는 상호(相互)를 장엄(莊嚴)하였다고 말한 유색설(有色說)의 주장에도 일리가 있다는 것이다.

여기에서, 원효가 양설을 회통하기 위해서 제시한 '복수의 기준[二門]'은 일반적인 화쟁사례에서도 얼마든지 찾아볼 수 있어서 흔히 사용되는 회통방법이라고 할 수 있다. 이 점에 대해서는 '제3장 화쟁의 방법'에서 자세히 살펴보았으므로, 독자는 그 부분을 참고할 수 있다.

3) 문증

이제, 원효는 자신이 그렇게 판단하게 된 논리적인 근거를 다음과 같은 '문증'으로 밝히고 있다.

> 이와 같은 '장애가 없는 법문'을 나타내기 위하여, 금강신품(金剛身品)에 자세히 말씀하기를, "부처님의 몸은 몸이 아니면서 곧 몸이요, 식(識)이 없으면서 곧 식이다. 마음을 벗어났으나 역시 마음을 벗어난 것이 아니며, 처소가 없으나 역시 처소가 있으며, 머무는 집이 없으나 역시 머무는 집이 되며, 형상이 아니면서 모든 상호를 장엄하였다"하고, 내지 자세히 말씀하였다. 그러므로 여래가 비밀히 간직한 법문은 유(有)를 말하고 무(無)를 말하더라도 모두 도리가 있음을 마땅히 알아야 한다.(한불전1, 533상)[22]

이 글에서 원효는 논거로 『열반경』의 「금강신품(金剛身品)」의 글귀를 제시하고 있다. 즉, 그 글귀에 따르면, 부처님은 몸[身], 식(識), 처소[處], 집[宅] 등에서 유(有)와 무(無)를 초월하였으며, 부처님은 형상이 아니면서 모든 상호를 장엄하였다는 것이다. 이처럼, 여래가 비밀히 간직한 법문은 유(有)를 말하고 무(無)를 말하더라도 모두 도리가 있어서 양설은 근본적으

---

22) "爲顯如是無礙法門 金剛身品 廣說之言 如來之身 非身是身 無識是識 離心亦不離心 無處亦處 無宅亦宅 非像非相 諸相莊嚴 乃至廣說 當知如來祕藏法門 說有說無 皆有道理."

로 회통된다고 마무리하고 있다.

제3절 보신불 화쟁

'보신불(報身佛)'의 모습에 대해서, 어떤 분은 우리와 같이 태어났다가 돌아가는 무상(無常)한 분이라고 하였고, 어떤 분은 우리와 달리 태어남과 사망함이 없는 상주(常住)하는 분이라고 한다. 대체 누구의 말씀이 옳은 것일까? 이 점에 대해서, 원효는 『열반종요』와 『십문화쟁론』에서 '보신(報身)은 상주(常住)하는가?'라는 주제를 가지고 논의하고 있는데, 무상설(無常說)과 상주설(常住說)의 대립이 있다.

한편, 화쟁사례는 일반적으로, '[입론]-[논란]-[평결]'의 순서로 기록되어 있는데, 『열반종요』에 남아있는 사례는 [입론]과 [논란]이 한꺼번에 제시되고 있다.23) 하지만, 『십문화쟁론』에 등장하였을 사례에서는 아마도 일반적인 형식으로 되어있을 것으로 추정되고, 또한 독자들의 이해를 위해서, 여기에서는 일반적인 화쟁사례와 같이 '[입론]-[논란]-[평결]'의 순서로 서술하고 있다.

1. 〔입론〕

사례는 양설의 입장을 제시한 [입론]이 먼저 등장한다. 그런데, 한가지 특이한 점은, 『열반종요』의 순서와 『십문화쟁론』의 순서가 같지 않다는 것이다. 즉, 『열반종요』에서는 상주설이 먼저 등장하고 무상설이 나중에 등장하고 있다. 반면, 『동이약집』에서는, '제1논사[初師]'는 무상설을 주장하고, '제2논사[後師]'는 상주설을 주장하고 있어서, 『십문화쟁론』에서는 무상설이 먼저 등장하였을 것이라는 점이다.

---

23) 『열반종요』 중에서도, 특히 「분별」/「경종」/「열반」/「사덕문」/「화쟁」 부분의 내용을 활용할 수 있다.

이처럼 양설이 등장하는 순서가 서로 다른 것은 아마도 원효가 같은 내용을 서로 다른 저서에서 서술할 때에, 독자들로 하여금 지루하지 않게끔 변화를 준 것은 아닐까(?) 생각해 본다. 어찌되었든, 여기에서는 오늘날 우리들이 훨씬 많은 내용을 파악할 수 있는 『열반종요』의 서술순서를 기준으로 해서 상주설의 입장을 먼저 살펴보기로 한다.

1) 상주설의 입장

먼저, 상주설의 기본입장을 알아본다. 『열반종요』에 의하면, 상주설에는 다음과 같이 서로 다른 2가지의 세부적인 입장이 있다고 한다. 이들의 주장은 서로 다르지만 보신불이 상주한다는 점에는 서로 같다.

① 상주에 집착하는 견해 안에도 또한 2가지 입장이 있다. 첫째 입장에서는 말하기를, "보신의 공덕은 발생하지만 소멸하지는 않는다. 또한, 발생의 원인이 소멸되었기 때문에, 발생하지 않는 것은 불가능하다. 이치를 증득함이 구경에 이르렀기 때문에 모습을 떠났고, 모습을 떠났기 때문에 상주하여 변하지 아니한다"라고 한다.

② 둘째 입장에서 말한다. "보신불의 공덕은 비록 발생의 원인을 얻었지만, 발생의 모습을 벗어난다. 비록 '본래 없었던 것이 처음으로 있게 된 것이지만, 본래 없었던 것이 지금에만 있게 된 것은 아니다.' 이미 지금에만 있게 된 것도 아니고, 또한 나중에 없어지는 것도 아니다. 이러한 도리로 말미암아 삼세를 멀리 초월하는 것이요, 삼세를 초월하였기 때문에 마땅히 영원히 머문다. 그러나 도를 성취한 뒤에야 비로소 성취되었다고 해서 본래 시초가 있었던 것은 아니다. 삼제를 초월한 까닭에 또한 발생이 있는 것도 아니다. 발생이 있지 않은 까닭에 또한 소멸이 있을 수 없다. 발생과 소멸이 없는 까닭에 결단코 무위(無爲)이고 상주(常住)이며 불변이다. 만일 이와 같은 바른 견해를 얻지 못하면, 마땅히 결단코 유위니 무위니 말을 할 수 없을 것이다."라고 한다."(한불전1, 536상)[24]

①에서는 상주설의 첫째 입장을 제시하고 있다. '보신은 발생의 원인 자체가 소멸되었기 때문에 상주한다'고 주장한다. 그런데, 이 말을 언뜻 들으면, '보신은 발생할 수도 없게 되는가?'라는 의심이 들기 쉽기 때문에, "발생의 원인이 소멸되었다고 하여서, 발생하지 않는 것은 아니다."라고 덧붙이고 있다.[25] 또한, 이러한 보신은 모습을 떠났고, 그렇기 때문에 상주하여 변하지 아니한다고 설명하고 있다.

②에서는, 상주설의 둘째 입장을 제시하고 있다. '보신은 발생의 원인은 존재하지만, 발생의 모습을 벗어났기 때문에 상주한다'고 한다. 즉, 보신은 본래 없었던 것이 처음으로 있게 된 것이지만, 지금에만 있는 것이 아니고 과거·현재·미래를 초월하여 영원히 머문다는 것이다. 또한, 발생과 소멸이 없는 까닭에 결단코 무위(無爲)이고 상주(常住)라고 주장한다.

① 이는 순타장(純陀章)에서 이르기를, "오직 마땅히 스스로를 책망할 따름이니, 내가 이제 어리석어 혜안을 가지지 못하여 여래의 정법을 헤아리지 못하였다. 그러므로 함부로 부처님은 마땅히 유위라던지 또는 마땅히 무위라고 주장해서는 아니 된다. 만일 정견(正見)을 가진 자라면 부처님은 결단코 '무위(無爲)'라고 마땅히 말하여야 한다"와 같다.

② 장수품(長壽品)에 이르기를, "항상 마음을 집중하여 수행하여야 하나니, 바로 부처님이 '상주(常住)'한다는 두 글자이다. 이 두 글자를 닦아 익히는

---

24) "執常之內 亦有二家 一家說云 報佛功德 有生無滅 生因所滅故 不得無生 證理究竟故離相 離相故常住不變 第二家云 報佛功德 雖生因得 而離生相 雖是本無始有 而非本無今有 旣非今有 亦非後無 由是道理 遠離三際 離三際故 凝然常住 然 道後始成故 非本有始 離三際故 亦非有生 非有生故 亦得無滅 無生滅故 定是無爲 常住不變 若未能得如是正見 不應定說有爲無爲."

25) 이 글은, 인용문에서, "발생의 원인이 소멸되었기 때문에, 발생하지 않는 것은 불가능하다.(生因所滅故 不得無生)"라고 한 말을 필자가 전체적인 맥락을 고려하여 해석한 것이다. 즉, "보신의 공덕은 발생하지만 소멸하지는 않는다. (報佛功德 有生無滅)"라는 말을 듣고, 독자들은 "그렇다면, 보신은 발생할 수도 없게 되는가?"라는 의심을 할 수 있다. 그래서 이러한 의심을 없애기 위해서, "발생의 원인이 소멸되었다고 하여서, 발생하지 않는 것은 아니다. (生因所滅故 不得無生)"라는 말을 덧붙였다는 것이 필자의 해석이다.

자는 마땅히 알아야 하나니, 이 사람은 나에 의해서 행해지는 바를 따라서 내가 이르는 곳에 이를 것임을 알아야 한다"고 하였다.(한불전1, 536상)[26]

①에서는, 상주설에서 자신의 입장을 뒷받침하는 '문증'을 제시하고 있다. 문증으로『열반경』「순타장」을 제시하고 있는데, 여기에 의하면, 만일 정견(正見)을 가진 수행자라면 마땅히 부처님은 '무위(無爲)'라고 말하여야 한다는 내용이 등장한다. 이 문구를 통해서 상주설에서는 '보신부처님은 무위이다'고 말한 자신의 주장을 뒷받침할 증거를 제시하고 있다.

②에서는, 상주설에서 '문증'을 하나 더 제시하고 있는데, 이번에는『열반경』「장수품」이다. 여기에 의하면, 수행자는 마음을 집중하여 부처님은 상주(常住)한다는 두 글자를 반드시 닦아 익혀야 한다는 내용이 등장한다. 이 문구를 통해서 상주설에서는 '보신부처님은 상주한다'고 위에서 말한 자신의 주장을 뒷받침할 증거를 제시하고 있다.

이상,『열반종요』의 내용을 통해서 상주설의 입장을 살펴보았다. 요컨대, 보신불은 소멸하지 않고 상주한다는 것이다. 그 이유로, 첫째 입장에서는, 보신불이 발생할 수 있는 원인 자체가 이미 소멸하였기 때문에, 보신불은 발생만 있고 소멸은 없다고 하고, 둘째 입장에서는, 보신불이 발생할 수 있는 원인은 남아 있지만 발생하는 모습을 떠났기 때문에, 보신불은 영원히 머무는 것이라고 주장한다.

참고로,『동이약집』에서의 언급을 검토해 보면,『동이약집』에서는, "지광, 길장 등 논사들은, …… 불과에 이르면 무명이 완전히 사라져서 진리와 하나가 되어서 경계와 지혜와 같아서 주관과 객관의 구별이 사라진다. 그리하여 경계처럼 지혜도 항상 머물러 생멸하지 아니한다"고 한다.(한불전 3, p.693, 중) 여기에서, 지광, 길장 등의 주장과 상주설의 주장이

---

26) "如純陀章云 唯當責自 我今愚癡 未有慧眼 如來正法 不可思議 是故 不應宣說如來 定是有爲 定是無爲 若正見者 應說如來定是無爲 長壽品云 常當繫心 修心是二字佛常住 若有修習 此二字者 當知是人 隨我所行 至我至處."

일맥상통함을 알 수 있다.

2) 무상설의 입장

다음, 무상설(無常說)의 기본입장을 알아본다. 무상설의 입장에 대해서 『열반종요』에 적혀있는 내용을 중점적으로 살펴보고, 『동이약집』에 적혀 있는 내용에 대해서는 직접적으로 충분하게 언급하지 않고 있으므로 다만 참고만 한다.

> 무상에 집착하는 분들은 말한다. 부처님의 보신(報身)은 발생의 원인에 의해서 태어난 것이고, 소멸하지 않는 것은 불가능하다. '태어난 것은 반드시 소멸한다'고 부처님께서 항상 말씀하셨기 때문이다. 그러나 보신 은 법신(法身)을 의지하여 상속하면서 항상 존재하여 미래가 다하도록 끝날 때가 없으니, 잠시 동안에 닳아 없어지는 생사와는 같지 않다. 이러한 도리로 말미암아 '상주하게 된다'고 말하고, 늙고 죽지 않기에 '변화하지 않는다'고도 이른다.(한불전1, 536중)[27]

이 글에서, 무상설은 부처님의 보신은 발생할 원인에 의해서 태어나기 때문에 무상하다고 한다. 즉, '태어난 것은 반드시 소멸한다'고 부처님께서 항상 말씀하셨기 때문에, 보신은 반드시 소멸한다는 것이다. 다만, 보신은 부처님의 법신을 의지하기에 미래가 다하도록 존재하고, 그렇기 때문에 혹자는 '상주하게 된다'고 하고, 혹자는 '변화하지 않는다'고 말할 뿐이라고 보충해서 설명해 준다.

> ① 이는 사상품(四相品)에 이르기를, "여래는 이와 같은 공덕을 성취하였다. 그러니 어찌 '부처님은 무상하다'고 말할 수 있겠는가! 만일, '부처님은 무상하다'고 말한다면, 이러한 말은 있을 수 없다. 부처님의 몸은 금강신

---

27) "執無常者 說言報佛 生因所生 不得無滅 生者必滅 一向說故 然依法身 相續恒存 窮未來際 永無終盡 不同生死 念念磨滅 由是道理 說爲常住 無老死故 名不變易."

(金剛身)이니 어찌 '무상하다'라고 말할 수 있겠는가! 그러기에 '부처님은 마침내 수명이 다한다'라고 이르지 아니한다"고 말한 것과 같다.

② 여래성품(如來性品)에 이르기를, "만일 '해탈이 마치 환화(幻化)와 같다'고 말하면, 범부들은 응당 '해탈을 얻는 이는 곧 마멸(磨滅)하여 없어질 것'이라고 여길 것이다. 그러나 지혜 있는 사람은 응당 분별하여 말하기를, '부처님은 비록 가고 옴이 있어도 상주하여 변하지 아니한다'고 할 것이다"고 하였다.

③ 또한, 성행품(聖行品)에 이르기를, "선남자여, 심성이 다르기 때문에 무상하다고 말한다. 이른바 성문의 심성이 다르고, 연각의 심성이 다르고, 여러 부처님의 심성이 다른 것이다"고 하였다. 이러한 경문들을 근거로 하여 보면, 보신의 마음은 유위이고 생멸하는 존재임을 마땅히 알아야 한다.(한불전1, 536중~하)[28]

①에서는, 무상설에서 자신의 입장을 뒷받침하는 '문증'을 제시하고 있다. 즉,『열반경』「사상품」에 의하면, 부처님은 금강신이어서 수명이 다한다거나 무상하다고 이르지 않는다고 한다는 것이다. 그런데, 이 문증은, 위에서 무상설이, "보신은 다만 법신을 의지하여 상속하면서 항상 존재함으로써 미래제가 다하도록 길이 끝날 때가 없다"고 말한데 대한 문증이라고 할 수 있다.

②에서는, 무상설에서 다른 '문증'을 제시하고 있다. 즉,『열반경』「여래성품」에 의하면, 보신은 가고 옴이 있는 무상한 존재이다. 하지만, 만일 '해탈이 환화(幻化)와 같다'고 말하면, 중생들이 '해탈을 얻은 이는 마멸(磨滅)하여 없어질 것이다'라고 생각할 가능성이 높다. 바로 이 점이 걱정이 되어서, '방편으로' 보신은 상주하여 변하지 아니한다고 말했다고 한다는

---

28) "如四相品云 如來成就如是功德 云何當言如來無常 若言無常 無有是處 是金剛身 云何無常 是故 如來不名命終 如來性品云 若言解脫 猶如幻化 凡夫當謂 得解脫者 卽是磨滅 有智之人 應當分別 人中師子 雖有去來 常住不變 又聖行品云 復次善男子 心性異故 名爲無常 所謂聲 聞心性異 緣覺心性異 諸佛心性異 依此等文 當知報佛 心是有爲 是生滅法."

것이다.

③에서는, 무상설에서 또 다른 '문증'을 제시하며, 심성이 서로 다르기 때문에 부처님의 보신은 영원히 상주하는 존재가 아니라고 주장한다. 즉, 『열반경』 「성행품」에 의하면, 성문·연각·부처님의 심성이 서로 각기 다르다는 것이다. 그리고 이처럼 서로 심성이 다르기 때문에, 부처님의 보신은 조건에 의해서 만들어진 유위(有爲)의 존재라고 할 수 있고, 그래서 발생하고 소멸하게 된다는 것이다.

이상, 『열반종요』의 내용을 통해서 무상설의 기본입장을 살펴보았다. 요컨대, 보신은 반드시 소멸하는 것인데, 그 이유는 첫째, 태어난 것은 반드시 소멸하기 때문이며, 둘째, 보신은 다른 존재와는 심성이 다르기 때문이라는 것이다. 다만, 보신은 법신을 의지하기 때문에, 어떤 이들은 '상주하게 된다'라고 말하기도 하고, '변화하지 않는다'라고 말할 따름이라는 것이다.

참고로, 『동이약집』에서의 언급을 검토해 보자.[29] 『동이약집』에서는, "계현, 규기 등의 논사들은, 비록 부처님의 지혜가 이치와 하나가 되어서 주관과 객관의 구별이 없어지지만, 이치는 무위(無爲)이고 지혜는 유위(有爲)인 까닭에, 이치는 상주하지만 지혜는 무상하다고 말한다."고 한다.(한불전 3, 692하~693중) 여기에서, 계현, 규기 등의 주장과 무상설의 주장이 어느 정도 일치함을 알 수 있다.

또한, 『동이약집』에서 말하기를, 다른 곳에서, '여래는 무위이고 상주한다'고 말한 것은, 태어나고 죽은 것과 같이 속히 소멸하는 것과 같은 유위가 아니어서 그와 같은 유위와는 다르기에 '무위'라고 한 것이다. 또한, 미래제를 마치고 상속되고 끊어지지 않고 항상 존재하기에 '상주'한다고 말한 것이라고 한다.(한불전 3, 693중) 여기에서도 해당 내용이 무상설

---

29) 『동이약집』에서는 직접 '불신론'을 논하는 것은 아니다. 하지만, '부처님의 4가지 지혜'를 논하는 과정에서 간접적으로 이와 유사한 내용이 등장한다. 즉, 부처님의 4가지 지혜에 대한 『성유식론』의 입장을 서술한 뒤에, "대원경지를 제외한 3가지 지혜도 항상 이치를 비춤에 쉼이 없는가?"라는 질문을 한다. 이에 대해서, 계현, 규기 등의 논사들의 입장이 표명되고 있다.

의 주장과 일맥상통함을 알 수 있다.

2. 〔논란〕

원효의 화쟁론에서 〔논란〕은, 각설이 자신의 주장을 강화하거나 상대의 약점을 지적하면서 '공격'하거나, 상대의 공격에 반박하거나 상대의 논지를 흡수하면서 '방어'하는 부분을 말한다. 『동이약집』에서는 「불신화쟁문」의 〔논란〕에 해당되는 부분을 찾을 수 없으므로 소개할 수 없다. 아래에서는, 『열반종요』의 불신관련 논의에 등장하는 상주설과 무상설의 논란을 각각 정리해 보았다.

1) 상주설의 논란

상주설은 무상설에 대해서 2가지 점에 대해서 논란을 벌이는데, 하나는 소극적인 논란인 방어에 해당하는 것이고, 다른 하나는 적극적인 논란인 공격에 해당하는 것이다. 먼저, 상주설이 자신을 방어하는 내용을 들어보자.[30]

> 그런데, 다른 데에서 말씀하신, '부처님은 상주하지 아니하다'라고 말한 것은, 모두 부처님의 화신으로서의 모습을 말씀한 것이지, 보신으로서의 모습을 말한 것이 아니다. 이는 「덕왕보살품」에서 이른 것과 같다. 여래는 상주하지 아니하다. ⓐ 왜냐하면 몸이 나누어져 있기 때문이다. 그러기에 상주하지 아니하다. 어찌하여 상주하지 아니한다고 하는가? ⓑ 지혜가 있기 때문이다. 상주하는 존재는 지혜가 없어서 마치 허공과 같다. 그런데, 부처님은 마음이 있는 까닭에 상주하지 아니한다. 어찌하여 상주하지

---

30) 논쟁을 한다는 것은 일반적으로 공격과 방어를 한다는 것인데, 『열반종요』에서는 양설이 공격은 하지 않고 방어만을 하고 있다. 생각건대, 양설이 방어하는 것은 아마도 상대방이 그 점에 대해서 공격해 올 가능성이 충분히 있기 때문일 것이다. 이렇게 본다면, 방어만을 하는 것도 논쟁을 하는 방식의 하나로 볼 수 있을 것이다.

아니하다고 하는가? ⓒ 부처님은 언설이 있고 내지 ⓓ 성씨가 있으며, 그러기에 ⓔ 부모가 있고, ⓕ 4가지 위의가 있으며, ⓖ 방소(方所)가 있어서, 이러한 7가지 종류의 뜻에 의하여, '부처님은 상주하지 아니하다'라고 말한 것이다. 그런데, 이것은 다 부처님의 화신으로서의 모습에 대하여 말한 것임을 마땅히 알아야 한다. 사람들은 이와 같은 의미를 알지 못하여 부처님의 보신에 대해서도 다 같이 무상하다고 말하면, 이는 곧 삿된 견해이어서 반드시 지옥에 떨어질 것이다.(한불전1, 536상~중)[31]

이 글에서, 상주설은 경전에 등장한 '무상'이라는 문구는 보신불이 아니라 화신불에 대한 것이라고 설명하고 있다. 즉,『열반경』「덕왕보살품」에서, '7가지 이유를 제시하며 부처님은 상주하지 아니한다'라고 말씀하셨는데, 여기에서 말한 부처님은 보신불이 아니라, 화신불이라는 것이다. 그래서 '보신불은 상주한다'는 자신의 주장은 여전히 정당하다고 변호하고 있다.

여기에서, 부처님이 상주하지 않는다고 주장하면서 제시한 7가지 이유를 살펴보면, 첫째, 부처님의 몸이 나누어져 있기 때문이고, 둘째, 부처님은 지혜가 있기 때문이며, 셋째, 부처님은 언설(言說)이 있기 때문이고, 넷째, 부처님은 성씨가 있기 때문이며, 다섯째, 부처님은 부모가 있기 때문이고, 여섯째, 부처님은 4가지 위의가 있기 때문이며, 일곱째, 부처님은 방소(方所)가 있기 때문이라고 한다.

다음, 상주설이 무상설을 공격하는 내용을 들어보자.

「순타품」에서 말씀한 것과 같이, "외도의 사견은 '부처님도 유위(有爲)이

---

31) "而餘處說 非常住者 皆就佛化相 非說報身 如德王品云 如來非常 何以故 身有分故 是故非常 云何非常 以有智故 常法無知 猶如虛空 如來有心 是故非常 云何非常 有言說 乃至有姓 此故有父母 故有四儀 故有方所 依是七義 說非常住 當知此皆 就化相說 若人不知 如是之意 亦說報佛 同是無常 卽是邪見 必墮地獄."

다'라고 말하여 의혹을 갖지만, 비구는 마땅히 '여래는 유위로서 태어났다'
는 생각을 가져서는 아니 된다. 만일 '부처님도 유위이다'라고 말하는
것은 곧 망언이다. 마땅히 알아야 하나니, 이런 사람은 죽어서 지옥에
들어가는 것이 마치 사람이 자기 집에서 사는 것과 같다"고 하여, 내지
자세히 말씀하였다. 그러기에 '부처님의 보신이 무상하다'고 말해서는
아니된다. 상주에 집착하는 분들은 이와 같이 말한다.(한불전1, 536중)[32]

이 글에서, 상주설은 경전의 말씀을 '문증'으로 제시하면서 보신불이
유위라고 말해서는 아니 된다며 무상설을 공박하고 있다. 즉,『열반경』
「순타품」에 의하면, 외도들은, '부처님도 유위(有爲)이다'라며 의혹을 갖지
만, 부처님의 제자들은 그러한 생각을 하여서는 아니된다고 한다. 만일
'부처님도 유위이다'라고 말하는 것은 곧 망언이니, 이런 사람은 죽어서
지옥에 가는 것과 같다며 극언을 하고 있다.

생각건대, 상주설의 논의는 '일견' 일리 있는 지적으로 여겨진다. 제시하
는 7가지 이유가 지혜, 언설, 성씨, 부모 등 보통사람들도 쉽게 가질 수도
있는 것들이어서, 부처님의 몸이 우리들의 몸과 같다면 마땅히 그 부처님의
몸도 무상할 것이다. 그리고 그 무상한 부처님이 화신불에 해당한다면,
그에 대비되는 보신불은 상주할 수도 있을 것으로 생각할 수도 있을
것이기 때문이다.

2) 무상설의 논란

위와 같은 상주설의 논란에 맞서서, 무상설은 4가지 점에 대해서 논란을
벌이는데, 하나는 소극적인 논란인 방어에 해당하는 것이고, 다른 3가지는
적극적인 논란인 공격에 해당하는 것이다. 첫째, 무상설이 자신을 방어하
는 장면을 살펴본다. 여기에서 무상설은 경전에 등장하고 있는 '상주'라는

---

32) "如純陀品言 外道邪見 可說如來同於有爲持惑 比丘不應如是 於如來所 生有爲想 若言如來
是有爲者 卽是妄語 當知是人 死入地獄 如人自處於己舍宅 乃至廣說 故不應說報佛無常
執常之家 作如是說也."

말은 성문들의 전도된 견해를 다스리기 위한 방편에 불과한 것일 뿐이라며 자신을 변호하고 있다.

① 그런데, 처음 부분에서는 '반드시 이것이 무위이다'고 말씀한 곳이 있다. 또한, 경전에 말씀하기를, "상주(常住)의 두 글자를 닦고 익히면, 나에 의해서 행하여진 바를 따라서 내가 이른 곳에 이른다"라는 등의 문구가 있다. 이 경문들은 성문들이 무위에 집착하여 전도된 4가지를 다스리기 위한 것이다. 그러기에 진여의 법신을 들어서 상주라고 말한 것이다.

② 왜냐하면, 저 성문들은 법공을 통달하지 못하여서, 여래의 법신은 모든 곳에 두루 있어서 무위이고 상주하지만, 중생들의 근기에 따라서 이러한 색신을 드러내는 것을 알지 못하기 때문이다. 그러기에 저들은 부처님의 색신은 미혹된 업에 의해서 감득된 것이어서 반드시 닳아서 소멸될 것이라고 생각한다. 부처님이 증득한 오분법신(五分法身)은 비록 유루(有漏)는 아니지만 색신을 의지하기 때문에 역시 단절되어 소멸될 것으로 여긴다. 이러한 병을 다스리기 위하여 법신이 무위이고 상주하다고 말씀하신 것이다.

③ 청승복전경(請僧福田經) 가운데 월덕거사(月德居士)가 부처님께 탄식하여 이르기를, "여래께서 열반에 드시니, 진리가 오래지 않아 소멸하겠구나!"라고 하였다. 부처님께서 이르시기를, "여러 거사들에게 이르노니, 마땅히 부처님의 상주(常住)라는 두 글자를 닦아 익혀야 한다. 이 상주의 법은 모든 중생이나 이승이나 육도나 일천제나 오역의 죄를 지은 사람들의 본래 성품이다. 이 본래의 성품을 보는 자는 마땅히 나의 몸을 얻게 되는 것이 지금과 같아서 조금도 다름이 없을 것이다"고 하였다.

④ 이 경(열반경)에서, "이 상주라는 두 글자를 닦아 익히면 나에 의해서 행하여진 바를 따라서 내가 이른 곳에 이를 것이다"고 하였다. 이러한 경문들은 바로 법신을 나타낸 것이다. 그런데, "사랑한 마음으로 살생을 하지 않는 것 등, 원인된 행위들에 의해서 그것은 얻어지게 된다"는 말씀은 원인된 행위에 의해서 얻어지게 된다는 것을 확실하게 밝히는

것이다. 사람들이 이러한 의미를 알지 못하고 '부처님의 보신도 또한 발생하지 않고 소멸하지 않는다'라고 잘못 고집하여, 마침내는 허공과 같다고 하고 무위(無爲)의 존재인 것으로 안다.(한불전1, 536하)[33]

①에서 무상설은, 경전에 등장하는 '상주'라는 표현은 어디까지나 방편에 불과하다는 '주장'을 하고 있다. 즉, 이 경(열반경)에 무위라는 말씀이 있고, "상주(常住)의 두 글자를 닦고 익히면, 나에 의해서 행하여진 바를 따라서 내가 이른 곳에 이른다"라는 문구가 있다. 그런데, 이 경문들은 성문들이 무위에 집착하여 전도된 생각을 하는 것을 다스리기 위하여, 진여의 법신을 들어서 말했을 뿐이라고 한다.

②에서 무상설은 그렇게 주장하는 '이유'를 밝히고 있다. 즉, 성문들은 법공을 통달하지 못하여서, 법신이 중생들의 근기에 따라서 색신을 드러내는 것을 알지 못한다. 그렇기 때문에 성문들은 부처님이 증득한 오분법신 (五分法身)은 색신을 의지하기 때문에 역시 단절되어 소멸될 것으로 생각한다. 이러한 성문들의 병을 다스리기 위하여 '법신은 무위이고 상주하다'고 말씀하셨다는 것이다.

③에서 무상설은 그렇게 주장하는 '문증'을 제시하고 있다. 『청승복전경 (請僧福田經)』에서 월덕거사(月德居士)가, "여래께서 열반에 드시니, 진리가 오래지 않아 소멸하겠구나!"라고 탄식하였다. 그러자 부처님께서는, 부처님의 상주(常住)라는 두 글자를 닦아 익혀야 한다고 하시고, 이 상주의 법은 모든 사람들의 본래 성품이어서, 이 성품을 보는 자는 부처님의

---

33) "而初分說 定是無爲 又言 修習常住二字 隨我所行 至我至處等文者 爲對聲聞無爲四倒 故約眞如法身 而說爲常住 以彼聲聞 不達法空 不知如來法身 遍一切處 無爲常住 隨於物機 現此色身 是故 彼計如來色身 惑業所感 必歸磨滅 五分法身 雖非有漏 而依色身 亦是斷滅 爲欲對治如是病故 故說法身 無爲常住 如請僧福田經中 月德居士 歎佛如來涅槃 以復法滅 不久 如來告言 汝等居士 應修如來 常住二字 是常住法者 是一切衆生 二乘六道 闡提五逆人 之法性 見法性者 當得吾身 如今無二 如此經言 修此二字 隨我所行 至我至處 故知是文 正顯法身 而說慈心不殺等因之所得者 是明了因之所顯證 有人不知是意趣 妄執報佛 亦無 生滅 遂同虛空 知無爲."

몸을 얻게 된다고 말씀하셨다는 것이다.

④에서 무상설은 앞에서 말한 내용들을 정리하며 마무리하고 있다. 즉, 이와 같이, 이 경(열반경)에서, "이 상주라는 두 글자를 닦아 익히면 나에 의해서 행하여진 바를 따라서 내가 이른 곳에 이를 것이다"고 말한 경문 등은 모두 바로 법신을 나타낸 것이라는 것이다. 그런데, 원인된 행위에 의해서 얻어지게 된 것은 무상하다는 것을 알지 못하고, 보신도 허공과 같은 무위(無爲)라고 잘못 알고 있다는 것이다.

둘째, 무상설은 이제 상대방의 논리를 정밀하게 분석한 뒤에 이것을 새롭게 해석하여 상대방을 신랄하게 논파한다. 즉, 위에서 상주설은 '7가지 인연'이 모두 '화신'에 해당한다고 해석하여 자신의 입장을 변호한 바 있다. 그런데, 이제 무상설에서는 그러한 상주설의 논리를 일단 받아들인 뒤에 이것을 정반대로 해석하여 그 7가지 인연들은 모두 '법신'에 해당하기 때문에 보신은 무상하다고 논박하고 있다.

① 또한, 만약, "덕왕보살품에서 말한, '여래는 상주하지 않는다'는 7가지 종류의 인연은, 모두 화신에 대해서 상주하지 않다고 말한 것이지, 보신에 대해서도 상주하지 않다고 말한 것은 아니다"라고 한다면, 그것은 그 경문에서 말한 7가지 종류의 인연은 또한 '무상하지 아니 하다'는 말도 성립할 수 있다. (왜냐하면, 그것들은) 모두 법신에 대해서 무상하지 않다고 말한 것이지, 또한 보신에 대해서도 무상하지 않다고 말한 것과는 관련이 없기 때문이다.

② 그 경문에서 말한 바와 같이, ⓐ 발생이 있는 존재를 무상(無常)이라고 이른다. 그런데 여래는 발생이 없으므로 상주가 된다. ⓑ 한정이 있는 존재를 무상이라고 이른다. 그런데 여래는 발생이 없고 성씨도 없으므로 상주가 된다. ⓒ 상주하는 존재는 모든 곳에 두루 있으나, 무상한 존재는 혹은 이곳에는 있으나 저곳에는 없다고 한다. 그런데 여래는 그렇지 아니하기에 상주가 된다. ⓓ 무상한 존재는 있을 때에는 있다가 없을

때에는 없게 된다. 그런데 여래는 그렇지 않기에 상주가 된다.

③ ⓔ 상주하는 존재는 이름도 없고 형상도 없다. 허공은 상주하기 때문에 이름도 없고 형상이 없다. 여래도 또한 그러하기에 상주가 된다. ⓕ 상주하는 존재는 원인도 없고 결과도 없다. 허공은 상주하기 때문에 원인도 없고 결과도 없다. 여래도 또한 그러하기에 상주가 된다. ⓖ 상주하는 존재는 삼세에 포함되지 아니한다. 여래도 또한 그러하기에 상주가 된다. 이와 같은 7가지 원인은 모두 법신에 해당된다. 왜 그러냐 하면, 저들이 '보신은 발생의 원인에 의해서 얻어지는 것'이라 말하였으니, 그렇다면 이는 곧 원인과 결과가 있는 것이고 허공과 같지 않기 때문이다.(한불전1, 536하~537상)[34]

①에서 무상설은, 위에서 말한 상주설의 논리를 정반대로 해석하여 그 7가지 인연들은 모두 '법신'에 해당하기 때문에 보신은 무상하다고 주장한다. 즉, 만약, "여래는 무상하다'는 7가지 인연은, 모두 화신에 대한 것이지, 보신에 대한 것이 아니다"라고 한다면, "여래는 상주하다'는 7가지 인연은, 모두 법신에 대한 것이지, 보신에 대한 것이 아니라"는 말도 성립할 수 있다는 것이다.

②에서 무상설은 7가지 인연 중에서, 여래가 상주(常住)라고 하는 '소극적인 4가지 인연'을 들고 있다. 즉, 여래는 발생이 없으므로 상주가 되고, 여래는 성씨도 없으므로 상주가 되며, 여래는 이곳에는 있으나 저곳에는 없는 그러한 무상한 존재가 아니기에 상주가 되고, 여래는 있을 때에는 있다가 없을 때에는 없는 그러한 무상한 존재가 아니기에 상주가 된다는

---

34) "又若德王品說 如來非常住 七種因緣 皆就化身 說非常住 非說報佛 亦常(住)者 是卽彼文 亦以七因 成非無常 皆就法身 說非無常 不關報佛 亦非無常 如彼文言 有生之法 名曰無常 如來無生 是故爲常 有限之法 名曰無常 如來無生 無姓故常 有常之法 遍一切處 無常之法 或言是處 有彼處無 如來不爾 是故爲常 無常之法 有時是有 無時爲無 如來不爾 是故爲常 常住之法 無名無色 虛空常故 無名無色 如來亦爾 是故爲常 常住之法 無因無果 虛空常故 無因無果 如來亦爾 是故爲常 常住之法 三世不攝 如來亦爾 是故爲常 如是七因 皆當法身 所以然者 彼說報佛 生因所得 卽有因果 非如虛空."

것이다.

③에서 무상설은 7가지 인연 중에서, 여래가 상주(常住)라고 하는 '적극적인 3가지 인연'을 들고 있다. 즉, 여래는 이름도 없고 형상도 없기에 상주가 되고, 여래는 원인도 없고 결과도 없기에 상주가 되며, 여래는 삼세에 포함되지 아니하기에 상주가 된다고 한다. 이와 같이 경전의 말씀은 '법신이 상주한다'는 말씀이라고 논박함으로써, 결국 법신과는 성질이 다른 보신은 무상하다고 주장하는 것이 된다.

셋째, 무상설은 이제 한 걸음 더 나아가 상주설이 논박할 내용을 스스로 상정한다. 그리하여 만약에 그러한 논박을 상주설이 실제로 한다고 하면, 무상설에서는 그와 같은 상주설의 논리를 일단 받아들인 뒤에 이것을 정반대로 해석하여 반박할 것이라고 말하고 있다.

> 만일 저들이 억지로 말하여, "법신은 발생하지 않은 까닭에 상주한다는 뜻에 따르면, 또한 보신도 마찬가지로 발생하지 않은 까닭에 상주한다. 그러므로 이 원인은 법신과 보신에서 의미가 공통된다."고 한다면, 또한 다른 말도 가능할 것이다. 즉, "화신은 지혜가 있는 까닭에 상주하지 아니하다는 뜻에 의하면, 또한 보신도 지혜가 있는 까닭에 상주하지 아니하다. 그러므로 이 원인은 보신과 화신에서 의미가 공통된다"고 말할 수 있을 것이다. 만약 뒷말이 이치에 맞지 않는다면, 어떻게 앞말이 이치에 맞을 수 있겠는가!(한불전1, 537상)[35]

이 글에서, 무상설은 예상된 상주설의 공격을 반박하고 있다. 즉, 상주설은 법신과 보신이 '발생하지 않는다'는 공통된 원인을 가지고 있기 때문에, '법신이 상주하는 것처럼 보신도 상주한다'고 해석할 가능성이 충분히 있다. 이 점에 대해서, 무상설은 화신과 보신이 '지혜를 가지고 있다'는

---

35) "若彼救言 隨順法身無生故常 報佛亦同無生故常 是故此因義通二身者 他亦爾可言 化身有知故非常 報佛有知亦非常住 是故此因義通二身 此若不通彼何得通."

공통의 원인을 가지고 있기 때문에, '화신이 무상한 것처럼 보신도 무상하다'고 새롭게 해석하여 응수하고 있다.

생각건대, 논쟁을 하다보면, 상대방의 주장을 그대로 활용하여 자신의 논거로 삼는 경우를 볼 수 있는데, 우리는 그것을 여기에서 보고 있다. 앞에서 상주설은 '7가지 인연'으로 공박하고 '공통된 원인'으로 공박할 여지가 있었다. 이에 대해서 무상설은 그 논리를 그대로 받아들여서 자신의 논거로 삼아 상주설을 반박하고 있다. 이제 양설의 날선 공방은 하이라이트에 다가가는 느낌이다.

넷째, 상주설의 기본 입장 중의 하나는, "비록 이 보신은 본래 없던 것이 비로소 있게 된 것이지만, 본래 없던 것이 이제야 있게 된 것은 아니다"이었다. 이 점에 대해서 무상설은 매우 치밀한 논리로 문제를 제기한다. 그런데, 이 논란은 그 내용이 언어로 표현할 수 있는 한계를 넘어서는 것이어서 상주설의 입장을 매우 난처하게 만들고 있다. 이 장면이 등장하는 『열반종요』의 장면을 지켜보자.

① 또 저 논사가 억지로 말하기를, "Ⓐ비록 이 보신은 본래 없던 것이 '비로소 있게 된 것이지만', 본래 없던 것이 '이제야 있게 된 것은 아니다"고 하였다. (하지만) 이것은 다만 말만 그런 것이지 실제로 그런 일은 절대 있을 수 없다. 왜냐하면, 만약 말한 바와 같다면, 이 말은 곧 "Ⓑ비록 먼저 있었던 것이 '나중에 없어지지는 않지만', Ⓒ먼저 있었던 것이 '마침내 없어진다'"라고 할 수 있기 때문이다.

② (그런데) ⓐ만일 '마침내 없어진다'는 것을 인정한다면, 이 '마침내 없어진다'는 것은 바로 '소멸한다'는 뜻이 되어버린다. ⓑ만일 이 말을 인정하지 않는다면, 이미 나중에 없어지지 않았는데, 어찌하여 마침내 없어지겠으며, ⓒ이미 이제야 있지 않는데, 어찌하여 비로소 있는가! ⓓ또한, 만일 나중에 없어지지 않기 때문에 소멸하여 없어진다'고 하면, 이 말은 곧 '본래 없기 때문에 생겨나게 된다'라는 뜻이 되어 버린다.(한불전

①에서, 무상설은 상주설의 기본입장 중의 하나를 공박하기 위한 준비를 하고 있다. 그러니까, 상주설의 기본입장은, "비록 이 보신은 본래 없던 것이 비로소 있게 된 것이지만, 본래 없던 것이 이제야 있게 된 것은 아니다."인데, 이것을 무상설은 나름대로 바꾸어 해석하기를, "비록 먼저 있었던 것이 나중에 없어지지는 않지만, 먼저 있었던 것이 마침내 없어진다."라고 해석한다.

②에서, 무상설은 이러한 자신의 해석을 바탕으로 상주설의 모순점들을 하나하나 지적하고 있다. 첫째(ⓐ), 위의 ©에서, '먼저 있었던 것이 마침내 없어진다'고 해석하였는데, 이 점에 대한 문제점을 지적한다. 즉, 여기에서 '마침내 없어진다'고 말하면, 이것은 바로 '소멸된다'는 뜻이 되어 버린다는 것이다. 그리고 그렇게 되면 '소멸하지 않는다'는 상주설의 기본입장과 모순이 된다는 것을 지적하고 있다.

둘째(ⓑ), 위의 ⑧·©에서, '비록 먼저 있었던 것이 나중에 없어지지는 않지만, 먼저 있었던 것이 마침내 없어진다'고 해석하였는데, 이 점에 대한 문제점을 지적한다. 즉, '나중에 없어지지 않는다'는 말과 '마침내 없어진다'는 말은 서로 모순이 되어서 앞의 말이 성립하면 뒤의 말은 성립할 수 없고, 뒤의 말이 성립하면 앞의 말이 성립할 수 없음을 지적한다. 이리하여 상주설의 주장은 성립할 수 없다고 공박한다.

셋째(©), 위의 ④에서, '비록 이 보신은 본래 없던 것이 비로소 있게 된 것이지만, 본래 없던 것이 이제야 있게 된 것은 아니다'라고 하였는데, 이 점에 대한 문제점을 지적한다. 즉, '비로소 있게 된 것이다'라는 말과 '이제야 있게 된 것은 아니다'라는 말은 서로 모순이 되어서 동시에 서로 성립하지 못한다고 한다. 이리하여 상주설의 주장은 성립할 수 없다고

---

36) "彼强言 雖是本無始有 而非本無今有者 但有其言 都無其實 所以然者 若如所言 是卽雖非
先有後無 而是先有終無 若許終無 終無卽滅 若不許言 旣非後無 何爲終無 旣非今有 何爲始
有 又若非後無 故滅盡者 卽應是本無故 有生起也."

공박한다.

넷째(ⓓ), 위의 ⓑ·ⓒ에서, '비록 먼저 있었던 것이 나중에 없어지지는 않지만, 먼저 있었던 것이 마침내 없어진다'고 해석하였는데, 이 점에 대한 문제점을 지적한다. 즉, 만일 "나중에 없어지지 않기 때문에 소멸하여 없어진다"는 뜻으로 말한 것이라면, 이것은 "본래 없기 때문에 생겨나게 된다"는 뜻으로 해석될 수 있게 된다. 그렇게 되면, 상주설의 기본입장과 모순이 되어버린다고 지적하고 있다.

이와 같은 무상설의 박진감 넘치는 공격에 대해서, 상주설이 방어한 내용은 아쉽게도 원효저서 어디에도 찾아볼 수 없다. 다만, 뒤에서 보는 바와 같이, 원효의 [평결]에서 중요한 평결이 끝난 뒤에, 상주설과 무상설의 부족한 점을 보충해서 설명하는 부분에 이 점에 대한 원효의 생각이 등장하고 있다. 독자들은 잠시 기다렸다가 원효가 '상주설'의 부족한 점에 대해서 논평하는 부분에서 이를 확인할 수 있다.

3. 〔평결〕

지금까지, 상주설과 무상설의 입장을 살펴보고, 그들이 서로 논쟁하는 장면을 지켜보았다. 이제, 여기에서는 이러한 논란에 대한 원효의 궁극적인 판단은 어떠한지 경청하고자 한다. 한가지 흥미로운 것은, 『열반종요』에서는 '양설이 옳기도 하고 그르기도 하다'는 취지로 회통하고 있고, 『십문화쟁론』에서는 '양설이 모두 옳다'는 취지로 회통하고 있어서, 판단의 형식이 서로 다르다는 점이다.

1) 『열반종요』의 〔평결〕

『열반종요』에서는 과연 원효가 양설에 대해서 어떻게 평결을 내리고 양설을 어떻게 화해시키고 있는지 궁금하지 않을 수 없다. 『열반종요』에서 원효의 [평결]은 주요평결과 보충설명으로 구분되는데, 먼저 중요평결 부분을 경청해 보자.

① 묻는다. 두 논사의 말씀에 어떠한 이득과 손실이 있는가? 대답한다. 어떤 분이 말씀하기를, 모든 말씀에 소득과 손실이 있다. 왜냐하면, 만일 결정적으로 한쪽만을 고집하면 모든 말씀에 손실이 있고, 만일 아무런 장애 없이 말하면 모두 도리가 있기 때문이다.

② 『능가경』에서 말씀하시기를, "'여래·응공·정변지, 이분들은 상주합니까? 무상합니까?'하였다. 부처님께서 대답하시기를, '상주하지도 무상하지도 아니하다. 왜냐하면, 양쪽에 잘못이 있기 때문이다'"고 하고 내지 자세히 말씀하셨다. 이제, 여기서 비록 '보신은 상주하지 않는다'고 말하더라도, '한 순간에 소멸한다'는 뜻은 아니다. 이와 같은 문구들은 그 치우쳐진 집착을 깨뜨리고 있으니, 반드시 한쪽만을 취하는 것은 도리에 맞지 않다.

③ ⓐ '장애 없이 말하면, 양설이 모두 도리가 있다'는 것은 어떠한 말인가? 보신의 공덕은 형상을 떠나고 본성도 떠나있다. 형상[相]을 떠났기 때문에, 발생하고 소멸하는 모습을 떠나고 마침내 고요하여 무엇을 만드는 행위가 없다. 그러기에 '상주'라고 말한다. ⓑ 본성[性]을 떠났기 때문에, 상주하는 본성을 떠나고 가장 활발히 움직이고 무엇도 만들지 못하는 행위가 없다. 그러기에 '무상'이라고 말한다. 그러나 본성을 떠났다는 것과 모습을 떠났다는 것은 다르지도 않고 구별되지도 아니하다. 모습을 떠나는 것은 본성을 떠나는 것과 다르지 않기에, 상주는 생멸을 방해되지 아니한다. 본성을 떠나는 것은 모습을 떠나는 것과 다르지 않기에, 생멸이 상주를 막지 아니한다. 이런 도리로 말미암아, 양설은 모두 소득이 있다. 이를 자세히 알려고 하는 데에 많은 곳이 있으나, 『능가경종요』 가운데 자세히 말하였다.(한불전1, 537중)[37]

---

37) "問 二師所說 何得何失 答 或有說者 皆得皆失 所以然者 若決定執一邊 皆有過失 如其無障礙說 俱有道理 如楞伽經云 如來應供正遍知 爲是常耶 爲無常耶 佛言 非常非無常 二邊有過故 乃至廣說 今此言雖不常住 非念念滅 如是等文 破其偏執 定取一邊 不當道理 無障礙說二義皆得者 報佛功德 離相離性 以離相故 離生滅相 究竟寂靜 無作無爲 故說常住 以離性故 離常住性 最極喧動 無所不爲 故說無常 然 離性離相無二無別 離相不異於離性故 常住不妨於生滅也 離性不異於離相故 生滅不礙於常住也 由是道理二說皆得 於中委悉 亦有多門

①에서 원효는, 상주설과 무상설 양설이 '동시에 옳고 그르다'고 선언하고 있다.38) 즉, 만일 결정적으로 한쪽의 주장만을 고집하면 양설이 모두 그르게 되고, 만일 아무런 장애 없이 말하면 양설이 모두 옳게 된다는 것이다. 그렇다면, 원효는 도대체 어떠한 근거에서 그러한 결론에 도달하게 된 것일까? '모두 그르다'는 결론과 '모두 옳다'는 결론을 내리게 된 사정을 순서대로 들어본다.

②에서는, '양설이 모두 그르다'는 결론에 이르게 된 사정을 설명하고 있다. 즉, 『능가경』에서 부처님께서 "여래는 상주하지도 않고, 무상하지도 아니하다"고 하여 양설을 부정하였다고 제시한다. 그리고 '상주'와 '무상'이란 말은 어디까지나 중생들의 집착을 깨뜨리기 위해서 임시로 사용한 말에 불과하다고 설명한다. 그러므로 '무상'을 말할 때에도 '순간적인 소멸'을 뜻하는 것이 아니라는 것이다.

③에서는, '양설이 모두 옳다'고 설명하고 있다. 즉, ⓐ에서는, 원래 보신의 공덕은 형상[相]을 떠나있기에 발생하고 소멸하는 모습을 떠나고, 그러기에 고요하여 무엇을 만드는 행위가 없으며, 그러기에 보신불은 상주하다고 한다. ⓑ에서는, 원래 보신의 공덕은 본성[性]을 떠나있기에 항상 머무는 본성을 떠나고, 그러기에 활발히 움직여서 만들지 못하는 행위가 없으며, 그러기에 보신불은 무상하다고 한다.

생각건대, 상주설이 전제로 하는, '보신의 공덕은 형상을 떠나있다'는 말은 사물의 '본질적인 측면'을 말하는 것으로 해석할 수 있고, 무상설이 전제로 하는, '보신의 공덕은 본성을 떠나있다'는 말은 사물의 '현상적인 측면'을 말하는 것으로 해석할 수 있다. 그렇다면, 원효의 판단 취지는, '현상적인 측면에서는 보신은 무상하고, 본질적인 측면에서는 보신은 상주하다'라는 것으로 생각된다.

具如楞伽經宗要中說."
38) '양설이 동시에 옳고 그르다'라고 판단한 경우가 총67개의 사례 중에서 8개의 사례에 해당된다. 〈졸고, 앞의 논문, 『원효의 화쟁논법 연구』, pp.137~139〉.

이렇게 양설에 대한 [평결]을 한 이후에, 원효는 상주설과 무상설에 대해서 보충설명을 이어가고 있다. 아마도 위에서 말한 것만으로는 양설에 대한 [평결]이 충분하지 않다고 생각한 것 같다. 먼저, 무상설의 주장에 대해서 원효가 부족하다고 생각되는 점을 말한 부분을 살펴보는데, 여기에서 원효는 무상설이 '반드시 법신은 상주한다'라고 주장한 점에 대해서 말하고 있다.

① 그런데, 무상에 집착하는 분들의 주장에 미진한 뜻이 있다. 말하자면 '법신은 반드시 상주한다'고 말하기 때문이다.

② 만일, 반드시 상주한다면 곧 행위를 하는 존재가 아니라는 것이 되며, 행위를 하는 존재가 아니므로 이신(二身)을 지을 수가 없다. 이런 까닭에, 법신은 또한 무위가 아니다.

③ 『능가경』에서 말씀하기를, "만일 부처님의 법신은 행위를 하는 존재가 아니라고 하면, 수행, 한량없는 공덕, 모든 행위 등에 대해서 말하는 것은 바로 허망한 말이 될 것이다"라고 하였다. 『섭대승론』에는, 법신의 5가지 종류를 말하는 가운데, '제3 유위와 무위가 다르지 않는 것으로 모습을 삼는 것'에 대한 설명이 있는데, "미혹된 업과 잡되고 더러운 것에 의해서 발생된 것이 아니기 때문이다. 또한, 자재를 얻음으로 말미암아 능히 유위의 모습을 나타내기 때문이다"고 하였다. 이를 해석하면, 온갖 유위의 존재는 모두 미혹된 업을 따라서 생기지만, 법신은 미혹된 업을 따라서 생기는 것이 아니기에 유위가 아니다. 그러나 법신이 자재를 얻음으로 말미암아 능히 자주자주 유위의 모습을 드러내니, 이를 일러 응신과 화신의 이신(二身)이라고 이른다. 그러기에 무위도 아니다. 이는 법신이 비록 미혹된 업에 의해서 발생한 유위의 존재도 아니지만, 당연히 동작이 없는 것이 아님도 밝힌 것이다.(한불전1, 537중~하)[39]

---

39) "然 執無常家義 有未盡意 謂說法身 定是常故 若定常住 卽非作法 非作法故 不作二身 是故法身 亦非無爲 楞伽經言 若如來法身 非作法者 言有修行 無量功德 一切行者 卽爲虛妄

①에서 원효는, 무상설의 문제점을 선언하고 있다. 즉, 이번 논의와 관련해서 원효가 생각하는 무상설의 가장 큰 문제점은, 바로 법신은 '반드시' 상주한다고 생각한다는 점이다.

②에서 원효는, 어찌하여 그것이 문제가 되는지 그 '이유'를 설명하고 있다. 즉, 만일에 '법신은 반드시 상주한다'고 말해 버리면, 법신은 곧 행위를 하는 존재가 아니게 된다. 그렇게 되면, 이제 법신은 응신, 화신 등 이신(二身)을 지을 수가 없게 되어 버린다는 것이다. 그런데 사실은 법신이 이신을 짓기 때문에 법신은 행위를 하는 존재이고, 따라서 법신은 무위가 아니게 되어 모순이 된다는 것이다.

③에서 원효는, 자신의 주장을 입증하기 위해서 『능가경』과 『섭대승론』을 '문증'으로 제시하고 있다. 이 중에서 『섭대승론』에 의하면, 법신은 미혹된 업을 따라서 생기는 것이 아니기 때문에 유위가 아니지만, 자재를 얻음으로 인해서 유위의 모습을 드러내는데, 이것을 응신과 화신의 이신(二身)이라고 이른다는 것이다. 그렇기 때문에 무위도 아니라고 말하고 있다.

생각건대, '법신'이 상주한다는 말은 어찌 보면 당연해 보이기 쉽다. 그런데, 원효는 여기에 담겨있는 문제점을 지적하면서, 우리의 무지를 일깨우고 있다. 즉, 법신이 이신(二身)을 만든다는 점에서 법신은 반드시 무위라고만 평가될 수는 없다는 것이다. 이처럼, 원효는 양설의 논쟁을 화해시키는 과정에서, 우리의 생각 저편에 있는 무심코 넘어가기 쉬운 중요한 오해를 일깨워주고 있는 것을 볼 수 있다.

다음, 이번에는 '상주설'의 주장에 대해서 원효가 부족하다고 생각되는 점에 대해서 말한 부분을 살펴본다. 여기에서 원효는 상주설이 "비로소 처음으로 존재하는 공덕은 그 앞의 지위에는 두루 미치지 못한다"고 한 점에 대해서, 그 잘못된 점을 바로 잡아주고 있다.

攝大乘論 說法身五於中言 第三有爲無爲無二爲相 非惑業雜染所生故 由得自在 能顯有爲相故 釋曰 一切有爲法 皆從惑業生 法身不從惑業生 故非有爲 法身由得自在 能數數顯有爲相 謂應化二身 故非無爲 是明法身 雖非惑業所生有爲 而非凝然無動作物也."

① 또한 상주에 집착하는 분들은, 비록 상주를 즐기지만 그 '상주'의 의미에 부족한 뜻이 있다. 말하자면, '비로소 처음으로 존재하는 공덕은 그 앞의 지위에는 두루 미치지 못한다'고 하기 때문이다.

② 만일 이 공덕이 두루 미치지 못하는 데가 있다면, 곧 법계에서 증득하지 못한 데가 있게 된다. 만약, 법계에서 증득하지 못한 데가 없다면, 곧 법성과 평등하게 두루 미치지 못하는 바가 없게 된다.

③ 『화엄경』에서 말한 바와 같이, "여래께서 바로 깨치시어 보리를 이루신 때에, 부처님의 방편에 머물러서 '일체중생등신(一切衆生等身)'을 얻었고 '일체법등신(一切法等身)'을 얻었으며, '일체찰등신(一切刹等身)'을 얻었고 '일체삼세등신(一切三世等身)'을 얻었으며, '일체법계등신(一切法界等身)'을 얻었고 '허공계등신(虛空界等身)'을 얻었으며, 내지 '적정열반계등신(寂靜涅槃界等身)'을 얻었느니라. 불자여, 여래에 의해서 얻어진 몸을 따라서, 음성과 장애 없는 마음도 또한 이와 같은 줄을 마땅히 알아야 한다. 여래께서 갖추신 이와 같은 3가지는 청정하고 한량이 없으시다." 고 하였다.

④ 이것은 여래께서 도를 이루신 뒤에 얻게 된 색신, 음성, 장애 없는 마음이 평등하지 않은 데가 없고 두루 미치지 못한 데가 없음을 밝히신 것이다. 이미 모든 삼세에 평등하다고 말씀하셨는데 어찌 금강 이전의 지위에는 두루 미치지 못하겠는가! 그러나 이 도리는 모든 부처님께서 비밀히 감추신 것이어서, 중생들의 생각으로 측량될 수 있는 것이 아니다. 다만, 부처님의 말씀에 의지하여, 우러러 믿음을 일으켜야 할 따름이다.(한불전1, 537하)[40]

---

40) "又執常家 雖樂常住 而其常義 亦有不足意 謂始有功德 不遍於前位故 若此功德 有所不遍 卽於法界 有所不證 若於法界 無所不證 卽等法性 無所不遍 如花嚴經言 如來正覺 成菩提時 住佛方便 得一切衆生等身 得一切法等身 得一切殺等身 得一切三世等身 得一切法界等身 得虛空界等身 乃至得寂靜涅槃界等身 佛子 隨如來所得身 當知音聲 及無礙心 亦復如是 如來具足 如是三種 淸淨無量 是明如來成道後 所得色身音聲 及無礙心 無所不等 無所不遍 旣言 等於一切三世 豈不遍金剛以前 然此道理 諸佛祕藏 非思量者之所能測 但依佛言 起仰 信耳."

①에서 원효는, 상주설의 문제점을 선언하고 있다. 즉, 이번 논의와 관련해서 원효가 생각하는 상주설의 가장 큰 문제점은, 바로 "비로소 처음으로 존재하는 공덕은 그 앞의 지위에는 두루 미치지 못한다"고 하는 점이라는 것이다.

②에서는, 어찌하여 이 점이 상주설의 문제점이 되는지 그 '이유'를 설명하고 있다. 즉, 만일에 부처님의 공덕이 두루 미치지 못하는 데가 있다고 하면, 그 말은 곧 법계에서 부처님이 증득하지 못한 데가 있다는 말이 되기 때문이라는 것이다. 다시 말해서, 만일에 법계에서 부처님이 증득하지 못한 데가 없으려면, 법성과 평등하게 되어 두루 미치지 못하는 바가 없어야 하기 때문이라는 것이다.

③에서는, 이러한 상주설의 문제를 해결하는 데 있어서, 원효 자신의 견해를 밝히기에 앞서서 그 '문증'을 미리 제시하고 있다. 즉, 위와 같은 상주설의 문제점과는 달리 『화엄경』에 의하면, 부처님께서 도를 이루신 뒤에 얻게 된 색신, 음성, 장애 없는 마음이 모두 평등하지 않은 데가 없다고 하였고, 부처님의 공덕이 법계에 두루 미치지 못한 데가 없음을 밝히셨다는 것이다.

④에서는, 드디어 상주설의 문제점에 대해서 원효 자신의 탁견을 드러내고 있다. 즉, 바로 앞에서 제시한 경문에 의하면 마땅히 부처님의 공덕은 삼세에 평등하기 때문에 금강 이전의 지위에도 두루 미친다는 것이다. 하지만, 이 도리는 모든 부처님께서 비밀히 감추신 것이어서, 중생들의 생각으로 측량될 수 있는 것이 아니라고 한다. 다만, 우러러 믿음을 일으킬 따름이라고 말하며 글을 마무리 한다.

생각건대, "비로소 처음으로 존재하는 공덕은 그 앞의 지위에는 두루 미치지 못한다"라고 하는 문제는 앞서 [논란] 부분에서 무상설이 상주설을 마지막으로 공박하였을 때에 등장하는 내용과 상당부분 연결되어 있다고 할 수 있다. 언뜻 생각하면, 무상설의 이와 같은 치밀한 논리적인 공박 앞에서 상주설은 더 이상 대응할 수 있는 여지가 없어 보인다. 바로 이러한 장면에서 원효의 탁견이 등장하고 있다.

사실, 우리는 가끔 일상적인 언어로 표현하기 어려운 것을 억지로 표현하여야 하는 경우가 있다. 그런데, 상대방은 그것을 일상 수준으로 생각해서 비난하는 바람에 난처한 경우가 있다. 특히, 진리, 부처 등에 관한 논의에서 더욱 그러하다. 이와 같은 상황에서, "다만, 부처님의 말씀에 의지하여, 우러러 믿음을 일으켜야 할 따름이다"고 하는 원효의 말씀은 진리를 갈구하는 우리들의 가슴에 더욱 와 닿는 듯하다.

2) 『십문화쟁론』의 〔평결〕

한편, 견등이 『동이약집』에서 직접 인용한 『십문화쟁론』의 「불신화쟁문」에 있는 해당 내용은 어떠한가? 여기에서 원효는 다음과 같이 '상주설과 무상설은 모두 옳다'고 선언하고 있다.

① 구룡(원효)은 화쟁론에서 말하였다. "대저, 부처의 경지에서 갖는 온갖 공덕은 대체로 2가지 부문이 있다. 만약, '원인에 따라서 생겨난다'는 부문에서 본다면, 보신불의 공덕은 찰나에 생멸하는 것이니, 앞의 논사에 의해서 말해진 것은 바로 이러한 부문을 취한 것이다.

② 만약 '원인과 무관하게 근원으로 돌아간다'는 관점에서 본다면, 보신불의 공덕은 당연히 상주하는 것이니, 뒤의 논사에 의해서 말해진 것은 또한 이러한 부문을 취한 것이다. 각각의 공덕을 따라서 이러한 두 가지 부문이 존재하는 것이니, 이 두 가지 부분은 서로 통하고 위배되지 아니한다.(한불전 3, 695상)[41]

①에서 원효는, 부처의 2가지 공덕 중의 하나에 의하면 무상설(無常說)은 옳게 된다고 설명하고 있다. 즉, 부처의 공덕 중에는, '원인에 따라서 생겨나는 부문[從因生起之門]'이 있는데, 이 부문에 의하면 보신불의 공덕은

---

41) "丘龍和諍論云 夫 佛地萬德略有二門 若從因生起之門 報佛功德利那生滅 初師所說且得此門 若就息緣歸原之門 報佛功德凝然常住 後師所說亦得此門 隨一一德有此二門 二門相通不相違背."

찰나에 생멸하는 것이 된다. 그렇게 되면, 앞의 논사(무상설)가 '보신불은 무상하다'고 주장한 말은 모두 성립하게 된다는 것이다.

②에서는, 부처의 2가지 공덕 중의 다른 하나에 의하면 상주설(常住說)도 옳게 된다고 설명하고 있다. 즉, 부처의 공덕 중에는, '원인과 무관하게 근원으로 돌아가는 부문[息緣歸原之門]'이 있는데, 이 부문에 의하면 보신불의 공덕은 당연히 상주하게 된다. 그렇게 되면, 뒤의 논사(상주설)가 '보신불은 상주한다'고 주장한 말은 모두 성립하게 된다는 것이다.

생각건대, '원인에 따라서 생겨난다'는 것은, 인과율이라는 연기법의 적용을 받는 '현상적인 측면'을 가리킨다고 할 수 있으며, '원인과 무관하게 근원으로 돌아간다'는 것은, 연기법의 적용을 받지 않는 '본질적인 측면'을 가리킨다고 할 수 있다. 그렇다면, 원효의 판단 취지는, '현상적인 측면에서는 보신은 무상하고, 본질적인 측면에서는 보신은 상주하다'라고 해석할 수 있다.

끝으로, '보신불은 상주하는가?'라는 논의에 대해서, 원효의 최종적인 대답이 '형식상' 서로 일치하지 않는다는 점에 대해서 생각해 보자. 그는 『열반종요』에서 '양설은 동시에 옳기도 하고 그르기도 하다'고 결정하고 있고, 『십문화쟁론』에서는 '양설이 옳다'고 판단하고 있다. 그렇다면, 같은 주제에 관한 이러한 원효의 판단들은 '내용상' 서로 모순되는 것일까?

생각건대, 무상설에 대해서 논평하는 경우에, 『열반종요』에서는 판단의 근거로 '본성을 떠났다'는 말을 하였고, 『십문화쟁론』에서는 판단의 근거로 '원인에 따라서 생겨난다'는 말을 하였다. 그런데, 이 2가지 표현들은 모두 '현상적인 측면'을 염두에 둔 표현들이라고 볼 수 있다. 이렇게 본다면, 무상설에 대한 원효의 최종판단들은 '내용상' 서로 다르지 않다는 것을 알게 된다.

또한, 상주설에 대해서 논평하는 경우에, 『열반종요』에서는 판단의 근거로 '모습을 떠났다'는 문구를 사용하였고, 『십문화쟁론』에서는 판단의 근거로 '근원으로 돌아간다'는 문구를 상용하였다. 그런데, 이 2가지 표현들은 모두 '본질적인 측면'을 염두에 둔 표현들이라고 볼 수 있다. 이렇게 본다면, 상주설에 관한 원효의 최종판단들도 또한 '내용상' 서로 다르지 않다는 것을 알 수 있다.

결국, '보신불은 상주하는가?'라는 논의에 대해서, 원효의 최종적인 판단이 형식적으로는 『십문화쟁론』과 『열반종요』에서 다소 다른 점이 있는 것은 사실이다. 하지만, 내용상으로는 전혀 다르지 않다는 것을 알 수 있다. 판단형식을 떠나서 원효가 이 논점에 대해서 가지고 있는 궁극적인 아이디어는, '보신불은 현상적인 측면에서는 무상하지만, 본질적인 측면에서는 상주한다'라고 생각된다.

제9장
정토 화쟁론

"원효의 정토사상에서 발견할 수 있는 화쟁의 모습에는 어떤 것이 있을까?" 널리 알려진 바와 같이, 원효는 '정토사상'이라는 우람한 나무를 우리나라에 옮겨 심어서 굳건하게 그 뿌리를 내리게 한 분 중의 하나이다. 본장에서는, 원효가 우리와 같은 일반 서민들을 위해서 베풀어 놓은 '정토사상' 속에서, 그의 '화쟁사상'이 어떻게 활동하고 있는지 그 생생한 현장을 포착해 보고자 한다.

여기에서 사용하는 '정토사상'이란 말은, 사람들의 관점에 따라서 다양한 범위로 사용하는 듯하다. 좁게 보는 경우에는, 아미타불을 중심으로 하는 미타정토사상만을 말한다고 할 수 있다. 그리고 넓게 보는 경우에는, 여기에 미륵불을 중심으로 하는 미륵정토사상을 포함한다고 할 수 있다. 본장에서는 정토사상이라는 말을 넓게 보아서, 미타정토와 미륵정토를 포함한 의미로 사용하고자 한다.

먼저, 원효의 '미타정토사상'은 오늘날 『무량수경종요』, 『아미타경소』, 『유심안락도』, 『미타증성게』에 잘 드러나 있다. 이중에서 『유심안락도』는 원효의 저술이 아니라는 설도 있어서 본고의 논의에서 제외하였고,[1] 『미타증성게』는 법장을 찬탄하는 짧은 게송에 불과하므로 역시 논의에서 제외하였다. 결국, 본장에서는 『무량수경종요』와 『아미타경소』를 주요 텍스트로 삼고 있다.

또한, 원효의 '미륵정토사상'은 오늘날 『미륵상생경종요』에 잘 드러나 있다. 원래, 미륵관련 경전으로 『상생경』, 『하생경』, 『성불경』 등 3경전이 대표적인데, 이 중에서 원효는 『상생경』에 대한 훌륭한 개론서를 남겨놓았다. 이 책이 바로 『미륵상생경종요』이다. 본장에서는 원효가 저술한 『미륵상생경종요』를 주요 텍스트로 삼고 있다.

한편, 원효의 '화쟁사상'은 그의 대표작 중의 하나인 『십문화쟁론』에 잘 드러나 있다. 비록 불완전한 형태이지만, 「공유화쟁문」, 「불성화쟁문」에 있는 몇 줄만 읽어 보아도 우리는 그의 화쟁정신을 느낄 수 있다. 그런데, 사실 그의 화쟁사상은 『십문화쟁론』에서만 찾아볼 수 있는 것이 아니다. 그 이외의 저서에서도 얼마든지 찾아볼 수 있는데, 본장에서는 그것을 그의 정토관련 저서에서 찾아보려는 것이다.

원효의 여러 저서들을 살펴보면, 그는 어떠한 논점에 대해서 서로 맞서는 의견이 제시되고, 그들 사이에 공방이 있으면 이것을 보여주다가, 마지막에는 원효 자신이 제설에 대한 의견을 제시하면서 그들을 화해시키는 장면을 볼 수 있다. 원효의 정토관계의 저서에서도 그런 모습을 종종 볼 수 있는데, 필자는 본장에서 이러한 논의과정에서 드러나는 특징들을 포착하려는 것이다.

이 분야의 선행연구 중에서 미타정토에 대한 것을 살펴보면, 안계현은 '십념'에 관한 논의에서 원효가 은밀문과 현료문으로 이해하는 것은 그의 독특한 화쟁적 해설이라고 보았고,[2] 강동균은 '색·무색문'에 관한 논의에서 무색설의 근원은 길장의 견해이고 유색설의 근원은 규기의 견해임을

---

1) 이 점에 관한 논의를 이해하기 위해서는 다음의 글을 참고할 수 있다. ① 고익진, 「유심안락도의 성립과 그 배경」, 『불교학보』 13(서울 : 동국대학교 불교문화연구원, 1976), pp.153~170. ② 신현숙, 「원효 무량수경종요와 유심안락도의 정토사상 비교」, 『불교학보』 29(동국대학교 불교문화연구원, 1992), pp.129~184.

2) 안계현, 「元曉의 彌陀淨土往生思想(下)」, 『역사학보』 18(역사학회, 1963).

지적하였으며,[3] 김경집은 '은밀십념'에 관한 논의에서 원효가 미타경전이 아니라 미륵경전을 인용하였음을 지적하였다.[4]

또한, 미륵정토에 대한 선행연구 중에 몇 가지를 소개하면, 안계현은 『미륵상생경종요』의 의미를 밝히는 데 있어서, 혜균, 규기, 경흥 등의 주석서들을 비교하여 논하였고,[5] 김삼용은 미륵신앙이 인도, 중국, 한국, 일본 등에서 역사적으로 전개되는 것을 다루었으며[6] 최유진은 『미륵상생경종요』의 일부와 원효의 화쟁론을 함께 다루고 있다.[7]

제1절 원효의 정토관

원효의 정토사상에서 발견할 수 있는 화쟁관련 논의들을 본격적으로 검토하기에 앞서서, 원효가 정토에 대해서 어떠한 생각을 가지고 있었는지를 미리 점검해야할 필요가 있다. 이를 위해서, 인도에서 성립한 정토사상이 원효에게 어떻게 전래되었는지 그 과정을 간략하나마 살펴볼 필요가 있고, 정토관련 저서 중에서 원효의 정토사상이 드러난 저서의 내용을 개관해 볼 필요가 있다.

1. 사상의 전래

우리의 주인공인 원효에게 알려진 정토사상은 짧지 않은 역사를 가지고 있다. 가까이는 중국에서 이미 중국인들에 의해서 화려한 전개가 있었으며, 멀리는 인도에서 대승불교 성립을 전후하여 활발한 성립의 역사가 있다.

---

3) 강동균, 「원효의 정토관」, 『석당논총』 9(동아대학교 석당학술원, 1984).
4) 김경집, 「원효의 정토사상에 나타난 왕생의 원리」, 『한국불교학』 23(한국불교학회, 1997).
5) 安啓賢, 「元曉의 彌勒淨土 往生思想」, 『역사학보』 17(역사학회, 1962).
6) 김삼용, 「미륵신앙의 원류와 전개」, 『한국사상사학』 6(한국사상사학회. 1994).
7) 최유진, 「원효의 미륵신앙에 대하여」, 『종교연구』 20(한국종교학회, 2000).

여기에서는 정토사상을 미타정토와 미륵정토로 구분하여, 인도에서 성립한 정토사상이 어떻게 중국을 거쳐서 한국의 원효에게 전달되어왔는지 그 과정을 간략히 살펴본다.

1) 미타정토

『불설아미타경』에서 말씀하기를, "사리불이여, 저 국토를 어찌하여 극락이라고 부르는가? 그 나라의 중생들은 괴로움이 없고 즐거움만 받기 때문에 극락이라고 부른다"고 하는데, 여기에서 '극락'이 등장한다. (대정장12, 346하)[8] 또한, 『불설무량수경』에서는, "법장보살이 현재 십만억 국토를 지나 안락이라고 하는 서쪽에 계시는데 이것을 정토라고 한다"고 하여, '정토'를 언급한다.(대정장12, 270상)[9]

이러한 극락정토의 '모습'에 대해서 살펴보면, 『불설무량수경』에서, "그 정토는 자연의 칠보로 이루어져 있고, 금, 은, 유리, …… 이루어져 있다. 그 정토에는 수미산 및 일체의 산이 없고 큰 바다, 작은 바다, 시내, 골짜기, 우물 등이 없지만, 부처님의 신통력으로 보고자 하면 즉시 나타난다. …… 4계절도 없고, 춥지도 덥지도 않는 항상 온화한 국토이다"라고 묘사한다.(대정장12, 270상)[10]

이러한 정토에 왕생하는 '방법'에 대해서는, 『불설무량수경』에서, "제가 부처가 될지라도, 시방의 중생들이 지극한 마음으로 믿고 원해 저의 나라에 태어나려고 10념을 하여도 태어날 수 없다면, 저는 부처가 되지 않겠습니다. 다만, 오역죄를 짓고 정법을 비방한 사람은 제외합니다"라고 한다.(대정장 12, 268상)[11] 즉, 극락정토에 태어나려면, 입으로 부처님을 부르고

---

8) "舍利弗 彼土何故名爲極樂 其國衆生無有衆苦 但受諸樂故名極樂."

9) "法藏菩薩今已成佛 現在西方 去此十萬億刹 其佛世界名曰安樂."

10) "其佛國土自然七寶 金銀琉璃珊瑚琥珀車磲瑪瑙合成爲地 恢廓曠蕩不可限極 悉相雜廁轉相入間 光赫焜耀微妙奇麗 淸淨莊嚴超踰十方一切世界 衆寶中精 其寶猶如第六天寶 又其國土無須彌山及金剛圍一切諸山 亦無大海小海溪渠井谷 佛神力故欲見則見 亦無地獄餓鬼畜生諸難之趣 亦無四時春秋冬夏 不寒不熱常和調適."

11) "設我得佛 十方衆生至心信樂 欲生我國乃至十念 若不生者不取正覺 唯除五逆誹謗正法."

마음으로 부처님을 생각하여야 한다는 것이다.

그렇다면, 이와 같은 아미타정토사상은 '언제, 어디에서, 누구에 의해서 시작된 것일까?' 발생한 '장소'에 대해서는, 인도의 서북지역이 고대문명의 발상지일 뿐만 아니라, 이란문화와의 접촉지역이기 때문에, 인도의 서북지방에서 발생하였을 것으로 추측하는 학자들이 있다. 불교사상이 발전된 인도사상에 이란사상과 외래사상이 첨가되어 아미타불의 신앙이 발생하였다고 보는 것이다.[12]

또한, 발생한 '시간'에 대해서는, 아미타사상은 서력기원 전후에 성립하였을 것으로 보는 견해가 있다. 이 견해는, 중국에서 기록된 정토관련경전의 번역연대에 의존하고 있다. 즉, 지루가참이 번역한 『반주삼매경』이 2세기 중엽에 번역되었는데, 당시에 인도에서 중국까지 문화전파가 100년에서 200년이 걸리는 점을 고려할 때, 서력기원 전후에 인도에서 아미타사상이 성립하였을 것이라고 보는 것이다.[13]

또한, 발생의 '주체'에 대해서는, 아미타사상은 당시 인도에서 석가모니께서 남겨놓으신 가르침을 출가교단에만 맡겨둘 수 없다는 사고를 가진 사람들에 의해서 일어난 것으로 보는 견해가 있다. 즉, 부처님의 참모습으로서 아미타부처님을 이해한다는 생각을 가지고, 당시 보수적인 출가교단에 대해서 비판적인 생각을 가지고 있는 재가교단과 일부 진보적 출가교단에 의해서 일어난 것으로 짐작하고 있다.[14]

이와 같이, 인도에서 처음으로 성립하게 된 미타정토사상은 중국으로 전래된다. 중국으로 전래된 초기에는 여러 가지 사상이 뒤섞인 주술적인 성격이 짙었으나, 시간이 지나자 점차 불교의 독자적인 성격을 갖추어 가면서 기틀을 잡게 된다. 그리하여, 아미타불을 염불하는, 즉 '염불삼매'를

---

12) 坪井俊映, 한보광 역, 『정토학개설』(서울 : 홍법원, 1984), p.49~50.
13) 坪井俊映, 한보광 역, 『정토학개설』(서울 : 홍법원, 1984), p.50.
14) 坪井俊映 한보광 역, 『정토학개설』(서울 : 홍법원, 1984), p.50.

위주로 점점 방향을 정하게 되고, 마침내 '정토종'이라는 하나의 종파로 확고한 자리를 잡아가게 된다.

중국의 정토종은, 대개 3가지 유형으로 분류되기도 한다. 제1류는 혜원(慧遠, 334~416)을 중심으로 하는데, 그는 여산 동림사에서 염불백련결사를 맺고 서방왕생을 구함으로써 실천불교를 추구하였던 중국 정토종의 시조이다. 그는 중국에서 정토종을 뿌리내린 장본인이지만, 일반적인 정토종의 경전인 정토삼부경을 위주로 하는 것이 아니라, '관불(觀佛)' 위주의『반주삼매경』을 중심으로 하는 특징이 있다.

제2류는 담란(曇鸞, 476~542), 도작(道綽, 562~645), 선도(善導, 613~685)에 의해서 전개되었다. 담란에 의해서 소위 정토삼부경에 토대를 두고 정토사상이 전개되었고, '칭명(稱名)' 위주의 수행방법으로 전환되었다. 도작은 말법시대의 중생들이 극락에 가기 위한 방법을 논의하였는데, 그 방법으로 '구칭염불(口稱念佛)'을 제창하였다. 또한, 선도는 '나무아미타불'이라는 칭명염불을 제창하였다.

제3류는 자민(慈愍, 630~748)을 중심으로 한다. 그는 오랜 기간 동안 인도에서 유학을 하고 귀국한 뒤에, 찬가를 지어서 정토교를 중국에서 널리 선양하였다. 그는 정토종뿐만 아니라 당시에 유행하였던 선종의 참선수행에도 관심을 두었는데, 특이하게도, 자신이 위주로 하는 정토종의 염불수행에다가 선종의 참선수행과 계율사상까지를 습합할 것을 주장하기도 하였다.

이와 같이, 아미타정토사상이 인도에서는 서력기원 전후에 인도의 서북지방에서 아미타불을 부처님의 참모습으로 이해한 재가교단과 일부 진보적인 출가교단에 의해서 성립하였다. 이것이 중국으로 넘어와서는 중국의 풍토 위에서 '칭명염불' 등 다양한 요소가 첨가되어 크게 발전하였다. 그리고 이 정토사상이 마침내 한반도에까지 들어와 신라의 원효에게 전해진 것이다.

2) 미륵정토

한편, 미륵정토사상에서 말하는 '미륵'은 어떤 분인가? 경전에 따르면, 석가모니의 제자인 미륵보살은 도솔천에서 태어나 수많은 수행을 거듭하다가, 56억 8천만년 후 미래에 지상으로 내려온다고 한다. 이후 미륵보살은 출가하여 용화수(龍華樹) 아래에서 성불하여 미륵불이 되고, 그 이후에 중생들을 위하여 설법하며 수많은 중생들을 구제할 것이라고 한다.

인도에서는 이러한 미륵사상의 씨앗을 이미 초기불교경전에서 찾을 수가 있다. 『장아함경』의 「전륜성왕수행경」에 보면, "견고왕(堅固王)이란 왕이 전륜성왕이 되어 천하를 정법(正法)으로 다스렸다. ······ 그때에 '미륵여래'라는 부처가 세상에 나오고 십호(十號)가 구족하여 지금의 석가모니와 같았다."고 하여, 석가모니와 비슷한 미륵불에 대해서 말하고 있다.(대정장 1, 39상~42중)

하지만, 인도에서 미륵신앙에 대해서 본격적으로 말할 수 있는 것은 대승불교시대에 들어와서 비로소 가능하다고 보아야 한다는 것이 지배적인 견해이다. 실제로 기원후 2~3세기경에는 미륵신앙이 대승불교도들에 의해서 상당히 성행하였던 것으로 추정되는데, 그렇게 추정하는 이유는 인도 중부인 간다라지방에서 미륵상이 보이고, 2세기 후기의 미륵상이 시구리에서 출토되었기 때문으로 보고 있다.[15]

인도에서 성립한 미륵신앙이 중국으로 전파되었는데, 처음으로 본격적인 전파가 이루어진 것은 도안(道安, 312~385)에 의한 것으로 보고 있다. 또한, 기원후 399년부터 인도와 서역지방을 두루 여행한 후에 돌아온 법현(法顯)은 5세기 초기에 중국인들의 미륵신앙의 형성에 커다란 영향을 준 것으로 보고 있다.[16] 특히, 당시에는 북조의 북위를 중심으로 미륵상생신앙이 유행하였던 것으로 생각되고 있다.

---

15) 高田修, 『佛像の起源』, pp.264~328.
16) 塚本善隆, 『支那佛教史硏究』, 北魏編 참고. 김삼용, 「미륵신앙의 원류와 전개」, 『한국사상사학』 6(한국사상사학회. 1994), p.14 재인용.

그러다가, 시간이 흘러 당대에 이르러서는 아미타정토신앙에게 주류의 자리를 내주게 되었는데, 이후에 미륵정토신앙은 점차 세력이 줄어들게 된 것으로 추정된다. 그렇게 추정하는 이유는, 북위의 낙양천도 이후부터 수대와 당대까지 용문산 석굴의 석상이 조성되었는데, 여기에서 6세기경 에는 석가불과 미륵불이 다수를 점하였으나 7세기에는 아미타불이 다수를 점하고 있기 때문이다.

이제, 미륵정토신앙은 한국으로 건너온다. 먼저, 고구려의 미륵신앙과 관련해서는 '신묘명금동불상(辛卯銘金銅佛像)'을 통해서 아미타신앙과 혼 동된 모습을 알 수 있을 따름이다. 또한, 백제의 미륵신앙은 5세기경에 들어와서 6~7세기에 성행하였는데, 계율과 결합되어 발전한 특징이 있다. 특히, 무왕 때에 창건한 미륵사에는 용화수 아래에서 법회를 여는 모습을 형상화하고 있다.(『삼국유사』)

한편, 신라의 미륵신앙은 인격적인 구현을 이상으로 삼았다는 특징이 있다. 즉, 신라 최초의 사찰인 흥륜사(興輪寺)에 미륵존상을 봉안하였는데, 흥륜사의 스님인 진자법사가 미륵상 앞에 나아가 화랑으로 출현하기를 기원하여 화랑으로 세상에 나아갔다고 한다.(『삼국유사』) 이처럼 원효에 게 직접적인 영향을 미친 신라의 미륵정토신앙은 인도나 중국보다는 실질적이고 구체적인 양상을 보이는 특징이 있다.[17]

2. 정토계 경전

원효의 정토사상에 담겨있는 화쟁사상을 살펴보기 위해서는, 정토관련 저서에 대해서도 살펴보아야 할 필요가 있다. 그 중에서도 특히, 원효가 저술한 정토관련 저서에 대해서는 미리 간략하게나마 개관할 필요가 있다. 아래에서는, 미타정토관련 경전들과 미륵정토관련 경전들 중에서

---

17) 김삼용, 「미륵신앙의 원류와 전개」, 『한국사상사학』6(한국사상사학회. 1994), p.13.

핵심적인 경전들을 개관해 보고, 특히 원효의 정토관련 저서에 대해서는 좀 더 자세히 살펴보기로 한다.

1) 미타정토

아미타정토에 관련된 경전으로 가장 먼저 등장한 것은 『반주삼매경』이다. 그 내용은, 사부대중이 계행을 지키고 조용한 곳에서 일심으로 1주야 내지 7주야 동안 서방 아미타불을 염불하는 반주삼매법에 의해서, 삼매속에서 아미타불을 친견하게 된다는 것이다. 이 경에 4종의 한역본이 있는데, 원효는 『반주삼매경소』, 『반주삼매경약기』라는 주석서를 지었다고 한다. 하지만, 이 저서들은 현재 남아있지 않다.

이후, 『아미타경』, 『무량수경』, 『관무량수경』이라고 하는 소위 '정토삼부경'이 등장하였다. 먼저, 『아미타경』은 아미타정토의 장엄한 모습과 임종시 염불하여 부처님을 친견한다고 설하는 경전이다. 이 경은 3차례 한역하였는데, 이 중에서 2종의 한역본이 현존한다. 원효는 구마라집이 번역한 『아미타경』을 텍스트로 해서 『아미타경소』를 지었는데, 그것이 현재 남아있어서 귀중한 자료가 되고 있다.

또한, 『무량수경』은 법장보살이 수행 도중에 세웠던 48본원을 성취하여 아미타불로서 서방극락정토에 태어난 이유를 상세히 설하고 있는 경전이다. 이 경은 무려 12차례의 한역이 이루어졌는데, 이 중에서 5종의 한역본이 현존하고 있다. 원효는 이 경전에 대해서 『무량수경종요』라고 하는 매우 수준 높은 개론서를 저술하였는데, 이는 원효의 정토사상을 밝히는 데 대단히 귀중한 작품이다.

또한, 『관무량수경』은 16관법과 9품왕생설을 중심으로 설하고 있는 경전으로서, 내용상 아미타경이나 무량수경보다 발달한 것이어서 후기에 만들어진 것으로 추정된다. 산스크리트본은 현재 없고, 한역본이 1종 현존한다. 이 경은 처음에는 중시되지 않다가, 선도가 『관무량수경소』라는 방대한 양의 주석서를 저술한 이후부터 중시되었다. 이 경에 관한 원효의 저술은 없다.

이상, 미타정토관련 경전을 간략히 살펴보았다. 앞에서 밝힌 바와 같이, 원효는 이들 경전에 대해서 『반주삼매경소』, 『반주삼매경약기』, 『무량수경종요』, 『아미타경소』를 남겼다고 하는데, 오늘날까지 남겨진 것은 『무량수경종요』와 『아미타경소』가 있다. 이 중에서 『무량수경종요』가 내용면에서 월등히 우수하기 때문에, 본장에서는 이 저서를 중심으로 원효의 미타정토사상을 살펴보고자 한다.

원효가 저술한 『무량수경종요』는 원래 총2권으로 저술되었다. 그런데, 오늘날 하권에 해당하는 부분은 유실되고, 오직 상권에 해당하는 1권만이 남아있다. 이 책의 구성을 살펴보면, 총4문으로 되어 있는데, 상권에는 「제1 대의(大意)」, 「제2 종지(宗旨)」, 「제3 약인분별(約人分別)」 등의 3개문이 쓰여 있고, 하권에는 「제4 취문해석(就文解釋)」이 쓰여 있었을 것으로 추정된다.

「제1 대의」에서는, 『무량수경』의 근본취지에 대해서 말하고 있다. 중생이 고통의 바다에서 허우적거리고, 저 언덕에서 편안하게 지내는 것은 모두 다 꿈이다. 그런데, 만일 그 꿈에서 깨면, 예토와 정토가 본래 일심일 따름이고, 생사와 열반은 다른 세계가 아니라는 것을 알게 된다. 하지만 이런 깨달음은 쉽지 않기에, 석가모니불과 아미타불께서 여러 가지 방편으로 중생을 이끌어 주신다고 말한다.

「제2 종지」의 「과덕(果德)」에서는, 중생들이 수행 결과 태어나는 '정토'에 대해서 서술한다. 원효는 정토를 인(因)·과(果), 일향(一向)·불일향(不一向), 순(純)·잡(雜), 정정(正定)·비정정(非正定)과 같이 4가지의 상대문(相對門)으로 독창적인 구분을 하여 서술한다. 그런 뒤, '정토에는 형상이 있는가?' 혹은 '정토는 여러 사람이 공유하는 것인가?'와 같은 주제를 가지고 하나씩 논의한다.

「제2 종지」의 「인행(因行)」에서는, 정토라는 결과가 나오게 되는 중생들의 '수행'에 대해서 서술한다. 먼저 정토가 만들어지게 되는 근본원인인 성변인(成辨因)에 대해서, '성변인은 원래부터 있었던 것인가?'라는 주제로 논의한다. 그리고 중생들이 정토에서 태어나게 되는 원인인 왕생인(往生因)

에 대해서는, 정인(正因)과 조인(助因)으로 나누어서 하나하나 명쾌하게 설명해 나아간다.

「제3 약인분별」에서는, 정토에서 태어나려고 수행하는 '중생'에 대해서 서술하고 있다. 중생을 '유를 구하는 사람', '유를 여읜 사람', '유와 무를 여읜 사람'을 기준으로 3취중생(三聚衆生)으로 설정한 뒤, 관련된 주제를 논술하고 있다. 또한, 중생을 성소작지, 묘관찰지, 평등성지, 대원경지를 기준으로 4의혹중생(四疑惑衆生)으로 나눈 뒤, 해당된 중생이 가지고 있는 의혹에 대해서 논하고 있다.

2) 미륵정토

소위 '미륵삼부경'에 『하생경(下生經)』, 『성불경(成佛經)』, 『상생경(上生經)』이 있다. 먼저, 『하생경』은 정식명칭이 『불설미륵하생경(佛說彌勒下生經)』인데, 아주 먼 미래에 미륵보살이 이 세상에 태어나서 부처님이 되고 상카왕(Sankha)을 비롯한 많은 중생들을 교화한다는 내용을 담고 있다. 한국인 주석서로는 원효의 『미륵상하생경기』, 경흥의 『미륵하생경소』, 대현의 『미륵하생경고적기』 등이 있다.

또한, 『성불경』은 정식명칭이 『불설미륵대성불경(佛說彌勒大成佛經)』인데, 먼 미래에 미륵보살이 이 세상에 태어나서 부처님이 되고 용화삼회(龍華三會)의 법회를 통하여 수십억의 중생을 제도한다는 내용으로, 『미륵하생경』과 비슷하다. 한국인 주석서로는 경흥의 『불설미륵성불경소』, 『미륵경소』, 『미륵경술찬』, 대현의 『미륵성불경고적기』가 있다.

또한, 『상생경』은 정식으로 『불설관미륵보살상생도솔천경(佛說觀彌勒菩薩上生兜率天經)』이다. 미륵보살이 도솔천에서 설법한 후 인간세계에 내려오는데, 미륵보살에 대한 공경과 예배를 통해서 도솔천에 태어날 있다는 내용이 있다. 이 경전에는 미륵의 하생을 이미 포함하고 있는데, 성립된 시기가 가장 늦은 것으로 알려져 있다. 한국인 주석서로는 원측의 『미륵상생경약찬』, 원효의 『미륵상생경종요』, 『미륵상하생경기』, 경흥의 『미륵상생경요간기』, 대현의 『미륵상생경고적기』 등이 있다.

원효는 미륵관련 저서로『미륵상생경종요』1권과『미륵상하생경기』 3권을 저술하였는데, 그 중에서『미륵상생경종요』만이 현존한다.『미륵상 생경종요』는『상생경』,『하생경』,『성불경』중의 하나인『상생경』만을 해설한 책이기는 하지만,『상생경』자체가 다른 책의 내용을 대체로 포함하 고 있기 때문에,『미륵상생경종요』만을 통해서도 원효의 미륵정토사상을 전반적으로 파악할 수 있다고 말할 수 있다.

『미륵상생경종요』는 총10품으로 구성되어 있다.「제1 대의(大意)」는 서론으로서 미륵보살의 인물됨과 그 활동을 찬탄하고 있고 본경의 이름에 대해서 해설하고 있다. 그리고「제2 종치(宗致)」는 본서의 중요한 뜻을 밝히고 있는데, 이 경은 바로 관행(觀行)하는 인과(因果)로 그 종(宗)을 삼고, 사람으로 하여금 하늘에 나서 길이 물러섬이 없도록 하게 하는 것으로 의치(意致)를 삼는다고 한다.

「제3 이장시비(二藏是非)」와「제4 삼경동이(三經同異)」에서는, '미륵계 경전'에 관하여 논하고 있다. 즉,「제3 이장시비」에서는『미륵상생경』이 초기불교의 경전인 '성문장'과 대승불교의 경전인 '보살장' 중 어디에 속하 는지를 주로 논하고 있다. 또한,「제4 삼경동이」에서는 미륵삼부경인 『상생경』,『하생경』,『성불경』을 서로 비교하여 서로 같은 점과 다른 점을 밝히고 있다.

「제5 생신처소(生身處所)」와「제6 출세시절(出世時節)」에서는, 미륵의 탄생과 관련하여 논하고 있다. 즉,「제5 생신처소」에서는 미륵이 태어난 '장소'와 관련하여 여러 가지 설이 있는데 이들에 대해서 논의한다. 또한, 「제6 출세시절」에서는 미륵이 태어난 '시간'과 관련하여 미처 우리가 알지 못하는 여러 가지 이설들이 있는데 이러한 점들에 대해서 논의하고 있다.

「제7 이세유무(二世有無)」와「제8 삼회증감(三會增減)」에서는, 부처가 된 미륵불의 교화활동과 논의하고 있다. 즉,「제7 이세유무」에서는 부처님 이 현재겁 이외에 과거겁과 미래겁에도 1,000불이 계시는지에 대해서 논의한다. 또한,「제8 삼회증감」에서는, 경전에 의하면 미륵불께서 법회를 3회 여셨다고 하는데, 과연 법회가 얼마나 열렸는지에 대해서 논의하고 있다.

「제9 발심구근(發心久近)」과 「제10 증과전후(證果前後)」에서는, 미륵보살이 수행하는 과정에 대해서 논의하고 있다. 즉, 「제9 발심구근」에서는 미륵보살이 발심한 시점에 대해서 논의하고 있는데 그 비교대상을 석가보살로 하여 주로 논의하고 있다. 또한, 「제10 증과전후」에서는 미륵보살이 언제 성불하였는지에 대해서 여러 가지 관점에서 논의하고 있다.

한편, 본장에서 중요 텍스트라고 할 수는 없지만, 원효의『미륵상생경종요』의 내용을 좀 더 깊이 있게 파악하기 위해서 비교한 저서가 있다. 한국인의 저서로서 혜균의『미륵경유의』와[18] 경흥의『삼미륵경요간』이 있고, 중국인의 저서로서 규기의『관미륵상생도솔천경찬』이 있다. 본론에서 원효의 저서와 이 저서들을 비교하는 데 있어서, 필자가 필요하다고 판단되는 경우에 한하여 비교하고 있다.

제2절 미타정토 화쟁

『무량수경종요』에서는 '정토', '수행', '중생'이라는 3요소에 대해서 중점적으로 논하고 있다. 이 3요소에 대해서, 필자는 정토를 수행의 '결과' 드러난 세계라고 보고, 수행은 정토가 성립하는 '원인'이라고 보며, 중생은 이러한 수행활동의 '주체'로 이해한다. 이러한 생각에서, 아래에서는 정토에서의 활동 '주체'를 먼저 살펴보고, 정토에서의 성립 '원인'을 파악한 뒤, 정토라고 하는 수행의 '결과'를 알아보고 있다.

---

18) 혜균의『미륵경유의』는 그동안 길장의 저서로 알려졌지만 최근에 혜균의 저서로 밝혀졌다. 왜냐하면, 형식적인 면에서『미륵경유의』가 일본의『동역전등목록(東域傳燈目錄)』에 '均僧正撰 上下兩經遊意 一卷'으로 기록되어 있고, 내용적인 면에서 길장은『상생경』과『하생경』을 소승으로 보고 있는데, 이 책은『상생경』은 대승으로『하생경』은 소승으로 본다는 것이다. 伊藤隆壽, 「『彌勒經遊意』の問題點」, 『駒澤大學佛教學部論集』 4(東京 : 駒澤大學佛教學部, 1973).

1. 정토의 주체

미타정토사상의 주체는 바로 '사람'이다. 여기에서는, 원효가 아미타불과 중생과 같은 '사람'에 관하여 서술한 내용 중에서, 특히 화쟁과 관련된 논의를 전개된 부분에 초점을 맞추어서 검토해 보고자 한다. 그는 '아미타불'에 대해서는 『아미타경소』에서 주로 논의하고 있고, '중생'에 대해서는 주로 『무량수경종요』「제3 약인분별(約人分別)」에서 논의하고 있다.

1) 아미타 부처

원효는 미타정토사상과 관련해서, 『무량수경종요』 이외에, 『아미타경소』를 저술하였는데, 이 책에서 그는 정토에서 중생을 교화하고 계시는 아미타불에 대해서 자세히 설명하고 있다. 『아미타경소』「제1 대의」에서는 『아미타경』의 근본취지에 대해서 언급하고 있는데, 그 내용은 『무량수경종요』「제1 대의」의 내용과 거의 비슷하다고 할 수 있다.(『아미타경소』, 『한불전』 1, 562하)[19)]

『아미타경소』「제2 종치(宗致)」에서 원효는, 『아미타경』의 중요한 가르침을 하나하나 나열하며 논하고 있다. 특히 그 처음부분에서, "『아미타경』은 삼계를 뛰어 넘는 2가지 종류의 청정함으로 구경의 종(宗)을 삼고, 일체중생으로 하여금 위없는 도에서 물러나지 않게 하는 것으로 의치(意致)를 삼는다"라고 선언하고 있다.(『아미타경소』, 『한불전』 1, 563상)

이와 같이, 아미타경의 중요한 가르침에 대해서 하나하나 설명해 나아가던 도중에 원효는 하나의 주제에 이르러 본격적인 논의를 하게 된다. "아미타불의 몸의 크기는 어느 정도 크신가?"라는 주제에 대해서, 원효는

---

19) "夫衆生心之爲心也 離相離性 如海如空 如空之故 無相不融 何有東西之處 如海之故 無性
是守 豈無動靜之時 爾乃或因染業 隨五濁而長流 或承淨緣 絶四流而永寂 若斯動靜 皆是大
夢 以覺望之 無流無寂 穢土淨國 本來一心 生死涅槃 終無二際 然 無二之覺 取之良難
迷一之夢 去之不易 所以 大聖垂迹 有邇有邇 所陳言敎 或襃或貶 至如牟尼善逝現此穢土
誡五濁而勸往 彌陀如來御彼淨國 引三輩而導生."

제1소신설(小身說)과 제2대신설(大身說)의 주장이 있다고 소개한다. 그리고 이러한 논의에 대해서 그는 화쟁의 정신에 입각하여 양설을 회통하고 있다.

제1소신설에서는, 아미타불의 몸의 크기가 상대적으로 작다고 한다. 『성왕경[聲音王陀羅尼經]』에, "성문들과 함께 하시는 아미타불께서는 여래·응공·정변지이니, 그 나라 이름이 청태(淸泰)이며, 성왕이 머무시는 성의 가로길이는 1만유순이니라"고 하였다. 이에 의하면 아미타불은 다른 경전의 내용과 비교할 때 키가 작다는 것을 알게 된다는 것이다. (『아미타경소』, 『한불전』 1, 563중)20)

제2대신설에서는, 아미타불의 몸의 크기가 상대적으로 크다고 한다. 『관무량수경(觀無量壽經)』에, "저 부처님의 키가 60만억나유타항하사유순이다"고 하였다. 이에 의하면 아미타불은 다른 경전의 내용과 비교할 때 키가 크다는 것을 알게 된다는 것이다.(『아미타경소』, 『한불전』 1, 563중)21) 이러한 양설의 주장에 대해서 원효는 다음과 같이 회통하고 있다.

> 이것은 저 부처님 세계에는 많은 여러 가지 성(城)이 있어서 그런 것임을 마땅히 알아야 한다. 대중의 크고 작은 것을 따라서 성도 크고 작은 것이니, 큰 성에 대해서는 큰 몸을 나타내고 작은 성에 대해서는 작은 몸을 나타내기 때문이다. 『성왕경』에서 '만유순'이라고 한 것은 이곳에서 성문과 함께 머무는 성이기 때문이니, 부처님의 몸은 그 정도에 맞추어 알맞게 머무신다는 것은 마땅히 알아야 한다. 그러므로 『관무량수경』에서 '몸이 크고 키가 높다'고 말씀한 것도 그 성이 크고 넓어서 많은 대중과 함께 머무시기 위한 것이었음을 알 수 있다.(『아미타경소』, 『한불전』 1, 563중~하)22)

---

20) "阿彌陀佛與聲聞俱 如來應供正遍知 其國號曰淸泰 聖王所住 其城縱廣十千由旬."

21) "彼佛身高六十萬億那由他恒河沙由旬."

22) "當知彼佛有衆多城 隨衆大小城亦大小 大城之中示以大身 小城之中現以小身 聲王經十千

이 글에서, 원효는 양설이 모두 옳다고 선언하고 있다. 왜냐하면, 부처님 께서 몸을 나타내실 때에는 교화하시는 대중의 크기에 따라서 나타내시기 때문이라는 것이다. 그래서 『성왕경』에서는 성문과 함께 머무는 성이기 때문에 '만유순' 정도의 크기로 부처님의 몸을 나타냈고, 『관무량수경』에서 는 많은 대중과 함께 머무는 성이기 때문에 큰 몸으로 나타내셨다는 것이다.

여기에서, 본 논의의 '형식적인 특징'을 살펴보면, 원효가 회통의 논거로 서 '도리'가 아니라 '경론'을 제시하였다는 점이라고 할 수 있다.[23] 경론의 경우에는 대부분 그 의미를 확정하기 위한 '해석'의 과정을 다시 거치게 되는데, 이 경우에는, 경론의 문구에 얽매이지 않고, 여러 경론 전체를 하나의 틀로 간주하여 그 속에서 문구의 진정한 의미를 파악하는 소위 '체계적 해석'을 통한 논거를 제시하고 있다.

또한, '내용적인 특징'으로는, 원효는 화쟁을 통해서 우리들의 무지를 일깨워주고 있다는 점을 들 수 있다. 즉, 우리는 '부처님께서 성의 크기에 맞추어서 몸을 나타내신다'는 것을 사실 몰랐다. 그래서 성문들과 함께 계실 때에는 성이 1만유순에 불과하고, 대승제자들과 함께 계실 때는 키가 60만억나유타항하사유순인 것을 알지 못했다. 원효는 화쟁을 통해서 이러한 우리의 무지를 일깨우고 있는 것이다.

2) 정정취 중생

원효는 『무량수경종요』 「제3 약인분별(約人分別)」에서, 정토에 나려고 수행하는 '중생'에 대해서 서술하고 있다. 그는 중생을 사정취(邪定聚),

---

由旬者 是與聲聞俱住之城 當知佛身相當而住 觀經所說身高大者 當知其城亦隨廣大 與諸 大衆俱住處故."

23) 어떤 경우에는 회통의 근거로 '경론'이 제시되는 것이 아니라, '도리'가 제시되기도 한다. 예를 들면, 원효는 『법화종요』의 「교판」에서 『법화경』의 교판상 지위는 무엇인가?'에 관하여 논하고 있는데, 맞서는 제1설(요의설)과 제2설(불요의설)에 대해서, '도리'라고 하는 논거를 제시하며, 양설 중에서 요의설이 옳다고 한다.(『법화종요』, 『한불전』 1, 494중~하)

부정취(不定聚), 정정취(正定聚)로 구분하였는데, 이 '3취중생'의 뜻을 『보성론』에 따라서 설명하고 있다. 그러니까, 우선 모든 중생을 3가지로 분류하기를, '유(有)를 구하는 중생', '유를 여읜 중생', '유와 무(無)를 모두 여읜 중생'이 있다는 것이다.

여기에서, '유를 구하는 중생'에는 해탈의 도리를 비방하여 열반의 성품을 잃고 항상 세간적인 삶만을 구할 뿐 열반을 구하지 않는 사람과, 불법 가운데 있지만 대승을 비방하기 때문에 천제와 같은 사람이다. 또한, '유를 여읜 중생'에는 외도의 삿된 소견이나 전도된 불법을 가진 사람과 성문과 연각과 같은 이승이 있다. 또한, '유와 무를 모두 여읜 중생'에는 근기가 가장 예리한 중생과 보살이 있다고 한다.

이중에서 '사정취'는 유를 구하는 중생을 말하고, '부정취'는 유를 여읜 중생 중에서 외도의 삿된 소견이나 전도된 불법을 가진 사람을 가리키며, '정정취'는 유를 여읜 중생 중에서 성문과 연각과 같은 이승과 유와 무를 모두 여읜 중생을 가리킨다.(한불전1, 559중~하) 그런데, 이러한 3정취 중생 중에서, 아미타정토에는 오직 정정취의 중생만이 태어난다고 한다.(한불전1, 559중)[24]

이렇게 설명한 뒤, 원효는 3취중생과 관련되어 파생된 문제점들을 하나하나 제시하고 있다. 그런데, 이 중의 하나가 바로, "성문승과 연각승과 같은 이승(二乘)도 과연 정토에서 태어날 수 있는 것인가?"이다. 이 주제에 대해서 다음과 같은 가능설과 불능설의 주장이 있다는 것을 소개하고, 원효는 화쟁의 입장에서 양설을 조화롭게 해결하고 있는 모습을 보여준다.

제1가능설에서는 이승은 아미타정토에 태어날 수 있다고 한다. 『보성론』에서는 아미타정토에 태어날 수 있는 정정취의 중생에 대해서 정의를 내리고 있는데, 거기에는, "성문과 연각(벽지불), 그리고 저 두 가지[유와 무]를 구하지 않는 이를 정정취중생이라고 하느니라"고 적혀있다. 여기에 따르면, 성문과 연각과 같은 이승은 정토에서 태어날 수 있다고 보아야

---

24) "如下經云 其有衆生 生彼國者 皆悉住於正定之聚 所以者何 彼佛土中 無諸邪聚 及不定聚."

한다는 것이다.(한불전1, 559하)

제2불능설에서는 이승은 아미타정토에 태어날 수 없다고 한다.『무량수경』에서, "만약 제가 부처가 되어도, 그 나라 가운데 성문 등의 수효에 한량이 있어서 삼천대천세계의 성문과 연각 등이 백천겁 동안 세어서 그 수효를 알 수가 있다면, 저는 부처가 되지 않겠습니다"라고 하였다. (『대정장』 12, 268상)[25] 여기에 따르면, 이승은 정토에 태어나지 않는다는 것이다.[26] 이러한 양설을 원효는 다음과 같이 회통한다.

> 만일 저 정토에 왕생하는 사람에 대해서 말하면, 이승으로 결정된 정성(定性)의 이승은 바로 왕생하지 못한다. 부정성(不定性)의 이승은, 3품으로 구분되어, 대승에 발심하면 다 정토에 태어난다. 저 세계에 태어났을 때 바로 정정취에 들어가는데, 그것은 외연(外緣)의 힘으로 말미암아 주지하기 때문이다.(한불전1, 560중)[27]

이 글에서, 원효는 양설이 모두 옳다는 취지로 말하고 있다. 즉, 이승에는 '성품이 결정된 이승[定性二乘]'과 '성품이 아직 결정되지 않은 이승[不定性二乘]'이 있다. 이 중에서 '성품이 결정된 이승'이 왕생하지 못한다고 한 것은 불능설이 옳다는 것이다. 또한, '성품이 아직 결정되지 않은 이승'은 대승에 발심하게 되면 모두 정토에 태어난다고 하였으니, 이는 가능설이 옳다는 것이다.

여기에서, 본 논의의 '형식적인 특징'을 살펴보면, 일반적인 '회통'부분이 갖는 구조에서 뚜렷하지 못한 점이 발견된다. 즉, 원효가 화쟁을 할 때에는

---

25) "設我得佛 國中聲聞有能計量 乃至三千大千世界衆生緣覺 於百千劫悉共計挍知其數者 不取正覺."

26) 원효가『무량수경종요』에서 불능설의 주장을 위와 같이 직접적으로 표현한 것은 아니다. 필자의 생각에, 전후문맥상 이와 같은 주장이 '충분히' 삽입될 수 있을 것이라고 판단하여 이렇게 적어 넣은 것이다.

27) "若就得生彼淨土者 定性二乘 卽不往生 不定性中三品之人 發大乘心者 皆得生彼 生彼之時 卽入正定 由外緣力所住持故."

보통은 양설의 주장을 뚜렷하게 제시하는데, 이번 경우에는 제2불능설의 주장이 생략되고 있다. 또한, 원효가 회통을 시작할 때에는 '양설이 옳다'라는 등의 취지의 선언을 하는 것이 보통인데, 이번 경우에는 그러한 표현이 생략되고 있다는 것이다.

또한, '내용적인 특징'을 살펴보면, 원효가 그동안 쌓아온 해박한 경론 지식으로, 경전의 의미를 우리에게 일깨워 주고 있다는 점이다. 즉, 원효는 이 문제의 해법을 사실『유가론』에 의지하고 있는데, 거기에 따르면 부정취의 이승은 얼마든지 정정취로 변화할 수 있게 된다. 여기에 근거하여, 언뜻 상충되어 보이는 양설의 주장을 조화롭게 화해시킴으로써, 우리들에게 경전의 참 의미를 설명해주고 있다.

그러니까,『유가론』에 의하면, "부정취의 이승은 3품으로 구분되어 정정취에 이르게 된다"고 한다. 즉, 하품의 선근으로 들어간 사람은 정법위에 들어가서야 정정취가 되고, 중품의 선근으로 들어간 사람은 난법위에 들어가서야 정정취가 되며, 상품의 선근으로 들어간 사람은 들어가자마자 바로 정정취가 된다고 한다. 원효는 이 지식을 활용하여 화쟁한 것이다. (『무량수경종요』,『한불전』1, 559하)

2. 정토의 원인

정토사상에서는 정토의 원인으로 2가지가 있는데, 정토가 생성되는 원인과 정토에 왕생하게 되는 원인이 그것이다. 그런데, 이러한 정토의 원인으로 중생들의 '수행'을 들고 있다. 여기에서는, 원효가 '수행'에 관하여 기술한 내용 중에서, 화쟁적인 논의가 전개된 부분에 초점을 맞추어 검토해 보고자 한다. 원효는 이 점을『무량수경종요』「제2 종지」「인행(因行)」에서 논의하고 있다.

1) 생성의 원인

"정토는 무엇을 원인으로 해서 만들어지는 것일까?" 정토사상에서는

이 점에 대해서, 정토를 창조하는 근본원인을 '성변인(成辨因)'이라고 하고
있다. 이 점과 관련해서, 원효는 『무량수경종요』에서 심각한 의문을 제기
하고 있다. "성변인은 본래부터 갖추어져 있는 것인가? 아니면 나중에
얻어지는 것인가?" 그는 이 논점에 대해서 다음과 같은 양설이 있다고
한다.

제1본유설(本有說)에서는, 본래 무루의 법이종자가 있는데 이것을 삼무
수겁(三無數劫)이라는 오랜 세월 동안 수행하여 널리 증장시키면, 이것으로
인하여 정토가 생기게 된다고 한다. 『유가론』에 보면, "나락가(那落迦)에
나서도 세 가지 무루의 근본종자를 성취하느니라"라는 구절이 있는데,
이것으로 미루어 보면 무루의 정토를 성취하는 종자가 있음을 알 수
있다고 주장한다.(한불전1, 557중~하)

제2후득설(後得說)에서는, 이지(二智)로 훈습되어 생긴 종자가 정토를
만드는 원인이 된다고 한다. 『섭론』에서, "출출세간의 선법이 공능에
따라서 정토를 일으키게 되니, 무엇이 출출세간의 선법이 되는가? 무분별
지와 무분별후득지로 생겨난 선근이 출출세간의 선법이 된다"고 하였다.
이때, 이 선법들은 생겨난 것이므로 나중에 얻은 것이라고 한다.(한불전1,
557하) 여기에 대해서 다음과 같이 회통한다.

묻는다. 이와 같은 2가지 학설이 있는데, 어느 것이 진실한가? 답한다.
모두 성전에 의거하였으니, 어찌 진실하지 않음이 있겠는가? 그 자세한
내용은 『능가경요간』에서 설명한 것과 같다.(한불전1, 557하)[28]

이 글에서, 원효는 제1본유설과 제2후득설, 양설은 모두 옳다고 선언하
고 있다. 왜냐하면, 양설의 주장이 모두 다 성전(聖典)에 근거를 두고
주장되었기 때문이라는 것이다. 그리고 자신이 그러한 판단에 이르게
된 자세한 내용은 『능가경요간』에 자세히 적어 놓았으니 그 기록을 참고해

---

28) "問 如是二說 何者爲實 答 皆依聖典 有何不實 於中委悉 如楞伽經料簡中說."

보라고 하고 있다. 그런데, 아쉽게도 오늘날 그 책은 산실되어 그 자세한 내용을 알 수는 없다.

본 논의의 특징적인 모습을 살펴보면, 양설의 주장이 모두 '성전'에 근거를 두고 있기 때문에 모두 옳다고 한 점을 들 수 있다. 실제로, 원효는 본 논의 이외에도 '성전'을 근거로 회통하는 경우가 종종 있었다. 그런데, 그러한 경우에 항상 말하기를, 주장한 제설은 모두 경전, 율전, 논전과 같은 성전에 근거를 두고 자신의 설을 주장하였기 때문에 모두 옳다고 하였다.

예컨대, 『대혜도경종요』에서, "여러 분의 말씀이 모두 다 진실이다. 모두 성전에 근거한 것이므로 서로 어긋나지 않기 때문이다"고 하였고,(한 불전1, 480하) 『열반종요』에서, "두 분의 말씀이 다 이익이 있다. 모두 경전을 근거로 하여 서로 방해되지 않기 때문이다"고 하였다.(한불전1, 525중) 이들로 미루어 보면, 원효는 '경전의 내용들은 모두 옳은 것이다'라 는 신념을 가지고 있는 것을 알 수 있다.

2) 왕생의 원인

원효는 정토에 왕생하는 원인으로 정인(正因)과 조인(助因)에 대해서 설명한다.[29] '정인'이란, 위없는 보리심을 내는 것을 말하는 것으로, 여기에 수사발심(隨事發心)과 순리발심(順理發心)이 있다. '수사발심'은 번뇌를 끊 고 선법을 닦는 것처럼, 어떤 '일[事]'을 계기로 비로소 일어나는 발심을 말하고, '순리발심'은 모든 존재는 있는 것도 없는 것도 아닌 것처럼, 진리[理]에 의하여 일어나는 발심을 말한다.

또한, '조인'이란, 하배(下輩)의 10념을 가리키는데, 이 '하배의 10념'이라 는 말의 뜻에는 은밀(隱密)의 10념과 현료(顯了)의 10념이 있다. '은밀의

---

29) 『무량수경』에서는, 정토왕생의 원인으로서, 正因과 助因이라는 분류이외에, 수행 의 주체를 기준으로 上輩因, 中輩因, 下輩因으로 구분하여 논하기도 한다. 그러나 이러한 三輩因에 관한 서술은 본고의 내용과 '직접적'인 관련은 없다고 생각되므로 생략한다.

10념'이란, 『미륵발문경』에 나타난 바와 같이 정토에 태어나기 위해서 염불하는 10념을 말하고,[30] '현료의 10념'이란, 지극한 마음으로 그 염불의 소리가 끊이지 않게 10념을 잘 갖춘 것을 말한다.

그런데, 이 '현료의 10념'에 대해서, 원효는 논란이 있다고 소개하고 있다. 즉, "현료의 10념에 오역죄(五逆罪)가 포함되는가?" 하는 문제이다. 여기에서 말하는 '오역죄'에는 2가지가 있는데, 먼저, 소승의 오역죄에는, 첫째, 어머니를 살해하는 죄, 둘째, 아버지를 살해하는 죄, 셋째, 아라한을 살해하는 죄, 넷째, 부처님의 몸에서 피가 나게 하는 죄, 다섯째, 승가의 화합을 파괴하는 죄이다.

또한, 대승의 오역죄에는, 첫째, 탑과 절을 파괴하고 불경과 부처님 상을 불태우는 죄, 둘째, 성문 연각 대승의 법을 비방하는 죄, 셋째, 출가자의 수행을 방해하는 죄, 넷째, 소승의 오역 중의 하나를 범한 죄, 다섯째, 10악을 범하는 죄이다. 여기에서, 10악이란, 생명을 죽이는 것, 물건을 훔치는 것, 부적절한 남녀관계, 거짓말, 이간질, 아첨, 욕, 탐내는 마음, 화내는 마음, 어리석은 마음을 말한다.

이처럼, "현료의 10념에 오역죄가 포함되는가?" 하는 점에 대해서, 원효는 양설이 다른 견해를 가지고 있다고 한다. 제1포함설에서는, 현료의 10념에는 오역죄는 포함하는데, 대승, 즉 방등(方等)을 비방한 죄는 여기에서 제외된다고 주장하고 있다. 그리고 이러한 주장에 대한 문증으로는 『관무량수경』의 말씀을 제시하고 있다.(『불설관무량수불경』, 『대정장』 12, 346상)[31]

---

30) ① 일체 중생에게 항상 자비로운 마음을 내고 중생의 行을 방해하지 않는 마음, ② 일체 중생에게 가엾이 여기는 마음을 일으키고 잔인하게 해칠 뜻이 없는 마음, ③ 정법을 수호하는 마음을 내고 신명을 아끼지 않는 마음, ④ 인욕하는 마음으로 결정심을 내는 것, ⑤ 깊고 깊은 청정한 마음으로 利養에 물들지 않는 것, ⑥ 일체종지심을 일으켜 날마다 항상 생각하며 잊지 않는 것, ⑦ 일체 중생에게 존중하는 마음을 내어 아만을 버리고 겸손한 말을 하는 것, ⑧ 속된 이야기에 재미를 붙이지 않는 것, ⑨ 깨달으려는 뜻을 가까이하고 여러 가지 선근인연을 일으키며, 시끄럽고 산란한 마음을 멀리 여의는 것, ⑩ 바른 생각으로 관불하고 여러 根의 작용을 제어할 것.

제2비포함설에서는, 현료의 10념에는 오역죄는 포함되지 않는데, 대승의 정법(正法)을 비방한 죄도 또한 여기에서 제외된다고 주장하고 있다. 그리고 이러한 주장에 대한 문증으로는 『무량수경』의 말씀을 제시하고 있다.(『불설무량수경』, 『대정장』 12, 268상)[32] 이러한 양설의 주장에 대해서, 원효는 『무량수경종요』에서 다음과 같이 간략하게 회통하고 있다.

> 이와 같이 서로 어긋나는 점을 어떻게 회통할 것인가? 저 경에서 말하려는 것은, 비록 오역죄를 지었지만, 대승의 가르침에 의해 참회한 경우이다. 그리고 이 경 가운데에서 말하려는 것은, 참회하지 않는 경우이다. 이런 뜻으로 말미암아, 서로 어긋나지 아니한다.(한불전1, 559상~중)[33]

이 글에서, 원효는 양설이 실제로 서로 다른 경우를 말하기 때문에, 서로 논쟁할 이유가 없다고 말한다. 즉, 『관무량수경』에서는, 오역죄를 지은 뒤에 '대승의 가르침에 의해서 참회한 경우'이기 때문에, 현료의 10념에 오역죄를 포함시킨 것이고, 『무량수경』에서는, 오역죄를 지은 뒤에 '대승의 가르침에 의해서 참회하지 않은 경우'이기 때문에, 현료의 10념에 오역죄를 포함시키지 아니하였다고 한다.

본 논의에서 '형식적인 특징'을 들어 본다면, '양설이 실제로는 서로 다른 경우에 대해서 말하고 있기 때문에 서로 논쟁할 필요가 없다'고 한 점을 들 수 있다. 원효는 화쟁사례에서 대부분 제설이 '모두 옳다'든지, 혹은 제설이 '모두 옳고 그르다'든지 하여 일반상식과는 다른 결정을 내고

---

31) "或有衆生 作不善業 五逆十惡 具諸不善 如此愚人 以惡業故 應墮惡道 經歷多劫 受苦無窮 如此愚人 臨命終時 遇善知識 種種安慰 爲說妙法 敎令念佛 彼人苦逼 不遑念佛 善友告言 汝若不能 念彼佛者 應稱歸命 無量壽佛 如是至心 令聲不絶 具足十念 稱南無阿彌陀佛 稱佛名故 於念念中 除八十億劫 生死之罪 命終之時 見金蓮花 猶如日輪 住其人前 如一念頃 卽得往生 極樂世界."

32) "設我得佛 十方衆生 至心信樂 欲生我國 乃至十念 若不生者 不取正覺 唯除五逆 誹謗正法."

33) "如是相違 云何通者 彼經說其 雖作五逆 依大乘教 得懺悔者 此經中說 不懺悔者 由此義故 不相違也."

있다. 하지만, 화쟁사례에 따라서는, 이번 경우처럼 상식적으로 충분히 납득할 수 있는 결정도 있다는 것을 알 수 있다.

또한, 이와 같은 유형으로 판정한 경우는 또 있다. 『범망경보살계본사기』에서는 '의살인(疑殺人)은 중죄인가, 경죄인가?'라는 주제로 논쟁하는데, 원효는 회통하기를, 『승기율』에서는 절반정도는 사람이라고 의심한 경우에 한 말이고, 『사분율』에서는 사람이라고 거의 생각하지 아니한 경우에 한 말이기 때문에, 양설은 서로 다른 경우에 해당하므로 논쟁을 할 이유가 없다고 하였다.(한불전1, 595상)

한편, '내용적인 특징'은, 대승의 가르침에 의해서 '참회한 경우'와 '참회하지 않은 경우'를 구별하여 논란을 잠재우고 있다는 점이다. 이러한 탁월한 견해가 나오기 위해서는, 물론 이와 유사한 견해에 대한 학습도 있었을 것이다.[34] 그러나 근본적으로는 경전에 대한 지식에 통달하였기 때문에 명확한 정답을 제시할 수 있었을 것이고, 그 결과 당사자들을 진심으로 승복하게끔 할 수 있었을 것으로 생각된다.

3. 정토의 결과

정토사상에 의하면, 위에서 살펴본 바와 같은 여러 가지 수행을 원인으로 하여, 그 결과로서 '정토'는 비로소 그 모습을 갖추게 된다. 여기에서는, 원효가 정토의 모습에 관하여 기술한 내용 중에서, 주로 화쟁논의가 전개된 부분에 초점을 맞추어 검토하고자 한다. 그는 주로 『무량수경종요』「제2종지」「과덕」에서 이러한 논의를 하고 있다.

---

34) 안계현은, 원효가 이러한 의견을 제시하기 이전에 혜원에 의해서 이와 유사한 견해가 개진되었다고 말한다. 즉, 혜원은 '悔過, 觀佛 내지 발보리심의 유무'로 양경전의 차이를 구별하였는데, 원효는 이것을 추종하였을 것이라고 한다. 다만, 원효의 경우는 '참회'를 혜원보다도 특히 강조하였다는 특징이 있다고 지적하고 있다. 안계현, 「원효의 미타정토왕생사상(하)」, 『역사학보』 18(역사학회, 1963), pp.12~14.

1) 정토의 형상

원효는, 다른 정토사상가와 마찬가지로, 아미타불의 정토도 일승과 삼승에 따라서 그 위격이 다르다고 설명하고 있다. 즉, 일승(一乘)의 뜻에 의하면, 정토는 화장세계(華藏世界)에 속하게 되어 시방의 불토가 원융하여 이것을 말로 표현할 수 없게 된다. 하지만, 삼승(三乘)의 뜻에 따르면, 정토는 법성토, 자수용토, 타수용토, 변화토로 구분된다고 말한다.

또한, 원효는 이러한 설에 바탕을 두면서도 자신만의 독창적인 분류체계를 보여주고 있다. 즉, 「정문(淨門)과 부정문(不淨門)」에서, 정토를 인·과상대문, 일향·불일향상대문, 순·잡상대문, 정정·비정정상대문으로 구분하였던 것이다. 여기에서, 인·과문은 법성토와 자수용토에 해당되고, 일향·불일향문, 순·잡문은 타수용토에 해당되며, 정정·비정정문는 변화토에 각각 해당된다.

이러한 4가지 상대문의 내용을 잠시 소개하면, 첫째, 인·과상대문(因·果相對門)은 『인왕반야경』의 설로서, 이에 의하면, 부처님이 머무는 곳만이 정토이고, 금강 이하의 보살이 머무는 곳은 예토가 된다. 둘째, 일향·불일향상대문(一向·不一向相對門)은 『섭대승론』의 설로서, 이에 의하면, 8지 이상의 보살이 머무는 곳이 정토이고, 7지 이하의 보살이 머무는 곳은 예토가 된다.

셋째, 순·잡상대문(純·雜相對門)은 『유가론』의 설로서, 이에 의하면, 지상보살이 머무는 곳이 정토이고, 지상 이하의 보살, 이승, 범부가 머무는 곳은 예토가 된다. 넷째, 정정·비정정상대문(正定·非正定相對)은 『무량수경』의 설로서, 이에 의하면, 정정취인 중생이 머무는 곳이 정토이고, 사정취 및 부정취인 중생이 머무는 곳은 예토가 된다.

원효는 이러한 4가지 상대문의 뜻을 밝힌 뒤에, 「색문(色門)과 무색문(無色門)」에서 이러한 정토가 과연 형상이 있는 세계인지 형상이 없는 세계인지에 대해서 논의하고 있다. 즉, 나머지 3개문에는 형상이 있다는 점에 대해서는 의심의 여지가 없지만, "인·과상대문의 자수용토에는 과연 형상이 있는가?"에 대해서는 학설이 일치하지 않다고 말하면서, 이 점에 대해서 논의하고 있다.

제1무색설(無色說)은, 자수용토는 형상을 멀리 여읜 법성으로 사는 곳이기 때문에 어떠한 모습과 형상도 존재할 수 없다고 한다. 『본업경』에서, "청정한 국토는 끝도 없고 이름도 없고 모양도 없어 ……"라고 하였고, 『기신론』에서도, "모든 부처님은 오직 진리의 몸이요 …… 마음으로 볼 수 있는 몸이요"라고 하였다. 이러한 문증에 의하면 자수용토에는 형상이 없다는 것이다.(한불전1, 555상~중)

제2유색설(有色說)은, 자수용토에는 장애가 없는 미묘한 형상이 있다고 한다. 『살차니건자경』에서, "법성의 몸은 미묘한 색이 항상 맑고 고요하며 ……" 하였고, 『화엄경』에서, "여래께서 보리를 이루었을 때에 일체 중생과 같은 몸을 얻었고 ……" 하였으며, 『섭대승론』에서도, "정토 가운데는 아무런 …… 육근이 수용하는 법을 다 갖추었으며 ……"라고 한 것을 보면 알 수 있다고 한다.(한불전1, 555상~중)

이와 같은, 양설의 주장에 대해서, 원효는 다음과 같이 회통하고 있다.

두 분의 말씀에 모두 도리가 있으니, 한결같이 경론에 근거하여 서로 어긋나지 않기 때문이고, 여래의 법문은 장애가 없기 때문이다. 왜냐하면, 보불신(報佛身)의 국토에 대해서 대략 2가지 관점이 있는데, 만약 '형상의 근원으로 바로 들어가는 관점[正相歸源之門]'에서 말하면 앞분의 말씀과 같고, 만약 '성품을 따라 덕을 완성하는 관점[從性成德之門]'에서 말하면 뒷분의 말씀과 같다. 모두 경론을 인용하여 각각 그 관점을 따라 말씀한 것이므로 서로 어긋나는 것이 아니기 때문이다.(한불전1, 555중~하)[35]

이 글에서, 원효는 양설이 모두 옳다고 선언한다. 왜냐하면, 양설은 모두 경론에 근거하고 있고 여래의 법문에는 장애가 없기 때문이라는 것이다. 즉, 보신불의 국토는 2가지의 관점으로 말할 수 있는데, '형상의

---

35) "二師所說 皆有道理 等有經論 不可違故 如來法門 無障礙故 所以然者 報佛身土 略有二門 若就正相歸源之門 如初師說 若依從性成德之門 如後師說 所引經論 隨門而說 故不相違."

근원으로 바로 들어가는 관점'에서 말하면 무색설과 같고, '성품을 따라 덕을 완성하는 관점'에서 말하면 유색설과 같다고 한다. 이처럼, 양설은 서로 다른 관점에서 말한 것에 불과하다는 것이다.

여기에서, '형식적인 특징'을 살펴보면, 그가 '2개의 관점[門]'을 제시하여 양설을 회통하는 점을 들 수 있다. 사실, 원효는 종종 '2개의 관점'을 제시하여 '양설이 다른 입장에서 주장하였기 때문에 결과적으로 다른 것처럼 보이지만, 만일 같은 입장에서 출발하였다면 같은 주장을 하였을 것이기 때문에 양설은 모두 옳다'고 한다.[36] 이러한 그의 전형적인 회통방법 중의 하나를 본 논의에서도 접하게 된다.

또한, '내용적인 특징'으로는, '형상의 근원으로 바로 들어가는 관점'과 '성품을 따라 덕을 완성하는 관점'과 같이, 보통사람들이 언뜻 이해하기 어려운 말씀을 회통의 근거로 삼고 있다는 점이다. 이처럼 원효는 경론을 설하는 저자가 가진 입장까지를 고려하여 경론의 의미를 깊게 해석하고 있는 것을 볼 수 있는데, 이를 통해서 그 경론의 진정한 의미를 우리에게 일깨워 주고자 하는 것을 느낄 수 있다.

2) 정토의 공유

우리가 살고 있는 예토(穢土)에서와 마찬가지로, 정토에서도 정보(正報)와 의보(依報)의 구분이 있다. 여기에서 말하는 '정보'란 과거세에 지은 업의 과보로 인하여 현재세에서 태어난 중생들의 몸을 가리켜서 하는 말이고, 이에 반해서, '의보'란 그 중생들의 육신이 의지하며 살아가는

---

36) 연구에 따르면, 원효는 총67개의 화쟁사례 중에서 26개의 사례에서 이러한 2개의 관점[門]을 설정하여 회통하였다. 한가지 예를 들어보면, 원효는 『법화종요』「妙用」에서 '삼승이 방편인가, 이승이 방편인가?'에 관하여 논하는데, 삼승설과 이승설의 주장에 대해서 회통한다.(한불전1, 491하) 여기에서, 원효는 삼승설과 이승설이 모두 옳다고 선언한다. 왜냐하면, '별교'의 입장에서 보면 삼승이 모두 방편이 되므로 삼승설이 옳고, '통교'의 입장에서 보면 불승은 진실이고 이승만이 방편이 되므로 이승설이 옳기 때문이라는 것이다. 여기에서 중요한 것은, 원효가 '별교'와 '통교'라는 '2개의 관점[門]'을 설정하여 양설을 회통하고 있다는 점이다.

외부적이고 객관적인 자연환경 내지 국토를 가리켜서 이르는 말이다.

원효는 『아미타경소』에서, 먼저 정토에 있는 '정보'에 대해서 설명하고 찬탄하고 있는데, 정보를 주불(主佛), 권속(眷屬), 대중(大衆), 상수(上首) 등으로 말한다. 주불은 광명이 무량하고 수명이 무량하며, 권속은 성문제자들이 모두 아라한과를 얻었으며, 대중은 모두 물러남이 없는 대중들이며, 상수는 그 나라에 한 생을 있다가 부처를 이룰 보살이 대단히 많다고 한다.(한불전1, 564하~565상).

또한, 정토에 있는 '의보'에 대해서는 14가지로 찬탄하고 있다. 즉, 정토의 의보는 ① 온갖 괴로움이 없고 즐거움만을 받는 공덕을 성취하고, ② 갖가지 꽃과 보배로 국토를 장엄한 공덕을 성취하며, ③ 장엄한 물의 공덕을 성취하고, ④ 갖가지 일마다 결함이 없는 공덕을 성취하며, ⑤ 오묘한 빛깔로 장엄의 극치를 이룬 공덕을 성취하고, ⑥ 음악의 공덕을 성취하며, ⑦ 보배로운 땅의 공덕을 성취한다고 한다.

뿐만 아니라, ⑧ 꽃비의 공덕을 성취하고, ⑨ 마음대로 어디든지 노닐 수 있는 자재의 공덕을 성취하며, ⑩ 수용하는 공덕을 성취하고, ⑪ 뭇 새들을 변화시켜 묘한 법문을 설법하는 공덕을 성취하며, ⑫ 악도(惡道) 등의 이름이나 실상이 없는 대의(大義)의 공덕을 성취하고, ⑬ 보배그물로 허공을 장엄한 공덕을 성취하며, ⑭ 훌륭한 성품을 장엄한 공덕을 성취한다고 한다.(『아미타경소』, 『한불전』 1, 564상~하).

그런 뒤, 원효는 「공문(共門)과 불공문(不共門)」에서 정토는 그 구성원들이 함께 공유하는 것인지 여부에 대해서 논의하고 있다. 즉, 정토의 '정보'에 대해서는 그 구성원이 함께 공유하지 않는다고 인정한다. 하지만, "정토의 '의보'는 그 구성원들이 함께 공유하는 것인가?"라는 점에 있어서는 학설이 일치되지 않는다고 소개하면서, 이 점에 대해서 논의하고 있다.

제1불공설(不共說)에서는 정토의 의보는 공유하는 것이 아니라고 한다. 왜냐하면, 첫째, 저 산과 바다와 같은 것은 작은 원소가 합해서 이루어진 것이 아니라, 실제로는 하나의 실체로 봐야 되기 때문이라는 것이다. 둘째, 중생들은 개별적인 존재로서 각각 따로 활동하는데, 설령 한곳에 함께 있더라도 서로 장애가 되지 않기 때문이라고 한다. 셋째, '유식'의 이치가 법계에 가득하기 때문에, 비록 보고 있는 처소가 같다고 하더라도 함께하지 않기 때문이라고 한다.(한불전1, 555하~556상)

제2공유설(共有說)에서는 정토의 의보는 공유하는 것이라고 한다. 왜냐 하면, 첫째, 의보는 식(識)과는 다른 것이기 때문이며, 둘째, 자수용토에서 는 부처님이 모든 부처님과 더불어 한 국토를 공유하시는데, 마치 법신을 부처님이 함께 의지한 것과 같기 때문이며, 셋째, 타수용토에서는 부처님이 모든 보살과 더불어 공유하는데, 마치 왕이 신하와 더불어 한 나라를 공유한 것과 같기 때문이라고 한다.

넷째, 자수용토와 타수용토는 별체가 아니어서, 마치 관행하는 사람이 돌을 옥으로 보는데 지혜가 열리지 않은 사람은 이것을 곧 돌로만 보는 것과 같기 때문이라고 한다. 다섯째, 의보는 식(識)을 따라 달라지지 않아서, 만일 식을 따라 달라진다면 나의 결과는 비록 없어지더라도 남의 결과는 오히려 남아 있게 되는 모순이 발생하기 때문이라는 것이다.(한불전1, 556상~하)

이와 같은, 장황한 양설의 주장에 대해서 원효는 다음과 같이 간단하게 회통한다.

묻는다. 이와 같은 양설 중에서, 어떤 이득이 있고 어떤 손실이 있는가? 답한다. 만일 그 말만을 취한다면 논리가 성립하지 않지만, 뜻으로 이해하 면 모두 도리(道理)가 있다.(한불전1, 556하)[37]

이 글에서, 원효는, "공유설, 불공설, 양설은 모두 옳기도 하고 동시에 그르기도 하다"고 선언하고 있다. 왜냐하면, 만일 양설의 주장을 그 말만을 취하여 받아들이려고 한다면, 모두 그 논리에 모순이 발생하여 양설이 성립하지 않게 된다. 하지만, 양설의 주장을 그 뜻으로 이해하여 받아들이

---

37) "問 如是二說 何得何失 答曰 如若言取 但不成立 以義會之 皆有道理."

면, 모두 도리가 있어서 양설이 모두 성립하게 되기 때문이라는 것이다.

여기에서, '형식적인 특징'을 살펴보면, 원효는 양설이 '모두 옳기도 하고 동시에 그르기도 하다'고 말한 점이다. 사실, 원효의 저서에서 제설을 회통하는 데 있어서 '제설이 모두 옳다'고 말하는 경우가 대부분이라고 할 수 있다. 하지만, 경우에 따라서는 '제설이 옳기도 하고 동시에 그르기도 하다'고 선언하는 경우를 가끔 볼 수 있는데 지금 이 경우가 바로 그런 경우에 해당한다고 할 수 있다.[38]

또한, '내용적인 특징'으로는, '말을 취하지 말고, 뜻으로 이해하라'고 한 점을 들 수 있다. 우리가 누군가에게 달을 알려주려고 할 때에, 손가락으로 달을 가리키는 것처럼,[39] 부처님께서는 말씀을 통해서 중생에게 진실을 알려주신다. 이때에, 우리는 언어에 매달리지 말고 그 뜻을 새겨들어야 한다는 것이다. 원효의 화쟁은 말보다는 그것이 가리키는 뜻에 중점이 있다는 것을 짐작케 하는 대목이다.

제3절 미륵정토 화쟁

본절에서는 원효의 미륵정토사상에 담긴 그의 화쟁정신을 알아보고 있다. 논하는 순서는 원효가 『미륵상생경종요』에서 논하는 순서에 따르고 있다. 다만, 원효는 '미륵의 교화(제7·제8)' 이후에 '미륵의 수행(제9·제10)'을 논의하였지만, 필자는 수행을 한 이후에 교화를 하는 것이 일상적인

---

38) 이와 같은 결정을 하는 경우의 예를 하나 더 들어 본다. 『열반종요』「體相門」에서는 '열반의 본체는 진실한가, 허망한가?'에 관하여 논하는데, 제1설(진실설)과 제2설(허망설)에 대해서 회통하기를, "만일 말을 그대로 취한다면 양설에 다 손실이 있다. 서로 다른 주장으로 다투어서 부처님의 뜻을 잃어버리기 때문이다. 만일 고정된 집착을 아니 하면 양설에 함께 이득이 있다. 법문은 걸림이 없어서 서로 방해가 되지 아니하기 때문이다"라고 하였다.(『열반종요』, 『한불전』1, 529상~중)
39) 원효는 『십문화쟁론』에서 '언어'와 '진의'와의 관계를 '손가락'과 '달'로 비유하여, 위와 비슷한 취지의 언급을 하고 있다.(십문화쟁론, 한불전1, 838상~중)

시간의 흐름에 맞을 것이라는 생각에서, '미륵의 수행(제9·제10)' 이후에 '미륵의 교화(제7·제8)'로 그 순서를 변경하였다.

1. 미륵계 경전

원효는 『미륵상생경종요』의 「제3 이장시비(二藏是非)」와 「제4 삼경동이 (三經同異)」에서, '미륵계 경전'에 관하여 논한다. 즉, 「제3 이장시비」에서는 『미륵상생경』이 성문장과 보살장 중 어디에 속하는지를 논하고, 「제4 삼경동이」에서는 『상생경』, 『하생경』, 『성불경』의 3경전의 같은 점과 다른 점을 밝히고 있다. 아래에서는, 원효가 이 부분에서 남겨놓은 2개의 화쟁사례를 중심으로 살펴본다.

1) 대승경 여부

원효는 「제3 이장시비」에서, "『미륵상생경』은 소승경인가, 대승경인가?"라는 의문을 제시한다. 이 점에 대해서, 제1설은 『미륵상생경』은 '소승경으로서 성문장에 해당한다'고 주장한다. 왜냐하면, 미륵보살은 범부의 몸을 갖추고 아직 모든 번뇌를 끊지 못하였으며, 도솔천에 태어나는 것은 소승불교에서 말하는 십선(十善)의 과보를 받는 것과 같기 때문이라는 것이다.(『한불전』1, 548중)

제2설은 『미륵상생경』이 '대승경으로서 보살장에 해당한다'고 주장한다. 왜냐하면, 이 경에는 성문중과 보살중이 모두 있고, 시방의 부처님에게 예경한다고 하며, 불퇴전의 법륜행(法輪行)을 설하고, 이 경을 설하는 것을 듣고 다른 세계에서 온 십만 보살이 수능엄삼매를 얻었고, 팔만억 제천(諸天)이 보리심을 발하였기 때문이라고 한다.(『한불전』1, 548중) 이러한 양설에 대해서, 원효는 다음과 같이 평결한다.

논평하여 말한다. 이 경의 가르침은 대승과 소승의 근기에 고루 미친다. 말한 것처럼, "위없는 보리심을 공경한다", "미륵보살의 제자가 되고자 한다", 내지 널리 말씀하였기 때문이다. 다만 작은 것은 큰 것을 포용하지 못하지만 큰 것은 작은 것을 능히 용납할 수 있으므로, 종지(宗旨)를 따라서 '보살장'에 포함된다. 이러한 까닭에, 뒷분의 말씀이 옳다.(『한불전』 1, 548중~하)[40]

이 글에서, 원효는 제2설인 대승경설이 옳다고 판단을 내린다. 왜냐하면, 이 경의 가르침은 대승과 소승의 근기에 공통으로 미치고 있는데, 작은 것은 큰 것을 포용하지 못하지만 큰 것은 작은 것을 능히 용납할 수 있기 때문이라고 한다. 그런 뒤에, 제1설에서 근거로 삼는 두 가지 경문이 가지고 있는 올바른 의미를 해설해 줌으로써, 제1설이 어찌하여 옳지 않는지를 해명하고 있다.

즉, 제1설이 "미륵보살이 범부의 몸을 갖추었다"라는 경문을 제시한 점에 대해서는, 같은 경전에 있는 다른 문구를 들어서 그 잘못을 지적한다. 즉, "미륵보살의 몸에 나타난 원광(圓光) 가운데 수능엄삼매(首楞嚴三昧)와 반야바라밀 글자의 뜻이 뚜렷하다"는 경문도 있는데, 이것은 보살의 지위가 십지(十地)에 오른 것을 나타내고 있어서 대승을 나타낸 것이라고 보아야 한다고 설명한다.

또한, 제1설이 "도솔천의 과보는 십선(十善)의 과보가 된다"라고 주장한 점에 대해서는, 경문의 의미를 밝혀준다. 즉, '보살' 십선의 과보는 시방에 두루하여 사람의 근기에 따라서 나타나는 것인데, 여기에서는 단지 저 도솔천에 국한하여 보살 십선의 과보를 밝히고자 한 것이기 때문에, 이 경문에서는 '보살의 십선 과보'를 말하고 있는 것이라고 설명해 준다.(『한불전』 1, 548하)

생각건대, 원효는 제설을 평결할 때에 '모두 옳다'는 판단을 주로 내리고 있다. '제3장 화쟁의 방법'에서 밝힌 것처럼 원효의 저서에 남아있는 총65개의 사례 중에서 '제설이 모두 옳다'는 제설개시(諸說皆是) 판정은 총47개의

---

40) "評曰 此敎通被大小根性 如言愛敬無上菩提心者 欲爲彌勒作弟子者 乃至廣說故 但小不容大 大能含小故 隨所宗菩薩藏攝 所以後師所說是也."

사례에서 볼 수 있는 일반적인 경우이다.[41] 그런데, 위 인용문의 경우에는 '대승경설이 옳다'고 하여 어느 한 설은 옳고 다른 한 설은 그르다고 판단하고 있다.

이와 같이 'A설은 옳고, B설은 그르다'라고 하는 원효의 판단형식은 비단 이번 경우에만 있는 것이 아니라,『미륵상생경종요』「제9 발심구근」에서도 이와 유사한 판단형식이 등장한다. 이러한 판단형식을 볼 때, 원효의 참 뜻은 제설의 입장을 단순히 화해시키려는 데 초점이 있는 것이 아니라, 그가 발견한 올바른 진리를 기준으로 하여 그것을 선언하고 인식시키려는 데 주안점이 있다는 것을 알 수 있다.

한편, 위의 주제에 대해서 원효 당시의 학자들은 어떠한 생각을 하였는지 참고로 살펴본다. 먼저, 혜균의 경우에는『상생경』이 대승경이라고 하고 『하생경』과『성불경』은 소승경이라고 하고 있다. 그러니까『상생경』에 대해서는 원효와 같은 의견이라고 할 수 있다.(『대정장』38, 263하~264상)

또한, 경흥의 경우에는 이 점에 대해서 논하기는 하였으나, 제설을 나열만 하였을 뿐 자신의 의견을 특별히 제시하지는 아니하여서, 그의 뜻을 상세하게 알기 어렵다.(『대정장』38, 304하~305상)

반면, 규기는『상생경』을 대승과 소승 모두에 해당되는 것으로 보아서, 원효의 의견과 다르다. 즉, "아일다(阿逸多)는 범부의 몸을 갖추고 아직 모든 번뇌를 끊지 못하였다"는 점에서는 소승장에 포함되고, "미륵보살의 몸에 나타난 원광 가운데 수릉엄삼매와 반야바라밀 글자의 뜻이 뚜렷하다"는 점에서는 대승장에 포함된다고 하였던 것이다.(『관미륵상생도솔천경찬』,『대정장』38, 278상)

생각건대, 원효가 논의한 내용이 혜균의 설과 비슷한 것으로 보아서, 원효가 혜균의 영향을 받은 것은 아닌지 의심할 수도 있다. 그러나 설령 그렇다고 하더라도, 양론을 분명히 제시한 점, 양론의 문제점을 제시한 점, '작은 것은 큰 것을 포용하지 못하지만, 큰 것은 작은 것을 능히 용납할

---

41) 여기에서 총65개 사례라고 한 것은 불완전한 상태로 남아있어서 분석의 대상으로 삼기 어려운『십문화쟁론』의 2개문을 제외하였기 때문이다.

수 있다'는 기준으로 판단한 점, 제1설의 문제점을 해명한 점 등은 원효만의
고유한 내용으로 생각된다.

2) 과보신 여부

이어서, "미륵의 훌륭한 모습이란 과보신인가, 변화신인가?"에 대해서
원효는 논하고 있다. 이 점에 대해서, 양설은 [입론]을 한다. 즉, 제1설은
미륵의 정보(正報)와 의보(依報)가 장엄하게 된 것은, 수많은 세월 동안
수행하여 얻게 된 '진실한 과보의 몸이다'고 한다. 이에 대해서 제2설은,
미륵이 장엄한 것은, 중생의 근기에 따라서 '임시로 변화된 모습이다'고
한다.(한불전1, 548하)
이어서 다음과 같은 [논란]이 이어진다.

> 만일 앞에서 말한 것과 같다면, 보통사람에게는 보이지 않을 것이니,
> 이것은 과보요 변화된 모습이 아니라고 하기 때문이다. 또한, 만일 뒤에서
> 말한 것과 같다면, 시방(十方)에 두루하지 못할 것이니, 이것은 변화된
> 모습이요 과보가 아니라고 하기 때문이다. 그렇다면, 어떻게 보살의 '응보
> (報應)'라고 말할 수 있겠는가?(『한불전』 1, 548하)[42]

이 글에서, 양설은 서로 상대방을 공박하고 있다. 먼저 제2설은, 만일
과보신이라면, 보살은 중생의 근기에 따라서 변화된 것이 아니기 때문에
'보통사람은 볼 수 없다'는 문제가 발생할 것이라고 한다. 다음, 제1설은,
만일 변화신이라면, 보살은 수행의 과보로 받은 몸이 아니기 때문에 '시방
에 두루하지 못하다'는 문제가 발생할 것이라고 한다.(『한불전』 1, 548하)
이에 대해서 원효는 다음과 같이 [평결]한다.

> 해석하여 말한다. 저 하나하나의 모습은 모두 분제(分齊)가 있으나,

---

42) "若如後者, 非凡所見, 是報非應. 若如後者, 不遍十方, 是應非報. 云何得言菩薩報應?"

그 분제를 무너뜨리지 아니하고 그대로 각각 시방에 두루하다. 시방에 두루하다는 극단에 치우치면 보통사람에게 보여지지 않게 되고, 분제가 있다는 극단에 치우치면 보통사람에게 보여질 수 있다고 한다. 하지만, '분제가 곧 두루함이요 두루함이 곧 분제이니', 막힘도 없고 걸림도 없으며, 다르지도 않고 구별되지도 아니한다. 이와 같기에, (보살의 장엄한 모습은) 그 공덕의 진실한 과보가 아님이 없고, 분제를 따라서 보여지는 것은 중생의 근기에 따라서 변화된 모습이 아님이 없다. 이러한 도리로 말미암아 '보응(報應)'이라고 말한 것이다.(『한불전』 1, 548하~549상)[43]

이 글에서, 원효는 '양설이 모두 옳다'고 선언한다. 왜냐하면, 저 하나하나의 모습은 모두 분제(分際)가 있으나, 그 분제를 무너뜨리지 아니하고 그대로 각각 시방에 두루하기 때문이라는 것이다. 즉, '시방에 두루 있으면 보통사람은 볼 수 없고, 분제가 있어야 보통사람은 볼 수 있다'는 전제에서 양설은 논란을 벌이고 있지만, 이러한 견해는 모두 치우친 견해일 뿐이라는 것이다.

생각건대, 이번 논의를 '형식적'으로 보면, 일반적인 화쟁의 모습을 모두 갖추어서 더욱 현실감 있게 논의가 진행되는 듯한 느낌을 준다. '일반적으로' 원효의 논의는, 여러 주장들이 제시되고, 원효 나름대로의 회통이 제시되는 [입론]-[평결]로 구성되어 있다. 그런데, 여기에서는 그 중간부분에 양설이 서로 논란을 벌이고 있어서, [입론]-[논란]-[평결]로 완전하게 구성되어 있다.

또한, 이번 논의를 '내용적'으로 보면, 원효가 제시한 판단기준이 우리에게는 참으로 난해하다는 것이다. 원효는 "분제가 곧 두루함이요 두루함이 곧 분제이다"라는 기준으로 양설을 회통하고 있다. 그런데, 우리의 일반상식으로는, '분제[구분함]'와 '두루함'은 서로 반대말에 해당한다. 여기에서,

---

43) "解云, 彼――相, 皆有分齊, 不壞分齊, 各遍十方. 遍十方邊, 非凡所見, 其分齊邊, 是凡所觀. 然, 分齊卽遍, 遍卽分齊, 無障無礙, 無二無別. 如是功德, 無非實報, 隨分所見, 無非應化. 由是道理, 故說報應."

우리는 원효의 말은 단순한 상식을 넘어서 심원한 진리의 차원에서 나온 말이라는 것을 짐작케 한다.

2. 미륵의 탄생

원효는 「제5 생신처소(生身處所)」와 「제6 출세시절(出世時節)」에서 미륵의 탄생과 관련하여 논의하고 있다. 즉, 「제5 생신처소」에서는 미륵이 태어난 '장소'와 관련하여 논의하고, 「제6 출세시절」에서는 미륵이 태어난 '시간'과 관련하여 여러 가지 사항에 대해서 논의하고 있다. 아래에서는, 원효가 이 부분에서 남겨놓은 6개의 화쟁사례를 중심으로 살펴본다.

1) 탄생의 장소

「제5 생신처소」에서는, "미륵이 태어난 장소는 어디인가?"에 대해서 논의하고 있다. 제1화엄경설은 염부제의 남쪽에 있는 마리국에 사는 '바라문 가문에서 태어난다'고 하고, 제2현우경설은 바라나국의 '정승의 아들로 태어난다'라고 하며, 제3상생경설은 '바라나국 겁파리촌에서 태어난다'고 한다.(한불전1, 549중-하) 이러한 주장들에 대해서, 원효는 다음과 같이 [평결]한다.

① 해석하여 말한다. 뒤의 두 경문(經文)은 글은 다르되 뜻은 같다. 왜 그런가 하면, 『현우경』의 뜻은 '아버지를 들어서 출생한 것을 나타낸 것'이기 때문에, '정승이 한 남자 아이를 낳았다'고 한 것이어서, 이것은 태어난 곳을 정확하게 밝힌 것이 아니다. 그러나 『상생경』의 글에는 '태어난 곳을 적실하게 밝히었으니', 그 나라의 법은 부인이 회임하면 본가로 가서 출산하도록 되어있는데, 본가는 겁파리촌에 있다고 하였다. 이것으로 보아, 이 두 경문이 서로 어긋나지 않음을 알 수 있다.

② 『화엄경』은 별도로 다른 곳을 나타내었으나, '대성인(大聖人)의 분신(分身)은 기틀을 따라 다르게 나타나고', 곳곳에서 기이하게 나기도 하니

괴이하게 여길 것이 없다. 이런 도리로 말미암아 서로 위배되지 않는다. (『한불전』 1, 549하)[44]

①에서 원효는, 먼저 제2설과 제3설이 모두 옳다고 말한다. 왜냐하면, 양설이 초점을 둔 것이 다를 뿐, 실제로는 같은 사실을 다르게 말한 것이기 때문이라는 것이다. 즉, 『현우경』에서는 '누구로부터 태어났는가?'를 밝히기 위해서 '정승의 아들로 태어난다'고 하였고, 『상생경』에서는 '어디에서 태어났는가?'를 밝히기 위해서 '바라나국 겁파리촌에서 태어난다'라고 말했을 뿐이라는 것이다.

②에서는, 제2설과 제3설을 포함하여 다시 제1설을 논평하여 말하기를, '제설이 모두 옳다'고 한다. 왜냐하면, 미륵과 같은 대성인의 분신들은 이러저러한 주어진 상황에 따라서 그 몸을 다르게 나타내기에, 태어나는 곳이 서로 다를 수 있기 때문이라는 것이다. 이처럼, 수준 높은 관점에서 이 문제를 바라본다면, 위의 3가지 주장들은 사실상 모두 옳아서 서로 모순되지 않는다고 한다.

한편, 경흥은 이 점에 대해서 원효와 거의 같은 취지의 언급을 하였는데, 다만, 끝 부분에, "어느 곳에서는, 『화엄경』은 (미륵이) 자란 곳을 가리킨다'고 말한다"라는 점을 추가하였다.(『대정장』 38, 315상) 그가 이렇게 추가한 점에 대해서, 경흥의 설은 원효의 설에 비해서 진일보한 것이라고 평가하는 학자도 있지만,[45] 필자가 보기에는 그다지 의미 있는 발전이라고는 생각되지 않는다.

생각건대, 이번 논의의 '형식적인' 특징을 말한다면, 원효가 제설을 회통할 때 한꺼번에 회통을 시도하지 아니하고 여러 단계에 걸쳐서 회통을

---

44) "解云 後二經文 文異意同 所以然者 賢愚經意 寄父表生 故言輔相 生一男兒 此非的出 其生之處 上生經文 的明生處 彼土之法 婦懷妊已 還本家産 本家在於 劫波梨村 知此二經文 不相違也. 華嚴經意 別顯異處 大聖分身 隨機異見 處處異生 不足致怪 由是道理 不相違背 也."

45) 안계현, 「원효의 미륵정토 왕생사상」, 『역사학보』 17(역사학회, 1962), p.258.

시도하고 있다는 점이다. 일반적인 경우라면, 원효는 주어진 논점에 대한 주장이 양설이던지 혹은 제설이던지 무관하게 회통에 임하여서는 항상 한 번에 판단을 내리는 것을 볼 수 있다. 그런데, 이번의 경우는 2개의 단계로 나누어서 판단하고 있는 것이 특이하다.

또한, '내용적인' 특징을 말한다면, 2가지의 서로 다른 방식으로 제설을 회통하고 있다는 것이다. 즉, 첫째 단계에서는 '누구에게서 태어났는가?'와 '어디에서 태어났는가?'에 각각 주안점을 두어서 말씀하였다는 2개의 기준을 가지고 양설을 회통하고 있다. 그런데, 둘째 단계에서는 '대성의 분신은 기틀을 따라서 다르게 나타난다'는 1개의 기준을 가지고 제설을 회통하고 있는 점이 눈에 띈다.

2) 탄생의 시간

「제6 출세시절」에는, 미륵이 태어난 '시간'과 관련된 무려 5가지 논점이 등장한다. 첫째, "미륵과 전륜성왕이 출현한 시기는 언제인가?"에 대해서, 제1상이설과 제2동일설이 있는데, 원효는 '양설이 모두 옳다'고 한다. 왜냐하면, 미륵이 출현한 때(수명 8만4천세일 때)와 첫 번째 전륜성왕이 태어난 때(수명 6만세일 때)를 비교하면 제1설이 옳지만, 일곱 번째 전륜성왕이 태어난 때(수명 8만4천세일 때)를 비교하면 제2설이 옳기 때문이라는 것이다.(한불전1, 550상)

둘째, "미륵이 출현하는 시기는 언제인가?"에 대해서, 제1설은 '수명 80,000세 일 때'라고 하고, 제2설은 '수명 84,000세일 때'라고 한다. 이러한 주장에 대해서, 원효는 '양설이 모두 옳다'고 한다. 왜냐하면, '제일 큰 수'만을 들어서 말하면 그 수가 9에 이르지 못하였기에 '80,000세'라는 제1설이 옳지만, '큰 수들'을 모두 나열하면 '84,000세'라는 제2설이 옳기 때문이라는 것이다.(한불전1, 550상)

셋째, "전륜성왕이 출현한 시기는 언제인가?"에 대해서, 제1설은 '수명 60,000세일 때'라고 하고, 제2설은 '수명 80,000세일 때'라고 한다. 이러한 주장에 대해서, 원효는 '양설이 모두 옳다'고 한다. 왜냐하면, '수명이 증가되어가는 때'를 기준으로 하면 제1설이 옳고, '수명이 감소되어 가는 때'를 기준으로 하면 제2설이 옳기 때문이라는 것이다.(한불전1, 550상)

넷째, "미륵이 도솔천에서 머문 시간은?"에 대해서, 제1설은 '인간세계 수명 100세부터 80,000세까지'라고 하고, 제2설은 '하늘세계 수명 4,000세 동안'이라고 한다. 이에 대해서, 원효는 '제설이 모두 옳다'고 한다. 왜냐하면, 미륵이 도솔천에 머문 전체기간과 한번 머문 기간은 차이가 있는데, 제1설은 전체기간을 말하고, 제2설은 한번 머문 기간을 말하기 때문이라는 것이다.(한불전1, 551상)

이때, 회통과정에서 '겨자씨 이야기'가 등장하는데, 이것은 도솔천에서의 일생과 도솔천에 머문 전체시간과는 큰 차이가 있다는 것을 증명하기 위한 이야기이다. 즉, 석가보살과 미륵보살이 도솔천의 4,000년을 일기(一期)로 머문 것은 같지만, 석가보살은 그런 식으로 거듭하여 1겁을 머무르고, 미륵보살은 그런 식으로 거듭하여 반겁을 머물러서 각각 일생보처보살이 되었다는 것이다.(한불전1, 550하~551상)

또한, 이 논의에는 2쌍의 관련논쟁이 추가되고 있는데, 원효는 총 3쌍의 논쟁들을 겨자씨 이야기로 '한꺼번에' 회통하고 있다.(한불전1, 550중~하) 참고로, 추가된 논쟁에는, '미륵은 반겁, 석가는 1겁 머문다'는 설과 '두 분이 다 하늘수명으로 4,000세 머문다'는 설의 대립이 있고, '미륵은 적은 생사를 지났고 석가는 많은 생사를 지났다'는 설과 '두 분이 다 하늘수명으로 4,000세를 지냈다'는 설의 대립이 있었다.

다섯째, "미륵이 도솔천에서 지낸 수명 4,000세는 인간의 수명으로 몇 세인가?"에 대해서, 제1현겁경설은 '56억 7천7만세'라고 하고, 제2잡심론설은 '57억 6백만세'라고 하며, 제3현우경설은 '56억 7천만세'라고 하고, 제4상생경설은 '56억만세'라고 하며, 제5정의경설은 '5억 76만세'라고 한다. 이러한 주장들에 대해서, 원효는 다음과 같이 제설을 회통하고 있다.

생각건대, 저 하늘에서의 4천세는 인간의 세월에 준하면 5만 7천 6백의 만년(576,000,000, 5억 7천 6백만년)이 되는데, 여기서 만으로써 머리를 삼았기에 그 수가 5만 7천 6백에 이르게 된 것이다. 이중에서 만약 천(千)의 만(萬)배를 억(億)으로 한다면, 곧 57억 6백 만세가 되므로『잡심론』의 글에 해당된다. 만약 만(萬)의 만(萬)배를 억(億)으로 한다면, 곧 5억 7천 6백 만세가 되므로『정의경』의 설에 가까운데, 76만세라고 한 것은 계산의 단위가 잘못된 것뿐이니, 7천이 7십이 되고, 6백이 6으로 된 것이다. 그 밖에 3경에서 모두 5십여억 등이라고 말한 것은 각각 천(千)의 만(萬)배를 억(億)의 수로 삼았기 때문이요, 번역하는 이에 따라서 잘못 증감이 있었을 것이다.(한불전1, 550중)[46]

이 글에서, 원효는 '제설이 대체로 모두 옳다'라고 한다. 왜냐하면, 원래 하늘세계의 수명 4천세를 인간세계의 수명으로 계산하면 '5억 7천 6백만년'이 되는데, 그것을 표현하는 과정에서 번역과 단위에 차이가 있었다는 것이다. 즉, 제1설·제3설·제4설은 번역을 잘못한 것이며, 제2설은 천(千)의 만(萬)배를 억(億) 단위로 사용하였고, 제5설은 만(萬)의 만(萬)배를 억(億) 단위로 사용하였다는 것이다.

여기에서, 원효가 하늘세계의 수명 4천세를 인간세계의 수명으로 정확하게 계산하는 과정을 살펴보면 다음과 같다. 즉, 도솔천에서의 1일이 염부제에서는 400년에 해당된다. 따라서, 도솔천에서의 1월(30일)은 염부제에서는 12,000년이 되고, 도솔천에서의 1년(12월)은 염부제에서는 144,000년이 된다. 그러므로 도솔천의 4,000년은 염부제에서 576,000,000년에 해당된다는 것이다.(한불전1, 550상~중)

한편, 이번 논점에 대해서 당시 다른 학자들의 생각을 잠시 살펴보면, 혜균은 제설의 주장을 단지 나열하기만 하였을 뿐 자신의 견해를 적극적으로 표명하지 아니하였다. 이 점에서 원효의 태도와는 매우 다르다고 할

---

46) "案云 彼天四千歲 准人間歲數 得五萬七千六百之萬年 此是以萬爲首 而數至於五萬七千六百 此中若依千萬爲億 即爲五十七億六百之萬歲 當於雜心之文 若依萬萬爲億之數 即爲五億七千六百之萬歲 近於定意經說 而言七十六萬歲者 算位誤取之耳 七千爲七十 六百爲六也 其餘三經 皆云五十餘億等者 並依千萬爲億之數 而隨翻譯之家 頗有增減之云耳."

수 있다.(대정장 38, 270중)

또한, 규기는 제설을 나열한 뒤에 자신의 견해를 적극적으로 표명하고 있기는 한데, 『잡심론』에 대해서는 논하지 않고 대신 『쌍권니원경』에 대해서 논하고 있다. 이 점에서 원효와는 약간의 차이를 보이고 있다.(대정장 38, 295상)

이번 논의에서 원효는 '1개의 기준'을 가지고 제설을 회통하고 있는 점이 눈에 띈다. 즉, 회통에 앞서서 여러 가지 확실한 사실들을 근거로 하여 '5억 7천 6백만년(576,000,000년)'이라는 움직일 수 없는 정답을 산출해 낸다. 그리고 이것을 근거로 제설을 회통하고 있다. 그런데, 원효의 이러한 회통방식은 비단 이번 논의에만 해당하는 것이 아니라, 그의 여러 저서에서 종종 발견되는 방식이다.

예컨대, 『열반종요』에서, '무엇이 성정불성(性淨佛性)인가?'에 관하여 논하는데, '자성이 청정한 진여의 불성'이라는 1개의 기준을 제시한다. 그리고 이것을 가지고 총6설을 회통한다. 즉, 한가지로 돌아오기에 '일승'이고, 12인연의 근본이기에 '인연'이며, 일체를 벗어났기에 '공'이고, 본각이 있기에 '지혜'이며, 진실하기에 '실의(實義)'이고, 스스로 비추기에 '아견(我見)'이라는 것이다.(한불전1, 544하~545상)

이상, 미륵의 탄생 '시간'과 관련한 5가지 논의들을 살펴보았다. 여기에 등장한 논의들을 하나하나 음미해 보면, 원효가 어떠한 마음으로 이러한 말들을 우리에게 하고 있는지 한가지 공통적으로 느껴지는 것이 있다. 그것은 바로, 그가 우리들의 마음속에 뿌리 깊게 자리 잡고 있는 집착, 무지, 오해 등을 풀어주기 위해서 부단히 노력하고 있다는 점이다.

어디에 묶여있지 않고 허심탄회하게 생각해 보면, 우리가 전륜성왕에 대해서 생각할 때, 그가 한 사람일 수도 있고, 계속 이어지는 사람들 중의 하나일 수도 있다. 또한, 어떤 수를 말할 때, 큰 수만을 들어서 대충 말할 수도 있고, 여러 수들을 모두 들어서 자세히 말할 수도 있다. 또한, 어느 기간을 말할 때, 어느 특정 기간만을 한정해서 말할 수도 있고, 전체의 기간을 포괄해서 말할 수도 있다.

원효는 서로 대립되어 논쟁하는 당사자들을 화해시키는 이 자리에서, 우리들의 마음속에 깊숙이 자리 잡고 있는 편협하고 완고한 마음을 들추어 낸다. 그리고 그러한 마음을 바탕으로 전개되는 각설의 소위 '입장'이라는 것으로부터 서로 간에 오해가 생기고 불신이 싹튼다는 점을 지적해 준다. 여기에서, 우리는 원효가 여러 저서에서 누누이 강조하는 화쟁의 정신을 보게 되는 듯하다.

3. 미륵의 수행

원효는 「제9 발심구근(發心久近)」과 「제10 증과전후(證果前後)」에서, 미륵보살의 '수행'의 과정에 대해서 논의하고 있다. 즉, 「제9 발심구근」에서는 미륵이 '발심한 시점'을 석가보살과 비교하여 논의하고 있고, 「제10 증과전후」에서는 미륵이 '성불한 시점'에 대해서 논의하고 있다. 아래에서는, 원효가 이 부분에서 남겨놓은 4개의 화쟁사례를 중심으로 살펴본다.

1) 발심한 시점

미륵이 본격적으로 수행을 시작하는 때인 '발심한 시점'과 관련하여 3가지 측면에서 논의를 이어가고 있다. 첫째, "미륵은 언제 발심하였는가?"에 대해서 논하는데, 제1설은 '석가보다 40겁 먼저 발심하였다'고 하고, 제2설은 '석가와 동시에 발심하였다'고 한다. 이에 대해서, 원효는 '양설이 모두 옳다'고 한다. 왜냐하면, '석가와 미륵은 모두 전생이 많았기' 때문이라는 것이다.(한불전1, 552상~중)

둘째, 경전에 따르면 미륵보다 석가는 9겁을 앞서서 성불하였다고 하는데, "여기서 말하는 겁은 대겁(大劫)인가? 소겁(小劫)인가?"에 대해서 논한다. 이 점에 관해서, 제1설은 '대겁'이라고 하고, 제2설은 '소겁'이라고 한다. 이러한 주장에 이어서 논란이 등장하는데, 제2설에서는, "만약 대겁이라면, 석가와 미륵은 같은 겁에서 성불하게 되는데, 어찌하여 석가가 9겁을 앞선다고 할 수 있는가?"라고 한다.

또한, 제1설에서는, "만약 소겁이라면, 석가는 미륵보다 1겁을 앞서서 탄생하는데, 어찌하여 9겁을 앞선다고 말할 수 있는가?"라고 한다. 이러한 양설의 논란에 대해서, 원효는 '제1설 대겁설이 옳다'고 선언한다. 왜냐하면, 상호(相好)의 업(業)을 닦는 데에는 100대겁을 지나야 이루어지는 것인데, 석가보살은 91대겁에 이미 수행을 완성하여 부처가 되었기 때문이라는 것이다.(한불전1, 552중)

한편, 이 논점은 엄격히 말하면, 수행과정에 관한 논의라기보다는 수행의 결과인 '성불'과 관련된 논의이므로, 「제9 발심구근」에서 논하는 것보다는 「제10 증과전후」에서 논하는 것이 더욱 적합할 것이라고 생각된다. 하지만, 이 논점은 내용상 다음에 이어지는 셋째 논점과 서로 연관이 되기 때문에, 원효는 '편의상' 「제9 발심구근」에서 논하고 있는 것으로 생각된다.

셋째, 만약 미륵보살보다 석가보살이 9겁을 앞서서 성불하였다고 한다면, "미륵보살은 석가보살보다 9겁 먼저 발심한 것인가?"에 대해서 논의한다. 이 점에 관해서, 제1설은 '미륵보살은 석가보살보다 9겁 먼저 발심하였다'고 하고, 제2설은 '미륵보살은 석가보살과 동시에 발심하였다'고 한다. 이러한 양설의 주장에 대해서, 원효는 다음과 같이 회통한다.

이 두 보살이 동시에 발심했다고 한 것은, 이것은 '확정되지 않은 마음'이다. 만약 '확정된 마음'으로 발심한 시기를 논한다면, 미륵보살이 발심한 지 9겁이 지난 뒤에 석가보살이 확정적인 마음으로 발심한 것이다. 그러므로 마땅히 9겁 뒤에 성도하여야 하지만, 지금 9겁을 초월하여 동일한 겁에서 성도하셨다는 것이다. 여기에서 저 최초의 발심을 하나로 묶어서 논하였기 때문에 동시에 발심했다고 말했을 따름이다. 이러한 도리로 말미암아, 서로 위배되지 않는다.(한불전1, 552중)[47]

---

47) "此二菩薩 同時所發 是不定心 若論決定發心之時 彌勒發心九劫已後 釋迦乃發決定之心 故應在後九劫成道 而今超九同在一劫 此論約彼最初發心 故言同時發心之耳 由是道理不相違背也."

이 글에서, 원효는 '양설이 모두 옳다'고 선언한다. 그리고 그 이유를 밝힘에 있어서, '확정된 마음'과 '확정되지 아니한 마음'이라고 하는 2가지 기준으로 접근하고 있다. 먼저, '확정된 마음'으로 논하면, 미륵보살과 석가보살이 지금 9겁을 초월하여 동일한 겁(대겁)에서 성도하였으므로, 마땅히 '미륵보살이 발심하고 나서 9겁 뒤에 석가보살이 발심을 하였다'고 말한 제1설이 옳다고 할 수 있다는 것이다.

다음, '확정되지 아니한 마음'이라는 기준으로 발심시기를 논한다면, '확정되지 아니한 마음'은 정확하게 말하기 매우 애매한 표현이기 때문에 미륵보살과 석가보살이 최초로 발심한 시기를 하나로 묶어서 논할 수 있게 된다. 그렇기 때문에, '미륵보살과 석가보살은 동시에 발심하였다'고 말한 제2설도 또한 옳게 말한 것이라고 볼 수도 있다는 것이다.

한편, 경흥은 원효와 거의 같은 취지로 말하고 있다. 즉, '확정되지 아니한 마음'으로 발심한 것이라면 미륵과 석가는 동시에 발심한 것이지만, '확정된 마음'으로 발심한 것이라면 미륵이 먼저 발심한 뒤에 석가가 발심한 것이라고 한다. 다만, 확정된 마음으로 발심한 경우에, '미륵의 발심은 석가의 발심보다 40겁을 앞섰다'고 추가로 지적한 점은 약간의 차이라고 할 수 있을 것이다.(『대정장』 38, 308중)

생각건대, 이번 논의에서는 원효가 '2개의 기준'으로 회통을 시도한 점이 눈에 띈다. 원효는 회통에 앞서서 '확정된 마음으로 발심한 것'이라는 기준과 '확정되지 아니한 마음으로 발심한 것'이라는 기준을 제시하고, 이것을 바탕으로 양설을 회통하고 있다. 그런데, 원효의 이러한 회통방식은 이번 논의에만 해당하는 것이 아니라, 그의 다른 저서에서도 종종 발견되는 방식이라고 할 수 있다.

'2개의 기준'으로 회통한 예를 한가지 들어보면,『법화종요』「묘용(妙用)」에서 '삼승이 방편인가, 이승이 방편인가?'에 관하여 논하는데, 원효는 '별교삼승'과 '통교삼승'이라는 2개의 기준을 바탕으로 양설을 회통한다. 즉, 별교삼승의 입장에서 보면 삼승이 방편이 되므로 삼승설이 옳고, 통교삼승의 입장에서 보면 이승이 방편이 되므로 이승설이 옳다는 것이

다.(『법화종요』, 『한불전』 1, 491하)

2) 성불한 시점

원효는 「제10 증과전후」에서, 미륵이 수행을 완성하여 '성불한 시점'과 관련하여 논의하고 있다. 즉, "미륵과 석가가 성불한 시점은 언제인가?"라는 논점에 대해서 양설이 대립하고 있다. 제1설은 『인과경』과 『범망경』에 따라서, '석가는 현겁에 성불하였다'고 하고, 제2설은 『십주단결경(十住斷結經)』과 『법화경』에 따라서, '미륵과 석가는 오래 전에 성불하였다'고 한다.

즉, 제1설의 입장은, 석가의 경우에, 『인과경』에서, "선혜보살이 공덕과 수행을 원만하게 이루어 과위(果位)가 십지에 오르고 일생보처가 되어 ……"라고 하였고, 『범망경』에서, "나 노사나가 …… 한 나라에 한 분의 석가가 각각 보리수에 앉아 일시에 성도하였다"는 것을 근거로 주장한다. 미륵의 경우는 생략되었지만, 문맥상 '미륵도 현겁에 성불한다'는 것을 충분히 짐작할 수 있다.(한불전1, 552중~하)

제2설의 입장은, 『십주단결경』에서 석가모니께서, "자씨(慈氏)가 쌓은 수행은 항사수의 겁에 이르고 먼저 한 서원 때문에 정등각(等正覺)을 이루었는데, 내가 처음으로 행을 닦은 것은 그 뒤였다"라고 한 것과 『법화경』 「수량품」에서, "내가 실제로 성불한 이후 무량·무변한 백천만억 나유타겁이 되었다"고 한 것을 근거로 주장한다.(한불전1, 552중~하) 이러한 양설에 대해서, 원효는 다음과 같이 회통한다.

이로 미루어 생각해 보건대, 석가의 성불은 오래이기도 하고 가깝기도 하며 미륵의 성불도 또한 그러하다. '진실로 많은 근본적인 행위로 말미암아 공통적으로 한결같이 자취를 드리워 보이기' 때문이다. 서로 다른 말을 하게 된 원인에는 모두 진실하지 않은 것이 없으니, 이러한 도리로 말미암아 서로 어긋나지 아니한다.(한불전1, 552하)[48]

---

48) "案此而言 釋迦證果 有久有近 彌勒成道 例亦應爾 良由多本 共垂一迹 所以異言 莫不皆實 由是道理 不相違也."

이 글에서, 원효는 '양설이 모두 옳다'고 한다. 왜냐하면, '진실로 많은 근본적인 행위로 말미암아 공통적으로 한결같이 자취를 드리워 보이기 때문에', 제1설의 주장과 같이, 석가보살과 미륵보살이 현겁에 성불하였거나 성불할 것이라는 말씀도 옳다고 할 수 있고, 제2설의 주장과 같이 석가와 미륵이 이미 오래전에 수행을 완성하여 성불하였다는 말씀도 옳다고 할 수 있다는 것이다.

생각건대, 이번 논의에서는 원효가 판단근거로 내세운, '진실로 많은 근본적인 행위로 말미암아 공통적으로 한결같이 자취를 드리워 보인다'라는 말에 주목하지 않을 수 없다. 이 말씀은 구체적으로 무엇을 나타내는 것일까? 제1설과 제2설을 주장한 사람들이나, 이 논의의 진행과정을 지켜보는 보통사람에게는, 참으로 이해하기 어려운 말씀이 아닐 수 없다.

그런데, 사실 우리 같은 보통사람들이 제대로 이해하지 못한 것은, 비단 이와 같은 경우만이 아니라고 할 수 있다. 우리들은 경전에 평범한 문자로 적혀있는 말씀조차도 그 깊고 정확한 의미를 알기 어려운 것이 사실이다. 그렇기에, 『인과경』과 『법화경』 등에 뚜렷하게 적혀 있음에도 불구하고, 석가와 미륵이 현겁에 성불하였는지 구겁에 성불하였는지 판단하지 못하고 서로 논쟁하고 있는 것이 아닐까?

원효는 자신의 전 저작을 통하여 서로 다른 견해를 화해하고자 노력하고 있다. 그러한 노력 중에는, 이번 경우와 같이, 보통사람들이 쉽게 이해하기 어려운 문구나 기준들도 포함되는 것을 볼 수 있다. 여기에서, 그가 자신의 체험을 통하여 얻게 된 지혜를 바탕으로 제설을 회통해 나아가는 이면에는, 보통사람들이 경전의 말씀을 제대로 이해하도록 하려는 의도가 있다는 것을 짐작케 한다.

4. 미륵의 교화

원효는 「제7 이세유무(二世有無)」와 「제8 삼회증감(三會增減)」에서, 부처가 된 미륵불과 관련하여 논의하고 있다. 즉, 「제7 이세유무」에서는 부처님

이 과거겁과 미래겁에도 계시는지 논의하고, 「제8 삼회증감」에서는 미륵
불께서 여신 법회가 3회에 불과한지 아니면 많은지에 대해서 논의하고
있다. 아래에서는, 원효가 이 부분에서 남겨놓은 2개의 화쟁사례를 중심으
로 살펴본다.

1) 부처의 존재

원효는 「제7 이세유무」에서, 미륵이 출세한 현겁(賢劫)에 1,000분의
부처가 출세한다는 것은 여러 경전에서 말씀하므로 의문이 없다고 한다.
참고로, 여기에서 말하는 '현겁'이란, 소겁(小劫)이 아니라 대겁(大劫)을
말하는데, 대겁 중에서 과거의 대겁을 장엄겁(莊嚴劫)이라고 하고, 현재의
대겁을 현겁(賢劫)이라고 하고, 미래의 대겁을 성숙겁(星宿劫)이라고 한
다.49)

문제는, "과거겁과 미래겁에도 1,000분의 부처가 계신가?"라는 점에
대해서는, 학설이 일치되지 않는다고 한다. 이 점에 대해서 양설이 있는데,
제1설은, 『관약왕약상경』에 따라서, '1,000분의 부처가 계신다'고 주장하
고, 제2설은, 『대지도론』과 『현겁경』에 따르면, '1,000분의 부처님이 계시
지 아니한다'고 주장한다는 것이다.(한불전1, 551중)

실제로, 『관약왕약상경』에서는, 석가모니께서 옛날에 3,000명을 교화하
였는데, 그 중에 1,000명은 과거겁에 부처님이 되었고, 다음 1,000명은
현재겁에 부처님이 되고, 나머지 1,000명은 미래겁에 부처님이 될 것이라고
한다. 한편, 『대지도론』에서는, 과거에 3분의 부처님이 계셨다고 하고,
『현겁경』에서는, 미래에 1분의 부처님이 계실 것이라고 한다. 이러한
주장에 대해서 원효는 다음과 같이 회통한다.

---

49) 賢劫은 跋陀劫, 波陀劫이라고 음역되고, 賢時分, 善時分이라고 의역된다. 사람의
   수명이 8만4천세부터 1백년을 지날 때마다 1歲씩 감소하여 10세에 이르고, 다시
   1백년마다 1세씩 증가하여 8만4천세에 이르기까지를 小劫이라고 한다. 이런
   식으로 20회씩 4번하여 成·住·壞·空하는 것을 大劫이라고 한다. 그런데, 이 대겁
   중에서 과거의 것을 莊嚴劫이라고 하고, 현재의 것을 賢劫이라고 하고, 미래의
   것을 星宿劫이라고 한다.

해석하여 이른다. 있다는 설과 없다는 설은 모두 진실하고 허망하지
아니하다. 왜냐하면, '각자 근기에 따라서 보고 듣는 것'이기 때문이고,
있다거나 없다거나 하는 것도 딱히 정해진 것은 아니기 때문이다. 그러므
로 있다고 말하거나 없다고 말하여도 서로 방해되지 아니한다.(한불전1,
551하)[50]

이 글에서, 원효는 '양설은 모두 옳다'고 한다. 왜냐하면, 각설이 주장할
때 근거로 내세우는『관약왕약상경』,『현겁경』,『대지도론』에 적힌 내용이
라는 것이, 사실은 절대적인 것이 아니고 그것을 작성하는 사람의 근기에
따라서 보고 듣는 바를 기록한 것에 불과하다는 것이다. 그리고 그렇기
때문에, 과거겁과 미래겁에 1,000불이 '있다'거나 '없다'거나 하는 말도
딱히 고정된 것이 될 수 없다는 것이다.

생각건대, '경론의 내용은 근기를 따라 보고 듣는 바가 다르다'라는
말은 원효가 경론들에 대해서 가지고 있는 근본적인 태도를 알려주는
듯하다. 원효가 제설을 회통할 때 그 근거로 경론을 제시하는 경우를
종종 볼 수 있는데, 어떤 때에는 그대로 제시하기도 하지만 대부분 그
내용을 나름대로 해석한 후에 이것을 회통근거로 삼는 경우가 많다. 이때
에, 원효의 마음속에 이러한 태도가 있었던 것이다.

만약, 그러한 태도를 바탕으로 이번 논의에 접근하게 되면, '1,000불이
있다'는 설과 '1,000불이 없다'는 설은 절대적이지 않고 상대적이게 된다.
즉, 제1설에서 인용한『관약왕약상경』에서는 '과거겁, 현재겁, 미래겁'에
고루 관심을 두었기에 '1,000불이 있다'고 말한 것이고, 제2설에서 인용한
『대지도론』과『현겁경』에서는 '현재겁'에만 주로 관심을 두었기에 '1,000
불이 없다'고 말한 것에 불과하게 된다.

이처럼, 원효는 논쟁하고 있는 제설을 회통하는 데 있어서, '경론의
내용은 근기를 따라 보고 듣는 바가 다르다'는 상대적인 경론관을 가지고

---

50) "解云 有無二說 皆實不虛 所以然者 隨機見聞 有無不定 故說有無 皆不相妨."

임한 것을 볼 수 있다. 그는 이러한 경론관을 근거로 하여, 그 경론의 저자가 처한 '입장' 혹은 '의도'를 파악하고자 노력함으로써 경론의 진정한 의미를 추구하였던 것이다. 그리고 그러한 노력을 통하여, 논쟁의 당사자들을 진심으로 화해하도록 하였던 것이다.

2) 법회의 횟수

수행을 완성한 미륵보살은 이제 미륵부처님이 되어서 교화를 시작하게 된다. 그리고 교화를 위해서 법회를 열어서 제자들에게 법문을 하게 된다. 그런데, 이 점과 관련해서, 원효는 「제8 삼회증감」에서, "미륵이 개최한 법회는 모두 몇 회인가?"라는 주제를 가지고 논하고 있다. 이 점에 대해서, 제1설에서는 '미륵불은 많은 법회를 연다'고 하고, 제2설에서는 '미륵불은 3회의 법회만을 연다'고 한다.

제2설에서 말하는 '3회의 법회'에 대해서는 『보살처태경(菩薩處胎經)』에서 말하고 있는데, 거기에 의하면, 미륵불은 제1법회에 5계를 수지한 96억명에게 설법하고, 제2법회에 3귀례를 수지한 94억명에게 설법하며, 제3법회에는 한결같이 나무불(南無佛)을 일컫는 92억명에게 설법할 것이라고 한다.[51](한불전1, 552상) 이러한 양설에 대해서 원효는 다음과 같이 회통하고 있다.

> 살펴보아 이른다. 3회라는 것은 오직 소승의 제자를 제도하여, 모두 다 아라한과를 증득하게 하려고 한 것이기 때문이다. 만약 대승의 근기를 가진 사람이 무생인 등을 얻도록 하려는 것에 관하여 논한다면, 앞에 나오신 부처님에 의해서 교화되고 제도되지 않은 바가 없다고 할 것이기에, 법회를 3, 4회에만 한정할 것이 아니다.(한불전1, 552상)[52]

---

51) 『菩薩處胎經』에 의하면, 석가불은 제1법회에는 12명에게 설법하였고, 제2법회에는 24명에게 설법하였으며, 제3법회에는 36명에게 설법하였다고 한다.

52) "案云 三會唯度小乘弟子 以皆證得阿羅漢果故 若論大乘根性之人 令得無生忍等果者 無非先佛之所化度 故無限於三四會等."

이 글에서, 원효는 '양설이 모두 옳다'는 취지로 판정한다. 왜냐하면, 제2설에서 3회의 법회만을 연다고 한 것은 소승의 제자를 제도하여 아라한 과를 증득하려고 한 것이고, 제1설에서 많은 법회를 연다고 한 것은 대승의 제자를 제도하여 무생인을 얻도록 하려는 것이기 때문이라는 것이다. 결국, 양설은 각각 일정부분에 한하여 주장을 하고 있으므로, 일정부분에 한하여서는 모두 옳다는 것이다.

한편, 이 점에 대한 당시 학자들의 생각을 들어보면, 혜균은『관불삼매경』을 인용하여 과거7불께서 여신 법회수와 교화된 사람의 수를 기록하고 있다. 이 중에서 석가불께서 개최한 제1회 법회에 대해서는 의문을 표시하며, 아마도 녹야원에서 사성제를 말씀한 것이 아닌지 추정하였다. 그런 뒤, 미륵불께서 개최한 3회의 법회에 대해서는『보살처태경』을 인용하여 설명하고 있다.(대정장38, 267하~268상)53)

또한, 규기는 원효의 설에 좀 더 부연하여 설명하고 있다. 그러니까, 미륵불께서 개최한 3회의 법회에 대해서『보살처태경』을 인용하여 말한다. 즉, 5계를 수지한 96억명, 3귀의를 수지한 94억명, 칭불을 수지한 92억명에게 각각 설법한 것은 원효와 같다. 다만, 제1법회에 상품인을, 제2법회에 중품인을, 제3법회에 하품인을 대상으로 하였다고 덧붙인 점이 조금 다르다고 할 수 있다.(대정장 38, 298상)54)

---

53) "依觀佛三昧經明之 七佛佛三會度人不同 第一毘婆尸佛三會說法 初會說時度十六萬八千人 第二會時度十萬人 第三會時度八萬人也 第二尸棄佛 亦三會度人 初會時度十萬人 第二會時 度八萬人 第三會時度七萬人也 第三毘舍婆佛二會說法度人 初會時度七萬人 第二會時度六萬人也 第四呴樓孫佛 一會說法 度四萬人 第五拘那含牟尼佛 亦一會說法 度三萬人也 第七釋迦牟尼佛 亦一會說法 度千二百五十人也. …… 諸師云 此觀佛三昧經未知何時度千二百五十人 初度提謂婆梨人等 不見多人 爲五人說法 只見拘鄰等五人 若合諸天明之經自云八萬諸天悟道 故難解 又非是一會度人也 但是一坐異聞悟道 名千二百五十人也 又云優樓毘縲迦葉等三兄弟爲一千 舍利弗目連二人眷屬爲二百五十人 又云 身子弟子等 六百五十人 目連六百人 合一千二百五十人也 釋迦一會說法者偏就於鹿苑中爲說四諦法輪明之也. …… 如胎經 釋迦語彌勒偈言 汝生安樂國 亦不如我果苦 汝說法甚安 我說法甚難 初說九十六 二說九十四 三說九十二 我初說十二 二說三十六 汝所三說人 是吾先所化 九十六億人 受五戒者 九十四億 受持三戒者 九十二億人 一稱南無佛."

54) "初說九十六受我五戒者 次說九十四受持三歸者 後說九十二一稱南無佛 據實上品生修六

444

생각건대, 이번 논의에서 원효는 '소승제자를 위해서'와 '대승제자를 위해서'라는 명확한 기준으로 회통에 임하고 있다. 그 결과 양설은 비록 전체적으로 옳다고 할 수는 없지만 부분적으로 모두 옳게 된다. 마치, 원효가 『열반종요』에서 말한 코끼리의 이야기에서 맹인들이 각기 코끼리를 설명하는 것과 같이,[55] 양설은 각각 일면의 진실을 가지고 있는 까닭에 모두 옳다는 것과 같다.

또한, 비록 혜균과 규기가 원효처럼 제설의 회통에 초점을 두고 논의를 전개한 것은 아니지만, 내용상 원효의 글과 서로 영향을 주고받은 것을 볼 수 있다. 즉, 원효는 혜균의 설 중에서 『관불삼매경』에 관한 것은 석가불과 관련되므로 생략하고, 미륵불과 관련된 『보살처태경』을 중심으로 논의한 것으로 보인다. 또한, 규기는 원효의 논의에 상품인, 중품인, 하품인이라는 자신의 견해를 첨가한 것으로 추정된다.

事法 彼經唯言受我五戒 初會度者但擧行者修六中一 威儀不缺攝 上下品生唯一事故 受持三歸第二會度者中三品中中上品生 具三業故 一稱南無佛第三會度者下三品中下下品攝 唯口念故 彼經且擧三中各一 麤俗所修非具顯 故不相違也."

55) 원효는 『열반종요』에서 "불성의 본체는 무엇인가?"에 대해서 논하고 있는데, 이 점에 대해서 총6설의 서로 다른 주장이 등장한다. 이에 대해서 그는 『열반경』에 등장하는 코끼리이야기를 들어가며, "저 맹인들이 각기 코끼리를 설명하는 것과 같아서, 비록 실체는 얻지 못하였지만 코끼리를 설명하지 아니한 것은 아니다"라고 하여 제설을 회통하고 있다.(한불전1, 539상)

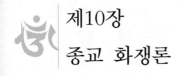

제10장
종교 화쟁론

　오늘날은 소위 '지구촌시대'이다. 교통과 통신의 발달로 인하여, 우리는 세계 각지의 문화와 문명이 서로 만나서 교류하는 시대에 살고 있다. 이러한 시대적인 흐름은 '종교' 분야에도 큰 영향을 미치게 되었으니, 불교, 기독교, 유교 등과 같은 기성종교는 물론이고 수많은 신생 종교와 사상들도 이제는 서로 다른 가르침을 만나서 교류를 하여야만 하게 되는 상황에 이르게 된 것이다.

　종교는 본래 절대적인 믿음을 바탕으로 하는 까닭에 각각의 종교는 어느 정도는 폐쇄적이고 배타적인 측면을 가지고 있다. 그리하여 인류의 역사를 되돌아보면, 종교와 종교가 서로 만나서 교류하게 되는 과정에서 항상 우호적인 관계만이 형성되는 것이 아니었다. 그보다는 서로가 서로를 배척하고 적대시하는 경우가 종종 일어나는 것을 적지 않게 보여주었다.

　갈등이 심한 경우에는 전쟁의 참화에까지 이르게 되는 것을 볼 수도 있다. 유태교, 기독교, 이슬람교간의 전쟁이 1,400년 이상 지속되었으며, 오늘날에도 중동을 비롯한 스리랑카, 인도, 인도네시아, 파키스탄 등지에서 종교전쟁이 계속되고 있다. 특히, 2001년 9월 11일에 미국 뉴욕에서 발생한 '세계무역센터 테러사건'은 종교문명간 갈등의 심각성을 환기시켜

주고 있다.

이러한 때에, 우리는 종교간의 만남이 과연 바람직하게 이루어지고
있는지에 관심을 가지지 않을 수 없다. 본장은, 바로 이러한 문제에 대해서,
1,300년 전 우리나라에서 살았던 '원효'에게서 그 대답을 들어보고자 한다.
그는 위대한 사상가이었을 뿐만 아니라, 그가 살았던 시대의 정치적,
종교적인 환경이 오늘날의 한반도와 유사하다는 점에서, 이러한 시도를
더욱 의미 있게 하는 것 같다.

그런데, 막연히 '원효사상'이라고 하면, 구체적으로 무엇을 말하는지
매우 애매하다. 원효가 논하는 주제가 거의 대부분의 대승불교사상을
담고 있기 때문이다. 그리하여, 여기에서는 원효사상 중에서도 그의 가장
특징적인 사상이라고 할 수 있는 '화쟁사상'에 주로 의지하고자 한다.
화쟁사상은, 부분과 전체를 동시에 아우르고, 종교간의 공존과 평화에
가장 적합한 사상이라고 생각되기 때문이다.

본장에서 우리는 원효의 의견을 듣기 위해서 오늘날까지 전해오는
그분의 저서 내용을 주로 검토하였다. 그는 여러 저서에서 이 점에 대한
자신의 견해를 내비치고 있는데, 특히, 『대혜도경종요』와 『법화종요』에서
는 이와 관련된 의견을 분명하게 적어놓았다. 필자는 여기에 적힌 내용을
이해하기 위해서 지금까지의 연구성과들과 본장의 주제와 관련된 선행연
구들도 함께 참고하였다.

제1절 종교만남의 문제

종교화쟁론에 대해서 본격적으로 살펴보기 위해서 반드시 점검해야
할 사항이 2가지가 있다. 첫째는, 이 지구상에 존재하는 수많은 종교들에
대해서 이 글을 쓰는 필자는 어떠한 시각을 가지고 있는지에 대해서
밝히는 것이다. 앞으로 이 글을 읽는 독자들을 안내하는 데 있어서, 필자가
어떻게 지구상의 다양한 종교들을 인식하고 분류하고 있는지를 간략하나

마 보여줄 필요가 있다고 생각한다.

둘째는, 오늘날 다양한 종교가 만나서 발생하는 여러 가지 현상들에 대해서 소위 '비교종교학'이라는 학문에서는 어떠한 논의를 하고 있는가를 개괄하는 것이다. 이러한 비교종교학과 관련된 논의에는 종교적 배타주의, 종교적 포괄주의, 종교적 다원주의 등이 있는데, 원효가 바라보는 종교상의 갈등해소 문제를 논하기에 앞서 이들에 대해서 잠시 언급하는 것이 좋을 듯하다.

1. 다양한 종교

오늘날 세계에는 다양한 종교가 분포되어 있다. 이 다양한 종교들에 대해서, 그 종교를 신봉하는 인구수에 따른 통계를 잠시 살펴보는 것도 흥미가 있을 것 같다. 미국의 여론조사기관인 '퓨 리서치센터(The Pew Research Center)가 2012년에 발표한 『세계 종교 경관(The Global Religious Landscape)』에 따르면, 세계 인구 69억 명 중에서 84%인 56억 명이 종교생활을 하고 있다.[1]

① 기독교(Christians)를 신봉하는 인구수는 총 22억 명(31.5%)이고,[2] ② 이슬람교(Muslims)는 총 16억 명(23.2%)이며, ③ 종교가 없는 무종교(Unaffiliated)는 총 11억 명(16.3%)이고, ④ 힌두교(Hindus)는 총 10억 명(15.0%)이며, ⑤ 불교(Buddhism)는 총 5억 5천만 명(7.1%)이고, ⑥ 민족종교(Folk Religionists)는 총 4억 명(5.9%)이며, ⑦ 기타 종교(Other Religions)는 약 6천만 명(1%)를 차지한다.

이렇듯 다양한 종교에 대해서, 많은 학자들은 나름대로의 기준으로 분류하여 왔다. 필자는 이들 종교들에 대해서 일반적인 분류와는 조금

---

1) 이 통계는 2010년 전 세계의 6개 대륙에서 232개 나라를 대상으로 조사하여 정리한 통계 결과물이다. http://www.pewforum.org/2012/12/18/global-religous-landscape-exec/ 참고.
2) 여기에서 말하는 기독교에는 가톨릭, 정교회, 개신교를 포함하여 말한 것이다.

다르게 분류하고 있기에, 여기에서 잠시 소개하고자 한다. 분류기준을 먼저 말하면, 이성(理性), 의성(意性), 감성(感性)으로 인간의 본성을 분류하는 견해가 있는데, 이 견해를 종교에 적용하여, 이성적 종교, 의성적 종교, 감성적 종교로 분류하는 것이다.

1) 이성적 종교

이성적(理性的)인 종교의 대표로 '불교'를 들 수 있지 않을까 싶다. 불교는 인도라는 지역을 배경으로 발생하였다. 인도대륙은 대체로 연중 무더운 기후이기는 하지만, 그 더위가 찜통더위가 아니고 불볕더위이어서 동굴 속이나 숲속의 그늘에 앉아 있으면 사색하기에 적당한 지리적인 환경을 가지고 있다. 이러한 지역적인 배경을 바탕으로 사색적인 경향의 종교가 탄생한 것은 아닌가 생각한다.

불교에서 신앙의 대상은 초기불교에서는 '석가모니'이고, 대승불교에서는 '진리를 깨달은 분'이고, 비밀불교에서는 모든 존재의 대표자인 '대일여래'이다. 그런데 이 분들은 모두 객관적으로 존재한다고 하는 '진리(dharma, 法)' 자체이거나 그 진리를 깨달은 분들이어서, 불교에서는 연기법(緣起法, pratītya-samut-pāda)이라는 진리가 각별한 의미를 가지고 있다.

또한, 불교(Buddhism)라는 이름은 개조인 석가모니 부처님(Buddha)에서 온 이름인데, 여기에서 붓다(buddha)라는 말은 '진리를 깨달은 사람'을 가리키는 일반명사이다. 이처럼 불교에서는 '깨닫다', '알다', '인식(認識)하다' 등의 단어가 더욱 중요한 의미가 있음을 알 수 있다. 불교에서는 단지 '진리를 보고 이해하였다'는 사실 하나만으로 부처님으로 존중받을 수 있다.

한편, '인식'이라는 것은 이 세상의 모든 존재를 구분하는 기준이 되기도 한다. 즉, 눈[眼根], 귀[耳根] 등의 6가지 '인식기관'과 형상[色境], 소리[聲境] 등의 6가지 '인식대상'을 나누어서 12처(處)를 말씀하시고, 여기에 눈알음알이[眼識], 귀알음알이[耳識] 등 6가지 '인식작용'을 추가하여 18계(界)를 말씀하시며, 나아가 인식작용을 표상[想]·의지[行]·인식[識]으로 세분하여

5온을 말씀하셨다.

이러한 불교는 역사적·지리적으로 몇 가지 흐름으로 구분할 수 있다. 제1류는 '초기불교'이다. 이는 인도의 전통사상과 혁신사상을 배경으로 하여, 기원전 약 500년경에 인도 동북부에서 석가모니 부처님에 의해서 발생하였다. 성립된 초기불교는 인도 안에서는 근본불교, 원시불교, 부파불교로 발전하였고, 인도 밖으로는 스리랑카, 미얀마, 태국 등 남아시아방면으로 전파되어 오늘날에 이르고 있다.

제2류는 '대승불교'이다. 기원전 2~3세기부터 새로운 불교와 쉬운 불교를 바라는 불교운동이 시작되었는데, 이러한 민중들의 염원을 배경으로 해서 기원 전후에 대승불교가 발생하였다. 성립된 대승불교는 인도 안에서는 초기대승불교, 중기대승불교, 후기대승불교 순서로 발전하였으며, 인도 밖으로는 중국, 한국, 일본 등 동아시아방면으로 전파되어 오늘날에 이르고 있다.

제3류는 '비밀불교'이다. 기원후 3~4세기부터 굽타왕조에서는 힌두교 중심의 정책이 이루어졌는데, 이에 자극을 받아서 또 다시 새로운 불교와 쉬운 불교를 원하는 운동이 전개되었다. 이를 계기로 성립된 비밀불교는 이후에 인도 안에서는 초기비밀불교, 중기비밀불교, 후기비밀불교 순서로 발전하였으며, 인도 밖으로는 네팔, 티베트, 몽고 등 북아시아방면으로 전파되어 오늘날에 이르고 있다.

2) 의성적 종교

의성적(意性的)인 종교에는 주로 유일신을 숭배하는 종교로서, 유대교, 기독교, 이슬람교 등을 들 수 있다. 이들은 모두 사막, 초원, 고원 등으로 이루어진 중동(Middle East)에서 발생하였다. 이 지역은 정착생활이 어려워 옛날부터 유목민이 많았는데, 집단을 통솔하는 지도자의 역할이 특히 중요하였다. 이러한 지역적인 배경을 바탕으로 실천적인 경향의 종교가 탄생한 것은 아닌가 생각한다.

종교사적으로 보면, '유일신'이란 개념은 오늘날 이스라엘 부근에서 발생한 유대교에서 먼저 성립하였다. 유대교와 기독교에서 공통적으로 말하는 야훼(YHWH)와 이슬람교에서 말하는 알라(Allāh)는 모두 유일신으로, 이들의 명칭은 다르지만 기본적으로 '창조주', '구원자', '구속의 주' 등과 같은 의미를 가진다는 점에서 종교사적으로 보면 유사한 속성을 가진다고 볼 수 있다.

유일신을 신봉하는 종교는 오늘날 세계에서 가장 많은 신도수를 가지며 번성하고 있다. 유대교는 일반적으로 고대 이스라엘의 종교를 말하는데, 다윗과 모세와 같은 선지자가 있었다. 기독교는 '하느님 나라'에 대해서 주로 말씀한 예수에 의해서 성립되었다. 또한, 이슬람교는 무하마드(Muhamad, 570?~632)가 메카에서 포교를 시작한 이래 아랍세계를 중심으로 성립되었다.

유일신 종교에 있어서 '율법'은 매우 중요한 위치를 차지하고 있다. 율법이란, 본래 메소포타미아 지역에서 성행하던 '계약'이라는 경제적·사회적 통념을 유대인들이 '신과 인간의 관계'로 재설정한 것이다. 율법의 자세한 내용은 구약성경의 모세오경에 해당하는 창세기, 출애굽기, 레위기, 민수기, 신명기에 자세히 나와 있다. 이 모세오경은 유대교, 기독교, 이슬람교의 율법에 있어서 중요한 토대가 되고 있다.

이와 같은 유일신 종교는, 오늘날 역사적·문화적으로 뚜렷하게 독립된 종교를 형성하여 각자 발전하고 있다. 먼저, '유대교'는 일반적으로 고대 이스라엘의 종교인 '성서 유대교(Biblical Judaism)'에서 시작되었다. 이후 유대교는 기독교의 등장으로 자극을 받아서 전통 수호를 위한 경전 해석 운동을 하였는데, 이것이 오늘날 말하는 '랍비 유대교(Rabbinic Judaism)'이다.

다음, '기독교'는 예수의 제자 바울(사울)이 로마문화에 알맞게 전도하면서 본격화되었는데, 지금까지 3차례 중대한 분열이 있었다. 제1차 분열은 니케아 공의회(325년) 이후 200여년 동안 서방교회와 동방교회로 분열한 것이고, 제2차 분열은 1054년에 서방교회가 로마가톨릭과 정교회로 분열한 것이며, 제3차 분열은 1517년 종교개혁의 시작으로 로마가톨릭이 로마가톨릭과 개신교로 분열한 것이다.

또한, '이슬람교'는 무하마드에 의해서 시작된 이후에 급격한 전도가 이루어졌는데, 오늘날에도 매우 번성하고 있다. 이슬람교의 분파로 가장 의미 있는 것은 다수파인 순니(suni)파와 이란을 중심으로 하는 소수파인 시아(shi'a)파의 분열이다. 제4대 칼리프인 알리(Alī, 598~661)는 무하마드의 사촌이자 사위였는데, 그가 암살당하자 알리의 추종세력[시아파]이 기존 세력[순니파]에 등을 돌림으로써 분열한 것이다.

3) 감성적 종교

감성적(感性的)인 종교의 대표로 '유교'를 들 수 있지 않을까 싶다. 유교가 분포된 지역은 중국, 한국, 일본, 베트남 등인데, 이 지역은 주로 농사를 짓고 정착생활을 하는 문화권이다. 이 지역에서는 농사를 짓기에 필요한 기후[天]의 조건과 땅[地]의 조건이 함께 조화를 이루어야 하는 것이 중요한 의미를 갖는 지역이다. 이러한 지역적인 배경을 바탕으로 체험적인 경향의 종교가 탄생한 것은 아닌가 생각한다.

유교 형성의 연원은 공자 이전으로 소급된다. 기원전 2,000년경 은(殷)나라에서는 신앙의 대상으로 '상제(上帝)'가 있었다. 상제는 초월적이고 절대적인 존재로서 만물을 주재하고 길흉화복을 점지해 인간으로 하여금 모든 시책을 결단하게 하는 궁극적 근원이었다. 갑골복사(甲骨卜辭)에 보이듯이 인간은 상제에 대해 수직적 절대 복종의 관계에 있었기 때문에 모든 중요한 일은 점복(占卜)에 의해 결정되었다.

주대(周代)에서는 '천(天)'의 등장과 함께 인간을 중심으로 지상의 사회 현실을 중시하는 경향이 나타났다. 이제 절대적 주재자가 '상제'에서 '천'으로 바뀌어감에 따라 관념적이고 무형적 존재의 실체와 권위에 대한 회의가 나타났다. 천은 인간의 의지를 넘어서 그 뜻을 행하는 궁극적 존재라고 생각되었다. 인간은 천의 뜻에 따를 뿐이라는 천명사상(天命思想)이 도덕성과 역사의식의 근거가 되었다.

춘추시대 말기에 이르러 공자(孔子, BC. 551~479)는 이러한 사상을 집대성하였는데, 이로 인하여 '유교'가 성립되었다. 공자는 '상제'에 대한 관념은 '천' 속에 수렴되고, 그것은 다시 '인격' 속에 내재되어 인간의 실질적 태도와 삶 자체가 중요하다고 파악하였다. 즉, '하늘의 문제'를 '인간의 삶의 행태 속에 수렴'시킴으로써 인간 행위를 떠난 상념의 세계를 별도로 건설하지 않았던 것이다.

이렇게 성립된 유교는 시간의 흐름에 따라서 3가지 흐름을 보여준다. 제1기는 춘추시대 말기부터 당대에 이르기까지의 훈고학(訓詁學)을 말하는데, 핵심사상은 자신을 수양하고[修己] 천하를 이상적으로 다스리는 것[治人]이라고 할 수 있다. 이때, 맹자(孟子, BC. 372?~289)와 순자(荀子, BC. 298?~238?) 등이 공자의 사상을 계승·발전하였고, 공영달(孔穎達, 574~648) 등이 유교의 경전을 주석하고 정비하였다.

제2기는 송대부터 명대에 이르기까지의 성리학(性理學)과 양명학(陽明學)을 말하는데, 수기와 치인 중에서 '수기(修己)'를 철학적으로 발전시킨 시기이다. 한대에 들어온 불교가 위진남북조시대와 수·당대에 중국사상계를 풍미하였는데, 송대에 들어와서는 주희(朱熹, 1130~1200) 등이 불교의 사상을 유교의 입장에서 받아들여서 이기론(理氣論)과 같이 형이상학적인 방향으로 유학을 전개하였던 것이다.

제3기는 청대에 등장한 고증학(考證學)을 말하는데, 수기와 치인 중에서 '치인(治人)'에 중점을 둔 새로운 유학이 등장한 시기이다. 송대의 성리학과 명대의 양명학은 송명이학(宋明理學)이라고도 부르는데, 이들은 인간의 심성을 밝혀서 내적인 수양을 위하는 학문이라고 할 수 있다. 고증학은 이러한 경향에 대한 반작용으로, 외적인 치인을 위하여 여러 실제적인 학문을 하는 유학이라고 할 수 있다.

2. 비교 종교학

앞에서 말한 세계의 다양한 종교들은 원래 해당 지역의 물리적인 환경과 문화적인 배경 아래에서 탄생하고 성장한다. 이러한 종교들은 한동안 각자 지역을 중심으로 활동하다가 서서히 활동범위를 넓혀감에 따라서 다른 종교와 만나게 된다. 이러한 종교간의 만남으로 급기야 다양한 문제가 발생하게 되는데, 이러한 현상은 특히 현대에 다가가면서 급격하게 빈도가 늘어나고 강도가 세진다고 말할 수 있다.

종교와 종교의 만남이라는 주제에 대해서, 본격적으로 논의를 시작한 것은 '기독교문명권'을 중심으로 하는 서양의 비교종교학자들이라고 할 수 있다. 그들은 18~19세기에 제국주의와 더불어 활성화된 해외에서 포교 활동의 일환으로 비교종교학을 논하였으며, 이후에 국제환경 변화에 따라서 새로운 학설들이 등장하게 된 것이다. 여기에서는 그들의 학설을 간략하게 개관하고자 한다.

1) 종교적 배타주의

18~19세기 당시 유럽 열강은 전 세계에 걸쳐 식민통치를 하고 있었다. 유럽 교회는 이에 발맞추어 식민지 주민들에게 기독교의 가르침을 전파했다. 그리하여, 유럽대륙과 지중해 연안 일부 지역에 한정되어 있던 기독교가 전 세계로 전파될 수 있었던 것이다. 지역에 따라서는 그러한 노력의 결실이 많지 않은 지역도 있었지만, 선교사들은 헌신적으로 포교활동을 펼쳤다.

이 시기 서양의 비교종교학은 처음부터 기독교가 최선의 종교임을 증명하려는 경향을 보였다. 그들의 연구목적은 비교 대상이 된 종교들 중 어느 종교가 우월한가에 초점이 맞추어져 있었는데, 그 답은 이미 정해져 있었다. 당연히 연구자 자신이 속한 기독교가 다른 종교보다 우월하다는 것이었다. 이렇듯 연구의 저변에는 흔히 정치적, 신학적 동기가 깔려 있었고, 이는 당시의 사회진화론과 맥을 함께하는 것이었다.

비교종교학에서는 그 당시의 흐름을 '종교적 절대주의'라고 하는데, 앨런 레이스(Alan Race)는 '종교적 배타주의(Religious Exclusivism)'라고 불렀다. 이 절대주의는 어느 한 종교만 참되고, 모든 다른 종교는 그릇된 종교이거나 기껏해야 구원을 향한 인간적인 노력의 산물에 불과하다는 것이다. 기독교에 대해서 말한다면, 그리스도교만이 참 종교라고 믿는 그리스도교 절대주의(christian absolutism)가 된다.

사실, 이를 주창한 학자들이 대부분 기독교 전통에 속해 있었으므로, 종교적 절대주의는 흔히 기독교 절대주의를 의미한다고 할 수 있다. 이는 가톨릭을 포함하여, 전통적인 기독교 교회의 신조로서, 바르트(Karl Bart), 크래머(Hendrik Kraemer), 브룬너(Emil Brunner)와 같은 개신교 신학자들의 주장이 여기에 속한다. 한국의 보수적인 개신교 교단도 대부분 이 입장을 취하고 있다.

그리스도 중심의 배타주의는 구원이 예수에 대한 명시적 신앙 안에만 있다거나 교회 울타리 안에만 구원이 있다는 주장이어서, 그들의 입장에서 보면 긍정적인 측면도 없지 않다고 할 수 있다. 즉, 성경의 문자적 증언과 일치한다는 점, 그리스도 신앙의 유일성과 절대성을 확립시키는 데 유효하다는 점, 그리고 선교의 열정을 강조하고 협조할 수 있다는 점 등이 긍정적인 측면이라고 말한다.

그러나 배타주의는 한계점도 적지 않다. 은총의 종교로서의 기독교를 강조하지만 기독교가 아니면서도 은총의 종교인 경우에는 그 교리에 대해 설명할 방법이 없다. 또한 그리스도 밖에 있는 많은 선한 것에 대해 긍정적이고 바른 평가를 할 수 없다는 것도 문제이다. 이처럼, 절대주의(배타주의)는 종교간의 만남이 초기일 때 등장한 이론으로서 오늘날에는 주장하기가 쉽지 않을 것으로 생각된다.

2) 종교적 포괄주의

종교적 배타주의보다는 완화된 입장으로 종교적 포괄주의(Religious Inclusivism)가 있는데, 이는 자신의 종교에 이미 다른 종교의 진리도 포괄되어 있다는 입장이다. 종교적 포괄주의는 2가지 상반된 측면을 가지고 있는데, 자기 종교의 궁극성과 최종적 구원 논리를 버리지 않는다는 점에서는 배타주의와 같으나, 타종교를 이해하려는 관용적 태도를 지닌다는 점에서 배타주의와 다르다.

먼저, 배타주의와 같은 요소에 대해서 말하면, 종교적 포괄주의에는 여전히 자기 종교의 우월성과 구원의 궁극성을 말하고 있는 점을 들 수 있다. 즉, 자기 우위의 입장에서 타종교의 가치를 인정하는 우월적인 요소와 자기 종교의 궁극성과 최종적 구원논리를 고수하는 배타적인 요소도 가지고 있다.[3] 그리하여, "타종교에도 구원은 있으나 궁극적으로는 그 구원이 예수 그리스도를 통해 성취된다"고 말한다.

또한, 배타주의와 다른 요소에 대해서 말하면, 종교적 포괄주의에는 타종교의 진리성과 구원가능성을 일부 인정하는 점을 들 수 있다. 다른 종교의 가치를 배척하지 않고 어느 정도 인정하면서, 동시에 자신의 종교 속으로 다른 종교를 끌어들여 이해하려는 관용적인 태도를 보이고 있다. 그리하여, "타종교 속에 있는 진리는 본래 기독교 안에 있던 것이다"는 식의 사고방식을 가지고 있다.

이와 같은 종교적 포괄주의의 견해를 가지고 있는 대표적인 학자로 칼 라너(Karl Rahner)를 들 수 있다. 그는 하나님이 기독교인뿐만 아니라 만민을 구원하려는 보편적 의지를 가지고 계시고 사랑과 긍휼로 사람을 만나셨다고 말한다. 그리하여, 그리스도의 은총에 의해서 살아가고 있다면, 비록 명시적으로 그리스도를 알지 못할지라도 '익명의 그리스도인(anonymous christian)'이라고 할 수 있다고 주장한다.

로마가톨릭 교회가 제2차 바티칸 공의회(1962~1965)를 통해 천명한 새로운 공식 입장도 포괄주의의 범주에 속한다고 할 수 있다. 2천년을 이어온 교회사의 차원에서 볼 때, 극히 최근에 있었던 이러한 움직임은 비기독교에 대한 기독교 교회의 입장이 '적어도' 공식적인 차원에서는

---

3) 金容彪, 「불교의 관점에서 본 종교간의 갈등 문제」, 『釋林』 36(서울 : 동국대학교 석림회, 2002), p.128.

절대적인 기존의 배타주의 입장에서 절충적인 포괄주의 입장으로 선회했음을 말해 준다.

이와 같은 종교적 포괄주의에 대한 평가는 어떠한가? 대체로 긍정과 부정이 팽팽히 맞서는 듯하다. 부정적인 평가로는, 여전히 그리스도 중심적인 구원론의 한계 안에 갇혀 있다고 보는 견해를 들 수 있다. 그리고 긍정적인 평가로는, 종교가 처음부터 가지고 있는 배타적인 측면을 고려해 본다면, 포괄주의에서 말하는 태도가 다른 종교를 대하는 가장 적절한 태도라고 보는 견해를 들 수 있다.

3) 종교적 다원주의

20세기 들어와서 식민지들이 하나 둘 독립하면서 제국주의적인 선교정책도 위기를 맞게 되었다. 이즈음 일부 선교사들은 다른 종교를 인정하고 그들과 대화를 해야 한다고 하였다. 이러한 움직임은 이미 서유럽을 중심으로 전개되었던 계몽주의 사상과 맞물려 있었다. 계몽주의의 영향으로, 힌두교, 불교, 유교 등 동양종교의 경전번역 및 연구와 더불어 여러 종교를 비교 연구하는 학자들이 나오게 되었던 것이다.

이러한 변화는 기독교의 전통만을 고집하지 않고 다양한 종교전통에 대한 이해와 관용의 정신을 낳았다. 예를 들면, 19세기 독일 종교사학자인 에른스트 트뢸취(Ernst Tröltsch, 1865~1923)는 모든 종교가 상대적이므로 어느 종교가 다른 종교보다 우월하다는 주장은 옳지 않다고 했다. 기독교가 기독교인에게 훌륭한 종교인 것처럼, 다른 종교인에게는 다른 종교가 훌륭한 종교라는 것이다.

이리하여 비교종교학에서 말하는 '종교적 다원주의(Religious Pluralism)'라는 견해가 등장하게 되었다. 종교적 다원주의는 기독교뿐만 아니라 모든 종교가 각각 동등하게 구원의 길을 갖고 있다고 생각하는 이론으로서, 종교적 진리가 한 종교에만 있는 것이 아니라 다원적으로 존재한다는 이론이다. 이 이론은 사회적으로 여러 종교의 정치적, 사회적 평등성을 의미하는 말로 쓰이기도 한다.

이와 같은 종교적 다원주의의 견해를 가진 대표적인 학자로 힉(John Hick)을 들 수 있다. 그는 세계의 위대한 종교들이 '하나의 궁극적 실재(the one ultimate reality)' 혹은 '실재(Reality 또는 the Real)'에서 나왔다고 주장한다. 그는 '예수 중심적 모델'에서 신앙의 보편적인 모델인 '신중심적 모델'로 전환하는 종교의 코페르니쿠스적 대전환이라는 비전을 제시하고 있다.

그렇다면, 세계의 모든 종교가 동등한 구원의 빛을 가지고 있는데, 어찌하여 세계 종교는 다양한 형태를 취하고 있는가? 하는 질문이 있을 수 있다. 이 점에 대해서 힉은 말하기를, 종교적 신앙은 우리의 삶과 분리된 어떤 양상이 아니라 기본적으로 지리, 기후, 경제적 여건과 밀접한 관련이 있는 인간의 문화, 역사와 긴밀히 연결되어 있는 것이기 때문이라고 대답하고 있다.

이러한 기존의 유럽중심적, 기독교중심적 패러다임을 극복한 주장은 20세기 후반에 이르러 레이스(Alan Race), 니터(Paul F. Knitter), 디 코스타(Gavin D'Costa), 캔트웰 스미스(Wilfred Cantwell Smith), 틸리히(Paul Tillich), 린드백(George A. Lindbeck), 카워드(Harold Coward), 토인비(Arnold J. Toynbee) 등 다수의 학자에 의해 더욱 다양하고 세련된 형태로 발전되어가고 있다.

제2절 동일설과 상이설

이제, 본격적으로 본장의 주제인 '원효의 종교화쟁'에 대해서 생각해 보자. 원효가 속한 불교는 약 2,500년 전 인도에서 성립한 뒤에 처음에는 주로 아시아로 전파되다가, 근대 이후에는 유럽과 아메리카 등으로 확산되었고, 요즘에는 전 세계 구석구석으로 알려지면서 많은 종교를 만나게 되었다. 이때에, "과연 불교와 다른 종교와의 관계는 적절한가?"라는 문제가 우리에게 다가오고 있다.

불교가 다른 종교를 만났을 때 불교인들의 반응을 간단히 요약해 보면

2가지 태도로 구분하여 말할 수 있다. 그 중의 하나는 불교의 가르침과 다른 종교의 가르침은 서로 같다는 '동일설(同一說)'이라고 할 수 있다. 그리고 다른 하나는 불교의 가르침과 다른 종교의 가르침은 서로 다르다는 '상이설(相異說)'이라고 할 수 있다. 여기에서는 우선 원효의 견해를 이 2가지 입장으로 나누어 살펴본다.

1. 동일의 입장

원효의 저서를 읽다 보면, 본장의 주제와 관련해서, "불교와 다른 종교는 서로 같다"는 견해로 추정되는 구절을 발견할 수 있다. 그런데, 그러한 구절들도 좀 더 음미해 보면 원효가 이 점에 대해서 간접적으로 암시한 것에 불과한 구절이 있는 반면에 이 점에 대해서 보다 직접적으로 언급한 구절도 함께 있는 것을 볼 수 있다. 아래에는, 이 두 가지 유형의 구절들을 구분해서 검토해 본다.

1) 간접적 표현

원효의 저서를 읽다보면, '불교의 가르침과 다른 종교의 가르침은 서로 같다'는 생각들을 '은근히' 드러낸 부분을 여러 군데에서 만날 수 있다. 이러한 표현들 중에는, 그가 이러한 생각을 명확하게 드러내지는 않았지만, 행간의 의미로 그러한 생각을 추측하기에 충분한 구절들이 적지 않다. 먼저, 『대혜도경종요』「대의」에 등장하는 다음과 같은 표현을 살펴보자.

① 대저, 반야는 지극한 도(道)이다. …… 그러므로 진실한 모습은 모습이 없는[無相] 까닭에 모습을 나타내지 않는 곳이 없고, 진실한 비춤은 밝음이 없는[無明] 까닭에 밝게 나타내지 않은 것이 없다. ……

② 이와 같이 거짓 이름과 허망한 모습이 참된 성품이 아닌 것이 없지만, 사변(四辯)과 같은 거리낌 없는 말로도 그 모습을 설명할 수 없으니,[4] 실상반야는 현묘하고도 현묘한 것이다[玄之又玄之也].

③ 또한, 욕심의 더러움과 어리석음의 어두움이 모두 지혜의 밝음이지만, 오안(五眼)으로도 그 비춤을 보지 못하니,5) 관조반야는 덜어내고 또 덜어내는 것이다[損之又損之也].(한불전1, 480상)6)

①에서 원효는, 『반야경』에 등장하는 '반야'의 의미를 실상반야와 관조반야로 구분하여 설명하고 있다. 즉, 실상반야인 '진실한 모습'[實相]은 '특별히 정해진 모습이 없다는 것'[無相]을 말하기에, 모습을 나타내지 못한 곳이 없다고 해석한다. 그리고 관조반야인 '진실한 비춤'[眞照]은 '특별히 정해진 밝음이 없다는 것'[無明]을 말하기에, 마침내 밝게 나타내지 못한 것이 없다고 해석한다.

②에서는, 반야 중에서 주로 '실상반야'에 대해서 평가하고 있다. 즉, 위에서 실상반야는 특별히 정해진 모습이 없기 때문에 모습을 나타내지 못한 곳이 없다고 해석하였다. 이처럼 일상적인 언어로는 표현하기 어려운 실상반야야말로 '현묘하고도 현묘한 것이다[玄之又玄之也]'라고 묘사하고 있다. 여기에서 원효가 도교에서 사용하는 문자를 사용해서 실상반야를 설명하고 있는 점이 주목된다.

③에서는, 반야 중에서 주로 '관조반야'에 대해서 평가하고 있다. 즉, 위에서 관조반야는 특별히 정해진 밝음이 없기 때문에 밝게 나타내지 못한 것이 없다고 해석하였다. 이처럼 일상적인 관찰로는 보기 어려운 관조반야야말로 '덜어내고 또 덜어내는 것이다[損之又損之也]'라고 묘사하고 있다. 여기에서도 원효는 도교에서 사용하는 문자를 사용해서 관조반야를 설명하고 있는 점이 주목된다.

---

4) 사변(四辯)이란, 사무애변(四無碍辯)의 준말로, 법무애변(法無碍辯), 의무애변(義無碍辯), 사무애변(辭無碍辯), 악설무애변(樂說無碍辯)을 말한다.
5) 오안(五眼)이란, 천안(天眼), 법안(法眼), 혜안(慧眼), 육안(肉眼), 불안(佛眼)을 말한다.
6) "夫波若爲至道也 …… 是知實相無相故 無所不相 眞照無明故 無不爲明 …… 斯則假名妄相無非眞性 而四辨不能說其相 實相般若 玄之又玄之也 貪染癡闇皆是慧明 而五眼不能見其照 觀照波若 損之又損之也."

원효가 『반야경』에 등장하는 핵심개념인 '반야'의 의미를 설명하는 데 있어서, 도교의 경전에서 주로 사용되는 표현을 사용하고 있다는 것은 무엇을 말하는 것인가? 생각건대, 실상반야는 '현묘하고도 현묘한 것이다', 관조반야는 '덜어내고 또 덜어내는 것이다'라는 표현에서, 우리는 그가, 불교와 도교는 궁극적인 차원에서 서로 밀접하게 만나고 있다는 것을 암시하고 있는 것은 아닌가? 하는 생각을 갖게 해준다.

이 이외에도 원효는 자신의 저서에서 도교에서 사용하는 문구와 비슷한 문구를 여러 군데에서 사용하고 있다. 이 중에서 한두 가지만 더 살펴보기로 하자. 『기신론별기』 「서문」에 등장하는 다음과 같은 표현과 『도덕경』 「제25장」에 나오는 다음과 같은 표현을 살펴보자.

① 크다고 말하고 싶으나 안이 없는 것에 들어가도 남김이 없고, 작다고 말하고 싶으나 밖이 없는 것을 감싸고도 남음이 있다. 장차 유(有)라고 부르려고 하지만 진여가 그것으로 말미암아 공허하고, 장차 무(無)라고 부르려고 하지만 만물이 그것을 사용하여 발생한다. 무엇이라고 말해야 될지 몰라 억지로 도라고 하였다.(欲言大矣 入無內而莫遺 欲言微矣 苞無外而有余 將謂有耶 一如由之而空 將謂無耶 萬物用之而生 不知何以言之 强爲道)

② 혼돈하여 이루어진 그 무엇이 천지가 생기기 전부터 있었다. 그것은 소리도 없고 모양도 없으며, 독립하고 변하지 않으며, 두루 나타나 쉬지 않는다. 그것을 만물의 어머니라고 말할 수도 있겠지만 나는 그 이름마저 알 수 없다. 임시로 이름 지어 도라 하고, 억지로 이름 붙여 크다고 한다.(有物混成 先天地生 寂兮寥兮 獨立不改 周行而不殆 可以爲天下母 吾不知其名 字之曰道 强爲之名曰大)

①에서, 원효는 불교 가르침의 핵심을 '도(道)'라고 표현하고 있다. 즉, 그것은 안이 없는 것에 들어가도 남김이 없기에 크다[大]고 할 수 없고, 밖이 없는 것을 감싸고도 남음이 있기에 작다[微]고도 할 수 없으며, 진여가

그것으로 말미암아 공허하기에 있다[有]고 부를 수 없고, 만물이 그것을 사용하여 발생하기에 없다[無]고 부를 수도 없다. 그래서 어쩔 수 없이 억지로 도(道)라고 부른다고 말하고 있다.

②에서, 노자는 '도(道)'에 대해서 설명하고 있다. 즉, 천지가 생기기 전부터 있었던 그것은 우리의 귀로도 들을 수 없고 우리의 눈으로도 볼 수 없다. 그것은 무엇에 의존하지 않고 언제나 변하지 않으며, 두루 나타나고 쉬지도 않는다. 그것은 만물의 어머니와도 같지만 그 이름마저 알 수 없다. 임시로 그것의 이름을 지어 도(道)라 하고, 억지로 이름을 붙여서 크다[大]고 한다는 것이다.

위 인용문에서 보는 바와 같이, 양 문단의 문세가 매우 유사하다는 것을 감지할 수 있다. 더욱이 원효가 말한, "무엇이라고 말해야 될지 몰라 억지로 도라고 하였다(不知何以言之 强爲道)"는 문장과, 노자가 말한, "임시로 이름 지어 도라 하고, 억지로 이름 붙여 크다고 한다(字之曰道 强爲之名曰大)"는 문장은 구체적인 모습이 특히 유사한 것을 볼 수 있다.

다음, 『보살영락본업경소』「서문」에 나오는 다음과 같은 표현과 『도덕경』「제1장」에 나오는 다음과 같은 표현을 살펴보자.

① 무릇 이제중도(二諦中道)라는 도(道)는 나루[津]와 같은 도가 아니요, 중현법문(重玄法門)이라는 문(門)은 이치[理]와 같은 문을 뛰어 넘는다. 그러한 도라고 할 수 없기 때문에 마음으로 닦을 것이 없고, 그러한 문이라고 할 수 없기 때문에 수행하여 들어갈 수도 없다. (原夫二諦中道 乃無可道之津 重玄法門 逾無可門之理 無可道故 不可以有心行 無可門故 不可以 有行入)

② 도라고 부른 도는 원래의 도가 아니요, 무엇으로 부른 이름은 본래의 이름이 아니다. 사물의 이름이 없을 때, 천지가 시작되었고, 사물의 이름이 있음으로 만물이 태어났다. 그러므로 항상 욕심을 버리면 그 훌륭한 모습을 볼 수 있고, 욕심을 가지면 거친 모습만을 볼 뿐이다.(道可 道 非常道 名可名 非常名 無名 天地之始 有名 萬物之母 故常無欲以觀其妙

常有欲以觀其徼)

①에서, 원효는 『보살영락본업경』에서 주로 말하고자 하는 도(道)와 문(門)의 참모습에 대해서 말하고 있다. 즉, 이제중도에서 말하는 '도(道)'라고 하는 것은, 보통사람들이 말하는 도가 아니어서 마음으로 닦아갈 수 있는 것이 없다고 한다. 그리고 현묘법문에서 말하는 '문(門)'이라고 하는 것도 보통사람들이 말하는 문이 아니어서 수행하여 들어갈 수 있는 것이 아니라고 선언하고 있다.

②에서, 노자는 『도덕경』에서 주로 말하고자 하는 도(道)의 모습을 설명하고 있다. 즉, 보통사람들이 도라고 부른 도는 원래의 도가 아니요, 보통사람들이 분별심을 가지고 부른 이름은 원래의 이름이 아니라고 한다. 그러기에, 이름이 있다는 것은 사람이 분별심을 가지고 그 거친 모습을 본다는 것이요, 이름이 없다는 것은 사람이 분별심을 버리고 그 훌륭한 모습을 본다는 것이라고 한다.

여기에서, 원효가 말한, "이제중도라는 도는 나루와 같은 도가 아니요, 중현법문이라는 문은 이치와 같은 문을 뛰어 넘는다(二諦中道 乃無可道之津 重玄法門 逾無可門之理)"는 문장과, 노자가 말한, "도라고 부른 도는 원래의 도가 아니요, 무엇으로 부른 이름은 본래의 이름이 아니다(道可道 非常道 名可名 非常名)"는 문장이 특히 유사한 것을 볼 수 있다.

이상, 원효가 사용한 표현 중에서 도교에서 사용하는 표현과 매우 닮은 몇 개의 문장들을 살펴보았다. 이러한 인용문을 보면서 아마도 원효가 도교에서 사용하는 문구에 매우 익숙했을 것으로 추측할 수 있다. 나아가, 불교의 교리에 정통한 그가 도교의 교리에 대해서는 어떠한 생각을 하고 있었는지 궁금하지 않을 수 없다. 하지만, 이 점을 밝히기에는 자료가 너무 부족하므로 여기에서는 생략하고자 한다.

어찌되었든, 위의 인용문들을 놓고서 그가 동일설을 '주장하였다'고 단정하기에는 어려울 것 같다. 하지만, '반야'와 같이 차원 높은 개념을 설명할 때 도교적 표현을 썼다는 점에서, 단순히 불교와 도교를 같이 공부하였기 때문에 무의식적으로 사용했다고 보기에는 어딘가 부족한 느낌이 든다. 그보다는, '불교의 진리와 도교의 진리가 보다 깊은 차원에서 서로 통한다'는 생각을 드러낸 것은 아닌가? 생각된다.

한편, 이와 같은 생각은 단지 필자만의 생각은 아닌 듯하다. 『대승기신론 별기』에 보면, "불도가 도가 됨[佛道之爲道]"이라는 표현이 있는데, 최유진은 논평하기를, "이러한 표현은 원효에만 독특한 것은 아니고 도가 노장사상의 전유물도 아니다. 하지만 굳이 도를 가지고 표현한 것은 무언가(필자 주 : 불교의 가르침과 도교의 가르침이 서로) 통한다고 생각했기 때문일 것이다"라고 언급하고 있다.[7]

2) 직접적 표현

이와 같이, 원효는 자신의 저서 여러 곳에서 본주제와 관련해서 동일설로 '추정'할만한 언급을 하고 있다. 그렇다면, 원효가 '불교를 포함한 모든 가르침은 궁극적으로 서로 같다'는 견해를 '명확'하게 드러낸 곳은 있는가? 없는가? 만약 있다면, 그곳은 어느 부분인가? 우리는 『법화종요』 「소승법 (所乘法)」 부분에서 바로 그의 이러한 생각을 직접 확인할 수 있다.

> 『니건자경』 「일승품(一乘品)」에서 부처님께서 문수보살에게 말씀하셨
> 다. "내 국토에는 상키야학파, 자이나교 등이 있다. 그들은 다 여래의
> 주지력(住持力)으로 말미암아 방편으로 이러한 여러 가르침[外道]들로 나타
> 난 것이다. 선남자들이여, 그들은 비록 갖가지 다른 가르침의 모양을
> 하고 나타나지만, 다 같이 불법이라고 하는 다리를 건너는 것이니, 별도의
> 또 다른 다리가 없기 때문이니라."(한불전1, 489상)[8]

---

7) 최유진, 「원효와 노자」, 『원효학연구』 9(원효학연구원, 2004), p.117.
8) "尼健子經一乘品言 佛語文殊 我佛國□所有僧伽尼乾子等 皆是如來住持力故 方便示現此 諸外道 善男子等 雖行種種諸異學相 皆同佛法一橋梁度 更無餘度故."

이 글에서, 원효는 『니건자경』을 인용하여 부처님의 말씀을 전하고 있는데, 그 과정에서 불교와 다른 종교의 관계에 대해서 언급하고 있다. 즉, 니건자 등 다른 종교는 모두 여래의 주지력으로 말미암아 방편으로 모습을 나타낸 것이다. 그리고 비록 그들 다른 종교가 불교와는 다른 모양을 하고 있을지라도 '건너는 다리[수행의 방법]는 오직 하나이기 때문에 결국 불법이라는 다리를 건너는 것이라고 한다.

중요한 것은, 원효가 이 글에서 '불교와 다른 종교는 궁극적으로 서로 같다'는 점을 분명하게 표명하였다는 점이다. 즉, 부처님이 중생을 교화하기 위해서 여러 방편으로 다른 종교의 모습을 나타내고 있지만, 이들은 근본적으로 서로 같다고 주장하고 있는 것이다. 그렇다면, "원효는 어떠한 근거에서 그러한 생각을 하는 것일까?" 이어지는 글에서 그 대답의 실마리를 찾을 수 있다.

생각건대, 이러한 글에 의하여 불법의 오승(五乘)과 여러 선(善) 그리고 다른 가르침의 갖가지 다른 선 등 이러한 모든 것이 다 일승임을 마땅히 알아야 한다. 왜냐하면, 그들은 다 불성을 의지한 것이고 다른 본체가 없기 때문이다. 『법화론』에는 이 뜻을 밝혀서 말하기를, "어떤 것을 법의 본체라고 하는가? 이를테면 이치에 두 가지 본체가 없으니, 두 가지 본체가 없다 함은 무량승이 다 일승이기 때문이다"고 하였다.(한불전1, 489상)9)

이 글에서, 원효는 어찌하여, "불교와 다른 종교는 모두 '일승' 혹은 궁극적인 가르침이다"라고 결론을 내리게 되었는지 그 이유를 밝히고 있다. 즉, 『법화론』의 말씀과 같이, 불교와 다른 종교는 모두가 다 궁극적인 가르침[一乘]이라고 할 수 있다고 한다. 왜냐하면, 모든 가르침이 불성을 의지하고 있고, 모든 가르침의 본체가 서로 다르지 않기 때문이라는 것이

---

9) "案云 依此等文 當知佛法五乘諸善及與外道種種異善 如是一切皆是一乘 皆依佛性無異體 故 如法花論顯此義 云何體法者 謂理無二體 無二體者 謂無量乘皆是一乘故."

다.

중요한 것은, 원효는 동일설을 주장하는 첫째 이유로, 불교를 비롯한 모든 종교가 '불성(佛性)에 의지하고 있기 때문이다'라고 말하고 있다는 점이다. 불교교리에 의하면, 특히 대승불교 여래장사상에 의하면, 모든 중생은 다 부처님이 될 수 있는 성품을 지니고 있다. 그러기에, 모든 종교의 가르침이 불성에 의지할 수 있고, 마침내 모든 종교가 궁극적으로 같은 가르침이 된다고 말할 수 있게 된다.

또한, 원효는 동일설을 주장하는 둘째 이유로, 불교를 비롯한 모든 종교는 '본체가 서로 같기 때문이다'고 말하고 있다. '본체'라는 말은, 겉으로 드러나지 않은 깊은 내면적인 측면을 가리키는 경우가 많다. 그러니까, 원효의 말은, '겉으로 드러난 차원'에서 보면 불교와 다른 종교는 서로 다른 가르침으로 보이지만, '보다 심도 있는 차원'에서 보면 모두 궁극적으로 같은 가르침이라는 의미로 해석될 수 있다.

생각건대, '불성에 의지한다'는 말은 다른 여러 부처님의 가르침과 함께 불자라면 누구나 공감이 가는 내용이라고 할 수 있다. 다만, '불(佛)'이라는 말은 원래 불교에서만 사용하는 용어이기 때문에, 다른 종교인에게도 같은 공감을 주기는 어려울 것이다. 필자가 보기에, '불성에 의지한다'는 이유보다는 '본체가 서로 같다'는 이유가 다른 종교인에게 보다 보편적으로 받아들여질 수 있는 표현으로 보인다.

한편, 이러한 원효의 견해와 관련해서 함께 참고로 살펴볼만한 견해가 있다. 불교학자인 이기영의 견해이다. 그는 불교와 기독교의 관계를 대체적으로 말하기를, "기독교에서도 불교에서도 같은 진리를 이야기하고 있다. 다만 소재가 다르고 경험이 다르고 파악하는 방법이 다를 뿐이다"라고 하였는데, 이는 인용문에 드러난 원효의 언급과 같은 취지라고 할 수 있다.[10]

또한, 그는 양자의 관계를 보다 구체적으로 말하기도 하였다. 즉, 기독교

---

10) 이기영, 「원효사상에 있어서의 궁극적인 것」, 『원효사상연구』 I (서울 : 한국불교 연구원, 1994), p.450.

의 '하나님'은 원래 '오직 하나의 님(unum Deum, un seul Dieu)'이라고 한다. 여기에서 'Deum 혹은 Dieu'는 산스크리트어의 'deva'와 같은 어원을 가진 말로 다신교적 개념으로 쓰였던 것인데, 불교에 채택되어 천(天)으로 번역된 말이라고 한다. 그러던 것이, 오직 하나인 Deus라고 함에 따라서 많은 오해가 발생하게 되었다고 한다.

그는 불교의 '일심(一心)'이라는 개념은 기독교의 '하나님'이라는 개념과 동등한 개념이라고 보고 있다. 즉, '일(一)'은, 불교에서는 주(主)와 객(客)이 미분화된 상태로 모든 것의 근원이며 원천을 말한다고 보는데, 기독교에서는 광대한 포괄성 혹은 유일한 근원성을 말한다고 이해한다. 또한, '심(心)'은, 불교가 정신적인 측면에 악센트를 둔 데 비해서, 그리스도교는 인격적인 측면에 악센트를 두었다고 이해한다.[11]

2. 상이의 입장

앞에서는 원효가 '불교와 다른 종교는 같다'는 취지로 언급한 구절들을 소개하였다. 하지만, 원효의 저술을 읽어보면 이와는 정반대로, '불교와 다른 종교는 다르다'라는 취지로 언급한 구절들도 발견할 수 있다. 아래에서는 이러한 원효의 언급을 소개하고, 더불어 이러한 견해가 단순히 원효의 언급에서 그치지 않고 석가모니 부처님의 견해이기도 하다는 점을 서술하고 있다.

1) 원효의 견해

원효는 『대혜도경종요』 「대의」에서 『반야경』에 등장하는 '반야'의 의미가 매우 깊다는 것을 표현하고 있다. 그런데, 원효가 말한 다음 구절의 의미를 음미해 보면, 그가 유교의 가르침과 불교의 가르침이 서로 다르다는 점을 드러내고 있다는 것을 볼 수가 있다.

---

11) 이기영, 「불교의 현대적 의미」, 『한국불교연구』(서울 : 한국불교연구원, 1982).

① 요제(堯帝)와 순제(舜帝)는 덕이 천하를 덮고 주공과 공자는 모든 선인들 중의 제일이다. (비록) 그들이 모든 천인(天人)들에게 가르침을 베풀지만, 감히 하늘의 법칙[天則]을 거스르지는 못하였다.

② 이제, 우리의 법왕인 '반야'라는 참된 경전은, 모든 천인들이 받들어 우러러 믿지만, 감히 부처님의 가르침[佛敎]을 어기지는 않는다. 이것으로 미루어 보면 저 가르침과는 거리가 멀다. 어찌 한 날에 논할 수 있을 것인가?(한불전1, 480상)12)

①에서, 원효는 유교의 가르침에는 '하늘의 법칙'이라는 한계가 있다는 것을 밝히고 있다. 즉, 유교에서 성현이라고 일컫는 요임금[堯帝], 순임금[舜帝], 주공(周公), 공자(孔子, BC. 551~479)와 같은 분들은 모두 훌륭한 분들이어서 그 덕이 온 천하를 덮고 있다. 하지만, 그들이 가르침을 베풀 때에 감히 '하늘의 법칙[天則]'을 거스르지는 못하였다고 말하고 있다.

②에서는, 『반야경』의 가르침은 '부처님의 가르침'을 벗어나지 않는다는 것을 밝히고 있다. 즉, 진리를 말하는 이 참된 경전인 '『반야경』'은, 비록 모든 사람들이 우러러 믿는 경전이지만, 감히 부처님의 가르침을 어기지는 못한다고 말하고 있다. 이처럼, 유교의 성현들은 하늘의 법칙을 거스르지 못하고, 『반야경』은 부처님의 가르침을 거스르지 못하기에, 유교와 불교의 가르침은 다르다고 말하고 있다.

생각건대, 『대혜도경종요』는 『반야경』의 내용을 체계적으로 서술한 일종의 개론서와 같은 책이다. 원효는 이 책의 「대의」를 서술하는 데 있어서, 『반야경』의 핵심사상을 선명하게 드러낼 필요가 있었을 것이다. 『반야경』의 핵심은 공사상인데, 이 사상을 보다 뚜렷하게 드러내기 위해서, 상대적으로 현세적인 삶에 많은 무게 비중을 두는 당시의 유교사상을 대비시킨 것은 아닐까 추정해 본다.

한편, 이러한 원효의 언급과 관련하여 참고할만한 현대학자의 견해가

---

12) "至如唐虞之蓋天下 周孔之冠群仙 而猶諸天設敎 不敢逆於天則 今我法王波若眞典 諸天奉而仰信 不敢違於佛敎 以此而推去彼遠矣 豈可同日而論乎哉."

있다. 이기영은 '불교와 기독교가 서로 다르다'는 점에 대해서도 몇 가지 지적을 하고 있다.[13] 첫째, 교의(敎義)에 대한 태도가 서로 다르다고 한다. 즉, 기독교는 인간의 구제를 위해서 신이 계시한 교의를 존중한다. 하지만, 불교는 그 많이 쓰인 교훈이 단순히 진리를 가리키는 손가락에 불과한 것이라고 하여 교의를 배척한다는 것이다.

둘째, 윤리에 대한 태도가 서로 다르다고 한다. 즉, 기독교의 계명(誡命)에는 10계명이 중요하고 넓게는 모세오경에서 말하는 613조가 있는데, 이러한 기독교의 계명은 모두 엄격한 명령의 형식으로 내려진 조항들이다. 하지만, 불교의 계율(戒律)은 보시, 지계, 인욕과 같이 대외적인 실천을 중시한 점과, 정진, 선정, 지혜와 같이 내면적 완성을 중시한 점을 겸하고 있다는 것이다.

셋째, 기독교의 예배는 하나님의 이미지를 머리속에 그린 뒤에 하나님에게 경례를 하는 데 비해서, 불교의 예불은 스스로를 맑히기 위해서 경례를 한다고 한다.

이와 같이, 원효는 부처님의 가르침을 벗어나지 않는 불교의 가르침과 하늘의 가르침을 벗어나지 않는 유교의 가르침은 한날에 같이 논할 수 없다고 하고 있다. 그리고 원효연구가인 이기영은 도그마의 유무, 계율과 계명, 예불과 예배의 차원에서 불교와 기독교는 서로 다르다고 말하고 있다. 여기에서, 우리는 '불교와 다른 종교는 서로 다르다'는 점에서 서로 같은 취지의 주장을 하고 있는 것을 보게 된다.

2) 석존의 견해

그런데, '불교는 다른 종교와 다르다'는 생각은 비단 원효만의 것이 아니라고 할 수 있다. 그 근원을 추적해 보면, 이 생각은 석가모니 부처님 자신의 생각이라고도 말할 수도 있다. 『중아함경』「도경(度經)」에 보면, 석존은 당시 전통사상이라고 할 수 있는 브라만교와 혁신사상들을 3가지

---

13) 이기영, 「불교의 현대적 의미」, 『한국불교연구』(서울 : 한국불교연구원, 1982).

유형으로 구분하여 논하고 있는데; 이러한 과정에서 자신의 가르침[佛敎]과 다른 가르침이 서로 다르다는 것을 밝히고 있다.14)

「도경」에 등장하는 3가지 유형의 외도를 간단하게 소개하면, 첫째 유형으로 숙작인론(宿作因論 ; Pubekatahetu-vāda)이 있다.15) 이 설에서는 인간이 행한 고(苦), 락(樂), 비고비락(非苦非樂)은 모두 인간이 과거에 행한 행위의 결과라고 말한다. 그러니까, 이 설은 인간과 우주는 인간의 과거의 업력(業力)에 의해서 생성되고 발전한다는 '숙명론(宿命論)'을 말하는 것이다.

둘째 유형은 존우론(尊祐論 ; Īssaranimmānahetu-vāda)이다. 이 설은 자재신(自在神)의 자재력에 의해서 모든 존재와 현상이 전개되었다고 하는 브라만교의 전통사상을 말한다. 이 설에서 말하는 브라흐만은 중성적인 원리인 브라흐만이 남성적으로 인격화된 것을 의미하며, 이것은 곧 브라흐마나 시대의 범(Brahman)으로서 범천의 성질을 갖는다.

셋째 유형은 무인무연론(無因無緣論 ; Ahetuapaccaya-vāda)을 말한다.16) 이 설에서는 이 세상의 모든 존재는 아무런 원인이 없이 일어난다고 말한다. 다시 말해서, 이 설에서는 어떤 행위가 일어나는 데 필요한 원인들과 그 행위의 결과 사이에 존재하는 인과관계를 전적으로 부정한다. 이와 같은 외도(外道)들의 주장에 대하여 석존은 다음과 같이 '숙명론'의 문제점부터 지적하기 시작한다.

---

14) 『중아함경』「도경(度經)」에는 다른 종교를 3가지 유형으로 구분하여 논하고, 「니건경(尼乾經)」에는 5가지 유형으로 구분하여 논하고 있다. 그런데, 「니건경」의 5가지 유형은 「도경」의 3가지 유형 중의 하나를 더욱 세분화한 것이므로, 본장에서는 3가지 유형에 대해서만 언급한다.

15) 이것을 당시의 6사외도[六師外道]에 대비하여 보면, 이설은 주로 Nigantha Nataputta의 설[자이나교]을 가리킨다고 할 수 있는데, Pakudha Kaccayana의 설과 Makkhali Gosāla의 설도 여기에 해당한다고 할 수 있다.

16) 이 설은 주로 Makkhali Gosāla의 설을 가리키는데, 여기에 Purana Kassapa의 설, Pakudha Kaccayana의 설, Ajita Kesakambalin의 설을 포함시킬 수 있고, 경우에 따라서 Sāñjaya Velattiputta의 설도 해당될 수 있다.

① 그 중에서 만일 어떤 사문이나 바라문이, '사람의 하는 바는 모두 다 숙명을 원인으로 한다'고 보고 그렇게 말합니다. 그러면, 나는 곧 그에게 가서, "여러분, 진실로 사람의 하는 바는 모든 것이 다 숙명을 원인으로 하여 이루어지는 것이라고 보고 그렇게 말하는 것입니까?"하고 물을 것입니다.

② 그리고 만일 그렇다고 하면, 이렇게 말한 것입니다. "여러분들은 다 생명을 죽이는 사람이 될 것입니다. 왜냐하면 모든 것은 다 숙명으로 이루어진다고 하기 때문입니다. 이런 식으로 여러분은, 모두 주지 않는 물건을 훔치고, 사음을 하게 되며, 거짓말을 하게 되고, 내지 사특한 소견을 가진 사람이 될 것입니다. 왜냐하면, 모든 것은 다 숙명으로 이루어진다고 하기 때문입니다.

③ 여러분이 만일 모든 것이 다 숙명으로 이루어진다는 것을 진실하다고 여긴다면, 해야 할 일과 하지 않아야 할 일에 대해서 도무지 욕망도 없고 방편도 없어지게 될 것입니다. 만일 여러분이 해야 할 일과 하지 않아야 할 일에 대해서 진실 그대로 알지 못한다면, 곧 바른 생각과 바른 지혜를 잃게 되나니, 그렇게 되면 제대로 교화할 수도 없게 될 것입니다."(대정장1, 435중)[17]

이 글에서, 석존은 '숙명론'의 문제점을 하나하나 지적하고 있다. 지적하는 순서는 먼저 숙명론의 문제점을 제기하고, 다음 숙명론에 의하면 중요한 계율을 범하게 되며, 마침내 도덕이 무너진다고 말하는 것이다. 즉, ①에서는, 만일에 사람들이 숙명론을 믿고 의지하여 주장하면, 석존은 그 사람들에게 다가가 진실로 모든 일이 숙명을 원인으로 이루어진다고 믿느냐고 묻는다고 한다.

---

[17] "於中若有沙門梵志 如是見如是說 謂人所爲一切皆因宿命造者 我便往彼 到已卽問 諸賢 實如是見如是說 謂人所爲一切皆因宿命造耶 彼答言爾 我復語彼 若如是者 諸賢等皆是殺 生 所以者何 以其一切皆因宿命造故 如是諸賢 皆是不與取邪婬妄言 乃至邪見 所以者何 以其一切皆因宿命造故 諸賢 若一切皆因宿命造 見如眞者 於內因內 作以不作 都無欲無方 便 諸賢 若於作以不作 不知如眞者 便失正念無正智 則無可以敎."

472

②에서는, 만일 석존의 질문에 사람들이 동의하면, 숙명론을 믿음으로 인하여 큰 문제점이 발생한다는 것을 지적한다고 한다. 즉, 숙명론을 따르면, 생명을 죽이게 되는 대죄를 범하게 된다는 것이다. 왜냐하면, 생명을 죽여도 그것은 그 자신이 그런 것이 아니라 숙명으로 그렇게 된 것이기 때문이라는 것이다. 이런 식으로, 물건을 훔치고, 사음을 하며, 거짓말을 하고, 사특한 소견을 가지게 된다고 한다.

③에서는, 한 걸음 더 나아가서, 만일 숙명론을 믿고 따르게 되면, 이 사회를 굳건하게 지탱하고 있는 도덕적인 기준마저 무너지게 되는 참담한 일이 벌어지게 된다고 경고하고 있다. 즉, 만일 숙명론을 믿게 되면, 우리가 해야 할 일을 하거나 하지 않아야 할 일을 지킬 의욕도 없어진다. 그리하여, 올바른 생각과 올바른 지혜를 잃게 되어서 마침내 제대로 교화할 수도 없게 된다고 한다.

중요한 것은, 이러한 모든 문제의 핵심에는, '행위 당사자에게 그 행위의 책임을 물을 수 없다'는 점이다. '숙명론'에 따르면, 위에서 나열한 많은 도덕적인 잘못을 할지라도 그 행위자에게 책임을 물을 수가 없게 된다. 그리하여, 도덕적인 측면에서 중대한 문제가 초래될 수 있게 될 것이며, 나아가서 마침내는 중생들을 교화하고자 하는 노력조차도 아무런 의미가 없게 될 수도 있다는 것이다.

이러한 숙명론에 대한 지적에 이어서, 석가모니 부처님은 이러한 취지의 지적을 '존우론'과 '무인무연론'에 대해서도 계속한다. 그리하여, 이 세상 모든 것들이 '숙명적'으로 이루어지거나, '신의(神意)'에 의해서 이루어지거나, 아무런 '이유 없이' 이루어진다면, 도덕은 타락하고 진지한 수행은 이루어질 수 없으며, 마침내 중생교화는 이루어질 수 없게 될 것이라며 우려를 표명한다.(대정장1, 435중)

이처럼 석가모니 부처님은 외도의 가르침이 내포하고 있는 문제점들을 하나하나 지적한 뒤에, 자신의 가르침인 불교(佛敎)에 대해서 언급한다. 즉, 행위자 각자의 책임이 아닌 것으로 세상의 모든 일들이 이루어진다면, 여러 가지 문제점들이 따라서 일어날 수밖에 없다는 것을 지적한 뒤에,

부처님 가르침의 핵심인 '연기법'을 중도에 입각하여 자세하게 해설해 나아간다.

생각건대, 당시 불교는 신흥종교로서 내외적으로 많은 도전에 직면하였을 것이다. 그러한 도전을 맞이하여 불교는 다른 종교와 구별되는 고유한 가르침을 천명할 필요가 있었을 것이다. 그러한 과정에서, 석가모니 부처님이 기존의 외도가 가진 문제점을 지적하고, 그 해결책을 제시하는 것은 어쩌면 자연스러운 일이라고 할 수 있을 것이다. 바로 이러한 상황에서 불교와 다른 종교와의 다른 점이 부각되었을 것이다.

제3절 원효의 최종입장

위에서, 우리는 '불교와 다른 종교는 어떠한 관계에 있는가?' 하는 문제와 관련하여 원효가 서로 상반된 입장을 표명하였다는 것을 확인하였다. 그는 어느 곳에서는 '불교와 다른 종교는 서로 같다'고 말하였고, 다른 곳에서는 '불교와 다른 종교는 서로 다르다'고 말하였다. 그렇다면, 이 문제에 대한 그의 궁극적인 입장은 과연 무엇이라고 보아야 할 것인가?

원효는 이 문제에 대해서 자신의 화쟁론으로 접근하였기 때문에, 여기에서는 원효의 화쟁사상에서 일반적으로 논의하는 순서에 따라서 서술해 보고자 한다. 즉, 먼저, 본 주제에 대해서 논의한 화쟁사례를 통하여 화쟁의 '모습'을 살펴보고, 다음, 이 화쟁사례가 어떠한 '방법'에 의해서 회통되었는지 검토해 보며, 마지막으로 이 회통방법이 내용적으로 어떤 사상적인 '연원'을 가지고 있는지 추적해 보고자 한다.

1. 화쟁의 모습

먼저, 원효가 남긴 화쟁사례들 중에서, 우리는 본 주제에 부합하는 의미심장한 논의를 『법화종요』「묘용(妙用)」에서 발견할 수 있다. 그가 이곳에서 논의하고자 하는 바는, "『법화경』에서 말하는 '회삼귀일(會三歸一)'이라는 말의 의미가, 불교 이내의 삼승(三乘)만을 일승(一乘)으로 회통할 수 있다는 것인가? 아니면, 불교 이외의 인천승(人天乘)도 일승으로 회통할 수 있다는 것인가?"이다.

본 화쟁사례는 다음과 같이 시작한다. "묻는다. 방편교(方便敎) 가운데 인승(人乘)과 천승(天乘)이 있는데, 어찌하여 이 이승은 회통하지 아니하고, 오직 저 삼승만을 회통하였는가?"18)(한불전1, 492상) 여기에서, 양설의 주장은 뚜렷하지 않지만, '인천승이 일불승에 포함된다는 설'과 '인천승이 일불승에 포함되지 않는다는 설'이 있음을 알 수 있다. 여기에 대해서 원효는 다음과 같이 판단을 내리고 있다.

① 대답한다. '삼승을 회통한다'란 말이 또한 2가지를 포함하였다. 왜냐하면, 법화교 가운데 삼승을 말씀한 것에 2가지가 있으니, 첫째는 3가지 차의 비유로 「비유품」에 나온 것이요, 둘째는 3가지 풀의 비유로 「약초유품」에 나온 것이 있기 때문이다. 그것이 무슨 뜻인가? 인승과 천승의 이승을 합하여 소승(小乘)으로 삼으니 이것은 소약초와 같고, 성문과 연각을 중승(中乘)으로 삼으니 이것은 중약초와 같으며, 저 별교에 의하여 발심한 보살은 대승(大乘)이라고 말하니 대약초와 같다. (바로) 이러한 삼승을 회통하면 곧 오승(五乘)을 포함하게 된다.

② 그러나 저 인천(人天)은 '원인'을 회통할 수 있지만 '결과'를 회통하지는 못한다. (왜냐하면) '결과'는 무기(無記)이어서 일승의 원인이 되지 못하기 때문이다. (그리고) 저 '원인' 가운데 선법에는 2가지의 공릉(功能)이 있는데, '보인(報因)'의 공릉은 받아서 다함이 있기 때문에 회통하지 못하고, '등류인(等流因)'과 같은 것은 받아서 다함이 없기 때문에 회통되는 것이다.(한불전1, 492상~중)19)

18) "問 方便敎中 有人天乘 何故 不會此二 唯會彼三."
19) "答 會三之言 亦攝此二 所以然者 法花敎中 說三乘有二 一者 三車所譬 出譬喩品 二者 三草所況 出藥草品 此義云何 人天二乘 合爲小乘 如小藥草 聲聞緣覺 名爲中乘 如中藥草

①에서 원효는, '인천승이 삼승에 포함된다'고 말하고 있다. 왜냐하면, 법화경에서 삼승을 2군데에서 비유하고 있는데, 「비유품」에서는 3가지 차로, 「약초유품」에서는 3가지 풀로 비유하고 있다. 이 중에서 「약초유품」에서 소약초(小藥草)로 비유한 것이 바로 인천승인 소승(小乘)을 가리킨다는 것이다. 그렇기 때문에, '인천승은 당연히 일불승에 포함된다'고 말하고 있다.

②에서는, '인천승은 삼승에 포함되지 않는다'고 말하고 있다. 왜냐하면, 인천승의 가르침에는 일불승의 가르침과 공통되는 것도 있고, 공통되지 않는 것도 있기 때문이라고 한다. 즉, 원인 중의 '등류인(等流因)'은 인천승이나 불교의 삼승이 공통적으로 인정하는 내용이지만, 원인 중의 '보인(報因)'과 '결과(結果)'는 인천승이나 불교의 삼승이 공통적으로 인정하는 내용이 아니기 때문이라는 것이다.

여기에서, 원인 중의 '등류인(等流因)'이라는 것은, 같은 원인에 대해서 같은 결과를 받게 되는 원인을 말한다. 예를 들면, 선(善)한 원인(原因)에 대해서 선한 결과를 받게 되는 것이라든지, 불선(不善)의 원인에 대해서 불선의 결과를 받게 되는 것을 말한다. 이러한 등류인을 인천승이나 불교의 삼승이 모두 공통적으로 인정하고 있다고 원효는 설명하고 있다.

하지만, 원인 중에는 '보인(報因)'이라는 것이 있는데, 이것은 즐거움과 괴로움의 결과를 받는 선업과 불선업의 원인을 말한다. 이 보인을 인천승과 불교의 삼승이 공통적으로 인정하는 것은 아니라고 원효는 설명하고 있다. 그리고 '결과'는 선(善)도 아니고 불선(不善)도 아닌 무기(無記)이기 때문에, 역시 인천승과 불교의 삼승이 공통적으로 인정하는 것이 아니라고 설명하고 있다.

생각건대, 부처님께서 중생에게 궁극적으로 가르치고자 하는 것은 인생과 우주에 관한 영원한 진리일 것이다. 그렇다면, 불교와는 다른 형태를

依彼別敎發心菩薩 說名爲大乘 如大藥草 會此三乘 卽攝五乘. 然彼人天 會因而不會果 果是無記 不作一因故 彼因善法 有二功能 報因功能 亦不會之 有受盡故 等流因用 是今所會 無受盡故."

가진 가르침에서도 이와 유사한 가르침을 얼마든지 발견할 수도 있을 것이다. 이런 의미에서, ①에서, "인천승이 불교의 궁극적인 가르침인 일불승에 포함된다"고 하였을 것이며, 이 말은, "궁극적인 측면에서, 불교와 다른 종교의 가르침은 같다"는 취지로 이해된다.

또한, 오늘날 불교와 다른 종교에는, 현실적으로, '등류인'처럼 공통적인 요소를 가지는 부분도 있으나, '보인'과 '결과'처럼 이질적인 요소를 가지는 부분도 있는 것이 사실이다. 이런 의미에서, ②에서, "인천승이 일불승에 포함되는 면도 있고 포함되지 않은 면도 있다"라고 하였을 것이며, 이 말은, "현실적인 측면에서는, 불교와 다른 종교의 가르침은 서로 다르다"는 취지로 해석된다.

이상, 원효는 해당 화쟁사례에서, "궁극적인 측면에서 인천승은 일불승에 포함되며, 다른 측면에서 인천승은 포함되기도 하고 포함되지 않기도 하다"고 하였다. 그리고 이것을 필자는, "궁극적인 측면에서는 불교와 다른 종교는 서로 같으며, 현실적인 측면에서는 불교와 다른 종교는 서로 다르다"고 해석하였다. 이렇게 본다면, 앞에서 살펴본 동일설과 상이설이 여기에서 근본적으로 화해되고 있는 것을 보게 된다.

2. 화쟁의 방법

다음, 위에서 살펴본 화쟁사례의 경우에, 원효는 과연 '어떠한 방법으로' 첨예하게 대립하고 있는 양설을 회통하고 있는지에 대해서 생각해 보자. 그런데, 원효가 사용한 구체적인 방법론을 생각하기에 앞서서, 그가 해당 화쟁사례에서 양설에 대해서 어떠한 판정을 내렸는지를 먼저 살펴볼 필요가 있다. 왜냐하면, 어떠한 판정을 내렸는지에 따라서 거기에 사용되는 구체적인 회통의 방법이 달라지기 때문이다.

본서 '제3장 화쟁의 방법'에서 밝힌 바와 같이, 원효는 제기된 여러 주장에 대해서 여러 가지 유형의 결정을 내리고 있는데, 그러한 판정은 모두 3가지 유형으로 구분될 수 있다. 아래에서 보는 바와 같이, 지금까지

완전한 상태로 남아있는 총 65개의 화쟁사례 중에는, 일반상식에 맞는 '일반상식 판정', 제설이 모두 옳다는 '제설개시 판정', 제설이 옳기도 하고 동시에 그르기도 하다는 '개시개비 판정' 등이 있다.

〈표 25〉 유형별 판정의 태도

	판정의 태도	사례수
유형1	일반상식(一般常識) 판정	10
유형2	제설개시(諸說皆是) 판정	47
유형3	개시개비(皆是皆非) 판정	8

그렇다면, 원효는 이번 화쟁사례에서 어떠한 유형의 판정을 내렸는가? 만일, 『법화종요』에서 제기하였던 원래의 논점인, "인천승은 일불승에 포함되는가?"에 초점을 맞추어 원효의 판정유형을 살펴보면, 궁극적인 측면에서는 포함긍정설이 옳지만, 다른 측면에서는 포함긍정설과 포함부정설이 일부씩 옳다고 판정하고 있으므로, '유형1 : 일반상식 판정'에 해당한다고 할 수 있다.

그러나 본장에서는, "불교와 다른 종교는 같은가?"라는 형식으로 논의하고 있으므로, 해당 화쟁사례의 논점을 본장의 논점에 맞추어 변경할 필요가 있다. 해당 화쟁사례에서는 '인천승'과 궁극적인 가르침인 '일불승'과의 수직적인 관계를 논하고 있지만, 본장에서는 '불교'와 '다른 종교'와의 수평적인 관계를 논하고 있다. 따라서 해당 화쟁사례의 논점을, "인천승은 불교의 삼승과 같은가?"로 변경할 필요가 있다.

이렇게 논점이 바뀌면 거기에 따라서 주장하는 양설의 입장도 바뀌어야 할 것이다. 양설은 아마도 인천승과 불교의 삼승은 같다는 '동일설'과 인천승과 불교의 삼승은 다르다는 '상이설'이라고 보아야 할 것이다. 그리고 원효는 이 양설의 주장에 대해서, '양설은 모두 옳다. 궁극적인 측면에서는 동일설이 옳고, 다른 측면에서는 상이설이 옳기 때문이다'라고 판단하였을 것으로 추정할 수 있다.

이렇게 본다면, 변경된 화쟁사례의 판정유형은, '유형2 : 제설개시 판정'

에 해당한다. 즉, 원효는 대부분의 화쟁사례에서와 같이 이번 사례에서도 양설이 모두 옳다고 판단한 것으로 볼 수 있다. 그리고 이러한 내용을 본장의 논점에 맞추어 생각해 보면, "양설은 모두 옳다. 궁극적인 측면에서는 불교와 다른 종교는 서로 같고, 다른 측면에서는 불교와 다른 종교는 서로 다르기 때문이다"로 해석된다.

다음, 유형2의 판정을 내린 원효는 어떠한 방법으로 회통하였는지 생각해 보자. '제3장 화쟁의 방법'에서 밝힌 바와 같이, 원효는 유형2의 판정을 한 경우에, '일반적'으로 2가지 방법으로 회통을 하였다. 하나는 '단일한 기준[一門]'을 제시하여 '제설은 모두 이 기준에 부합하기 때문에 옳다'고 회통하고,[20] 다른 하나는 '복수의 기준[二門]'을 제시하여 '제설은 각각의 기준에 부합하기 때문에 옳다'고 회통한다.[21]

---

20) 예를 들어 본다. 원효는 『대혜도경종요』「종지(宗旨)」에서 '제법실상이란 무엇인가?'에 관하여 논하는데, 총4설의 주장에 대하여 다음과 같이 회통한다. "여러분의 말씀이 모두 다 진실이다. 그 까닭은, 다 성전에 근거한 것이므로 서로 어긋나지 않기 때문이다. 모든 법의 실상은 모든 희론이 끊기어서 도무지 그렇다고 할 것도 그렇지 않다고 할 것도 없기 때문이다. 『석론(釋論)』에 이르기를, '일체가 실(實)이고, 일체가 실이 아니며, 또한 일체가 실이면서 실이 아니고, 일체가 실이 아니면서 실이 아닌 것도 아닌 것, 이것을 이름하여 제법의 실상이다'고 하였다. 생각건대, 여기서 말한 '사구(四句)가 실상이다'고 한 것은 그 차례대로 앞의 4설에 배당할 수 있으니, 집착을 여의고 설하면 부당함이 없기 때문이다."(한불전1, 480상~481상) 이 글에서, 원효는 여러 가지 주장이 모두 성전에 근거한 것이므로 서로 어긋나지 않아서 모두 진실이라고 한다. 왜냐하면, 『대지도론』에서 말한 내용은 차례대로 앞의 4설에 배당할 수 있어서, 말을 그대로 취하여 집착하지 않고 설하면 모두가 부당하지 않기 때문이라는 것이다. 이와 같이, 4설이 모두 '성전에 근거하므로'라는 '단일한 기준[一門]'에 의하여 회통되는 것을 볼 수 있다.
21) 예를 들어 본다. 원효는 『법화종요』「묘용(妙用)」에서 '삼승이 방편인가, 이승이 방편인가?'에 관하여 논하는데, 삼승설과 이승설의 주장에 대해서 다음과 같이 회통한다. "별교(別敎)에서 말하는 삼승은, 삼승이 다 진실이 아니고 모두 방편이다. 저 가르침[敎]에서 '3아승지겁 동안에 오직 사도(四度)를 닦고, 100겁 중에 상호업(相好業)을 닦고, 최후의 몸을 받는 동안에는 정·혜를 닦아, 보리수 아래서 최상의 정각을 이룬다'고 하였다. 이러한 원인과 결과로 불승(佛乘)을 삼으니, 불승이 또한 방편이다. 만일 통교(通敎)에서 말한 삼승을 논한다면, 불승(佛乘)은 진실이요, 그 나머지 이승은 진실이 아니다. 저 가르침에서 십지(十地) 중에

그렇다면, 원효는 위의 2가지 방법 중에서 어떠한 방법으로 회통한 것으로 보아야 하는가? 변경된 해당 사례의 내용에 초점을 두고 다시 검토해 보면, 비록 문자로 표현되지는 아니하였으나 본 화쟁사례에는 '내용상' 2가지 기준을 제시하여 회통한 것을 볼 수 있다. 즉, '궁극적인 측면'이라는 기준에 의해서 동일설이 옳다고 하였고, '현실적인 측면'이라는 기준에 의해서 상이설이 옳다고 한 것이다.

물론, 인용문 어디에도 '궁극적인 측면'이나 '현실적인 측면'이라는 문구는 없다. 하지만, 원효가 내린 결론의 앞부분에서는, '일불승'이란 말이 '의미상' 궁극적인 불교의 가르침을 나타내는 말이었다. 또한, 뒷부분에서는, 비록 특별한 문구가 없기는 하지만, 앞부분에서 의미한 '궁극적인 측면'과 반대가 되는 것으로 추정해 본다면, 그 기준은 아마도 '현실적인 측면'이라고 생각할 수 있다.

그리고 이렇게 '궁극적인 측면'과 '현실적인 측면'으로 생각하는 것은, 앞의 '제2절 1. 동일의 입장'에서 살펴본 내용과 통한다고 할 수 있다. 즉, 『법화종요』에서, '모든 가르침의 본체는 같기 때문에, 모든 가르침은 궁극적으로 같다'고 하였다. 이것을 놓고 생각해 보더라도, 앞부분에서는 '본체적인 측면'을 기준으로 하였을 것이고, 뒷부분은 그 반대로 '현상적인 측면'을 기준으로 하였을 것으로 생각할 수 있다.

그러니까, 원효는 '궁극적인 측면'이라는 기준으로 보면, '불교와 다른 종교는 서로 같다'고 말한 것이고, '현실적인 측면'이라는 기준으로 보면, '불교와 다른 종교는 서로 다르다'고 말한 것으로 해석할 수 있다. 이처럼,

---

육도(六度)를 갖추어 닦아 만행(萬行)이 원만하여 살바야(薩婆若)에 이르니, 이 살바야과는 삼승과 더불어 부합하지 아니하다. 이러한 원인과 결과는 구경의 진실이니, 이것이 불승이다. 그런데 어찌 방편이라 하겠는가? 이러므로 두 글의 뜻이 다름을 마땅히 알아야 한다."(『한불전』 1, p.491하) 이 글에서, 원효는 삼승설과 이승설이 모두 옳다고 말한다. 왜냐하면, '별교의 삼승'이라는 입장에서 보면 삼승이 모두 방편이 되므로 삼승설의 주장이 옳고, '통교의 삼승'이라는 입장에서 보면 불승은 진실이고 이승만이 방편이 되므로 이승설의 주장이 옳기 때문이다. 중요한 것은, 원효가 '별교'와 '통교'라는 '복수의 기준[二門]'을 설정하여 양설을 회통하고 있다는 점이다.

2가지 기준에 의해서 대답이 각기 달라지고 있는 것을 볼 수 있기 때문에, 원효는 본 사례를 '복수의 기준[二門]에 의한 방법'으로 양설을 회통한 것으로 보인다.

3. 화쟁의 연원

마지막으로, 원효는 어떠한 사상을 근거로 해서 해당 화쟁사례를 복수의 기준[二門]이라는 방법으로 회통하였는지에 대해서 생각해 보자. '제5장 화쟁의 연원'에서 밝힌 바와 같이, 원효 화쟁론의 사상적인 근거로는 대부분의 불교사상이 해당된다. 즉, 중관사상과 유식사상, 일승사상과 불성사상, 일심사상과 화엄사상 등 대부분의 대승불교사상이 모두 관련되고 있다.

이 중에서, 과연 어떤 사상이 본 화쟁사례에 지대한 영향을 미치고 있는 것일까? 이 점과 관련하여, 특히 필자의 관심을 끄는 것은, 원효가 '궁극적인 측면'과 '현실적인 측면'이라는 2개의 기준을 제시하였다는 점이다. 사실, 이 2가지 기준은『대승기신론』에서 말하는 '일심(一心)과 이문(二門)의 관계'와 매우 비슷하다고 볼 수 있다. 필자는 원효가 이 관계를 본 사례에 원용한 것은 아닌가? 의심한다.

생각해 보면,『대승기신론』은 원효에게 있어서 매우 의미 있는 경론이라고 할 수 있다. 왜냐하면, 원효를 원효이게끔 만든 그 깨달음의 노래가 사실은『대승기신론』에 있는 구절과 매우 흡사하다. 즉,『송고승전』에 의하면, 원효의 '깨달음의 노래'는, "心生故種種法生 心滅故龕墳不二"라고 되어 있는데, 이 구절은『대승기신론』에서 기록된 "心法生則種種法生 心滅則種種法滅故"와 매우 흡사하다.

또한, 원효의 그 방대한 저술에서『대승기신론』에 대한 주석서가 가장 많은 종류를 차지하고 있다. 즉, 원효의『대승기신론』관련 저술로는,『소(疏)』,『별기(別記)』,『종요(宗要)』,『요간(料簡)』,『대기(大記)』,『사기(私記)』,『일도장(一道章)』,『이장장(二障章)』등 8종이 있다. 이 중에서 현존본으로는 『대승기신론소(大乘起信論疏)』와 『대승기신론별기(大乘起信論別記)』가 남아있다.

또한, 오늘날 대부분의 학자가 인정하는 원효의 대표저서 목록에서도 『대승기신론』의 중요성은 드러난다. 즉, 원효의 3대 저서로는 『대승기신론소』, 『금강삼매경론』 『무량수경종요』를 들고, 2대 저서로는 『대승기신론소』, 『금강삼매경론』을 들며, 1대 저서로는 『대승기신론소』를 드는 것이 보통이다. 그런데, 이 『대승기신론소』가 바로 『대승기신론』의 주석서인 것이다.

이러한 『대승기신론』에는 바로 '일심과 이문의 관계'에 대한 설명이 핵심을 이루고 있다. 『대승기신론』 본론의 처음부분을 보면, 대승을 법(法)과 의(義)로 나눈다. 그 다음에, 그 법을 중생심[一心]이라고 하고, 이것을 진여문(眞如門 ; tathātā paryāya)과 생멸문(生滅門 ; utpāda nirodha paryāya)이라는 이문으로 나눈다. 그리고 이 진여문과 생멸문의 관계는 서로 불가분리의 관계에 있다고 선언한다.

원효는 『대승기신론소』에서 해설하기를, 일심의 고요한 상태가 심진여문(心眞如門)이고, 일심의 생멸한 상태가 심생멸문(心生滅門)이라고 하였다. 또한, '진여문'은 '본질'로서 이법(理法)을 가리키지만, '생멸문'은 '현상'으로서 사법(事法)을 가리킨다고 한다. 이 이문은 원융상통해서 한계를 엄격히 나눌 수가 없으니, 각각 이법과 사법을 포함하여 서로 떨어질 수 없기 때문이라고 하였다.(한불전1, 741상~중)

이상의 점들을 고려할 때, 필자는 다음과 같은 생각을 하게 된다. 첫째, 본 사례에서 말한 '궁극적인 측면'이라는 것이 사실은 '진여문'의 경지를 말하는 것은 아닐까 한다. 만일 그렇다면, '궁극적인 차원'에서 볼 때, 불교와 마찬가지로 다른 종교의 가르침도 결국에는 궁극적인 가르침[一乘]이라는 큰 틀에서 이루어질 수밖에 없기 때문에, '불교와 다른 종교는 서로 같다'고 말할 수 있게 될 것이다.[22]

---

22) 설령 그들의 주장이 실제로 궁극적인 가르침에 미치지 못하는 경우가 있더라도 그것은 궁극적인 가르침으로 다가가기 위한 방편으로 간주할 수 있을 것이다.

둘째, 본 사례에서 말한 '현실적인 차원'이라는 것이 사실은 '생멸문'의 경지를 말하는 것은 아닐까 생각한다. 만약 그렇다면, '현실적인 차원'에서 볼 때, 모든 종교는 역사 속에서 각각 서로 다른 사회적·문화적 환경 속에서 성장하게 된다. 그리하여 그들은 서로 공통적인 점과 상이한 점을 갖게 되기 때문에, '불교와 다른 종교는 서로 다르다'고 말할 수 있게 될 것이다.

셋째, '진여문'과 '생멸문'은 서로 원융상통해서 그 한계를 엄격히 나눌 수가 없다. 그렇기에, '궁극적인 차원'과 '현실적인 차원'도 '원융상통'하여 엄격하게 나눌 수가 없다. 그리하여, 어느 하나가 성립된다고 하여 다른 하나가 성립되지 않는다는 법은 없다. 따라서 '불교와 다른 종교가 같다'는 견해와 '불교와 다른 종교가 다르다'는 견해는 서로 다른 견해를 해치지 않고 동시에 조화롭게 성립하게 될 것이다.

이와 같이, 필자는 해당 화쟁사례가 『대승기신론』에서 말하는 '일심이문 (一心二門)'이라는 아이디어에서 나온 것이라고 추정한다. 그렇기 때문에, 해당 화쟁사상의 사상적인 근거는 '일심사상(一心思想)'이라고 할 수 있다. 그리고 만약 해당 화쟁사례의 궁극적인 연원을 묻는다면, 마땅히 석가모니 부처님의 근본 가르침인 '연기법'이 될 것인데, 이 점에 대해서는 '제5장 화쟁의 연원'에서 언급한 바 있다.

한편, 독자 중에는 종교에 관한 원효의 생각이 오늘날 서양에서 논의하고 있는 비교종교학의 여러 개념과 어떠한 관련이 있는지 궁금해 하는 분이 있을 것이다. 특히, 거기에서 말하는 '종교적 배타주의', '종교적 포괄주의', '종교적 다원주의' 등으로 원효의 '종교화쟁론'을 어떻게 이해할 수 있는가? 하는 점이 궁금할 것이다. 아래에서는, 이 점에 대한 필자의 의견을 덧붙이며 이 글을 마무리 하고자 한다.

원효가 이해하는 종교 사이의 관계는 그의 화쟁사례에 뚜렷하게 나와 있다. 그리고 거기에 담긴 의미에 대해서는 위에서 3가지로 지적한 바 있다. 요약하면, "진여문의 경지와 같은 궁극적인 차원에서는 불교와 다른 종교는 서로 같다고 할 수 있고, 생멸문의 경지와 같은 현실적인 차원에서는 불교와 다른 종교는 서로 다르다고 할 수 있다. 그리고 이 둘은 동시에 이루어질 수 있다"이다.

첫째, '종교적 배타주의'에서는, 전체적으로 보아서 자신의 종교만이 우월하고 상대방의 종교는 열등하다는 생각을 기본적으로 가지고 있다. 그런데, 원효의 '종교화쟁론'에서는 이러한 생각을 찾아보기 어렵다. 위에서 말한 화쟁사례에서 보면, 원효는 불교와 다른 종교는 서로 다른 점을 공유하고 있다는 점을 지적하는 정도이지, 불교가 다른 종교보다 전체적으로 우월하다는 표현은 찾아보기 어렵다.

둘째, '종교적 포괄주의'에서는, 자신의 종교는 궁극적인 가르침이어서 다른 종교에서 말하는 가르침을 이미 가지고 있다는 생각을 가지고 있다. 그런데, 원효의 '종교화쟁론'에서는 바로 이러한 생각을 가지고 있다. 즉, 일승(一乘)이란 불교의 궁극적인 가르침을 말하는데, "불교 이외의 인천승(人天乘)도 일승으로 회통할 수 있다"고 하는 원효의 말씀에서 이러한 생각을 볼 수 있다.

셋째, '종교적 다원주의'에서는, 각자의 종교는 상대적인 것이어서 얼마든지 동질적인 요소와 이질적인 요소를 가질 수도 있다고 한다. 그런데, 원효의 '종교화쟁론'에서는 바로 이러한 생각도 있다. 즉, "등류인과 같은 요소를 보면 인천승도 일승으로 회통할 수 있다고 보지만, 보인·결과와 같은 요소를 보면 인천승은 일승으로 회통할 수 없다고 본다"는 원효의 언급에서 그러한 생각을 읽을 수 있다.

넷째, 서양의 비교종교학으로 원효의 '종교화쟁론'을 이해하기 어려운 점도 있다. 그것은, 서양의 비교종교학에서는 '종교적 배타주의', '종교적 포괄주의', '종교적 다원주의' 중에서 어느 하나의 아이디어가 성립하면 다른 아이디어는 동시에 성립하지 못한다. 따라서 비교종교학에서는 원효의 종교화쟁론을 이 3가지 중의 하나라고 말하던지, 아니면 이 3가지 중의 어느 하나에 가깝다고 표현할 수밖에 없다.

하지만, 원효 종교화쟁론에서는 종교포괄주의적인 아이디어와 종교다원주의적인 아이디어가 '동시에' 성립하고 있다. 위에서 필자는 일심이문에서 원효 종교화쟁론이 나왔고, 그렇기에 A종교와 B종교는 동시에 같을 수도 있고[동일설] 다를 수도 있다[상이설]고 추정하였다. 이러한 추정이 옳다면, 이 점이 원효 종교화쟁론의 중요한 특징이 될 것이며, 서양의 비교종교학으로 접근하기 어려운 점이 될 것이다.

1. 원전류

대정장 : 『대정신수대장경』
한불전 : 『한국불교전서』

『장아함경(長阿含經)』, 대정장1.
『중아함경(中阿含經)』, 대정장1.
『잡아함경(雜阿含經)』, 대정장2.
『증일아함경(增一阿含經)』, 대정장2.
『대반야바라밀다경(大般若波羅密多經)』, 대정장7.
『소품반야경(小品般若經)』, 대정장8.
『법화경(法華經)』, 대정장9.
『화엄경(華嚴經)』, 대정장9.
『불설아미타경(佛說阿彌陀經)』, 대정장12.
『불설무량수경(佛說無量壽經)』, 대정장12.
『불설관무량수불경(佛說觀無量壽佛經)』, 대정장12.
『대반열반경(大盤涅槃經)36권본』, 대정장12.
『대반열반경(大盤涅槃經)40권본』, 대정장 12.
『대승입능가경(大乘入楞伽經)』, 대정장 16.
『범망경(梵網經)』, 대정장24.
용수, 『대지도론(大智度論)』, 대정장 25.
미륵, 『유가사지론(瑜伽師地論)』, 대정장 30.

천친, 『불성론(佛性論)』, 대정장 31.

호법, 『성유식론(成唯識論)』, 대정장 31.

무착, 『현양성교론(顯揚聖敎論)』, 대정장 31.

마명, 『대승기신론(大乘起信論)』, 대정장 32.

혜균, 『미륵경유의(彌勒經遊意)』, 대정장 38.

규기, 『관미륵상생도솔천경찬(觀彌勒上生兜率天經贊)』, 대정장 38.

경흥, 『삼미륵경요간(三彌勒經料簡)』, 대정장 38.

규기, 『성유식론장중추요(成唯識論掌中樞要)』, 대정장 43.

찬녕, 『송고승전(宋高僧傳)』, 대정장 50.

원효, 『대혜도경종요(大慧度經宗要)』, 한불전1.

원효, 『법화종요(法華宗要)』, 한불전1.

원효, 『화엄경소(華嚴經疏)』, 한불전1.

원효, 『본업경소(本業經疏)』, 한불전1.

원효, 『열반종요(涅槃宗要)』, 한불전1.

원효, 『미륵상생경종요(彌勒上生經宗要)』, 한불전1.

원효, 『해심밀경소서(解深密經疏序)』, 한불전1.

원효, 『무량수경종요(無量壽經宗要)』, 한불전1.

원효, 『불설아미타경소(佛說阿彌陀經疏)』, 한불전1.

원효, 『보살계본지범요기(菩薩戒本持犯要記)』, 한불전1.

원효, 『범망경보살계본사기(梵網經菩薩戒本私記)』, 한불전1.

원효, 『금강삼매경론(金剛三昧經論)』, 한불전1.

원효, 『대승기신론소기회본(大乘起信論疏記會本)』, 한불전1.

원효, 『이장의(二障義)』, 한불전1.

원효, 『판비량론(判比量論)』, 한불전1.

원효, 『중변분별론소(中邊分別論疏)』, 한불전1.

원효, 『십문화쟁론(十門和諍論)』, 한불전1.

원효, 『발심수행장(發心修行章)』, 한불전1.

원효, 『대승육정참회(大乘六情懺悔)』, 한불전1.

견등, 『대승기신론동이약집(大乘起信論同異略集)』, 한불전3.

균여, 『석화엄교분기원통초(釋華嚴敎分記圓通抄)』, 한불전4.

2. 단행본

고영섭,『원효』(서울 : 한길사, 1997).

고영섭,『연기와 자비의 생태학』(서울 : 연기사, 2001).

고익진,『한국불교사상사』(이리 : 원광대학교 출판국, 1975).

고익진,『한국의 불교사상』(서울 : 동국대학교 출판부, 1987).

김두진,『신라화엄사상연구』(서울대학교 출판부, 2002).

김삼용,『한국미륵신앙의 연구』(서울 : 동화출판사, 1983).

김상현,『(역사로 읽는)원효』(서울 : 고려원, 1994).

김상현,『원효연구』(서울 : 민족사, 2000).

김종욱,『불교생태철학』(서울 : 동국대학교 출판부, 2004).

김종욱,『불교에서 보는 철학 철학에서 보는 불교』(서울 : 불교시대사, 2002).

남동신,『원효』(서울 : 새누리, 1999).

동국대학교 불교문화연구원,『한국미륵사상연구』(서울 : 동국대학교 불교문화연구
　　　　원, 1983).

望月信亨,『강술 대승기신론』(동경 : 金尾文淵堂, 1922).

박태원,『원효의 십문화쟁론』(서울 : 세창출판사, 2013).

박태원,『원효의 화쟁철학 : 문 구분에 의한 통섭』(서울 : 세창출판사, 2017).

불교시대사 경전연구모임,『미륵상생경 외』(서울 : 불교시대사, 1991).

石川純一, 윤길순 역,『종교분쟁지도』(자작나무, 1996).

신현숙,『원효의 인식과 논리 : 판비량론의 연구』(서울 : 민족사, 1988).

신옥희,『일심과 실존』(서울 : 이화여자대학교 출판부, 2000).

심재열,『원효사상 II : 윤리관』(서울 : 홍법원, 1983).

안계현,『신라정토사상사연구』(서울 : 현음사, 1987).

오법안,『원효의 화쟁사상연구』(홍법원, 1989).

이기영,『원효사상 I : 세계관』(서울 : 홍법원, 1967).

이민용,『원효의 사상 : 화쟁사상을 중심으로』(서울 : 전망사, 1983).

이평래,『신라불교여래장사상연구』(서울 : 민족사, 1996).

조동일,『우리 학문의 길』(서울 : 지식산업사, 1993).

조용길,『현대 종교의 제문제와 불교적 대응』(용인 : 여래, 2006).

조용길,『불교생태학적 이해』(용인 : 여래, 2006).

주광렬,『과학과 환경』(서울 : 서울대학교 출판부, 1986).

최유진,『원효사상연구』(창원 : 경남대학교 출판부, 1998).

坪井俊映 한보광역,『정토학개설』(서울 : 홍법원, 1984).

황영선,『원효의 생애와 사상』(서울 : 국학자료원, 1996).

한인철,『종교다원주의의 유형』(한국기독교연구소, 2000).

3. 학위논문

강상원,『일미관행에 있어서 중도관에 관한 연구 : 원효의 금강삼매경론을 중심으로』(서울 : 동국대학교 박사학위논문, 1995).
고익진,『한국고대불교사상사연구』(서울 : 동국대학교 박사학위논문, 1987).
김병환,『원효의 금강삼매경론의 연구 : 관행을 중심으로』(서울 : 동국대학교 박사학위논문, 1997).
김영일,『원효의 화쟁논법 연구 : 화쟁의 실례를 중심으로』(서울 : 동국대학교 박사학위논문, 2008).
김종의,『원효의 사상체계에 관한 연구』(부산 : 부산대학교 박사학위논문, 1992).
김준경,『원효의 교판관 연구』(서울 : 동국대학교 박사학위논문, 1985).
김태수,『원효의 화쟁논법 연구 : 사구(四句) 논리를 중심으로』(서울 : 서울대학교 박사학위논문, 2018).
김현준,『원효의 심성론에 관한 분석심리학적 연구』(대구 : 경북대학교 박사학위논문, 1994).
석길암,『원효의 보법화엄사상 연구』(서울 : 동국대학교 박사학위논문, 2003).
오법안,『Wonhyo's Theory of Harmonization』(N. Y. : New York Univ. 박사학위논문, 1988).
류승주,『원효의 유식사상 연구 : 심식론과 번뇌론을 중심으로』(서울 : 동국대학교 박사학위논문, 2001).
은정희,『기신론소·별기에 나타난 원효의 일심사상』(서울 : 고려대학교 박사학위논문, 1982).
이정희,『원효의 실천수행관 연구』(서울 : 동국대학교 박사학위논문, 2006).
佐藤繁樹,『원효에 있어서 화쟁의 논리 : 금강삼매경론을 중심으로』(서울 : 동국대학교 박사학위논문, 1993).
최유진,『원효의 화쟁사상 연구』(서울 : 서울대학교 박사학위논문, 1988).

4. 연구논문

강동균,「원효의 정토관」,『석당논총』9(동아대학교 석당학술원, 1984).
강동균,「정토학의 실천행 : 원효의 정토사상에서 본 실천행」,『원효학연구』5(원효학회 원효학연구원, 2000).

고영섭, 「원효의 통일학 : 부정(破·奪)과 긍정(立·與)의 화쟁법」, 『동국사상』 26(서울 : 동국대학교 불교대학, 1994).

고영섭, 「원효의 통일학」, 『삼국통일과 한국통일』 상(통나무, 1994).

고영섭, 「원효의 화엄학 : 廣嚴과 普法의 긴장과 탄력」, 『불교와 문화』 4(서울 : 대한불교진흥원, 1998).

고영섭, 「원효『십문화쟁론』 연구의 지형도 : 조명기·최범술·이종익·이만용 복원문의 검토」, 『문학사학철학』 10(한국불교사연구소 발해동양학한국학연구원, 2007).

고익진, 「원효의 기신론소·별기를 통해 본 진속원융무애관과 그 성립이론」, 『불교학보』 10(서울 : 동국대학교 불교문화연구원, 1973).

고익진, 「원효사상의 사적 의의」, 『동국사상』 14(서울 : 동국대학교, 1981).

고익진, 「원효사상의 화쟁적 성격」, 『한국의 사상』(부산 : 열음사, 1984).

고익진, 「원효의 화엄적 공관」, 『철학사상의 제문제 : 공관을 중심으로』 Ⅳ(성남 : 한국정신문화연구원, 1986).

고익진, 「신라중대 화엄사상의 전개와 그 영향1」, 『불교학보』 24(서울 : 동국대학교 불교문화연구원, 1987).

고익진, 「신라중대 화엄사상의 전개와 그 영향2」, 『불교학보』 25(서울 : 동국대학교 불교문화연구원, 1988).

권기종, 「원효의 정토사상 연구 : 무량수경종요를 중심으로」, 『불교연구』 11(한국불교연구원, 1995).

권기종, 「원효전기 연구에 나타난 문제점에 대하여」, 『원효학회』 1(원효학회 원효학연구원, 1996).

권윤혁, 「화쟁논리의 부흥과 신민족통일론의 정립 1-4」, 『불교사상』 1-4(불교사상사, 1983).

木村宣彰, 「元曉大師の涅槃思想」, 『원효연구논총－그 철학과 인간의 모든 것』(국토통일원 조사연구실, 1987).

길희성, 「죤 힉의 철학적 종교다원주의론」, 『종교연구』 15(한국종교학회, 1998).

김경집, 「원효의 정토사상에 나타난 왕생의 원리」, 『한국불교학』 23(한국불교학회, 1997).

김경집, 「원효의 정토학연구」, 『보조사상』 11(불일출판사, 1998).

김명희, 「원효화쟁론의 해석학적 적근 : 종교대화원리를 중심으로」, 『원불교사상과 종교문화』 38(익산 : 원불교사상연구원, 2008).

김삼용, 「백제미륵사상의 역사적 위치」, 『마한백제문화』 4(원광대학교 마한백제문화연구소, 1982).

김삼용, 「미륵신앙의 원류와 전개」, 『한국사상사학』 6(한국사상사학회, 1994).

김상영,「한국 미륵신앙의 역사적 전개와 특성」,『불교와 문화』9(대한불교진흥원, 1994).

김상현,「성·속을 넘나드는 원효」,『불교사상』34(불교사상사, 1986).

김상현,「원효 화쟁사상의 연구사적 검토」,『불교연구』11·12(서울 : 한국불교연구원, 1995).

김상현,「원효 진나후신설의 검토」,『원효사상』(서울 : 신우당, 1998).

김상현,「원효의 불신에 대한 이해」,『한국사상사학』11(한국사상사학회 서문문화사, 1998).

김상현,「원효의 실천행」,『원효학연구』5(원효학회 원효학연구원, 2000).

김상현,「동서문명의 소통과 원효의 화쟁사상」,『천태학연구』11(대한불교천태종 원각 불교사상연구원, 2008).

김선근,「원효의 화쟁논리 소고」,『논문집』2(경주 : 동국대학교 경주대학, 1983).

김영경,「종교다원주의의 도전과 이슬람」,『한국이슬람학회논총』14-1(한국이슬람학 회, 2004).

김영일,「원효의 불성론에 담긴 생태학적 의미」,『한국불교학』36(서울 : 한국불교학 회, 2004).

김영일,「원효화쟁의 유형과 구조」,『문학사학철학』14(한국불교사연구소 발해동양학 한국학연구원, 2008).

김영일,「원효화쟁의 판정과 방법」,『문학사학철학』15(한국불교사연구소 발해동양학 한국학연구원, 2008).

김영일,「이념갈등의 해소에 관한 일고찰 : 원효의 화쟁논법을 중심으로」,『불교학보』 51(서울 : 불교문화연구원, 2009).

김영일, The Meaning of Mind of Wonhyo's Thought, International Journal of Buddhist Thought & Culture vol. 13 (Seoul : International Association for Buddhist Thought & Culture, September. 2009).

김영일,「원효의 공유화쟁론(空有和諍論)」,『한국불교학』64(서울 : 한국불교학회, 2012).

김영일,「원효의『십문화쟁론』「불성유무화쟁문」검토」,『한국불교학』66(서울 : 한국 불교학회, 2013).

김영일,「원효의 정토사상에 담긴 화쟁의 정신」,『정토학연구』20(서울 : 한국정토학 회, 2013).

김영일,「'불교와 다른 종교의 관계'에 대한 원효의 입장」,『보조사상』40(서울 : 보조사 상연구원, 2013).

김영일,「원효의 미륵정토사상에 담긴 화쟁의 정신 : 미륵상생경종요를 중심으로」, 『정토학연구』21(서울 : 한국정토학회, 2014).

492

김영일, 「원효의 불신화쟁론(佛身和諍論)」, 『대각사상』 23(서울 : 대각사상연구원, 2015).

김용구, 「원효의 언설사상(1)-(2)」, 『불교사상』 2-3(서울 : 불교사상사, 1984).

김용표, 「종교 다원주의에 대한 불교의 입장」, 『불교평론』 2(불교평론사, 2000).

김용표, 「불교의 관점에서 본 종교간의 갈등 문제」, 『석림』 36(서울 : 동국대학교 석림회, 2002).

김용표, 「원효의 화회 해석학을 통해 본 종교다원주의 - 종교성의 공동기반과 심층적 대화원리」, 『동서철학연구』 56(한국동서철학회, 2010).

김운학, 「원효의 화쟁사상」, 『불교학보』 15(서울 : 동국대학교 불교문화연구원, 1978).

김종서, 「현대종교다원주의와 그 한국적 독특성 연구」, 『종교학연구』 19(서울 : 서울대학교 종교학연구회, 2000).

김치온, 「청변과 호법의 공유논쟁에 대하여」, 『한국불교학』 25(한국불교학회, 1999).

김항배, 「노장과 원효」, 『제1회 한국불교학 결집대회 논집』 상(서울 : 한국불교학회, 2004).

김 훈, 「원효의 정토사상」, 『원효사상』(서울 : 신우당, 1998).

김형효, 「원효사상의 현재적 의미와 한국사상사에서의 위치」, 『원효연구논총』(국토통일원 조사연구실, 1987).

김형효, 「텍스터이론과 원효사상의 논리적 독법」, 『원효의 사상과 그 현대적 의미』(성남 : 한국정신문화원, 1994).

남동신, 「원효와 신라중대왕실의 관계」, 『원효사상』(서울 : 신우당, 1998).

등능성, 「원효에 있어서의 정토왕생의 의미」, 『현대와 종교』 14(현대종교문제연구소, 1991).

등능성, 「정토의 장엄 : 원효의 시점」, 『철학논총』 9(영남철학회, 1993).

박경준, 「대승열반경에 나타난 일천제 성불론」, 『한국불교학』 17(한국불교학회, 1992).

박성배, 「원효사상전개의 문제점 - 박종홍 박사의 경우」, 『동서철학의 제문제』(서울 : 서강대학교 철학과 동문회, 1979).

박성배, 「원효의 화쟁논리로 생각해 본 남북통일문제 : 원효사상의 현실적 전개를 위하여」, 『장봉김지견박사화갑기념사우록(莊峰金知見博士華甲記念師友錄) : 동과 서의 사유세계』(서울 : 민족사, 1991).

박종홍, 「원효의 철학사상」, 『한국사상사 - 고대편』(일신사, 1966).

박재현, 「원효의 화쟁사상에 대한 재고 : 화쟁의 소통적 맥락」, 『불교평론』 8(서울 : 만해사상실천선양회, 2001).

박태원, 「원효의 언어이해」, 『신라문화』 3·4합(경주 : 동국대학교 신라문화연구소, 1987).

박태원, 「견등의 기신론관」, 『가산학보』 1(가산불교문화연구원, 1991).

박태원,「원효 화쟁사상의 보편원리」,『철학논총』38(새한철학회, 2004).

박태원,「금강삼매경, 경론과 원효사상」,『원효사상 I』(울산 : 울산대출판부, 2005).

박태원,「원효의 화쟁사상」,『원효사상 II』(울산 : 울산대학교출판부, 2005).

방 인,「신라 불교계의 공유논쟁과 그 의의」,『한국의 철학』24(경북대학교 퇴계연구소, 1996).

백승종,「한국에서의 미륵신앙의 역사적 전개」,『원불교사상과 종교문화』21(원광대학교 원불교사상연구원, 1997).

福士慈,「일본불교에 나타난 원효의 영향」,『원효사상』(서울 : 신우당, 1998).

석상선웅,「6~7세기 동아세아에 있어서 미륵보살신앙의 동향」,『마한백제문화』16(원광대학교 마한백제문화연구소, 2004).

손영산,「『범망경보살계본사기권상』 원효 진찬여부 논쟁에 관한 재고」,『한국불교학』56(한국불교학회, 2008).

신현숙,「원효 무량수경종요와 유심안락도의 정토사상 비교」,『불교학보』29(동국대학교 불교문화연구원, 1992).

안계현,「원효의 미타정토왕생사상(상)」,『역사학보』16(역사학회, 1961).

안계현,「원효의 미륵정토 왕생사상」,『역사학보』17(역사학회, 1962).

안계현,「원효의 미타정토왕생사상(하)」,『역사학보』18(역사학회, 1963).

오강남,「원효사상과 현대사회학」,『불교연구』3(한국불교연구원, 1987).

오성환,「십문화쟁의 비교고」,『제2회 국제불교학술회의 : 원효사상』(1979).

오형근,「원효사상에 대한 유식학적 연구」,『불교학보』17(서울 : 동국대학교 불교문화연구원, 1980).

오형근,「미륵사상연구」,『불교학보』21(서울 : 동국대학교 불교문화연구원, 1984).

오형근,「유가론과 원효의 구종심주사상(九種心住思想)」,『한국불교학』11(서울 : 한국불교학회, 1986).

오형근,「원효의 대승사상과 칠대성사상(七大性思想)」,『불교학보』32(서울 : 동국대학교 불교문화연구원, 1995).

오형근,「원효대사의 신심과 발심관」,『원효사상』(서울 : 신우당, 1998).

은정희,「원효의 중관, 유식설 : 대승기신론의 경우」,『논문집』18(서울 : 서울교육대학, 1985).

이광률,「원효의 정토사상 : 무량수경종요를 중심으로」,『논문집』6(경산대학, 1988).

이기영,「교판사상에서 본 원효의 위치」,『하성이선근박사고희기념논문집(霞城李瑄根博士古稀紀念論文集)한국학논총』(하성이선근박사고희기념회, 1974).

이기영,「원효의 실상반야관(實相般若觀)」,『정신문화』6(한국정신문화연구원, 1980).

이기영,「불교의 현대적 의미」,『한국불교연구』(서울 : 한국불교연구원, 1982).

이기영,「법화종요에 나타난 원효의 법화경관」,『한국천태사상연구』(서울 : 동국대학교 불교문화연구소, 1983).

이기영, 「세계의 문화적 현실과 한국불교의 이상 : 원효사상은 21세기 세계를 향해 무엇을 줄 수 있는가」, 『불교연구』 4·5(한국불교연구원, 1988).

이기영, 「원효의 여래장사상」, 『원효사상연구』 Ⅰ(한국불교연구원, 1994).

이기영, 「Wonhyo's Ideal on peace and Union」, 『원효사상연구』 Ⅰ(한국불교연구원, 1994).

이기영, 「원효사상에 있어서의 궁극적인 것」, 『원효사상연구』 Ⅰ(서울 : 한국불교연구원, 1994).

이기영, 「원효의 화쟁사상과 오늘의 통일문제」, 『불교연구』 11·12합(한국불교연구원, 1995).

이기영, 「원효의 미륵신앙」, 『원효의 정토사상』(한국불교학연구총서62, 불함문화사, 2003).

伊藤隆壽, 「『彌勒經遊意』の 問題點」, 『駒澤大學佛教學部論集』 4(東京 : 駒澤大學佛教學部, 1973).

이 만, 「견등의 대승기신론동이약집에 인용된 태현의 유식사상」, 『한국불교학』 12(한국불교학회, 1987).

이영무, 「원효대사저 판비량론에 대한 고찰」, 『학술지』 15(서울 : 건국대학교, 1973).

이영무, 「원효와 서당설화에 대한 일고찰」, 『원효사상』(서울 : 신우당, 1998).

이영미, 「원효의 아미타신앙과 정토관」, 『가산학보』 2(가산불교문화진흥원, 1993).

이정희, 「『십문화쟁론』과 관련된 몇 가지 문제점」, 『한국불교학』 별집(한국불교학회, 2008).

이정희, 「대승기신론동이약집 저자문제에 대해서」, 『한국불교학』 41(서울 : 한국불교학회, 2005).

이종익, 「원효의 십문화쟁론 연구」, 『원효의 근본사상 : 십문화쟁론연구』, 『동방사상개인논문집』 1집(동방사상연구원, 1977).

이평래, 「여래장설과 원효」, 『원효연구논총』(국토통일원, 1987).

이한승, 「원효사상연구 : 화쟁사상을 중심으로」, 『논문집』 6(육군 제3사관학교, 1977).

이현옥, 「대승공유논쟁의 진실과 허상-논쟁의 사상적 배경을 중심으로」, 『인도철학』 12-1(인도철학회, 2002).

장휘옥, 「원효의 정토사상이 일본에 미친 영향」, 『일본학』 12(동국대학교 일본학연구소, 1993).

정용미, 「원효의 정토사상에 있어서 정토왕생의 원리와 수행체계」, 『동아시아불교문화』 6(동아시아불교문화학회, 2010).

정철호, 「원효의 정토관」, 『정토학연구』 1(대각회 대각출판부, 1998).

정태혁, 「원효의 정토왕생신앙의 교학적 근거와 특색」, 『정토학연구』 1(대각회 대각출판부, 1998).

조명기, 「원효종사의 십문화쟁론 연구」, 『금강저』 22(조선불교동경유학생회, 1937).

조수동, 「원효의 미륵사상」, 『인간과 사상』 10(영남동서철학연구소, 1998).

조용길, 「불교의 생명윤리관」, 『한국불교학』 29(서울 : 한국불교학회, 2001).

최범술, 「『십문화쟁론』 복원을 위한 수집자료」, 『원효연구논총』(국토통일원, 1987).

최연식, 「신라 견등의 저술과 사상경향」, 『한국사연구』 115(한국사연구회, 2001).

최연식, 「일본고대화엄과 신라불교」, 『한국사상사학』 21(한국사상사학회, 2003).

최연식, 「백제후기 미륵사상의 전개과정과 특성」, 『한국사상사학』 37(한국사상사학
회, 2011).

최유진, 「원효에 있어서 화쟁과 언어의 문제」, 『철학논집』 3(경남대학교 철학과, 1987).

최유진, 「원효의 일심 : 화쟁과의 연관을 중심으로」, 『철학논집』 4(경남대학교, 1988).

최유진, 「원효의 화쟁방법」, 『백련불교논집』 1(합천 : 백련불교문화재단, 1992).

최유진, 「원효의 미륵신앙에 대하여」, 『종교연구』 20(한국종교학회, 2000).

최유진, 「종교다원주의와 원효의 화쟁」, 『철학논총』 31(새한철학회, 2003).

한보광, 「원효의 정토관계 저술에 나타난 信觀」, 『원효학연구』 2(원효학회 원효학연구
원, 1997).

한보광, 「원효의 정토교에 있어서 왕생의 문제 : 발보리심 정인설을 중심으로」, 『원효
학연구』 7(원효학회 원효학연구원, 2002).

한형조, 「부정과 초월의 변증법 : 원효의 언어관」, 『원효연구논총』(국토통일원, 1987).

허경구, 「원효의 미륵상생경전관」, 『원효의 정토사상』(한국불교학연구총서62, 불함문
화사, 2003).

허흥식, 「고려에서 원효의 추앙과 종파별 변용」, 『원효사상』(서울 : 신우당, 1998).

홍윤식, 「한국사상에 있어서 미륵신앙과 그 사상적 구조」, 『한국사상사학』 6(한국사상
사학회, 1994).

부록

화쟁사례

| 저서차례 |

1. 『大慧度經宗要』
2. 『法華宗要』
3. 『涅槃宗要』
4. 『彌勒上生經宗要』
5. 『無量壽經宗要』
6. 『阿彌陀經疏』
7. 『梵網經菩薩戒本私記』
8. 『金剛三昧經論』
9. 『大乘起信論疏記會本』
10. 『二障義』
11. 『十門和諍論』

| 일러두기 |

1. 저서의 '차례'는 각 저서의 내용이 시작되는 부분에 표시하였다.
2. 사례의 '제목'은 각 사례가 시작되는 부분에 표시하였다.
3. 사례의 '원문'은 필자의 해석방식에 따라서 , . ? ' ' 등을 첨가하였다.
4. 필자가 원문을 수정·삽입·추정한 글자에는 방점을 첨가하였다.

1. 『大慧度經宗要』

【사례01】 제법실상(諸法實相)이란 무엇인가?

"有義, 依他起自性上, 遍計所執自性, 永無所顯眞如, 是爲實相, 依他起性實不空故. 瑜伽論云, '若諸名言熏習之想, 所建立識, 緣色等相事, 計爲色等性. 當知此性, 非實物有, 非勝義有, 唯是遍計所執自性, 當知假有. 若遣名言熏習之想, 所建立識, 如其色等相事緣, 離言說性, 當知此性, 是實物有, 是勝義有', 乃至廣說故. 或有說者, 依他性空, 眞如亦空, 如是乃爲諸法實相. 如下文言, '色無所有不可得, 受想行識無所有不可得, 乃至如法性實際無所有不可得.' 又言, '諸法實相云何有? 諸法無所有, 如是有是事不知, 名爲無明', 乃至廣說故. 或有說者, 依他起性, 亦有亦空, 世俗故有, 勝義故空. 空卽眞如, 眞如不空. 如是名爲諸法實相. 如下文云, '世俗法故, 說有業報, 第一義中, 無業無報.' 瑜伽論云, '於勝義上, 更無勝義故.' 或有說者, 二諦法門, 但是假說, 而非實相. 非眞非俗, 非有非空, 如是乃名諸法實相. 如下文云, '有所得無所得平等, 是名無所得.' 論云, '若顚倒少許有實者, 第一義諦亦應有實故.' 問, 諸師所說, 何者爲實? 答, 諸師說皆實. 所以然者, 皆是聖典, 不相違故. 諸法實相, 絶諸戱論, 都無所然, 無不然故. 如釋論云, '一切實, 一切非實, 及一切實亦非實, 一切非實非不實. 是名諸法之實相.' 案云, 此說四句, 是實相者, 如其次第, 許前四說. 離著而說, 無不當故. 若有著者,

如言而取, 無不破壞, 故非實相. 離絶四句, 不可破壞. 如是乃名諸法實相. 如廣百論頌曰, '有非有俱非, 諸宗皆寂滅, 於中欲興難, 畢竟不能申.'(한불전1, 480하~481상)

[사례02] 반야란 유루(有漏)인가, 무루(無漏)인가?

"一有人言, 無漏慧眼, 是般若波羅蜜相. 何以故, 一切慧中第一慧, 是名般若波羅蜜, 無漏慧眼是第一. 二有人言, 般若波羅蜜, 是有漏慧. 何以故, 菩薩至道樹下乃斷結, 先雖有大智慧有無量功德, 而諸煩惱未斷, 是故言菩薩般若波羅蜜, 是有漏智慧. 三有人言, 菩薩有漏無漏智慧, 總名般若波羅蜜. 何以故, 菩薩觀涅槃行佛道, 以是事故, 菩薩智慧應是無漏. 以未斷結使事未成辦故, 應名有漏. 四有人言, 是般若波羅蜜不可得相, 若有若無, 若常若無常, 若空若實, 是般若波羅蜜. 非陰界入所攝, 非有爲非無爲, 非法非非法, 無取無捨, 不生不滅, 出有無四句, 適無所著. 譬如火焰, 四邊不可觸, 以燒手故, 般若波羅蜜相亦如是, 不可觸以邪見火燒故. 問曰, 上種種人說波若波羅蜜, 何者爲實? 答曰, 有人言, 各各有理皆是實. 如經說, '五百比丘各各說二邊及中道義, 佛言皆有道理.' 有人言, 末後答者爲實. 所以者何, 不可破不可壞故. 若有法如毫氂許有者, 皆有過失可破, 若言無亦可破. 此般若中, 有亦無, 無亦無, 非有非無亦無, 如是言說亦無, 是名寂滅無量無戲論法. 是故不可破不可壞, 是名眞實般若波羅蜜, 最勝無過者. 如轉輪聖王降伏諸敵而不自高, 般若波羅蜜亦如是, 能破一切語言戲論, 亦不有所破. 案云, 此中前三義者, 依迹顯實, 通取地前地上波若, 有漏無漏, 隨義而說. 第四義者, 唯顯地上, 無分別智, 證會實相, 絶諸戲論, 超過四句, 遠離五相, 故言末後答者爲實. 是就最勝, 作如是說, 而非盡攝一切智慧, 故言諸說皆有道理. 如下文云, '波若波羅蜜, 攝一切智慧. 所以者何, 菩薩求佛道時, 應學一切法, 得一切智慧, 所謂求聲聞辟支佛佛智慧. 是智慧有三種, 學無學非學非無學. 非學非無學智者, 如乾慧地不淨安般, 欲界繫四念處煖法頂法忍法世第一法等', 乃至廣說."(한불전1, 481하~482중)

[사례03] 관조반야(觀照般若)에 삼분(三分)이 있는가?

"問, 觀照般若, 若有三分不? 若有見分, 何言無見? 若無見分, 何名觀照? 有自證分, 證自體者, 則此智體, 不同實相, 云何得言, 無二無別? 若無見分, 亦無自證, 則同虛空,

不得名慧? 答, 有義此智有見無相, 有義此智無相無見, 唯有自證證於自體. 若就有別
開分, 三分俱無, 若依無異假說, 三分俱有. 謂卽於此平等之中, 無相爲相, 無見爲見,
無別自證, 非不自證. 如是自證, 無所不證, 諸法實相, 無非自故, 故此自證, 無非是見,
見實相者, 是無所見, 有所見者, 不見實故. 故此見分, 無非實相, 如是三分, 只是一味.
若如是說, 有見不見, 無障無礙, 卽是解脫. 若存能見, 卽墮有邊, 若無見分, 則墮無邊.
不離邊故, 卽爲被縛. 如論偈云, '若人見般若, 是卽爲被縛, 若不見般若, 卽亦名被縛.
若人見般若, 是則得解脫, 若不見般若, 則亦得解脫."(한불전1, 482하)

[사례04] 『반야경』의 교판상 지위는 어떠한가?

"有人說言, 一代教門, 不出二途, 一者頓教, 二者漸教. 漸教之內, 有其五時, 一四諦教,
二無相教, 三抑揚教, 四一乘教, 五常住教. 從淺至深, 漸次而說, 今此經等, 諸般若教,
在第二時, 名無相教.. 或有說者, 出世教門不過三品, 所謂經說, 三種法輪. 如解深密
經言, '勝義生菩薩白佛言, 世尊初於一時, 在波羅泥斯, 仙人墮處, 施鹿林中, 唯爲發趣
聲聞乘者, 以四諦相, 轉正法輪. 雖是甚奇甚爲希有, 而是法輪有上有容, 是未了義,
是諸諍論安足處所. 世尊在昔第二時中, 唯爲發趣修大乘者, 依一切法, 空無自性, 無
生無滅, 本來寂靜, 自性涅槃, 以隱密相, 轉正法輪. 而是法輪, 亦是有上, 是未了義,
是諸諍論, 安足處所. 世尊於今第三時中, 普爲發趣一切乘者, 依一切法, 空無自性,
無生無滅, 本來寂靜, 自性涅槃, 無自性性, 以顯了相, 轉正法輪. 無上無容, 是其了義,
非諸諍論安足處所.' 今此大品, 并諸般若, 皆是第二法輪所攝. 問, 是二師說, 何者爲
實? 答, 二種教門, 三種法輪, 是就一途, 亦有道理. 然其判此大品經等, 皆屬第二時攝,
第二法輪者, 理必不然, 違經論故. 故此論釋畢定品言, '須菩提聞, 法華經說, 若於佛
所, 作小功德, 乃至戲笑, 一稱南無佛, 漸漸必當作佛. 又聞阿鞞跋致品中, 有退不退,
如法華經中, 畢定餘經說, 有退有不退, 是故今問爲畢定爲不畢定', 乃至廣說. 以是驗
知, 說是經時, 在法華後, 卽示第二時者, 不應道理也. 問, 若判此經, 在法華後者,
是說云何通? 如仁王經言, '爾時大衆, 各相謂言, 大覺世尊, 前已爲我等大衆, 二十九
年, 說摩訶般若, 金剛般若, 天王問般若, 光讚般若波羅蜜, 今日如來, 放大光明, 斯作
何事?' 答, 摩訶般若, 非一衆多, 有在前說, 有在後說. 如論說言, '此經二萬二千偈,
大般若十萬偈, 若龍王宮, 阿修羅宮, 天宮中者, 千億萬偈', 乃至廣說. 以是義故, 不相

違也. 又此論云, '復次有二種說法, 一者諍處, 二者無諍處. 諍處者, 如餘經. 今欲明無諍處故, 說是摩訶般若波羅蜜經.' 以此證知, 今此經者, 同於第三顯了法輪, 非諸諍論安足處故, 而判此經等示第二法輪, 是卽此經爲諍論處, 不應謂論說是無諍. 又此經言, '欲求三乘菩提, 當學般若波羅蜜.' 又言, '波若波羅蜜中, 雖無法可得, 而有三乘之教', 乃至廣說. 如解深密經中亦言, '一切聲聞獨覺菩薩, 皆是一妙清淨道.' 當知此經同彼第三, 普爲發趣一切乘者, 以顯了相轉正法輪. 而彼第二法輪中言, 唯爲發趣修大乘者, 何得以此屬彼第二? 又此經如化品言, '若法有生滅者, 如化, 若法無生無滅, 所謂無誑相涅槃, 是法非變化. 須菩提言, 如佛所說, 一切諸法性空, 非聲聞作, 乃至非諸佛作, 云何涅槃一法, 非如化? 佛言, 如是如是, 一切法性常空. 若新發意菩薩, 聞一切法皆是性空, 乃至涅槃亦皆如化, 心卽驚怖. 爲是新發意菩薩故, 分別生滅者如化, 不生滅者不如化. 須菩提言, 世尊云何, 令新發意菩薩, 知是性空? 佛告須菩提, 諸法先有今無耶?' 以是文證, 當知此經, 說涅槃法亦無自性. 而彼第二法輪中言, 一切諸法, 無生無滅, 本來寂靜, 自性涅槃, 不言涅槃, 無自性性. 第三了義法輪中言, 一切諸法, 無生無滅, 乃至涅槃無自性性. 以是故知, 今此經宗, 超過第二, 同第三也. 又華嚴經云, '生死及涅槃, 是二悉虛妄, 愚智亦如是, 二皆無眞實.' 今此經云, '色受想等, 如幻如夢, 乃至涅槃, 如幻如夢, 若當有法, 勝涅槃者, 我說亦復, 如幻如夢.' 當知此經, 同彼華嚴, 無上無容, 究竟了義. 但其教門, 各各異一耳."(한불전1, 486중~487중)

2. 『法華宗要』

【사례05】 삼승(三乘)은 진실인가, 방편인가?

"問, 若不取言, 皆爲實者, 彼三乘敎, 亦應是實? 答, 通義皆許, 而有別義以, 三乘敎下, 都無三理, 一乘敎下, 不無一理. 故三是權, 一乘是實. 雖不無一, 而非有一, 是故亦非有所得也."(한불전1, 491상)

【사례06】 방편은 삼승인가, 이승인가?

"問, '會三因果, 歸本一者', 爲當三皆非實, 故歸於一實耶? 爲當唯二非實, 故歸於一實耶? 若如後者, 何故經言, '我有方便力, 開示三乘法'? 若如前者, 云何復言, '唯是一事實, 餘二則非眞'? 答, 或有說者, 三皆非實, 如前文說. 而言, '一實二非眞者', 三中之一,

與無三之一, 俱是佛乘, 通說是實, 餘二不用, 開別言非實. 由是義故, 二文不違. 或有說者, 唯二非實, 如後文故. 而說, '三乘皆方便者', 於一實中, 加二非實, 合說爲三. 是三非實, 如人手內, 實有一果, 方便言三, 三非是實, 無三果故. 考而論之, 一果是實, 二是方便, 有一果故. 如智度論云, '於一佛乘, 開爲三分. 如一人分一斗米, 以爲三聚, 亦得言會三聚歸一, 亦得言會二聚歸, 會三會二, 猶是一義, 不相違也.' 或有說者, 前後二文, 各有異意, 不可一會. 所以然者, 三乘之敎, 有其二種, 一者別敎, 二通敎. 別敎三乘, 三皆非實, 皆是方便. 以彼敎說, '三僧祇劫, 唯修四度, 百劫之中, 修相好業, 最後身中, 修於定慧, 菩提樹下, 成無上覺', 如是因果, 以爲佛乘, 是故佛乘, 亦是方便. 若論通敎, 所說三乘, 佛乘是實, 定餘二非眞. 以彼敎說, '於十地中, 具修六度, 萬行圓滿, 致薩婆若, 此薩婆若果, 不與三乘(世)合', 如是因果, 究竟眞實, 此爲佛乘, 豈是方便! 是故當知, 二文意異. '我有方便力, 開示三乘法者', 是顯別敎, 所說三乘也. '唯是一事實, 餘二則非眞者', 是對通敎, 所說三乘. 其餘諸文, 皆作是通."(한불전1, 491중~하)

[사례07] 삼승은 일승의 원인으로 돌아가는가? 결과로 돌아가는가?

"問, 若說, '別敎三乘因果, 皆是方便, 故歸一者', 爲歸一因, 歸一爲果? 答, 於一佛乘, 分別說三, 故隨其本, 歸因歸果. 是義如(□)何? 聲聞緣覺, 若因若果, 皆於一因, 分別爲二, 如經說言, '聲聞緣覺, 若智若斷, 皆是菩薩, 無生法忍'. 當知此二, 皆歸一因, 歸一因故, 終致一果. 彼敎中說, '佛乘因果, 分別佛地, 化身少分'. 如經說言, '我實成佛已來, 百千萬億那由他劫故'. 當知彼說, 佛乘因果, 同歸於此一乘果內. 若有菩薩, 依彼敎故, 望樹下佛, 發心修行, 如是願行, 歸於一因, 同彼二乘, 未至果故. 通而言之, 應作四句. 一, 以方便因, 歸眞實因, 謂菩薩因, 及二乘因. 二, 以方便果, 歸眞實果, 謂於樹下, 成無上覺. 三, 以方便因, 歸眞實果, 謂樹下佛, 前菩薩行. 四, 以方便果, 歸眞實因, 謂二乘人之無學果. 總攝如是四句, 以說會三歸一."(한불전1, 491하~492상)

[사례08] 인천승(人天乘)도 일불승(一佛乘)에 포함되는가?

"問, 方便敎中, 有人天乘, 何故, 不會此二, 唯會彼三? 答, 會三之言, 亦攝此二. 所以然者, 法花敎中, 說三乘有二, 一者, 三車所譬, 出譬喻品, 二者, 三草所況(呪), 出藥草品.

此義云何? 人天二乘, 合爲小乘, 如小藥草, 聲聞緣覺, 名爲中乘, 如中藥草, 依彼別敎, 發心菩薩, 說名爲大乘, 如大藥草. 會此三乘, 卽攝五乘. 然依人天, 會因而不會果. 果是無記, 不作一因故. 彼因善法, 有二功能, 報因功能, 亦不會之, 有受盡故. 等流因用, 是今所會, 無受盡故. 會此因義, 入第一句."(한불전1, 492상-중)

[사례09] 『법화경』의 교판상 지위는 어떠한가?

"是法華經, 何敎所攝, 爲是了義, 爲不了義? 有說此經, 是不了義. 所以然者? 大分佛敎, 有三法輪, 一者有相法輪, 唯爲發趣聲聞乘者, 依四諦相轉法輪故, 如阿含經等. 二者無相法輪, 唯爲發趣菩薩乘者, 依法空性轉法輪故, 如般若經等. 三者無相無上法輪, 普爲發趣三乘者, 依諸法空無自性性, 而轉法輪無上無容故, 如解深密經等. '此中前二, 是不了義, 第三法輪, 是眞了義', 是義具如彼論廣說. 此法華經, 是第二攝, 如偈說言, '諸法從本來, 常自寂滅相, 佛子行道已, 來世得作佛故', 是故當知, 第二無相法輪所攝, 旣屬第二, 是不了義. 此義卽以二文爲證, 一者, 卽彼解深密經云, '一向趣寂, 聲聞種性, 補特伽羅, 雖蒙諸佛, 施設種種, 勇猛加行, 方便化道, 終不能令當坐道場, 證得無上正等菩提. 何以故, 由彼本來 唯有下劣種性故, 一向慈悲薄弱故, 一向怖畏衆苦故', 乃至廣說. 二者, 對法論云, '衆生意樂樂樂者, 如爲不定種性者, 捨離下劣意樂故, 記大聲聞當得作佛, 又說一乘更無第二.' 案云, 彼經旣是究竟眞實了義說, 說言聲聞 永不成佛, 是知法花, 說諸聲聞當得作佛, 是方便語不了義說. 是故阿毘達磨論(□)云, 是隨衆生意樂而說, 非是直說眞實道理, 修多羅者以文爲勝, 阿毘達磨以理爲勝, 由有如是二種明證, 當知法花一乘之敎, 定非究竟了義說也. 或有說者, 法花經是究竟了義. 所以然者? 如來一代所說敎門, 略攝不出三種法輪. 何者爲三? 一者根本法輪, 二者枝末法輪, 三者攝末歸本法輪. 根本法輪者, 謂佛初成道, 花嚴之會, 乃爲菩薩, 廣開一因一果法門, 謂根本之敎也. 但薄福鈍根之流, 深不堪聞一因一果故, 於一佛乘分別說三, 謂枝末之敎也. 四十餘年, 說三乘之敎, 陶練其心, 今至法花之會, 始得會三歸一, 卽攝末歸本敎也. 如信解品, 明長者居師子座(坐), 眷屬圍遶, 羅列寶物, 卽指花嚴根本敎也. 喚子不得故, 密遣二人, 脫珍御服, 狀弊垢衣, 謂隱一說三, 枝末敎也. 如富長者, 知悉下劣調(□)伏其心, 乃敎大智, 謂攝末歸本敎也. 是等(□)諸門, 處處有文, 當知此中, 初後二敎, 同是究竟了義之說, 第二敎者於一說三, 皆是方便不了義說. 爲成此義, 明證有二, 一者修多羅, 二者阿毘達磨. 修多羅者, 略引三文, 一者, 如安樂行品云, '此法花經, 能令衆生至一切智, 一切世間多怨難信, 先所未說而今說 之. 是諸如來第一之說, 於諸說中, 最爲甚深, 末後賜與, 如彼强力王, 久護明珠, 今乃 與之.' 二者, 化城品云, '是諸佛方便, 分別說三乘, 唯有一佛乘, 餘(□)處故說二', 三者, 勝鬘經云, '阿羅漢辟支佛, 四智究竟, 得蘇息處, 亦是如來, 是方便', 有餘不了義 說. 如是等文, 不可具陳. 阿毘達磨者, 略引三處文. 法花論云, '決定增上慢, 二種聲聞, 根未熟故, 佛不與授記, 菩薩與授記, 菩薩與記者, 方便令發心故.' 二者, 智度論說, '問, 阿羅漢, 先世因緣之所受身, 必應當滅, 住在何處而具足佛道? 答, 得阿羅漢時, 三界諸漏因緣盡故, 更不復生三界, 有淨佛土出於三界, 乃至無有煩惱之名, 於是國立 佛所, 聞法花經, 具足佛道.' 三者, 寶性論云, '問, 說闡提無涅槃性, 常不入涅槃者, 此義云何? 爲欲示顯謗大乘因故. 此明何義, 爲欲迴轉誹謗大乘心, 不求大乘心, 依無 量時, 故作是說, 以彼實有清淨性故.' 依是等文, 當知諸教, 說有二乘定不成佛, 及說無 性有情等言, 皆是方便不了義說. 若說一乘, 更無第二, 一切衆生, 皆當作佛, 如是經典, 是眞了義. 問, 若立初師義者, 後師所引文, 云何和會? 彼師通曰, 諸一乘教所說諸文, 皆爲護彼不定性者, 皆是方便故不相違. 法花論文及寶性論, 亦爲述後方便教意, 智度 論文, 說阿羅漢生淨土者, 是約不定種性聲聞, 由是道理亦不相違. 問, 若立後師義者, 前所引證, 云何得通? 彼師通云, 深密經說, 終不能令當坐道場, 證得無上正等菩提者, 是明決定當入無餘, 永不能令不入無餘, 直證無上正等菩提 是故說爲一向趣寂. 然彼 聲聞, 入無餘時住八萬劫, 或住六萬四萬二萬, 然後起心卽入大乘, 生於淨土具足佛 道. 若論不定種性人者, 唯住有餘依地入大, 如瑜伽論分明說故, 是故彼經亦不相違. 對法論文, 說一乘教爲方便者, 是述三乘權教之意, 而非究竟道理之說. 如彼執三乘者 說云, 十五有漏是(□)無記者, 是約麁相境界而說, 非是究竟實義道理. 是故當知彼對 法論, 或有述於方便教文, 由是道理不相違也. 問, 二師所通一據相違, 何者爲實, 何者 爲勝? 答, 皆是經論, 有何不實? 所以然者, 爲護一向趣寂意者, 則如初師所通爲實, 爲護不定種姓人意, 則如後師所說爲實, 皆當物機, 各得和通故. 若就道理, 判其勝負 者, 彼師義狹而且短, 彼說佛道(□)不遍一切故, 又說二乘(□), 竟斷滅故. 第二師義, 寬而復長, 返前短狹, 其義可知. 斯則, 以短狹義, 會寬長文, 文傷義則難(□□□)會, 用寬長義, 容短狹文, 文狹則無傷, 義則易會. 由是道理, 後說爲勝, 是故當知此法花經,

乃是究竟了義之敎也. 今依是義, 以通諸文, 諸文相違, 皆得善通. 所以然者, 以諸了義究竟敎內, 不無方便不了之言. 如解深密經中說言, '一切聲聞緣覺菩薩, 同皆共一此妙淸淨道, 皆同是一究竟淸淨.' 如(□)是道理 爲彼經宗, 所以彼經是眞了義. 而彼經說, '寂趣聲聞, 終不能得坐於道場', 如是等文, 是方便說, 爲護決定二乘意故, 作是方便不了義說. 由是道理, 夫人性等說, 彼以爲不了義說, 如是二文不相違也. 又此法花經中說言, '爲二乘(□□)故化作寶城, 更此息已終引佛果', 依是道理以說一乘, 是爲經究竟了義. 此經亦有不了義語, 不(□)直說言, 唯有一乘(□□)無二無三, 是文爲非決(□□)定了義(□□)說. 無趣寂二乘之行, 而實不無趣寂二乘之行, 是故說有(無)是方便語. 由是道理, 對法論說, 爲方便者, 亦有道理也."(한불전1, 493상~494하)

3. 『涅槃宗要』

[사례10] 『열반경』을 말씀할 인연이 있는가?

"佛說是經, 無因無緣. 所以然者, 所說之旨, 絶於名言, 不關(開)因緣故, 能說之人, 離諸分別, 不思因緣故. 無因强說是經, 如此下文言, '如拉羅婆夷名爲食油, 實不食油, 强爲立名字爲食油', 是大涅槃經, 亦復如是, 無有因緣强立名字. 又攝論云, '若佛果是 無分別智, 所顯離分別衆生, 云何得作衆生利益事? 如理無倒爲顯無功用作事. 故重 說偈言, 譬摩尼天鼓無思成自事, 如是不分別種種佛事成.' 解云, 若依是義, 無因緣而 有所說. 又復得言, 無因緣故亦無所說, 如是經下文言, '若知如來常不說法, 是名菩薩 具足多聞.' 二夜經云, '從初得道夜, 乃至涅槃夜, 是二夜中間, 不說一言字.' 以是證知 無因無說. 或有說者, 有大因緣, 佛說是經. 所以然者, 如愚癡人, 都無因緣, 無有(有無) 所作, 智者不爾, 有深所以, 乃有所作. 如智度論云, '譬如須彌山王, 不以無因緣及小因 緣而自動作, 諸佛亦爾, 不無因緣而有所說.' 依是文意, 有因有說. 若依是意, 說此經 因, 有總有別. 別而論之, 因緣無量. 所以然者, 大人發言, 必不徒說, 一偈一句, 各有因 緣, 一言之內, 亦有衆緣. 此經梵本, 有二萬五千偈, 則有二萬五千因緣, 隨其一偈皆有 四句, 則十萬句有爾許因緣. 又一一句各有諸緣, 由是言之有無量緣, 別緣如是不可具 陳. 總因緣者, 如來宜以大因緣而說是經,. 所謂欲顯諸佛出世之大意故. 如法花經言, '諸佛如來, 唯以一事因緣故, 出現於世', 乃至廣說. 又此經菩薩品云, '若有人能供養恭 敬無量諸佛, 方乃得聞大涅槃經. 所以者何, 大德之人乃能得聞, 如是大事. 何等爲大? 所謂諸佛甚深秘藏如來之性, 以是義故, 名爲大事.' 解云, 今說是經之時, 正臨一化之 終日, 究竟(意)顯示諸佛大意, 所謂總括, 成道以來隨機, 所說一切言教, 悉爲示一味之 道, 普令(今)歸趣無二之性. 十方三世一切諸佛悉同, 是意無二無別, 是謂諸佛出世大 意, 是名如來甚深秘藏. 由有如是一大因緣, 是故如來說是大經, 如是總門一大因緣, 卽攝別門無量因緣, 以其衆緣不出一意. 問, 彼初師義, 無因無說, 此後師意, 有因有說, 如是二說, 何得何失? 答, 或有說者, 二說悉得, 皆依經典, 不相妨故. 雖非不然, 故說有 無, 而非定然, 故不相違."(한불전1, 524중~525중)

[사례11] 『열반경』의 중요한 가르침은 무엇인가?

"有師說言, 經文始終, 所詮衆義, 以爲經宗. 對問而言, 卽有六六三十六義, 所謂第一 長壽因果, 乃至最後諸陰法門. 或有說者, 四種大義, 爲此經宗. 何等爲四? 一者, 大涅

槃圓極妙果, 具足三事及與四德. 二者, 一切衆生悉有佛性, 煩惱覆故不能見. 三者, 三寶佛性, 同體無二. 四者, 闡提謗法, 執性二乘, 悉當作佛. 如是四義, 以爲其宗. 或有說者, 出世因果, 以爲其(其爲)宗, 果卽菩提涅槃, 因卽佛性聖行. 如純(能)陀章 開菩提果, 哀(寶)歎章中, 開涅槃果, 如來性品, 顯佛性因, 聖行品中, 說行德因, 其餘諸 品, 重顯因果. 故知無上因果爲宗. 或有說者, 當常現常二果爲宗. 所謂一切衆生悉有 佛性, 是顯當常, 如來所證大般涅槃, 是明現常. 聖行等因, 卽助顯於果, 非爲正宗. 若據佛意, 欲使衆生, 各證當果, 但當果未非. 恐難取信, 是故自說所證, 將成物信. 以是義故, 二果爲宗, 但從現立題, 故名涅槃也. 或有說者, 圓極一果, 爲是經宗. 所謂 諸佛大般涅槃, 所以從宗而立題名. 瓔珞經, 六種瓔珞爲宗, 大般若經, 三種般若爲宗, 當知是涅槃經, 一大涅槃爲宗. 或有說者, 諸佛秘藏, 無二實性, 以爲經宗. 如是實性, 離相離性, 故於諸門, 無障無礙. 以離相故, 不垢不淨, 非因非果, 不一不異, 非有非無. 以離性故, 亦染亦淨, 爲因爲果, 亦一亦異, 爲有爲無. 爲染淨故, 或名衆生, 或名生死, 亦名如來, 亦名法身. 爲因果故, 或名佛性, 或名如來藏, 或名菩提, 或名大涅槃. 乃至, 爲有無故, 名爲二諦, 非有無故, 名爲中道. 由非一故, 能當諸門, 由非異故, 諸門一味. 如是無二秘藏, 以爲是經宗旨, 但其題目之中, 不能並遍(偏)存諸名, 且隨時事, 立涅槃 名. 問, 六師所說, 何者爲實? 答, 或有說者, 諸說悉實, 佛意無方, 無不當故. 或有說者, 後說爲實, 能得如來, 無方意故, 並容前說, 諸師義故. 當知是二說, 亦不相違也."(한 불전1, 525중~526상)

[사례12] '열반'은 번역하여야 하는가?

"有翻之說, 雖有諸宗, 今出一義. 翻爲滅度. 其文證者, 如法花經長行言, '如來於今日 中夜, 當入(入當)無餘涅槃.' 下偈頌曰, '佛此夜滅度, 如薪盡火滅.' 又此大經第一卷云, '隨其類音, 普告衆生, 今日如來, 將欲涅槃.' 六卷泥洹, 此處文言, '悟惔寂滅大牟尼尊, 告諸衆生, 今當滅度.' 以是等文, 當知滅度, 正翻涅槃也. 無翻之說, 亦有諸宗, 且出一 義. 彼師說言, 外國語容含多名訓, 此土語偏不能相當, 是故不可一名而翻. 其文證者, 如德王品第七功德文言, '涅者不, 槃者滅(識), 不滅(識)之義, 名爲涅槃. 槃言覆, 不覆 之義, 乃名涅槃. 槃言去來, 不去不來, 乃名涅槃. 槃者言取, 不取之義, 乃名涅槃. 槃者不定, 無不定義, 乃名涅槃. 槃言新故, 無新故義, 乃名涅槃. 槃言障礙, 無障礙義,

乃名涅槃.'又下文言,'善男子, 槃者言有, 無有之義, 乃名涅槃. 槃者名爲和合, 無和合義, 乃名涅槃. 槃者言苦, 無苦之義, 乃名涅槃.'此處略出是十種訓, 上下諸文乃衆多, 故知不可一語而翻. 問, 若立後師義, 是難云何通? 謂有難曰,'經說有翻, 耶得無翻? 如言隨其類音, 普告衆生, 今日如來, 將欲涅槃.'豈隨蜂蟻, 六道之音, 得翻涅槃之名, 而獨不得, 此國語翻? 又當此處經文, 旣翻云之滅度, 豈可得云不能翻耶? 彼師通曰, 涅槃之名, 多訓之內, 且取一義, 翻爲滅度, 卽依此訓, 普告衆生, 非謂其名, 只翻滅度, 以是義故, 彼難善通. 問, 若立初師義, 是文云何通? 如德王品, 菩薩難言,'若使滅度非涅槃者, 何故如來自期, 三月當般涅槃?'師子吼(孔)品云,'諸結火滅, 故名滅度, 離覺觀故, 故名涅槃.'以是文證, 明知滅度, 非正翻於涅槃名也. 彼師通曰, 此等經文, 是翻譯家, 梵(故)漢互擧, 綺飾其文, 若使令存外國語者, 旣言,'若使涅槃非涅槃者, 又諸結火滅故名涅槃, 離覺觀故名涅槃.'如其令存此土語者, 旣云,'若使滅度非滅度者', 下文例爾. 由是義故, 不相違也. 問, 二師所說, 何是何非? 答, 或有說者, 二說俱是, 悉依經文, 而成立故. 是義云何, 涅槃之名, 卽含二義, 所謂密語, 及顯了語. 依顯了語, 正翻滅度, 如初師說. 若依密語, 卽含多訓, 如後師說(訓). 由是道理, 二說悉得. 若依是意, 通彼難者, 就顯了義, 有正翻故, 隨其類音, 普告衆生. 就其密語, 含多義訓, 是故後文, 亦得善通. 說言若使滅度者, 擧顯了語, 死滅度也. 非涅槃者, 取密語內, 不滅(識)義也. 難意正言, 若使死滅之滅度義, 非不滅之涅槃義者. 何故, 以是不滅(識)之名, 自期三月當般涅槃? 以先樹下成道之時, 已得不滅之涅槃故, 要有煩惱乃滅(識)生死. 故師子吼品言,'諸結火滅名滅度者', 亦是顯了語之滅度,'離覺觀(覺)故名涅槃者', 取密語內無苦之義, 入無餘時苦報滅已, 方離覺觀(覺)分別心故. 由是道理諸說善(善說)通也."(한불전1, 526상~하)

[사례13] '열반'은 번뇌를 없애는가?

"問, 若斷煩惱非涅槃者, 何故, 德王菩薩品云,'不見佛性而斷煩惱, 是名涅槃非大涅槃. 若見佛性能斷煩惱, 是則名爲大涅槃, 以見佛性, 故得名爲常樂我淨. 以是義故, 斷除煩惱, 亦得稱爲, 大般涅槃.'若斷煩惱稱涅槃者, 何故, 彼品下文說言,'斷煩惱者不名涅槃, 不生煩惱乃名涅槃, 善男子, 諸佛如來煩惱不起, 是名涅槃.'解云, 前所引文, 爲簡涅槃大涅槃異. 故擧二斷, 以顯斷處, 非約能斷, 名爲涅槃. 後所引文, 爲簡諸

佛與菩薩異. 菩薩斷處猶有餘惑, 故不得受涅槃之名, 諸佛斷處畢竟不生, 所以得立涅槃之稱. 是答德王菩薩難意, 彼前難言, '若言, 煩惱滅之處, 是涅槃者, 諸菩薩等, 於無量劫, 已斷煩惱. 何故, 不得稱爲涅槃? 俱是斷處, 何緣, 獨稱諸佛有之, 菩薩無耶?' 爲答是難, 故依斷與不生簡別. 通而言之, 菩薩亦不生, 諸佛亦是斷. 別門而言, 斷除之稱, 遣於已生, 不生之辭, 遮於未起. 遣已生者, 望前之義, 義在不足, 故說菩薩. 遮未起者, 望後之義, 義在究竟, 故說諸佛. 依是道理, 精別而言, '斷煩惱者, 不名涅槃, 不生煩惱, 乃名涅槃.' 以是義故, 不相違也."(한불전1, 527중~하)

[사례14] 열반의 본체에 시기공덕(始起功德)이 포함되는가?

"或有說者, 無垢眞如, 是涅槃體, 始起功德, 非是涅槃, 卽能證智, 是菩提故. 如經云, '涅槃義者, 卽是諸佛之法性也.' 又下文言, '涅槃之體, 本自有之, 非適今也.' 大品經云, '諸法性空, 卽是涅槃.' 占察(密)經云, '煩惱生死, 畢竟無體, 求不可得. 本來不生, 實更不滅, 自性寂靜, 卽是涅槃.' 如是等文, 不可具陳, 故知眞如正智(知), 其是涅槃. 斷滅煩惱所顯義門, 卽說眞如名爲數滅, 數滅卽是無垢眞如. 或有說者, 果地萬德, 不問本始, 總束爲一大涅槃體. 如此經中, 總說三事, 卽爲涅槃. 又下文說, 八自在已. 總結而言, '如是大我, 名大涅槃.' 法花論云, '唯佛如來證大菩提, 究竟滿足一切智慧(惠), 名大涅槃.' 攝大乘論云, '三身所顯, 無上菩提.' 旣說三身, 皆是菩提, 當知皆爲, 大涅槃體. 如是二說, 皆有道理. 所以然者, 涅槃菩提, 有通有別. 別門而說, 菩提是果, 在能證德, 道諦所攝. 涅槃果之, 是所證法, 滅諦所攝. 通門而言, 果地道諦, 亦是涅槃, 所證眞如, 亦是菩提. 例如生死, 有通有別. 別而言之, 內根始終, 名爲生死. 如經言, '生者, 新諸根起, 死者, 諸根滅盡.' 通而論之, 諸雜染法, 皆是生死, 如經言, '空者, 一切生死.' 廣說, 乃至無我, 一切生死. 對此生死, 以說涅槃. 故知涅槃, 亦有通別."(한불전1, 527하~528중)

[사례15] 열반에 생인(生因)도 있는가?

"問, 若始有功德, 亦是涅槃, 是卽涅槃, 亦有生因. 若爾, 何故, 迦葉品云, '三解脫門, 三十七品, 能爲一切煩惱作不生生因(涅槃作生因作生因), 亦爲涅槃, 而作了因. 善男子, 遠離煩惱, 卽得了了, 見於涅槃. 是故, 涅槃唯有了因, 無有生因.' 上下諸文之中,

512

皆說唯有了因, 未曾言亦有生因. 答, 始有功德, 雖是涅槃, 涅槃之義, 存於寂滅, 寂滅之德, 合於所了, 是故說言, 唯有了因. 如說菩提生因所生, 而亦有說了因所了, 即是義准, 當知涅槃了因所顯, 而亦得言生因所起. 由是道理, 故不相違也."(한불전1, 528중)

[사례16] 열반의 본체는 진실한가, 허망한가?

"問, 生死之法, 是虛妄, 虛妄故空, 是事可爾. 涅槃之果, 眞如爲體, 爲虛爲實? 爲空爲不空? 答, 或有說者, 涅槃之體性, 是眞決定不空. 如此經云, '眞解脫者, 即是如來, 如來者, 即是決定.' 又下文言, '空者, 一切生死, 不空者, 謂大涅槃', 乃至廣說. 勝鬘經說, '三諦是有爲, 是虛妄, 一苦滅諦是實', 乃至廣說. 如是等文, 不可具陳. 故知涅槃, 是實不空. 而餘處說, 皆悉空者, 是遺妄心所取涅槃, 說眞智所證涅槃. 若使涅槃, 亦是空者, 是即如來佛性皆空. 十一空內, 入於何空? 既非空攝, 當知不空. 或有說者, 生死涅槃, 皆是虛妄, 空無所得, 佛法之義, 無有一法, 而不空者. 如德王品云, '般若波羅蜜亦空, 乃至檀波羅蜜亦空, 如來亦空, 大般涅槃亦空, 是故, 菩薩見一切法皆悉是空.' 花嚴經言, '生死及涅槃, 是二悉虛妄, 愚智亦如是, 二皆無眞實.' 如是等文, 不可具陳. 當知悉空, 乃名平等. 而餘處說, 生死虛妄, 涅槃不空等者, 爲護淺識新發意者, 生驚怖故, 作方便說. 如大品經化化品言, '若法有生滅相者, 皆是變化, 若法無生無滅, 是非變化, 所謂無誑相, 涅槃是法, 非變化, 須菩提言, 如佛自說, 諸法平等, 非聲聞作, 乃至非諸佛作. 有佛無佛, 諸法性常空, 性空即是涅槃. 云何言, 涅槃一法不如化? 佛言, 如是如是. 諸法平等, 乃至性空, 即是涅槃. 若新發意菩薩, 聞一切皆畢竟空, 乃至涅槃, 亦皆如化, 心即驚怖. 爲是新發意菩薩故, 分別生滅者如化, 不生滅者不如化. 須菩提言, 世尊, 云何令新發意菩薩, 知是性空? 佛告須菩提, 諸法先有今無耶?' 依是文證, 當知餘處, 說不空者, 皆是方便語, 不盡道理也. 是涅槃空, 及佛性空, 十一空內, 何所攝者, 空空所攝. 故說是空, 唯佛所窮. 十八空中, 畢竟空故, 如前所引, 般(槃)若經說. 若使諸經所說, 涅槃皆空, 是遣妄心所取相者, 是即諸經所說, 生死法空, 是遣偏(遍)計所執生死, 若此不爾, 彼亦不然. 又若涅槃, 是實有者, 即不能離實有之言. 其能離實有言者, 即謂實有, 宜是妄語, 是故當知, 彼說實有, 唯說自心妄取(耶)境界耳. 問, 如是二說, 何得何失? 答, 若如言取, 二說皆失, 互相異諍, 失佛意故. 若非定執, 二說俱得,

法門無礙, 不相妨故. 是義云何, 若就德患相對之門, 即生死是空, 涅槃不空. 以妄心所取, 無境當知, 故說爲空, 能取妄心, 不得自在, 故說無我. 眞智所證, 道理稱心, 故說不空, 能證眞智, 無礙自在, 故名大我. 依如是門, 前師爲得, 彼所引文, 是了義說. 若就相待無自相門, 則生死涅槃, 等無自性. 以不空待空, 我待無我, 乃至無待待於有待故. 如起信論云, '復次一切染法淨法, 皆是相待, 無有自相可說.' 依如是文, 後說爲得. 其所引文, 非不了說. 又大涅槃, 離相離性, 非空非不(不非)空, 非我非無我. 何故非空? 離無性故. 何非不空? 離有性故. 又離有相故, 說非我, 離無相故, 說非無我. 非無我故, 得說大我, 而非我故, 亦說無我. 又非空故, 得言實有, 非不空故, 得說虛妄. 如來秘藏, 其義如是, 何密(蜜)異諍, 於其間哉!"(한불전1, 528중~529중)

【사례17】 열반은 성정(性淨)인가, 방편인가?

"眞如法性, 本來無染, 故曰性淨, 亦名本來淸淨涅槃. 卽如如理, 凡聖一味, 是故, 亦名同相涅槃. 方便壞者, 智悲善巧, 壞二邊故. 由是轉依, 眞如顯現. 從因立名, 名方便壞. 由轉二著, 不住二邊故, 亦名無住處涅槃. 如攝論云, '諸煩惱惑滅, 名無住處涅槃故.' 卽此涅槃, 不通凡位(住)故, 亦名不同相涅槃. 如地論云, '定者, 成同相涅槃, 自性寂滅故. 滅者, 成不同相, 方便壞涅槃爾.' 現智緣滅故, 是二涅槃, 同一眞如, 但依義門, 建立二種門耳. 問, 性淨涅槃, 得涅槃名, 爲在凡位(住), 亦名涅槃? 爲聖所證, 乃名涅槃? 若如後者, 方便所證, 卽同方便壞涅槃義, 若如前者, 自然所得, 諸凡夫人, 已入涅槃. 又若凡夫 已入涅槃, 卽應聖人(入), 不入泥洹. 如是錯亂, 云何簡別. 答, 性淨涅槃, 得名有二. 別門而說, 如後問意, 在聖所證. 所證之性, 有其二義. 對分別性, 證本來淨. 望依他性, 證轉依淨. 由是道理, 同是所證, 二種別義, 不相雜亂. 通相而論, 如前問意, 亦在凡位. 若依是義, 得言凡夫已入涅槃, 又得說言聖人不入. 依是義故, 淨名經言, '一切衆生, 同涅槃相, 不復更滅.' 起信論言, '一切衆生, 從本已來, 入於涅槃, 菩提之法, 非可修相, 非可作相.' 楞伽經言, '菩薩一闡提, 常不入涅槃, 以能善知, 一切諸法, 本來涅槃故.' 當知, 諸佛法門非一, 隨其所說, 而無障礙, 而不錯亂. 所以然者, 菩薩不入, 勝於凡夫已入, 以其善知, 本來涅槃故. 凡夫已入, 不如聖人不入, 未能知自, 入涅槃故. 由是道理, 無雜亂也. 雖無雜亂, 而非簡別. 所以然者, 菩薩不入, 還同凡夫已入, 凡夫已入, 不異菩薩不入. 以明與無明, 愚者謂二, 智者了達其性無二故. 雖復凡聖,

其性無二, 而是凡聖, 不爲一性. 以愚者謂二, 智者了達一故. 當知, 凡聖生死涅槃, 不一不異, 非有非無, 非入非不入, 非出非不出. 諸佛之意, 唯在於此, 但隨淺識, 顯說 (設)彼說耳."(한불전1, 529하~530중)

[사례18] 법신(法身)은 모습[色相]이 있는가?

"問, 如是如來實德法身, 當言有色? 當言無色? 答, 或有說者, 法身無色, 但有隨機, 化現色相. 所以然者, 色是質礙, 麤形之法, 顛倒分別之所變作. 諸佛如來, 永離分別, 歸於理原, 法界爲身. 由是道理, 不須色身. 乃至凡夫, 至無色界, 離色分別, 故無色身. 豈說如來, 還有色身? 如金鼓經言, '離法如如, 離無分別智, 一切諸佛, 無有別法. 何以故? 一切諸佛, 智慧(惠)具足故. 一切煩惱, 畢竟滅盡, 得佛淨地. 以是法如如, 如如智攝一切佛法.' 又言, '如是法如如, 如如智亦無分別, 以願自在故, 衆生有感故, 應化二身, 如日月影, 和合出生.' 起信論云, '諸佛如來, 唯是法身, 智相之身, 第一義諦, 無有世諦境界, 離於施作. 但隨施衆生, 見聞得益, 故說爲用. 此用有二種, 一凡夫二乘, 心所見者, 爲應身. 二菩薩所見者, 名爲報身.' 乃至廣說. 依此等文, 當知, 實德永無色身, 唯有隨根, 所現色耳. 而此經說, '如來解脫是色等者', 對慧(惠)眼根說色, 非實色. 如智慧(惠)非眼, 而說慧(惠)眼, 雖名爲眼, 實非色根. 如是法身非色, 而說妙色, 雖名爲色, 實非色塵. 由是道理, 當知, 無色餘處說色, 皆作是通. 或有說者, 法身實德, 有無障礙色. 雖無質礙之義說色, 而以方所, 示現說色. 雖離分別所作麤色, 而有萬行所感而得妙色. 如說雖無分別識, 而得有於無分別識, 如是雖無障礙之色, 而亦得有無障礙色. 如此經言, '捨無常色, 獲得常色, 受想行識, 亦復如是.' 然色陰之色, 通有十入, 對眼之色, 唯是一入故, 彼不能會通此文. 又小泥洹經中, 純陀歎佛言, '妙色湛然, 體常安穩(隱), 不爲時節劫所遷(還). 大聖廣劫行慈悲, 獲得金剛不壞身.' 薩遮尼揵子經言, '瞿曇法身妙, 色常湛然體, 如是法性身, 衆生等無差別.' 攝大乘論云, '爲顯異人功德, 故立自性身, 依止自性身, 起福德智慧(惠)二行, 二行所得之果, 謂淨土及法樂. 能受用二果, 故名受用身.' 依此等文, 當知二行所感實報, 有自受用身, 及自受用淨土. 而餘處說法身無色者, 約自性身, 說爲無色, 是三身門之法身義. 今(令)三事門, 所說法身, 總取始有萬德爲體, 是故, 說爲法身有色. 問, 二師所說(報), 何失何得? 答, 或有說者, 定取一邊, 二說皆失, 若非實執(報), 二義俱得. 是義云何, 佛地萬德, 略有二門. 若就捨

相歸一心門, 一切德相, 同法界故, 說唯是第一義身, 無有色相差別境界. 若依從性成萬德門, 色心功德, 無所不備, 故說無量相好莊嚴. 雖有二門, 而無異相. 是故, 諸說皆無障礙. 爲顯如是無礙法門, 金剛身品, 廣說(說廣)之言, '如來之身, 非身是身, 無識是識, 離心亦不離心, 無處亦處, 無宅亦宅, 非像非相, 諸相莊嚴', 乃至廣說, 當知, 如來祕藏法門, 說有說無, 皆有道理."(한불전1, 532중~533상)

[사례19] 보신(報身)은 상주(常住)하는가?

"諍論之與乃有多端, 而於當偏起異諍, 法身常住, 化身起滅. 於此二身, 諸說不同, 唯於報身, 二執別起. 別起之諍, 不過二途, 謂執常住, 及執無常. 執常之內, 亦有二家. 一家說云, 報佛功德, 有生無滅, 生因所滅故, 不得無生. 證理究竟故離相, 離相故常住不變. 第二家云, 報佛功德, 雖生因得, 而離生相. 雖是本無始有, 而非本無今有. 既非今有, 亦非後無. 由是道理, 遠離三際, 離三際故, 凝然常住. 然, 道後始成故, 非本有始, 離三際故, 亦非有生, 非有生故, 亦得無滅, 無生滅故, 定是無爲, 常住不變. 若未能得, 如是正見, 不應定說, 有爲無爲. 如純陀章云, '唯當責(嘖)自, 我今愚癡, 未有慧眼, 如來正法, 不可思議. 是故, 不應宣說, 如來, 定是有爲, 定是無爲. 若正見者, 應說, 如來定是無爲.' 長壽品云, '常當繫心, 修心是二字佛常住, 若有修習此二字(定)者, 當知是人, 隨我所行, 至我至處.' 而餘處說非常住者, 皆就佛化相, 非說報身, 如德王品云, '如來非常, 何以故, 身有分故, 是故非常. 云何非常? 以有智故, 常法無知, 猶如虛空, 如來有心, 是故非常. 云何非常? 有言說乃至有姓, 此故有父母, 故有四儀, 故有方所.' 依是七義, 說非常住, 當知此皆(階此)就化相說. 若人不知如是之意, 亦說報佛, 同是無常, 卽是邪見, 必墮地獄. 如純陀品言, '外道邪見可說, 如來同於有爲持惑. 比丘不應如是, 於如來所, 生有爲想. 若言如來是有爲者, 卽是妄語. 當知是人死入地獄, 如人自處於己舍宅', 乃至廣說. 故不應說報佛無常, 執常之家, 作如是說也. 執無常者, 說言報佛, 生因所生, 不得無滅. 生者必滅, 一向說(記)故. 然依法身, 相續恒存, 窮未來際, 永無終盡, 不同生死, 念念磨滅. 由是道理, 說爲常住, 無老死故, 名不變易. 如四相品云, '如來成就如是功德, 云何當言如來無常? 若言無常, 無有是處. 是金剛身, 云何無常? 是故, 如來不名命終.' 如來性品云, '若言解脫, 猶如幻化, 凡夫當謂, 得解脫者, 卽是磨滅. 有智之人, 應當分別, 人中師子, 雖有去來, 常住不變.' 又聖行品云, '復次善

男子, 心性異故, 名爲無常, 所謂聲聞心性異, 緣覺心性異, 諸佛心性異.' 依此等文,
當知報佛, 心是有爲, 是生滅法. 而初分說, '定是無爲.' 又言, '修習常住二字, 隨我所
行, 至我至處', 等文者, 爲對聲聞, 無爲四倒, 故約眞如法身, 而說爲常住. 以彼聲聞,
不達法空, 不知如來法身, 遍一切處, 無爲常住, 隨於物機, 現此色身. 是故, 彼計如來
色身, 惑業所感, 必歸磨滅. 五分法身, 雖非有漏, 而依色身, 亦是斷滅. 爲欲對治如是
病故, 故說法身, 無爲常住, 如請僧福田經中, 月德居士, 歎佛如來涅槃, 以復法滅不久.
如來告言, '汝等居士, 應修如來, 常住二字, 是常住法者, 是一切衆生, 二乘六道, 闡提
五逆人之法性. 見法性者, 當得吾身, 如今無二.' 如此經言, '修此二字, 隨我所行,
至我至處.' 故知是文, 正顯法身, 而說慈心, 不殺等因之所得者, 是明了因之所顯證.
有人不知是意趣, 妄執報佛, 亦無生滅, 遂同虛空, 知無爲. 又若德王品說, '如來非常
住, 七種因緣', 皆就化身, 說非常住, 非說報佛. 亦常者, 是卽彼文, 亦以七因, 成非無
常, 皆就法身, 說非無常, 不關(開)報佛, 亦非無常. 如彼文言, '有生之法, 名曰無常,
如來無生, 是故爲常. 有限之法, 名曰無常, 如來無生無姓故常. 有常之法, 遍一切處,
無常之法, 或言是處有, 彼處無, 如來不爾, 是故爲常. 無常之法, 有時是有, 無時爲無,
如來不爾, 是故爲常. 常住之法, 無名無色, 虛空常故, 無名無色, 如來亦爾, 是故爲常.
常住之法, 無因無果, 虛空常故, 無因無果, 如來亦爾, 是故爲常. 常住之法, 三世不攝,
如來亦爾, 是故爲常.' 如是七因, 皆當法身. 所以然者, 彼說報佛, 生因所得, 卽有因果,
非如虛空. 若彼救言, 隨順法身無生故常, 報佛亦同無生故常, 是故此因義通二身者,
他亦爾可言, 化身有知故非常, 報佛有知亦非常住, 是故此因義通二身. 此若不通, 彼
何得通? 又彼强言, 雖是本無始有, 而非本無今有者, 但有其言, 都無其實. 所以然者,
若如所言, 是卽雖非先有後無, 而是先有終無. 若許終無, 終無卽滅. 若不許言, 旣非後
無, 何爲終無? 旣非今有 何爲始有? 又若非後無故, 滅盡者, 卽應是本無故, 有生起也.
如是進退, 永不可救, 是故彼義, 智者不用. 執無常者, 作如是說. 問, 二師所說, 何得何
失? 答, 或有說者, 皆得皆失. 所以然者, 若決定執一邊, 皆有過失, 如其無障礙說,
俱有道理. 如楞伽經云, '如來應供正遍知, 爲是常耶? 爲無常耶? 佛言, 非常非無常,
二邊有過故', 乃至廣說. 今此言雖不常住, 非念念滅, 如是等文, 破其偏執. 定取一邊,
不當道理. 無障礙說二義皆得者, 報佛功德, 離相離性, 以離相故, 離生滅相, 究竟寂靜,
無作無爲, 故說常住. 以離性故, 離常住性, 最極喧動, 無所不爲, 故說無常. 然, 離性離

相, 無二無別, 離相不異於離性, 故常住不妨於生滅也. 離性不異於離相故, 生滅不礙
於常住也. 由是道理, 二說皆得於中委悉. 亦有多門, 具如楞伽經宗要中說. 然, 執無常
家義, 有未盡意, 謂說法身, 定是常故. 若定常住, 卽非作法, 非作法故, 不作二身,
是故法身, 亦非無爲. 楞伽經言, '若如來法身, 非作法者, 言有修行, 無量功德, 一切行
者, 卽爲虛妄.' 攝大乘論, 說法身五於中言, '第三有爲無爲, 無二爲相, 非惑業雜染所
生故, 由得自在, 能顯有爲相故.' 釋曰, 一切有爲法, 皆從惑業生, 法身不從惑業生,
故非有爲. 法身由得自在, 能數數顯有爲相, 謂應化二身, 故非無爲. 是明法身, 雖非惑
業所生有爲, 而非凝然無動作也. 又執(報)常家, 雖樂常住, 而其常義, 亦有不足意,
謂始有功德, 不遍於前位故. 若此功德, 有所不遍, 卽於法界, 有所不證. 若於法界,
無所不證, 卽等法性 無所不遍. 如花嚴經言, '如來正覺, 成菩提時, 住佛方便, 得一切衆
生等身, 得一切法等身, 得一切利(殺)等身, 得一切三世等身, 得一切法界等身, 得虛空
界等身, 乃至得寂靜涅槃界等身. 佛子, 隨如來所得身, 當知音聲及無礙心, 亦復如是.
如來具足, 如是三種, 清淨無量.' 是明如來成道後, 所得色身音聲及無礙心, 無所不等,
無所不遍. 旣言等於一切三世, 豈不遍金剛以前! 然, 此道理, 諸佛祕藏, 非思量者之所
能測, 但依佛言, 起仰(作)信耳."(한불전1, 536상~537하)

[사례20] 불성의 본체는 무엇인가?

"第一師云, 當有佛果, 爲佛性體. 如下師子吼品中說言, '一闡提等, 無有善法, 佛亦言,
以未來有故, 悉有佛性. 又言, 以現在世, 煩惱因緣, 能斷善根, 未來佛性力因緣故,
遂生善根.' 故知當果卽是正因. 所以然者, 無明初念不有, 而已有心, 卽有當果之性.
故修萬行, 以剋現果. 現果卽成, 當果爲本, 故說當果, 而爲正因. 此是白馬寺, 愛法師,
述生公義也. 第二師云, 現有衆生, 爲佛性體. 何者, 衆生之用, 總御心法, 衆生之義,
處處受生, 如是御心之主, 必當能成大覺. 故說衆生, 爲正因體. 如師子吼品中言, '衆生
佛性, 亦二種因, 一者正因, 二者因緣. 正因謂諸衆生也.' 莊嚴寺, 旻(是)法師義也.
第三師云, 衆生之心, 異乎木石, 必有厭苦求樂之性. 由有此性, 故修萬行, 終歸無上菩
提樂果. 故說心性, 爲正因體. 如下文言, '一切衆生, 悉皆有心, 凡有心者, 必當得成阿
耨菩提.' 夫人經言, '若無如來藏, 不(下)得厭苦樂求涅槃故.' 此是光宅寺, 雲法師義
也. 第四師云, 心有神靈, 不失之性. 如是心神, 已在身內, 卽異木石等非情物. 由此能

成大覺之果, 故說心神, 爲正因體. 如來性品云, '我者卽是如來藏義, 一切衆生, 悉有佛性, 卽是我義.' 師子吼品中言, '非佛性者, 謂瓦石等無情之物, 離如是等無情之物, 是名佛性故.' 此是梁武, 蕭焉天子義也. 第五師言, 阿賴耶識, 法爾種子, 爲佛性體. 如此經言, '佛性者, 一切諸阿耨菩提中道種子.' 瑜伽論云, '性種性者, 六處殊勝, 有如是相, 從無始世, 展轉傳來, 法爾所得.' 此意, 新師等義也. 第六師云, 阿摩羅識, 眞如解性, 爲佛性體. 如經言, '佛性者, 名第一義空, 第一義空, 名爲智慧(惠).' 寶性論云, '及彼眞如性者, 如六根聚經說, 六根如是, 從無始來, 畢竟究竟, 諸法體故.' 次判是非者. 此諸師說, 皆是皆非. 所以然者, 佛性非然非不然故. 以非然故, 諸說悉非, 非不然故, 諸義悉是. 是義云何, 六師所說, 不出二途. 初一指於當有之果, 後五同據今有之因. 此後五中, 亦爲二對(倒), 後一在於眞諦, 前四隨於俗諦. 俗諦四說, 不出人法, 前一擧人, 後三據法. 據法三義, 不過起伏, 後一種子, 前二上心. 上心之內, 隨義異說耳. 然, 佛性之體, 正是一心, 一心之性, 遠離諸邊. 遠離諸邊故, 都無所當, 無所當故, 無所不當. 所以就心論, 心非因非果, 非眞非俗, 非人非法, 非起非伏. 如其約緣論, 心爲起爲伏, 作法作人, 爲俗爲眞, 作因作果. 是謂非然非不然義, 所以諸說, 皆非皆是. 總說雖然, 於中分別者, 於一心法, 有二種義. 一者不染而染, 二者染而不染. 染而不染, 一味寂靜, 不染而染, 流轉六道. 如下文言, '一味之藥, 隨其流處, 有種種味, 而其眞味, 停留在山.' 夫人經言, '自性淸淨心, 難可了知, 彼心爲煩惱所染, 此亦難可了知.' 起信論中, 廣顯是義. 此者, 眞諦三藏之義. 第六師說, 眞如佛性, 得於染而不染門也. 前之五義, 皆在染門. 何者, 隨染之心, 不守一性, 對緣望果, 必有可生, 可生之性, 不由熏成. 是故說名法爾種子, 第五師義, 得此門也. 又卽如是隨染之心, 乃至轉作生滅識位, 而恒不失神解之性, 由不失故, 終歸心原, 第四師義, 亦當此門也. 又若隨染生滅之心, 依內熏力, 起二種業. 所謂厭苦求樂之能因, 此爲本, 當至極果, 第三師義, 當此門也. 如是一心, 隨染轉時, 隨所至處, 總御諸法, 處處受生. 說名衆(受)生, 第二師義, 合於是門也. 如是衆生, 本覺所轉, 必當得至大覺之果, 而今未(來)現. 說名當果, 第一師義, 合於是門也. 由是義故, 六師所說, 雖皆未盡佛性實體, 隨門而說, 各得其義. 故下文說, '如彼盲人, 各各說象, 雖不得實, 非不說象.' 說佛性者, 亦復如是, 不卽六法, 不離六法, 當知此中, 六說亦爾."(한불전1, 538상~539상)

[[사례21] 불성에 보리심이 포함되는가?

"問, 如因果門, 所引文云, '未得阿耨菩提之時, 約一切善不善無記法, 盡名佛性.' 若依
是文, 菩提之心, 六度等行, 皆是佛性. 何故, 師子吼品中言, '正因者, 名爲佛性, 緣因
者, 發菩提心.' 如是相違, 云何會通? 通者解云, 以性攝行不攝, 故說一切盡名佛性.
以行望性, 有性非行故, 分性行以說二因. 又復性有二義, 一是因義, 二非作義. 就因義
故, 盡名佛性, 約非作義, 行卽非性. 由是道理, 故不相違也."(한불전1, 543하)

[사례22] 불성에 무정물(無情物)도 포함되는가?

"問, 如體相門, 所引文言, '非佛性者, 所謂一切牆壁瓦石無情之物.' 又復迦葉品中說
云, '或云, 佛性住五陰中果, 或言, 佛性離陰而有, 猶如虛空. 是故, 如來說於中道,
衆生佛性, 非內六入, 非外六入, 內外合故, 名爲中道.' 若依後文, 瓦石等物, 外六入所
攝, 而爲佛性. 如是相違, 云何會通? 通者解云, 若依有情無情異門, 瓦石等物, 不名佛
性. 若就唯識所變現門, 內外無二, 合爲佛性, 此是唯約報佛性說. 又復前說文, 說報佛
性, 後所引文, 說法佛性. 若作是說, 亦不相違也."(한불전1, 544상)

[사례23] 불성을 초지(初地)에서 볼 수 있는가?

"問, 見性門內, 所引論說, '初地菩薩, 無礙智眼, 見諸衆生, 悉有佛性.' 何故, 是經不能
見? 如德王品, 第九功德中言, '住九地者, 見法有性, 不見佛性. 住十地(住)者, 見法無
性, 方見佛性.' 又師子吼品中言, '十地(住)菩薩, 唯能自知當得菩提, 而未能知, 一切衆
生, 悉有佛性.' 又言, '十地(住)菩薩, 唯見其終, 不見其始. 諸佛世尊, 見始見終. 以是義
故, 諸佛了了得見佛性.' 又言, '十地(住)菩薩, 唯見一乘, 不知如來是常住法. 以是義故
言, 十地(住)菩薩, 雖見佛性, 而不明了.' 又言, '一切覺者, 名爲佛性. 菩薩不得名一切
覺, 是故雖見, 而不明了.' 如是等文, 云何會通? 通者解云, 通相而言, 爲顯究竟不究竟
異, 故說十地見不明了. 若依隨分證見門者, 初地菩薩, 亦得眼見, 餘文進退隱顯門說.
何者, 爲顯十地是因滿位, 故說得見, 九地以還, 因未圓滿, 故說不見. 又復, 起信論說,
六種染中第五, 能見心不相應染, 是九地障, 未出此障, 故說九地見法有性. 入第十地,
已出彼障, 是故說言, 見法無性. 且約(時)一邊, 顯位階降. 又說, 十地(住)唯見終者,
衆生之末(末), 終乎六識, 有情之本, 始於一心. 菩薩通達六識之相, 而未證見一心之

原, 故言見終而不見始. 又言, 自知當得菩提, 未知衆生有佛性者, 是約遠近, 以說難易. 謂自當果, 在第二念, 近故易知. 衆生當果, 即在(天)後邊, 遠故難知. 是望當果佛性說也. 又言, 十地(住)雖見一乘, 不知如來是常住法者, 是約因果, 顯其難易. 言一乘者, 正因佛性. 如來常者 是果佛性. 十地(住)因滿, 故見因性, 未得圓果, 不見果性. 即依是義故, 後文說言, '菩薩未得名一切覺, 是故雖見, 而不明了也.' 餘文相違, 准此可通."(한불전1, 544상~하)

【사례24】 무엇이 성정불성(性淨佛性)인가?

"四相品云, '唯斷取著, 不斷我見, 我見者名爲佛, 佛性者即眞解脫.' 如來性品云, '我者即是如來藏, 一切衆生, 悉有佛性, 即是我義.' 師子吼品中言, '佛性者, 名第一義空, 第一義空, 名爲智慧(惠). 智者見空及與不空, 愚者不見空與不空.' 又言, '觀十二緣智, 凡有四(二)種. 下中智者, 不見佛性, 即是二乘. 上智者, 見不(不見)了了, 不了了見, 故住十地(住). 上上智者, 即了了見, 了了見故, 得阿耨菩提. 以是義故, 十二因緣, 名爲佛性. 佛性者, 名第一義空, 第一義空, 名爲中道. 中道者, 名爲佛性, 佛性者, 名爲涅槃.' 又言究竟, '究竟者, 一切衆生, 所得一乘. 一乘者, 名爲佛性. 一切衆生, 皆有一乘, 無明覆故, 不能得見. 如是等文, 擧諸異名, 同顯性淨眞如佛性. 三乘同歸, 故名一乘. 十二之本, 故名因緣. 離一切故名爲空, 性有本覺, 名爲智慧(惠). 衆生中實, 故名爲實義. 自體自照, 故名我見. 諸名雖異, 所詮體一. 所以說是衆多名者, 爲顯諸經唯一味故. 謂名我見, 名如來藏者, 是會勝鬘楞伽等旨. 又名爲空, 名智慧(惠)者, 是會諸部般若敎意. 又名一乘者, 是會法花經等. 又名眞解脫者, 是會維摩經等. 爲顯是等諸經, 異文同旨, 故於一佛性, 立是諸名也."(한불전1, 544하~545상)

【사례25】 무엇이 수염불성(隨染佛性)인가?

"第二隨染門中, 報佛性者. 師子吼品中言, '佛性者, 名大信心. 何以故, 信心故, 菩薩能具六波羅蜜.' 又言, '佛性者, 名慈悲喜捨. 佛性者, 名四無礙智. 乃至佛性者, 名灌頂三昧.' 迦葉品云, '後身菩薩佛性有六, 乃至初地佛性有五, 皆是過去現在未來.' 又言, '未得菩提之時, 善不善等, 盡名佛性.' 如是等文, 同顯隨染門內, 報佛性也."(한불전1, 545상)

[사례26] 무엇이 현과불성(現果佛性)인가?

"師子吼品中言, '佛性者, 亦色非色, 非色非非色, 亦相非相, 非相非非相. 云何爲色? 金剛身故. 云何非色? 十八不共, 非色法故. 云何非色非非色? 無定色故. 云何爲相? 三十二相故. 云何非相? 一切衆生相不現故. 云何非相非非相? 不決定相故.' 迦葉品云, '如來佛性, 卽有二種, 一者有, 二者無. 有者, 所謂三十二相, 八十種好, 十力四無畏, 乃至無量三昧, 是名爲有. 無者, 如來無過去諸善不善無記, 乃至五陰, 十二因緣, 是名爲無. 是名如來佛性有無.' 如是等文, 同明現果."(한불전1, 545상~중)

[사례27] 무엇이 당과불성(當果佛性)인가?

"師子吼品中言, '譬如有人, 我有乳酪, 有人問言, 汝有酥(蘇)耶? 答言, 我有酪實非酥(蘇), 以巧方便, 決定當得, 故言有酥(蘇). 衆生亦爾, 悉皆有心, 凡有心者, 定當得成阿耨菩提. 以是義故, 我常宣說, 一切衆生, 悉有佛性.' 迦葉品云, '如汝先問, 斷善根人, 有佛性者, 亦有如來佛性, 亦有後身菩薩佛性. 是二佛性, 障未來故, 得名爲無. 畢竟得故. 得名爲有.' 如是等文, 明當果佛性."(한불전1, 545중)

[[사례28] 무엇이 일심불성(一心佛性)인가?

"如德王品云, '善有二種, 有漏無漏是. 佛性非有漏非無漏, 是故不斷. 復有二種, 一者常, 二者無常. 佛性非常非無常, 是故不斷.' 師子吼品中言, '佛性者, 有因, 有因因, 有果, 有果果. 有因者, 卽十二因緣, 有因因者, 卽是智慧(惠), 有果者, 卽是阿耨菩提, 有果果者, 卽是無上大般涅槃. 如是等文, 同顯一心非因果性. 所以然者, 性淨本覺, 是無漏善, 隨染衆善, 是有漏善. 一心之體, 不當(常)二門故, 非有漏非無漏. 又佛果是常善, 因是無常善. 一心之體, 非因非果故, 非常非無常. 若心是因, 不能作果, 如其是果, 不能作因(果). 良由一心, 非因非果, 故得作因, 亦能爲果, 亦作因因, 及爲果果. 故言佛性者, 有因, 有因因, 有果, 有果果. 是故當知, 前說四門, 染淨二因, 當現二果, 其性無二, 唯是一心. 一心之性, 唯佛所體, 故說是心, 名爲佛性. 但依諸門顯此一性, 非隨異門而有別性. 卽無有異, 何得有一? 由非一故, 能當諸門. 由非異故, 諸門一味."(한불전1, 545중~하)

【사례29】 『열반경』의 교판상 지위는 어떠한가?

"昔來□□□□, 南土諸師, 多依武都山隱士劉劍義云, 如□□□□說, 無出頓漸. 花嚴等經, 是其頓教, 餘名漸教(□). 頓教(□□)內, 有其五時. 一佛初成道已, 爲提胃等, 說五戒十善人天教門. 二佛成道已, 十二年中, 宣說三乘差別教門, 未說空理. 三佛成道已, 三十年中, 說空無相, 般(波)若維摩思益等經, 雖說三乘同觀於空, 未說一乘破三歸一. 四佛成道已, 四十年後, 於八年中, 說法花經, 廣明一乘, 破三歸一, 未說衆生皆有佛性. 但彰如來, 壽過塵數, 未來所住, 復倍上數, 不明佛常, 是不了教. 五佛臨涅槃, 說大涅槃, 明諸衆生, 皆有佛性, 法身常住, 是了義經. 南土諸師, 多傳是義. 北方師說, 般若等經, 皆了義說. 但其所宗, 各不同耳. 如般若經等, 智慧(惠)爲宗. 維摩經等, 解脫爲宗. 法花經者, 一乘爲宗. 大涅槃經, 妙果爲宗. 皆是大解起行, 行德究竟, 大乘了義之說. 卽破前說五時教言. 如大品經, 往生品中, '諸比丘, 聞說般若, 讚歎檀度, 遂脫三衣, 以用布施.' 論中釋言, '佛制三衣不蓄(畜)得罪, 何犯戒爲行施耶? 以此在於十二年前, 佛未制戒, 是故不犯.' 以是(是以)文證, 非局在於十二年後. 又彼論云, '須菩提, 聞說法花, 擧手低頭, 皆成佛道, 是故今問退不退義.' 以是文證, 般若之教, 未必局在於法花已前. 破斷五時, 卽爲謬異. 又復, 若言般若教中, 不破三乘淺化者, 大品經中, 舍利弗問, '若都不退, 定復不異, 何故, 得有三乘差別, 不唯一乘?' 須菩提答, '無二無三, 若聞不怖, 能得菩提.' 此與法花無三言, 何別而分淺深耶? 又若般若不說佛性淺者, 涅槃經說, '佛性亦名般若波羅蜜, 亦名第一義空.' 所謂般若及空, 卽是佛性, 何得說云, 不明佛性? 又大品經說, 眞如法性, 論主釋云, '法名涅槃不戲論法, 性名本分種. 如黃石金性, 白石銀性, 一切衆生, 有涅槃性.' 此與佛性, 有何差別, 而不說故, 是淺耶! 又法花論云, '所成壽命, 復倍上數者.' 此文示現, 如來常命, 以巧方便, 顯多數量, 不可數知故. 又言, '我淨土不毁, 而衆生見燒盡者, 報佛如來眞淨土, 第一義諦之所攝故.' 旣顯常命及眞淨土, 而言是不了說者, 不應道理. 問, 南北二說, 何者爲得爲失? 答, 若執一邊, 謂一向爾者, 二說皆失. 若就隨分無方(其)義者, 二說俱得. 所以然者, 佛說般若等諸教意, 廣大甚深, 淺深(通)復不可定限於一邊故. 又如隋(隨)時, 天台智者, 問神人言, '北立四宗, 會經意不?' 神人答言, '失多得少.' 又問, '成實論師立五教, 稱佛意不?' 神人答曰, '小勝四宗, 猶多過失.' 然, 天台智者, 禪慧(惠)俱通, 擧世所重, 凡聖難測. 是知佛意, 深遠無限, 而欲以四宗, 科於經旨, 亦以五時, 限於佛意. 是猶以螺酌海, 用管窺(闚)天者耳."(한불전1, 546중~547상)

4. 『彌勒上生經宗要』

[사례30] 『미륵상생경』의 교판상 지위는?

"或有說者, 此上生經, 是小乘教, 聲聞藏攝. 所以然者, 說阿逸多, 具凡夫身, 未斷諸漏. 又說彼果, 爲十善報. 以之故知, 非大乘教. 或有說者, 此經正是大乘之教, 菩薩藏收. 略以四文而證此義. 一者, 智度論說, '聲聞藏中, 無菩薩衆, 猶如川流, 不容大海. 菩薩藏中, 有菩薩衆, 及聲聞衆, 猶如大海, 容於衆流.' 今此經中, 旣有聲聞, 及菩薩衆. 故知是大而非小也. 金剛般若序中, 雖無初菩薩衆, 後流通分列菩薩衆. 是故不應以彼作難. 二者, 經下文中說, '牢度大神, 禮十方佛, 發弘誓願.' 故知是大而非小也. 以小乘教中, 無十方佛故. 三者, 下文說言, '晝夜六時, 常說不退轉地法輪之行, 逕一時中, 成就五百億天子, 令不退於阿耨菩提.' 此言實非小乘教所容. 故知是大而非小也. 四者, '聞說是經, 他方來會, 十萬菩薩, 得首楞嚴三昧, 八萬億諸天, 發菩提心.' 准此得益菩薩行願, 故知所聞是大乘教也. 評曰, 此教通被大小根性, 如言, '愛敬無上菩提心者, 欲爲彌勒作弟子者', 乃至廣說. 故但小不容大, 大能含小. 故隨所宗, 菩薩藏攝, 所以後師所說是也. 問, 若如後說, 初所引文, 云何和會? 解云, 所言具凡夫身等者, 是擧小乘所執釋作問. 而答文言, '身圓光中, 有首楞嚴三昧, 波若波羅蜜字義炳然者', 是表菩薩位登十地, 以此三昧在彼地故. 又言, '十善報應者', 欲明菩薩十善之報, 實遍十方非直在此, 但應物機局示彼天. 以之故言十善報應, 由是道理, 彌合大敎. 如下文言, '若我住

世一小劫中, 應說一生補處菩薩, 報應及十善果者, 不能窮盡.' 故知非直十善果義, 說名報應. 亦示以淨, 報應於物機. 依如是義故言報應, 非直實報名十善果. 由是不違大乘道理也."(한불전1, 548중~하)

[사례31] 보살의 장엄은 실보(實報)인가, 응화(應化)인가?

"問, 此中菩薩依正莊嚴, 爲是萬行所感實報? 爲是隨機所應化相? 若如後者, 非凡所見, 是報非應. 若如後者, 不遍十方, 是應非報. 云何得言菩薩報應? 解云, 彼一一相, 皆有分齊, 不壞分齊, 各遍十方. 遍十方邊, 非凡所見, 其分齊邊, 是凡所覩. 然, 分齊卽遍, 遍卽分齊, 無障無礙, 無二無別. 如是功德, 無非實報, 隨分所見, 無非應化. 由是道理, 故說報應."(한불전1, 548하~549상)

[사례32] 미륵보살은 어디에서 태어났는가?

"華嚴經入法界品中, 彌勒菩薩告善財童子言, '我於此閻浮提南界摩離國內拘提聚落, 波羅門家種性中生, 爲欲滅彼憍慢心故, 化度父母及親屬故. 於此命終生兜率天, 爲欲化度彼諸天故也.' 賢愚經第十二卷云, '爾時波羅奈王, 名波羅度達, 王有輔相, 生一男兒, 三十二相衆好備滿. 輔相增悅, 卽召相師, 令占相之, 因爲立字. 相師問言, 自從生來有何異事? 輔相答言, 其母素性, 不能良善, 懷妊已來, 悲矜苦厄, 慈潤黎元. 相師喜曰, 此是兒志, 因爲立字, 號曰彌勒. 其兒殊稱, 令土宣聞, 國王聞之, 懷懼言曰, 今此小兒, 名相顯美, 儻有高德, 必奪我位, 寧其未長, 當豫除滅作是計已. 卽勅輔相, 聞汝有子, 容相有異, 汝可將來, 吾欲得見. 其兒有舅, 名婆婆梨, 在波梨富羅國, 爲彼國師. 於時輔相, 憐哀其子, 懼被其容, 復作密計, 密遣人乘, 送與其舅, 令彼長養', 乃至廣說. 今此經言, '波羅奈國, 劫波梨村, 波婆梨大婆羅門家, 本所生處.' 此三種說, 云何相會? 解云, 後二經文, 文異意同. 所以然者, 賢愚經意, 寄父表生, 故言輔相, 生一男兒, 此非的出, 其生之處. 上生經文, 的明生處. 彼土之法, 婦懷妊已, 還本家産, 本家在於劫波梨村. 知此二經文, 不相違也. 華嚴經意, 別顯異處, 大聖分身, 隨機異見, 處處異生, 不足致怪. 由是道理, 不相違背也."(한불전1, 549중~하)

【사례33】 미륵불과 전륜성왕이 출현한 때는?

"問, 依此論文, 輪王與佛, 出世時異. 云何輪王, 與佛同世? 解云, 輪王生時, 未減八萬, 末及始減, 故得相値. 如賢劫經言, '稍增至六萬歲時, 有轉輪王. 輪王相次, 經第七王時, 人壽八萬四千歲, 彌勒出興.'"(한불전1, 550상)

【사례34】 미륵불이 출현한 때는 언제인가?

"大彌勒成佛經亦云, '八萬四千.' 阿含經及賢愚經中止論, '八萬.' 俱舍論云, '長極八萬, 短至十歲.' 案云, 言八萬者, 擧其大數, 不至九萬, 故言極八. 又佛出時, 始減數十, 大數未闕, 所以猶言, 八萬四千."(한불전1, 550상)

【사례35】 전륜성왕이 출현한 때는 언제인가?

"若依此經, 六萬歲時, 亦有輪王. 如何論說, 不減八萬者? 經說增時, 論說減時, 由是道理, 不相違也."(한불전1, 550상)

【사례36】 천상계 수명 4천세는 인간계 수명으로 몇 년인가?

"賢劫經言, '人壽二萬歲時, 第六迦葉佛出世. 人壽增減至千二百歲時, 釋迦始上戟率天, 於天四千歲, 人間得五十六億七千七萬歲, 人壽百年時, 下閻浮提.' 雜心論云, '彌勒菩薩, 滅後生第四天, 壽四千歲. 一日一夜, 當人間四百年, 卽准人間, 合五十七億六百萬歲. 然後下閻浮提, 成等正覺.' 賢愚經云, '五十六億七千萬歲.' 菩薩處胎經, 亦同此說. 一切智光仙人經云, '五十六億萬歲.' 今上生經, 亦同此說. 定意經云, '彌勒五億七十六萬歲作佛.' 案云, 彼天四千歲, 准人間歲數, 得五萬七千六百之萬年. 此是以萬爲首, 而數至於五萬七千六百. 此中若依千萬爲億, 卽爲五十七億六百之萬歲, 當於雜心之文. 若依萬萬爲億之數, 卽爲五億七千六百之萬歲, 近於定意經說. 而言七十六萬歲者, 算位誤取之耳, 七千爲七十, 六百爲六也. 其餘三經, 皆云五十餘億等者, 並依千萬爲億之數, 而隨翻譯之家, 頗有增減之云耳."(한불전1, 550상~중)

【사례37】 미륵보살이 도솔천에 머문 시간은 얼마인가?

"俱舍論說, '如是此壽長遠, 究竟極此八十千歲, 是時諸人, 安坐受樂, 無所馳求. 壽八

十千歲, 住阿僧祇年, 乃至衆生, 未造十惡. 從起十惡, 集道時節, 壽命因此, 十十歲減, 度一百年, 卽減十歲', 乃至廣說. 今於彼天, 四千歲數, 不滿人間, 阿僧祇年. 況從百歲, 稍減至十, 從十稍增, 至於八萬, 乃至減時? 准此而言, 不得相當, 是一難也. 又依彌勒, 百歲時上, 至於八萬, 減時下生, 此於中劫, 纔過其半. 若論釋迦, 人壽千二百歲時上, 稍減至十, 增至八萬, 還減至百, 方乃下生. 此過一劫, 倍長於前, 而於二處, 齊言於天 四千歲, 人間得五十餘億等. 如是相違, 是二難也. 若言釋迦, 逕多死生, 彌勒於彼, 逕少死生. 非但受彼四千一生, 故不違於半劫一劫者, 卽違經說一生補處, 亦違五十餘 億等文, 是三難也. 眞諦三藏解云, 補處菩薩生於彼天, 雖無中夭受多死生. 所以然者, 一由旬城所有芥子, 百年去一, 乃至盡時, 是一兵刀劫量. 是卽人間四百年, 爲彼一日 一夜, 一日一夜中, 除四芥子. 一月除百二十芥子, 乃至四千年中, 除五十七億六萬芥 子, 不過二三升. 然, 釋迦菩薩下生之時, 一由旬城芥子已盡, 彌勒菩薩下生之時, 彼城 芥子除其半餘. 故知於彼逕多死生, 而於剡浮唯有一生. 故說此爲一生補處. 三藏法師 作如是通, 若依此義通餘經論者, 諸說五十餘億等文, 直理當於彼天一生之數, 不說上 下之間, 唯有爾許之年. 由是道理, 故不相違也. 若准論文, 於彼天中逕多死生, 其有道 理. 如瑜伽論第四卷云, '四大王衆天滿足壽量, 是等活大那落迦一日一夜, 則以此三十 日爲一月, 十二月爲一歲, 彼壽五百歲. 如是以三十三天壽量, 成黑繩壽量. 以時分天 壽量, 成衆合壽量. 以知足天壽量, 成號叫壽量. 以樂化天壽量, 成大號叫壽量. 以他化 自在天壽量, 成燒熱壽量. 應知亦爾, 極燒熱大那落迦有情壽量半中劫, 無間大那落迦 壽一中劫.' 准此而言, 彼知足天滿足壽量, 是號叫大那落迦一日一夜. 卽以此三十日 爲一月, 十二月爲一歲, 彼壽四千歲. 如是大號叫壽量, 燒熱壽量轉倍於前. 極熱半劫 無間一劫, 亦轉倍之. 然, 今彌勒菩薩, 在知足天, 逕半劫餘, 釋迦菩薩, 在於彼天, 逕一劫餘. 且經號叫一壽量時, 已逕彼天無數死生, 況逕半劫及一劫乎."(한불전1, 550중~551상)

【사례38】 과거겁과 미래겁에 1,000불이 계시는가?

"如觀藥王藥上經中, 釋迦佛言, '我昔於妙光佛末法中出家, 聞是五十三佛名. 以心喜 故, 後轉敎人, 乃至三千人. 同音讚歎, 一心敬禮, 卽時超越無數億劫生死之罪, 其初千 人者, 華光佛爲首, 下至毗舍, 於莊嚴劫成佛, 過去千佛是也. 中千人者, 拘留孫佛爲首,

下至樓至, 於賢劫中次第成佛. 後千人者, 日光如來爲首, 下至須彌相佛, 於星宿劫當得成佛.' 依此經文, 三世有千佛也. 大智度論第九卷云, '前九十劫有三佛, 後一劫有千佛, 九十劫初劫, 有毗婆尸佛, 第三十劫, 中有二佛, 一名尸棄, 二名鞞怒婆附. 第九十一劫初有四佛, 一名迦羅鳩飡陀, 二名迦那含牟尼佛, 三名迦葉佛, 四名釋迦牟尼.' 賢劫經言, '從拘留秦佛, 至九百九十九佛, 共出前半劫. 後有樓至佛, 獨用半劫. 樓至滅後, 更六十二劫, 空過無佛, 過爾有一佛興, 號曰淨光稱王, 壽十小劫, 過此佛後, 復三百劫, 亦空過無佛. 解云, 有無二說, 皆實不虛. 所以然者, 隨機見聞, 有無不定, 故說有無, 皆不相妨."(한불전1, 551중~하)

[사례39] 법회는 3회 열렸는가? 여러 번 열렸는가?

"通論一化說法之會, 有無數會. 何得唯云, 而說三會? 度爾許者, 准度前佛所遺弟子. 通論諸佛度先所遺, 此亦未必唯在三會. 或一二會度先所遺, 或有四五乃至十會. 然, 今釋迦彌勒二佛, 齊有三會度先弟子, 但其所度有多小耳. 如菩薩處胎經, 佛語彌勒言, '汝生快樂國, 不如我累苦, 汝說法甚易, 我說法甚難. 初說九十六億, 二說九十四億, 三說九十二億, 我初說十二, 二說二十四, 三說三十六. 汝所說三人, 是吾先所化. 九十六億人, 受持五戒者, 九十四億人, 受持三皈者, 九十二億人, 一稱南無佛者. 汝父梵摩淨, 將八萬四千, 非我先所化, 是汝所開度', 乃至廣說. 案云, 三會唯度小乘弟子, 以皆證得阿羅漢果故. 若論大乘根性之人, 令得無生忍等果者, 無非先佛之所化度. 故無限於三四會等."(한불전1, 552상)

[사례40] 미륵불의 발심은 40겁을 앞서는가?

"佛本行經第一卷云, '昔有如來, 號曰善恩, 彌勒菩薩, 於彼佛所, 最初發心, 彌勒菩薩, 在於我前, 四十餘劫, 發菩提心. 然, 後我發道心, 昔有佛名, 示海幢如來, 我於彼佛國, 作轉輪王, 名曰牢□弓, 初發道心.' 智度論第二十四卷云, '釋迦牟尼佛, 與彌勒等諸菩薩, 同時發心. 精進力故, 超越九劫.' 案云, 釋迦彌勒, 各有衆多, 同時前後, 皆無妨也."
(한불전1, 552상~중)

【사례41】 석가불의 '초월9겁'은 대겁(大劫)인가?

"問, 論說釋迦所超九劫, 爲是大劫, 爲是小劫? 若是大劫, 同劫成佛, 何得言超? 若是小劫, 在前一劫, 云何超九? …(中略)… 解云, 此中所超, 准是大劫. 所以然者, 言超劫者, 非就實行, 但依獲迹, 示其超耳. 謂三僧祇已滿之後, 脩相好業, 應逕百劫. 而於九十一劫, 脩滿故, 言超九也."(한불전1, 552중)

【사례42】 미륵불의 발심은 9겁을 앞서는가?

"若言釋迦, 應在彌勒之後九劫成佛, 而今同在一劫成道, 所以得言超九劫者, 云何而言同時發心? …(中略)… 此二菩薩, 同時所發, 是不定心. 若論決定發心之時, 彌勒發心九劫已後, 釋迦乃發決定之心. 故應在後九劫成道, 而今超九同在一劫. 此論約彼最初發心, 故言同時發心之耳. 由是道理, 不相違背也."(한불전1, 552중)

【사례43】 미륵불과 석가불의 증과(證果) 시점은 언제인가?

"如十住斷結經云, '彌勒菩薩, 方習菩薩行乎? 莫造斯觀. 所以者何, 慈氏積行, 恒沙數劫, 先以誓願, 成等正覺. 吾方習行, 而在其後.' 案此而言, 彌勒之本, 在先證果. 然, 釋迦證果, 經說不同. 如因果經言, '善慧菩薩, 功行成滿, 位登十地, 在一生補處, 生兜率天, 名聖善白.' 梵網經言, '我今盧舍那, 方坐蓮華臺, 周匝千華上, 復現千釋迦, 一華百億國, 一國一釋迦, 各坐菩提樹, 一時成佛道', 乃至廣說. 案此而言, 寄迹表本, 善慧菩薩生兜率, 本在十地. 釋迦如來坐樹下時, 本方證果. 又法華經壽量品云, '我實成佛已來, 無量無邊, 百千萬億, 那由他劫', 乃至廣說. 案此而言, 釋迦證果, 有久有近. 彌勒成道, 例亦應爾. 良由多本, 共垂一迹. 所以異言, 莫不皆實. 由是道理, 不相違也."(한불전1, 552중~하)

5. 『無量壽經宗要』

【사례44】 자수용신(自受用身)은 모습이 있는가? 없는가?

"或有說者, 自受用身, 遠離色形, 法性淨土, 爲所住處. 是故, 都無色相可得. 如本業經說, '佛子, 果體圓滿, 無德不備, 理無不周, 居中道第一義諦. 清淨國土, 無極無名無相, 非一切法可得, 非有體, 非無體', 乃至廣說. 起信論云, '諸佛如來, 唯是法身, 智相之身, 第一義諦, 無有世諦境界, 離於施作. 但隨衆生見聞皆得益, 故說爲用, 此用有二種. 一者, 凡夫二乘, 心所見者, 名爲應身. 二者, 諸菩薩從初發意, 乃至菩薩究竟地, 心所見者, 名爲報身.' 依此等文, 當知所見有色相等, 皆得他受用身, 說自受用中, 無色無相也. 或有說者, 自受用身, 有無障礙微妙之色, 其所依土, 具有六塵殊勝境界. 如薩遮尼乾子經云, '瞿曇法性身, 妙色常湛然 如是法性身, 衆生等無邊.' 華嚴經云, '如來正覺成菩提時, 得一切衆生等身, 得一切法等身, 乃至得一切行界等身, 得寂靜涅槃界等身.

佛子, 隨如來所得身, 當知音聲及無礙心, 亦復如是. 如來具足如是三種清淨無量.' 攝大乘云, '若淨土中, 無諸怖畏, 六根所受用法悉具有, 又非唯是有, 一切所受用具, 最勝無等. 是如來福德智慧, 行圓滿因, 感如來勝報依止處, 是故最勝.' 依此等文, 當知 圓滿因之所感, 自受用身, 依止六塵也. 或有說者, 二師所說, 皆有道理, 等有經論, 不可違故, 如來法門無障礙故. 所以然者, 報佛身土, 略有二門. 若就正相歸源之門, 如初師說. 若依從性成德之門, 如後師說. 所引經論, 隨門而說, 故不相違."(한불전1, 555상~하)

[사례45] 의보토(依報土)는 공통된 결과인가? 아닌가?

"或有說者, 如山河等, 非是極微合成, 實有一體. 多因共感, 直是有情, 異成各變, 同處 相似, 不相障礙. 如衆燈明, 如多因所夢, 因類是同, 果相相似, 處所無別, 假名爲共, 實各有異. 諸佛淨土, 當知亦爾. 若別識變, 皆遍法界, 同處相似, 說名爲共, 實非共也. 若有一土, 非隨識別者, 卽成心外, 非唯識理. 如解深密經云, '我說識所緣, 唯識所現 故.' 唯識論云, '業熏習識內, 執果生於外, 何因熏習處, 於中不說果.' 或有說者, 淨土依 果, 雖不離識, 而識是別, 土相是一, 由彼別識, 共所成故. 如攬四塵, 以成一柱, 一柱之 相, 不離四微, 非隨四微成四柱故, 當知此中道理亦爾. 於中若就自受用土, 佛與諸佛, 共有一土, 猶如法身, 諸佛共依故. 若論他受用土相者, 佛與諸菩薩等共有, 如王與臣 共有一國故. 又二受用土, 亦非別體, 如觀行者, 觀石爲玉, 無通慧者, 猶見是石, 石玉 相異, 而非別體, 二土同處, 當知亦爾. 如解深密經云, '如來所行, 如來境界, 此何差別? 佛言, 如來所行, 謂一切種, 如來共有無量功德衆, 莊嚴淸淨佛土. 如來境界, 謂一切種, 五界差別, 所謂有情界, 世界, 法界, 調伏界, 調伏方便界.' 解云, '此說自受用土, 諸佛共 有, 非各別也.' 瑜伽論云, '相等諸物, 或由不共分別爲因, 或復由共分別爲因. 若共分 別之所起者, 分別雖無, 無他分別所住持故, 而不永滅. 若不爾者, 他之分別應無其果, 彼雖不滅, 得淸淨者, 於彼事中, 正見淸淨. 譬如衆多修觀行者, 於一事中, 由定心故, 種種異見可得, 彼亦如是.' 解云, '此說依報, 不隨識別. 若執共果隨識異者, 我果雖滅, 他果猶存, 卽他分別, 不應無異, 故彼不能通此文也.' 攝大乘論云, '復次, 受用如是淨 土, 一向淨, 一向樂, 一向無失, 一向自在.' 釋曰, '恒無雜穢, 故言一向淨. 但受妙樂, 無苦無捨, 故言一向樂. 唯是實善, 無惡無記, 故言一向無失. 一切事悉不觀餘緣, 皆由

自心成, 故言一向自在. 復次, 依大淨說一向淨, 依大樂說一向樂, 依大常說一向無失, 依大我說一向自在.' 解云, '此中初復次, 顯他受用義, 後復次, 顯自受用義. 義雖不同, 而無別土. 所以本論, 唯作一說, 故知二土, 亦非別體也.' 問, 如是二說, 何得何失? 答曰, 如若言取, 但不成立. 以義會之, 皆有道理."(한불전1, 555하~556하)

[사례46] 성변인(成辨因)은 원래 있는 것인가? 나중에 얻는 것인가?

"或有說者, 本來無漏法爾種子, 三無數劫修令增廣, 爲此淨土變現生因. 如瑜伽論說, '生那落迦, 三無漏根種子成就.' 以此准知, 亦有無漏淨土種子. 或有說者, 二智所熏, 新生種子, 爲彼淨土, 而作生因. 如攝論說, '從出出世善法功能, 生起淨土, 何者爲出出世善法? 無分別智, 無分別後得, 所生善根, 爲出出世善法. 是本有卽非所生, 旣是所生, 當知新成. 問, 如是二說, 何者爲實? 答, 皆依聖典, 有何不實. 於中委悉, 如楞伽經料簡中說."(한불전1, 557중~하)

[사례47] 현료십념(顯了十念)에 오역죄(五逆罪)가 포함되는가?

"今此兩卷經說十念, 具此隱密顯了二義. 然於其中顯了十念, 與觀經意少有不同. 彼觀經中不除五逆, 唯除誹謗方等之罪, 今此兩卷經中說言, 除其五逆誹謗正法. 如是相違云何通者? 彼經說其雖作五逆, 依大乘教得懺悔者. 此經中說不懺悔者. 由此義故不相違也."(한불전1, 559상~중)

6. 『阿彌陀經疏』

[사례48] 아미타불은 어느 정도 크신가?

"又彼經言, ‘阿彌陀佛與聲聞俱, 如來應供正遍知, 其國號曰淸泰, 聖王所住, 其城縱廣
十千由旬.’ 而觀經說, ‘彼佛身高六十萬億那由他恒河沙由旬.’ 城小身大不相當者. 當
知彼佛有衆多城, 隨衆大小城亦大小, 大城之中示以大身, 小城之中現以小身. 聲王經
十千由旬者, 是與聲聞俱住之城, 當知佛身相當而住. 觀經所說身高大者, 當知其城亦
隨廣大, 與諸大衆俱住處故. 如兩卷經及此經中, 池中蓮華大小懸殊, 隨池有大小, 其
華亦大小. 當知城身大小亦爾, 其餘相違準此而通."(한불전1, 563하)

7. 『梵網經菩薩戒本私記』

【사례49】 십신위(十信位)는 퇴위(退位)인가, 아닌가?

"問, 仁王經, '卽十信位者, 如輕毛, 故爲退位, 不入三僧祇劫.' 若攝大乘論者, '爲不退位, 入於三僧祇數.' 此二文何會耶? 答, 若依瑜伽論, 通此文者. 若菩薩性人, 入十信者, 始入第一信時, 卽得不退. 若二乘性人, 迴小入大者, 十信位中未入不退位, 亦未入於三僧祇數, 到於十解位, 方得入不退位, 亦得入於三僧祇數. 是故仁王經者, 約二乘性人, 故爲退位. 若攝論者, 約菩薩性人, 故爲不退位也."(한불전1, 592상)

【사례50】 의실인(疑殺人)은 중죄(重罪)인가, 아닌가?

"二者, 人非人疑. 若小乘者, 僧祇律云, '犯重.' 若四分律, '犯蘭.' 解云, 僧祇律者, 約半疑於人境義故. 若四分者, 約疑於非人境義故. 若通趣二境中疑義者 重得二罪 大乘者 犯重."(한불전1, 595상)

8. 『金剛三昧經論』

【사례51】 법(法)은 소멸하는가, 불멸하는가?

"〈經〉爾時如來, 欲宣此義, 而說偈言, '法從分別生, 還從分別滅, 滅諸分別法, 是法非生滅.'〈論〉此下第二, 以偈重頌, 於中有二, 一者如來略宣, 二者長者廣演. 今此頌中, 所言法者, 謂一心法. 若妄分別, 動心海故, 若生若滅一切諸相, 莫不皆從分別所作. 若就本覺本來靜門, 離諸分別故, 是法非生滅, 謂從本來滅諸分別, 無生滅因故非生滅. 若使生之與滅, 皆從分別之所作者, 瑜伽所說, 云何而通? 如彼思所成地中云, '無滅他用, 無自滅用. 問, 如衆緣有故生, 亦衆緣有故滅耶? 答, 衆緣有故生, 生已自然滅.' 如是相違, 云何和會? 解云, 因緣道理, 如彼論說. 唯識道理, 如此經說. 所以二說, 皆有道理."(한불전1, 662하~663상)

9. 『大乘起信論疏記會本』

[사례52] 이치는 언어를 끊는가? 끊지 않는가?

"問, 理實而言, 爲絶爲不絶? 若不絶言者, 正體離言, 卽違於理. 若實絶言, 後智帶言, 卽倒於理. 又若不絶, 則初段論文斯爲漫語. 若實絶言, 則後段論文徒爲虛說. 如說虛空爲金銀等. 解云, 是故當知, 理非絶言, 非不絶言. 以是義故, 理亦絶言, 亦不言絶. 是則彼難, 無所不當."(한불전1, 743중)

[사례53] 알라야식은 생멸인가, 화합인가?

"問, 如瑜伽論等說, 阿梨耶識, 是異熟識, 一向生滅. 何故此論乃說, 此識具含二義?. 答, 各有所述, 不相違背. 何者, 此微細心, 略有二義. 若其爲業煩惱所感義邊, 辨無令有, 一向生滅. 若論根本無明所動義邊, 熏靜令動, 動靜一體. 彼所論等, 依深密經,

536

爲除是一是常之見, 約業煩惱所感義門, 故說此識一向生滅, 心心數法差別而轉. 今此論者, 依楞伽經, 爲治眞俗別體之執, 就其無明所動義門, 故說不生滅與生滅和合不異. 然此無明所動之相, 亦卽爲彼業惑所感, 故二意雖異, 識體無二也."(한불전1, 746중~하)

【사례54】 마음의 본체는 상주하는가, 화합하는가?

"問, 爲當心體常住, 心相生滅, 體相不離, 合爲一識? 爲當心體常在, 亦卽心體生滅耶? 答, 若得意者, 二義俱許. 何者, 若論其常住, 不隨他成曰體, 論其無常, 隨他生滅曰相, 得言體常, 相是無常. 然, 言生滅者, 非生之生, 非滅之滅, 故名生滅. 是心之生心之滅故, 乃名生滅. 故得言心體生滅. 如似水之動名爲波, 終不可說是動非水之動, 當知此中道理亦爾."(한불전1, 746하~747상)

【사례55】 본각(本覺)이란 무엇인가?

"問, 此本覺性, 爲當通爲染淨因性? 爲當但是諸淨法性? 若言但是淨法因者, 何故經云, '如來之藏, 是善不善因', 乃至廣說? 若通作染淨者, 何故唯說具足性功德, 不說具足性染患耶? 答, 此理通與染淨作性, 是故唯說具性功德. 是義云何, 以理離淨性, 故能隨緣作諸染法. 又離染性, 故能隨緣作諸淨法. 以能作染淨法, 故通爲染淨性. 由離染淨性, 故唯是性功德. 何以得離染淨性, 乃成諸功德? 取著染淨性, 皆是妄想故."(한불전1, 749중)

【사례56】 시각(始覺)은 상주하는가, 생멸하는가?

"問, 若言始覺同於本覺, 離生滅者, 此說云何通? 如攝論云, '本旣常住, 末依於本, 相續恒在', 乃至廣說. 答, 二意異故, 理不相違. 何者, 此論主意, 欲顯本由不覺動於靜心, 今息不覺還歸本靜, 故成常住. 彼攝論意, 欲明法身本來常住不動, 依彼法身起福慧二行, 能感萬德報果. 旣爲因緣所起, 是故不離生滅, 故說相續. 具義而說, 始成萬德, 要具二義. 依前義故常住, 依後義故生滅. 生滅常住不相妨礙, 以一一念迷徧三世, 不過一念故, 如似一一毛孔皆徧十方, 雖徧十方不增毛孔. 佛佛如是無障無礙, 豈容偏執於其間哉! 如華嚴經偈云, '牟尼離三世, 相好悉具足, 住於無所住, 法界悉淸淨, 因緣故法生, 因緣故法滅, 如是觀如來, 究竟離癡惑.' 今二論主, 各述一義, 有何相妨耶?"
(한불전1, 751하~752상)

[사례57] 현식(現識)의 경계는 어디까지인가?

"問, 此識境界寬狹云何? 此論中但說五塵. 楞伽經云, '阿黎耶識, 分別現境自身資生
器世間等, 一時而知, 非是前後.' 瑜伽論說, '阿賴耶識, 由於二種所緣境轉. 一, 由了別
內執受者, 謂能了別偏計所執自性妄執, 習氣及諸色根根所依處. 此於有色界, 若在無
色, 唯有習氣執受了別. 二, 由了別外無分別器相者, 謂能了別, 依止緣內執受阿賴耶
識故, 於一切時, 無有間斷, 器世間相. 譬如燈燄生時, 內執膏炷外發光明, 如是阿賴耶
識, 緣內執受境, 緣外器相, 生起道理, 應知亦爾.' 中邊論云, '是識所取四種境界, 謂塵
根我及識所攝, 實無體相. 所取既無, 能取亂識, 亦復是無.' 若依中邊論, 及楞伽經,
則習氣等非此識境. 若依瑜伽論, 聲塵及七種識等, 非其所緣. 依此論說, 現根及識等,
亦非此識所現境界. 如是相違, 云何和會? 答, 此非相違. 何以故, 不以言唯緣如此法
故, 不言餘法非境界故. 問, 雖無相違, 而有不同, 不同之意, 可得而聞乎? 答, 不同之
意, 各有道理. 如中邊論, 欲明現起諸法, 皆是本識所現, 離識之外更無別法. 是故唯說
現行諸法. 習氣種子, 其相不顯與識無異, 是故不說. 瑜伽論等, 爲顯諸相無有離見自
相續者. 故除心心法, 以外諸餘相續之法, 說爲此識所了別. 諸心之法, 離塵不立, 其義
自顯, 故不別說. 諸餘論顯沒之意, 準之可知, 不可偏執一隅, 以謗通法之說也."(한불
전1, 760중~하)

[사례58] 마음은 스스로를 볼 수 있는가?

"問, 如集量論說, '諸心心法, 皆證自體, 是名現量. 若不爾者, 如不曾見, 不應憶念.'
此中經說, 云不自見. 如是相違, 云何會通? 答, 此有異意, 欲不相違, 何者? 此經論意,
欲明離見分外無別相分, 相分現無所見, 亦不可說. 卽此見分反見見分, 非二用故, 外
向起故. 故以刀指, 爲同法喩. 集量論意, 雖其見分不能自見, 而有自證分用, 能證見分
之體. 以用有異故, 向內起故. 故以燈燄, 爲同法喩. 由是義故, 不相違背. 又復此經論
中, 爲顯實相故, 就非有義, 說無自見. 集量論主, 爲立假名故, 依非無義, 說有自證.
然, 假名不動實相, 實相不壞假名, 不壞不動, 有何相違?"(한불전1, 761중~하)

【사례59】 상응(相應)이란 어떤 의미를 갖는가?

"問, 瑜伽論說, 諸心心法, 同一所緣, 不同一行相, 一時俱有, 一一而轉. 今此中說, 知相亦同, 如是相違, 云何和會? 答, 二義俱有, 故不相違. 何者, 如我見是見性之行, 其我愛者愛性之行, 如是行別, 名不同一行. 而見愛等, 皆作我解. 依如是義, 名知相同. 是故二說, 不相違也."(한불전1, 764중)

【사례60】 현색불상응염(現色不相應染)은 불상응(不相應)인가?

"問, 瑜伽論說, 阿黎耶識, 五數相應, 緣二種境. 卽此論中, 現色不相應染, 何故此中, 說不相應? 答, 此論之意, 約煩惱數, 差別轉義, 說名相應. 現識之中, 無煩惱數, 依是義故, 名不相應. 彼新論意, 約徧行數, 故說相應. 由是道理, 亦不相違也."(한불전1, 764중~하)

【사례61】 식상(識相)은 염연(染緣)으로만 일어나는가?

"問, 此識自相, 爲當一向染緣所起? 爲當亦有不從緣義? 若是一向染緣所起, 染法盡時自相應滅. 如其自相不從染緣, 故不滅者則自然有. 又若使自相亦滅同斷見者, 是則自相不滅還同常見. 答, 或有說者, 黎耶心體是異熟法, 但爲業惑之所辨生. 是故業惑盡時, 本識都盡. 然於佛果, 亦有福慧二行所感, 大圓鏡智相應淨識, 而於二處心義是同, 以是義說心至佛果耳. 或有說者, 自相心體擧體, 爲彼無明所起, 而是動靜令起, 非謂辨無令有. 是故此心之動, 因無明起, 名爲業相. 此動之心, 本自爲心, 亦爲自相, 自相義門, 不由無明. 然, 卽此無明所動之心, 亦有自類相生之義, 故無自然之過, 而有不滅之義. 無明盡時, 動相隨滅, 心隨始覺還歸本源. 或有說者, 二師所說皆有道理, 皆依聖典之所說故. 初師所說得瑜伽意, 別記云, '依顯了門', 後師義者得起信意, 別記云, '依隱密門.' 而亦不可如言取義, 所以然者, 若如初說而取義者, 卽是法我執. 若如後說而取義者, 是謂人我見. 又若執初義, 墮於斷見. 執後義者, 卽墮常見. 當知二義皆不可說, 雖不可說而亦可說, 以雖非然而非不然故."(한불전1, 767중)

【사례62】 진여는 훈습받을 수 있는가?

"問, 攝大乘說, 要具四義, 方得受熏, 故言常法不能, 受熏. 何故此中, 說熏眞如?

解云, 熏習之義, 有其二種. 彼論且約可思議熏, 故說常法不受熏也. 此論明其不可思
議熏, 故說無明熏眞如, 眞如熏無明. 顯意不同, 故不相違. 然此文中, 生滅門內, 性淨
本覺, 說名眞如, 故有熏義. 非謂眞如門中眞如, 以其眞如門中, 不說能生義也."(한불전
1, 768상)

[사례63] 응신(應身)·보신(報身)이란 무엇인가?

"然此二身, 經論異說. 同性經說, 穢土成佛, 名爲化身, 淨土成道, 名爲報身. 金鼓經說,
三十二相八十種好等相, 名爲應身, 隨六道相所現之身, 名爲化身. 依攝論說, 地前所
見, 名變化身, 地上所見, 名受用身. 今此論中, 凡夫二乘所見, 六道差別之相, 名爲應
身, 十解已上菩薩, 所見離分齊色, 名爲報身. 所以如是有不同者, 法門無量, 非唯一途,
故隨所施設, 皆有道理. 故攝論中, 爲說地前, 散心所見, 有分齊相, 故屬化身. 今此論
中, 明此菩薩, 三昧所見, 離分齊相, 故屬報身. 由是道理, 故不相違也."(한불전1,
773중~하)

10. 『二障義』

[사례64] 소지장(所知障)은 어느 식에 있는가?

"或有說者, 法執無明, 唯在第六第七二識, 不通餘識, 推求性故. 法愛恚等, 非見所攝, 不推求者, 亦通五識. 如攝論說, '能遍計心, 唯意識故, 一切不通阿賴耶識.' 如瑜伽說, '阿賴耶識, 不與煩惱而共相應. 故若此識中有法執者, 成法我見, 有無明等不應, 唯與五法相應. 又若此識有法執者, 无所薰故應念念失, 不須對治卽成太過. 又法空觀初現前時, 此識應斷, 障治相違不俱行故. 若爾, 所餘有漏種子應無所依, 所脩功德應無薰習. 無所薰故亦不可言薰習, 鏡智非無記故, 猶未得故. 故知法執不通此識. 於三性中, 唯在不善有覆无記, 雖復不染二乘聖道, 而有染覆菩薩道故, 由是義故, 亦名有覆亦名無覆, 一體二名所望別故. 不通四種一向无覆無記心中. 於轉識中異熟果者, 與異熟識性類同故, 分別力劣不能執故, 威儀等心不堅執故, 非普遍故. 又亦不通一切善心, 與无明等性相違故, 必與無癡善根俱故.' 如瑜伽說無明有二, 一者不善, 二者无記, 又有二種, 一者染污, 二不染污, 不言有善故. 設使法空觀前, 方便道中有法執者, 卽應人空觀前, 方便道中亦起人執, 而於此中旣無此事, 故知於彼亦無法執也. 或有說者, 法執分別遍通八識, 未達法空故, 取相分別故. 如深蜜經言, '微細隨眠者, 謂八地已上從此, 以去一切煩惱, 不復現行, 唯有所知障, 爲依止故.' 此明八地已上, 唯所知障現行, 不可說此轉識所起, 不與隨眠作依止故. 當知是說阿賴耶識, 微細所知障現行不絶. 又中邊論說, '塵根我及識, 本識生似彼, 亂識有無彼, 彼無故識無. 亂識有者, 但亂識有, 無彼者, 謂无四物.' 卽下文言, '此亂識云何名虛妄? 由境不實故, 由體散亂.' 然此識中想數爲首, 取相分別, 卽不了達無相眞如, 故名法執亦名無明, 非推求性計度實有故, 無惠等餘心數法. 又此妄想最極微細, 唯與大圓鏡智相違. 是故不妨諸轉識智, 由是義故亦能受薰. 是無記故, 非極香臭之所記故. 如人衣等仙卽覺臭, 而亦能受香臭所薰非極臭故, 此識亦爾. 如攝論言, '無記者, 是不可記極香臭義故, 又復此識雖无所薰, 而自前後相生相續, 未得對治終無斷絶.' 既無隔滅何得薰習? 若無所薰卽有失者, 種子無薰應念念失, 而此種子雖無所薰, 前後相續無隔絶故. 雖念念滅非念念失, 此識法執當知亦爾. 由此道理故無過失, 但無一切煩惱障故, 說言不與煩惱相應, 不言不與所知障俱, 是故此文亦無相違. 阿賴耶識尙有妄想, 何況五識而無法執? 如涅槃經言, '如是五識雖非一念, 然是有漏復是顚倒, 增諸漏故名爲有漏. 體非眞實着相故倒.' 是知五識亦有倒執. 然此五識唯着五塵, 不能遍計亦不取名, 故說遍計唯是意識, 若依此文, 證五識中无法執者, 卽成末那亦无法執, 故知此文於彼非證. 又所知障亦通三性, 乃至二乘人空無漏, 亦未能免法執分別. 所以者何, 如彼見道, 雖離一切方便道中意言分別, 於苦等諦離諸名言, 超過影像現量智生. 由是證入人空眞如, 而卽此時雖不取名, 猶於苦事, 取苦等相, 此邊未達法空眞如, 倒於法我常樂等德. 例如五識, 雖無一切名言分別, 證色等塵現量知見, 而乖於無相, 相故倒, 當知此中道理亦爾. 如瑜伽說, '見道智行遠離衆相, 爾時聖智雖緣於苦, 然於苦事不起分別. 謂此爲苦相, 而轉餘諦亦爾. 先世俗智所觀諦中一切相想, 皆得解脫絶戱論智, 但於其義緣眞如理, 離相而轉, 此文顯其不取名言, 通達人空眞如理義.' 實性論云, '爲對治此四種顚倒故, 有四種非顚倒法. 謂於色等無常事中无常等想, 如是四種顚倒對治. 若依法身復是顚倒.' 此文顯其雖證人空故成无倒, 而迷法空此邊成倒. 又復法空觀前方便道中, 亦有法執. 卽加行智, 未達法空分別取相, 說名無明, 亦名法執. 唯一惠數, 亦解亦執, 此中無別無明等數, 不同一向迷亂法執. 是故無有無癡善根, 與癡數等俱起過失. 如對法論云, '迷亂者, 謂能所取執. 不迷亂者, 謂出世智及受後所得. 迷亂不迷亂者, 謂隨須出世智, 所有聞惠等諸善根分別所知境故, 隨須無分別智故.' 瑜伽論云, '依空勤修念住菩薩, 略論六種妄想縛中令心解脫. 何等爲六? 所謂於身乃至於法, 發起內想, 是初想縛. 卽於此中, 發起外想, 是二想縛. 起內外想, 是三想縛. 若於十方諸有情界, 願令解脫修習念住, 此中諸想, 是四想縛. 若由此故, 於身心境, 修觀而住, 此中諸想, 是五想身縛. 卽於身心, 脩觀住者, 此中諸想, 是六想縛.' 依此等文, 當知未入眞觀, 已還一切心中不无妄想, 皆有迷

亂, 迷亂妄想, 何非法執? 若言, 人空觀前, 方便道中, 無人執故, 亦於法空觀前, 方便道中, 無法執者, 他亦我觀前, 方便道中, 不取我故, 卽於無相前, 方便道中, 亦不取相. 此不類者, 彼亦非類, 由是道理, 故無過失. 或有說者, 二師所說, 皆有道理. 所以然者, 若依別門麤相道理, 初師所說亦有道理. 於其通門巨細道理, 後師所說亦有道理. 由有如是二種理門, 諸文相違皆得善通. 設使將彼別相法執無明, 通置八識及三性者, 不應道理故有過失. 縱令此通相法執, 局在二識不通善者, 不應道理亦乖聖言. 二師所說旣不如是, 是故二說皆有道理."(한불전1, 791중~793상)

【사례65】 인(人)·법(法)은 공(空)인가? 유(有)인가?

"難曰, 若使二執所迷二空之理, 是實不無聖智所照者, 亦可二惑所執人法之事, 是妄非有非聖所照. 若齊許者卽無俗智, 撥無因果是大邪見. 若言雖無所執實法, 而有假法聖智所照者, 是則雖無所執實我, 而有假我聖智所照. 若齊許者聖智不出三法, 蘊處界內我在何法? 若言實有假法實無假我者, 是則實有我空而無法空. 若二空齊有, 卽人法等無. 若言如所執法, 實無所有故有法空, 而由法執名言薰習, 所生之法不實而有, 有而不實不廢法空者, 是卽人執名言薰習, 所生之我不實而有, 有而不實不廢人空. 因待薰習, 果非薰生, 不應道理故. 若言於世俗諦因緣道理, 四緣和合有法生者, 他亦於世俗諦因緣道理, 五蘊各合卽有人生. 若五蘊雖和合, 無人生者, 則四緣雖和, 亦無法生. 齊有薰習種子因緣, 果有生不生, 不應道理故. 通曰, 所設諸難, 皆有道理, 有道理故, 悉無不許, 無不許故, 無所不通. 是義云何? 若對外道, 所執是一是常是我, 則許有五蘊而無一我, 離蘊法外無神我故. 如經言, '無我無造無受者, 以因緣故諸法生.' 又言, '如第三手如第二頭, 五蘊中我亦復如是.' 若對二乘, 所執三世五蘊之法, 則許有一我而無五蘊, 離眞我外無五蘊故. 如經言, '卽此法界流轉五道, 說名衆生.' 又言, '一切衆生皆有佛性, 卽是我義, 我者卽是如來藏義故.' 若對菩薩依甚深敎, 如言取義起損減執, 則許我法皆悉是有. 如論說云, '又此假我, 是無常相, 是非有相, 是安住相, 是變壞相, 乃至廣說故. 若對菩薩依法相敎, 如言取義起增益執, 則許人法皆無所有. 如經言, '尙無我無衆生, 乃至智者見者, 何況當有色受想行識',故. 如其當因緣道理, 若人若法非有非無. 非無故說, 人法皆有聖智所照, 非有故說, 人法二空理智所證. 理智所證者, 不損人法也, 聖智所照者, 不壞二空也. 如花嚴經言, '分別一切法, 不取諸法相, 善分別

衆生, 而無衆生相.’ 中邊論云, ‘謂實有我, 增益人邊, 實無有我, 損減人邊, 謂實有法, 增益法邊, 實無有法, 損法邊.’ 依此聖言, 當知人法有無齊等, 是究竟義乎, 說有無是隨宜說.”(한불전1, 813하~814중)

11. 『十門和諍論』

[사례66] 실상(實相)은 공(空)인가, 유(有)인가?

"…(不存)…有, 此所許有, 不異於空, 故雖如前, 而非增益. 假許是有, 實非墮有, 此所許有, 非不墮有, 故雖如後, 而非損減. 前說實是有者, 是不異空之有, 後說不墮有者, 不墮異空之有, 是故俱許, 而不相違. 由非不然, 故得俱許, 而亦非然, 故俱不許. 此之非然, 不異於然, 喩如其有, 不異於空, 是故雖俱不許, 而亦不失本宗. 是故四句並立, 而離諸過失也. 問, 雖說徵言, 離諸妨難, 言下之旨, 彌不可見. 如言其有, 不異於空, 此所引喩, 本所未解. 何者, 若實是有, 則異於無, 喩如牛角, 不同兎角. 若不異空, 定非是有, 喩如兎角, 無異於空. 今說是有, 而不異空, 世間無類, 如何得成? 設有同喩, 立不異空, 由前比量, 成不定過. 答, 汝雖巧便, 設諸妨難, 直難言說, 不反意旨, 所引譬喩, 皆不得成. 何以故, 牛角非有, 兎角不無故, 如汝所取, 但是名言故. 我寄言說以, 示絶言之法, 如寄手指以, 示離指之月. 汝今直爾, 如言取義, 引可言喩, 難離言法, 但看指端, 責其非月. 故責難彌精, 失理彌遠矣. 然今, 更引聖說, 離言之喩. 喩如虛空, 容受一切, 長短等色, 屈申等業. 若時除遣, 諸色色業, 無色虛空, 相似顯現. 謂除丈木處, 卽丈空顯, 除尺木處, 卽尺空顯, 除屈屈顯, 除申申顯等. 當知卽此顯現之空, 似長似短, 離言之事. 如是空事, 隨其所應, 前時容受, 長短等色. 然, 所容受色, 異於虛空, 凡夫邪想, 分別所取故. 喩遍計所執諸法, 雖無所有, 而計異空故. 能容受事, 不異虛空, 非諸凡夫分別所了故. 喩依他起相諸法, 雖實是有, 而不異空故. 又彼遍計所執自性, 非無所依獨自成立, 依他起相爲所依止, 遍計所執方得施設. 喩如虛空, 離言之事,

隨其所應, 容受諸色, 菩薩若離妄想分別, 除遣遍計所執相時, 便得現照離言之法. 介時諸法離言相顯, 喩如除遣諸色相時, 隨其除處離色空顯. 由如是等比量道理, 應知諸法皆等虛空. 如金鼓經言, '若言其異者, 一切諸佛菩薩行相, 則是執着. 何以故, 一切聖人, 於行非行法中, 同智慧行, 是故不異. 是故五陰非有, 不從因緣生, 非不有, 五陰不過聖境界故, 非言語之所能及.' 慧度經言, '雖生死道長, 衆生性多, 而生死邊如虛空, 衆生性邊, 亦如虛空.' 中觀論云, '涅槃之實際, 及與世間際, 如是二際者, 無毫氂許異.' 瑜伽論云, '若諸有情, 於佛所說, 甚深空性, 相應經典, 不解密意. 於是經中, 說一切法, 皆無自性, 皆無有事, 無生無滅, 說一切法, 皆等虛空, 皆如幻夢, 彼聞是已. 心生驚怖, 誹謗此典, 言非佛說. 菩薩爲彼, 如理會通, 如實和會, 攝彼有情. 爲彼說言, 此經不說, 一切諸法, 都無所有, 但說諸法, 所言自性, 都無所有, 雖有一切, 所言說事, 依止彼故, 諸言說轉, 然, 彼所說可說自性, 據第一義, 非其自性. 譬如空中, 有衆多色色業, 可得容受, 一切諸色色業, 謂虛空中, 現有種種. 若往若來屈申等事, 若於爾時, 諸色色業皆悉除遣, 卽於爾時唯無色性, 淸淨虛空相似顯現. 如是卽於相似虛空, 離言說事, 有其種種言說所作, 邪想分別, 隨戲論着似色業轉.' 又卽如是一切言說, 邪想分別隨戲論着, 似衆色業皆是似空, 離言說事之所容受. 若時菩薩以妙聖智, 除遣一切言說所起, 邪想分別隨戲論着, 爾時菩薩最勝聖者, 證得諸法離言說事, 唯有一切言說自性, 非性所顯. 喩如虛空淸淨相顯, 亦非過此有餘自性, 應更尋思故…(不存)…"(한불전1, 838상~839상)

[사례67] 불성(佛性)은 무(無)인가, 유(有)인가?

"…(不存)… 彼經言, '衆生佛性, 不一不二, 諸佛平等, 猶如虛空, 一切衆生, 同共有之.' 又下文云, '一切衆生, 同有佛性, 皆同一乘, 一因一果, 同一甘露, 一切當得, 常樂我淨, 是故一味.' 依此經文, 若立一分無佛性者, 則違大乘平等法性, 同體大悲如海一味. 又若立言定有無性, 一切界差別可得故, 如火性中無水性者. 他亦立云定皆有性, 一味性平等可得故, 如諸麤色聚悉有大種性. 則有決定相違過失. 又若立云定有無性, 由法尒故者. 他亦立云定無無性, 由法尒故. 是亦決定相違過失. 執有無性論者通曰, 經言衆生悉有心者, 汎擧一切有性無性, 未得已得諸有情也. 凡其有心當得菩提者, 於中簡取有性未得之有心也. 設使一切有心皆當得者, 已得菩提者亦應當得耶? 故知非謂一

546

切有心皆當得也. 又言, 猶如虛空一切同有者, 是就理性非說行性也. 又說, 一因一果乃至一切當得常樂我淨者, 是約少分一切, 非說一切一切. 如是諸文皆得善通. 又若立云, 由法尒故無無性者, 則衆生有盡, 是爲大過. 如前所立, 由法尒故有無性者, 則無是失故, 知是似決定相違, 而實不成相違過失. 如有立言, 火非濕性由法尒故, 又有立言, 火是濕性由法尒故. 此似決定相違, 而實無此過失. 以火性是熱實非濕故, 無性有情道理亦尒. 問, 若立後師義, 是說云何通? 如顯揚論云, '云何唯現在世, 非般涅槃法? 不應理故. 謂不應言, 於現在世, 雖非般涅槃法, 於餘生中, 復可轉爲般涅槃法. 何以故? 無般涅槃種性法故. 又若於此生, 先已積集, 順解脫分善根, 何故不名般涅槃法? 若於此生, 都未積集, 云何後生能般涅槃? 是故定有非般涅槃種性有情.' 瑜伽論中亦同此說. 又若一切皆當作佛, 則衆生雖多必有終盡, 以無不成佛者故. 是則諸佛利他功德亦盡. 又若衆生必有盡者, 最後成佛則無所化, 所化無故利他行闕, 行闕成佛不應道理. 又若說一切盡當作佛, 而言衆生永無盡者, 則爲自語相違過失. 以永無盡者永不成佛故. 又如一佛一會, 能度百千萬億衆生, 今入涅槃於衆生界漸損, 以不若有漸損則有終盡, 有損無盡不應理故. 若無損者則無滅度, 有滅無損不應理故. 如是進退終不可立, 無同類故其義不成. 執皆有性論者通曰, 彼新論文, 正破執於先來無性, 而後轉成有性義者. 如彼文言, 謂不應言, 於現在世, 雖非般涅槃法, 於餘生中, 可轉爲般涅槃法. 故今所立宗本來有性, 非謂先無而後轉成, 故不墮於彼論所破. 又彼敎意立無性者, 爲欲廻轉不求大乘之心, 依無量時而作是說. 由是密意故不相違. 彼救難云, '一切有心皆當得者, 佛亦有心亦應更得者.' 是義不然, 以彼經中自簡別故. 彼云, '衆生亦尒悉皆有心, 凡有心者當得菩提, 佛非衆生何得相濫.' 又彼難云, 若皆作佛必有盡者, 是難還心自無性宗. 何者, 如汝宗說無性有情, 本來具有法爾種子, 窮未來際種子無盡. 我今問汝隨汝意答. 如是種子, 當言一切皆當生果, 當言亦有不生果者. 若言亦有不生果者, 不生果故則非種子. 若言一切皆當生果者, 是則種子雖多必有終盡, 以無不生果者故. 若言雖一切種子皆當生果, 而種子無窮故無終盡, 而無自語相違過者, 則應信受, 一切衆生皆當成佛, 而衆生無邊故無終盡.. 又汝難云, 有滅無 …(不存)…."(한불전1, 839상~840상)

찾아보기